Meine Erinnerungen

Band III

1826 bis 1830

Alexandre Dumas

(Übersetzer: EM Waller)

Writat

Diese Ausgabe erschien im Jahr 2024

ISBN: 9789359944425

Herausgegeben von
Writat
E-Mail: info@writat.com

Inhalt

BUCH I ....- 1 -

KAPITEL I ....- 3 -

KAPITEL II ....- 9 -

KAPITEL III ....- 21 -

KAPITEL IV ....- 40 -

KAPITEL V ....- 50 -

KAPITEL VI ....- 59 -

KAPITEL VII ....- 67 -

KAPITEL VIII ....- 77 -

KAPITEL IX ....- 87 -

KAPITEL X ....- 100 -

BUCH II ....- 114 -

KAPITEL I ....- 116 -

KAPITEL II ....- 129 -

KAPITEL III ....- 144 -

KAPITEL IV ....- 154 -

KAPITEL V ....- 167 -

KAPITEL VI ....- 177 -

KAPITEL VII ....- 185 -

KAPITEL VIII ....- 199 -

KAPITEL IX ....- 214 -

KAPITEL X ....- 224 -

KAPITEL XI ....- 235 -

KAPITEL XII ....- 249 -

KAPITEL XIII ....- 261 -

KAPITEL XIV ....- 275 -

KAPITEL XV ....- 283 -

KAPITEL XVI ....- 291 -

KAPITEL XVII ....- 302 -

BUCH III ....- 312 -

KAPITEL I ....- 314 -

KAPITEL II ....- 325 -

KAPITEL III ....- 338 -

KAPITEL IV ....- 352 -

KAPITEL V ....- 364 -

KAPITEL VI ....- 374 -

KAPITEL VII ....- 386 -

KAPITEL VIII ....- 399 -

KAPITEL IX ....- 412 -

KAPITEL X ....- 424 -

KAPITEL XI ....- 438 -

KAPITEL XII ....- 447 -

KAPITEL XIII ....- 460 -

KAPITEL XIV ....- 471 -

BUCH I

KAPITEL I

Ich werde ein vollwertiger Angestellter – Schlechte Theaterstücke – Thibaut – Meine Studien bei ihm – Wo sie mir von Nutzen waren – *Amaury* und die Schwindsüchtigen – Meine Lektüre – Walter Scott – Cooper – Byron – Das Vergnügen, *Sauerkraut* im Parthenon zu essen

Am 1. Januar 1824 wurde ich von einem überzähligen Angestellten mit zwölfhundert Francs pro Jahr zu einem regulären Angestellten mit fünfzehnhundert Francs befördert. Ich hielt das für eine äußerst blühende Situation und dachte, dass es jetzt an der Zeit sei, meine Mutter nachzuholen. Ich hatte sie neun Monate lang nicht gesehen, und die lange Trennung begann mich zu betrüben. Während dieser neun Monate machte ich eine traurige Entdeckung, die ich auch gut so machen konnte, nämlich dass ich überhaupt nichts von dem gelernt hatte, was ich hätte lernen müssen, um in der Karriere, die ich einschlagen wollte, weiter voranzukommen. Aber das entmutigte mich nicht, denn ich war zufrieden, dass ich nun ein für alle Mal in Paris fest etabliert war und dank meiner 125 Francs pro Monat nicht verhungern würde; also verdoppelte ich meinen Eifer und hörte auf, an die Frist zu denken, die ich mir gesetzt hatte, um mein Ziel zu erreichen, und beschloss, diese Zeit zu nutzen, um mich dem Studium zu widmen.

Leider blieb mir nach Abzug meiner Bürostunden nur sehr wenig Zeit. Ich musste um halb elf Uhr morgens im Palais-Royal sein, und wir fuhren erst um fünf Uhr abends ab. Außerdem war mit dem Büro des Sekretärs eine besondere Funktion verbunden, die für kein anderes Büro galt. Entweder Ernest oder ich mussten von acht bis zehn Uhr abends zurückkehren, während der Herzog von Orléans in Neuilly lebte, um das sogenannte *Portefeuille zu erledigen* ; und der Herzog von Orléans, der das Landleben liebte, verbrachte drei Viertel des Jahres in Neuilly. Die Aufgabe war nicht schwierig, aber zwingend; sie bestand darin, dem Herzog von Orléans die Abendzeitungen und seine Tagesbriefe per Kurier zu schicken und im Gegenzug die Anweisungen für den nächsten Tag entgegenzunehmen. Das bedeutete einen Verlust von zwei Stunden am Abend und machte es natürlich unmöglich, ein Theaterstück zu besuchen, außer im Théâtre-Français, das an unsere Büros angrenzte. Es ist nur fair zu sagen, dass M. Oudard, der täglich drei Karten für jeden Sitzplatz im Theater zur Verfügung hatte, uns manchmal eine davon schenkte – ein Akt der Großzügigkeit, der kaum jemals gezeigt wurde, außer wenn schlechte Stücke liefen. Allerdings darf der Ausdruck „schlechte Stücke" nur so verstanden werden, dass er die Tage bezeichnet, an denen weder Talma noch Mademoiselle Mars spielten. Da ich aber zu Studienzwecken ins Theater gehen wollte, waren diese Tage mit schlechten Stücken oft lukrative Vorstellungen für mich. Außerdem ging ich mit Ernest eine Vereinbarung ein, wonach jeder von uns seine Woche hatte, und auf diese Weise sicherten wir uns fünfzehn kostenlose Abende pro Monat.

Ich hatte die Bekanntschaft eines jungen Arztes namens Thibaut gemacht; er hatte damals noch keine Praxis, obwohl er nicht ohne Talent war. Eine Heilung, die er durchführte, machte ihn berühmt und eine andere zu seinem Vermögen. Er heilte Félix Deviolaine – den jungen Vetter, von dem ich schon mehrmals gesprochen habe und von dem ich noch einmal sprechen werde – von einer Brustkrankheit, die das Endstadium erreicht hatte, indem er Gelenkrheumatismus herbeiführte, der die Entzündung zurückzog; und durch reines Geschick gelang es ihm, die Marquise de Lagrange, die er nach Italien begleitete, von einer chronischen Krankheit zu heilen, die als unheilbar galt. Als die Marquise wieder vollkommen gesund war, war sie so dankbar, dass sie ihn heiratete, und beide leben heute auf ihren Ländereien in der Nähe von Gros-Bois. Da Thibaut über ein Vermögen von vierzig- bis fünfzigtausend Livres verfügt, übt er das Heilhandwerk nur noch aus, um seine Blumen und Früchte zu verschönern.

Aber zu dieser Zeit war Thibaut, wie Adolphe und ich, mittellos; wir waren beide seine Patienten, und zwar, finanziell gesehen, sehr schlimme. Wie kamen wir dazu, Thibauts Patienten zu werden? Ich werde es erklären. In den Jahren 1823 und 1824 war es in Mode, an Brustbeschwerden zu leiden; jeder war schwindsüchtig, besonders die Dichter; es war ein guter Stil, nach jeder auch nur im Entferntesten sensationellen Gefühlsregung Blut zu spucken und vor Erreichen des dreißigsten Lebensjahres zu sterben. Natürlich dachten Adolphe und ich, beide jung, groß und dünn, dass wir voll und ganz Anspruch auf dieses Privileg hatten, und viele Leute, die uns kannten, stimmten zu, dass wir ein gewisses Recht darauf hatten. Ich habe jetzt jeden Anspruch auf diese Auszeichnung verloren, aber um fair gegenüber Adolphe zu sein, er hat immer noch seinen; denn jetzt, mit 46 Jahren, ist er genauso groß und dünn wie damals, als er einundzwanzig war.

Thibaut wusste alles, was ich nicht wusste, also übernahm er meine Ausbildung, und das war keine leichte Aufgabe. Wir verbrachten fast alle unsere Abende zusammen in einem winzigen Zimmer in der Rue du Pélican, das auf die Passage Véro-Dodat hinausging. Ich war hundert Meter vom Palais-Royal entfernt, also war es das Einfachste, was man sich vorstellen konnte, von meinem Quartier aus mein Paket für den Kurier zusammenzustellen. Morgens begleitete ich Thibaut oft ins Hôpital de la Charité, wo ich mir ein wenig Wissen über Physiologie und Anatomie aneignete, obwohl ich meine Abneigung gegen Operationen und Leichen nie überwinden konnte. Durch diese Besuche erwarb ich mir ein gewisses Maß an medizinischem und chirurgischem Wissen, das mir beim Schreiben meiner Romane oft sehr nützlich war. So zum Beispiel in *Amaury* , wo ich die verschiedenen Phasen einer Lungenkrankheit meiner Heldin Madeleine mit solcher Genauigkeit nachzeichnete, dass mir einmal Monsieur Noailles einen Besuch abstattete und mich bat, die Veröffentlichung dieses Romans in der *Presse einzustellen*. Seine Tochter und sein Schwiegersohn, die beide im selben Stadium der Schwindsucht waren, hatten in Madeleines Krankheit ihre genauen Symptome erkannt und warteten jeden Morgen ungeduldig auf die Zeitung, um zu erfahren, ob Monsieur d'Avrignys Tochter sterben würde oder nicht. Da Monsieur d'Avrignys Tochter sowohl vom Schicksal als auch von ihrem Autor zum Tode verurteilt worden war, wurde das *Feuilleton* unterbrochen, und um die beiden armen Kranken zu trösten, improvisierte ich im Manuskript einen Schluss, der ihre Hoffnungen weckte, sie aber leider nicht wieder gesund machte. Das *Feuilleton* wurde erst nach ihrem Tod wieder aufgenommen. Die Leser der *Presse* hatten die Unterbrechung bemerkt, wussten aber nichts über ihren Grund. Jetzt wissen sie es.

Ich habe bereits erwähnt, dass ich Thibaut an den meisten Vormittagen von sechs bis sieben Uhr ins Hôpital de la Charité begleitete. Abends studierten wir in seinem Zimmer Physik und Chemie. In seinem Zimmer beschäftigte ich mich zum ersten Mal mit den Giften, die Madame de Villefort in *Monte-Cristo verwendete* – eine Studie, die ich später zusammen mit Ruolz fortführte und vervollkommnete.

Eine hübsche junge Nachbarin namens Mademoiselle Walker, eine Hutmacherin, begleitete uns bei unseren Nachforschungen. Wie La Fontaines Henne gelang es ihr nicht, Thibaut und mich gegeneinander aufzubringen, obwohl sie alle möglichen Tricks ausprobierte, aber glücklicherweise war keiner erfolgreich, und wir drei schafften es, ein freundschaftliches Verhältnis zu bewahren.

Ich verdanke Thibaut viel, weil er mir sowohl Arbeitsmethoden beigebracht hat als auch praktische Kenntnisse. Ich werde später erzählen, wie Thibaut, dessen Name in *der Histoire de dix ans* von Louis Blanc mehrmals erwähnt wird, aufgrund seiner Verwandtschaft mit der Familie von Maréchal Gérard gezwungen war, eine gewisse Rolle in der Julirevolution zu spielen.

Auf Lassagnes Überredung hin schlug ich andere Richtungen ein und begann zu lesen. Walter Scott war der Erste. Der erste Roman, den ich von dem „Schottischen Barden", wie er damals genannt wurde, las, war *Ivanhoe* . An die harmlosen Intrigen von Madame Cottin oder die exzentrischen Streiche des Autors von Die *Barone von Felsheim* und Der *Karnevalsfan gewöhnt* , brauchte ich einige Zeit, um mich an das rohe, ungehobelte Benehmen von Gurth, dem Schweinehirten, und an die scherzhaften Späße von Wamba, Cedrics Hofnarren, zu gewöhnen. Aber als der Autor mich in den romantischen Speisesaal des alten Sachsen einführte; als ich das Feuer auf dem Kamin gesehen hatte, das von einer ganzen Eiche genährt wurde, und dessen Licht auf dem Mönch und dem Kleid des unbekannten Pilgers funkelte; als ich sah, wie alle Mitglieder der Familie des Thanes ihre Plätze an der langen Eichentafel einnahmen, vom Oberhaupt der Burg, dem König seines Territoriums, bis zum niedrigsten Diener; als ich den Juden Isaac mit seiner gelben Mütze und seine Tochter Rebecca in ihrem goldenen Brustpanzer sah; als mir das Turnier in Ashby eine Vorahnung der gewaltigen Schwertschläge und Lanzenstöße gegeben hatte, die ich in Froissart wieder erleben sollte, oh! Dann begannen sich nach und nach die Wolken, die meine Sicht verhüllt hatten, zu lichten, und ich sah vor mir weitere Horizonte auftun als alle, die mir erschienen waren, als Adolphe de Leuven diese Veränderungen in meiner provinziellen Vorstellungswelt bewirkte, die ich bereits erwähnt habe.

Als nächstes folgte Cooper mit seinen großen Wäldern, seinen ausgedehnten Prärien, seinen grenzenlosen Ozeanen, seinen *Pionieren*, seiner *Prärie*, seinen *Redskins* – drei Meisterwerke der Beschreibung, in denen der Mangel an Substanz gut unter einem Reichtum an Stil verborgen ist, sodass man sich beim Lesen eines seiner Romane wie der Apostel auf einem Boden bewegt, der stets bereit ist, sich aufzutun und einen zu verschlingen, und dennoch wird man von der ersten bis zur letzten Seite getragen, nicht durch den Glauben, sondern durch den Stil.

Dann kam Byron – Byron, Lyriker und Dramatiker, der in Missolonghi starb, als ich gerade begann, ihn in Paris zu studieren. Lord Byron hatte schon seit einiger Zeit einen gewaltigen Zorn auf sich gezogen; der Ruhm des Dichters hatte durch die Biwaks der griechischen Lager neuen Glanz gewonnen; sein Name wurde fortan mit denen der berühmten Griechen der Vergangenheit in Verbindung gebracht; Byron wurde nicht nur in Verbindung mit Sir Walter Scott und Chateaubriand genannt, sondern in einem Atemzug mit den Namen Mavrocordato, Odysseus und Canaris.

Eines Tages, noch bevor die Welt wusste, dass der berühmte Dichter krank war, lasen wir in den Zeitungen Folgendes:

„MISSOLONGHI, 20. *April*

„Unsere Stadt bietet einen höchst ergreifenden Anblick. Wir sind alle in Trauer, denn unser berühmter Wohltäter ist gestern Abend, am 19. dieses Monats, um 18 Uhr gestorben.“

Byron war wie Raphael im Alter von 37 Jahren gestorben; er war während der Osterfeierlichkeiten gestorben, und in jeder Stadt wurden 37 Salven abgefeuert – eine für jedes Jahr seines Lebens –, wodurch die Nachricht seines Todes von Thrakien bis Piräus und von Epeiros bis an die asiatische Küste verbreitet wurde.

Gerichte, öffentliche Ämter und Geschäfte wurden drei Tage lang geschlossen. Drei Tage lang waren Tanz, öffentliche Vergnügungen und der Klang von Musikinstrumenten verboten. Die öffentliche Trauer dauerte drei Wochen.

Armer Byron! Er wollte nur kämpfen und zum Sieg beitragen oder, wenn er besiegt würde, mit der Waffe in der Hand sterben. Als General hätte es ihm große Freude bereitet, die Soulioten bei der Belagerung von Lepanto anzuführen. Lepanto, das Land Don Juans und Karls des Fünften, schien ihm ein passender Name zu sein, mit dem er sein eigenes Land verbinden konnte. Es war ein edles Land, für das man bluten und in dem man sterben konnte.

Aber dieses Glück sollte ihm nicht zuteil werden. Er starb in Missolonghi, und er war es, der ein unbekanntes Land berühmt machte, anstatt selbst den Glanz eines heiligen Landes zu empfangen. Die Leute sagen: „Byron starb in Missolonghi", und nicht: „Missolonghi, der Ort, an dem Byron starb."

Der große Mann hatte keine Ahnung davon, dass er, indem er für die Griechen starb, nur starb, damit Europa – wie der Herzog von Orléans es mir einmal gegenüber ausdrückte – das Vergnügen haben konnte, am Fuße des Parthenon Sauerkraut zu essen!

Armer unsterblicher Barde, der in der Hoffnung starb, dass die Nachricht seines Todes alle Herzen erreichen würde! Was hätte er gesagt, wenn er gehört hätte, wie einer der Assistenten in unserem Büro fragte: „Wer war Byron?", als ich hereinstürzte, die Zeitung mit der tödlichen Nachricht in der Hand, und verzweifelt rief: „Byron ist tot." Eine solche Frage bereitete mir Schmerz und Freude zugleich; ich hatte also jemanden gefunden, der noch unwissender war als ich, und zwar einen der Hauptangestellten im Büro. Wäre es nur ein gewöhnlicher Kopierangestellter gewesen, hätte ich mich nicht so getröstet gefühlt.

Dieser unerwartete Tod eines der größten Dichter der Zeit hinterließ bei mir einen tiefen Eindruck; ich spürte instinktiv, dass Byron mehr als ein Dichter war, dass er einer jener Führer war, deren inspirierte Äußerungen in der Stille der Nacht und in der Dunkelheit, in der die Kunst lebt, in allen Nationen zu hören sind, deren strahlende Strahlen die ganze Welt erhellen. Solche Männer sind gewöhnlich nicht nur Propheten, sondern auch Märtyrer. Sie erschaffen aus ihren eigenen Leiden göttliche Gedanken, die als Ansporn für andere wirken; beim Anblick ihrer eigenen Qualen stoßen sie Schreie aus, die das Herz erschüttern. Wären Prometheus oder Napoleon Dichter gewesen, man stelle sich vor, welche Verse jeder von ihnen in seinen Felsen des Verderbens gemeißelt hätte!

Wir wollen also versuchen, von den Leiden dieses Mannes zu schildern, der wie ein Barabbas aus seinem eigenen Land vertrieben wurde, um für die Griechen zu sterben, wie Christus für die Juden.

Bevor es zu einer Verklärung kommen kann, muss man den Tod durchleben.

KAPITEL II

Byrons Kindheit – Sein Kummer über seine Lahmheit – Mary Duff – Die Wahrsagerin aus Malvern – Wie Byron und Robert Peel sich kennenlernten – Miss Parker – Miss Chaworth – Verse auf ihrem Porträt – Mrs. Musters – Lady Morgan – *Englische Barden und schottische Kritiker* – Byrons Briefe an seine Mutter – Er nimmt seinen Sitz im House of Lords ein

Byron wurde am 22. Januar 1788 als Sohn einer so alten und vornehmen Familie geboren, dass sie es mit vielen Königsfamilien aufnehmen konnte. Bei seiner Geburt wurde dem Kind, das dazu bestimmt war, so berühmt zu werden, der Fuß ausgerenkt, ohne dass es jemand bemerkte. Durch diesen Unfall hinkte er, und wir werden sehen, welchen Einfluss diese Gebrechlichkeit auf sein Leben hatte.

Vier berühmte Männer des ausgehenden 18. und beginnenden 19. Jahrhunderts waren lahm: Maréchal Soult, M. de Talleyrand, Walter Scott und Lord Byron. Eine Schriftstellerin sagte: „Byron hätte die Hälfte seines Ruhms hergegeben, wenn er nur so stolz auf seine Füße wie auf seine Hände gewesen wäre." Wir wissen, dass Junos Vogel, der Pfau, sein üppiges Gefieder vergaß und jedes Mal, wenn er auf seine Füße blickte, einen Schmerzensschrei ausstieß. Und Byron, der König der Dichter, der viel vom Pfau an sich hatte, war nicht philosophischer als dieser König der Vögel.

"Was für ein schönes Kind!", bemerkte einmal eine Dame, als Byron drei Jahre alt war und sie ihn mit der Peitsche in der Hand auf dem Schoß seiner Amme spielen sah; "aber wie schade, dass er verkrüppelt ist!"

Das Kind drehte sich um, hob seine Peitsche und schlug mit aller Kraft auf die Frau ein. „Sag das nicht!", sagte es.

Seltsamerweise verstand seine Mutter nie, wie stolz das Kind war. Byron wurde von den beiden Wesen missverstanden, die, wenn sie einen Mann verstehen, sein Leben am glücklichsten machen können – seiner Mutter und seiner Frau. Byrons Mutter verstand, wie wir bereits gesagt haben, nie den Stolz des Kindes und nannte ihn immer „meinen lahmen Jungen".

Wenn Sie erfahren möchten, was dieser Mangel an Mutterliebe den Jungen kostete, lesen Sie, was Arnold in der ersten Szene von „ *The Deformed Transformed* " sagt :

" *Ein Wald* .

Arnold *und seine Mutter* Bertha

kommen herein . Bert.
Raus, Buckliger!

Arn.
So wurde ich geboren, Mutter!

Bert.
Raus, du Albtraum! Von sieben Söhnen die einzige Fehlgeburt!

Arn.
Wäre ich doch so gewesen und hätte nie das Licht gesehen!

Bert.
Ich würde es auch tun! Aber wie du – *fort* , fort – und tu dein Bestes!
Dein Rücken kann seine Last tragen; er ist
höher, wenn auch nicht so breit wie der der anderen.

Arn.
Er *trägt* seine Last: – aber mein Herz! Wird es
das ertragen, was du ihm auferlegst, Mutter? Ich liebe, oder zumindest
habe ich dich geliebt: Nichts außer dir kann in der Natur so lieben wie ich.
Du hast mich gepflegt – töte mich nicht!"

Im Alter von fünf Jahren wurde Byron in Aberdeen zur Schule geschickt, wo man ihm nur fünf Schilling pro Vierteljahr bezahlte. Ich hatte geglaubt, dass kein Kind jemals billiger unterrichtet worden war als ich; aber ich habe mich geirrt und möchte Byron als Bruder, der in Armut lebt, meine Glückwünsche aussprechen.

Obwohl der zukünftige Dichter ein ganzes Jahr in dieser Schule verbrachte, erzählt uns einer seiner Biographen, dass er kaum in der Lage war, die Buchstaben zu lernen. Ich hatte gegenüber Byron noch einen weiteren Vorteil: Meine Mutter brachte mir das Lesen bei: Gott gab mir zumindest die Hälfte dessen, was Byron verwehrt blieb – eine gute Mutter.

Byron besuchte die Schule in Aberdeen und wechselte dann zur Universität derselben Stadt. Leider war er einer der schlechtesten Schüler und immer der Letzte seiner Klasse. Viele seiner Mitschüler können Geschichten über die Witze erzählen, die seine Lehrer auf seine Kosten machten.

1798 starb der alte Lord Byron. Er war ein vornehmer Schurke gewesen, der eine Menge Liebesaffären und Duelle hinter sich hatte. In einem seiner Duelle tötete er seinen Freund Chaworth – ein Ereignis, das auch das Leben seines Sohnes beeinflussen sollte.

Zwei Jahre zuvor hatte der junge Byron die schottischen Highlands besucht und dort seine Liebe zu hohen Gipfeln entdeckt, die Adler und Dichter gleichermaßen verbindet und ihn später dazu brachte, die Alpen, den Apennin und den Parnass zu preisen.

Während dieser Tour lernte unser Dante seine Beatrice kennen; sie hieß Mary Duff und war erst acht Jahre alt.

Der alte Lord Byron starb in Newstead Abbey, und Byron war sein Erbe. Er verließ Aberdeen mit seiner Mutter. Sie verkauften ihre Möbel für 75 Pfund Sterling – eine weitere Ähnlichkeit zwischen uns (ich hoffe, man verzeihe mir meine Vergleiche, ich werde nicht zu stolz sein, sie weiter zu verfolgen) – und sie erreichten Newstead. Dort gaben sie den jungen Mann in die Obhut eines Quacksalbers namens Lavemde, der versuchte, seinen Fuß zu heilen, denn dieses Gebrechen nahm den größten Teil seiner Gedanken ein. Als man sah, dass die Lahmheit des jungen Lords durch die Behandlung dieses Scharlatans weder besser noch schlechter wurde, wurde er nach London geschickt, wo er für seine körperlichen Bedürfnisse Dr. Baillie und für seine moralische Ausstattung Dr. Glennie anvertraut wurde. Dort hatten beide Ärzte ein gewisses Maß an Erfolg, denn Dr. Glennie hatte die Genugtuung, nachdem er ihn auf den Weg gebracht hatte, zu sehen, wie sein Schüler alle seine Zeitgenossen in Literatur und Poesie übertraf.

Dr. Baillie konnte seinen Fuß soweit heilen, dass er wieder einen normalen Stiefel tragen konnte, so dass seine Lahmheit nur noch ein leichtes Hinken war. Der stolze Junge freute sich riesig und teilte sie seiner Amme mit, die er sehr liebte.

Im Jahr 1801, als er dreizehn war, folgte Byron seiner Mutter nach Cheltenham, wo der Anblick der Malvern Hills, der ihn an seinen ersten Besuch in den Highlands erinnerte, einen tiefen Eindruck auf ihn machte, besonders da er sie am frühen Morgen und am Abend sah. Als er und seine Mutter zusammen ausritten, erfuhren sie von den Landleuten von einer berühmten Zauberin dieser Gegend, und Lady Byron beschloss, sie zu konsultieren. Sie sagte nichts über den Jungen und stellte sich der Hexe als unverheiratete Frau vor. Aber die Zauberin schüttelte den Kopf.

„Du bist kein Mädchen", sagte sie. „Du warst eine Ehefrau und bist jetzt Witwe. Du hast einen Sohn, der in Gefahr ist, vergiftet zu werden, bevor er volljährig ist. Er wird zweimal heiraten, und das zweite Mal wird es eine Ausländerin sein."

Wir werden gleich sehen, dass er, wenn er nicht direkt vergiftet wurde, zumindest Angst davor hatte, und es ist allgemein bekannt, dass er, wenn er nicht ein zweites Mal heiratete, auf jeden Fall eine schöne, vornehme venezianische Dame fand, die seine erste Ehe wettmachte, abgesehen von der Erinnerung an deren Unglück.

Nach Dr. Glennies Unterricht ging Byron nach Harrow. Dr. Drury war damals Schulleiter und er war der erste, der einige schwache Vorahnungen davon bekam, was aus dem Dichter eines Tages werden würde.

„Hier schrieb ich meine ersten Verse", sagte Byron, „sie wurden nur kühl aufgenommen; aber aus Rache schlug ich glorreiche Schlachten bei Harrow: Ich verlor nur eine von sieben Schlachten!"

In Harrow lernte er Sir Robert Peel kennen, und die Art und Weise, wie die beiden schnell Freunde wurden, vermittelt eine Vorstellung von Byrons Charakter.

Einer ihrer Kameraden, der größer und stärker war als sie und mit dem sie deshalb keinen Kontakt hatten, wurde von Byron dabei erwischt, wie er den armen Peel verprügelte.

Byron kam herauf und sagte:

„Wie viele Schläge willst du Robert noch verpassen?"

„Was geht Sie das an?", erwiderte der Kämpfer. „Warum stellen Sie eine solche Frage?"

„Denn, wenn es Ihnen recht ist, Henker, werde ich die Hälfte der Schläge einstecken, die Sie für ihn vorgesehen haben, und sie Ihnen später, verstehen Sie, zurückgeben, wenn ich größer bin."

Nach Harrow ging der junge Mann an die Universität von Cambridge, um seine Ausbildung abzuschließen. Regelmäßiges Lernen war ihm jedoch ebenso fremd wie gewöhnliche Freizeitbeschäftigungen: Er lernte lediglich Schwimmen und seine einzige Freizeitbeschäftigung war das Abrichten eines Bären.

Im Jahr 1806, als er achtzehn war, zog er zu seiner Mutter nach Newstead. Die Beziehungen zwischen Mutter und Sohn waren keineswegs zärtlicher Natur; im Gegenteil, die beiden stritten sich fast ständig. Einer dieser Streitereien ging eines Tages sogar so weit, dass jeder von ihnen im Abstand von fünf Minuten nacheinander in einer Apotheke vorbeischaute, um zu fragen, ob er das Gift des anderen verkauft habe, und als man ihm verneinte, baten sie ihn, es nicht zu tun. Außer der kleinen Mary Duff, in die er sich mit neun Jahren verliebte, entwickelte Byron mit zwölf Jahren eine Leidenschaft für seine Cousine Miss Parker, für die er seine ersten Verse verfasste. Sie gingen verloren, und der Dichter erinnerte sich nie daran, was sie waren. Miss Parker starb und machte Platz für Miss Chaworth, die Tochter des Mannes, den der alte Lord Byron getötet hatte. Aber dieses Mal war es die wahre Leidenschaft der aufkeimenden Männlichkeit, zärtlich und tief, und sie hinterließ ihre Spuren für den Rest seines Lebens. Miss Chaworth war schön, hatte ein charmantes Auftreten und war wohlhabend.

„Ach!", sagte Byron, „unsere Verbindung hätte die Erinnerung an das Blutvergießen zwischen unseren Vätern ausgelöscht; sie hätte zwei reiche Ländereien und zwei Wesen wieder vereint, die sich recht gut miteinander verstanden hätten, und dann – und dann – ach, nun, Gott weiß, was dann passiert wäre!"

Aber Byron war hinkend; er musste jede Art von Bewegung vermeiden, die seine Missbildung hätte zur Schau stellen können, und folglich auch das Tanzen. Nun war Miss Chaworth besonders tanzbegeistert, und Byron stand da, lehnte sich mit verschränkten Armen an eine Ecke neben der Tür oder an den Kaminsims, runzelte die Stirn und verzog die Lippen vor Zorn, während die Musik das Mädchen, das er liebte, weit weg von ihm trug, und eine Tänzerin, die mehr Glück hatte als er, sie durch die Figuren einer Quadrille zu führen oder sie im Wirbel eines Walzers zu leiten. Einmal sagte jemand zu Mary Chaworth:

„Wissen Sie, dass Byron schwer in Sie verliebt zu sein scheint?"

„Nun, was macht das für mich aus?", antwortete Mary.

"Was? Meinst du das ernst?"

„Natürlich tue ich das. Glaubst du wirklich, ich könnte mich um diesen lahmen Jungen kümmern?"

Byron hörte sowohl Fragen als auch Antworten und sagte, es sei, als hätte ihn ein Dolch ins Herz getroffen. Diese Worte wurden um Mitternacht ausgesprochen; doch er stürzte wie ein Wahnsinniger aus dem Haus und rannte ohne anzuhalten nach Newstead, wo er bei seiner Ankunft vor Erschöpfung fast ohnmächtig zusammenbrach.

Und doch schickte Byron ihr Porträt, nachdem ihm die verächtliche Miss Chaworth eines Tages ihr Porträt geschickt hatte, im Gegenzug die folgenden Verse:

AN MARY

, ALS SIE IHR BILD ERHALTEN HAT

„Diese schwache Ähnlichkeit mit deinen Reizen, so stark sie auch
sterbliche Kunst nur sein kann, entwaffnet mein ständiges Herz der Angst,
belebt meine Hoffnungen wieder und lässt mich leben.

Hier kann ich die goldenen Locken nachzeichnen, die um deine
schneeweiße Stirn wehen, die Wangen, die der Schönheit entsprungen sind,
die Lippen, die mich zur Sklavin der Schönheit machten.

Hier kann ich – ach nein! – dieses Auge nachzeichnen, dessen Azur in
flüssigem Feuer schwimmt,
das die ganze Kunst des Malers herausfordern
und ihn von der Aufgabe zurückweisen muss.

Hier erblicke ich seinen schönen Farbton; aber wo ist der Stern, der so süß
umherirrt,
der seinem Blau einen Glanz verlieh, wie Luna, die über dem Ozean spielt?

Süße Kopie! Viel lieber für mich, leblos, gefühllos wie du bist, als alle
lebenden Formen es sein könnten, außer der, die dich neben mein Herz
gestellt hat.

Sie stellte es traurig und mit unnötiger Angst hin,
Damit die Zeit meine schwankende Seele nicht erschüttern könnte, ohne
zu wissen, dass ihr Bild dort
alle Sinne fest im Griff hatte.

Über Stunden, über Jahre, über die Zeit hinweg wird es aufheitern; meine
Hoffnung wird in düsteren Momenten geweckt; im letzten Konflikt des
Lebens werde ich erscheinen
und meinem liebevollen, sterbenden Blick begegnen."

Ein Jahr später heiratete Miss Chaworth.

„Zieh dein Taschentuch raus, mein Sohn", sagte Lady Byron eines Tages zu
dem Jungen, als sie nach Hause kam.

„Wozu, Mutter?"

„Weil ich schlechte Nachrichten für Sie habe."

"Was ist es?"

„Miss Chaworth ist verheiratet."

Byron zog sein Taschentuch aus der Tasche, putzte sich die Nase und sagte
mit dem sarkastischen Gesichtsausdruck, den er in bestimmten Momenten
so gut aufzusetzen wusste:

"Ist das alles?"

„Ist das nicht genug?", fragte Lady Byron, die genau wusste, welchen wahren Schmerz er hinter dieser scheinbaren Gleichgültigkeit verbarg.

„So sehr, dass mir die Tränen kommen? Nein, wirklich nicht!", und Byron steckte sein Taschentuch wieder in die Tasche.

Als Lady Byron ihrem Sohn auf diese gefühllose, spöttische Art die Hochzeit seiner angebeteten Mary mitteilte und Byron dabei ein Lächeln der Gleichgültigkeit gegenüber der Neuigkeit aufsetzte und sein von keiner Träne benetztes Taschentuch wieder in die Tasche steckte, ging der arme junge Mann untröstlich in sein Zimmer, und der Dichter nahm das Porträt seiner untreuen Liebsten in die Hand und versuchte, den Geliebten zu trösten, indem er sich selbst zum Trauern aufforderte und seine Leidenschaft in Worte fasste.

Daher kamen jene traurigen Seufzer eines gebrochenen Herzens, die an *Mrs. Musters gerichtet waren:* –

AN EINE DAME

„Oh! Wäre mein Schicksal mit Deinem verbunden gewesen, Wie einst
dieses Versprechen als Zeichen erschien,
Wären diese Torheiten nicht mein gewesen,
Denn dann wäre mein Frieden nicht gebrochen.

Dir verdanke ich diese frühen Fehler, Dir, den Weisen und Alten, die mich
tadeln: Sie kennen meine Sünden, aber wissen nicht, dass es Deine war, die
Bande der Liebe zu brechen.

Denn einst war meine Seele, wie Deine, rein,
Und all ihre aufsteigenden Feuer konnten ersticken; Doch jetzt haben
Deine Gelübde keine Gültigkeit mehr, Die Du einem anderen gegeben
hast.

Vielleicht könnte ich seinen Frieden zerstören und die Glückseligkeit
verderben, die ihn erwartet. Doch lass meinen Rivalen freudig lächeln, Um
Deinetwillen kann ich ihn nicht hassen.

Ach! Da Deine Engelsgestalt verschwunden ist, Kann mein Herz bei
niemandem mehr ruhen; Aber was es nur in Dir suchte, Versucht es, ach!,
in vielen zu finden.

Dann lebe wohl, betrügerisches Mädchen! Es wäre vergeblich und
fruchtlos, dich; weder Hoffnung noch Erinnerung helfen,
aber der Stolz kann mich lehren, dich zu vergessen. ·

Doch all diese schwindelerregende Verschwendung von Jahren, dieser
ermüdende Kreislauf langweiliger Freuden,
diese vielfältigen Lieben, diese Ängste einer Matrone,
diese gedankenlosen Anstrengungen im Sinne der Leidenschaft –

wenn du mein wärest, wäre alles verstummt: –
Diese Wange, jetzt blass vom frühen Aufruhr, war nie von der Hektik der
Leidenschaft errötet, sondern blühte in ruhiger häuslicher Stille.

Ja, einst war die ländliche Szenerie süß, denn die Natur schien vor dir zu
lächeln; und einst verabscheute meine Brust Betrug, denn damals schlug sie
nur, um dich anzubeten.

Aber jetzt suche ich nach anderen Freuden: Denken würde meine Seele in
den Wahnsinn treiben; in gedankenlosem Gedränge und leerem Lärm
bezwinge ich die Hälfte der Traurigkeit meiner Brust.

Doch selbst in diesen wird sich trotz aller vergeblichen Bemühungen ein
Gedanke einschleichen – und Freunde könnten Mitleid mit mir haben –
zu wissen, dass du für immer verloren bist.“

Leider war Miss Chaworth, wie Mrs. Musters, in ihrer Ehe nicht glücklicher
als der Mann, den sie verlassen hatte. Sie heiratete John Musters, Esq., im
August 1805 und lebte elend bis 1832, als sie auf ebenso traurige Weise starb,
wie sie gelebt hatte. Eine Bande Aufständischer aus Nottingham kam und
steckte Colwick Hall, wo sie lebte, in Brand. Sie und ihre Tochter suchten
Zuflucht in einem Schuppen, und da sie bereits bei schlechter Gesundheit
war, erkältete sie sich und wurde krank und starb praktisch an derselben
Krankheit, an der Byron acht Jahre zuvor gestorben war.

Wie Byron in der zweiten Strophe seines Gedichts an Mrs. Musters sagt, war
es die Folge des Bruchs seiner Freundschaft mit Miss Chaworth, dass er sich
ausschließlich dem Vergnügen widmete. Er flirtete, ritt, spielte, hielt Hunde,
begann zu schwimmen, zu fechten und Pistolenschießen.

inmitten all dieser Festivitäten und sportlichen Übungen fand er Zeit, ein
Buch mit dem Titel *Stunden des Müßiggangs* zu schreiben . Er hatte dieses Buch
gerade veröffentlicht, als Lady Morgan, die ich dreißig Jahre später
kennenlernen sollte, ihn zum ersten Mal traf.

Dies ist ihre Beschreibung des Treffens:—

„Plötzlich wurden meine geblendeten Blicke von einem überaus schönen
jungen Mann gefangen genommen. Sein Gesichtsausdruck war schweigsam,
und doch schien darin ebenso viel Schüchternheit wie Verachtung zu liegen.

Er war allein und stand in einer Ecke neben einer Tür, die Arme vor der Brust verschränkt, und man fühlte, dass er, obwohl er sich inmitten einer lebhaften und brillanten Menge befand, doch nicht dazugehörte.

„Wie geht es Ihnen, Lord Byron?", fragte ihn ein hübsches junges Geschöpf, topmodisch gekleidet.

"Lord Byron! Bei diesem Wort kamen mir alle tapferen Byrons in den Sinn, die zur englischen und französischen Ritterschaft gehört hatten; aber ich wusste nicht, dass der hübsche junge Mann, der ihr Nachkomme war, dazu bestimmt war, dem Namen ein noch größeres Recht auf die Bewunderung der Nachwelt zu geben als der tapferste Ritter Frankreichs oder der loyalste Kavalier Englands, der je denselben Namen getragen hatte. Der Ruhm verbreitete sich in unserer Provinz Tirerag sehr langsam; und obwohl Lord Byron bereits *den ersten Schritt* in dieser Karriere getan hatte, die mit der triumphalen Anerkennung seines wunderbaren Genies und der Ungerechtigkeit und Undankbarkeit seiner Landsleute enden sollte, wusste ich damals, als ich den Namen Byron hörte, nichts von diesem zukünftigen Ruhm, außer dem, was mich dazu veranlasste, mir das ‚Geh und häng dich auf, Byron' von Heinrich IV. zu sagen."

Die arme Lady Morgan! Sie war nicht glücklich mit ihren historischen Zitaten! Aber was macht das schon? Sie hat sie sich nicht allzu genau angesehen. Es war Biron ohne *Y*, dem Henry den Kopf abschlug; und über Crillon schrieb er: „Geh und häng dich auf!"

Doch Byrons literarischer Ruhm wurde ihm bald von den Kritikern zuteil. In einem Artikel der *Edinburgh Review*, der von Mr. Brougham, dem späteren Lord Brougham, verfasst wurde, wurde der junge Dichter heftig angegriffen.

Lord Byrons Leben war dazu bestimmt, ein einziger Kampf zu sein. Obwohl er lahm geboren war, kämpfte er hart, bis er der beste Schwimmer, der beste Schütze und der unerschrockenste Reiter seiner Zeit wurde. Die Welt leugnete sein Genie, also beschloss er, der erste Dichter seiner Zeit zu werden.

Seine Reaktion auf den Artikel in der *Edinburgh Review* bestand in jener furchtbaren Satire, die er seinen Kritikern unter dem Titel *English Bards and Scotch Reviewers entgegenschleuderte* und an deren Spitze die folgenden beiden Epigramme von Shakespeare und Pope standen:

„Ich wäre lieber ein Kätzchen und würde miauen!
Als einer dieser Balladenhändler im gleichen Versmaß!" – *Shakespeare*.

„Wir haben solche schamlosen Barden, und doch ist es wahr, dass es ebenso verrückte, verkommene Kritiker gibt." – *Pope*.

Als Byron diese Lanze geworfen hatte, konnte er nicht mehr zurück. Er hatte sich mit Leib und Seele der Poesie verschrieben, er hatte den Mantel des Nessus auf sich genommen, der ihn verzehren, aber auch unsterblich machen sollte. Und doch zögerte er eine kurze Zeit. Von Geburt an hatte er das Recht, im House of Lords zu sitzen, und er beschloss, seinen Platz dort einzunehmen. Wenn seine aristokratischen Standesgenossen ihn herzlich empfingen, wer wusste, was passieren würde? Er könnte alles aufgeben, sogar den Gedanken an seine Reise nach Persien mit seinem Freund Hobhouse, um seinem Schulkameraden Robert Peel in einer politischen Karriere zu folgen. Alles würde von einem Lächeln oder einem Händedruck abhängen; und für eine solche Anerkennung würde er die Feder wegwerfen, mit der er die *Stunden des Müßiggangs* und *Englische Barden und schottische Kritiker geschrieben hatte* ; für ein Lächeln und einen Händedruck würde er Spielen, Wetten, Rennen, Trunkenheit Lebewohl sagen und sich von jenen jugendlichen Torheiten lösen, in denen er versucht hatte, die Erinnerung an Miss Chaworth zu ertränken; er würde sie alle verlassen, sogar die Frau, die ihm als Mann verkleidet nach Brighton gefolgt war und deren skandalöse Anwesenheit die Empörung der prüden englischen Aristokratie erregt hatte!

In dieser Krise schrieb er seiner Mutter den folgenden Brief, der zeigt, wie groß die Kälte zwischen Mutter und Sohn war:

"AN DIE EHRENWÜRDIGE DAME BYRON

„NEWSTEAD ABBEY, NOTTS 7.
Oktober 1808

"SEHR GEEHRTE FRAU, ich habe im Moment keine Betten für die Hansons oder sonst jemanden. Die Hansons schlafen in Mansfield. Ich weiß nicht, ob ich Jean Jacques Rousseau ähnele. Ich habe nicht den Ehrgeiz, wie ein so berühmter Verrückter zu sein – aber ich weiß, dass ich auf meine eigene Art und Weise leben werde und so viel allein wie möglich. Wenn meine Zimmer fertig sind, werde ich mich freuen, Sie zu sehen; im Moment wäre es für beide Seiten unpassend und unbequem. Sie können kaum etwas dagegen haben, dass ich mein Haus bewohnbar mache, ungeachtet meiner Abreise nach Persien im März (oder spätestens im Mai), da *Sie bis zu meiner Rückkehr Mieter* sein werden ; und im Falle eines Unfalls (denn ich habe bereits dafür gesorgt, dass mein Testament aufgesetzt wird, sobald ich einundzwanzig bin) habe ich dafür gesorgt, dass Sie das Haus und das Anwesen lebenslang haben , neben einem ausreichenden Einkommen. Sie sehen also, dass meine Verbesserungen nicht ganz egoistisch sind. – Adieu. Glauben Sie mir, Ihr sehr ergebener
BYRON"

In einem weiteren Brief an seine Mutter vom 6. März 1809 fügt er hinzu:

"Was Sie sagen, ist vollkommen richtig: Was auch immer geschehen mag, *Newstead* und ich *stehen* und fallen gemeinsam. Ich habe jetzt an diesem Ort gelebt, ich habe mein Herz darauf gerichtet, und kein Druck, weder gegenwärtig noch künftig, wird mich dazu bewegen, den letzten Rest unseres Erbes zu verhandeln. Ich habe diesen Stolz in mir, der es mir ermöglicht, Schwierigkeiten zu ertragen. Ich kann Entbehrungen ertragen; aber könnte ich im Austausch für Newstead Abbey das erste Vermögen des Landes erhalten, würde ich das Angebot ablehnen. Seien Sie in dieser Hinsicht beruhigt; Mr. Hanson spricht in dieser Angelegenheit wie ein Geschäftsmann – ich fühle mich wie ein Ehrenmann, und ich werde Newstead nicht verkaufen. *Ich werde meinen Sitz nach der Rückkehr der* eidesstattlichen Erklärungen von Carhais in Cornwall bekommen *und werde bald etwas im Parlament tun: Ich muss los, sonst ist alles vorbei. Meine Satire muss einen Monat* lang geheim gehalten werden ; danach können Sie zu diesem Thema sagen, was Sie wollen. Lord Carlisle hat mich schändlich behandelt und sich geweigert, dem Kanzler irgendwelche Einzelheiten über meine Familie mitzuteilen. Ich habe habe ihn in meinen Reimen *geißelt* , und vielleicht wird Seine Lordschaft bedauern, nicht versöhnlicher gewesen zu sein. Man sagt mir, es wird sich verkaufen; das hoffe ich, denn der Buchhändler hat sich gut verhalten, soweit es das Veröffentlichen betrifft. – Glauben Sie mir usw.,
BYRON

„ *PS* : Sie erhalten eine Hypothek auf einen der Bauernhöfe."

Doch Byron war schon im Voraus zum Scheitern verurteilt. Er hatte große Schwierigkeiten, die notwendigen Papiere zu erhalten, die seinen Anspruch auf den Adelstitel belegen, und drei Tage, nachdem er den obigen Brief geschrieben hatte – also am 9. März 1809, sechs Wochen, nachdem er volljährig geworden war –, stellte er sich im House of Lords vor.

Wie wir bereits gesagt haben, sollte seine ganze Karriere von diesem Test abhängen. Wie er seiner Mutter sagte, sollte seine Satire noch einen Monat lang geheim bleiben, und wenn er von seinen berühmten Kollegen gut aufgenommen würde, sollte sie unveröffentlicht und der Dichter unbekannt bleiben.

Es war der Wille der Vorsehung, dass diese Aristokraten diesem jungen Mann, diesem Jungen gegenüber ungerecht, ja mehr als ungerecht, nämlich grausam waren.

Er betrat das Haus allein und wirkte ruhig, obwohl sein Gesicht totenbleich war; kein einziger freundlicher Blick ermutigte ihn, nicht eine einzige Hand wurde ihm entgegengestreckt; er suchte in der ganzen erlauchten Versammlung vergeblich nach einem einzigen freundlichen Blick, aber alle Köpfe waren abgewandt.

Dann fasste er einen Entschluss. Er, Lord Byron, wollte für seine Nachkommen einen neuen Anspruch auf den Adelstitel erheben, da sein aktueller Anspruch darauf von seinen Zeitgenossen geringgeschätzt wurde. Er veröffentlichte seine Satire und machte sich im Juni desselben Jahres 1809 mit Mr. Hobhouse auf den Weg.

KAPITEL III

Byron in Lissabon – Wie er mit seinen eigenen Landsleuten stritt – Sein Gedicht *Childe Harold* – Seine Anfälle von Wahnsinn und die darauffolgende Depression – Seine Heirat – Seine ehelichen Streitereien – Er verlässt England erneut – Sein Abschied von Frau und Kind – Sein Leben und seine Liebschaften in Venedig – Er bricht nach Griechenland auf – Seine Ankunft in Missolonghi – Seine Krankheit und sein Tod

Die ersten Nachrichten, die der reisende Dichter erhielt, kamen aus Lissabon und waren geprägt von jenem düsteren, spöttischen Geist, der, wenn er voll entwickelt ist, zum Genie wird.

Der Brief war an Herrn Hodgson gerichtet und begann mit den folgenden Worten:

„Ich bin hier sehr glücklich, weil ich Orangen liebe und mit den Mönchen schlechtes Latein spreche, obwohl sie es verstehen, weil es wie ihr eigenes ist. Und ich gehe in die Gesellschaft (mit meinen Taschenpistolen), und ich schwimme auf einmal im Tejo, und ich reite auf einem Esel oder Maultier, und ich schwöre Portugiesisch, und ich habe Durchfall und Stiche von den Mücken. Aber was soll das? Leute, die zum Vergnügen gehen, dürfen keinen Komfort erwarten."

Und doch konnte er, während er auf diese Weise spottete, so traurige Zeilen wie diese in *Childe Harold schreiben* :

CANTO I

IX

"Und niemand liebte ihn: obwohl er in Saal und Laube Zecher von nah und fern versammelte, kannte er sie als Schmeichler der festlichen Stunde, die herzlosen Parasiten der gegenwärtigen Heiterkeit. Ja! niemand liebte ihn – nicht einmal seine Liebsten –
Aber nur Prunk und Macht sind die Sorge der Frauen, und wo diese Licht sind, findet Eros ein Licht; Jungfrauen werden wie Motten immer vom grellen Licht gefangen, und Mammon gewinnt seinen Weg, wo Seraphe verzweifeln könnten.

X

Childe Harold hatte eine Mutter – die er nicht vergaß,
obwohl er den Abschied von dieser Mutter mied; eine Schwester, die er

liebte, aber nicht sah, bevor seine mühsame Pilgerreise begann: Wenn er Freunde hatte, verabschiedete er sich von keinem. Doch haltet seine Brust nicht für eine Brust aus Stahl: Ihr, die ihr wisst, was es heißt, ein paar liebe Dinge

zu verehren , werdet in Traurigkeit fühlen, dass solche Abschiede das Herz brechen, das sie innig zu heilen hoffen.
XI

Sein Haus, sein Heim, sein Erbe, seine Ländereien, die lachenden Damen, an denen er Gefallen fand, deren große blaue Augen, blonde Locken und schneeweiße Hände die
Heiligkeit eines Einsiedlers erschüttern konnten und lange seinen jugendlichen Appetit gestillt hatten; seine Kelche waren randvoll mit jedem kostbaren Wein und alles, was zum Luxus einlud, ohne einen Seufzer verließ er sie, um die Salzlake zu überqueren, die Küsten von Paynim zu durchqueren und die Mittellinie der Erde zu überschreiten.

Und in diesem Geist verließ er England, um seine ersten Reisen anzutreten. Und wenn irgendein Mitglied der Aristokratie zufällig fragte, wer dieser junge Lord Byron sei, der seinen Namen in die Liste der Peers eingetragen hatte, antworteten die am besten Informierten:

„Er ist ein junger Wüstling, Großneffe des alten Byron, der Chaworth in einem Duell tötete; er besitzt eine alte, heruntergekommene Abtei und ein Vermögen, das zerstückelt und verprasst wurde. Als er auf dem College war, wo er nie etwas Gutes tat, hielt er einen Bären; seit er das College verlassen hat, verkehrt er mit Prostituierten und Betrügern, trinkt bis zur Besinnung aus einem menschlichen Schädel und schreibt, wenn er betrunken ist, Gedichte.“

Byron ließ sein Land im Krieg mit seinen Mitmenschen zurück, und eine Strophe des ersten Gesangs des soeben erwähnten Gedichts genügte, um ihn auch mit den Frauen in Konflikt zu bringen – eine viel ernstere Angelegenheit:

CANTO I

LVIII

"Das Siegel, das der Liebe mit seinem Finger Grübchen aufdrückte,
zeigt, wie weich das Kinn ist, das seine Berührung erträgt:
Ihre Lippen, deren Küsse sich rümpfen, um ihr Nest zu verlassen,
gebieten dem Mann, tapfer zu sein, bevor er dies verdient: Ihr Blick, wie
wild schön! Wie sehr hat Phoebus vergebens darum geworben, ihre Wange

zu verwöhnen, die durch seine verliebte Umarmung noch glatter glüht! Wer würde im ganzen Norden nach blasseren Damen suchen? Wie armselig erscheinen ihre Gestalten ! Wie träge, blass und schwach!"

Ein solcher Fluch, den der Dichter auf jenes England schleuderte, das Shakespeare mit einem Schwanennest inmitten eines großen Sees verglich, stieß auf weite Verbreitung; denn „ *Childe Harold's Pilgrimage* " , den ersten Gesang, den Byron während seiner Reisen schrieb, fand enorme Resonanz.

Byron besuchte Portugal, Südspanien, Sardinien und Sizilien; dann reiste er durch Albanien und Illyrien, reiste durch Morea und machte Halt in Theben, Athen, Delphi und Konstantinopel. Wenn wir seinen eigenen Worten Glauben schenken, sah er seiner Rückkehr mit Furcht entgegen:

"In der Tat sind meine Aussichten nicht sehr angenehm. Ich bin in meine Privatangelegenheiten verwickelt, der Öffentlichkeit gegenüber gleichgültig, einsam und ohne den Wunsch, gesellig zu sein, mit einem Körper, der durch eine Reihe von Fieberanfällen etwas geschwächt ist, aber einem Geist, so hoffe ich, der noch ungebrochen ist. Ich kehre ohne Hoffnung und fast ohne Wunsch nach *Hause zurück* . Das Erste, dem ich begegnen werde, wird ein Anwalt sein, das Nächste ein Gläubiger, dann Bergleute, Bauern, Landvermesser und all die angenehmen Verbindungen zu heruntergekommenen Gütern und umstrittenen Kohlengruben. Kurz gesagt, ich bin krank und traurig, und wenn ich meine irreparablen Angelegenheiten ein wenig in Ordnung gebracht habe, werde ich fortmarschieren, entweder um in Spanien zu kämpfen, oder wieder zurück in den Osten, wo ich zumindest wolkenlosen Himmel und ein Ende der Unverschämtheit haben werde."

Der Autor des oben genannten Textes war kaum vierundzwanzig Jahre alt, trug einen der ältesten Namen auf den Britischen Inseln, war englischer Peer und sollte der führende Dichter seiner Zeit werden!

Der erste Gesang von *Childe Harold* sollte ihn in dieser letztgenannten Eigenschaft offenbaren, und er verkaufte sein Gedicht für zweihundert Pfund Sterling.

Seine Mutter starb zwei Monate nach seiner Rückkehr im Jahr 1811 plötzlich in Schottland.

„An einem Tag", sagte Lord Byron, „hörte ich, dass sie krank war; am nächsten erfuhr ich, dass sie gestorben war!"

Doch das war noch nicht alles. Fast zur gleichen Zeit starben auch seine beiden besten Freunde, Wingfield und Matthews.

Byron schrieb an Mr. Davies:

„Ein Fluch liegt über mir und den Meinen. Meine Mutter liegt tot in diesem Haus; einer meiner besten Freunde ist in einem Graben ertrunken. Was kann ich sagen, denken oder tun? Komm zu mir. Ich bin fast verlassen – fast allein auf der Welt."

Spuren dieser Sorgen finden wir am Ende des zweiten Gesangs von *Childe Harold* :

"Alles, was du von mir haben konntest, strenger Tod! Du hast es; den Vater, Freund und jetzt mehr als einen Freund; noch nie flogen deine Pfeile so schnell, und Kummer vermischt sich immer noch mit Kummer, und raubte mir die kleine Freude, die das Leben mir noch zu schenken hatte.

Was ist das Schlimmste an Leiden, die das Alter erdulden muss? Was prägt die Falten tiefer auf die Stirn? Zu sehen, wie jeder geliebte Mensch von der Seite des Lebens ausgelöscht wird, und allein auf der Erde zu sein, wie ich es jetzt bin. Lass mich demütig vor dem Züchtiger verneigen, über geteilte Herzen und zerstörte Hoffnungen : Rollt weiter, ihr eitlen Tage! Vollkommen unbekümmert möget ihr dahinfließen, denn die Zeit hat mir genommen, was meine Seele genossen hat, und mit den Übeln des Alterns meine früheren Jahre vermischt."

Byron freute sich riesig über den Erfolg, den der erste Gesang seines „*Childe Harold*" *erfahren hatte* ; den zweiten komponierte er nach seiner Rückkehr nach England, wie die Strophe über den Tod seiner Mutter beweist.

Sogar die *Edinburgh Review* machte ihren Fehler wieder gut, als sie leugnete, dass der Autor von „ *Stunden des Müßiggangs* "eine Berufung zur Poesie hatte.

"Lord Byron", bemerkten die schottischen Kritiker nun, "hat sich sehr verbessert, seit wir sein Werk das letzte Mal rezensiert haben. Dieser neue Band ist voller Originalität und Talent; der Autor macht hier die literarischen Sünden seiner Jugend wieder gut und tut mehr, denn er verspricht, uns noch bessere Werke zu liefern."

Lord Byron erhielt 600 Pfund für die ersten beiden Gesänge von *Childe Harold* , und der Erfolg war so groß, dass er für den dritten Teil 1575 Pfund und für den vierten 2100 Pfund erhielt. Es hieß damals, und das ist nicht ganz falsch, dass er seine Gedichte für eine Guinee pro Zeile verkaufte.

Mit dem Erfolg kam die Popularität. Alle Welt wollte diesen Dichter sehen, der plötzlich wie ein strahlender Meteor unter ihnen aufgetaucht war und die Dunkelheit der Nacht erhellte, und seine Werke kaufen. Sie sahen sein Gesicht und sahen, dass er schön war; sie sprachen seinen Namen aus und erinnerten sich daran, dass er väterlicherseits aus einer berühmten Familie stammte und mütterlicherseits von Jane Stuart, der Tochter von James II. von Schottland, abstammte, sodass königliches Blut in seinen Adern floss. In seinem Gedicht hatte er gesagt, dass er alles Sehenswerte gesehen hatte und davon gelangweilt war, dass er alle möglichen Sünden und sogar Verbrechen begangen hatte; er hatte gesagt – ein höchst außergewöhnliches Geständnis für einen Dichter von erst 25 Jahren –, dass er sich nicht einmal in die schönste Frau verlieben konnte, die London zu bieten hatte. *Diese blassen und matten Blumen des Nordens*, wie er sie nannte, schworen ihrerseits, ihn dazu zu bringen, seinen Eid zu brechen.

Für diejenigen, die Lord Byron kannten, war es keine schwierige Angelegenheit; viele schafften es ohne große Anstrengung; Lady Caroline Lamb war die Beste von allen. Sie war die Tochter des Earl of Bamborough und hatte 1805 William Lamb, den zweiten Sohn von Lord Melbourne, geheiratet.

Byron verliebte sich unsterblich in sie und bot ihr an, mit ihr durchzubrennen, doch sie lehnte ab. Was war der Grund für den bitteren Bruch zwischen ihnen, der damit endete, dass Lady Lamb den Roman *Glenarvon* gegen ihren ehemaligen Liebhaber schrieb und er sie für den Rest seines Lebens mit großer Verachtung behandelte? Eine Antwort auf diese Fragen hätten wir wahrscheinlich in den Memoiren von Lord Byron finden können, die Thomas Moore verbrannte. Wer weiß? Vielleicht verbrannte er sie wegen dieser Episode. Nach diesem Streit erwarb sich Byron den Ruf eines Dandys; er wurde zum modischen Stammgast in Badeorten und bei aristokratischen Versammlungen. Doch diese Art von Leben endete, wie es unvermeidlich war, in Müdigkeit und Abscheu; und am 27. Februar 1814 schrieb der Dichter:

„Hier bin ich nun, allein, statt bei Lord H. zu speisen, wohin ich eingeladen wurde, aber ich bin nicht geneigt, irgendwohin zu gehen. Hobhouse sagt, ich züchte einen *Loup Garou*, einen einsamen Kobold. Stimmt: ‚Ich bin allein.‘"

Als nächstes kam dem Menschenfeind, dem Dichter, dessen Inspirationen versiegt waren, dem Mann mit den vielen Ausschweifungen, eine seltsame Idee: Er würde heiraten und sich niederlassen. Er hatte alle Freuden der Jugend ausgeschöpft; er strebte nach etwas Neuem, ganz gleich, ob es Unglück bedeutete. Diese unbekannte und schmerzliche Erfahrung hielt Lady Byron für ihn bereit. Aber das Seltsamste war, dass er heiraten wollte, um zu heiraten, und nicht um der Frau willen. Er, der einmal mit Mr. Hay um fünfzig Pfund gewettet hatte, dass er nie heiraten würde, hatte es so eilig zu heiraten, dass es ihm egal war, wer die Dame war.

Er besprach seine Absicht mit Lady Melbourne, und Lady Melbourne schlug eine junge Dame vor, die Byron nicht kannte; Byron schlug Miss Milbanke vor.

„Sie irren sich", sagte Lady Melbourne, „und zwar aus zwei Gründen: Erstens, weil Sie Geld brauchen und Miss Milbanke Ihnen nur zehntausend Pfund bringen kann; und zweitens, weil Sie eine Frau wollen, die Sie bewundert, und Miss Milbanke bewundert niemanden außer sich selbst."

„Also gut", sagte Lord Byron, „wie heißt Ihre junge Dame?"

Lady Melbourne erwähnte ihren Namen und Byron schrieb sofort an ihre Eltern, die ihm eine Absage schickten.

„Gut!", sagte Byron. „Sie sehen jetzt, dass Miss Milbanke meine Frau werden soll." Und er setzte sich sofort hin und schrieb Miss Milbanke, um ihr seinen Wunsch mitzuteilen.

Aber Lady Melbourne wollte es nicht dabei belassen; sie riss Byron den Brief aus der Hand, als er fertig war, und trug ihn zum Fenster, um ihn zu lesen, während Byron ruhig auf seinem Platz sitzen blieb. Als sie ihn gelesen hatte, sagte sie: „Nun, ich muss zugeben, das ist ein sehr hübscher Brief; es ist schade, dass er nicht weggeht."

„Dann gib es mir", sagte Byron, „und ich werde es versiegeln und abschicken."

Lady Melbourne gab Byron den Brief zurück, er versiegelte ihn und sorgte dafür, dass er den Empfänger erreichte.

Er heiratete am 2. Januar 1815 im Haus von Sir Ralph Milbanke. Er schickte die fünfzig Pfund noch am selben Tag an Mr. Hay, ohne zu warten, bis er um das Geld gebeten wurde.

Genau einen Monat später schrieb er:

2. Februar 1815

„Der Sirupmond ist vorbei, ich bin wach und stelle fest, dass ich verheiratet bin. Swift sagt: ‚Kein *weiser* Mann hat je geheiratet', aber für einen Narren ist es meiner Meinung nach der köstlichste aller möglichen zukünftigen Zustände."

Die Flitterwochen verbrachte das junge Paar im Haus von Sir Ralph Milbanke; danach fuhr das junge Paar in sein Haus in Piccadilly. Aber hier wurden sie von den Sorgen um den Haushalt überwältigt. Miss Milbankes Mitgift von 10.000 Pfund hatte Lord Byrons Gläubiger nur verärgert. Gläubiger ruhen nur dann ruhig, wenn ihnen überhaupt nichts gegeben wird, denn dann sind sie verzweifelt; aber eine Teilzahlung treibt sie zur Weißglut.

Angetrieben von den 10.000 Pfund, die sie gesichert hatten, ließen die Gläubiger dem jungen Paar keinen Augenblick der Ruhe; je mehr diese Ärgernisse zunahmen, desto kühler und distanzierter wurde das Verhältnis zwischen Mann und Frau. Dann, als ihr Mann am unglücklichsten war und nur dadurch, dass er ein Peer des Königreichs war, einer Gefängnisstrafe entging, verließ Lady Byron London unter dem Vorwand, ihren Vater zu besuchen. Ihr Abschied war, konventionell gesprochen, recht liebevoll, und sie vereinbarten, sich in einem Monat zu treffen. Während ihrer Reise schrieb Lady Byron einen zärtlichen Brief an ihren Mann. Dann erfuhr Lord Byron eines Morgens von seinem Schwiegervater, Sir Ralph Milbanke, dass er nicht damit rechnen könne, seine Frau und seine Tochter jemals wiederzusehen.

Was war der Grund für diese plötzliche Trennung, die trotz aller Proteste Byrons mit einer Scheidung endete? Der Dichter führte es auf den Einfluss einer alten Gouvernante von Lady Byron, Mrs. Clermont, zurück, gegen die er jene schreckliche Satire mit dem Titel „Eine Skizze" sowie dieses Epigramm und Apostroph des Mohren an Jago richtete:

„Ehrlicher, ehrlicher Jago!
Wenn du ein Teufel bist, kann ich ihn nicht töten ."

das mit diesen Zeilen beginnt:

"Geboren auf dem Dachboden, in der Küche aufgewachsen,
von dort befördert, um das Haupt ihrer Herrin zu schmücken; dann – für einen unausgesprochenen Dienst, dessen Lohn nur zu erraten ist – von der Toilette an den Tisch gehoben, wo ihre staunenden Vorgesetzten hinter ihrem Stuhl warten.
Mit unbewegtem Blick und unverschämter Stirn speist sie von dem Teller, den sie kürzlich gewaschen hat."

Sofort erhob sich in den Zeitungen und in der Gesellschaft ein gewaltiger Aufschrei gegen den Dichter, der mit der Kraft seines Genies bereits seine Gegner überwunden hatte, die man als die erste Koalition gegen ihn bezeichnen könnte.

So ist es immer mit Männern in hohen Positionen, die vor den Augen der Öffentlichkeit stehen: Unerwartet brechen Stürme auf, deren Existenz das Opfer erst ahnt, wenn sie über seinem Kopf niederbrechen. Man kann sie mit Wassergüssen vergleichen, und sie strömen über den Dichter, sei er nun Schiller oder Dante, Ovid oder Byron, sie überwältigen ihn völlig, zerreißen sein Herz und seinen Körper, zerstören seinen Ruhm, stürzen seinen Ruf um, entwurzeln seine Ehre. Diese Stürme entspringen den Feindseligkeiten, dem Hass und der Eifersucht, die sein Genie hervorruft; sie sind die Hyänen, die ihm auf Schritt und Tritt durch die Dunkelheit folgen, die es nicht wagen, ihn anzugreifen, solange er fest und aufrecht stehen kann, die sich aber auf ihn stürzen, sobald er wankt, und ihn verschlingen, sobald er fällt.

Byron war sich bewusst, dass er seinen Feinden nachgeben musste. Also verließ er England, um seine Truppen in der ruhigen Umgebung fremder Länder zu sammeln und sich an ihnen zu rächen. Er verließ England am 25. April 1816. Während seiner sechs Jahre in London hatte er die ersten beiden Gesänge von *Childe Harold veröffentlicht* : *The Giaour* , *The Bride of Abydos* , *The Siege of Corinth* , *Lara* und *The Corsair.*

Er ging und bedauerte zutiefst seine Frau, die ihn ins Exil geschickt hatte, und seine Tochter, die er kaum gesehen hatte und die er nie wiedersehen sollte.

"Lebe wohl! Und wenn für immer.
Immer noch für immer, lebe wohl: Auch wenn es unversöhnlich ist, wird mein Herz nie gegen dich rebellieren.

Wäre diese Brust vor dir entblößt,
wo dein Kopf so oft gelegen hat, während dieser ruhige Schlaf über dich kam, den du nie wieder kennen kannst: ... Beide werden leben, aber jeden Morgen weck uns aus einem verwitweten Bett. ...
Und wenn du Trost sammeln möchtest, wenn die ersten Worte unseres Kindes fließen, wirst du ihr beibringen, "Vater!" zu sagen, obwohl sie auf seine Fürsorge verzichten muss?

Wenn ihre kleinen Hände dich drücken, wenn ihre Lippen sich an deine drücken, denke an ihn, dessen Gebet dich segnen wird,
denke an ihn, den deine Liebe gesegnet hat!

Sollten ihre Gesichtszüge denen ähneln, die du nie mehr sehen wirst ? sieh, dann wird dein Herz leise zittern, mit einem Puls, der mir doch treu ist."

Dies war an die Mutter gerichtet. Dann wendet er sich in *Childe Harold* an sein Kind:—

"Ist dein Gesicht wie das deiner Mutter, mein schönes Kind?
Ada, einzige Tochter meines Hauses und Herzens? Als ich deine jungen blauen Augen das letzte Mal sah, lächelten sie, und dann trennten wir uns — nicht wie jetzt,
sondern mit einer Hoffnung. —

Meine Tochter! Mit deinem Namen beginnt dieses Lied ;
Meine Tochter! Mit deinem Namen wird so viel enden;
ich sehe dich nicht, ich höre dich nicht, aber niemand

kann so in dich versunken sein; du bist der Freund, zu dem sich die Schatten langer Jahre erstrecken: Auch wenn du meine Stirn nie sehen solltest, wird meine Stimme mit deinen zukünftigen Visionen verschmelzen und in dein Herz gelangen, wenn meines kalt ist, ein Zeichen und ein Ton, sogar aus der Form deines Vaters.

Um die Entwicklung deines Geistes zu unterstützen, um deine Morgendämmerung kleiner Freuden zu beobachten, um zu sitzen und fast dein Wachstum zu beobachten, um zu sehen, wie du Wissen über Dinge erlangst – Wunder, die dir noch bevorstehen!
Um dich leicht auf einem sanften Knie zu halten und auf deine weiche Wange die Handschrift eines Elternteils zu drücken Kuss – Dieser, so scheint es, war nicht für mich bestimmt; doch lag dies in meiner Natur: so wie es ist, weiß ich nicht, was es ist, doch etwas Ähnliches.

Doch, obwohl stumpfer Hass, wie es die Pflicht lehren sollte, weiß ich, dass du mich lieben wirst; obwohl mein Name vor dir verschlossen sein sollte, wie ein Zauber, der immer noch voller Trostlosigkeit und einem gebrochenen Anspruch ist: Auch wenn sich das Grab zwischen uns schließt – es wäre dasselbe, weiß ich, dass du mich lieben wirst; obwohl es ein Ziel und eine Errungenschaft wäre, *mein* Blut aus deinem Wesen
zu saugen
– alles wäre vergeblich – würdest du mich dennoch lieben, immer noch das, was mehr als das Leben behält.

Das Kind der Liebe, obwohl in Bitterkeit geboren und in Krämpfen aufgezogen. Von deinem Vater waren dies die Elemente und nicht weniger deine.
Noch sind solche um dich herum, aber dein Feuer wird gemilderter und deine Hoffnung weit höher sein. Süß sei dein gewiegter Schlummer! Über das Meer und von den Bergen, wo ich jetzt atme, würde ich gern einen solchen Segen auf Dich herabwehen, wie ich mit einem Seufzer glaube, dass Du das für mich hättest sein können.“

„Ah!“, bemerkte Madame de Staël (die arme Verbannte, die am Ufer des Genfer Sees stand und nach der Gosse in der Rue du Bac seufzte), „ah! Ich hätte nichts dagegen, unglücklich zu sein, wenn ich Lady Byron wäre und meinem Mann solche Zeilen eingeflößt hätte!“

Mag sein, aber Lord Byron und Madame de Staël wären ohne Zweifel ein außergewöhnliches Paar gewesen.

Byron hatte es diesmal nicht so eilig, weit zu reisen; vielleicht wollte er das doppelte Band, das ihn mit England verband, nur stärken und nicht völlig zerreißen.

Er landete in Belgien, besuchte das Schlachtfeld von Waterloo, das noch immer vom Blut dreier Nationen durchtränkt war, segelte den Rhein hinunter und ließ sich eine Zeit lang am Ufer des Genfersees nieder. Hier traf er Madame de Staël, die unter der Restauration fast ebenso verbannt war wie unter dem Kaiserreich. „Mein größtes Vergnügen war es, inmitten der großartigen Gemälde rund um den Genfersee den Autor von *Corinne zu betrachten* .“

In Diodati wiederholte Byron seine Schwimmleistung von Abydos, indem er den vier Meilen breiten Genfer See überquerte. Und in Diodati schrieb er den dritten Gesang von *Childe Harold* , *Der Gefangene von Chillon* und *Manfred*. Goethe erhob in einer deutschen Zeitschrift Anspruch auf die ursprüngliche Idee von *Manfred* , als ob *Manfred* nicht so direkt von Satan abstammte wie *Faust* von Polichinelle! O du armer reicher Mann! Mit all deinem europäischen Ruhm und deinem weltweiten Ruf, würdest du das Blatt zurückreißen, das dein Dichterbruder so sündig von deinem Lorbeerkranz gepflückt hat?

Können wir nicht fast hören, was D'Alembert über den Autor von *Zaïre* und des *Dictionnaire philosophique sagte* :

„Diesen Mann kann man einfach nicht begreifen! Er ist so berühmt, dass er Millionen von Menschen zufriedenstellen würde, und trotzdem will er noch einen halben Dollar.“

Byron nahm Rache, indem er einige seiner Gedichte Goethe widmete.

Byron reiste im Oktober nach Italien und machte zunächst in Mailand Halt, um die Ambrosianische Bibliothek zu besuchen. Sein nächster Halt war Verona, wo er das Grab der Julia sah. Schließlich ließ er sich in Venedig nieder, wo sein Name in aller Munde war.

Venedig hatte nie Pferde besessen, abgesehen von den vier bronzenen, die zwölf Jahre lang auf dem Triumphbogen des Carrousel prangten. Byron aber ging nie zu Fuß, und deshalb war er der erste Mensch, dessen lebende Pferde auf dem Markusplatz, auf dem Quai des Esclavons und an den Ufern der Brenta klapperten.

In Venedig begann die wahre Romantik seines Lebens. Hier hatte er drei Liebesaffären, jede in einem anderen Rang der venezianischen Gesellschaft: mit Marguerite, Marianne und ... Ach! Die treuloseste der drei war die große

Dame, die namenlos bleiben soll – sie, die Byron mehr liebte als alle anderen, vielleicht mehr als Miss Chaworth, mehr als Caroline Lamb.

Es ist merkwürdig, dass diese Dame auch heute noch, 33 Jahre nach der Zeit, von der ich schreibe, eine faszinierende Frau ist. Ich lernte sie in Rom kennen, als sie in voller Blüte ihrer Schönheit stand, als es fast ebenso wunderbar war, ihr zuzuhören wie sie anzusehen, zu hören wie zu sehen.

Sie lebte nur von den Erinnerungen an den großen Dichter, den sie geliebt hatte. Es schien, als ob die Jahre ihrer Liebe der einzige Lichtblick in ihrem Leben waren, und im Rückblick ignorierte sie die Dunkelheit, die den Rest ihres Lebens ausmachte. Aber wenn ich anfinge, von ihr zu sprechen, müsste ich ihren Namen nennen; ich müsste von den Spaziergängen sprechen, die wir gemeinsam im Mondschein auf dem Forum und im Kolosseum machten; ich müsste wiederholen, was sie mir im Schatten dieser großen Ruinen erzählte, als sie nie anders sprach als von den berühmten Toten, die mit ihr dieselben Steine beschritten hatten wie wir und an denselben Orten neben ihr gesessen hatten, an denen wir ruhten.

Oh, gnädige Frau, gnädige Frau! Warum waren Sie dem Andenken des Dichters untreu, wo doch Ihre Erinnerungen an ihn, unterstützt durch seinen Tod, immer stärker wurden, bis Sie Ihre Liebe zu einem Gott erhoben hatten? Warum genügte Ihnen nicht die Ehre, Byrons Geliebte gewesen zu sein, anstatt jeden Titel anzunehmen, den Ihnen ein Ehemann, ganz gleich, wie angesehen er auch sein mochte, verleihen konnte?

Wenn ich es nur wagen dürfte, hier zu wiederholen, was Déjazet einst zu Georges in Bezug auf Napoleon sagte!

Es stimmt, dass Byron mit all seinen Einfällen, Exzentrizitäten und Leidenschaften kein sehr angenehmer Liebhaber gewesen sein kann. Aber sie hätte ihm zu Lebzeiten untreu sein sollen und nicht erst nach seinem Tod.

Die Welt hat Kaiserin Joséphine ihre Untreue in den Tuilerien verziehen, doch der Witwe Marie-Louise wird sie ihre Untreue in Parma niemals verzeihen.

Mehr wollen wir nicht verraten, Madam. Wir wollen stattdessen an die Gedichte denken, die Byron in Venedig schrieb. Hier verfasste er *Marino Faliero*, *Die zwei Foscari*, *Sardanapalus*, *Kain*, *Dantes Prophezeiung* und den dritten und vierten Gesang des *Don Juan*.

Als Neapel 1820 und 1821 rebellierte, schrieb Byron an die neapolitanische Regierung und bot ihm seine Börse und sein Schwert an. Als es zu Gegenreaktionen kam, Ferdinand ein zweites Mal aus Sizilien zurückkehrte und die Listen der geächteten Personen in ganz Italien veröffentlicht wurden, befürchtete man, Byrons Name könnte unter den Verbannten sein. Dann geschah es, dass die armen Leute von Ravenna eine Petition an den Kardinal verfassten und darum baten, ihm zu erlauben, unter ihnen zu bleiben.

Dieser Mann, der den Neapolitanern mutig und offen tausend Louisdor anbot, war eine nie versiegende Quelle der Hilfsbereitschaft für die Armen von Venedig und der umliegenden Gegend; kein armer Mann streckte ihm je die Hand entgegen und zog sie mit leeren Händen zurück, selbst wenn Byron selbst in größter Not war und mehr als einmal borgen musste, um geben zu können. Er wusste das nur zu gut, als er sagte: „Diejenigen, die mich so lange und so grausam verfolgt haben, werden triumphieren, und Gerechtigkeit wird mir erst widerfahren, wenn diese Hand so kalt ist wie ihre Herzen.“

So hinterließ er überall, wo er hinkam, einen Eindruck wie von Feuer – er blendete, wärmte oder versengte.

Im Jahr 1821 verließ Byron Venedig, in dessen Straßen ihn noch nie jemand zu Fuß gesehen hatte; die Brenta, an deren Ufern ihn noch nie jemand spazieren sah; den Markusplatz, dessen Schönheiten er nie anders als durch ein Fenster betrachtet hatte, aus Angst, den Schönheiten Venedigs die leichte Deformation seines Beins zu offenbaren, die nicht einmal die Weite seiner Hose verbergen konnte.

Von Venedig ging er nach Pisa. Dort erwartete ihn die Nachricht von zwei neuen Problemen: dem Tod seiner leiblichen Tochter durch eine Engländerin und dem Tod seiner Freundin Shelley, die während einer Segelreise von Livorno nach Lerici ertrank. Er schickte den Leichnam seiner Tochter zur Beerdigung nach England.

Um den Leichnam seines Freundes Shelley vor der Aufmerksamkeit zu bewahren, die ihm italienische Priester zweifellos zuteilwerden ließen, beschloss er, ihn nach antikem Brauch verbrennen zu lassen.

Trelawney, der kühne Pirat, war anwesend und berichtet von den seltsamen Begräbnisriten, wie er auch von seiner Löwenjagd oder seinem Kampf mit dem malaiischen Prinzen berichtet. Er war ein Gefährte, der des edlen Dichters würdig war, und war selbst ein Dichter; sein Buch ist voller wunderbarer Beschreibungen, die umso wunderbarer sind, weil sie immer wahr sind, obwohl sie unglaublich klingen.

„Wir waren an der Küste“, sagte Trelawney. „Vor uns lagen das Meer und seine Inseln, hinter uns die Apenninen und neben uns der große, lodernde Scheiterhaufen. Die Flammen, vom Wind vom Meer angefacht, nahmen tausend phantastische Formen an. Das Wetter war sehr schön. Die trägen

Wellen des Mittelmeers küssten sanft das Ufer, der Sand war goldgelb und bildete einen scharfen Kontrast zum tiefen Blau des Himmels. Die Berge hoben ihre schneebedeckten Gipfel in die Wolken und die Flammen des Scheiterhaufens brannten immer höher in die Luft."

Von Pisa aus reiste Byron nach Genua. In dieser Stadt – einst die Königin des Mittelmeers – kam ihm die Idee, nach Griechenland zu gehen, um dort für die „Niobe der Nationen", wie er sie nannte, dieselben Aufgaben zu übernehmen, die Neapel nicht annehmen wollte, als man es ihr anbot.

Bisher hatte sich Byron vor allem einzelnen Menschen gewidmet; nun beabsichtigte er, sich einem Volk zu widmen.

Im April 1823 nahm er Kontakt mit dem griechischen Komitee auf und verließ Italien gegen Ende Juli. Sein Ruf hatte nicht nur in Italien, Frankreich und Deutschland, sondern auch in England außerordentlich zugenommen.

Eine Tatsache gibt eine Vorstellung davon, wie groß sein Ruf war.

In Schottland war in der Grafschaft, in der sich das Anwesen seiner Mutter befand, ein Aufstand ausgebrochen. Die Rebellen mussten Lady Byrons Anwesen durchqueren, um ihr Ziel zu erreichen, aber an der Grenze des Anwesens machten sie Halt und beschlossen, im Gänsemarsch zu marschieren, um nur einen schmalen Pfad durch die Felder zu beschreiten. Auf anderen Anwesen trafen sie nicht die gleiche Vorsicht und verwüsteten diese völlig.

Byron erzählte oft und voller Stolz von diesem Vorfall.

„Seht", sagte er, „wie der Hass meiner Feinde gerächt wird."

Bevor er Italien verließ, schrieb er auf den Rand eines Buches, das man ihm geliehen hatte:

„Wenn alles, was über mich gesagt wird, wahr ist, bin ich nicht würdig, England wiederzusehen; wenn alles, was sie über mich sagen, falsch ist, verdient England es nicht, mich wiederzusehen."

Aber er ahnte, dass er sein Heimatland für immer verlassen hatte. Und Lady Blessington erzählte mir selbst, dass Byron, als sie ihn am Tag vor seiner Abreise in Genua traf, zu ihr sagte:

„Heute haben wir uns wiedergesehen, aber morgen werden wir getrennt sein, wer weiß für wie lange? Irgendetwas hier (und er legte die Hand auf sein Herz) sagt mir, dass wir uns zum letzten Mal treffen; ich gehe nach Griechenland und werde nie wieder von dort zurückkehren."

Gegen Ende Dezember landete Byron in Morea und gelangte wenige Tage später trotz der türkischen Flottille, die Missolonghi belagerte, in die Stadt.

Er wurde vom Volk mit begeistertem Jubel begrüßt und im Triumph zu dem Haus geführt, das sie für ihn vorbereitet hatten.

Als er sich dort niedergelassen hatte, war Byrons ganze Seele auf den einen Wunsch konzentriert, den Triumph der Sache zu erleben, für die er sich eingesetzt hatte, oder bei der Verteidigung einer neuen Thermopyle zu sterben. Keine dieser Hoffnungen sollte ihm jedoch erfüllt werden. Am 15. Februar 1824 erlitt er einen heftigen Fieberanfall, der schnell seinen Lauf nahm, ihm viel Leid zufügte und ihn stark schwächte. Doch sobald er sich ausreichend erholt hatte, nahm er seine täglichen Ausritte wieder auf, die seine größte Freizeitbeschäftigung waren. Am 9. April wurde er beim Reiten sehr nass, und obwohl er bei seiner Rückkehr nach Hause alles änderte, fühlte er sich krank, denn er hatte mehr als zwei Stunden in seinen nassen Kleidern verbracht. Während der Nacht kam es zu einer leichten Rückkehr des Fiebers, obwohl er gut schlief; doch am 10. klagte er gegen elf Uhr morgens über heftige Kopfschmerzen und Schmerzen in Armen und Beinen; dennoch gelang es ihm, am Nachmittag auf sein Pferd zu steigen. Sein alter Diener Fletcher, dessen Bericht wir nun die letzten Einzelheiten entnehmen, wartete auf seine Rückkehr.

„Wie sind Sie vorangekommen, Mylord?", fragte er.

„Der Sattel war nicht trocken", antwortete Byron, „und ich fürchte, die Feuchtigkeit hat mich wieder krank gemacht."

Und tatsächlich war am nächsten Morgen deutlich zu sehen, dass Byrons Unwohlsein schlimmer geworden war: Er hatte die ganze Nacht Fieber gehabt und wirkte sehr niedergeschlagen. Fletcher machte ihm eine Tasse Pfeilwurz; er probierte ein paar Löffel davon und gab das Getränk dann dem alten Diener zurück.

„Es ist ausgezeichnet", sagte er, „aber ich kann nicht mehr davon trinken."

Am dritten Tag wurde Fletcher ernsthaft unruhig wegen ihm. Während all seiner anderen Rheumaanfälle war sein Herr nie schlaflos gewesen, aber dieses Mal konnte er überhaupt nicht schlafen.

Also ging er zu den beiden Ärzten in der Stadt, Dr. Bruno und Dr. Millingen, und stellte ihnen mehrere Fragen zur Art der Krankheit, an der Lord Byron ihrer Meinung nach litt. Beide versicherten dem alten Diener, er brauche sich keine Sorgen zu machen, sein Herr sei nicht in Gefahr, aber in zwei oder drei Tagen werde er wieder auf den Beinen sein und dann, so sagten sie, werde der Anfall nicht wiederkehren. Das war am 13. Am 14., als das Fieber seinen Herrn nicht verlassen hatte und der Kranke immer noch nicht schlafen konnte, bat Fletcher Byron trotz der Versicherungen der beiden Ärzte, ihn nach Dr. Thomas aus Zante schicken zu lassen.

„Konsultieren Sie die beiden Ärzte", antwortete der Kranke, „und handeln Sie nach ihren Anweisungen."

Fletcher gehorchte und die beiden Ärzte sagten, dass eine dritte Meinung nicht notwendig sei. Fletcher brachte diese Antwort seinem Herrn zurück, der den Kopf schüttelte und sagte:

„Ich habe große Angst, dass sie überhaupt nichts über meine Krankheit wissen."

„In diesem Fall, Mylord", beharrte Fletcher, „rufen Sie einen anderen Arzt."

„Man sagt mir", fuhr Byron fort, ohne Fletcher direkt zu antworten, „dass es eine Erkältung ist, wie ich sie schon einmal hatte."

„Aber ich bin sicher, Mylord, Sie hatten noch nie einen so ernsten Vorfall", antwortete der Kammerdiener.

„Ich stimme Ihnen zu", war Byrons Antwort und er verfiel in einen Tagtraum, aus dem ihn keine noch so große Überredungskunst aufschrecken konnte.

Am 15. bat Fletcher, dessen treue Hingabe den wahren Zustand seines Herrn erriet, erneut um Erlaubnis, Dr. Thomas holen zu dürfen; doch die Ärzte von Missolonghi beharrten weiterhin darauf, dass kein Grund zur Beunruhigung bestehe. Bis jetzt hatten sie ihren Patienten mit Abführmitteln behandelt, die, da Byron während acht Tagen nur ein oder zwei Tassen Brühe zu sich genommen hatte, viel zu stark waren und keine wünschenswerte Wirkung haben konnten. Sie verstärkten nur die Schwäche, die aufgrund des Schlafmangels bereits extrem war.

Am Abend des 15. wurden die Ärzte jedoch unruhig und sprachen davon, ihren Patienten zur Ader zu lassen. Er wehrte sich jedoch energisch dagegen und fragte Dr. Millingen, ob er die Aderlass-Maßnahmen für dringend notwendig hielte. Der Arzt antwortete, er glaube, er könne dies ohne Gefahr bis zum nächsten Tag verschieben. Am Abend des 16. ließen sie Byron also zur Ader. Dabei entnahmen sie ihm 16 Unzen stark entzündeten Blutes. Dr. Bruno schüttelte den Kopf, als er das Blut untersuchte.

„Ich habe ihm immer gesagt, man müsse ihn zur Ader lassen", murmelte er, „aber er hat es nie zugelassen."

Anschließend gerieten die Ärzte in einen längeren Streit über die verlorene Zeit.

Wieder schlug Fletcher vor, nach Zante zu schicken und Dr. Thomas zu holen, aber die Ärzte antworteten:

„Es wäre sinnlos. Bevor er hier ankommt, wird Ihr Herr entweder außer Gefahr oder tot sein."

Inzwischen war die Krankheit schlimmer geworden, und Dr. Bruno riet zu einer zweiten Aderlass-Operation. Fletcher teilte seinem Herrn mit, dass die beiden Ärzte eine weitere Aderlass-Operation für unumgänglich hielten, und diesmal leistete Lord Byron keinen Widerstand; er streckte seinen Arm aus und sagte:

„Hier ist mein Arm: Sie können tun, was sie wollen." Dann fügte er hinzu: „Habe ich dir nicht gesagt, Fletcher, dass sie überhaupt nichts von meiner Krankheit verstehen?"

Byron wurde immer schwächer. Am 17. ließ man ihn morgens zur Ader und am Nachmittag desselben Tages noch zweimal. Nach jeder Ader ließ man ihn ohnmächtig werden, und von diesem Tag an gab er selbst alle Hoffnung auf.

„Ich kann nicht schlafen", sagte er zu Fletcher, „und Sie wissen ja, dass ich seit einer Woche nicht geschlafen habe. Es ist eine Tatsache, dass ein Mensch nicht lange ohne Schlaf leben kann. Nach einer Weile wird er verrückt und nichts kann ihn retten. Ich würde mir lieber zehnmal das Gehirn wegblasen, als verrückt zu werden. Ich habe keine Angst vor dem Tod. Ich werde ihm mit mehr Gelassenheit entgegensehen, als die Leute glauben würden."

Am 18. war Byron vollkommen zufrieden mit seinem nahenden Ende.

„Ich fürchte", sagte er zu Fletcher, „dass Tita und Sie beide krank werden, wenn Sie mich Tag und Nacht so pflegen."

Dennoch weigerten sich beide, sich auszuruhen. Fletcher war klug genug, die Pistolen und den Dolch seines Herrn seit dem 16. außer Reichweite zu bringen, als er erkannte, dass das Fieber wahrscheinlich ein Delirium auslösen würde.

Am 18. wiederholte er mehrmals, dass die Ärzte von Missolonghi seinen Fall überhaupt nicht verstanden hätten.

„Also gut", antwortete Fletcher zum zehnten Mal, „lass mich losgehen und Dr. Thomas aus Zante holen."

„Nein, geh nicht … Schicke nach ihm, Fletcher, aber beeil dich."

Fletcher verlor keine Sekunde, schickte einen Boten los und teilte dann den beiden Ärzten mit, dass er gerade nach Dr. Thomas geschickt hatte.

„Sie hatten ganz recht", sagten sie, „denn auch wir sind inzwischen sehr beunruhigt."

Als Byron das Zimmer seines Herrn wieder betrat, sagte er zu Fletcher:

"Na, hast du geschickt?"

"Ja, mein Gebieter."

„Gut! Ich möchte wissen, was mit mir los ist."

Wenige Augenblicke später erlitt er einen erneuten Deliriumanfall, und als er wieder zu Bewusstsein kam, bemerkte er:

„Ich glaube, ich bin ernsthaft krank. Wenn ich früher sterben sollte als erwartet, möchte ich Ihnen einige Anweisungen geben. Werden Sie diese für mich befolgen?"

„Oh, mein Herr, Sie können meiner Treue sicher sein", antwortete der Diener. „Aber Sie werden hoffentlich noch lange genug leben und sich Ihren eigenen Angelegenheiten widmen können."

„Nein", sagte Byron kopfschüttelnd. „Nein, das Ende ist gekommen … Ich muss dir alles erzählen, Fletcher, und zwar ohne einen Augenblick Zeit zu verlieren."

„Soll ich Feder, Tinte und Papier holen, Mylord?", fragte der Diener.

„Oh nein, wir würden zu viel Zeit verschwenden und wir haben keine zu verlieren. Passen Sie auf."

„Ich höre zu, mein Herr."

„Ihre Zukunft ist gesichert."

„Oh, mein Herr", rief der arme Diener und brach in Tränen aus, „ich bitte Sie, an wichtigere Dinge zu denken."

„Mein Kind!", murmelte der Sterbende, „meine liebe Tochter, meine arme Ada, wenn ich sie nur hätte sehen können! Überbringe ihr meinen Segen, Fletcher; auch meiner Schwester Augusta und ihren Kindern … Du musst ihn auch Lady Byron überbringen … Erzähl es ihr … erzähl ihr alles … du stehst in ihrer Achtung …"

Dem Sterbenden fehlte die Stimme, und obwohl er sich bemühte, weiterzusprechen, konnte der Diener nur zusammenhanglose Ausdrücke verstehen, aus denen er mit größter Mühe Folgendes heraushörte:

„Fletcher … wenn Sie die Befehle, die ich Ihnen gegeben habe, nicht ausführen … werde ich Sie heimsuchen … wenn Gott es mir erlaubt …"

„Aber, mein Herr", rief der Diener verzweifelt, „ich habe kein einziges Wort von dem verstehen können, was Sie mir gesagt haben."

„Oh! Mein Gott, mein Gott!" flüsterte Byron, „dann ist es jetzt zu spät … Hast du mich wirklich nicht gehört?"

„Nein, Mylord. Aber versuchen Sie noch einmal, mir Ihren Wunsch verständlich zu machen."

„Unmöglich! … unmöglich!", murmelte der Sterbende. „Es ist zu spät … alles ist vorbei … und doch … komm näher, komm näher, Fletcher … Ich werde es noch einmal versuchen."

Und er erneuerte seine Versuche, aber alles war vergebens; er brachte nur ein paar gebrochene Worte hervor, etwa: „Meine Frau! … mein Kind … meine Schwester. Du weißt alles … du wirst ihnen alles erzählen … du kennst meine Wünsche."

Mehr war nicht zu verstehen.

Dies geschah am Mittag des 18. Die Ärzte führten eine neue Konsultation durch und beschlossen, dem Patienten Chinin in Wein zu verabreichen.

Er hatte, wie gesagt, acht Tage lang nur ein wenig Brühe und zwei Löffel Pfeilwurz eingenommen. Er nahm Chinin und zeigte durch Zeichen, dass er schlafen wollte; er sprach nicht mehr, es sei denn, er wurde gefragt.

„Möchten Sie, dass ich Mr. Parry abhole?", fragte ihn Fletcher.

„Ja, geh und hol ihn", antwortete er.

Einen Moment später kam der Diener mit ihm zurück. Mr. Parry beugte sich über sein Bett und Byron wurde aufgeregt, als er ihn erkannte.

„Bleiben Sie ganz ruhig liegen", sagte Mr. Parry. Der Kranke vergoss ein paar Tränen und schien dann einzuschlafen.

Dies war der Beginn eines Komazustandes, der fast vierundzwanzig Stunden anhielt.

Dann, gegen acht Uhr abends, erwachte er und Fletcher hörte ihn sagen: „Und jetzt muss ich schlafen gehen …"

Das waren seine letzten Worte. Sein Kopf fiel bewegungslos auf das Kissen zurück. Vierundzwanzig Stunden lang bewegte er sich nicht; gelegentlich hatte er Erstickungsanfälle und ein raues Geräusch beim Atmen: das war alles. Fletcher rief Tita, damit sie ihm half, den Kopf des Kranken aufzurichten, der völlig benommen schien, und die beiden Diener hoben seinen Kopf jedes Mal, wenn die Erstickungsanfälle wieder auftraten.

Dies dauerte bis zum 19., als Byron um sechs Uhr abends ohne Anzeichen von Schmerzen seine Augen öffnete und schloss und ohne einen anderen Teil seines Körpers zu bewegen.

„Oh, mein Gott", rief Fletcher, „ich glaube, mein Herr hat seinen letzten Atemzug getan!"

Die Ärzte kamen näher und fühlten seinen Puls.

„Sie haben Recht", sagten sie. „Er ist tot!..."

Am 22. April wurden Byrons sterbliche Überreste in die Kirche gebracht, in der Marco Bozariz und General Normann begraben liegen. Der Leichnam wurde in einen groben Holzsarg gelegt; er war mit einem schwarzen Mantel bedeckt, und auf dem Mantel wurden ein Helm, ein Schwert und ein Lorbeerkranz abgelegt.

Byron hatte den Wunsch geäußert, dass sein Körper in seinem Heimatland begraben werden sollte. Die Griechen baten jedoch darum, sein Herz behalten zu dürfen, und diejenigen, die dieses Herz zu seinen Lebzeiten grausam zum Bluten gebracht hatten, gaben es nach seinem Tod her.

Seine Tochter Ada, die ich später in Florenz wiedersah, wurde zur Adoptivtochter Griechenlands erklärt. Ob König Otto I. sich dieser Tatsache bewusst war, als er den Thron bestieg, weiß ich nicht.

KAPITEL IV

Usurpierte Berühmtheit – M. Lemercier und seine Werke – Racans weißer Hase – *Le Fiesque* von M. Ancelot – Die romantischen Künstler – Scheffer – Delacroix – Sigalon – Schnetz – Coigniet – Boulanger – Géricault – *La Méduse* im Atelier des Künstlers – Lord Byrons Trauerfeier in England – Sheridans Leiche wird als Schuldner eingefordert

Während Lord Byrons Leichnam von Missolonghi nach England überführt wurde, machte die literarische Bewegung in Frankreich stetige Fortschritte. M. Liadière und M. Lemercier taten ihr Bestes, um sich mit Shakespeare und Rowe auseinanderzusetzen, und inszenierten beide *Jane Shore* ; M. Liadière am 2. April im Odéon und M. Lemercier am 1. April im Théâtre-Français. M. Liadières Inszenierung konnte sich gerade so finanzieren, während M. Lemerciers ein Misserfolg war, trotz Talma, der darin zwei Rollen spielte – die des Gloucester und die eines Bettlers. Talma war in diesem Stück wunderbar, so armselig es auch war. Er versuchte darin etwas, was damals als etwas ganz Außergewöhnliches angesehen wurde. Er, ein Mann von stattlicher Erscheinung, anmutiger Haltung, voller Poesie, erhabenem Geist und eloquent, spielte die Rolle des buckligen Krüppels Richard. Die Art und Weise, wie er es schaffte, seine rechte Schulter höher als die linke erscheinen zu lassen und seinen Arm gelähmt erscheinen zu lassen, war ein Wunder an Geschick, und die Denunziationsszene war ein Wunder an Talent. Aber nichts konnte solch ein erbärmliches Stück retten. Es ist jetzt höchste Zeit, dass einige unverdiente Rufe, die von feinen Zirkeln und Vereinigungen der Intrigen und Betrügereien gestützt werden, in ihrem wahren Licht gezeigt werden.

Da wäre zum Beispiel der Autor von *Agamemnon* und *Pinto* - er verdiente nicht ein Viertel des Rufs, den er erhielt. *Agamemnon* ist ein langweiliges, lebloses Stück, bar jeden poetischen Gefühls, Sinns, Rhythmus und Stils; was ist es im Vergleich zu Äschylus' *Orest* ? *Pinto* ist ein Drama aus der Schule von Beaumarchais, der schlechtesten Art von Schauspielschule, die ich kenne; das Stück wäre nach acht oder zehn Aufführungen eines natürlichen Todes gestorben, wenn die kaiserliche Zensur nicht so dumm gewesen wäre, es unterdrücken zu wollen. Die Verfolgung, die *Pinto zuteil wurde* , verlieh ihm eine gewisse Berühmtheit, aber wenn man es heute noch aufführen würde, würde man bald die Wertlosigkeit der Nachahmung von Äschylus und Seneca, der sogenannten Originalschöpfung, erkennen. Und doch waren diese beiden Stücke die Hauptwerke des Autors.

Versuchen Sie auch, eine Reihe anderer Tragödien, Dramen und Gedichte zu lesen, die unter dem Geschrei, Gelächter und Gejohle des Publikums begraben liegen! Versuchen Sie, *Méléagre* oder *Lovelace* oder *Le Lévite d'Ephraïm zu lesen* ; und wenn Sie dann diese ersten drei Werke desselben Autors beiseite gelegt haben und sich ausreichend erholt fühlen und wieder frei atmen können, nehmen Sie die Aufgabe erneut auf und versuchen Sie, *Ophis, Plaute* oder *La Comédie latine, Baudouin, Christophe Colomb, Charlemagne, Saint Louis, La Démence de Charles VI., Frédegonde und Brunehaut zu lesen* , das Mademoiselle Rachel aus irgendeinem unbekannten Grund aus dem Grab holte und drei- oder viermal galvanisierte, ohne es wieder zum Leben erwecken zu können. Und dann, was sonst? Bleiben Sie ... wir wären auf dem Schlachtfeld verloren, zwischen den Produktionen, die nicht einmal verwundet blieben, sondern tot umfielen – *Camille* und *Le Masque de Poix* sowie *Cahin-Caha* und *La Panhypocrisiade* : Torheit folgt auf Mittelmäßigkeit; völliger Unsinn und Blödsinn.

Und doch, obwohl verwundet durch diese Zurückweisungen und völlig verstümmelt durch seine Stürze, saß Monsieur Lemercier ruhig in seinem Lehnsessel im Palais Mazarin weiter - ebenso wie seine Kollegen Monsieur Droz, Monsieur Briffaut und Monsieur Lebrun, von denen der eine versuchte, die Leute vergessen zu lassen, dass er ein kleines Bändchen über *Bonheur geschrieben hatte* , ein anderer, dass er eine Tragödie mit dem Titel *Minus II. inszeniert hatte, und der dritte, dass er in seinem Cid d'Andalousie* einen Zündversagen erlitten und Schillers *Maria Stuart verstümmelt hatte* -, hätte er sich die Mühe nicht zu machen brauchen, etwas zu sagen, die Welt hätte ihn so ruhig in seinem Grab schlafen lassen, wie die Zuschauer bei der Aufführung seiner Stücke gern geschlafen hätten, wenn das Zischen nie erfunden worden wäre. Aber nichts dergleichen geschah! Als Monsieur Lemercier die literarische Bewegung des Jahres 1829 wahrnahm, schrie er auf über die Sakrilegie, den Mangel an gutem Geschmack und den Skandal der Sache und unterzeichnete Petitionen an den König, um die Vertretung *Heinrichs III. einzufordern.* und *Marion Delorme* wurde gestoppt; er versperrte den Eingang zur Akademie, als Lamartine und Victor Hugo versuchten, hineinzukommen; er brachte den Erzbischof von Paris gegen den einen auf und brachte einen M. Flourens dazu, den anderen schachmatt zu setzen; er erlangte den Gebrauch seiner Beine wieder so weit zurück, dass er herumlaufen und Stimmen gegen sie sammeln konnte, und den Gebrauch seiner rechten Hand, um das Schloss gegen sie zu öffnen. Gott sei Dank hatte ich sehr wenig mit diesem bösen kleinen Köter zu tun, und ich hatte auch keinen persönlichen Streit mit ihm, da ich nie etwas mit der Akademie zu tun hatte; aber da jemand aufstehen und für Gerechtigkeit eintreten muss, beanspruche ich das Privileg, der Erste zu sein, der mit gutem Beispiel vorangeht.

Als Monsieur Flourens an die Stelle von Hugo berufen wurde, ging ich gerade durch den Green Room des Théâtre-Français. Ich habe vergessen, welches neue Stück es war, aber Monsieur Lemercier hielt dort eine Rede gegen den Autor von *Notre-Dame de Paris* und *Marion Delorme* und die *Orientales* , genau wie er ihn den ganzen Tag lang in der Akademie im Stillen bekämpft hatte. Ich hörte mir seine Tirade ein paar Minuten lang an, dann sagte ich kopfschüttelnd zu ihm:

„Monsieur Lemercier, Sie haben Victor Hugo Ihre Stimme verweigert; aber eines werden Sie ihm eines Tages überlassen müssen, und das ist Ihr eigener Platz. Passen Sie auf, dass er nicht, statt der bösartigen Dinge, die Sie hier über ihn sagen, eines Tages gezwungen sein wird, in der Akademie ein freundliches Wort über Sie zu sagen."

Und es geschah genau so, wie ich es vorausgesagt hatte. Es war keine leichte Aufgabe, Lemercier zu loben, aber Hugo gelang es, indem er die Zeit beschrieb, anstatt über den Menschen zu sprechen, indem er sich auf den Kaiser bezog, statt auf den Dichter.

„Haben Sie meine Rede gelesen?", fragte mich Hugo am Tag, nachdem er sie gehalten hatte.

"Ja."

„Na, was denkst du darüber?"

„Ich glaube, Sie lesen sich, als wären Sie gerade Bonapartes Nachfolger als Mitglied des Instituts geworden und nicht M. Lemercier als Mitglied der Akademie."

„Zum Teufel! Ich hätte dich viel lieber dort gesehen als mich selbst. Wie wärst du da rausgekommen?"

„So wie Racan es tat, indem er sagte, mein großes weißes Kaninchen hätte meine Rede gefressen."

Man wird sich erinnern, dass Racan einmal mit den Bruchstücken einer Rede, die er vorlesen wollte, vor der Akademie erschien.

„Meine Herren", sagte er, „ich hatte eine großartige Rede vorbereitet, die sicherlich Ihre Zustimmung gefunden hätte; aber mein großes weißes Kaninchen hat sie heute Morgen aufgefressen ... Ich habe Ihnen die Überreste mitgebracht, und Sie müssen versuchen, das Beste daraus zu machen!"

„Ach, das stimmt", antwortete Hugo. „Das hätte ich tun können, aber es ist mir nie in den Sinn gekommen."

M. Liadières *Jane Shore* tat für Mademoiselle Georges, was M. Lemerciers *Jane Shore für Talma getan hatte. Außerdem war es der erste Versuch, den Mademoiselle*

Georges in einem Shakespeare-Drama unternahm: Sie hatte in Christine und in *Lucrèce Borgia* darauf hingearbeitet .

Es war das Zeitalter der Beschränkungen; niemand war stark genug, um originell zu sein. Sie mussten jenseits der Grenze nach neuen Dingen suchen; sie suchten den Zutritt zu den Theatern auf den Schultern von Rowe oder Schiller: Wenn sie erfolgreich waren, verbannten sie den deutschen oder englischen Autor stillschweigend; wenn sie scheiterten, fielen sie auf ihn, und das dämpfte den Schock ihres Falls.

Nach M. Liadières Inszenierung von *Jane Shore* präsentierte das Odéon M. Ancelots *Fiesque*. Doch M. Ancelot war ein Purist: Er glaubte nicht einen Augenblick lang, dass Schillers *Fiesque* so vollständig wie das deutsche Stück aufgeführt werden könnte; deshalb ließ er die Figur des Mohren ganz und gar diskret weg.

Können Sie sich *Fiesque* ohne den Mohren vorstellen? Ohne den Mohren! Den Hauptpflock, an dem das Drama hängt! Ohne den Mohren! Die Figur, für die Schiller sein Stück konstruiert hat! Wann werden wir ein Gesetz haben, das zwar Übersetzungen erlaubt, aber Verstümmelungen verbietet? Die Italiener haben kein Gesetz, das Übersetzer betrifft; aber sie haben ein Sprichwort, das so kurz wie ausdrucksstark, so prägnant wie wahr ist: „*Traduttore, traditore.* "

Unterdessen drang die Romantik, obwohl sie in Theater- und Literaturkreisen noch immer zurückhaltend war, mutig in andere Zweige der Kunst ein.

M. Thiers hatte in der Geschichtswissenschaft seine *Révolution française veröffentlicht* und Botta seine *Histoire d'Italie* ; M. de Barante arbeitete an seiner ausgezeichneten *Chronique des ducs de Bourgogne* , einem Werk voller Wissen und Genialität, das seinem Autor dieses Mal zu Recht, wenn auch zufällig, die Türen der Akademie öffnete. Doch in der Malerei war der Kampf deutlicher zu spüren. David war gestorben und Girodet gerade gestorben, ihre Nachfolger waren Männer wie Scheffer, Delacroix, Sigalon, Schnetz, Coigniet, Boulanger und Géricault. Die Werke dieser Schar mutiger junger Künstler schmückten die Wände des Salons von 1824. Scheffer hängte seinen *Mort de Gaston de Foix auf.* Es war eines seiner ersten Bilder und in ziemlich grellen Farben, aber das Gesicht des Kriegers, der zu Gastons Kopf kniet, stach besonders hervor; Scheffer war der Maler-Dichter, der beste Übersetzer Goethes, den ich kenne; Er schuf eine ganze Welt deutscher Charaktere neu, von Mignon bis zum König von Thule, von Faust bis Marguerite.

Es war Scheffer, der Dantes großartige und wunderbare Geschichte von Francesca da Rimini auf die Leinwand brachte, eine Konzeption, die keinem dramatischen Dichter gelungen ist. Scheffer fand Zeit, sich an jeder möglichen Verschwörung Dermoncourts, Carons und la Fayettes zu beteiligen, und schaffte es dennoch, einer der besten Maler zu werden, die Frankreich je hervorgebracht hat.

Dann war da noch Delacroix, dessen *Massacre de Scio* in allen Malerschulen für viel Diskussion sorgte. Delacroix war dazu verdammt, von fanatischen Ignoranten und entschlossenen Verleumdern verfolgt zu werden, genau wie Hugo in der Literatur; er war bereits durch seinen *Dante traversant le Styx bekannt geworden* ; und sein ganzes Leben lang behielt er das Privileg – selten unter Künstlern –, mit jedem neuen Werk einen Sturm des Hasses und der Bewunderung hervorrufen zu können. Delacroix ist ein intellektueller Mann, voller Wissen und Vorstellungskraft, aber er hat eine Eigenart: Er wird weiterhin versuchen, der Kollege von M. Picot und M. Abel de Pujol zu werden, die, so hoffen wir, nichts von ihm haben wollen.

Als nächstes kommt Sigalon mit seiner rauen, leidenschaftlichen südländischen Natur. Sein Bild *Locuste faisant sur un esclave l'essai de ses poisons* war Monsieur Laffitte empfohlen worden, und dieser Bankier und Kunstmäzen kaufte es, wahrscheinlich bevor er es gesehen hatte; als es in seinem Salon hing, erschreckte es die Bankkundschaft und alle Geldhändler. Alle fragten den künftigen Minister, warum er ein so scheußliches Bild gekauft habe und nicht eines der kleinen Schmuckstücke von Madame Haudebourg-Lescaut oder Mademoiselle d'Hervilly. Monsieur Laffitte war davon so geplagt, dass er nach Sigalon schickte und ihn bat, sein *Locuste* zurückzunehmen , das die großen Damen der Geschäftswelt in Hysterie zu versetzen drohte und sie anflehten, ihm stattdessen etwas anderes zu malen.

Sigalon nahm seine *Locuste zurück* , aber ich weiß nicht, was er dafür gab. Ach! Sigalon gehörte zu denen, die einen frühen Tod erleiden mussten. Er wurde nach Rom geschickt, um Michelangelos *Jüngstes Gericht zu kopieren* , und er hatte gerade noch Zeit, dieses großartige Werk Frankreich zu vermachen und seine Arme nach seinem Land auszustrecken, bevor er starb.

Schnetz hatte im Salon von 1824 drei Bilder – zwei große Leinwände, die jeder genauso gut hätte malen können wie er selbst, und eines jener *Genrebilder* , in denen er unnachahmlich ist. Dieses *Genrebild* hieß „*un Sixte-Quint enfant*" und zeigte eine Zigeunerin, die vorhersagt, er werde Papst. Der Leser wird erraten, mit welcher Genauigkeit Schnetz auf seinem sechs Fuß hohen und vier Fuß breiten Gemälde einen alten Wahrsager, einen Hirtenjungen und ein junges römisches Mädchen darstellen konnte: Das *Sixte-Quint* war ein Meisterwerk.

Coigniets *Le Massacre des Innocents* hing gegenüber der Tür und fesselte die Aufmerksamkeit, sobald die Leute eintraten. Es zeigte eine Frau, die in die Hocke ging, mit durch eine lange Reise zerzaustem Aussehen, mit Schrecken in den Augen und sehr blass, wie sie sich, oder vielmehr ihr Kind, in der Ecke einer zerstörten Mauer versteckte, während in der Ferne das Massaker stattfand. Es war ein schönes Werk, an jedes Detail, gut durchdacht, gut ausgeführt, gut gemalt, kann ich mich auch nach 25 Jahren noch erinnern.

Boulanger hatte das Thema seines Gemäldes den Werken des berühmten Dichters entnommen, der gerade gestorben war. Der gefangene Mazeppa wird an ein wildes Pferd gebunden, das ihn, untröstlich, ohnmächtig und sterbend, in jene neuen Länder tragen soll, wo ihn bei seinem Erwachen ein Königreich erwartet. Die Verrenkungen der starken jungen Glieder, während sie sich steif gegen die Schurken wehrten, die ihn auf den Rücken des wilden Tieres banden, boten einen wunderbaren Kontrast, nicht nur in der technischen Darstellung des Fleisches, die ganz ausgezeichnet war, sondern noch mehr in den physischen und moralischen Leiden Mazeppas im Vergleich zur gefühllosen Kraft seiner Henker.

Schließlich war da noch Géricault, der, obwohl er im Salon jenes Jahres nicht vertreten war, fast ebenso viel Gesprächsstoff bot wie die Menschen, deren Bilder an den Wänden hingen. Und zwar deshalb, weil die neue Schule einen Anführer brauchte und Géricault für den Mann hielt, obwohl er bis dahin nur ein paar Studien gemalt hatte. Er hatte gerade *Le Hussard* und *Le Cuirassier fertiggestellt* – die das Musée kürzlich bei der Thronbesteigung von König Louis-Philippe zurückgekauft hatte – und war dabei, seine *Méduse zu vollenden*. Armer Géricault! Auch er sollte sterben, und zwar einen elenden Tod, nachdem er seine *Méduse vollendet hatte*. Ich sah ihn eine Woche vor seinem Tod. Der Leser fragt sich, wie ich Géricault kennenlernte? Auf die gleiche Weise, wie ich Béranger und Manuel kennenlernte. Bei meinen wöchentlichen Abendessen im Hause von Herrn Arnault traf ich oft Oberst Bro, einen tapferen, ausgezeichneten Soldaten, dem jeder Gedanke an die Armee am Herzen lag und der mir gegenüber nur deshalb freundlich war, weil ich der Sohn eines Generals war, der in der Revolution gedient hatte. Natürlich war Bro gegen die Bourbonenregierung. Er besaß ein Haus in der Rue des Martyrs, Nr. 23, und in diesem Haus wohnten je nach ihrem unterschiedlichen Schicksal verschiedene Leute – Manuel, der Abgeordnete, der aus der Kammer ausgeschlossen worden war, Béranger, der Dichter, und Géricault. Eines Tages, als wir über Géricault sprachen, der im Sterben lag, sagte Bro zu mir:

„Kommen Sie und sehen Sie sich sein Bild „*La Méduse*"und den Maler selbst an, bevor er stirbt, damit Sie zumindest sagen können, Sie hätten einen der größten Maler gesehen, die je gelebt haben."

Ich hütete mich, abzulehnen, wie man mir glauben wird, und das Treffen wurde für den nächsten Tag vereinbart. Sie fragen, woran Géricault gestorben ist? Hören Sie zu und sehen Sie, wie das Schicksal bei jeder

Gelegenheit ein Kreuz hinter seinen Namen zu setzen schien. Er besaß ein gewisses Vermögen, ein Einkommen von etwa zwölftausend Livres; er liebte Pferde und malte sie bewundernswert. Eines Tages, als er auf ein Pferd stieg, bemerkte er, dass sich die Schnalle seines Hosengürtels gelöst hatte: Er band die beiden Enden des Riemens zusammen und galoppierte los. Sein Pferd warf ihn ab, und der Knoten des Riemens quetschte beim Fallen zwei Wirbel des Rückenmarks. Er wurde zu dieser Zeit wegen einer Krankheit behandelt, die sich an diesem Ort festsetzte; die Wunde heilte nie, und Géricault, die Hoffnung eines ganzen Jahrhunderts, starb an einer der längsten und schmerzhaftesten Krankheiten, die es gibt – dem Verfall der Wirbelsäule. Als wir ihn besuchten, war er damit beschäftigt, seine linke Hand mit der rechten zu ziehen.

„Was in aller Welt wollen Sie, Géricault?", fragte der Oberst.

„Sehen Sie, mein lieber Freund", sagte der Sterbende, „ich mache mir selbst einen Strich durch die Rechnung. Meine rechte Hand wird nie ein besseres anatomisches Studium finden, als meine linke Hand es bieten kann, und der Egoist zieht daraus seinen Vorteil."

Und tatsächlich war Géricault so dünn, dass man die Knochen und Muskeln seiner Hand durch die Haut sehen konnte, wie man sie auf den Gipsabdrücken sieht, die Kunststudenten als Modelle verwenden.

„Mein lieber Freund", fragte Bro, „wie haben Sie Ihre Operation gestern überstanden?"

„Also gut... es war ein sehr merkwürdiges Erlebnis. Stellen Sie sich vor, diese Metzger haben zehn Minuten lang an mir herumgehackt."

„Sie müssen schrecklich gelitten haben."

„Nicht sehr viel... Ich habe an andere Dinge gedacht."

"Was dachtest du darüber?"

"Ein Bild."

"Wie war das?"

„Es war ganz einfach. Ich hatte das Kopfende meines Bettes zum Glas gedreht, so dass ich, während die Ärzte an meinem Rücken arbeiteten, sehen konnte, was sie taten, wenn ich mich auf meine Ellbogen stützte. Ach! Wenn ich nur genesen könnte, würde ich, das schwöre ich, eine edle Fortsetzung von André Vésales Anatomiestudie schaffen! Nur dass meine anatomische Studie von einem lebenden Menschen übernommen würde."

Dies war genau die Szene, die Talma zwei Jahre später vor Adolphe und mir probte, als er in seinem Bad war.

Bro bat den kranken Mann um Erlaubnis, dass ich nach oben gehen und seine *Meduse sehen dürfe*.

„Machen Sie, was Sie wollen", sagte Géricault, „Sie sind in Ihrem eigenen Haus." Und er fuhr fort, seine Hand zu zeichnen.

Ich stand lange vor dem wunderbaren Bild, obwohl ich damals noch keine Ahnung von Kunst hatte und seinen wahren Wert nicht einschätzen konnte. Als ich das Atelier verließ, trat ich auf eine umgestürzte Leinwand. Ich hob sie auf, schaute auf die rechte Seite und sah den wunderbaren Kopf eines gefallenen Engels: Ich gab ihn Bruder.

„Sehen Sie", sagte ich, „was ich auf dem Boden gefunden habe."

Bro ging zurück in das Zimmer des Kranken.

„Aber mein Lieber, Sie sind verrückt, solche Dinge auf dem Boden herumliegen zu lassen."

„Wissen Sie, wessen Kopf das ist?", fragte Géricault lachend.

"NEIN."

„Nun, mein guter Freund, es ist der Kopf des Sohns Ihres Portiers. Er kam neulich in mein Atelier, und ich war so beeindruckt von den Möglichkeiten seines Gesichts, dass ich ihn bat, für mich Modell zu sitzen, und in zehn Minuten hatte ich diese Studie davon angefertigt. Möchten Sie ihn haben? Nehmen Sie ihn."

„Aber wenn es eine Studie ist, haben Sie es für ein Objekt gemacht."

„Ja, für das Studienobjekt selbst. Es wird Ihnen vielleicht eines Tages von Nutzen sein."

„Eines Tages, mein lieber Bruder, ist es noch weit her, und in der Zwischenzeit wird viel Wasser unter den Brücken hindurchgeflossen sein und viele Leichen werden durch die Tore des Friedhofs Montmartre gebracht worden sein."

„Na, na!", sagte Bruder.

„Nimm es, mein Freund, und behalte es", antwortete Géricault. „Wenn ich es jemals brauche, werde ich es bei dir finden."

Dann verbeugte er sich vor uns und wir verließen ihn; Bro brachte seinen Engelskopf mit. Eine Woche später starb Géricault und sein enger Freund und Testamentsvollstrecker Dreux-d'Orcy hatte die größten Schwierigkeiten, die Behörden der Schönen Künste dazu zu bewegen, *la*

Méduse für 6.000 Francs zu kaufen – ein Gemälde, das heute als einer der wertvollsten Besitztümer des Musée gilt. Doch die Regierung wollte es nur, um fünf oder sechs Köpfe als Studien für ihre Schüler auszuschneiden. Glücklicherweise verhinderte De Dreux-d'Orcy diesen Frevel, bevor er über seine Anfänge hinausging.

Aber ich sehe, ich habe vergessen, von Horace Vernet, von M. Ingres und von Delaroche zu sprechen, die alle eine besondere Erwähnung verdienen. Sie werden bald erwähnt, aber zuerst noch ein Wort über Lord Byron.

Am 5. Juli erreichte der Leichnam des edlen Lords aus Missolonghi London. Er lag in einer durchlöcherten Schale, die in ein Fass mit Branntwein getaucht war. Als der Leichnam von der *Florida* , auf der er transportiert worden war, an Land gebracht wurde, wollte der Kapitän die Flüssigkeit über Bord schütten. Doch nun, da Lord Byron tot war, wurden sogar seine eigenen Landsleute zu seinen Verehrern, und diese Verehrer baten den Kapitän um den Branntwein, in dem Lord Byrons Leichnam aufbewahrt worden war, und boten ihm einen Louis pro Pint dafür. Der Kapitän nahm das Angebot an, und der so erhaltene Betrag entsprach pro Pint dem, was der Dichter angeblich pro Zeile erhalten hatte. Zwei Tage nach der Ankunft des Leichnams wurde eine Obduktion vorgenommen, und die Ärzte, die eigentlich einiges herausfinden sollten, fanden heraus, dass Lord Byron gestorben war, weil er sich geweigert hatte, zur Ader zu lassen. Sein Leichnam wurde aufgebahrt, aber nur diejenigen, die über besondere Eintrittskarten seines Testamentsvollstreckers verfügten, wurden eingelassen. Trotz dieser Vorsichtsmaßnahme war die Menschenmenge jedoch so groß, dass zur Aufrechterhaltung der Ordnung eine bewaffnete Truppe zu Hilfe gerufen werden musste. Der Alkohol im Wein hatte das Fleisch so gut konserviert, dass der Dichter noch erkennbar war: Vor allem seine Hände waren in ihrer Schönheit fast lebensecht geblieben – jene Hände, auf die der exzentrische Edelmann so gut geachtet hatte, dass er sogar beim Schwimmen Handschuhe trug! Sein schönes Haar, auf das er sehr stolz gewesen war, war fast grau geworden, obwohl er erst siebenunddreißig war. Jedes weiße Haar auf dem Kopf des Dichters konnte eine Geschichte der Trauer erzählen. Die öffentliche Aufregung um Byron war so groß gewesen, dass sofort die Frage aufkam, ihn in der Westminster Abbey zu beerdigen; aber seine Freunde fürchteten, die Behörden könnten den Antrag ablehnen, und die Familie erklärte, sein Leichnam solle in der Gruft der Newstead Abbey beerdigt werden, wo seine Vorfahren ruhten. Sogar sein Tod löste den Lärm der Zungen aus, die ihn sein Leben lang verfolgten. Am 12. versammelte sich ab Tagesanbruch eine riesige Menschenmenge entlang der Route, die der Trauerzug nehmen sollte. Colonel Leigh, Byrons Schwager, war der Hauptleidtragende; und in den sechs Kutschen, die folgten, saßen die berühmtesten

Oppositionsabgeordneten des Parlaments – Hobhouse, Douglas Kinnaird, Sir Francis Burdett und O'Meara, der Chirurg des Kaisers. Dann folgten in ihren eigenen Privatkutschen der Herzog von Sussex, der Bruder des Königs, der Marquis von Lansdowne, Earl Grey, Lord Holland usw. Den Abschluss des Zuges bildeten zwei griechische Abgeordnete. Als der Zug Hampstead Road erreichte, beschleunigte man das Tempo; man wollte die Nacht in Welwyn verbringen und am nächsten Tag, Dienstag, früh aufbrechen, um am selben Abend Higham-Ferrers zu erreichen; am Mittwoch sollte Oakham erreicht werden, am Donnerstag Nottingham und am Freitag Newstead Abbey. Die Vereinbarung wurde pünktlich durchgeführt und am Freitag, dem 17. August, wurde der Leichnam in der Grabstätte seiner Vorfahren beigesetzt. Byron, der von seiner Frau verbannt, von seiner eigenen Familie gejagt und von seinen Zeitgenossen zurückgewiesen worden war, hatte sich endlich das Recht verdient, triumphierend in sein Land und seine Heimat zurückzukehren. Er war tot! Und doch hätte es ihm genauso ergehen können wie Sheridans Leiche; dem armen Sheridan, der so viel Rum, Brandy und Absinth trank, dass Lord Byron einmal während einer Orgie zu ihm sagte:

„Sheridan! Sheridan! Sie trinken so viel Alkohol, dass selbst die Flanellweste, die Sie direkt auf der Haut tragen, Feuer fängt."

Und die Prophezeiung erfüllte sich: Sheridan trank so viel, dass seine Flanellweste versengt war. Sheridan war tot; und er hinterließ sowohl seine Taschen als auch seine Flaschen leer. Das hinderte die höchsten Leute des Landes nicht daran, ihm Ehre zu erweisen, als er tot in seinem Haus lag, das von seinen Gläubigern bis auf den letzten Platz geplündert worden war. Jene Freunde, die ihm vielleicht am Tag zuvor zehn Guineen geliehen hatten, gaben ihm ein königliches Begräbnis. Der Sarg sollte gerade zum Leichenwagen getragen werden, als ein von Kopf bis Fuß in tiefe Trauer gekleideter und offensichtlich von Kummer überwältigter Herr den Raum betrat, in dem die vornehmsten Herren der drei Königreiche versammelt waren, und als er auf den Sarg zutrat, bat er um eine besondere Gunst, ein letztes Mal die Züge seines unglücklichen Freundes sehen zu dürfen. Zunächst wurde er abgewiesen, aber seine Bitten waren so heftig, seine Stimme so gebrochen, er war so geschüttelt von Schluchzen, dass man einem solchen Kummer nicht gern eine Anhörung verweigern wollte. Der Deckel des Sarges wurde abgeschraubt und Sheridans Körper freigelegt. Dann veränderte sich der Ausdruck auf dem Gesicht des trauernden Herrn völlig, und er zog aus seiner Tasche einen Befehl zur Beschlagnahme des Leichnams und nahm ihn in Besitz. Er war Gerichtsvollzieher. Mr. Canning und Lord Lydmouth führten den Mann nach draußen und beglichen den Betrag, den er forderte, nämlich die Summe von 480 Pfund.

KAPITEL V

Meine Mutter kommt, um bei mir zu leben – Ein Herzog von Chartres wird mir geboren – Chateaubriand und Monsieur de Villèle – Briefliche Kürze – Wiedereinführung der Zensur – Ein König von Frankreich sollte nie krank sein – Bulletins über die Gesundheit von Ludwig XVIII. – Seine letzten Augenblicke und sein Tod – Ode von Victor Hugo – Monsieur Torbet und Napoleons Grab – La Fayettes Reise nach Amerika – Die Ovationen, die ihm zuteil wurden

Meine Mutter war ohne mich ebenso einsam gewesen wie ich ohne sie, und so schloss sie als Antwort auf meinen Brief den Tabakladen, verkaufte einen Teil unserer schäbigen Möbel und schrieb mir, dass sie nach Paris käme und ihr Bettgestell, eine Kommode, einen Tisch, zwei Sessel, vier Stühle und hundert Louis in bar mitbrächte. Hundert Louis! Das war genau das Doppelte meines Jahreseinkommens, und wir sollten nun für die nächsten zwei Jahre 2400 Francs pro Jahr haben, so dass wir uns für diese Zeit ganz sicher fühlen würden. Es war umso wichtiger, sesshaft zu werden, da am 29. Juli 1824, während der Duc de Montpensier im Palais-Royal zur Welt kam, mir am Place des Italiens Nr. 1 ein Duc de Chartres geboren wurde. Dies und die Enge meines kleinen gelben Zimmers, in dem kein Platz für meine Mutter war, waren einer der Gründe, die mich zwangen, mich nach einer neuen Unterkunft umzusehen. Ein neues Zuhause zu finden, war eine ernste Überlegung; In der Nähe des Palais-Royal waren die Unterkünfte sehr teuer, und wenn ich mich zu weit vom Palais-Royal entfernte, bedeuteten meine vier täglichen Fahrten hin und zurück eine erhebliche Abnutzung meiner Schuhsohlen. Jede Ausgabe ist eine Belastung für einen Mann, der nur vier Francs und fünf Sous pro Tag verdient.

Ich hatte zwar zwei oder drei Stücke mit de Leuven in der Hand, aber ich musste mir eingestehen, dass de Leuven, der bei Soulié – den wir als den Besten von uns allen anerkannten – keinen Erfolg gehabt hatte, bei mir wahrscheinlich keine größeren Chancen haben würde. Sein *Bon Vieillard* war an der Gymnase abgelehnt worden; sein *Pauvre Fille* war vom Vaudeville abgelehnt worden, und sein *Château de Kenilworth* war nicht einmal gelesen worden – Mademoiselle Lévêque hatte höflich ausrichten lassen, dass sie „im Moment keine Zeit" habe, sich einer neuen Rolle zu widmen, und die Porte-Saint-Martin hatte ein Melodram zum gleichen Thema erhalten.

Ich musste also, wie gesagt, eine Unterkunft finden, die nicht zu weit weg war und dennoch nicht zu viel Miete kostete. Ich machte mich an die Arbeit und fand Zimmer in der Faubourg St. Denis Nr. 53, in einem Haus neben dem *Lion d'Argent*. Wir hatten zwei Zimmer im zweiten Stock mit Blick auf die Straße, eines diente als Lagerraum, Esszimmer und Küche. Wir fanden bald heraus, dass wir für diese Wohnungen viel zu viel bezahlt hatten – sie kosteten 350 Francs. Schließlich war alles geregelt; meine Mutter schickte ihre Sachen per Boten weiter und kam zur gleichen Zeit an wie sie. Wir freuten uns, wieder zusammen zu sein; meine Mutter war jedoch ein wenig beunruhigt und konnte nicht alle meine Hoffnungen und Pläne teilen und daran glauben; denn sie konnte auf ein langes und trauriges Leben zurückblicken, in dem sie alle möglichen Enttäuschungen und Sorgen erlebt hatte. Ich tröstete sie, so gut ich konnte, und um ihr die ersten vier oder fünf Tage in Paris angenehm zu machen, nutzte ich all meinen Einfluss bei Herrn Oudard, Herrn Arnault und Adolphe de Leuven, um ihr Theaterkarten zu besorgen. Nach einer Woche hatten wir uns in unserem kleinen Nest eingerichtet und uns an unser neues Leben gewöhnt, als hätten wir nie ein anderes gekannt. Auf demselben Flur wie wir, aber auf der anderen Seite, wohnte ein würdiger vierzigjähriger Mann namens Després, der in einer Ministerabteilung beschäftigt war. Er war einer der regelmäßigsten Besucher des Caveau; er komponierte Lieder im Stil von Brazier und Armand Gouffé; und ein oder zwei seiner Stücke waren in zweitklassigen Theatern aufgeführt worden. Er war am Sterben an der Schwindsucht. Als wir nach der Zahlung von zwei Raten feststellten, dass unsere Unterkunft teurer war, als wir uns leisten konnten, sagte er zu uns:

„Warten Sie, bis ich gestorben bin, was nicht mehr lange dauern wird. Dann können Sie meine Zimmer nehmen, die sehr bequem sind und nur zweihundertdreißig Francs kosten.“

Und tatsächlich starb er sechs Wochen später – er starb in jener ruhigen, sanften, gelassenen, philosophischen Stimmung, die ich bei fast allen im 18. Jahrhundert Geborenen bemerkt habe. Und wie er es uns befohlen hatte, bezogen wir seine Zimmer, als sie frei waren, und fanden eine Unterkunft, die unseren Möglichkeiten entsprach.

In der Zwischenzeit kam es zu politischen Veränderungen. Herr de Villèle (den mein Freund Méry so berühmt machen sollte und der seinerseits das Kompliment erwiderte) teilte sich die politische Macht mit Herrn de Chateaubriand, und zwei Jahre lang boten sie das ungewöhnliche Schauspiel einer Allianz zwischen einem Finanzier und einem Dichter. Es ist leicht zu glauben, dass eine solche Verbindung nicht lange halten würde, und die beiden Minister stritten sich über zwei Gesetzesvorschläge. Herr de Chateaubriand wollte die Monarchie durch das auf sieben Jahre angelegte Gesetz festigen, Herr de Villèle wollte den Staat durch ein Gesetz über die Umwandlung von Konsolen (*Renten*) bereichern. Das Gesetz über die Umwandlung von Konsolen wurde von der Pairskammer mit einer Mehrheit von 128 gegen 94 Stimmen abgelehnt. Es fiel auf, dass Herr de Chateaubriand, der gegen das Gesetz zu sein schien, nicht aufstand, um es auf der Tribüne zu verteidigen. Es wurde sogar gesagt, dass er dagegen gestimmt habe. Eine derartige, gegen den Präsidenten des Rates gerichtete Opposition wurde mit der gefühllosen Direktheit bestraft, die nur reichen Leuten eigen ist.

Als Herr von Chateaubriand am Pfingstsonntag zur Messe ging , erhielt er die Nachricht, dass ihn im Ministerium eine sehr eilige Depesche erwarte. Er ging sofort dorthin und fand einen Brief des Präsidenten des Rates mit folgendem Wortlaut vor:

„Monsieur Le Vicomte, ich folge dem Befehl des Königs und übergebe Ihnen das beigefügte Mandat."

Das beigefügte Mandat war eine Entlassung. Zehn Minuten später hatte Herr von Villèle seinerseits die Antwort von Herrn von Chateaubriand erhalten. Der Brief des Außenministers war ebenso lakonisch wie der Brief des Finanzministers:

„Herr LE COMTE, ich habe das Außenministerium verlassen. Das Departement steht Ihnen zur Verfügung."

Jeder Buchstabe bestand aus genau fünfzehn Wörtern: Dass die Antwort [1] vier Buchstaben mehr enthielt, war nicht der Fehler von Monsieur de Chateaubriand, sondern der Fehler der Wörter selbst.

Le Génie du Christianisme eine sehr bittere Pille , und im Zusammenhang mit diesem Ereignis äußerte er die Worte, die wir bereits zitiert haben:

„Ich habe nicht einmal eine Uhr vom Kaminsims des Königs gestohlen!", hatte er gesagt, als er das Außenministerium verließ.

Der Befehl war von Monsieur de Renneville verfasst worden – auf den wir später noch eingehen werden –, dem Sekretär, von dem Méry und de Barthélemy sagten, er sei *an den Rockschößen von Monsieur de Villèle angenäht gewesen.*

„Monsieur de Renneville", sagt Chateaubriand in seinen *Mémoires* , „ist immer noch so gut, dass er in meiner Gegenwart verlegen wirkt! Und, guter Gott, wer ist dieser Monsieur de Renneville, dass ich überhaupt an ihn denken sollte? Ich treffe ihn oft genug, ... weiß er zufällig, dass ich weiß, dass der Befehl, meinen Namen von der Liste der Minister zu streichen, von ihm handschriftlich verfasst wurde?"

Es gab tatsächlich Männer im Kaiserreich, die feige genug waren, sich den ersten Finger abzuschneiden, um zu verhindern, dass sie zu Soldaten ernannt werden. Es ist schade, dass manche Männer nicht mutig genug sind, sich die ganze Hand abzuschneiden, bevor sie bestimmte Dinge schreiben.

Doch zu der Zeit, als Monsieur de Chateaubriand aus dem Ministerium entlassen wurde, unterzeichnete die Vorsehung in fast ebenso brüsken Worten einen Befehl, wonach Ludwig XVIII. aus dem Leben scheiden sollte. Der König war zur Zeit des Festes des heiligen Ludwig krank, so krank, dass ich ihm riet, ihn nicht zu bewirten, da dies für ihn eine große Belastung darstellen würde; doch mit seiner üblichen Sentenz antwortete der König: „Ein König von Frankreich kann sterben, aber er sollte nie krank sein."

Als ob Ludwig XVIII. seinem Nachfolger den Weg hinsichtlich der Zurückweisung der Berufung des Ministeriums in der Affäre des *Aristarque erleichtern wollte* , ließ er das Gesetz vom 31. März 1820 und 26. Juli 1821 wieder aufleben – das heißt, er setzte die Zensur wieder ein. Es ist ein merkwürdiger Zufall, dass Könige, wenn dies geschieht, im Allgemeinen kurz vor dem Sturz oder Tod stehen. Die Wiedereinführung der Zensur löste einen furchtbaren Tumult aus; um den Literaten jener Zeit gerecht zu werden, wagte keiner von ihnen, das Amt des Zensors anzunehmen oder öffentlich auszuüben; es musste eine Geheimkommission unter dem Vorsitz des *Conseiller d'État, des Generaldirektors* der Polizei, eingerichtet werden. Herr de Chateaubriand schloss sich daraufhin offen der Opposition gegen die Maßnahme an und veröffentlichte seine *Lettres sur la Censure*. Innerhalb weniger Tage boten sowohl die liberal-oppositionellen als auch die royalistischen Zeitungen ihren Abonnenten nichts als leere Spalten.

Zwei Tage nachdem Ludwig XVIII. gesagt hatte, ein König von Frankreich könne sterben, aber er dürfe nie krank sein – das heißt am 27. und 28. August, während seiner letzten beiden Spaziergänge in Choisy – erkannte er, dass er sich ernsthaft mit der Frage des Todes auseinandersetzen musste. Aber er gab weiterhin Audienzen, leitete den Rat und leitete die Arbeit der Minister mit einem Mut, den man bewundern muss, wenn man bedenkt, dass er an Beinschwäche litt, deren Zellgewebe, Muskeln und sogar Knochen verfault waren; der rechte Fuß war vollständig und der untere Teil des Beins bis zur Wade verfault, die Knochen waren ganz weich und vier Zehen waren verfault. Erst nach einer Konsultation der Ärzte in der Nacht des 12. September wurde entschieden, dass der Zustand des Königs von Frankreich vor seinen Untertanen nicht länger verborgen werden konnte. Bis zu diesem Zeitpunkt war Ludwig XVIII. den von ihm verkündeten Grundsätzen treu geblieben und hatte sich geweigert, zuzugeben, dass er krank war. „Sie wissen nicht, was es bedeutet, einem Volk zu sagen, sein König sei krank. Es bedeutet, dass sie die Börse und die Vergnügungsstätten schließen müssen. Meine Leiden werden langwierig sein, und ich möchte nicht, dass die öffentlichen Interessen so lange darunter leiden."

Am Morgen des 13. September erschienen gleichzeitig zwei Bulletins im *Moniteur* , die von den Ärzten und dem First Gentleman der Kammer unterzeichnet waren.

Sie verkündeten die Krankheit des Königs und machten deutlich, dass seine Krankheit unheilbar war. Am Ende des zweiten Bulletins folgte der Befehl, den Ludwig XVIII. so sehr gefürchtet hatte: die Schließung der Börse und der Theater. Dies waren die ersten Bulletins, die Frankreich seit einem halben Jahrhundert – das heißt seit dem Tod Ludwigs XV. – zu lesen bekam, und es sollten auch die letzten sein, die man lesen würde.

Erstes Bulletin über die Gesundheit des Königs

"DIE TUILERIEN , 12. *September* , 6 *Uhr*

„Die chronischen und seit langem bestehenden Gebrechen des Königs haben sich in der letzten Zeit merklich verschlimmert, sein Gesundheitszustand hat sich erheblich verschlechtert und sein Zustand macht häufigere Konsultationen erforderlich.

„Die Konstitution Seiner Majestät und die Sorgfalt, die er auf sich selbst verwendet hat, ließen einige Zeit lang die Hoffnung aufkommen, dass er seinen gewohnten Gesundheitszustand wiedererlangen könnte. Doch lässt sich die Tatsache nicht verbergen, dass seine Kräfte erheblich nachgelassen haben und die gehegten Hoffnungen sich wahrscheinlich nicht erfüllen werden.

(Unterzeichnet) PORTAL, ALIBERT, MONTAIGU, DISTEL, DUPUYTREU, THÉVENOT
Erster Herr der Königskammer

COMTE DE DAMAS"

Zweites Bulletin

„21 *Uhr*

„Das Fieber hat im Laufe des Tages zugenommen. Die unteren Gliedmaßen sind extrem kalt geworden; Schwäche und Lethargie haben ebenfalls zugenommen und der Puls ist sehr schwach und unregelmäßig.

(Unterzeichnet) PORTAL, ALIBERT, MONTAIGU, DISTEL, DUPUYTREU, THÉVENOT
Erster Herr der Königskammer

COMTE DE DAMAS"

„Aus Rücksicht auf den Gesundheitszustand des Königs werden alle Theater und öffentlichen Vergnügungsstätten sowie die Börse bis auf Weiteres geschlossen und in jeder Gemeinde werden öffentliche Gebete angeboten."

Am 16. um vier Uhr morgens hauchte Ludwig XVIII. seinen letzten Atemzug aus. Am Abend zuvor hatte er die beiden königlichen Kinder Frankreichs gesegnet. Dann wandte er sich an seinen Bruder, den Grafen von Artois, der gerade dabei war, seinen Titel in den von Karl X. zu ändern, und zeigte auf den Herzog von Bordeaux. Er sagte: „Bruder, kümmere dich gut um die Krone für dieses Kind."

Die Befürchtungen des sterbenden Königs um die Zukunft seines Neffen waren beinahe prophetisch. Er hatte all seine verbliebene Kraft zusammengenommen, um diese letzten Worte auszusprechen. Sein Atem wurde bald heiser und sein Puls unregelmäßig, und es kam zu einer Krise, während der der König in einen beängstigend ruhigen Zustand verfiel. Um zwei Uhr morgens schlug sein Puls kaum noch und seine Stimme hatte ihn völlig verlassen, obwohl er mit seinen Augen signalisierte, dass er die Ermahnungen seines Beichtvaters verstand und noch hören konnte. Schließlich, um vier Uhr morgens, als das letzte Lebenszeichen erlosch und der Körper für immer still wurde, zog M. Alibert eine der Hände des Königs aus der Bettdecke und sagte: „Der König ist tot." Bei diesen Worten kniete der Comte d'Artois, der seit zwei Tagen nicht von der Seite seines Bruders gewichen war, neben dem Bett nieder und küsste seine Hand. Madame la Duchesse d'Angoulême und Mademoiselle folgten seinem Beispiel; Dann warfen sich beide in die Arme des Grafen von Artois und blieben dort eine Zeit lang unter bitterlichen Weinen.

Als der neue König die Sterbekammer verließ, um in seine Gemächer zurückzukehren, rief ein Herold dreimal:

„Der König ist tot, meine Herren! Lang lebe der König!"

Und von diesem Moment an war Karl X. König von Frankreich. Am 23. September beobachteten wir aus unseren Fenstern den Trauerzug des letzten Königs, der nach Saint-Denis gebracht werden sollte.

Chateaubriand schrieb ein Gedicht mit dem Titel „ *Le Roi est mort! Vive le roi!*" über den Tod des Königs, und es war eines der dürftigsten Werke, das je aus seiner Feder stammte.

Derselbe Anlass inspirierte Victor Hugo zur Veröffentlichung seiner Oden *Les Funérailles de Louis XVIII.*, und es war eine seiner schönsten Oden. Ich brauche meine Leser nicht um Nachsicht zu bitten, wenn ich einige Strophen zitiere:

Ein anderer sagte: „Von meinem Stamm
wird dieses große Grab den Hafen verlassen; Ich hoffe, die Könige werden mich ersetzen, ich werde ihnen nachfolgen in Ewigkeit. Ich werde hier absteigen, um abzusteigen! Das ist es, um an meiner Spitze Platz zu machen. Was wird passieren, wenn ich absteige? es sind schwarze Keller;

Es ist ein neuer Meister der Welt; Auf diesem Grab habe ich gegraben. Es ist ein neuer Meister der Welt!

„Ich wünsche mir, dass ich diese heiligen Wünsche erfüllen kann. Mit diesem Zeichen der Ehrerbietung verleihe ich diesem Tempel nur meine Rechte. Denn ich glaube, dass das, was mir den Rest gibt, nur von den Königen gegeben wird. Und wenn
ich mich nicht täusche, in ihrem großen Glück, Domineront „Ganz Europa. Vom Kreml nach Escurial. Sie werden in diesen dunklen Orten schlafend von Turm zu Turm wandern. Endlich werde ich in ihren Schatten gehüllt sein,
in
meinem kaiserlichen Glanz!"

Celui, der diese Worte verriet: Croyait, mutiger Soldat, Sieh, mit großartigen Symbolen, Sein Schicksal wurde in die Städte geschrieben. In seinen brennenden Flammen, Sein Adler in den Flammen, Er wurde vom römischen Adler getroffen; Der Sieg war seine Kompanie, Und der Erdball war Karl der Große: Einfach zu leicht für die Hauptsache!

Gut, die Potentaten sind dieser beeindruckende Meister. In der Angst vor seinem Tod durch den falschen Himmel. Aufgrund seiner Ambitionen kann nur einer überleben. Lassen Sie ihn bloß nicht erschlagen. Umsonst setzt er seinen gestohlenen Wagen unter den Nagel .
Umsonst ist sein Brandglanz
. An allen Orten ist das Porträt mit einer Flamme versehen.
Alle sind Träger der Fackeln, der Zepter und der Krone. Dieser große Herrscher über Reiche und Throne. Er usurpiert kein Grab!

Grab unter der Erde, über die gestritten wird. Europa wird gefangen gehalten.
Erster König seiner Dynastie, Er ist auch in letzter Zeit am Boden. Eine Insel, auf der die Stürme wüten. Erobere diesen Riesen. Tyrann, der nichts gewinnen kann. Alter Krieger hier in seinem Elend. Hinter dem Verhängnis von Bélisaire. Aus Mitleid mit dem 'Fremder. Das

Grab des Heiligen, das verwüstet wurde,
ist das, was er trug, von der königlichen Kleidung umhüllt, Er war dort in seinen Kriegsmantel gehüllt, Ohne seinen Gefährten. Und, was auch immer, er war nicht mehr da. das Reich der Welt,Wie ein schwarzer Felsen die Erde überflutet,Wie ein Leben aus der Asche der Luft bricht,
Ein König, der lange Zeit verbannt war, der unseren Tagen Wohlstand brachte,

Steigt in den Todesschein hinab, wo seine Väter ruhen,Unter dem Garde du Gotte vivant!

Aber der Dichter ist zu großzügig gegenüber Napoleon, wenn er ihn als „ *ce vieux saule battu du vent* " (alte, verwitterte Weide) beschreibt, denn genau in diesem Moment hatten die Behörden in St. Helena die Maut abgeschafft, die zunächst von Besuchern von Napoleons Grab verlangt und von diesen bezahlt worden war. Als M. Torbet, der Eigentümer des Grundstücks, auf dem der Kaiser begraben war, feststellte, dass er mit dem Leichnam nichts mehr anfangen konnte, verlangte er, dass dieser exhumiert und woanders hingebracht werden sollte. Es gab eine lange Kontroverse darüber, und M. Torbet drohte, dass er selbst den Leichnam des Mannes exhumieren würde, der sich trotz allem, was der Dichter geschrieben hatte, alles angeeignet hatte, sogar sein eigenes Grab, und dass er die Überreste auf die Landstraße werfen würde, bis die Regierung schließlich beschloss, dass die Indische Kompanie das Grundstück für fünfhundert Pfund Sterling von Torbet kaufen sollte. Es wurde beschlossen, dass die Menschen in Zukunft aufgrund dieser M. Torbet zuteil gewordenen *Douceur* das Grab Napoleons kostenlos besuchen sollten. Wir haben den Namen von Herrn Torbet bereits dreimal erwähnt: Lassen Sie uns ihn noch ein viertes Mal erwähnen, damit er nicht in Vergessenheit gerät.

Wenn irgendetwas eine solche Schande für die Menschheit und solche Taten, wie sie M. Torbet genoss, wiedergutmachen könnte, dann wäre es der Empfang, der La Fayette vierzig Jahre später in Amerika bereitet wurde, als diese Nation eines ihrer besten Schiffe, die *Cadmus*, schickte, um ihn als Gast der Nation nach Amerika zu holen. Es war in der Tat ein schöner Anblick, zu sehen, wie eine ganze Nation aufstand, um einem der Gründer ihrer Freiheit die Ehre zu erweisen.

Als die beiden Kammern am 12. Januar erfuhren, dass La Fayette einen Besuch in den Vereinigten Staaten plante, verfassten sie auf Vorschlag von Herrn Mitchell eine Resolution mit folgendem Inhalt:

„Da der berühmte Verfechter unserer Freiheit und Held unserer Revolution, der Freund und Kamerad Washingtons, Marquis de la Fayette, der während unseres Unabhängigkeitskrieges ein freiwilliger General war, den starken Wunsch geäußert hat, unserem Land einen Besuch abzustatten, zu dessen Freiheit sein Mut, sein Blut und sein Reichtum in sehr großem Maße beigetragen haben,

„Es wird beschlossen, den Präsidenten zu bitten, dem Marquis de la Fayette den Ausdruck der Gefühle des Respekts, der Dankbarkeit und der liebevollen Verbundenheit zu übermitteln, die die Regierung und das amerikanische Volk ihm gegenüber hegen, und ihm zu versichern, dass die Erfüllung seines Wunsches und seiner Absicht, ihr Land zu besuchen, von

Volk und Regierung mit tiefer Freude und patriotischem Stolz aufgenommen wird.

„Außerdem wird beschlossen, dass sich der Präsident über den Zeitpunkt informiert, zu dem der Marquis de la Fayette seinen Besuch am günstigsten findet, damit ihm eines der Schiffe der Nation als Transportmittel angeboten werden kann."

Diesem Angebot entsprechend schiffte sich la Fayette am 13. Juli in Le Havre an Bord der *Cadmus ein* und erreichte nach einer 32-tägigen Reise am 15. August New York. Kein Nationalfest hat je einer feineren oder heiligeren Persönlichkeit Ehre erwiesen. Als er Nordamerika verließ, hatte es kaum drei Millionen Einwohner; jetzt hießen ihn siebzehn Millionen willkommen. Alles hatte sich verändert: Aus Wäldern waren Ebenen geworden, aus Ebenen Städte, und Millionen von Dampfschiffen, deren erstes 1808 von Fulton zu Wasser gelassen worden war, nachdem Frankreich es abgewiesen hatte, fuhren jetzt auf Flüssen auf und ab, die so groß waren wie Seen, und auf Seen, die so groß waren wie Ozeane. Auch die Städte waren nicht mehr von der künstlichen Art, wie Potemkin sie entlang der Katharinenstraße über die Krim erbaut hatte; die moderne Zivilisation überquerte den Atlantik wie einen Strom, um zum ersten Mal Fuß zu fassen in der Neuen Welt.

Nachdem der Freund Washingtons vier Monate lang mit Festen und Ehrungen überschüttet worden war, brachte ein Sonderausschuss am 20. Dezember einen Gesetzentwurf mit folgendem Inhalt ein:

„Generalmajor la Fayette soll als Anerkennung für seine wertvollen Dienste und als Entschädigung für seine Ausgaben im Amerikanischen Unabhängigkeitskrieg ein Betrag von 200.000 Dollar angeboten werden. Außerdem soll ein Teil des Landes von den noch nicht angeeigneten Ländereien zur Errichtung einer Gemeinde für Generalmajor la Fayette reserviert werden. Dieses Gesetz soll ihm vom Präsidenten der Vereinigten Staaten übergeben werden."

Dieser Gesetzentwurf wurde am 22. Dezember vom Repräsentantenhaus und am 23. Dezember vom Senat mit Begeisterung angenommen.

Bevor wir uns vom Jahr 1824 verabschieden, müssen wir nur noch erwähnen, dass am 2. Dezember Herr Droz und Herr de Lamartine um die Akademie konkurrierten und dass Herr Droz gewählt und Herr de Lamartine abgelehnt wurde.

---

[1] Im französischen Original. – ÜBERS.

KAPITEL VI

Tallancourt und Betz – Das Café *Hollandais* – Mein Quiroga-Mantel – Erste Herausforderung – Eine Lektion im Schießen – Der Vorabend meines Duells – Analyse meiner Empfindungen – Mein Gegner hält seine Verabredung nicht ein – Die Sekundanten jagen ihn – Das Duell – Tallancourt und der tollwütige Hund

Am 3. Januar 1825 lud einer unserer Freunde namens Tallancourt, der auf Vatouts Bitten hin von seinem Büro in die Bibliothek des Herzogs von Orléans befördert worden war, mich und einen anderen unserer Freunde namens Betz zu einem Abendessen im Palais-Royal ein. Beide waren alte Soldaten. Tallancourt hatte bei Waterloo gekämpft. Nach der Niederlage tastete er in seinen Taschen und stellte fest, dass sie leer waren. Er schlug sich auf den Bauch und fühlte, dass er hohl war. Als er eine kleine, zerlegte Kanone entdeckte, hob er sie, da er über herkulische Kräfte verfügte, auf seine Schulter und verkaufte sie zwei Meilen entfernt für zehn Francs an einen Eisengießer. Dank dieser zehn Francs gelang ihm ein recht bequemer Rückzug, und er kehrte in sein Heimatland Semur zurück, wo Vatout ihm zunächst eine Stelle in den Büros des Herzogs von Orléans und schließlich in der Bibliothek verschaffte. Nach dem Essen schlugen diese Herren, die eingefleischte Raucher waren, wie es sich für alte Soldaten von 32 und 35 Jahren gehört, vor, ins Café *Hollandais zu gehen*, um eine Zigarre zu rauchen. Trotz meiner Abneigung gegen Tabakcafés wollte ich sie nicht im Stich lassen und überschritt zum ersten und, wie ich hoffe, sagen zu dürfen, letzten Mal in meinem Leben die Schwelle dieses berühmten Lokals, dessen Außenfassade mit dem Zeichen eines Schiffes geschmückt ist. Ich besaß einen großen Mantel, der damals romantisch Quiroga genannt wurde; ich hatte einen solchen Mantel ebenso leidenschaftlich begehrt wie die berühmten Stulpenstiefel und hatte ihn schließlich mit ebenso viel Mühe bekommen. Offenbar ärgerte sich ein Stammgast über meine Art der Kleidung, der gerade Billard spielte; er wechselte ein paar Worte mit seinem Gegner, wobei er einen Blick in meine Richtung warf, worauf ein schallendes Gelächter folgte. Das reichte völlig aus, um mich wütend zu machen, also nahm ich ein Queue, vermischte alle Bälle und sagte:

„Wer hat Lust mit mir Billard zu spielen?"

„Aber", protestierte Tallancourt, „der Tisch gehört diesen Herren."

„Gut", sagte ich und sah dem Spieler, mit dem ich unbedingt etwas anfangen wollte, direkt in die Augen, „wir werden diese Männer hinauswerfen, und ich werde mich diesem Herrn stellen"; und ich ging auf ihn zu.

Die Provokation war zu grob und zu deutlich, um nicht Zorn hervorzurufen.

Betz und Tallancourt eilten mir sofort zu Hilfe, denn sie kannten mich zu gut, um nicht zu wissen, dass ich niemanden ohne triftigen Grund auf diese Weise beleidigen würde. Uns war vor allem wichtig, dass nicht herumerzählt wurde, dass wir an einem elenden Café-Streit beteiligt waren, also tauschten mein Gegner und ich Karten aus und verabredeten uns für den übernächsten Tag um neun Uhr morgens bei dem Café, das an die Schwelle des großen einsamen Hauses grenzt, das lange Zeit mitten auf dem Place du Carrousel stand und Hôtel *de Nantes genannt wurde*. Natürlich waren Tallancourt und Betz meine Sekundanten, obwohl sie sich wegen ihres Auftrags ein wenig unwohl fühlten: Erstens, weil ich sehr jung war und es mein erstes Duell war; dann, weil ich gerade aus der Provinz gekommen war und sie nicht wussten, ob ich mit den Feuerwaffen umgehen konnte, die ich benutzen wollte. Sie hatten mit den Sekundanten meines Gegners, Monsieur Charles B., unser Treffen für den nächsten Tag um vier Uhr nachmittags im Garten des Palais-Royal gegenüber der Rotonde vereinbart, um ihnen mehr Zeit zu geben, mich zu unterweisen.

Als wir das Café verließen, baten sie mich, ihnen den Grund meines Streits zu nennen, was ich ihnen eilig tat. Dann, als sie beauftragt waren, sich mit der Waffenfrage zu befassen, fragten sie mich, welche Waffe ich vorziehe. Ich antwortete, die Waffenfrage sei mir gleichgültig, und da ich ihnen meine Interessen anvertraut hatte, sei es ihre Angelegenheit und nicht meine. Meine Versicherung beruhigte sie etwas, aber Tallancourt bestand trotzdem darauf, dass ich am nächsten Morgen um neun Uhr in Gossets Schießstand etwas üben sollte. Ich hatte seit meiner Ankunft in Paris keinen Fuß mehr in einen Schießstand gesetzt, aber meine Vertrautheit mit M. de Leuvens *Kukenreiter* kann ich nicht vergessen haben, ebenso wenig wie meine zerbrochenen Schiefertafeln und die Frösche, die ich in zwei Teile geschossen hatte, und die Pappstücke, die ich bei Ponce als Zielscheiben in der Hand hielt. Tallancourt verlangte ein Dutzend Kugeln.

"Möchte der Herr *à la poupée* oder *à la mouche schießen*?" fragte mich der Junge.

Da ich die Pariser Jagdgewohnheiten und -begriffe nicht ganz verstand, wandte ich mich an Tallancourt, der nach einer *Puppe fragte*. Der Junge steckte eine Metallpuppe auf den Spieß – zweifellos die größte, die das Etablissement herstellen konnte; denn der Junge (sein Name war Philippe — man erinnert sich an die kleinsten Einzelheiten, die mit Ereignissen dieser Art verbunden sind) als er meine völlige Unkenntnis der Schießbudenmethoden bemerkte, hielt er mich für einen Schuljungen. Auch Tallancourt, das war ganz offensichtlich, teilte die Meinung des Jungen über mich. Ich muss gestehen, diese Einstimmigkeit hat mich gereizt.

„Sagen Sie mir", fragte ich Tallancourt, „was dieses Metallspielzeug kostet?"

„Vier Sous", sagte er.

„Und wie viele Kugeln haben Sie beantragt?"

"Ein Dutzend."

„Gut, da ich nicht reich genug bin, um mir den Luxus zu leisten, ein Dutzend Puppen zu zerschlagen, werde ich dieser elf der Kugeln schenken und sie mit der zwölften zerschlagen."

„Was meinst du?", fragte Tallancourt.

„Du wirst sehen, wie wir dieses Spiel in Villers-Cotterets gespielt haben, mein lieber Tallancourt."

Ich ging zum Ziel, zog einen Kreis um die Puppe und begann mit der Aktion. Alles verlief wie erwartet. Ich tat, was ich schon zwanzig Mal mit de Leuven und de la Ponce getan hatte, aber da Tallancourt meine Aktion zum ersten Mal miterlebte, war er völlig verblüfft über das, was geschah.

„Nun, ich sehe, mit Pistolen wird es gut gehen, und ich werde mich ziemlich wohl fühlen, wenn Sie den ersten Schuss abgeben", sagte er. „Aber was, wenn sie sich für Schwerter entscheiden?"

„Nun, wenn sie sich für das Schwert entscheiden, müssen wir mit dem Schwert kämpfen, mein Freund, das ist alles."

"Kannst du dich mit einem Schwert verteidigen?"

"Ich hoffe es."

„Ich frage das", fügte Tallancourt hinzu, „weil ich keine Pistolen mag."

„Ich stimme Ihnen zu, es sind teuflische Waffen."

„Ich werde es nicht annehmen, wenn ich nicht dazu gezwungen werde."

„Da haben Sie ganz recht."

„Dann stimmen Sie mir zu?"

"Absolut."

„Na, umso besser! Gib dem Jungen vierundzwanzig Sous und lass uns frühstücken gehen."

Glücklicherweise war es erst der vierte Tag des Monats, sodass ich mir die 24 Sous leisten konnte. Wir frühstückten und gingen ins Büro. Betz war bereits dort und nahm Tallancourt beiseite, zweifellos um sich nach meinen Qualifikationen zu erkundigen; aber ich hatte allen Grund zu der Annahme, dass Tallancourt ihn beruhigte. Um fünf Uhr kamen Betz und Tallancourt, um mir zu sagen, dass mein Gegner sich für Schwerter entschieden hatte.

Das Rendezvous sollte am nächsten Tag um neun Uhr beim *Hôtel de Nantes* *stattfinden*. Ich kehrte mit einem Lächeln nach Hause zurück, obwohl mein Herz ziemlich schnell schlug. In Sachen Mut hatte ich die folgenden Beobachtungen in Bezug auf mich selbst gemacht. Ich war von heiterem Gemüt und warf mich bereitwillig in die Gefahr; wenn die Gefahr unmittelbar war und ich sie sofort angreifen konnte, verließ mich mein Mut nie, denn ich wurde durch die Aufregung aufrecht gehalten. Wenn ich im Gegenteil einige Stunden warten musste, gaben meine Nerven nach und ich gab nach, mich der Gefahr ausgesetzt zu haben. Aber nach und nach, nach einigem Nachdenken, überwand der moralische Mut die physische Feigheit und befahl ihr energisch, sich richtig zu verhalten. Als ich an Ort und Stelle ankam, zitterte ich bis in den Rücken; aber ich ließ mir nie die geringsten äußeren Anzeichen meiner Gefühle anmerken. Ich habe 1834 ein Duell ausgefochten, und Bixio war mein Sekundant: Er war damals Medizinstudent, und als ich meinen Puls fühlte, kurz nachdem ich meine Pistole genommen hatte, zeigte er nur 69 Schläge pro Minute an, zwei Schläge schneller als normal. Je länger ich warte, desto ruhiger werde ich. Übrigens glaube ich, dass jeder Mann, besonders wenn er mit einem sensiblen Organismus ausgestattet ist, von Natur aus die Gefahr fürchtet und, wenn man ihn seinen eigenen Instinkten überließe, sein Bestes tun würde, um ihr zu entgehen; er wird einzig und allein durch moralische Stärke und männlichen Stolz zurückgehalten und setzt sich mit lächelndem Gesicht dem Tod und Leiden aus. Als Beweis für diese Theorie kann ich erwähnen, dass ein Mann dieses Temperaments, der in seinen wachen Stunden tapfer ist, in seinen Träumen ein Feigling ist; Denn im Schlaf ist die Seele abwesend und nur der animalische Teil von ihm bleibt übrig, und in Ermangelung seiner Kraft, seiner Willensstärke und seines Stolzes hat sein physischer Teil Angst.

Also kehrte ich nach Hause zurück, ohne ein Wort über das Vorgefallene zu sagen, blieb aber die ganze Nacht bei meiner Mutter.

Es war mitten im Winter, also musste ich nicht losgehen und die Mappe zusammenstellen. Am nächsten Morgen stand ich um acht Uhr auf, entschuldigte mich bei meiner Mutter, küsste sie und ging mit dem Schwert meines Vaters unter meinem Mantel hinaus. Tallancourt hatte sich verpflichtet, ein zweites Schwert zu besorgen. Ich erreichte das *Hôtel de Nantes* um zehn Minuten vor neun, und wir fanden dort die beiden Sekundanten meines Gegners. Ich hatte nicht gefrühstückt, denn Thibaut, der uns begleitete, hatte mir geraten, nichts zu essen, falls ich zur Ader gelassen werden müsste. Wir warteten: halb zehn, zehn, elf schlugen. Betz und Tallancourt waren furchtbar ungeduldig, denn die Verzögerung meines Gegners machte sie zu spät in ihrem Büro. Ich muss zugeben, dass ich, soweit es mich betraf, entzückt war; ich hatte gehofft, dass die Angelegenheit mit Entschuldigungen enden würde, und ich hätte mir nichts Besseres gewünscht. Um elf Uhr gaben die Paten meines Gegners angewidert das Warten auf und schlugen meinen Sekundanten vor, sie sollten alle zu ihrem Patensohn gehen, der, glaube ich, in der Rue Coquillière wohnte. Mich schickten sie zurück ins Büro, und falls man uns wegen unserer Abwesenheit beschimpfen sollte, sollte ich Oudard offen erklären, was vorgefallen war, und ihm den Grund unserer Abwesenheit nennen. Aber es war nicht nötig, etwas zu gestehen, denn ich erfuhr, dass Oudard von der Herzogin von Orléans gerufen worden war. Betz und Tallancourt kamen eine halbe Stunde später zurück: Sie hatten meinen Gegner im Bett gefunden! Als sie ihn darauf hinwiesen, dass er woanders als in seinem Bett hätte sein sollen, antwortete M. Charles B., dass er, nachdem er den ganzen Tag zuvor auf dem Kanal Schlittschuh gelaufen war, sich um sieben Uhr morgens so erschöpft fühlte, dass er nicht genug Kraft hatte, aufzustehen. Seine eigenen zwei Sekundanten hielten dies für eine so schwache Ausrede, dass sie ihm sagten, er brauche nicht wieder auf ihre Dienste zu zählen, wenn der Streit weitergeführt würde. Daraufhin zogen sie sich zurück. Aber Betz und Tallancourt, die im tiefsten Inneren viel wütender waren als ich selbst, waren geblieben und hatten darauf bestanden, dass M. Charles B. ihnen mitteilte, zu welcher Stunde sie ihn am nächsten Tag auf dem Schlachtfeld erwarten könnten. Er versprach, uns mit zwei frischen Sekundanten am nächsten Tag um neun Uhr an der Rochechouart-Barriere zu treffen. Der Kampf konnte in einem der Steinbrüche von Montmartre stattfinden. Somit war die Sache nur verschoben. Ich dankte meinen zwei Sekundanten sehr herzlich und sagte ihnen, sie hätten ganz richtig gehandelt und ich würde warten. Der Tag verging ziemlich ruhig, und indem ich mich in meine Arbeit und Gespräche vertiefte, schaffte ich es sogar, zu vergessen, dass ich am nächsten Tag kämpfen sollte. Trotzdem bekam ich von Zeit zu Zeit einen leichten Krampf im Herzen, der in einem Gähnen erstickt wurde.

Ich kehrte wie am Vortag früh nach Hause zurück und blieb bei meiner Mutter.

Am nächsten Tag war Dreikönigstag, und jemand hatte uns einen Bohnenkuchen geschenkt. Meine Mutter war die Königin. Ich küsste sie und wünschte, ich könnte sie dreißig Jahre länger zur selben Stunde, am selben Tag und bei derselben Gelegenheit küssen. Ich wusste nur zu gut, was ich tat, wenn ich mir einen solchen Wunsch wünschte. Die ersten vier oder fünf Stunden der Nacht schlief ich tief und fest, die restlichen zwei oder drei Stunden ziemlich schlecht. Ich verließ meine Mutter um halb neun, wie am Vormittag, nur hatte ich diesmal kein Schwert zu tragen, Tallancourt hatte beides übernommen. Um zehn Minuten vor neun erreichten wir die Schranke von Rochechouart; und als es neun schlug, brachte eine Droschke unseren Mann und seine beiden frischen Sekundanten. Sie stiegen aus, verbeugten sich, überquerten schweigend den äußeren Boulevard und erreichten die Wälle des Berges. Einer der Sekundanten meines Gegners, der inzwischen mein Freund geworden ist (wie die meisten, die mich nicht kannten und zunächst meine Feinde waren), kam auf mich zu, hielt mich offenbar für einen der Zeugen und begann ein Gespräch mit mir. Wir liefen fast eine halbe Stunde, bevor wir eine geeignete Stelle fanden. Es war sehr kalt und hatte die ganze Nacht geschneit; es schneite immer noch; daher waren fast alle Steinbrüche besetzt.

Da es kein gewöhnlicher Anblick ist, wenn sechs Leute bei solchem Wetter um zehn Uhr morgens über Felder laufen, wurden die Leute in den Steinbrüchen neugierig und folgten uns. Wir hatten bereits eine recht ansehnliche Gefolgschaft und es war wahrscheinlich, dass diese noch größer werden würde, je weiter wir gingen. Daher war es zwingend notwendig, dass wir an der ersten Stelle anhielten, die uns für unser Vorhaben erschien, ich will nicht sagen geeignet, aber möglich. Ich gestehe, der Weg wäre mir sehr lang vorgekommen, wenn ich nicht die ganze Zeit mit dem Zeugen meines Gegners gesprochen hätte. Schließlich kamen sie auf eine Art Plateau, zehn Schritte breit und zwanzig Schritte lang, das war gerade so viel Platz, wie wir brauchten. Hier hielten wir an. Tallancourt zog die Schwerter unter seinem Umhang hervor und reichte sie den Zeugen zur Vernehmung. Das eine, das er mitgebracht hatte, war zwei Zoll länger als das andere; Tallancourt hatte keine Wahl getroffen, er hatte das erste genommen, das ihm in die Hände fiel; also schlug er vor, zu losen, wer das längste Schwert bekommen sollte. Ich beendete die Debatte mit der Erklärung, dass ich das kürzeste nehmen würde, nämlich das meines Vaters. Ich wollte lieber die zwei zusätzlichen Zoll Stahl einbüßen , als mir das Schwert meines Vaters gegen die Brust zu richten. Erst in diesem Moment entdeckte der Sekundant meines Gegners, dass der Mann, mit dem er die ganze Zeit gesprochen hatte, der andere Duellant war. Als der Platz gewählt und die Schwerter verteilt waren, blieb nur noch wenig Zeit; es war entsetzlich kalt und unser Publikum wuchs mit jedem Augenblick.

Ich warf meinen Mantel ab und stand auf der Wache. Dann forderte mich mein Gegner auf, neben dem Mantel auch Weste und Hemd auszuziehen. Die Forderung schien mir übertrieben; aber wie er darauf bestand, steckte ich mein Schwert in den Schnee und warf Weste und Hemd auf den Mantel. Da ich dann nicht einmal meine Hosenträger anbehalten wollte und wie der arme Géricault die Schnalle meiner Hose verloren hatte, band ich die beiden Riemen zu einem Knoten zusammen, um meine Lenden zu gürten. Diese aufwendigen Vorbereitungen dauerten ein oder zwei Minuten, während der mein Schwert im Schnee stecken blieb. Dann hob ich es auf und stand ziemlich übellaunig auf der Wache. Mein Gegner hatte seine Befehle mit großem Selbstvertrauen erteilt und da er auch Schwerter als unsere Waffen ausgewählt hatte, erwartete ich, dass ich es mit einem erfahrenen Schwertkämpfer zu tun hätte. Also machte ich mich vorsichtig an die Arbeit. Aber zu meinem großen Erstaunen stellte ich fest, dass er sehr nachlässig auf der Hut war und sich meinem Schwert aussetzte. Natürlich könnte seine Unachtsamkeit auch nur ein Vorwand gewesen sein, um mich zu täuschen und meine Unvorsichtigkeit auszunutzen. Ich trat einen Schritt zurück und ließ mein Schwert sinken.

„Bereit, Monsieur", sagte ich, „verteidigen Sie sich!"

„Aber was ist, wenn ich mich nicht in eine Verteidigungsposition begebe?", antwortete mein Gegner.

„Nun, das ist Ihre Sache, ... aber Ihr Geschmack ist eigenartig, muss ich sagen."

Ich ging in Deckung, griff ihn *im Viereck an* , und ohne mit dem Schwert vorzustoßen, um mich an meinen Mann heranzutasten, stieß ich ungehindert *im Viereck zu.* Er machte einen Sprung nach hinten, stolperte über eine Weinrebenwurzel und fiel kopfüber hin.

„Oh! Oh!" rief Tallancourt, „haben Sie ihn wirklich mit dem ersten Schlag getötet?"

„Nein", antwortete ich, „ich glaube nicht. Ich war noch nicht einmal vorbeigekommen und habe ihn kaum berührt."

Inzwischen waren die Sekundanten meines Gegners zu M. B. gelaufen, der gerade aufstand. Die Spitze meines Schwertes hatte seine Schulter durchbohrt, und da der Stahl im Schnee gefroren war, war das Gefühl, das es meinem Gegner gab , so erschreckend, dass er, obwohl er nur leicht verwundet war, durch den Schock umgeworfen wurde. Zum Glück war ich nicht als Erster vorbeigekommen, sonst hätte ich ihn ganz sicher durchbohrt. Es stellte sich heraus, dass der arme Junge noch nie zuvor ein Schwert in der Hand gehabt hatte!

Als er dieses Geständnis ablegte und in Anbetracht der Wunde, die er erlitten hatte, wurde beschlossen, den Kampf an dieser Stelle zu beenden. Ich steckte mein Schwert in den Schild, zog Hemd, Weste und Mantel an, hüllte mich in meine Quiroga und stieg mit viel leichterem Herzen die Wälle von Montmartre hinab, als ich sie hinaufgestiegen war.

Das war der Anlass, das waren die Sensationen, das war der Ausgang meines ersten Duells. Was ist aus den beiden Männern geworden, die meine Sekundanten waren? Betz habe ich aus den Augen verloren: Er erhielt eine Stelle als *Receveur Particulier* in der Provinz. Ein vage Gerüchte über seinen Tod haben mich inzwischen erreicht. Und Tallancourt, der arme Kerl! Ich sah ihn höchst jämmerlich, unglücklich und elend sterben. Der Herzog von Orléans mochte ihn, denn er war von der Art Werkzeug, die der Prinz liebte – aktiv, aber nicht zu klug. Darüber hinaus besaß Tallancourt eine weitere Eigenschaft: Obwohl er ausreichend intelligent war, wusste er, wann er dumm erscheinen musste. Als der Herzog von Orléans König wurde, ließ er Tallancourt holen, denn er konnte nicht ohne ihn auskommen. Wenn er auch nicht gerade ein Vermögen gemacht hatte – Vermögen macht man nicht oft durch die Verbindung mit Königen –, so war seine Position doch zumindest sicher. Da Tallancourt den Herzog von Orléans am 27., 28. und 29. Juli nicht verlassen hatte, kannte er eine ganze Reihe von Staatsgeheimnissen im Zusammenhang mit der Revolution von 1830. Wenn der König in Neuilly war, schickte er Tallancourt absichtlich nach Paris, und der Herkules von einem Kerl, der sich in seinem Sessel an seinem Schreibtisch in seinem Büro unwohl fühlte, legte die Strecke zu Fuß zurück, um die frische Luft zu atmen und seine großen Lungen ein wenig zu weiten.

Eines Tages sprang ein riesiger wilder Hund aus dem Graben neben der Hauptstraße und stürzte sich auf ihn. Tallancourt hob instinktiv die Hände, um sein Gesicht zu wahren, und mit unerhörtem Glück packte er das Tier dabei am Hals. Der Hund konnte sich nicht gegen den starken Griff zweier Fäuste wie Tallancourts wehren, die den Hund immer fester würgten, und nach etwa fünf Minuten war das Tier erwürgt, ohne dass der Riese auch nur einen Kratzer abbekommen hatte. Doch während dieser fünf Minuten des Kampfes und der Lebensgefahr wurde Tallancourts Gehirn einer schrecklichen Belastung ausgesetzt, und fünf oder sechs Monate später setzte eine Erweichung des Gehirns ein. Ein Jahr lang wurde der arme Tallancourt sowohl moralisch als auch körperlich sichtlich schwächer; seine Kraft und sein Verstand, seine Beweglichkeit und sogar seine Stimme ließen nach, und er starb nach achtzehn Monaten des Leidens langsam.

KAPITEL VII

Der Herzog von Orléans erhält den Titel *Königliche Hoheit* – Die Krönung
Karls X. – Bericht der Zeremonie durch Madame la Duchesse d'Orléans –
Tod Ferdinands von Neapel – De Laville de Miremont – *Le Cid d'Andalousie*
– M. Pierre Lebrun – Eine Lesung im Lager von Compiègne – M. Taylor
wird zum königlichen Kommissar des Théâtre-Français ernannt – Der
Pfarrer Bergeron – M. Viennet – Zwei seiner Briefe – Pichat und sein
Léonidas

Meine Mutter erfuhr nie etwas von der Geschichte meines Duells; sie wäre
vor Kummer gestorben, wenn sie auch nur den geringsten Verdacht
geschöpft hätte. Da wir erst gegen ein Uhr ins Büro zurückkehrten, mussten
wir Oudard alles erzählen; und nachdem er Betz und Tallancourts Bericht
gehört hatte, schien er mit dem Verhalten seines Angestellten ganz zufrieden
zu sein. Außerdem war im Palais-Royal seit der Thronbesteigung Seiner
Majestät Karl X. ständig Feste angesagt. Der Herzog von Orléans hatte
gerade vom neuen König den Titel der Königlichen Hoheit erhalten – eine
Gunst, die er Ludwig XVIII. vergeblich erbeten hatte. Wie bereits erwähnt,
wies Ludwig XVIII. jeden hartnäckig ab, der ihn bat, Monsieur le Duc
d'Orléans dieses Privileg zu gewähren.

„Er wird dem Thron immer nahe genug sein", antwortete er.

Und auch auf andere Weise machte sich Karl X. große Popularität.

Als Pendant zu seinem Satz: „In Frankreich hat sich nichts geändert, es gibt
einfach einen Franzosen mehr dort", fügte er ein weiteres, noch einfacheres
und ebenso geschätztes Diktum hinzu:

„Meine Freunde, lasst die Kritik breiter fächern!"

Und inmitten der allgemeinen Fröhlichkeit gingen die Vorbereitungen für
seine Krönung in prunkvollem Stil weiter.

Die letzten Krönungen hatten Unglück mit sich gebracht. Man erinnert sich,
dass Ludwig XVI. in Reims schnell die Krone vom Haupt genommen hatte.

„Was ist los, Sire?", fragte der Erzbischof.

„Diese Krone tut mir weh", antwortete Ludwig XVI. Und zwanzig Jahre
später starb er auf dem Schafott.

Napoleon wollte von einem höheren Beamten als einem Erzbischof gekrönt werden ; er wollte einen Papst haben und ließ Pius VII. aus dem Vatikan in Rom nach Notre-Dame nach Paris kommen.

„Er wird einen Gott bitten, diesen Mann zu beten!
Der Herr, Monarch von Rom, der heilige Wink, ist vornherein bedrohlich.
Ohne Zweifel wird er im Geheimen von ihm betrogen.
Er wird seinen heiligen Diadem erhalten. Nur wenn du Vergebung gewährst!"

Fünfzehn Jahre später starb Napoleon auf St. Helena! Und nun war Karl X. an der Reihe.

Alle Herrscher der Christenheit waren über die feierliche Veranstaltung informiert und schickten außerordentliche Botschafter. Österreich wurde durch Prinz Esterhazy vertreten, Spanien durch den Herzog von Villa-Hermosa, Großbritannien durch den Herzog von Northumberland, Preußen durch General de Zastrow und Russland durch Prinz Volkonski.

Der König und der Dauphin verließen die Tuilerien am Morgen des 24. Mai um halb zwölf und machten sich auf den Weg nach Compiègne. Bis Fismes lief alles gut, doch ein Unfall verhieß dem König nichts Gutes, dessen Herrschaft nur sechs Jahre dauern und mit seiner Verbannung enden sollte. Als sie in Fismes ankamen, feuerten die Batterien der königlichen Garde, die in einer Schlucht links von der Straße aufgestellt waren, einen Salut ab, um den König zu begrüßen. Die Detonation und ihr Echo waren schrecklich, und beim Lärm der Schüsse rannten die Pferde, die vor der Kutsche mit den Herzögen von Aumont und Damas sowie den Grafen von Cossé und Curial gespannt waren, davon; die Kutsche kippte um und zerschellte auf dem Damm. Zwei der vier Insassen der Kutsche wurden schwer verletzt – die Herren Herzog von Damas und Graf Curial; letzterer erlitt den schlimmsten Fall, er hatte sich das Schlüsselbein gebrochen. Ohne die Kraft und Geistesgegenwart des Kutschers wäre selbst der König einem ähnlichen Unfall nicht entgangen. Seine Pferde gingen durch, aber der Kutscher war so klug, nicht zu versuchen, sie aufzuhalten, und setzte alle Anstrengungen ein, um sie in der Mitte der Fahrbahn zu halten, und nach zehn Minuten ungebremster Fahrt beruhigten sie sich wieder.

Im Dorf Tinqueux erwarteten den König der Herzog von Orléans und der Herzog von Bourbon. Der Regen, der den ganzen Morgen ununterbrochen in Strömen geregnet hatte, hörte auf, und die Sonne, die sich bisher nicht gezeigt hatte, schien nun hell hervor. Der König, M. le Dauphin, M. le Duc d'Orléans und M. le Duc de Bourbon bestiegen die Krönungskutsche, und um es mit den Worten des *Krönungsberichts auszudrücken* : „Der gesamte Weg nach Reims war ein einziger *Arc de Triomphe* ."

Nach dem Krönungsgottesdienst unterzeichnete Karl X. die Amnestie für desertierte Marinesoldaten und politische Straftäter. Dank dieser Amnestie kehrte Carrel nach Frankreich zurück. Dreizehn Jahre später starb Karl X. in Göritz.

Madame la Duchesse d'Orléans war bei der Krönung anwesend gewesen und hatte in ihrem privaten Tagebuch auf Italienisch einen Bericht darüber verfasst. Nach ihrer Rückkehr nach Paris wollte sie das Tagebuch ins Französische übersetzen lassen und beauftragte Oudard damit. Oudard war sehr verlegen und übergab mir das Tagebuch, wobei er mir ein paar Tage Urlaub gab, um es für ihn zu übersetzen. Dieses Tagebuch war das Buch, in dem die Duchesse d'Orléans ihre geheimsten Gedanken niederschrieb und ihre privaten Taten schilderte. Es war mir nicht verboten, es zu lesen, also las ich es natürlich. Es gab jedoch kein einziges Wort in dem ganzen Buch, das einen Engel hätte erröten lassen können, obwohl es die Taten und Gedanken der Duchesse d'Orléans der letzten zehn Jahre enthielt, obwohl sie nie beabsichtigte, es aus ihren eigenen Händen zu lassen, nicht einmal in die des Duc d'Orléans, da die Übersetzung für den Duc d'Orléans angefertigt wurde. Beim Lesen fiel mir vor allem eines auf: die tiefe Dankbarkeit von Madame la Duchesse d'Orléans für die Gunstbeweise, die der neue König Karl X. ihrem Gemahl, dem Prinzen, erwiesen hatte, und für die Freundlichkeit, die Madame la Duchesse de Berry ihr und ihrer Familie täglich entgegenbrachte.

Ach und ach! Wie oft kam mir die Erinnerung an dieses Album in den Sinn, wenn ich König Karl X. in Graz und Madame la Duchesse de Berry in Blaye sah, und es ließ mich schaudern, wenn ich daran dachte, wie sehr die fromme Marie-Amélie gelitten haben muss, als aufgrund dessen, was Fürsten „politische Notwendigkeiten" nennen, die Ehre der einen und die Krone der anderen in den Händen ihres Mannes zerbrachen.

Auch eine andere Seite fesselte meine Aufmerksamkeit und hielt mich lange gefesselt, auf der Madame la Duchesse d'Orléans schilderte, wie liebevoll und taktvoll ihr Mann ihr die Nachricht vom Tod ihres Vaters Ferdinand I. überbrachte. Ferdinand I. war derselbe König, der meinen Vater achtzehn Monate lang in den Kerkern von Neapel gefangen gehalten hatte; derselbe Mann, der dreimal zugelassen hatte, dass man ihn vergiftete und einmal einen Mordanschlag auf ihn verübte; er, der Hirte, der in den schrecklichen Jahren 1798/99 seine eigene Herde verschlungen hatte, war gerade dazu aufgerufen worden, dem Herrn Rechenschaft über seine Verwaltung abzulegen. Es war ein merkwürdiger Zufall, dass ich, der Sohn eines der Opfer des Königs, dieses Album in den Händen hielt und die kummervollen Bekundungen der Tochter über den Tod ihres Vaters las! Welch ein merkwürdiges Nebeneinander von Schicksal und Glück! Aber er war tot, so wie gerechte Menschen sterben müssen; Er hatte mit ansehen müssen, wie diejenigen, die er seine Freunde nannte, vor seinen Augen gehängt, direkt unter seinen Fenstern verbrannt, in seiner Gegenwart ausgeweidet und in Stücke gerissen wurden; das Volk, das er durch eine verräterische Kapitulation in seine Hände gegeben hatte; diejenigen, die unter einer anderen Herrschaft die Ehre ihres Königs und der Ruhm des Landes hätten sein können!

Am 3. Januar 1825 schlief er um zwei Uhr morgens ruhig. Seine Diener hörten ihn mehrere Male husten; dann, um acht Uhr, als er sie nicht wie üblich zu sich gerufen hatte, betraten die Kammerdiener, gefolgt von den Hofärzten, sein Zimmer und fanden ihn tot vor, er war an einem Schlaganfall gestorben. Ferdinand I. hatte gerade 65 Jahre regiert, als er im Alter von 74 Jahren starb.

Oudard erhielt seine Übersetzung, die er in seine eigene Handschrift abschrieb und der Herzogin von Orléans als seine eigene übergab. Allerdings berichtete er mir gewissenhaft von den Komplimenten, die er dafür erhalten hatte, und fügte etwas hinzu, wofür ich weitaus dankbarer war – zwei Karten für die Uraufführung von *Roman* im Théâtre-Français; es war eine hervorragende Komödie in Versen in fünf Akten von de Laville de Miremont, der bereits durch *Folliculaire bekannt war*, ein Stück, das mehr für seine Handlung als für irgendeine andere Eigenschaft lobenswert war. Ich kannte de Laville sehr gut: Eine Anschuldigung von Lemercier beunruhigte ihn sehr. Lemercier hatte de Laville, der den Posten des Zensors innegehabt hatte, beschuldigt, seinen *Karl VI. unterdrückt* und später dessen Handlung und Ideen verwendet zu haben. Aber erstens bewies de Laville sowohl durch *Folliculaire* als auch durch *Roman klar*, dass er es nicht nötig hatte, Ideen aus den Stücken anderer zu übernehmen; außerdem war er zu so etwas absolut unfähig. In *Roman* gab es eine bezaubernde Schöpfung : einen Vater, der seinem Sohn, der ihm mit zwanzig Jahren geboren wurde, freundlich gegenüberstand und ihn beinahe bei seinen Eskapaden begleitete. Nichts hätte natürlicher sein können als diese Situation, die de Laville als erster in einem Theaterstück verwendete.

Dank Talmas Freundlichkeit hatte ich den *Cid d'Andalousie mehrere Male gesehen*. Casimir Delavignes Beispiel war ansteckend: Nachdem Talma in einer Komödie mitgespielt hatte, fragte Mademoiselle Mars, warum sie nicht in einer Tragödie spielen könne; daher das erneute Wiedersehen der beiden Schauspieler im *Cid d'Andalousie* . Aber M. Pierre Lebrun, Autor eines *Ulysse* , der nie aufgeführt wurde oder, was noch schlimmer ist, der nur an ein oder zwei Abenden lief, war nicht Casimir Delavigne. Es gab damals nichts, was ihn unterstützte, wie es 1820 der Fall war, als er in *Maria Stuart* auf das solide Gerüst Schillers zurückgreifen konnte. Da er sich darauf beschränken musste, aus spanischen Romanceros zu schöpfen, die nur einfache Szenen vorschlugen, fehlte ihm alles – Kraft, Originalität und Stil, und trotz der ungewöhnlichen Unterstützung durch Talma und Mademoiselle Mars, die die Kraft eines starken Schöpfers verdoppelt hatten und die Schwäche eines schwachen Schriftstellers nicht verbergen konnten, fiel der *Cid d'Andalousie* bei der ersten Aufführung durch, schaffte es, die zweite zu überstehen, unterstützt durch bezahlten Applaus, zog sich fünf oder sechs Nächte lang kläglich dahin und wurde schließlich aus dem Programm genommen. Dieser Misserfolg war der Beginn des Glücks von M. Pierre Lebrun – Akademiker, Pair von Frankreich und Direktor der Königlichen Druckerei.

O du ehrwürdige Gottheit, Mittelmäßigkeit! Sicherlich kennst du das Geheimnis der kostbaren Essenz, die Venus Phaon gegeben hat, um in unserer Welt Erfolg zu haben! Du, der Hugo, Lamartine und Charles Nodier lange Zeit abgelehnt hat! Du, der Soulié und Balzac sterben ließ, ohne für sie auch nur ein Drittel dessen zu tun, was du für M. Pierre Lebrun getan hast! Du, der Alfred de Musset ignorierte – weise, denn alles Licht der Originalität, alle Nervenstärke lässt deine Eulenaugen blinzeln! Du, deren Statue mit Bleisockel dreißig Meter hoch sein sollte, damit ihr Schatten auf die Pont des Arts und das ehrwürdige Denkmal fällt, zu dem sie führt! O Mittelmäßigkeit! einzige Gottheit, für die Frankreich keinen 21. Januar, keinen 29. Juli und keinen 24. Februar hat! Du, den ich mehr als alles andere auf der Welt verachte und den ich gern hassen würde, wenn ich jemals etwas hassen könnte! Schau mich immer von der Seite an und sei gütig zu meinen Feinden, das ist der einzige Gefallen, um den ich dich bitte. Und mögest Du unter dieser Bedingung im ungestörten Besitz der Zukunft bleiben, so wie Du im Besitz der Vergangenheit warst!

Nun sei angemerkt, dass der Misserfolg des *Cid d'Andalousie* im Jahr 1825 stattfand. Man hätte daher vernünftigerweise hoffen können, dass der unglückliche *Cid bis 1838, dreizehn Jahre später*, von allen vergessen worden wäre, sogar von seinem Autor. Nichts dergleichen. In seinem Landhaus in Compiègne unterhielt der Duc d'Orléans seine Kameraden tagsüber mit Sport im Wald und öffnete abends seine Salons für diejenigen, die Kartenspiele, Tanz und Unterhaltung bevorzugten. Eines Abends kam dem unglücklichen Prinzen eine verhängnisvolle Idee in den Kopf. Er wandte sich an mehrere Dichter, die um ihn herumstanden, und sagte zu ihnen:

„Meine Herren, lassen Sie uns sehen, wer von Ihnen uns ein Gedicht vorlesen kann."

Wie man leicht verstehen wird, schwiegen alle und traten ein oder zwei Schritte zurück; mit Ausnahme von Monsieur Pierre Lebrun, der vortrat.

„Das werde ich, Monseigneur", sagte er. Dann setzte er sich und zog ein Manuskript aus der Tasche – stellen Sie sich das vor! Ein ganzes Manuskript! – und inmitten der allgemeinen Stille las er den Titel –

„Meine Herren, der *Cid d'Andalousie.* "

Sie starrten ihn alle an, aber es gab keinen Ausweg, sie saßen in der Falle, und Monsieur le Duc d'Orléans am allermeisten. Auf mein Wort, es war ein großer Erfolg. Als die Lesung zu Ende war und die Komplimente ausgesprochen worden waren, sagte der Duc d'Orléans zu mir:

„Dumas, können Sie mir sagen, was der Grund für das Geräusch war, das ich neben dem Fenster hörte und das M. Lebrun zu Beginn des dritten Aktes unterbrach?"

„Monseigneur", antwortete ich, „es war A., der sich hinter den Vorhängen hockte, wo er bequemer schlafen konnte; aber es scheint, er hatte einen Albtraum: Er hat einem kleinen Ständer einen Schlag versetzt und einen Tisch voller Sèvres-Porzellan zertrümmert, was ihm außerordentlich leid tut."

„Er braucht darüber nicht unglücklich zu sein", sagte der Herzog von Orléans. „Sagen Sie ihm, dass er ganz richtig gehandelt hat, und ich werde die Kosten für das Porzellan übernehmen."

Der arme Herzog war ein ebenso weiser Prinz wie Salomon und so gut wie St. Louis!

Auch in anderer Hinsicht hatte das Théâtre-Français zu dieser Zeit nicht viel Glück. Nach der Aufführung von *Cid d'Andalousie* von M. Lebrun brachte es M. de Comberousses *Judith* und *Bélisaire* von M. de Jouy auf die Bühne. Im Theater in der Rue de Richelieu hatte es eine wichtige Veränderung gegeben. Auf Empfehlung der Herren Lemercier, Viennet und Alexandre Duval war Baron Taylor anstelle von M. Choron zum königlichen Kommissar ernannt worden.

Als Karl X. nach der Krönung nach Paris zurückkehrte und der Bischof von Orléans den Befehl gab, Dankgebete für den sicheren Ablauf der gerade beendeten Zeremonie zu sprechen, fügte Herr Bergeron, Pfarrer der Gemeinde Saint-Sulpice im Kanton Blois, von seinem Lesepult aus das Mandat des Bischofs hinzu und fügte folgende einfache Worte hinzu:

„Meine innig geliebten Brüder, da Karl X. kein Christ ist und die Charta einhalten will, die ein der Religion zuwiderlaufendes Gesetz ist, sollten wir nicht für ihn beten, ebenso wenig wie für Ludwig XVIII., den Gründer dieser Charta; sie sind beide verdammt. Diejenigen, die mir zustimmen, erheben sich bitte."

Und dreihundert von vierhundert Zuhörern erhoben sich und erklärten damit, dass sie vollkommen derselben Meinung waren wie ihr Priester.

Ach! Wenn die Akademie gewusst hätte, was für ein Mensch Baron Taylor war, den der Orden Karls X. in das Heiligtum der Comédie-Française eingeführt hatte! Wenn sie nur hätte ahnen können, dass er ihre Türen den Herren Alexandre Dumas, Victor Hugo und de Vigny öffnen würde, [1] wäre sie dem Beispiel des Pfarrers Bergeron gefolgt und hätte König Karl X. exkommuniziert. Aber davon wusste sie überhaupt nichts.

Der erste böse Streich, den der neue Kommissar des Königs seinen Gönnern zufügte, bestand darin, *Sigismond de Bourgogne von Monsieur Viennet* und *Camille von Monsieur Lemercier spielen zu lassen.* Ich brauche wohl kaum zu erwähnen, dass beide Stücke nicht gut ankamen. Monsieur Lemercier ließ sich dadurch jedoch nicht entmutigen: Er beschloss, seinen Spielstil zu ändern und begann ein Melodram mit dem Titel *Masque de poix (Die Giftmasche).* Dies begeisterte Monsieur Viennet, der, statt seine Methode zu ändern, wie sein verehrter Mitbruder, im Gegenteil beschloss, seine Methode durchzusetzen, und begann damit, in den Salons seinen *Achille vorzulesen*, ein Stück, das zwanzig Jahre zuvor geschrieben und vor zehn Jahren angenommen worden war.

„Finden Sie meinen Achilles nicht sehr heroisch?", sagte er nach einer dieser Lesungen zu Monsieur Arnault.

„Ja", antwortete M. Arnault, „so wild wie ein Truthahn!"

Aber nur sehr wenige Männer konnten schlagfertiger sein als Monsieur Viennet. Ihm zuzuhören war wie ein Ringkampf in den Listen, nur dass er nie antwortete, wenn sein Gegner danebenschoss. Er bot zweifellos ein günstiges Ziel für solche Angriffe, und die Leute nutzten ihre Gelegenheiten ohne zu zögern. Einmal ging er in Nodiers Haus zu Michaud.

„Sag mir, Michaud", begann er in einer ihm eigenen Art, „sag mir, was du denkst. Ich habe gerade ein Gedicht von dreißigtausend Versen fertiggestellt."

„Um sie zu lesen, werden fünfzehntausend Männer nötig sein", antwortete Michaud.

Bei einer anderen Gelegenheit griff M. Viennet Lamartine bei einer Dinnerparty an.

„Er ist ein junger Bursche", sagte er, „der sich für den größten Politiker seiner Zeit hält und nicht einmal der erste Dichter ist!"

„Jedenfalls", erwiderte Madame Sophie Gay vom anderen Ende des Tisches, „ist er nicht der Letzte – dieser Platz ist bereits besetzt."

Neben allem, was Monsieur Viennet in Versen schrieb – Fabeln, Komödien, Tragödien, Episteln und epische Gedichte – schrieb er auch einige Prosabriefe, die perfekte Vorbilder sind. Wir werden sie vollständig und wörtlich zitieren; Auszüge würden keinen richtigen Eindruck von ihrem Stil vermitteln. Einer bezog sich auf die Ernennung Hugos zum Offizier der Ehrenlegion; der andere bezog sich auf seine eigene Ernennung zum Adelstitel. Monsieur Viennet war nämlich sowohl Abgeordneter als auch Pair von Frankreich, außerdem Kommandeur der Ehrenlegion und Mitglied der Akademie.

Hier ist der erste Brief von M. Viennet:

„MONSIEUR, ich habe nicht gesagt, dass ich nicht mehr das Offizierskreuz der Ehrenlegion tragen wollte, da ich das Geld an den Chef der Romantischen Schule überwiesen hatte.

„Angesichts meines Knopflochbandes, wo der Kaiser es angebracht hatte, folgte ich nur dem Beispiel vieler Generale der alten Armee, die sich am leichtesten in Straßen ohne Dekoration finden ließen. Es ist weder romantisch noch klassisch.

„Es ist ganz natürlich, dass ein romantischer Minister seine Freunde schmückt; es wird immer gerechter sein, dem Ritterkreuz in den Augen derer, die es wert sind, den Mut des Lesens zu geben, wenn man die Verse oder die Prosa dieser Herren liest, und dem Offizierskreuz in den Augen derer, die es wert sind. Ich wünsche mir außerdem, dass es keine süße Frau für die Schreiber gibt, die Beleidigungen gegen die großen Mächte des Staates, die Minister und die Abgeordneten schreiben: es wird in den Ermutigungen das Maß überschreiten. – Agréez usw., VIENNET"

Und dies ist der Brief von Monsieur Viennet über seine Ernennung zum französischen Adeligen:

„MONSIEUR, – Nach dem Wissen einer Justizzeitung, dass ich nichts weiß, veröffentlichen Sie, dass ich am letzten Tag selbst an M. Vedel schreiben durfte, um der Darstellung der *Serments zu widersprechen* , und begleiten Sie diese Anzeige mit einem sehr schönen Epigramm gegen diese Komödie. Das Epigramm berührt mich nur sehr selten, es könnte aus derselben Feder stammen, die mir das Werk verlieh, als der Autor aufhörte, ein politischer Mensch zu sein. Ich gebe nicht vor, es zu unterlassen, weiterzumachen, aber das ist nicht wahr und ich schreibe. Es ist nicht mein Teil. es ist nicht möglich, dies zu tun, was mir zugeschrieben wird. Ich bin Teilnehmer des Wahlkampfs und bin nach sieben Stunden bei mir in Paris angekommen, ohne zu befürchten, dass *das Blatt* morgen früh, ehrenwert für mich, veröffentlicht wurde. Dies ist mein Portier, der mir den Paartitel gespendet hat. Warten Sie, bis er endlich da ist. Morgens nur für mein Dorf. Ein offizieller Brief trägt diesen Titel, und da dieser Brief nicht mehr mein Einverständnis ist, ignoriere ich den Minister, dem dieser erste Hinweis zusteht. Was ich wollte, ist, dass es sie nicht gibt, sie existiert einfach nicht! Dies ist meine Beleidigung, die mich dazu veranlasste, aus politischen Gründen literarische Werke und Ehren abzulehnen. In der Charta wurde keine Unvereinbarkeit zwischen dem dramatischen Dichter und dem französischen Paar festgestellt. wenn es so ist, habe ich das Paar abgelehnt. Die Literatur und der Erfolg des Theaters würdigen diejenigen, die eines kultivieren und andere ohne Intrigen und ohne Niedertracht erreichen. Anstatt darauf zu verzichten, möchte ich im Gegenteil mit mehr als einem Beispiel die Aufführung der *Sermons* , die Inszenierung einer meiner Tragödien und die Lesung einer Komödie in fünf Akten anführen. Wenn Sie über etwas Anerkennung durch M., den Direktor des Théâtre-Français, verfügen, bitten wir Sie, den Arbeitgeber zu Ihrem Vorteil zu nutzen. Die Epigramme wurden mir nicht als Zeichen der Verdienste zugeschrieben, sondern als gut verwendet. Sie werden sich wünschen, dass das Material neu erfunden wird und ich eine neue Komödie und eine neue Tragödie vorfinde, die immer voller wunderbarer Nahrung für die satirische Verzierung meiner Gegner steckt. Geben Sie uns diesen Dienst gemeinsam. Ich werde sehr dankbar für mein Konto sein und werde Ihnen im Voraus die Danksagungen Ihres sehr bescheidenen Dieners VIENNET aussprechen."

Wir kehren nun zu Baron Taylor und den Veränderungen zurück, die er am Théâtre-Français herbeigeführt hat. Am Panorama-Dramatique hatte er *Ismaël et Maryam* allein, *Bertram* in Zusammenarbeit mit Nodier und *Ali-Pacha* mit Pichats Unterstützung produziert.

Pichat war damals ein junger Mann von 28 Jahren: ein Stück von ihm, *Léonidas* , war zwei oder drei Jahre zuvor am Théâtre-Français aufgeführt worden. Taylor befreite *Léonidas* aus dem Chaos, in dem er sich befand, und ließ es proben. Talma wurde für die Rolle des Léonidas besetzt: – nicht, dass sein überragender Intellekt sich über die Rolle geirrt hätte, die dramatisch gesehen überhaupt nichts war; aber in Bezug auf das „Geschäft" bot sie etwas Neues, und der arme Talma suchte bis zu seinem Tod immer nach neuen Welten, und da er weniger Glück hatte als Vasco da Gama, gelang es ihm nie, sie zu finden. Außerdem war es ein sehr passender Moment für die Aufführung von *Léonidas* ; ganz Europa blickte auf die Nachfolger der dreihundert Spartaner. Und das neue Stück, so wurde im Voraus angekündigt, sollte mit ungewöhnlicher Üppigkeit und unerhörten Effekten aufgeführt werden. Ich erinnere mich noch gut an die erste Aufführung der Tragödie des *Leonidas* , bei der man den Aufbruch neuer Ideen spürte, bei der jedes historische Sprichwort, das die berühmte Verteidigung der Thermopälier verewigte, von Talma treffend adaptiert und bewundernswert wiedergegeben wurde. Ein Halbwort des jungen Agis wurde für die geschriebene Zeile verwendet. Agis fiel verwundet und rief:

„Alle sind gestorben … Ich bin dein Schatz! …"

Das Stück wurde aufgrund der Umstände, unter denen es aufgeführt wurde, mit großer Begeisterung aufgenommen. Talma hatte einen glänzenden Erfolg: Er sah aus wie eine antike Statue, die von ihrer Säule herabgestiegen ist. Nach der Vorstellung, als der Vorhang gefallen war, sah ich eine laute Gruppe jubelnder Menschen durch den Korridor und das Foyer eilen, die ihre freundlichen Glückwünsche übermitteln wollten. Ein gutaussehender junger Mann mit einem Gesicht, das so strahlend war wie das eines siegreichen Apollon, bildete den Mittelpunkt und war der Held der Gruppe. Er war der Autor von *Léonidas*. Leider starb er nur zwei Jahre später – starb, bevor er den berauschenden Kelch des Erfolgs kaum an seine Lippen erhoben hatte. Aber Taylor hatte zumindest das Glück, ihm den Nektar zu reichen, der seine letzten Augenblicke versüßte. Ohne Taylor wäre Pichat in Vergessenheit geraten, und obwohl er nur ein vergänglicher Meteor war, erinnern sich viele Menschen, darunter auch ich, an das strahlende Licht, das er während seiner kurzen Karriere ausstrahlte!

[1] Es versteht sich natürlich, dass ich meinen eigenen Namen und die meiner verehrten Mitbrüder in der chronologischen Reihenfolge der Darstellungen von *Heinrich III.* , *Marion Delorme* und *Othello anordne.*

KAPITEL VIII

Tod von General Foy – Sein Begräbnis – Die *königliche Hoheit* – Ermordung von Paul-Louis Courier – Tod von Kaiser Alexander – Vergleich zwischen England und Russland – Der Grund, warum diese beiden Mächte im letzten Jahrhundert gewachsen sind – Wie Napoleon Indien erobern wollte

Tod ausgesprochen haben, wollen wir dieses Kapitel ganz der blassen Tochter von Erebus und der Nacht widmen.

Am 26. Juni starb Prinzessin Pauline Borghèse in Florenz und mit ihr ging eine der eindringlichsten Erinnerungen meiner frühen Jugend in die Sphären der Ewigkeit über.

Dann, am 28. November, erfuhr ich eine Nachricht, die für mich persönlich ein noch schlimmerer Schock war. Als ich aus dem Büro kam, sah ich Leute miteinander reden und hörte sie sagen: „Sie haben gehört, dass General Foy tot ist!"

Sie neigten dazu, die Informationen anzuzweifeln! Aber es gibt eine Art von Nachrichten, über die man nie im Zweifel ist; denn wer würde es wagen, eine Nachricht zu verbreiten, die nur die unverschämten Lippen des Schicksals verkünden dürfen, wenn sie falsch wäre? Ja, General Foy war unmittelbar nach seiner Rückkehr von einer Reise in die Pyrenäen gestorben, wo er zur Kur gewesen war; er starb an einem Aneurysma, und die Nachricht von seinem Tod kam vor der Nachricht von seiner Krankheit. Sie hatten die Tatsache der Krankheit verheimlicht, in der Hoffnung, dass sie nicht tödlich verlaufen würde; aber seit einer Woche hatte sie schreckliche Fortschritte gemacht; Erstickungsanfälle, die im Abstand von fünfzehn Minuten begannen, folgten immer schneller aufeinander, und die Krankheit trat ständig auf. Die beiden Neffen des Generals waren bei ihm, verließen sein Bett keinen Augenblick und kümmerten sich nach Kräften um ihn, und da sie beide Männer waren, versuchte er nicht, seinen ernsten Zustand vor ihnen zu verbergen.

„Ich spüre", sagte er, „eine zerstörerische Kraft in mir am Werk. Ich kämpfe dagegen an, aber sie ist zu stark für mich und wird meine Bemühungen zunichte machen."

Als die letzte Stunde herannahte, verspürte er, obwohl es November war, das Bedürfnis nach mehr Luft und sehnte sich nach den tröstenden Strahlen der blassen Wintersonne. Seine Neffen setzten ihn auf eine Couch vor dem Fenster, aber er schaffte es nicht, länger als einen Moment aufrecht zu sitzen.

„Meine Jungs", sagte er zu seinen Neffen, „meine lieben Jungs, tragt mich zurück in mein Bett, und mit Gott sei der letzte Ausweg ."

Er hatte diese Worte kaum ausgesprochen, als Gott seinen reinen und treuen Geist aus dem Körper befreite, in dem er gefangen war. Ich kehrte völlig elend zu meiner Mutter heim. So unbekannt ich auch war, fühlte ich, dass der große Mann, der gerade gestorben war, ein Recht hatte, eine Gegenleistung von dem unbekannten jungen Mann zu erwarten, dessen Lebenslauf er erst richtig begonnen hatte. Also schrieb ich das Gedicht, aus dem ich bereits eine Strophe zitiert habe. Es waren nicht meine ersten Zeilen – Gott verzeihe mir die anderen –, aber es waren die ersten, in denen, wie alt und fehlerhaft die Form auch sein mochte, etwas vorkam, das einer Idee ähnelte. Von etwa zweihundertfünfzig bis dreihundert Zeilen ist mir glücklicherweise nur diese eine Strophe im Gedächtnis geblieben. Ich ließ diese Ode drucken – natürlich auf eigene Kosten. Meine arme Mutter kostete es zwei- oder dreihundert Francs; doch keiner von uns bereute es. Alle Gedichte, die bei dieser Gelegenheit geschrieben wurden, wurden unter dem Titel *Couronne poétique du General Foy gesammelt* und ergaben einen eigenen Band.

Die bemerkenswertesten Verse des ganzen Bandes stammen von einem schönen jungen Mädchen von siebzehn oder achtzehn Jahren namens Delphine Gay, die gerade durch einen Band mit *poetischen Essais bekannt geworden war*. Dies ist die Elegie, zu deren Schreiben sie sich vom Tod General Foys inspirieren ließ; sie wurde in allen Zeitungen der damaligen Zeit zitiert und erfreute sich großer Beliebtheit:

„Bitte, Franzose, bitte! Das Vaterland ist in der Tiefe;
bitte, der Verteidiger wird euch den Tod bringen; und ihr, edle Krieger,
werdet nicht um euretwillen verfolgt werden. Bestreitet euch die Ehre, mit
der Gleve zu fallen!

Du willst nicht mehr, redest du, redest du nicht? Verletze mich nicht, lass
mich nicht reden. Sieh es dir an
, unsere Könige respektieren ihre Macht. In treuer Rede über die Freiheit:
Unter dem Himmel wird er den Heiligen belohnen. Zuallererst beginnt
seine Unsterblichkeit!

Seine Bemühungen, dich aus dem Grab zu befreien, sind sklavisch.
Seine Vorderseite ist unter dem Lorbeerkranz gefroren, und das heilige
Zeichen ist dieser Stern des Tapferen, er soll sein Herz nicht mehr erzittern
lassen.

Hier, an dem Tag, an dem die Quelle des Todes vergeht, Frankreich, beim
Anblick seines erigierten Sofas, flehe ich um einen Akzent dieser kostbaren

Stimme ...
Danke! Der Kläger wird vom Vaterland verklagt.
Dies ist der Erste, der nicht geantwortet hat!

Die Beerdigung von General Foy fand am 30. November statt. Der
Leichnam wurde von seinem Haus zur Kirche Notre-Dame de Lorette
getragen, und 30.000 Menschen folgten ihm, trotz des strömenden Regens,
der von Mittag bis 16 Uhr unaufhörlich fiel, und Hunderttausende
Zuschauer säumten die Straße. Die Livree des Herzogs von Orléans war
zwischen den Trauerwagen zu erkennen, die den Trauerzug bildeten. Am
Tag nach der Beerdigung war in allen Straßen von Paris folgendes Lied zu
hören, das sich gegen den Prinzen richtete, der gerade öffentlich seine
Wertschätzung für das Talent und den Charakter des edlen Generals und
berühmten Patrioten zum Ausdruck gebracht hatte:

AIR – *Alle Bürger der Schlösser*

„Bon Dieu! Was ist los! Was ist schwarz auf weiß! Es ist die ganze Straße.
Auch wenn man nur sehen kann, ist diese Totenglocke oder
Triumphglocke? Ist der Tod etwas Großes, Richard? Da habe ich nur den
Untergang
des Zorns einer königlichen Hoheit gesehen.

Ist das ein bürgerliches Lied? Ist das einer seiner Helden? Was hält die
Republik davon, in den Ruin zu treiben? Eine neue Flut überschwemmt die
Hauptstadt; Sie hat eine Ente gemietet! Warum nicht den Zorn der
Königin auf sich ziehen ? Auf eine königliche Hoheit?

Gefolgt von seiner Dose, Ein alter und guter Bürger. Ich betrachte es als
Sündenbock, und sagte es mir: Ein tödlicher Kohlenmonoxidanschlag
verursacht diesen Skandal; Alle Brüder haben ihr Stück weggegeben;
Deshalb sehen wir den Zorn einer königlichen Hoheit.

„Das ist der Fehler , den man verehrt:
Das ist der gute Mensch,
das ist der Mensch im Krieg, das ist der Bürger. Bleibt seiner Tugend treu,
Tugend ist nicht gleichbedeutend! Mir fehlt mein Kreuz nicht für meine
Rolle; aber hier freue ich mich, den Charakter einer alten königlichen
Familie zu sehen."

„Dieser Foy, nach der Natur, dieser Posten ist berühmt,
für einen vereidigten Soldaten, einen echten Franzosen. Mit Bertons
Verdiensten ist die Siegessträhne zu groß; dies ist nicht die Wirkung des
Hasses, wenn wir hier den Charakter einer königlichen Hoheit sehen."

„Sorten ihrer Reparaturen, auf dem dreifarbigen Signal, die Freunde und die Brüder . Folgen Sie ihrem General."
Aus Frankreich ist die liberale Elite hervorgegangen; sie sind gut in der Nähe des Korbstuhls! Sie sind alle gut in den Händen eines königlichen Ritters!

„Philippe von seinem Vater. Erinnerst du dich nicht an ihn? Auf derselben Karriereleiter marschierst du weiter. Du denkst: Du bist die liberale Horde. Sie sitzt unter diesem Korbweide, und sieht von hinten nach unten, so sieht Ton Altesse Royale aus.‘"

Obwohl diese kleine Beleidigung anonym blieb, konnte man erraten, woher sie kam, zumal hunderttausend Exemplare gedruckt und gratis verteilt wurden. Nur von der Regierung geförderte Dichter konnten solche Knittelverse produzieren; nur Werke, die sich nicht verkaufen lassen, werden zu Hunderttausenden gedruckt. Lassen wir diese erbärmliche Seite der Angelegenheit beiseite. Es hatte eine große, edle und großartige Seite, als im Ausland herumschwatzte, dass General Foy gestorben war, ohne seiner Frau etwas außer seinem berühmten Namen hinterlassen zu können: Es wurde eine Subskription eingerichtet, die innerhalb von drei Monaten eine Million [Francs] einbrachte.

Im Laufe eines Jahres hatten sowohl eine Regierung als auch ein Volk ein seltenes Zeichen der Dankbarkeit gezeigt: Die amerikanische Regierung hatte La Fayette eine Million zugesprochen und das französische Volk hatte eine Million für die Witwe und die Kinder von General Foy aufgebracht.

Zu Beginn des Jahres starb ein Mann, der mit seiner Feder ebenso viel zur Emanzipation Frankreichs beigetragen hatte wie General Foy mit seinen Reden. Am 11. April gegen zehn Uhr morgens wurde Paul-Louis Courier de Méré ermordet eine dreiviertel Meile von seinem Landsitz entfernt im Wald von Larçay aufgefunden. Er war durch einen Gewehr- oder Pistolenschuss getötet worden, der tief unten in seinen rechten Oberschenkel eingedrungen war. Die Waffe war mit drei kleinen Kugeln geladen, von denen eine im Körper steckte und die anderen beiden durchbohrt und wieder ausgetreten waren. Die Polsterung wurde neben der Kugel im Körper gefunden, was zeigte, dass das Opfer aus nächster Nähe getötet worden war. Auch seine Kleidung war um die verletzte Stelle herum versengt. Drei Personen wurden verhaftet: Symphorien und Pierre Dubois, Fuhrleute, die beide ein Alibi vorlegten und nachwiesen und freigelassen wurden, sowie Louis Frémont, den die Jury freisprach. So wurde Paul-Louis Courier, der berühmte Gelehrte und Vorgänger des überaus intellektuellen Herrn de Cormenin, ermordet, ohne dass sein Mörder entdeckt wurde. Die Liberale Partei verlor mit Courier einen ihrer härtesten Verfechter; er tat für die Broschüre, was Béranger für das Chanson tat.

Aber der Tod des Kaisers Alexander, der die tiefste und bewegendste Sensation hervorrief, war der des Kaisers Alexander, der nicht nur die Angelegenheiten Frankreichs, sondern das Schicksal der ganzen Welt beeinflussen sollte. Als kleines Kind wäre ich in Villers-Cotterets nur knapp einem kleinen *Kibitz entgangen* , der von einem Kutscher gelenkt wurde, der sich über die drei Pferde beugte, die er mit einer kurzen Peitsche in hohem Tempo vorwärts trieb. Dieser Kutscher trug eine Ledermütze und eine grüne Uniform, er hatte einen knospenden Bart, goldene Ringe in den Ohren und sein Gesicht war mit Sommersprossen übersät. Er lenkte zwei Offiziere, die fast gleich gekleidet waren und einen Stern, zwei oder drei Kreuze und zwei riesige Epauletten trugen. Einer dieser beiden Offiziere war eine Art Kalmücke, mit abscheulichem Gesicht, grobem Benehmen und lauter Stimme; er fluchte lauthals auf Französisch und schien unsere Sprache, soweit es ihre derben Umgangsformen betraf, besonders gut zu kennen. Der andere war ein gutaussehender Mann von dreiunddreißig oder vierunddreißig Jahren, der so sanft und kultiviert aussah, wie sein Begleiter vulgär und ungezogen wirkte. Sein Haar war goldblond, und obwohl er stark und gesund aussah, spielte ein trauriges, süßes Lächeln auf seinen Lippen, wann immer er seinen unflätigen Begleiter zurechtwies.

Er war Kaiser Alexander, laut Napoleon der schönste und verräterischste der Griechen. Sein Begleiter war Großherzog Konstantin, und ihr Kutscher war Großherzog Michel. Es war ein seltsames Trio, eine beinahe groteske Vision, die vor meinen Augen vorbeizog und sich so lebhaft in mein Gedächtnis einprägte, dass ich sie heute, 37 Jahre später, noch vor mir vor mir sehen kann – die niedrige Kutsche, die von drei Pferden gezogen wurde, der Kutscher und seine beiden Begleiter. Nun, der Besitzer des sanften und melancholischen Gesichts, der von diesen drei Männern in meiner Erinnerung am längsten lebte, war der erste, der starb. Napoleon hatte in Erfürt sein Möglichstes getan, um diesen Mann nicht nur zu einem Verbündeten, sondern zu einem Bruder zu machen. Sie hatten sich gegenseitig Karl den Großen und Konstantin genannt, und Napoleon hatte Alexander das Kaiserreich des Ostens unter der Bedingung angeboten, dass er ihm das Kaiserreich des Westens friedlich überließ. Denn dem Kaiser war während seiner Herrschaft eine vorherrschende Idee eingeprägt worden – er hatte begriffen, dass unser natürlicher Verbündeter gegen unseren natürlichen Feind England Russland war. Und wahrlich, ich bitte meine Leser, über diese Frage gut nachzudenken, statt abgedroschene politische Traditionen zu akzeptieren, die fertig überliefert wurden: Bündnisse zwischen Nationen werden aufgrund *unterschiedlicher Interessen* und nicht aufgrund *ähnlicher Prinzipien fest*. Welche Bedeutung hatte es nun, dass

England ähnliche Prinzipien wie Frankreich verkündete, wenn es überall auf der Welt dieselben Interessen hatte? Was zählt es, dass Russland andere Prinzipien hat, solange seine Interessen sich von unseren unterscheiden? Blicken Sie auf ein Jahrhundert zurück und sehen Sie, wie England an Macht zugenommen hat. Und Sie werden feststellen, dass es uns, sein Nachbarland und seinen Verbündeten, alles geraubt hat, dessen es habhaft werden konnte. Blicken Sie auf ein Jahrhundert russischen Wachstums zurück und Sie werden sehen, dass es nichts angerührt hat, was uns gehört. Zählen Sie die Kolonien des einen zusammen und betrachten Sie die Grenzen des anderen. England, das vor einem Jahrhundert nur fünf Fabriken in Indien besaß – Bombay, Singapur, Madras, Kalkutta und Chandernagor; das nur Neufundland in Nordamerika und jenen Küstenstreifen besaß, der sich wie ein Saum von Arkadien bis Florida erstreckt; das nur die Lucaya-Inseln auf den Bahamas, die Barbados auf den kleinen Antillen und Jamaika im Golf von Mexiko besaß; dessen einzige Station im Äquinoktialteil des Atlantischen Ozeans St. Helena war, an das man sich unglücklich erinnert; heute hat es wie eine riesige Seespinne sein Netz über die fünf Teile der Erde ausgebreitet. In Europa besitzt es Irland, Malta, Helgoland und Gibraltar; in Asien die Stadt Aden, die das Rote Meer beherrscht, wie Gibraltar das Mittelmeer; Ceylon, diese große Halbinsel Indiens, Nepal, Lahore, Sind, Belutschistan und Kabul; die Singapur-Inseln, Poulo-Penang und Sumatra; das heißt insgesamt 122.333 Quadratmeilen Land, die 723.000.000 Menschen ernähren. Ohne in Afrika Bathurst, die Inseln von Leon, Sierra Leone, einen Teil der Küste von Guinea, Fernando Po, Ascension und St. Helena, das bereits erwähnt wurde, mitzuzählen; Kapkolonie, Natal, Mauritius, Rodriguez, die Seychellen, Sokotra; in Amerika Kanada, den gesamten nördlichen Kontinent von der Neufundlandbank bis zur Mündung des Mackenzie-Flusses; fast die gesamten Antillen; Trinidad, einen Teil von Guyana, die Falklandinseln, Belize, Tuathan und die Bermudas; im Pazifik die Hälfte von Australien, Van-Diemens- Land, Neuseeland , Norfolkinsel, Hawaii und das allgemeine Protektorat der polynesischen Inseln. Sie hat alles vorausgesehen und ist auf alles vorbereitet. Vielleicht wird eines Tages die Landenge von Panama durchschnitten; wenn ja, hat sie Belize zur Stelle. Vielleicht wird auch die Landenge von Suez geöffnet; wenn ja, hat sie Aden als Wachposten. Die Passage vom Mittelmeer zum Indischen Ozean wird ihr gehören, und die Passage vom Golf von Mexiko zum riesigen Pazifischen Ozean. In ihren Admiralitätsschränken wird sie die Schlüssel zu Indien und zum Pazifischen Ozean aufbewahren, wie sie bereits die zum Mittelmeer besitzt. Aber das ist nicht alles. Durch ihren Titel als Beschützerin der Ionischen Inseln hält sie den Eingang zum und den Ausgang zum Adriatischen und Ägäischen Meer; sie hat ihren Fuß auf das Gebiet der alten Epiroten und der modernen Albaner gesetzt. Wenn Irland sich weigert, ihr seine Bauernschaft zu leihen, und Schottland sich weigert, ihr seine Hochländer zu leihen, wenn ihr die Sklavenmärkte der von deutschen Fürsten unterhaltenen Menschen verschlossen werden, wird sie ihre Rekruten aus kriegerischen Stämmen rekrutieren, sie wird ihre Arnauten haben, wie der Vizekönig von Ägypten oder wie der Pascha von Akkon und Tripolis. Sie wird auf Korfu ein Geschwader haben, das die Dardanellen in wenigen Tagen erreichen kann; sie wird auf Kefalonia eine Armee haben, die in einer Woche den Gipfel des Balkans erreichen kann. Wenn England dann unseren Einfluss in Konstantinopel zerstört hat, wird es sein Möglichstes tun, um den russischen Einfluss in Griechenland zu verdrängen, und es wird nur ein paar Kriegsschiffe brauchen, um die gesamte österreichische Handelsküste zu zerstören. Genau das hat England getan. Und Sie können sehen, mit welchen mächtigen Verbündeten es seine Stärke vergrößert hat – Kanada, Indien, die Antillen und Mauritius. Sie können sehen, wie es die vollständige Kontrolle über das Mittelmeer hat, das Napoleon ein *französisches Binnenmeer nannte* und das keine anderen Herren haben sollte als uns. Sie können sehen, wie England uns Stück für Stück unser Protektorat über das Heilige Land, Ägypten und Tunis entrissen hat und uns um den Besitz von Algier beneidet, das wir mit Blut und Schätzen erkauft haben und um das es uns vor zwanzig Jahren betrügen konnte.

Kommen wir nun zu Russland und sehen, was für ein fremdes Land es im Vergleich zu unserem ist. Vor hundert Jahren erstreckte sich Russland von Kiew bis zur Sankt-Lorenz-Insel, vom Uralgebirge bis zum Jenissei-Golf, und möglicherweise haben diejenigen recht, die meinen, Bering habe die Meerengen, die seinen Namen tragen, mit der Absicht entdeckt, seiner Ausdehnung Grenzen zu setzen.

Russland ließ sich nicht zurückhalten und blieb nicht stehen – es hat seine alte Grenze von Kiew durchbrochen. Die skandinavische Schlange, die zwei Drittel der Erde umgab, hat sich ausgebreitet: Sie hat ihr Maul geöffnet, um Preußen zu verschlingen – im Westen berühren ihre Kiefer auf der einen Seite die Weichsel und auf der anderen den Bottnischen Meerbusen. Im Osten hat sie in einer ihrer wurmartigen Ausdehnungen die Beringstraße übersprungen und ist erst an den Grenzen Englands zum Stillstand gekommen. Vom anderen Ende der Welt, am Fuße des Berges Saint-Elias und der Blackburn Mountains, wie durch eine hinter ihr errichtete Barriere abgetrennt, beherrscht sie heute die gesamte zerklüftete Küstenlinie, die als letzte Grenze der Erdoberfläche den Arktischen Ozean vom Fluss Piasina bis zu den Bäreninseln und vom Piasinasee bis zum Heiligen Kap säumt. So hat Rußland in einem Jahrhundert Finnland, Abo, Viborg, Estland, Livland, Riga, Reval und einen Teil Lapplands von Schweden übernommen; Kurland und Samogitien von Deutschland; Litauen, Wolhynien, einen Teil Galiziens, Mohilew, Witebsk, Polozk, Minsk, Bialystok, Kamenez, Tarnopol, Wilna, Grodno und Warschau von Polen; einen Teil der Kleinen Tataren, der Krim,

Bessarabiens, der Schwarzmeerküste, des Protektorats Serbien, der Moldau und der Walachei von der Türkei; Georgien, Tiflis, Eriwan und einen Teil Tscherkessiens von Persien; die Aleuten und den nordwestlichen Teil des nördlichen Kontinents vom Sankt-Lorenz-Archipel von Amerika. Von der anderen Seite des Schwarzen Meeres aus beobachtet Rußland die Türkei, in die es jederzeit einzufallen bereit ist, sobald Frankreich und England es ihm erlauben. Wenn es dann, wie es wahrscheinlich scheint, eines Tages Schweden annektiert, kann es die Sundstraße im Westen und die Dardanellen im Osten schließen, und niemand kann dann das Schwarze Meer oder die Ostsee betreten, ohne es zu verlassen, diese beiden großen Spiegel, in denen sich bereits die Türme von Odessa und St. Petersburg spiegeln. Seine größte Länge beträgt 3800 Meilen und seine größte Breite 1400 Meilen. Auf dieser ganzen Fläche besitzt es keinen einzigen Zoll Land, das einst uns gehörte. Es hat 70.000.000 Einwohner und nicht eine einzige Seele gehörte jemals zu uns.

Am 24. Juni 1807 ließ der Artilleriegeneral Lariboissière auf dem Niemen ein Floß bauen und stellte darauf einen Pavillon auf. Am 25. um ein Uhr nachmittags überquerte Kaiser Napoleon mit dem Großherzog von Berg, Murat, den Marschällen Berthier und Bessières, General Duroc und dem Großstallmeister Caulaincourt den Fluss vom linken Ufer aus, um diesen für ihn vorbereiteten Pavillon zu besichtigen. Kaiser Alexander brach zur gleichen Zeit vom rechten Ufer aus auf, begleitet vom Großherzog Konstantin, Benigsen, dem General-in-Chief Prinz Labanof, General Ouvarov und dem Grafen von Liéven, Generaladjutant. Die beiden Boote erreichten das Floß gleichzeitig, und so betraten zwei Kaiser die schwimmende Insel, standen sich gegenüber, reichten sich die Hände und umarmten sich.

Dieses Treffen war das Vorspiel zum Frieden von Tilsit, und der Frieden von Tilsit sollte England vernichten. Zunächst einmal war England durch das Berliner Dekret über die Kontinentalsperre vor ein europäisches Tribunal gestellt worden. In der Nordsee hatten Russland, Dänemark und Holland und im Mittelmeer Frankreich und Spanien ihre Häfen für England geschlossen und sich feierlich verpflichtet, keinen Handel mit ihm zu treiben.

Damit standen ihr nur noch Portugal am Atlantik und Schweden an der Ostsee offen.

In einem Vertrag vom 27. Oktober 1807 entschied Napoleon, dass das Haus Braganza nicht mehr regierte, und am 27. September 1808 beschloss Alexander, gegen Gustav IV. in den Krieg zu ziehen. Aber das war nicht alles . Auf diesem Floß und in diesem Pavillon auf dem Njemen wurde ein noch viel schrecklicherer Plan geschmiedet.

"England muss durch Indien besiegt werden", hatte Bonaparte gesagt, als er das Direktorium dazu bewegte, den Ägyptenfeldzug zu beginnen. Und von Alexandria aus hatte er einen Boten zu Tippu-Sahib geschickt, um ihn zu ermutigen, zu den Waffen zu greifen. Aber der Bote kam nicht über Aden hinaus: Der Thron von Mysore war gefallen und Tippu-Sahib war tot. Von diesem Moment an wurde die Eroberung Indiens, die einer von Bonapartes Träumen gewesen war, zum eigentlichen Ziel Napoleons.

Warum hatte er mit Alexander Frieden geschlossen? Warum hatte er ihn am Njemen umarmt? Warum hatte er ihn mit Konstantin angesprochen? Warum hatte er ihm das Oströmische Kaiserreich angeboten? Um ihn als sicheren Verbündeten zu gewinnen, damit er, gestützt auf dieses Bündnis, Indien erobern konnte. Was sollte Napoleon daran hindern, das zu tun, was Alexander zweitausendzweihundert Jahre vor seiner Zeit getan hatte? Es wäre, wie Sie sehen werden, lächerlich einfach! 35.000 Russen könnten die Wolga an Bord nehmen, den Fluss bis Astrakan hinabfahren, das Kaspische Meer hinuntersegeln und in Astrabad an Land gehen. 35.000 Franzosen könnten die Donau bis zum Schwarzen Meer hinabfahren, dort an Bord gehen und am äußersten Ende des Asowschen Meeres an den Ufern des Don anlegen; Sie konnten den Fluss fast hundert Meilen hinauffahren, die zwölf oder vierzehn Meilen überqueren, die die beiden Flüsse Don und Wolga an der Stelle trennten, an der sie sich am nächsten kamen, und dann den letztgenannten Fluss bis nach Astrakan hinuntersegeln und sich dort einschiffen, um sich den Russen in Astrabad anzuschließen. Siebzigtausend Mann würden sich im Herzen Persiens treffen, bevor England von ihren Bewegungen erfuhr. In Astrabad wären sie genau hundertfünfzig Meilen vom Königreich Kabul entfernt und würden nur zwölf Tage brauchen, um Indien zu erreichen; ein Dutzend Tage würden genügen, um von Astrabad aus über das fruchtbare Tal von Herio Rud nach Herat zu gelangen.

Von Herat nach Kandahar waren es hundert Meilen ausgezeichneter Straße, von Kandahar nach Ghizni fünfzig Meilen, von Ghizni nach Attock sechzig, und die beiden Armeen würden am Indus sein, einem Fluss mit einer Strömungsgeschwindigkeit von etwa einer Meile pro Stunde und zahlreichen Furten zwischen Attock und Dera-Ismail-Khan, die nie tiefer als zehn bis fünfzehn Fuß waren. Außerdem war dies die Route, die alle früheren indischen Invasoren von 1000 bis 1729 benutzt hatten – von Mahmoud de Ghizni bis Nadir-Shah. Allein Mahmoud de Ghizni war zwischen 1000 und 1021 sieben Mal in Indien eingefallen. Bei seiner sechsten Expedition war er in drei Monaten von seiner Hauptstadt Ghizni nach Chanaud vorgedrungen, einer Stadt hundert Meilen südwestlich von Delhi; bei der siebten drang er bis ins Zentrum von Gujarat vor und zerstörte den Tempel von Somnath. Dann kam 1184 Mohammed Gouri, der auf derselben Route *über* Attock und Lahore nach Delhi marschierte, die Stadt eroberte und seine Dynastie an die Stelle der von Mahmoud de Ghizni setzte. Dann kam 1396 Timur der Lahme, allgemein bekannt als Tamerlan. Er brach von Samarkand auf, überquerte den Fluss Amou, ließ Balkh zu seiner Rechten, stieg durch die Engstelle von Andesab nach Kabul hinab, folgte den Flussufern, bis er Attock erreichte, wo er es überquerte und in den Pandschab einfiel, Delhi eroberte, das er mit Feuer und Schwert niederstreckte und im nächsten Jahr, nach einem vierzehnmonatigen Feldzug, nach Tartarei zurückkehrte. Dann kam 1505 Baber, der erneut den Indus überquerte, sich in Lahore niederließ und von Lahore aus Delhi angriff, das er einnahm und dort die mongolische Dynastie gründete. Schließlich kam Nadir-Shah 1739 von Persien nach Kabul und nahm auf demselben Weg nach Lahore Delhi in Besitz, das er drei Tage lang plünderte. Wahrscheinlich würden die beiden vereinigten Armeen Russlands und Frankreichs in Delhi auf die anglo-indischen Streitkräfte treffen. Nachdem Napoleon und Alexander diese Armee vernichtet hatten, marschierten sie als nächstes nach Bombay und nicht nach Kalkutta, das nur ein Handelszentrum ist. Die Zerstörung Bombays wäre für England weitaus schädlicher als die von Kalkutta, da England über Bombay mit dem Roten Meer und Europa verbunden ist. Wenn Bombay eingenommen würde, wäre der Kopf der Schlange zermalmt; übrig blieben nur Madras mit seinen schwachen Befestigungen und Kalkutta mit seiner Festung, die, ohne sie unterstützen zu können, fünfzehntausend Mann zur Verteidigung benötigen würde.

Englands Macht in Indien würde vernichtet und Russland würde seine Nachfolge antreten: Alexander würde die Türkei in Europa, die Türkei in Asien, Persien und Indien beanspruchen, während wir Holland, Italien, Spanien, Portugal, die gesamte afrikanische Küste von Tunis bis Kairo, das Rote Meer mit seinen christlichen Kolonien und Syrien bis zum Persischen Golf beanspruchen würden.

Ich brauche wohl kaum hinzuzufügen, dass wir auch Malta, die Ionischen Inseln und Griechenland bis hin zu den Dardanellen abtreten würden. Und dann wäre das Mittelmeer wirklich ein *französischer See* , über den wir den Handel mit Indien mit unserer Schwester Russland teilen könnten.

Hätte Alexander nur sein Versprechen gehalten, anstatt seinen Verbündeten zu verraten, wäre dieser Traum Wirklichkeit geworden.

Man sieht also, dass es einen weiteren Grund für den Krieg mit Russland gab, neben der Ablehnung der Hand von Prinzessin Olga, die alle weiterhin als den einzigen Grund betrachten. Wenn Alexander siegte, würde er mit Gewalt gezwungen werden, das zu tun, was er aus gutem Willen abgelehnt hatte. Aber Gott sah es anders.

KAPITEL IX

Kaiser Alexander – Brief von Zar Nikolaus an Karamsin – Geschichte im Stil von Sueton und Saint-Simon – Katharina und Potemkin – Madame Braniska – Die Kosten der kaiserlichen Droschke – Ein Ball bei Monsieur de Caulaincourt – Der Mann mit der Pfeife – Bootsmann und Kutscher des Kaisers

Wir möchten nun einige Worte dem Kaiser widmen, der Napoleon bei seiner hehren Mission, die Welt aufzuteilen, im Stich gelassen hatte, sowie dem Großherzog Konstantin, den ganz Europa, in Unkenntnis des Familiengeheimnisses, das wir gleich enthüllen werden, als seinen Nachfolger ansah.

Die russische Geschichte ist weniger bekannt als die anderer Länder, nicht weil sie nicht bekannt wäre, sondern weil niemand es wagt, sie aufzuschreiben. Nur ein Mann, Karamsine, erhielt diese Mission, aber er starb, bevor er seine Aufgabe erfüllen konnte, am 3. Juni 1826 im Palast von Taurida, wo der Kaiser ihn untergebracht hatte.

Drei Wochen vor seinem Tod schrieb ihm Kaiser Nikolaus, der seit sechs Monaten auf dem Thron saß, den folgenden Brief, der durchaus als Beispiel für gewisse Regierungschefs dienen könnte, die sich einbilden, ihre Ideen seien liberaler als die des Zaren von ganz Russland:

CZARKOSJELO, 25. *Mai* 1826

„NICOLAI-MIKAILOVITCH – Da Ihr schwacher Gesundheitszustand es erforderlich macht, dass Sie Ihr Heimatland für eine Weile verlassen, um ein wärmeres Klima aufzusuchen, ist es mir eine große Freude, Ihnen bei dieser Gelegenheit die ernsthafte Hoffnung auszudrücken, dass Sie bald mit erneuerter Kraft zu uns zurückkehren, um weiterhin den Interessen und der Ehre Ihres Landes zu dienen, wie Sie es bisher getan haben. Es ist mir eine große Freude, im Namen des verstorbenen Kaisers, der Ihre edle und uneigennützige Hingabe an seine Person kannte, in meinem eigenen Namen und im Namen ganz Russlands unsere dankbare Anerkennung Ihrer Dienste als Bürger und Autor zu bezeugen. Kaiser Alexander sagte zu Ihnen: „Das russische Volk verdient es, seine Geschichte zu kennen"; und die Geschichte, die Sie geschrieben haben, ist des russischen Volkes würdig.

„Ich erfülle nun den Vorsatz, den mein Bruder nicht mehr ausführen konnte. Das beigefügte Papier versichert Ihnen meinen guten Willen. Für mich ist es nur ein Akt der Gerechtigkeit, aber ich betrachte es auch als ein heiliges Vermächtnis, das mir Kaiser Alexander übertragen hat.

„Ich vertraue darauf, dass Ihre Reisen Ihnen von Nutzen sein werden und Ihnen genügend Kraft geben, die Hauptaufgabe Ihres Lebens zu vollenden."

Dieser Brief hätte von Franz I., Ludwig XIV. oder Napoleon unterzeichnet sein können, aber er war einfach mit „Nicolas" unterschrieben. Dem Brief war ein Ukas beigefügt, der den Finanzminister darüber informierte, dass Seine Kaiserliche Majestät Herrn von Karamsine eine Pension von fünftausend Rubeln gewährt hatte, die an seine Frau und seine Kinder weitergezahlt werden sollte; die Söhne sollten die Pension erhalten, bis sie alt genug waren, um in die Armee einzutreten, die Töchter bis zu ihrer Heirat.

Karamsine starb, bevor er seine Geschichte beenden konnte. Wäre sie jedoch beendet worden, hätte sie uns lediglich über die allgemeinen Tatsachen und großen Ereignisse im Zusammenhang mit dem Russischen Reich informiert und hätte uns keine Einzelheiten der Art verraten, wie wir sie hier berichten.

Es gibt zwei Arten, Geschichte zu schreiben: eine nach dem Vorbild von Tacitus, die andere nach dem Vorbild von Sueton; eine nach dem Vorbild von Voltaire, die andere nach dem Vorbild von Saint-Simon. Tacitus ist großartig, aber Sueton finden wir unterhaltsamer. Voltaire ist durchsichtig, aber Saint-Simon ist ein weitaus malerischerer Autor.

Wir werden jetzt ein paar Seiten russischer Geschichte schreiben, so wie Sueton die römische Geschichte und Saint-Simon die französische Geschichte schrieb. Der Leser kennt natürlich Katharina II. mit Namen? – sie, die Voltaire die Semiramis des Nordens nannte; die unseren Literaten Pensionen gab, als Ludwig XV. sie ächtete, oder sie verhungern ließ, selbst wenn er sie nicht ächtete.

Katharina II. war 33 Jahre alt; sie war schön, gütig und fromm; bis dahin galt sie als ihrem Mann Peter III. treu, als sie plötzlich erfuhr, dass der Kaiser sie verstoßen wollte, um die Gräfin Woronzow zu heiraten, und als Entschuldigung für diese Verstoßung vorschlug, die Geburt von Paul-Petrowitsch für unehelich zu erklären. Sie erkannte schnell, dass es für sie um Leben und Tod und für ihren Sohn um den Thron ging; es war ein Spiel, und wer zuerst auf dem Feld war, würde gewinnen. Die Nachricht wurde ihr eines Nachts um zehn Uhr mitgeteilt. Um elf Uhr hatte sie das Schloss Peterhof, wo sie lebte, verlassen, und da sie nicht wollte, dass ihre Abreise durch die Bestellung ihrer Kutsche bekannt wurde, hielt sie einen Bauernkarren an und stieg neben ihn, da der Fuhrmann glaubte, er nähme nur eine Bäuerin mit. Sie erreichte St. Petersburg, als gerade der Tag anbrach. Gleich nach ihrer Ankunft befahl sie, die Regimenter der dortigen Garnison aufzumarschieren, ohne zu verraten, zu welchem Zweck , rief die wenigen Freunde zusammen, auf die sie sich verlassen konnte, und marschierte mit ihnen vor den versammelten Soldaten auf Parade. Sie ritt zu Pferd die Reihen auf und ab, sprach zu den Offizieren, rief ihre Ritterlichkeit als Ehrenmänner an und appellierte an ihre Treue als Soldaten; dann ergriff sie ein Schwert, zog es aus der Scheide, schleuderte die Scheide weit von sich und bat, aus Angst, das Schwert könnte ihr aus den ungewohnten Händen fallen, um eine Schwerterknoten, um es an ihr Handgelenk zu binden. Ein junger Offizier von achtundzwanzig Jahren hörte die Bitte seines Herrschers durch den Lärm der begeisterten Rufe der Regimenter, brach durch die Reihen, lief auf sie zu und bot ihr seinen Schwerterknoten an; als Katharina sein Angebot mit dem gnädigen Lächeln einer Frau annahm, die entschlossen ist, als Kaiserin zu regieren, einer Königin auf der Suche nach einem Thron, wandte sich der junge Offizier ab und fiel wieder an seinen Platz zurück; aber sein Pferd, das eines Tages das Glück seines Herrn teilen sollte, weigerte sich, abzuweichen; es bäumte sich auf und tanzte herum, und, da es an Kavalleriemanöver gewöhnt war, beharrte darauf, sich neben das Pferd der Kaiserin zu stellen. Katharina, die ebenso abergläubig war wie alle, die ihr Glück auf einen Würfelwurf setzen, bildete sich aus der Beharrlichkeit des Pferdes zu deuten, dass sein Reiter einer ihrer mächtigsten Verteidiger werden würde, und beförderte ihn. Eine Woche später, nachdem Peter III., der von eben jener Person gefangen genommen worden war, die er gefangen nehmen wollte, Katharina die Krone überlassen hatte, die er ihr hatte entreißen wollen, ließ die Kaiserin den jungen Offizier vom *Senatsplatz nach sich rufen* , nahm ihn in ihr Gefolge auf und ernannte ihn zum Kammerdiener in ihrem Palast. Der junge Mann hieß Potemkin. Von diesem Tag an wurde Potemkin, ohne die Herrschaft der zwölf Cäsaren — wie das neue Regime genannt wurde — im Geringsten zu beeinträchtigen, der Günstling der Kaiserin, und ihre Vorliebe für ihn wuchs immer mehr.

Viele, die ihn ersetzen wollten, versuchten, seine Position zu untergraben und ruinierten sich selbst. Ein junger Serbe namens Lovitz, selbst ein Protegé Potemkins, glaubte, es sei ihm gelungen. Er war von seinem Gönner in die Nähe der Kaiserin gebracht worden und beschloss, die Abwesenheit seines Beschützers auszunutzen, um ihn zu ruinieren. Wie schaffte er das? Das muss eines der Geheimnisse des Kabinetts bleiben, das uns die Mauern des Eremitage-Palastes nicht enthüllt haben. Es ist nur bekannt, dass Potemkin in den Palast gerufen wurde; dass man ihm beim Betreten seiner Gemächer sagte, er sei in Ungnade gefallen, er sei verbannt und man drohte ihm mit dem Tod, wenn er nicht gehorche. Er ging sofort, von der Reise befleckt, in die Gemächer der Kaiserin. Ein junger Ordonnanzoffizier versuchte, ihm den Zutritt zu verwehren, doch Potemkin fasste ihn an den Hüften, hob ihn hoch, schleuderte ihn durch den Raum, betrat das Zimmer der Kaiserin und kam zehn Minuten später mit einem Papier in der Hand wieder heraus.

„Hier, Monsieur", sagte er zu dem jungen Offizier, der noch immer ziemlich mitgenommen war von der Behandlung, die er gerade erfahren hatte, „das ist der Kapitänstitel, den Ihre Majestät für Sie zu unterzeichnen geruht hat."

Am selben Tag wurde Lovitz in die Stadt Schaklov verbannt, die für ihn zu einem Fürstentum erhoben wurde.

Von Zeit zu Zeit träumte Potemkin vom Herzogtum Kurland und dem polnischen Thron. Doch bei näherem Nachdenken erkannte er, dass er weder das eine noch das andere wollte, denn ob die Krone nun herzoglich oder königlich war, er wusste, dass er weder mächtiger noch glücklicher sein konnte als in seiner gegenwärtigen Position. Gingen nicht jede Stunde mehr Diamanten, Rubine und Smaragde durch seine Hände, mit denen er spielen konnte, wie ein Cowboy mit Kieselsteinen, als eine Krone fassen könnte? Hatte er nicht Kuriere, die ihm auf Geheiß Störe von der Wolga, Wassermelonen aus Astrakan, Trauben von der Krim und die schönsten Blumen aus allen Gegenden holten, aus denen sie zu finden waren? Gab er seinem Herrscher nicht jedes Jahr am Neujahrstag einen Teller Kirschen, der ihn zehntausend Rubel kostete?

Der Fürst von Ligne (der Großvater des gleichnamigen Fürsten, den wir kennen), Autor der bezaubernden Memoiren, die seinen Namen tragen, und der wahrscheinlich intellektuell anspruchsvollsten Briefe, die je geschrieben wurden, kannte Potemkin und sagte von ihm:

„Dieser Mann war eine Mischung aus kolossalen, romantischen und barbarischen Ideen."

Der Prinz von Ligne hatte recht. Dreißig Jahre lang geschah in Russland keine einzige Handlung, weder gut noch schlecht, ohne seine Hilfe: Ob Engel oder Dämon, er schuf oder zerstörte, wie es ihm gerade einfiel; er brachte alles durcheinander, aber er hauchte allem Leben ein; nichts geschah ohne ihn; als er wieder auftauchte, verschwand alles andere und verschwand vor seiner Gegenwart in der Vorhölle.

Eines Tages kam er auf die Idee, einen Palast für Katharina zu bauen. Sie hatte gerade Taurida erobert, und dieser Palast sollte ein Denkmal zur Erinnerung an diese Eroberung sein. Innerhalb von drei Monaten wurde der Palast in Katharinas Hauptstadt errichtet, ohne dass Katharina etwas davon wusste. Dann lud Potemkin die Kaiserin eines Abends zu einem Nachtfest ein, das er ihr zu Ehren geben wollte, sagte er, in dem Palast, der sich entlang des linken Ufers der Newa erstreckte. Und dort, inmitten schöner Bäume, hell erleuchtet und von Marmor glänzend, fand sie den Märchenpalast, der wie auf einen Zauberstab erhoben aus dem Boden geschossen schien, voller

Statuen, prächtig möbliert, mit Seen voller Gold und Silber und azurblauer Fische.

Alles, was mit diesem Mann zusammenhing, war mysteriös, sein Tod wie sein Leben, sein unerwartetes Ende ebenso wie sein ungeahnter Anfang. Er hatte ein Jahr in St. Petersburg mit Festen und Orgien aller Art verbracht, hatte es geschafft, Rußlands Grenzen bis zum Kaukasus vorzudringen, und dachte, er habe mit dieser neuen Grenzlinie genug für seinen und Katharinas Ruhm getan. Plötzlich erfuhr er, daß der alte Repnin seine Abwesenheit ausgenutzt hatte, um die Türken zu besiegen, und, indem er sie zwang, Frieden zu fordern, in zwei Monaten mehr geleistet hatte als in drei Jahren. Also gab es keine Ruhe mehr für den Favoriten, aber weiteren Ruhm für den General. Er war krank, aber das machte nichts! Er würde mit seiner Krankheit ringen und sie besiegen. Er machte sich auf den Weg, durchquerte Jassy und erreichte Otschakow, wo er für eine Nacht Rast machte; am nächsten Tag setzte er im Morgengrauen seine Reise fort; aber nachdem er mehrere Werst gefahren war, wurde ihm die Luft in seinem Wagen zu heiß, und er ließ ihn anhalten: sein Mantel wurde am Rand eines Grabens ausgebreitet, und er legte sich darauf, nach Luft schnappend; er starb in den Armen seiner Nichte, ehe eine Viertelstunde vergangen war! Ich kannte seine Nichte; ich habe sie die Einzelheiten des Todes ihres Onkels schildern hören, als sei es gerade erst geschehen. Sie war siebzig, als ich sie kennenlernte. Ihr Name war Madame Braniska, und sie lebte in Odessa. Sie war sehr reich, ihr Vermögen dürfte zwischen sechzig und hundert Millionen betragen haben. Sie besaß einige der schönsten Saphire, Perlen, Rubine und Diamanten der Welt. Wie war sie zu einer solchen Sammlung kostbarer Edelsteine gekommen? Sie erzählte – denn sie redete ungemein gern über alles, was ihren Onkel betraf –, dass Potemkin, wie wir gesagt haben, nichts lieber tat, als mit Edelsteinen zu spielen, die er in Kaskaden von einer Hand in die andere schüttete; Diejenigen, die dem Hauptstrom des Wasserfalls entkamen und auf den Boden fielen, fielen dem verwöhnten Kind zu, das sie sammelte. Oft, wenn er sich zum Ausruhen auf einem Ottomanen, einem Diwan oder einem Sofa niederließ, schob Potemkin seine Arme unter das Kissen, und wenn er dann einschlief, entspannten sich seine Hände und eine Handvoll Perlen fiel heraus, die er vergaß aufzuheben, wenn er aufwachte. Seine Nichte wusste das und pflegte, entweder während er schlief oder nachdem er aufgewacht war, das Kissen hochzuheben und die Schätze wegzutragen. Was kümmerte das Potemkin? Seine Taschen waren voller anderer Edelsteine! Und wenn seine Taschen leer waren, hatte er dann nicht Fässer voll, wie die Herrscher von Samarkand, Bagdad und Bassora, die in Tausendundeiner *Nacht erwähnt werden* ?

Diese Madame Braniska war mit ihren sechzig bis hundert Millionen ein eigenartiger Charakter. Sie litt oft unter Anfällen von Habgier, die von

Ausbrüchen der Großzügigkeit unterbrochen wurden – sehr ungewöhnliche Eigenschaften, die man in einer Person vereint findet. So schickte sie beispielsweise ihrem Sohn, der entweder in Moskau oder St. Petersburg lebte, 500.000 Francs als Neujahrsgeschenk und fügte dem Brief am Ende ein Postskriptum hinzu, in dem stand:

„Ich habe eine schreckliche Erkältung. Schicken Sie mir ein paar Jujubes, aber warten Sie, bis sich eine günstige Gelegenheit ergibt. Der Transport von Moskau und Odessa ist ruinös!"

Katharina wäre beinahe gestorben, als sie von Potemkins Tod hörte; diese beiden großen Herzen und Leben schienen im perfekten Einklang zu schlagen. Sie fiel dreimal in Ohnmacht, als sie die tödliche Nachricht erhielt, trauerte lange um ihn und bedauerte ihn immer.

Paul Petrowitsch, für den sie die Krone gerettet hatte, als sie sie Peter III. wegnahm, wurde der Vater jener reichen Nachkommen, von denen ich ein Exemplar im Kibitz gesehen hatte, den Großfürst Michael neben dem heute regierenden Kaiser betrieb.

Damals glaubte niemand auch nur einen Augenblick, dass er jemals herrschen würde. Katharinas Blick über ihre schöne und zahlreiche Schar von Nachkommen schweifte, und ihre Augen waren ständig auf die beiden Ältesten gerichtet, und allein durch ihre Namen – der eine hieß Alexander, der andere Konstantin – schien sie die Welt im Voraus unter ihnen aufgeteilt zu haben. Diese Idee war in der Tat so fest in ihrem Geist verwurzelt, dass sie sie als Kleinkinder malen ließ, wie der eine den gordischen Knoten durchschlug, der andere die römische Standarte trug. Sie ging sogar noch weiter und ließ sie im Einklang mit denselben beiden großen Ideen erziehen. Konstantin, den sie für das Oströmische Reich bestimmt hatte, hatte nur griechische Ammen und Lehrer, während Alexander, der das Weströmische Reich regieren sollte, von Engländern, Deutschen und Franzosen umgeben war. Nichts hätte diametraler sein können als die Methoden, die bei der Erziehung der erlauchten Schüler angewandt wurden. Während der zwölfjährige Alexander zu Graft, seinem Professor für Experimentalphysik, der ihm erklärte, dass Licht eine kontinuierliche Emanation der Sonne sei, sagte: „Das kann nicht wahr sein, sonst würde die Sonne jeden Tag kleiner werden", sagte Konstantin zu seinem Privatlehrer Saken, der versuchte, ihm das Lesen beizubringen: „Nein, ich möchte nicht lesen lernen. Du liest unaufhörlich und wirst dadurch nur immer dümmer."

Wir werden später sehen, wie falsch die Vorhersagen der Kaiserin in Bezug auf Konstantin waren; zunächst wollen wir uns jedoch ein wenig mit Kaiser Alexander befassen.

Er war sowohl beim Volk als auch bei den Adligen sehr beliebt; beliebt wegen seines Charakters und vielleicht noch mehr wegen der Furcht, die man vor Konstantin hegte. Es gibt eine Menge Anekdoten, die zu seinem Lob erzählt werden und seine Güte, seinen Mut und seine Fähigkeiten ehren. Einmal, als er wie üblich zu Fuß unterwegs war und sah, dass es regnete, rief er einen Wagen, der ihn zum Kaiserpalast bringen sollte; als er ankam, durchsuchte der Kaiser seine Taschen und sah, dass er kein Geld hatte.

„Warten Sie", sagte er zum Fahrer. „Ich lasse Ihnen das Fahrgeld zukommen."

„Oh ja, ich kenne diese Geschichte", knurrte der Mann.

„Was sagst du?", fragte der Kaiser.

„Ich sage, dass ich mich auf Ihre Versprechen nicht verlassen kann."

„Warum nicht?", fragte Alexander.

„Oh, ich weiß, wovon ich rede", sagte der Fahrer.

„Gut, dann lass mich alles darüber hören."

„Ich sage, es gibt zu viele Leute, die ich in Häuser mit Doppeltüren bringe, die hineingehen, ohne mir das Fahrgeld zu bezahlen, zu viele Schuldner, die ich nie wieder sehe."

„Was? Sogar im Palast des Kaisers?"

„Oh, dort gibt es mehr als irgendwo sonst. Sie wissen nicht, wie kurz das Gedächtnis großer Adliger ist."

„Aber Sie sollten sich beschweren, die Diebe anzeigen und dafür sorgen, dass sie festgenommen werden", sagte Alexander.

„Ich habe einen Edelmann festgenommen! Eure Exzellenz wissen doch, dass wir armen Teufel nicht die Macht haben, so etwas zu tun. Wenn es einer von uns wäre, wäre die Sache eine andere und leichte genug", fügte der Kutscher hinzu und zeigte auf seinen langen Bart, „denn sie wissen, wie sie uns zu fassen bekommen; aber ihr großen Edelleute habt alle ein zu glatt rasiertes Kinn dafür ... Gute Nacht, mehr ist nicht zu sagen, es sei denn, Eure Exzellenz würden bitte noch einmal Ihre Taschen durchsuchen, ob da nicht eine Kleinigkeit ist, mit der Sie mich bezahlen können."

„Nein", sagte der Kaiser, „es wäre sinnlos ... aber ich habe eine Idee."

"Was ist es?"

„Sehen Sie diesen Mantel? Er ist mehr wert als Ihr Fahrgeld, nicht wahr?"

„Gewiss! Und wenn Eure Exzellenz es mir geben möchten, ohne das Wechselgeld zu erwarten...?"

„Nein! Behalten Sie es als Pfand und geben Sie es nicht her, bis ich jemanden mit Ihrem Fahrpreis danach schicke."

„Schon gut, Sie sind ja so etwas wie ein vernünftiger Gentleman", antwortete der Fahrer.

Fünf Minuten später erhielt der Kutscher einen Brief über hundert Rubel im Austausch für den Mantel. Der Kaiser hatte die Schulden seiner Besucher und auch seine eigenen beglichen, aber der Kutscher tat so, als sei er noch nicht in der Tasche.

Während der Zeit, in der Napoleon und Alexander befreundet waren, neigte er sich ihm zu und lächelte über die Zeile,

„Die Freundschaft eines großen Mannes ist ein Segen Gottes!"

Kaiser Alexander war eines Abends auf einem Ball, der von Monsieur de Caulaincourt, dem französischen Botschafter, gegeben wurde, und um Mitternacht wurde dem Gastgeber mitgeteilt, dass das Haus brenne. Die Erinnerung an die schrecklichen Unfälle, die sich bei einem Brand auf dem Ball des Prinzen von Schwarzenberg ereignet hatten, war noch in aller Erinnerung, und so war Caulaincourts erste Befürchtung, als er die Nachricht vom Brand erhielt, dass es zu einer Panik kommen und die gleichen katastrophalen Folgen in seinem Haus eintreten würden. Er beschloss daher, sich zunächst selbst davon zu überzeugen, wie ernst die Gefahr war, und postierte an jeder Tür einen Adjutanten mit der Anweisung, dass niemand das Haus verlassen dürfe, und machte sich auf den Weg zum Kaiser.

„Sire, das Haus brennt", sagte er flüsternd. „Ich gehe selbst hin, um nachzusehen, wie die Lage ist. Es ist wichtig, dass niemand von der Gefahr erfährt, bis wir das Ausmaß und die Art der Gefahr festgestellt haben. Meine Adjutanten haben den Befehl erhalten, niemanden außer Eurer Majestät und Ihren kaiserlichen Hoheiten, den Großherzögen und Großherzoginnen, am Verlassen des Hauses zu hindern. Wenn Eure Majestät sich daher zurückziehen möchte, ist der Weg frei ... Aber vielleicht darf ich andeuten, dass niemand so schnell Angst vor dem Feuer haben wird, wenn er Eure Majestät unter sich sieht."

„Sehr gut", sagte der Kaiser. „Geh, ich bleibe hier."

Monsieur de Caulaincourt ging hinaus und stellte fest, dass die Gefahr, wie er erwartet hatte, nicht so groß war, wie man ihm zunächst zu verstehen gegeben hatte. Er ging zurück in den Ballsaal und sah den Kaiser eine Polonaise tanzen. Sie tauschten bedeutungsvolle Blicke aus, und der Kaiser tanzte bis zum Ende. Als der Tanz zu Ende war, fragte er Caulaincourt, wie die Dinge stünden.

„Es ist alles in Ordnung, Sire", antwortete der Botschafter. „Das Feuer ist gelöscht." Und das war alles.

Erst am nächsten Tag erfuhren die Gäste dieses großartigen Festes, dass sie eine Viertelstunde lang, wie Herr de Salvandy es ausdrückte, „auf einem Vulkan getanzt" hatten.

Wir haben erwähnt, dass Kaiser Alexander gern allein durch die Straßen von St. Petersburg spazierte; er pflegte diese Gewohnheit auch auf seinen Reisen. Einmal reiste er durch Kleinrussland und kam in ein großes Dorf. Während die Pferdeknechte die Pferde wechselten, sprang er aus seiner Kutsche und sagte den Postillonen, er wolle noch ein Stück zu Fuß weitergehen, damit sie ihm nicht nacheilen müssten. Dann begann er allein, nur mit einem Militärmantel bekleidet und aller seiner Insignien entkleidet, seinen Spaziergang. Als er das Ende des Dorfes erreichte, stellte er fest, dass es zwei Wege gab, und wusste nicht, welchen er nehmen sollte. Deshalb ging er auf einen Mann zu, der einen Militärmantel trug, der seinem sehr ähnlich war. Der Mann saß vor seiner Haustür und rauchte eine Pfeife.

„Mein Freund", fragte der Kaiser, „welchen der beiden Wege soll ich nehmen, um nach – zu gelangen?"

Bei dieser Frage musterte der Mann mit der Pfeife den Fragenden von Kopf bis Fuß und war erstaunt darüber, dass ein so gewöhnlich aussehender Reisender es wagte, mit einer so wichtigen Person so vertraulich zu sprechen (besonders in Russland, wo die Rangunterschiede eine große Kluft zwischen Vorgesetzten und Untergebenen bedeuten). Er paffte weiter an seiner Pfeife und schnappte dann heraus:

"Der Weg nach rechts."

Der Kaiser verstand und respektierte den Grund für seine hochmütige Empörung.

„Verzeihen Sie, Monsieur", sagte er und tippte an seine Mütze, als er auf den Mann mit der Pfeife zuging, „darf ich noch eine Frage stellen …?"

"Was ist es?"

„Darf ich nach Ihrem Rang in der Armee fragen?"

„Rate mal."

„Nun… vielleicht ist Monsieur ein Leutnant?"

"Höher."

„Ein Kapitän?“

„Noch höher.“

"Wesentlich?"

"Mach weiter."

„Kommandant eines Bataillons?“

„Ja, und ich habe es nur durch harte Arbeit erreicht! …“

Der Kaiser verneigte sich.

„Und nun“, sagte der Mann mit der Pfeife, überzeugt davon, dass er mit einem Untergebenen sprach, „wer sind Sie, mein guter Mann?“

„Raten Sie mal“, antwortete der Kaiser seinerseits.

"Leutnant?"

"Höher."

"Kapitän?"

„Noch höher.“

"Wesentlich? "

"Mach weiter."

„Kommandant eines Bataillons?“

"Versuchen Sie es erneut."

Der Fragesteller zog seine Pfeife aus dem Mund.

"Oberst?"

„Du hast es noch nicht verstanden.“

Der Mann stand auf und nahm eine respektvollere Haltung ein.

„Eure Exzellenz sind vielleicht Generalleutnant?“

„Du kommst näher.“

„Dann müssen Eure Hoheit ein Feldmarschall sein?“

„Raten Sie noch einmal, Kommandant.“

„Seine Kaiserliche Majestät!“, rief der verblüffte Fragesteller, ließ seine Pfeife fallen und zerbrach sie in Stücke.

„Genau so“, antwortete Alexander mit einem Lächeln.

„Ah, Sire", rief der Offizier und faltete die Hände, „ich bitte um Vergebung!"

„Oh, was zum Teufel gibt es da zu verzeihen?", sagte Alexander. „Ich habe dich gebeten, mir den Weg zu zeigen, und du hast ihn mir gezeigt. Danke."

Und der Kaiser winkte dem armen, verblüfften Kommandanten zu, schlug die Straße nach rechts ein und wurde bald von seiner Kutsche eingeholt.

Bei einer anderen Gelegenheit wurde der Kaiser auf einer Reise (denn das Leben von Alexander, dem Sohn des Paulus, war wie das von Alexander, dem Sohn des Philipp, auf ständigen Reisen) von einem heftigen Sturm überrascht, als er einen See im Departement Archangelsk überquerte. Alexander war von melancholischem Gemüt, und die Melancholie überkam ihn immer mehr, so dass er häufig ganz allein reiste. So war er allein in einem Boot mit nur dem Bootsmann, und die vom Sturm gepeitschten Wellen des Sees stiegen hoch und drohten, sie zu überfluten.

"Mein Freund", sagte der Kaiser zu dem Schiffer, der unter der Last der Verantwortung, die auf ihm ruhte, schnell die Nerven verlor, "vor etwa achtzehnhundert Jahren befand sich Cäsar in einer ähnlichen Lage wie wir, und er sagte voller Stolz zu seinem Schiffer: 'Hab keine Angst, du trägst Cäsar und sein Glück!' Ich bin nicht Cäsar; ich glaube mehr an Gott und habe weniger Vertrauen in mein Glück als der Bezwinger von Pompejus, aber hör mir einfach zu: Vergiss, dass ich der Kaiser bin, betrachte mich einfach als einen Menschen wie dich selbst und versuche, uns beide zu retten."

Bei diesen Worten, die der russische Bootsmann zweifellos viel besser verstand als der Steuermann Opportunus die Anweisungen Cäsars, nahm der tapfere Kerl seinen Kampf wieder auf und schaffte es unter größten Anstrengungen, das Boot sicher am Ufer an Land zu bringen.

Leider hatte Alexander mit seinem Kutscher nicht so viel Glück wie mit seinem Bootsführer. Als er einmal in den Provinzen am Don unterwegs war, wurde er heftig aus seinem Drovsky geworfen und sein Bein wurde verletzt. Da er ein Sklave jener Disziplin war, die er anderen auferlegte und die er durch sein eigenes Beispiel noch wirksamer machte, bestand er darauf, seine Reise trotz seiner Verletzungen fortzusetzen, um am versprochenen Tag an seinem Ziel anzukommen. Aber Müdigkeit und mangelnde sofortige Behandlung verursachten eine Blutvergiftung aus der Wunde. Erysipel setzte im Bein ein, kehrte immer wieder zurück und fesselte den Kaiser wochenlang ans Bett und ließ ihn monatelang hinken. Im Winter 1824 hatte er einen heftigen Anfall derselben Krankheit. Er lebte in Czarkosjelo, seinem Lieblingsort, an den er sich immer mehr gewöhnte, da er dort der tiefen Melancholie nachgeben konnte, die an seinem Geist nagte. Er war bis spät in die Nacht spazieren gegangen und hatte die Kälte vergessen, so sehr war er in seine melancholischen Betrachtungen vertieft, und als er nach Hause kam, war er durchgefroren; er ließ sich sein Essen auf sein Zimmer bringen, und noch in derselben Nacht bekam er Wundrose, begleitet von einer höheren Temperatur als bei jeder seiner früheren Krankheiten. Das Fieber war so stark, dass er innerhalb weniger Stunden wahnsinnig wurde. Sie brachten den Kaiser in einem geschlossenen Schlitten nach St. Petersburg, und sobald sie ihn dort ankamen, übergaben sie ihn den klügsten Ärzten. Alle, außer seinem eigenen Spezialchirurgen, Dr. Wylie, waren einstimmig der Meinung, dass sein Bein amputiert werden müsse. Aber Wylie übernahm die alleinige Verantwortung, sich um den erlauchten Patienten zu kümmern, und schaffte es erneut, ihm das Leben zu retten. Der Kaiser kehrte nach Czarkosjelo zurück, fast bevor er sich von seiner Krankheit erholt hatte; denn alle seine anderen Wohnsitze waren ihm zuwider geworden. Dort war er allein mit dem Phantom seiner einsamen Größe – einem Phantom, das ihn zwangsläufig erschreckte. Er empfing nur zu besonderen Zeiten jene Minister, die seine Geschäfte für ihn erledigten. Sein Leben glich eher dem eines Trappisten, der seine Sünden betrauerte, als dem eines großen Kaisers, der für das Leben zahlloser Menschen sorgte.

Alexander stand im Winter um sechs Uhr auf, im Sommer um fünf, zog sich an und ging in sein Arbeitszimmer, wo er links von seinem Schreibtisch ein feines Batisttuch zusammengefaltet vorfand und rechts daneben ein Päckchen mit zehn frisch geschnittenen Federkielen. Dort machte sich der Kaiser an die Arbeit und benutzte nie dieselbe Feder zweimal, wenn er bei seiner Arbeit unterbrochen wurde, obwohl er seine Federn nur benutzte, um seinen Namen zu unterschreiben. Wenn er dann sein Morgenbudget fertiggestellt und alles unterschrieben hatte, ging er in den Park , wo er, egal welche Gerüchte über Verschwörungen im Umlauf waren (und seit zwei Jahren hatte es daran nicht gemangelt), immer unbeaufsichtigt und ohne andere Wache als die Palastwachen ging.

Gegen fünf Uhr kehrte er in den Palast zurück, speiste allein und begab sich dann zu Bett, begleitet von melancholischer Musik, die er selbst ausgewählt hatte. Dabei wiegte er sich in derselben traurigen Stimmung in den Schlaf, in der er seine wachen Stunden verbracht hatte.

Die Kaiserin akzeptierte diese physische und geistige Trennung mit einer für sie charakteristischen Philosophie. Ihr sanfter Einfluss umgab den Kaiser, ohne dass er ihn je bemerkte, und sie schien wie ein Engel vom Himmel über ihren geliebten Ehemann zu wachen.

So vergingen der Winter und das Frühjahr 1824; als jedoch der Sommer kam, erklärten die Ärzte einstimmig, dass zur Wiederherstellung der Gesundheit des Kaisers eine Reise notwendig sei, und empfahlen die Krim als das beste

Klima, um seine Genesung zu beschleunigen. Und als hätte er vorausgesehen, dass er das Ende seines Lebens erreichen würde, machte Alexander keine Pläne für das kommende Jahr. Er stimmte mit tiefer Gleichgültigkeit allem zu, was für ihn entschieden wurde. Die Kaiserin war durch diesen Zustand krankhafter Zustimmung mehr beunruhigt, als wenn er in einem ständigen Zustand der Gereiztheit gewesen wäre; sie bat und erhielt die Erlaubnis, ihn zu begleiten; und nach einem öffentlichen Gottesdienst, bei dem um einen Segen für seine Reise gebeten wurde und an dem die ganze kaiserliche Familie teilnahm, verließ Alexander St. Petersburg, gefahren von seinem treuen Kutscher Ivan, gefolgt von seinem Chirurgen Wylie und mehreren Ordonnanzoffizieren unter dem Kommando von General Diebitch.

Er reiste am 13. September um vier Uhr morgens ab, die Kaiserin reiste am 15. ab. Nur sein Leichnam sollte vier Monate später in die Hauptstadt zurückkehren.

KAPITEL X

Alexander verlässt St. Petersburg – Seine Vorahnungen seines Todes – Die beiden Sterne, die in Taganrog zu sehen sind – Die Krankheit des Kaisers – Seine letzten Augenblicke – Wie man in St. Petersburg von seinem Tod erfuhr – Der Großfürst Konstantin – Sein Charakter und seine Vorlieben – Warum er auf seinen Anspruch auf den Kaiserthron verzichtete – Jeannette Groudzenska

---

Die Abreise des Kaisers bedeutete natürlich eine Zunahme der Arbeit vor seiner Abreise, so dass er seiner Mutter, der Kaiserinwitwe, erst am 12. September um 16 Uhr schreiben und sich verabschieden konnte. Um 16 Uhr wurde es plötzlich sehr dunkel, eine große Wolke verdunkelte das Licht. Der Kaiser rief seinen Diener.

„Fœdor", sagte er, „bring mir Lichter."

Der Diener brachte vier Kerzen; aber bevor der Kaiser mit dem Schreiben fertig war, wurde es wieder hell, und der Diener trat sofort ein, um die Kerzen auszumachen.

„Sire", fragte er, „soll ich das Licht wegnehmen?"

„Warum?", fragte der Kaiser.

„Weil wir es als schlechtes Omen ansehen, bei künstlichem Licht zu schreiben, wenn es Tageslicht ist."

„Welche Schlussfolgerung ziehen Sie daraus?"

„Ich, Sire? ... Ich schließe daraus nichts."

„Aber ich verstehe es. Ich verstehe. Sie glauben, dass die Leute, die vorbeigehen und das Licht im Haus sehen, annehmen, dass es einen Todesfall im Haus gegeben hat."

„Ganz genau, Sire."

„Ach, gut, nimm die Kerzen weg."

Der Kaiser schien die Bemerkungen seines Dieners nicht zu bemerken, doch der Vorfall blieb ihm im Gedächtnis.

Wie bereits erwähnt, verließ er St. Petersburg am 13. September um vier Uhr morgens, als die Sonne gerade aufging.

Er hielt seine Kutsche an und blickte zurück auf die Stadt des Zaren Peter, in tiefe Trauer versunken, als hätte ihn eine innere Stimme gewarnt, dass er sie zum letzten Mal sehen würde. Der Kaiser hatte die vergangene Nacht im

Gebet verbracht, sowohl im Kloster Sankt Alexander Newski als auch in der Kathedrale von Kasan. Im Kloster hatte er eine fast einstündige Unterredung mit den Mönchen und dem Metropoliten Seraphin. Letzterer erzählte dem Kaiser die Geschichte eines Mönchs seines Klosters, der sich freiwillig einem Leben der gewissenhaftesten Strenge unterworfen hatte, indem er sich in einem Hohlraum einschloss, der aus den dicken Mauern des Klosters herausgehauen war, und wo er seinen ganzen Lebensabend verbringen wollte. Obwohl es schon vorgerückt war, bat der Kaiser darum, in die Zelle dieses Mönchs geführt zu werden, und sprach fast zwanzig Minuten lang mit ihm.

Bevor Alexander St. Petersburg verließ, wollte er seinen geliebten Czarkosjelo noch einmal sehen. Er stieg am Palasttor auf sein Pferd und ritt durch alle seine Lieblingsplätze, als wollte er sich von ihnen verabschieden. Als Fœdor Alexander fragte, wann er in den Kaiserpalast zurückkehren wolle, zeigte er mit dem Finger auf ein Christusbild und sagte:

„Er allein weiß es!"

Der Kaiser erreichte Taganrog gegen Ende September. Am 5. Oktober traf auch die Kaiserin dort ein, die aufgrund ihres Gesundheitszustandes nur kurze Etappen zurücklegen konnte. Der Kaiser ging der Kaiserin ein Stück voraus, und gemeinsam zogen sie feierlich in die Stadt ein.

Warum hatte der Kaiser Gefallen an Taganrog gefunden? Es schien unerklärlich, es sei denn aufgrund jenes verhängnisvollen Schicksals, das die Menschen an den Ort treibt, an dem sie von vornherein sterben müssen.

Taganrog liegt im schönsten Klima der Krim, mitten in fruchtbarem Land und an einem angenehmen Ort am Eingang zum Asowschen Meer, nahe der Mündung des Don und der Wolga; die Stadt selbst aber besteht nur aus einem Haufen verfallener Häuser, von denen etwa ein Sechstel aus Ziegeln oder Steinen gebaut ist, während die übrigen eigentlich nur aus Holzhütten bestehen, die mit einer Mischung aus Lehm und Schlamm beschmiert sind. Die Straßen sind zwar breit, aber nicht gepflastert, und der Boden ist so staubig, dass man nach dem kleinsten Regenschauer bis zu den Knien im Schlamm versinkt. Wenn dann die Hitze der Sonne diesen feuchten Sumpf ausgetrocknet hat, wirbeln die vorbeiziehenden Rinder und Pferde solche Staubwolken auf, dass man bei hellem Tageslicht einen Menschen auf zehn Schritte Entfernung nicht von einem Lasttier unterscheiden kann. Dieser Staub durchdringt alles; er dringt durch geschlossene Jalousien, fest verschlossene Fensterläden und die undurchdringlichsten Vorhänge; es dringt durch die Kleidung, egal wie dick sie ist, und bildet im Wasser eine Art Kruste, die nur durch Kochen mit Weinsteinsalz abgeschieden werden kann. Der Kaiser stieg im Haus des Gouverneurs ab, verließ es aber gleich am Morgen und kam erst um zwei Uhr zum Abendessen zurück. Um vier unternahm er einen weiteren langen Ausflug und kehrte erst bei Einbruch der Nacht zurück, wobei er alle Vorsichtsmaßnahmen vernachlässigte, die die Eingeborenen dieser Gegenden selbst gegen das gefährliche Malariafieber treffen, das an der gesamten Küste verbreitet ist; nachts schlief er auf einem Feldbett, den Kopf auf einem Lederkissen ruhend. Die Vorahnung seines nahenden Endes verließ ihn nie. Am Abend seiner Ankunft in Taganrog, als sein Diener ihn gerade für die Nacht verlassen wollte, sagte er zu ihm:

„Fœdor, ich denke ständig an die Kerzen, die ich dir aus meinem Arbeitszimmer in St. Petersburg befohlen habe. In Kürze werden sie für mich brennen."

In einer Nacht im Oktober sahen mehrere Einwohner von Taganrog um zwei Uhr morgens über dem Haus, in dem der Kaiser lebte, zwei Sterne, die zunächst weit voneinander entfernt waren, sich dann einander näherten und sich dann wieder voneinander entfernten. Dieses Phänomen wiederholte sich dreimal. Dann wuchs einer der Sterne allmählich zu einer leuchtenden Kugel von beträchtlicher Größe heran, verdunkelte den anderen und verschwand bald darauf unter dem Horizont und war nicht mehr zu sehen. Bei seinem Fall ließ der größere Stern den kleineren an seiner Stelle zurück; aber auch dieser verblasste allmählich und verschwand bald ebenfalls. Die Abergläubischen deuteten den größeren und helleren Stern als Kaiser Alexander und den anderen als die Kaiserin; sie schlossen aus dem Omen, dass der Kaiser bald sterben würde und dass die Kaiserin ihren Mann nur um einige Monate überleben würde.

Außer seinen täglichen Ausflügen unternahm der Kaiser auch tagelange Ausflüge, entweder in die Gegend um den Don, nach Tscherkassk oder nach Donezk. Er war gerade bereit, nach Astrakan aufzubrechen, als Graf Woronzow, Gouverneur von Odessa, eintraf, um dem Kaiser zu berichten, dass die Unzufriedenheit auf der ganzen Krim zunehme und erhebliche Probleme verursachen würde, wenn der Kaiser den Gehorsamsverweigerer nicht unterdrücke und die Unruhe durch seine persönliche Anwesenheit beruhige.

Es war eine Entfernung von etwa dreihundert Meilen zu bewältigen; aber was sind dreihundert Meilen in Russland schon? Alexander versprach der Kaiserin, innerhalb eines Monats zurückzukehren, und gab den Befehl zu seiner Abreise. Während der ganzen Reise war er ungeduldig und reizbar — eine Geisteshaltung, die so sehr im Gegensatz zu seiner üblichen sanften Melancholie stand, dass sie alle um ihn herum überraschte; er beschwerte sich, dass die Pferde nicht schnell genug gingen; über die schlechten Straßen, die Kälte am Morgen, die Hitze am Mittag, den Frost in der Nacht. Dr. Wylie riet dem Reisenden, Vorsichtsmaßnahmen gegen die

Temperaturschwankungen zu treffen, die er so stark zu spüren schien, aber hier zeigte sich die eigensinnige Stimmung des Kaisers: Er lehnte sowohl Mäntel als auch Capes ab und suchte offenbar genau die Gefahren, vor denen ihn seine Freunde warnten. Schließlich erkältete er sich eines Abends, und aus einem hartnäckigen Husten entwickelte sich ein Wechselfieber, das, durch die Hartnäckigkeit des Patienten noch verschlimmert, sich bis zu seiner Ankunft in Oridow zu einem schweren Fieber entwickelte, das der Arzt als einen Anfall derselben Art erkannte, der den ganzen Herbst über von Taganrog bis Sewastopol gewütet hatte. Sie kehrten sofort nach Taganrog zurück, und der Kaiser selbst gab den Befehl, die Reise fortzusetzen. Auf dem Rückweg drängte der Arzt seinen Patienten, sofortige Maßnahmen zu ergreifen, da er die Schwere seiner Krankheit kannte. Aber der Kaiser war dagegen.

„Lassen Sie mich in Ruhe", sagte er. „Ich weiß doch selbst am besten, was ich brauche – ich will Ruhe, Einsamkeit und Stille … Passen Sie auf meine Nerven auf, Doktor; sie sind es, die in einem so beklagenswerten Zustand sind."

„Sire", antwortete Wylie, „Könige sind viel anfälliger für Nervenkrankheiten als gewöhnliche Menschen."

„Stimmt", antwortete Alexander, „besonders heutzutage … Ah! Doktor, Doktor", fuhr er kopfschüttelnd fort, „ich habe allen Grund, mich unwohl zu fühlen!"

Trotz der Einwände des Arztes wollte Alexander einen Teil des Weges zu Pferd zurücklegen, bis er sich gezwungen sah, zu seiner Kutsche zurückzukehren. Als er schließlich das Haus des Gouverneurs in Taganrog betrat, war er so erschöpft, dass er ohnmächtig wurde.

Obwohl die Kaiserin selbst an einer Herzkrankheit starb, vergaß sie ihre eigenen Leiden und erholte sich, als sie den Zustand ihres Mannes sah. Als es ihm etwas besser ging, schrieb Alexander seiner kaiserlichen Mutter, um sie zu beruhigen. Er schrieb ihr, dass sie sich trotz seiner Krankheit keine Sorgen machen müsse; er könne Nahrung zu sich nehmen und es gebe nichts Ernstes zu befürchten. Das war am 18. November. Am 24. setzte das Fieber mit zunehmender Stärke ein und die Wundrose am Bein verschwand.

„Seht!", rief der Kaiser, als er sah, was geschehen war, „das ist das Ende … ich werde sterben, wie meine Schwester starb!"

Aber er weigerte sich immer noch, Medikamente einzunehmen. Als Dr. Wylie an diesem Abend an seiner Seite stand, rief er plötzlich aus, als er sich zum Arzt umdrehte:

„Was für eine Tat! Was für eine bedauerliche Tat!"

Welche Erinnerung war es, die ihm einen so traurigen Ausruf entlockte? Es besteht kaum Zweifel, dass er sich auf den Tod von Paul bezog, der in einem Raum über seinem Kopf erstickt war und dessen letztes Stöhnen er hörte, ohne es zu wagen, ihm zu Hilfe zu eilen.

Am 27. begab sich der Kaiser schließlich in die Hände seines Arztes, der ihm sofort Blutegel anlegte. Diese Anwendung verschaffte ihm ein wenig Erleichterung, doch das Fieber kehrte bald zurück, schlimmer denn je. Sie versuchten es mit Sinapismen, konnten das Fieber jedoch nicht senken, und der Patient erkannte, dass es Zeit war, sich auf sein Ende vorzubereiten. Um fünf Uhr morgens wurde ihm ein Beichtvater gebracht.

„Vater", sagte Alexander zu ihm und streckte ihm die Hand entgegen, „behandeln Sie mich wie ein gewöhnliches Wesen und nicht wie einen Kaiser."

Der Priester trat an sein Bett, nahm die kaiserliche Beichte entgegen und spendete dem edlen Kranken die Sakramente. Gegen zwei Uhr nahmen die Schmerzen des Kaisers furchtbar zu.

„Oh!", rief er, überwältigt von seinen Qualen. „Mein Gott! Müssen Könige mehr leiden, wenn sie sterben, als andere Menschen? …"

Während der Nacht verlor er das Bewusstsein und blieb den ganzen nächsten Tag in einem Zustand völliger Lethargie. Am 29. erlangte er sein Bewusstsein zurück und es keimten schwache Hoffnungen auf. Die Kaiserin wachte an seinem Bett und bemerkte, dass er kurz vor Tagesanbruch einschlief. Am nächsten Morgen erwachte er erst um neun Uhr, als die Sonne so hell wie an einem schönen Sommertag hinter einigen Wolken hervorschien. Als Alexander die Augen öffnete, sah er, dass er von Sonnenlicht überflutet war.

„Was für ein schönes Wetter!" rief er mit jener glühenden Freude beim Anblick der Sonne, die man so oft bei Sterbenden bemerkt.

Dann wandte er sich der Kaiserin zu, küsste ihre Hand und sagte:

„Madam, Sie müssen völlig erschöpft sein."

Dann verfiel er wieder in denselben Zustand der Erstarrung, aus dem er kurzzeitig erwacht war. Alle Hoffnung auf Genesung wurde am 30. aufgegeben. Trotzdem erwähnte General Diebitch gegen zwei Uhr morgens einen alten Mann namens Alexandrowitsch, der, wie er sagte, mehrere Tataren vor demselben Fieber gerettet hatte, das den Kaiser befallen hatte. Auf Dr. Wylies Veranlassung schickten sie nach diesem alten Mann, und er kam um acht. Er sah den Kaiser an, schüttelte den Kopf und sagte:

„Es ist zu spät. Außerdem litten die Leute, die ich geheilt habe, nicht an dieser Krankheit."

Und er ging und nahm den letzten Hoffnungsschimmer der Kaiserin mit. Doch der Kaiser öffnete gegen halb elf Uhr morgens seine Augen wieder und alle warteten gespannt darauf, dass er sprechen würde. Aber er sprach kein Wort; er nahm nur die Hand der Kaiserin, küsste sie und legte sie auf sein Herz. Die Kaiserin blieb in der Position, die sie aufgrund der Hand ihres Mannes einnehmen musste, über ihn gebeugt, und zehn Minuten vor elf starb der Kaiser. Das Gesicht der Kaiserin war seinem so nahe, dass sie seinen letzten Atemzug spürte.

Sie stieß einen schrecklichen Schrei aus und fiel betend auf die Knie. Nicht einmal der Arzt wagte es, sich der Leiche zu nähern, denn sie hatte allen um sie herum ein Zeichen gegeben, sie nicht zu stören. Dann, einige Minuten später, erhob sie sich in einem ruhigeren Gemütszustand, schloss die Augen des Kaisers, die offen geblieben waren, band ihm ein Tuch um den Kopf, damit ihm die Kinnlade nicht herunterfiel, küsste seine Hände, die schon eiskalt waren, und blieb, wieder auf die Knie fallend, betend am Bett, bis die Ärzte sie bitten mussten, sich in ein anderes Zimmer zurückzuziehen, während sie eine Obduktion vornahmen.

Während diese traurige Operation im Gange war, schrieb die verwitwete Kaiserin an die Kaiserinwitwe:

„Unser Engel ist im Himmel, während ich noch auf der Erde weile … Ach, wer hätte je gedacht, dass ich, schwach und krank wie ich bin, ihn überleben würde? … Mutter, ich flehe dich an, verlass mich nicht, denn ich bin ganz allein in dieser Welt voller Kummer!

„Das Gesicht unseres geliebten Toten hat seinen Ausdruck sanfter Güte wiedererlangt; das Lächeln darauf versichert mir, dass er glücklich ist und dass seine Augen bessere Dinge sehen als hier unten … Mein einziger Trost bei diesem unwiederbringlichen Verlust ist, dass ich ihn nicht lange überleben werde! …"

Und tatsächlich starb die Kaiserin sechs Monate später.

Der Brief wurde per Kurier nach St. Petersburg geschickt, wo die Krankheit des Kaisers bereits bekannt war. Er selbst hatte am 17. November geschrieben, dass er wegen einer Krankheit nach Taganrog zurückkehren musste. Am 24. hatte Kaiserin Elisabeth der Großherzogin Helena geschrieben und sie gebeten, Kaiserin Marie mitzuteilen, dass es dem Kaiser gut gehe. Am 27. jedoch hatte General Diebitsch die Nachricht geschickt, dass der Kaiser an einem Gelbfieberanfall leide; und am 29. November schrieb Kaiserin Elisabeth erneut an die Kaiserinwitwe, um ihr von einer vorübergehenden Besserung des Zustands des Kaisers zu berichten.

Obwohl diese Besserung so gering war, gaben die Kaiserinwitwe und die Großherzoge Nicolas und Michel den Befehl, am 9. Dezember in der großen Metropolitankathedrale von Kasan ein *Te Deum* zu singen. Die Menschen strömten freudig dorthin, denn die gute Nachricht war ihnen zuliebe übertrieben worden. Gegen Ende des Gottesdienstes wurde Großfürst Nikolaus benachrichtigt, dass in der Sakristei ein Bote aus Taganrog auf ihn warte; er sei der Überbringer einer Depesche, die nur persönlich zugestellt werden könne. Der Großfürst stand auf und ging in die Sakristei, wo er den Boten fand und aus dessen Händen den Brief erhielt, den wir bereits gelesen haben. Er brauchte den Brief nicht einmal zu lesen: Sein Inhalt wurde ihm durch das schwarze Siegel offenbart.

Großherzog Nikolaus ließ den Metropoliten rufen und verkündete ihm die traurige Nachricht. Er beauftragte ihn, der Kaiserinwitwe die Neuigkeiten so schonend wie möglich zu überbringen, da er das Gefühl habe, nicht den Mut zu haben, diese grausame Mission selbst zu erfüllen. Dann kehrte er zurück und nahm seinen Platz neben ihr ein, die in Unkenntnis der traurigen Wahrheit für das Leben ihres toten Sohnes betete. Der Großherzog hatte kaum seinen Platz an ihrer Seite wieder eingenommen, als der Metropolit wieder den Chor betrat. Er war ein stattlicher alter Mann mit einem langen weißen Bart und Haaren, die ihm fast bis zur Taille fielen. Auf ein Zeichen von ihm verstummten alle Stimmen, die dankbare Lobgesänge an den Himmel anstimmten, und es trat eine totenähnliche Stille ein. Dann schritt er, die Augen aller auf ihn gerichtet, langsam und feierlich auf den Altar zu, nahm das massive silberne Kruzifix herunter und legte einen schwarzen Schleier darüber. Dann trat er an die Kaiserinwitwe heran und gab ihr das schwarz verhüllte Kruzifix zum Kuss.

„Mein Sohn ist tot!", rief die Kaiserin und fiel auf die Knie, so wie vor achtzehn Jahrhunderten am Fuße des Kreuzes ihres Sohnes eine andere Mutter, die Himmelskönigin, deren Namen sie trug, gefallen war.

Und auf diese Weise erfuhr Russland, dass es seinen Kaiser verloren hatte.

Wir versprachen, die Geschichte der seltsamen Selbstaufopferung zu erzählen, mit der ein Mann ein Reich aufgab – eine Geschichte, die umso seltsamer war, als das Reich eine absolute Monarchie war und er damit 53 Millionen Untertanen und ein Territorium erbte, das bereits ein Siebtel der Welt umfasste, ohne zukünftige Expansionsmöglichkeiten einzukalkulieren. Diese Geschichte ist wie folgt:

Der Leser weiß, was für ein ukrainischer Bär Konstantin war, der immer knurrte, brummte oder brüllte, dessen Gesicht dem eines Menschen nicht ähnlicher war als das Gesicht von Kalmouk dem eines Menschen; er war so rau, wie sein Bruder Alexander höflich war, so hässlich, wie sein Bruder Nicolas schön war; ein wahrer Sohn von Paul, wenn er schlecht gelaunt war. Wir haben seine Antwort erfahren, als er als Junge seinem eigenen Lehrer gegenüber, der versuchte, ihm das Lesen beizubringen, antwortete:

„Ich will nicht lesen lernen. Du liest immerzu und wirst von Tag zu Tag dümmer."

Man wird leicht glauben, dass ein so gebauter Geist keine Neigungen zum Lernen hatte. Aber in dem Maße, wie der junge Prinz seine geistigen Übungen zu verabscheuen begann, wuchs seine Liebe zu militärischen Beschäftigungen. Hier folgte er seinem Vater Paul, der nach seiner Hochzeitsnacht um fünf Uhr morgens aufstand, um die Manöver eines in der Nähe Wache stehenden Soldatenzuges zu leiten. Seine militärische Vorliebe führte dazu, dass Konstantin seine ganze Zeit mit Soldatenübungen zu Pferd verbrachte, sich im Umgang mit der Lanze vervollkommnete und seine Männer manövrierte, all diese Fertigkeiten schienen ihm weitaus nützlicher als Geometrie, Astronomie oder Botanik. Sie brachten ihn nur dazu, Französisch zu lernen, indem sie ihm sagten, dass die besten Bücher über militärische Taktiken in dieser Sprache geschrieben seien. Groß war seine Freude, als Paul einen Bruch mit Frankreich hatte und als Souvarov nach Italien geschickt wurde. Der Großherzog wurde unter das Kommando eines alten Marschalls gestellt, eines Oberbefehlshabers, der genau zu Konstantin passte, da er ein Angehöriger des alten russischen Geschlechts war und, wenn das überhaupt möglich war, noch wilder, brutaler und unzivilisierter als sein junger Schüler. Konstantin nahm an seinen Siegen am Mincio und seinen Niederlagen in den Alpen teil; er sah zu, wie er das Grab schaufelte, in dem er lebendig begraben werden wollte. Die Verbindung mit einem so ungehobelten Gefährten hatte zur Folge, dass die Eigenheiten des jungen Prinzen derart gefördert wurden, dass man sich mehr als einmal fragte, ob Paulus, als er gezwungen war, Alexander das Reich zu überlassen, es besonders darauf abgesehen hatte, sein verrücktes Temperament Konstantin zu vererben.

Nach dem französischen Feldzug und dem Wiener Frieden wurde Konstantin zum Vizekönig von Polen ernannt. Das war genau der richtige Posten für ihn. Hier, an der Spitze einer kriegerischen Nation, deren ganze Geschichte ein einziger langer Kampf ist, wuchs seine militärische Neigung mit verdoppelter Energie; leider ersetzte er die blutigen Kämpfe, an denen er gerade teilgenommen hatte, durch gesetzlose Auseinandersetzungen. Ob im Sommer oder im Winter – ob er im Schloss Brühl oder im Schloss Belvedere lebte –, er stand um drei Uhr morgens auf und schlüpfte in seine Generaluniform, ohne dass ihm bei der Toilette ein Diener helfen musste. Dann setzte er sich an einen Tisch, der mit Regimentslisten und Militärbefehlen bedeckt war, in einem Raum, in dem jede einzelne Wandtafel mit verschiedenen Regimentskostümen bemalt war; er las die Berichte, die am Tag zuvor entweder von Oberst Axamilovisky oder von Suboividsky, dem Polizeipräfekten, verfasst worden waren, und drückte in einer Randnotiz seine Zustimmung oder Ablehnung aus. Abgesehen vom Briefeschreiben an einige Familienmitglieder waren dies die einzigen Gelegenheiten, bei denen er zur Feder griff. Diese Arbeit dauerte normalerweise bis neun Uhr morgens, wenn er das hastige Soldatenfrühstück zu sich nahm. Dann ging er zum Exerzierplatz hinunter, um ein paar Infanterieregimenter oder eine Schwadron Kavallerie zu inspizieren. Die Kapelle salutierte ihm, als er sich näherte, und die Parade begann sofort. Die Züge marschierten mit mathematischer Präzision am Vizekönig vorbei, der ein kleines Stück entfernt war – ein Anblick, der ihn immer mit kindlicher Freude erfüllte und ihn so bewegte, als ob die Männer in eine echte Schlacht marschierten. Er stand zu Fuß da und sah ihnen beim Vorbeiziehen zu, gekleidet in die grüne Uniform der Leichten Infanterie, seine mit Hahnenfedern geschmückte Mütze so auf dem Kopf, dass eine der Ecken seine linke Schulterklappe berührte, während die andere in einem beängstigenden Winkel himmelwärts zeigte. Darunter glänzten wie zwei Karfunkel Augen, die eher wie die eines Schakals als die eines Menschen aussahen. Sie lagen unter einer schmalen Stirn, die von tiefen Falten durchzogen war, die auf ständige und ängstliche Beschäftigung hindeuteten. Seine dicken langen Augenbrauen waren vom ständigen Stirnrunzeln schief. In Momenten äußerster Glückseligkeit verliehen die seltsame Lebhaftigkeit des Ausdrucks des Zaren, gepaart mit der Stupsnase, die wie die eines Skeletts aussah, und seiner vorstehenden Unterlippe seinem Kopf ein sehr wildes Aussehen. Sein Hals, den er nach Belieben vorschieben und zurückziehen konnte, kam in seinen Kragen hinein und wieder heraus, genau wie der einer Schildkröte unter ihrem Panzer. Als er der Musik lauschte und die Männer sah, die er ausgebildet hatte, und das gleichmäßige Stampfen ihrer Füße hörte, war sein ganzes Wesen von Entzücken erfüllt, bis er vor Aufregung wie im Fieber aussah: Er wurde rot, seine Arme lagen bis zu den Ellbogen steif am Körper, seine starren, fest geballten Fäuste öffneten und schlossen sich nervös, während seine ruhelosen Füße den Takt schlugen, und seine kehlige Stimme stieß zwischen seinen barsch ausgesprochenen Befehlen hin und wieder heisere, lärmende, unmenschliche Schreie aus, die abwechselnd Genugtuung oder Wut ausdrückten, je nachdem, was ihm gefiel oder er etwas sah, das sein Disziplingefühl verletzte. Denn in der Tat war sein Zorn ein schrecklicher Anblick und seine gute Laune die eines rauen Wilden.

Wenn er sich freute, krümmte er sich vor Lachen, rieb sich geräuschvoll und ausgelassen die Hände und stampfte erst mit dem einen Fuß, dann mit dem anderen auf den Boden. Erblickte er in diesem Moment ein Kind, packte er es, drehte es hin und her wie ein Affe eine Puppe, ließ es sich küssen, kniff es in die Wangen, zog es an der Nase, setzte es dann wieder ab und schickte es mit dem ersten Gold- oder Silberstück in den Händen fort, das er in seiner Tasche finden konnte.

Wenn er wütend war, brüllte er laut, schlug den Soldaten, der seine Arbeit versäumt hatte, und schubste ihn selbst zum Gefängnis, wobei er ihm Verwünschungen nachbrüllte, bis er außer Sicht war. Seine Strenge erstreckte sich tatsächlich auf alle – auf Tiere wie auf Menschen. Eines Tages ließ er einen Affen aufhängen, weil er zu laut war; er peitschte ein Pferd immer wieder mit seinem Reitstock, weil es stolperte, während er ihm vertrauensvoll die Zügel eine Weile auf den Hals fallen ließ; und eines Morgens ließ er einen Hund erschießen, weil er ihn nachts mit seinem Geheul wachgehalten hatte. Zwischen diesen Wutanfällen und Momenten der Freude war er stundenlang deprimiert. Er verfiel in Stimmungen tiefer Melancholie, die in völliger Erschöpfung endeten. Schwach wie eine Frau lag er auf seinem Sofa oder wälzte sich auf dem Boden herum, anfällig für Nervenanfälle.

Zu diesen Zeiten wagte nicht einmal die beliebteste Person, sich ihm zu nähern. Der letzte Diener, der das Zimmer verließ, öffnete Fenster und Tür weit, und auf der Schwelle erschien eine blonde, blasse Frau, fast immer in ein weißes Kleid gekleidet, das von einem blauen Gürtel zusammengehalten wurde, mit einem Ausdruck so traurig wie der eines Gespenstes und wie ein Gespenst, das trotz seiner Melancholie lächelte. Die Vision hatte einen magischen Einfluss auf Konstantin; seine Stimmung hellte sich auf, er seufzte zuerst und schluchzte dann, weinte und legte nach bitteren und reichlichen Tränen seinen Kopf auf den Schoß der Frau und schlief ein, um geheilt aufzuwachen.

Diese Frau war der Schutzengel Polens, Jeannette Groudzenska. Als sie noch ein Kind war, betete sie einmal in der Metropolitankirche von Warschau vor einem Bild der Jungfrau, als eine Krone aus Immortellen, die am Fuße des Bildes platziert war, auf ihr Haupt fiel und darauf blieb , bis sie sie abnahm und wieder auf den Nagel steckte. Als sie nach Hause kam, erzählte Jeannette ihrem Vater von diesem Vorfall, der ihn einem alten ukrainischen Kosaken erzählte, der für eine Erscheinung gehalten wurde. Der alte Kosak antwortete, dass das Fallen der heiligen Krone auf das Haupt der Jungfrau bedeutete, dass Gott eine irdische Krone für sie vorgesehen hatte, wenn sie nicht selbst darauf verzichtet hätte, indem sie sie der Jungfrau zurückgegeben hätte, die ihr stattdessen eine himmlische Krone behalten würde. Sowohl Vater als auch Tochter hatten diese Vorhersage völlig vergessen, oder, wenn nicht völlig vergessen, hielten sie sie nur für einen Traum, als der Zufall oder vielmehr, sagen wir, die Vorsehung, die über die Interessen von dreiundfünfzig Millionen Menschen wachte, Konstantin und Jeannette von Angesicht zu Angesicht zusammenführte.

Dann geschah es, dass dieser heißblütige Wilde, dieser brüllende Bär so furchtsam wurde wie ein junges Mädchen; er, der alle Widerstände brach, der über das Leben der Väter und die Ehre ihrer Kinder verfügte, kam schüchtern zum alten Vater, um um die Hand von Jeannette anzuhalten, und flehte ihn an, ihm das Wesen nicht abzuschlagen, ohne dessen Anwesenheit er nie wieder glücklich sein könnte. Der alte Mann erinnerte sich an die Vorhersage des Kosaken, und da er in der Bitte des Vizekönigs die Erfüllung der Pläne des Allmächtigen sah, holte der Vizekönig dessen Zustimmung und die der Tochter ein. Dann musste die Genehmigung des Kaisers eingeholt werden. Alexander hatte ständig Angst davor, was aus dem Reich in Konstantins Händen werden würde. Mehr als jeder andere fühlte er die Verantwortung, die ihm vom Himmel anvertraut worden war. Er versuchte daher, diese Liebesaffäre zum Wohle der Allgemeinheit zu nutzen, obwohl er keine große Hoffnung hatte, dass ihm dies gelingen würde. Er gab seine Zustimmung unter der Bedingung, dass Konstantin auf seinen Thron verzichtete, und wartete auf die Antwort seines Bruders ebenso gespannt wie dieser auf seine eigene. Konstantin empfing die kaiserliche Depesche, öffnete sie, las sie, stieß einen Freudenschrei aus und verzichtete auf seine Rechte. Ja, dieser seltsame, unerklärliche Mann verzichtete auf sein Recht auf den Thron, er, ein olympischer Jupiter, vor dessen Stirnrunzeln ein ganzes Volk zitterte. Er gab sein doppeltes Recht auf sowohl eine östliche als auch eine westliche Souveränität im Austausch für das Herz eines jungen Mädchens auf – ein Reich mit zwei großen Hauptstädten und einem Territorium, das an der Ostseeküste begann und an den Rocky Mountains endete, ein Reich, das von sieben Meeren umspült wurde.

Im Gegenzug erhielt Jeannette Groudzenska von Kaiser Alexander den Titel einer Prinzessin von Lovics.

Als jedoch die Nachricht vom Tod Kaiser Alexanders St. Petersburg erreichte, ignorierte Großfürst Nikolaus die Tatsache des Verzichts, schwor Großfürst Konstantin Treue und schickte ihm einen Boten, um ihn einzuladen, zu kommen und den Thron zu besteigen. Doch zur selben Zeit, als dieser Brief von St. Petersburg nach Warschau gebracht wurde, war Großfürst Michel mit folgendem Brief Konstantins an seinen Bruder auf dem Weg von Warschau nach St. Petersburg:

„MEIN SEHR LIEBER BRUDER, mit tiefstem Kummer habe ich gestern Abend die Nachricht vom Tod unseres verehrten Herrschers und meines Wohltäters, des Kaisers Alexander, erhalten. Ich beeile mich, Ihnen meine Gefühle der Trauer über dieses grausame Unglück auszudrücken, und möchte Sie gleichzeitig darüber informieren, dass ich Ihrer Kaiserlichen Majestät, unserer königlichen Mutter, einen Brief in derselben Hand sende , in dem ich erkläre, dass es gemäß dem Edikt, das ich vom Februar 1822 erhalten habe und das meinen Verzicht auf den Thron sanktioniert, immer noch mein unabänderlicher Entschluss ist, Ihnen alle meine Rechte auf die Thronfolge des Kaisers von ganz Russland abzutreten. Ich bitte daher unsere geliebte Mutter und alle, die in dieser Angelegenheit involviert sind, mitzuteilen, dass meine Wünsche in dieser Hinsicht unverändert bleiben, damit die Angelegenheiten wie vereinbart geregelt werden können.

„Nachdem ich diese Erklärung abgegeben habe, betrachte ich es als meine heilige
Pflicht, Ihre Kaiserliche Majestät in aller Bescheidenheit zu bitten, mich als Ersten zu lassen, der Ihnen treue Treue und Unterwerfung schwört, und mir zu gestatten, zu erklären, dass ich weder eine neue Würde noch einen neuen Titel wünsche; ich wünsche einfach und ausschließlich meinen Titel des Zarowitschs, den mir mein verehrter Vater in Anerkennung meiner Verdienste zu verleihen geruhte. Von nun an wird es mein einziges Glück sein, Ihrer Kaiserlichen Majestät Zeichen meiner tiefsten Hochachtung und meiner grenzenlosen Hingabe zu geben; als Pfand dafür kann ich mehr als dreißig Jahre treuen Dienstes und den unerschütterlichen Eifer anbieten, den ich meinem kaiserlichen Vater und Bruder gegenüber gezeigt habe. Von diesen Gefühlen beseelt, werde ich nicht aufhören, Ihrer Kaiserlichen Majestät und Ihren Nachfolgern zu dienen, solange mir das Leben in meinem gegenwärtigen Amt und in meinen Funktionen gewährt wird. – Mit dem tiefsten
Respekt,

KONSTANTIN"

Einen Tag, nachdem Großherzog Nikolaus seinen Kurier zum Zarewitsch geschickt hatte, teilte ihm der Staatsrat mit, dass man ihn mit der Aufbewahrung eines Dokuments beauftragt habe. Dieses sei ihm am 15. Oktober 1823 übergeben worden, mit dem Siegel Kaiser Alexanders versehen und von einem eigenhändigen Brief Seiner Majestät begleitet. Darin hatte er ihn beauftragt, das Dokument bis auf Weiteres aufzubewahren und es im Todesfall in einer außerordentlichen Sitzung zu öffnen.

Nun, da der Kaiser gestorben war, öffnete der Staatsrat das Paket und fand darin in einer doppelten Verpackung den Verzicht des Großfürsten Konstantin auf das Kaiserreich aller Russen. Dieser Verzicht war in folgendem Wortlaut formuliert:

„Herr, die vielen Beweise der Güte Eurer Kaiserlichen Majestät mir gegenüber ermutigen mich, um weitere Nachsicht zu bitten und meine demütigen Bitten vor Ihre Füße zu legen. Da ich mich aufgrund meiner geistigen Begabungen und Qualifikationen nicht für geeignet halte und auch nicht mit ausreichender Begabung ausgestattet bin, sollte ich jemals aufgefordert werden, die hohe Position einzunehmen, die meine Geburt mir zusteht, flehe ich Eure Kaiserliche Majestät inständig an, meine Rechte auf meinen unmittelbaren Nachfolger zu übertragen und so das Reich für immer auf eine stabile Grundlage zu stellen. Was mich betrifft, wird mein Verzicht dem feierlichen Eid, den ich bei meiner Scheidung von meiner ersten Frau geschworen habe, eine zusätzliche Garantie und zusätzliche Kraft verleihen. Der gegenwärtige Zustand der Dinge bestärkt mich Tag für Tag in der Meinung, dass ich mit diesem Schritt richtig liege, und er wird die Aufrichtigkeit meiner Gefühle gegenüber dem Reich und der ganzen Welt beweisen.

„Möge Eure Kaiserliche Majestät dazu bewegt werden, meinen Bitten wohlwollend Gehör zu schenken, unsere edle Mutter dazu zu bewegen, die Dinge mit derselben Einstellung zu betrachten und meinen Wünschen mit Eurer kaiserlichen Zustimmung nachzukommen!

„Im Bereich des Privatlebens werde ich stets danach streben, Ihren treuen Untertanen und allen, die von einem Gefühl der Zuneigung zu unserem geliebten Land beseelt sind, ein gutes Beispiel zu sein. – Ich verbleibe mit tiefstem Respekt

KONSTANTIN"

Auf diesen Brief antwortete der Kaiser wie folgt:

„MEIN SEHR LIEBER BRUDER, ich habe gerade Ihren Brief mit der gebührenden Aufmerksamkeit gelesen. Sein Inhalt überrascht mich nicht, da ich die erhabenen Gefühle Ihres Herzens immer verstanden und geschätzt habe. Er hat mir einen weiteren Beweis Ihrer aufrichtigen Verbundenheit mit dem Staat und Ihrer weitsichtigen Sorge um die Wahrung seiner besten Interessen geliefert. Ich habe den Inhalt Ihres Briefes unserer geliebten Mutter mitgeteilt, wie Sie es von mir gewünscht haben. Sie hat ihn mit denselben Gefühlen gelesen, die ich zum Ausdruck gebracht habe, und erkennt dankbar die edlen Motive an, die Sie dazu veranlasst haben. Nach Abwägung der Gründe, die Sie uns vorgetragen haben, können wir Ihnen nur die volle Freiheit lassen, Ihrem festen Entschluss zu folgen und den allmächtigen Gott zu bitten, Ihren aufrichtigen Eifer zu segnen und ihn zu einem glücklichen Ergebnis zu bringen. Ich bin immer Ihr sehr liebevoller Bruder,

ALEXANDER"

Nikolaus wartete jedoch auf die Antwort des Zaren und veröffentlichte erst am 25. Dezember ein Manifest, in dem er den Thron annahm, der ihm durch den Verzicht seines älteren Bruders zugefallen war. Dann legte er den folgenden Tag, den 26., als Datum fest, an dem er sich und seinem ältesten Sohn, dem Großherzog Alexander, den Treueeid schwören wollte.

Dies ist die seltsame Geschichte dieser beiden Brüder und ihrer Ablehnung einer der prächtigsten Kronen, die die Welt zu bieten hat. Konstantin blieb einfach der Zarowitsch, während Nikolaus Kaiser von ganz Russland wurde.

BUCH II

KAPITEL I

Rousseau und Romieu – Gespräch mit dem Portier – Die Acht-Stunden-Kerze – Die *Deux Magots* – Zu welcher Stunde man seine Uhr aufziehen sollte – Der Unterpräfekt macht sich über einen Scherz lustig – Henry Monnier – Ein Absatz mit Informationen – Über das Abendessen – Über Zigarren

Während sich diese großen Ereignisse in den hohen politischen Kreisen abspielten, schwand unser bescheidenes Vermögen. Die hundert Louisdor, die meine Mutter mitgebracht hatte, waren aufgebraucht; wir waren entsetzt, als wir feststellten, dass wir innerhalb von anderthalb Jahren fast 4000 Francs ausgegeben hatten – fast 11 1800 Francs, das heißt mehr, als wir hätten ausgeben sollen. Es war daher zwingend erforderlich, dass ich meine Versprechen einhielt und mein Gehalt durch Arbeit außerhalb meiner Bürozeiten aufbesserte.

De Leuven und ich hatten tapfer und beharrlich an unserer Zusammenarbeit festgehalten, aber nichts war dabei herausgekommen – ein Ergebnis, das uns dazu brachte, die Ungerechtigkeit der Manager und den Mangel an Geschmack der Direktoren laut und bitter zu beklagen, obwohl ich in meiner Kritik an unseren Bemühungen im Stillen gerechter war und mir offen eingestand, dass ich als Manager meine eigene Arbeit nicht angenommen hätte. Also beschlossen wir, gewisse Opfer zu bringen und Rousseau zu bitten, sich uns anzuschließen, damit er unseren Arbeiten jene unbeschreiblichen letzten Schliffe verleihen konnte, die den entscheidenden Unterschied ausmachen würden. Diese Opfer bestanden darin, dass wir mehrere Flaschen guten alten Bordeaux, einige Flaschen Rum und etwas Hutzucker besorgten. Rousseau gehörte zur berühmten Schule von Favart, Radet, Collé, Désaugiers, Armand Gouffé und Co., die nur beim Geräusch knallender Korken und mit dem Blick auf die brodelnden Dämpfe der Bowle vor Augen arbeiteten. Rousseau hatte einen Ruf, den er später nur ungern mit seinem berühmten Mitarbeiter Romieu teilen musste. Zu einer bestimmten Zeit hätte ich es nicht gewagt, so über den berühmten Präfekten der Dordogne zu sprechen, aus Angst, seiner politischen Karriere zu schaden. Man wird sich erinnern, welche Bestürzung die Nachricht (die sich glücklicherweise als falsch herausstellte) auslöste, dass er von Käfern gefressen worden war, und wie seine Anhänger sich beeilten, den elenden Zeitungen, die die Nachricht verbreitet hatten, diesen bösartigen Scherz ins Gesicht zu schleudern. Das ist es leider! Es ist so schwierig, einem intellektuellen Mann seinen Witz zu verzeihen, und einem komischen Mann, als ernsthaft durchzugehen, dass Romieu kaum begonnen hatte, sich von diesem unglücklicherweise, aber allzu verdienten doppelten Ruf zu erholen, als ihn nach zehn Jahren in der *Unterpräfektur* und *Präfektur* ein ähnliches Schicksal ereilte wie den armen römischen Schuster, der einem Raben beibrachte, „ *Vive César Auguste!* " auszurufen. Der französische Cäsar Augustus stürzte, und alle Mühen und Anstrengungen Romieus waren umsonst, *opera et impensa periit*. Romieu zog sich ins Privatleben zurück, und der oben erwähnte Sturz, der entgegen den Gesetzen der Schwerkraft von unten nach oben wirkte, gab uns volle Freiheit in Bezug auf den Autor von „ *Enfant trouvé*" und „ *Ere des Césars*".

Im Jahr 1825 arbeitete Romieu also mit Rousseau zusammen. Doch ebenso wie Adolphe und ich hatten sie absolut nichts davon, außer einer Menge Abenteuer, von denen jedes noch unterhaltsamer war als das vorherige, und die ihnen die Ausgaben im *Café du Roi* und im *Café des Variétés einbrachten*.

Lassen Sie es uns klarstellen, denn in dieser Angelegenheit kann es zu Unklarheiten kommen und man könnte meinen, dass aus unserer Zusammenarbeit auch etwas entstanden ist.

Nein, von uns kam überhaupt nichts: Adolphe war immer so lustig wie ein Trappistenmönch gewesen, während ich, obwohl von Natur aus äußerst unbeschwert, nur über die Farcen anderer lachen konnte, ohne jemals bei all den Farcen, die aufgeführt wurden, mehr als ein einfacher Zuschauer sein zu können. Ich bewunderte zutiefst Rousseaus und Romieus Klugheit in diesen Zeilen. So gab es wenige Nächte, in denen besonders Rousseau (der seinen Wein nicht so gut tragen konnte wie Romieu, der aber, das muss man zugeben, ausgezeichnete Weine mochte), sich selbst überlassen von seinem verräterischen Pylades, von irgendeiner Patrouille nach Hause geführt und wegen nächtlichen Lärms auf die Polizeiwache gebracht werden musste. Aber Rousseau war wie jene Kinder, denen man, damit sie nicht verloren gehen, ihren Namen und ihre Adresse beibringt. Rousseau hatte sich den Namen eines gewissen Polizisten, den er kannte, tief in sein Gedächtnis eingebrannt, und er war so fest darin verankert, dass weder Wein noch Brandy, noch Rum noch Punsch stark genug waren, ihn auszuwaschen. Rousseau taumelte, Rousseau stotterte, Rousseau war angespannt, Rousseau war betrunken, Rousseau war stockbesoffen, Rousseau vergaß den Namen und die Adresse seiner Mutter, den Namen und die Adresse von Romieu, seinen eigenen Namen und seine eigene Adresse, und doch konnte er den Namen und die Adresse dieses bestimmten Polizisten immer deutlich aussprechen!

Und da niemand einem so betrunkenen Mann die berechtigte Bitte abschlagen konnte, zu einem Polizisten gebracht zu werden, brachte man Rousseau zu seinem Freund, der ihm zwar eine Standpauke hielt, ihn am Ende aber stets freiließ.

Einmal jedoch war die Vorlesung eindringlicher als sonst, und Rousseau hörte ihr mit sehr reumütiger Miene zu. Als der Polizist ihn dann tadelte, weil er seinen Schlaf störte und ihn so Nacht für Nacht aufweckte, antwortete Rousseau:

„Sie haben ganz recht, und ich verspreche Ihnen, dass ich mich von nun an jedes dritte Mal einem anderen vorziehen werde."

Er hielt sein Wort. Aber nicht alle Polizisten waren so geduldig wie der gute M.—. Der erste, vor dem Rousseau erschien, schickte ihn in die Wache von Saint-Martin und hielt ihn dort ein paar Tage fest. Nach dieser Erfahrung beschloss er, zu seiner alten Gewohnheit zurückzukehren.

Rousseau und Romieu spielten gern den Gepäckträgern und Lebensmittelhändlern Streiche. Rousseau steckte seinen Kopf durch das Gitter eines Gepäckträgers und rief:

"Guten Tag mein Freund."

„Guten Tag, Monsieur."

„Darf ich fragen, welcher Vogel das ist, der in Ihrem Fenster steht?"

„Es ist eine Mönchsgrasmücke, Monsieur."

„Ach ja! ... Warum halten Sie eine Mönchsgrasmücke?"

„Weil es so schön singt, Monsieur."

"Wirklich?"

„Bleib stehen und hör zu …"

Und der Träger stemmte die Hände in die Hüften und bewegte lächelnd den Kopf auf und ab, während er dem Gesang seiner Mönchsgrasmücke lauschte.

„Ah! Sie haben Recht! ... Sie sind verheiratet?"

„Ja, Monsieur, ich war dreimal verheiratet."

"Und wo ist deine Frau?"

„Meine Frau, meint Monsieur?"

„Ja natürlich, deine Frau."

„Sie ist beim Untermieter im fünften Stock."

„Allerdings! Allerdings! Und was macht sie bei dem Untermieter im fünften Stock?"

„Aufladen.“

„Ist der Untermieter im fünften Stock jung oder alt?“

"Zwischen den beiden."

„Gut... Und Ihre Kinder?“

„Ich habe keine.“

„Du hast keine?“

"NEIN."

„Was haben Sie dann während Ihrer drei Ehen getrieben?“

„Entschuldigen Sie ... möchte Monsieur jemanden?“

"NEIN."

„Monsieur möchte etwas?“

"NEIN."

„Nun, in der letzten Viertelstunde hat mir Monsieur eine Frage nach der anderen gestellt.“

"Ja."

"Was haben Sie mit diesen Fragen gemeint?"

"Gar nichts."

„Was? Gar nichts? ... Aber Monsieur hatte doch sicher einen Grund?“

"Keiner."

„Monsieur hatte keinen Grund?“

"NEIN."

„Nun, dann möchte ich doch gern wissen, warum Monsieur mir die Ehre erwiesen hat ...?“

„Ich kam gerade vorbei ... und sah über Ihrem Pförtnerhäuschen die Worte , *Sprechen Sie mit dem Pförtner* ‘, also sprach ich Sie an.“

Romieu würde ein Lebensmittelgeschäft betreten.

„Guten Morgen, Monsieur.“

„Monsieur, Ihr ergebenster Diener.“

„Haben Sie Kerzen, acht pro Pfund?“

„Gewiss, Monsieur, davon gibt es eine Menge; dieser Artikel ist sehr gefragt, denn es gibt mehr kleine als große Geldbörsen.“

„Ihre Beobachtung, Monsieur, deutet auf höhere Dinge hin als auf Lebensmittel.“

Romieu und der Lebensmittelhändler verbeugten sich voreinander.

„Sie schmeicheln mir, Monsieur.“

„Monsieur hat gesagt, er wolle...?“

„Eine Kerze zu je acht pro Pfund.“

"Einziger?"

„Ja, zunächst. Später werde ich sehen.“

Der Lebensmittelhändler nahm eine Kerze aus einer Packung.

„Hier ist es, Monsieur.“

„Könntest du es halbieren? Ich hasse es, Kerzen anzufassen!“

„Ganz recht, Monsieur; sie haben einen so starken Geruch... Hier ist Ihre Kerze in zwei Stücken.“

„Ah! Wären Sie jetzt so freundlich, jede dieser Hälften in vier Stücke zu schneiden?“

„In vier?“

„Ja, ich brauche für meinen Zweck acht Kerzenstücke.“

„Hier sind Ihre acht Stücke, Monsieur.“

„Entschuldigen Sie, wären Sie mir gern bereit, die Dochte für mich vorzubereiten?“

„Die ganzen acht?“

„Eher sieben, da einer natürlich seinen Docht bereit hat.“

„Ganz genau.“

„Das ist schon in Ordnung ... so, so, sehr gut ... so, danke. Nun denn ... legen Sie sie im Abstand von drei Zoll voneinander auf die Theke ... Ah! ...“

„Aber wozu in aller Welt ist das gut?“

„Sie werden sehen ... Wären Sie jetzt so freundlich, mir ein Streichholz zu leihen?“

„Sicher ... nimm eins.“

"Danke."

Und Romieu zündete feierlich die acht Kerzenstummel an.

„Aber wofür ist das, Monsieur?“

"Ich inszeniere eine Farce."

„Eine Farce?“

"Ja."

"Und nun ...?"

„Und jetzt ist die Farce vorbei, ich gehe.“ Und Romieu nickte dem Lebensmittelhändler zu und machte sich aus dem Staub.

„Was? Du gehst, ohne die Kerze zu bezahlen?“, kreischte der Lebensmittelhändler. „Bezahl doch wenigstens die Kerze.“

Romieu würde sich umdrehen –

„Wenn ich für die Kerze bezahlt hätte, wo wäre dann die Farce?“

Und er setzte seinen Weg fort, ohne auf die Beschimpfungen des Lebensmittelhändlers zu achten.

Gelegentlich reichten Romieus Ambitionen über das Ärgern von Lebensmittelhändlern hinaus und er trieb in höheren Geschäftskreisen respektlose Streiche.

Eines Abends ging er um halb eins die Rue de Seine entlang, Ecke Rue de Bussy, als ein Verkäufer gerade dabei war, den Laden von *Les Deux Magots zu schließen*. Normalerweise schloss das Geschäft um elf, es war also ungewöhnlich spät.

Romieu eilte in den Laden.

„Wo ist der Besitzer des Lokals?“

„M. P.——?“

"Ja."

„Er ist zu Bett gegangen.“

"Ist er schon lange weg?"

"Ungefähr eine Stunde."

„Aber er schläft im Haus?“

"Sicherlich."

„Bring mich zu ihm.“

„Aber, Monsieur...“

"Ohne Verspätung."

"Aber...."

"Sofort."

„Ist Ihre Mitteilung dann so dringender Natur?“

„Es ist so wichtig, dass ich Angst habe, zu spät zu kommen.“

„Da Monsieur mir versichert hat...“

„Komm, bring mich zu ihm, bring mich schnell zu ihm!“

Der Gehilfe wartete nicht, bis der Laden geschlossen war, sondern führte Romieu in ein Vorzimmer, wo M. P.— wie eine Bassgeige schnarchte.

„M. P——! M. P——!...“, rief der Ladenjunge.

„Na, was ist denn? Geh zum Teufel mit dir! Was willst du?“

„Ich bin es nicht…“

„Was meinst du damit, dass du es nicht bist?“

„Nein, es ist ein Herr, der ein paar Worte mit Ihnen wechseln möchte.“

„Um diese Zeit in der Nacht?“

„Er sagt, es sei sehr dringend.“

"Wo ist der Herr?"

„Er ist an der Tür. Treten Sie ein, Monsieur, treten Sie ein.“

Romieu kam auf Zehenspitzen herein, mit dem Hut in der Hand und einem Lächeln im Gesicht.

„Verzeihen Sie, Monsieur, tausendmal bitte ich um Entschuldigung für die Störung.“

„Oh, erwähnen Sie es nicht, Monsieur; es ist nichts. Was haben Sie zu tun?“

„Ich möchte mit Ihrem Partner sprechen.“

"Mit meinem Partner?"

"Ja."

"Aber ich habe keinen Partner."

„Das hast du nicht?“

"NEIN."

„Warum hängen Sie dann Ihr Schild ‚ *Aux Deux Magots* ‘ auf? Es täuscht die Öffentlichkeit!“

Manchmal kam es jedoch vor, dass der Betrüger erkannt wurde und dann in seine eigene Falle tappte.

Eines Tages ging Rousseau in einen Uhrmacher.

„Monsieur, ich möchte ein paar gute Uhren sehen.“

„Monsieur, hier ist genau der Artikel, den Sie wünschen.“

"Von wem ist es?"

„Leroys.“

„Wer ist Leroy?“

„Einer der berühmtesten meines Fachs.“

„Dann können Sie es garantieren?“

"Ich kann."

„Wie oft pro Woche muss es aufgezogen werden?“

"Einmal."

"Morgens oder abends?"

„Wie Sie wollen. Obwohl es eigentlich besser ist, es morgens aufzuziehen.“

„Warum?“

„Weil man abends betrunken sein kann, Monsieur Rousseau, und die Antriebsfeder bricht.“

Diesmal wurde Rousseau erwischt. Er ging und versprach dem Uhrmacher, als Kunde zu fungieren – ein Versprechen, das er, wenn man die Erwiderung des Uhrmachers bedenkt, nie einhielt.

Man wird sehen, dass Romieu mit diesen Scherzen nicht weitermachen konnte, als er erst Unterpräfekt und dann Präfekt wurde. Trotzdem verstehe ich, dass der alte Adam in ihm von Zeit zu Zeit zum Vorschein kam, denn es ist sehr schwierig, natürliche Neigungen auszulöschen, die, dem Dichter von Auteuil zufolge, immer wieder mit voller Wucht zurückkehren.

So wird berichtet, dass der Unterpräfekt eines Abends um elf Uhr nach dem Abendessen nach Hause ging (wenn Romieu in Paris war und das Abendessen außer Haus einnahm, kam er erst am nächsten Morgen nach Hause; aber leider weiß jeder, dass Paris nicht die Provinz ist!). Da er drei oder vier Straßenjungen aus dem Bezirk sah, die damit beschäftigt waren, Steine auf die kostenlose Straßenlaterne zu werfen, die immer vor der *Unterpräfektur brannte* ; da es sich jedoch nicht um Paris, sondern nur um eine Provinzstadt handelte, waren die jungen Gassenjungen Landratten und hatten bereits vier oder fünf Steine geworfen, ohne die Stelle zu berühren. Der Unterpräfekt sah sie, ohne gesehen zu werden, und zuckte mit den Schultern. Schließlich konnte er sich angesichts dieser Ungeschicklichkeit überhaupt nicht zurückhalten, ging auf sie zu, stellte sich inmitten der erstaunten Straßenjungen auf, nahm den ersten Stein, den er sah, warf ihn – und siehe da! – die Lampe hörte auf, eine Lampe zu sein. „So sollte es gemacht werden, meine Herren", sagte er und betrat sein Haus, murmelnd:

„Oh! Die jungen Leute von heute sind ein verkommener Haufen!"

Manchmal ließ sich Herr Präfekt in seinem tapferen, geflochtenen Amtsmantel auch dazu herab, gefräßig zu sein – denn wer hat nicht seine schlechten Momente? Selbst der Weiseste sündigt siebenmal am Tag, so dass sich der intellektuelle Mensch sicherlich einmal im Jahr zum Biest machen kann.

Henri Monnier, der geistreiche Karikaturist, charmante Schöpfer von *Sprichwörtern* und Freund aller, besuchte auf seiner Durchreise durch Périgueux seinen alten Kameraden Romieu und lud sich selbst zum Abendessen für diesen Tag ein. M. le préfet gab ein formelles Abendessen, bei dem die Gäste hauptsächlich aus Beamten des Departements bestanden, den steifsten und penibelsten, die er finden konnte. Es brauchte viel, um Henri Monnier einzuschüchtern; er plapperte drauflos, erzählte alle möglichen Geschichten, so freimütig, als wäre er in seinem eigenen Haus oder in Ihrem oder in meinem; mit anderen Worten, er war entzückend. Aber er bemerkte, dass Romieu, obwohl er Romieu beharrlich in vertraulicher Sprache ansprach, ebenso beharrlich darauf war, förmlich zu ihm zu sein.

Dies war völlig gegen ihre Gewohnheiten und Gebräuche. Henri Monnier vergewisserte sich, dass er sich nicht auf einen Irrtum einließ. Als er sich dann sicher war, dass er Recht hatte, rief er von einem Ende des Tisches zum anderen: „Hören Sie, mein lieber Romieu, warum sprechen Sie mich immer mit *Du an, während ich Sie* mit vertraulicher Anrede anrede ? Die Gesellschaft hier wird Sie für meinen Diener halten."

Paris vermisste Romieu sehr, als er die Stadt verließ, obwohl Rousseau immer noch in Paris war. Da die Behörden Romieu unbedingt zum Präfekten machen wollten, hätte Paris ihn gern zum Präfekten von Paris gemacht, aber das war anscheinend nicht möglich. Wie konnte Romieu Rousseau in Paris zurücklassen? Ach! Rousseau hat ihm das nie verziehen!

Er hat ein sehr schönes Lied darüber geschrieben, das ich meinen Lesern geben werde, wenn ich es finden kann.

Als Romieu zum Unterpräfekten ernannt wurde, hüpfte Rousseau vor Freude. Es wäre ein schwerwiegendes Versäumnis der Regierung, Romieu zum Unterpräfekten zu machen, ohne Rousseau irgendeinen Titel zu verleihen, argumentierte er. Und da Rousseau nach der Revolution nicht einmal um eine Unterpräfektur gebeten hatte, war es nur vernünftig, der Regierung keine Vorwürfe zu machen. Da er weniger stolz als Cäsar war, war er durchaus bereit, die zweite Geige zu spielen. Er machte sich auf die Suche nach Romieu.

„Gut gemacht, mein lieber Freund, ich gratuliere Ihnen."

„Oh! Du hast davon gehört?"

"Die Zwei habe ich!"

„Ja, sie haben mich zum Unterpräfekten ernannt."

"Also?"

"Also was?"

„Ich hoffe, du denkst an mich."

„An dich denken? Inwiefern?"

„Ich denke, Sie werden eine Sekretärin brauchen."

„Ja, das werde ich."

"Du hast noch keins?"

"NEIN."

„Also gut, das ist dann meine Koje. Zwölfhundert Francs, Kost, Logis und Ihre Gesellschaft. Ich könnte mir nichts Besseres wünschen."

„Tatsächlich?", sagte Romieu.

"Komm jetzt!"

„Kommen Sie übermorgen wieder, dann werde ich Ihnen sagen, ob die Sache möglich ist."

„Möglich! Was zum Teufel sollte das verhindern...?"

Rousseau reiste ab und kehrte zwei Tage später zurück. Er fand Romieu mit einem sehr ernsten, ja sogar besorgten Gesichtsausdruck vor.

„Und?", fragte er.

„Nun, mein lieber Freund, ich bin verzweifelt."

"Warum?"

"Unmöglich!"

„Kannst du mich nicht mitnehmen?“

„Ja... siehst du...“

„Nein, ich verstehe nicht.“

„Bevor ich dich mitnehmen konnte, musste ich einige Nachforschungen anstellen.“

"Über mich?"

„Ja, über dich, und ich habe erfahren...“

„Du hast gelernt...?“

„Ich habe erfahren, dass du getrunken hast.“

Rousseau ging, aber dieses Mal kam er nicht wieder. Armer Rousseau! Drei Monate vor seinem Tod erzählte er meinem Sohn und mir diese Geschichte mit Tränen in den Augen.

„Romieu wird ein schlimmes Ende nehmen“, sagte er in einem ebenso tragischen Ton wie Kalchas; „er ist ein undankbares Wesen.“

Möge der Himmel Romieu vor Rousseaus Vorhersage bewahren!

Romieu blieb drei Jahre in der Provinz, ohne nach Paris zurückzukehren, und während dieser drei Jahre führte seine Abwesenheit zu großen Veränderungen in der Hauptstadt, wie das folgende Distichon eines unbekannten Autors zu belegen scheint:

„Wenn Romieu das Monomotapa wiederbelebt,
wird Paris nicht mehr so feucht sein, und Paris wird wieder so feucht.“

Ich sagte, in Paris hätten große Veränderungen stattgefunden, ich hätte sagen sollen, es seien fatale Veränderungen. Das Ende der Dinnerpartys hat in einer zivilisierten Welt schlimmere Folgen gehabt, als man annehmen könnte. Ich führe unseren gegenwärtigen Zustand geistiger Degeneration auf das Ende der Dinnerpartys und die Erfindung der Zigarre zurück. Gott bewahre mich davor, zu behaupten, die geistigen Fähigkeiten unserer Söhne seien unseren nicht ebenbürtig; ich habe zumindest einen Sohn, der mir eine solche Behauptung nicht verzeihen würde. Aber sie sind von unterschiedlicher Geistesart. Nur die Zeit kann entscheiden, wer von beiden der bessere ist.

Wir Männer ab vierzig Jahren bewahren noch immer etwas vom aristokratischen Geist des 18. Jahrhunderts, gemildert durch den ritterlichen Geist des Kaiserreichs.

Frauen hatten großen Einfluss auf die Psyche jener Zeit und Abendessen waren ein echter gesellschaftlicher Faktor.

Um elf Uhr abends sind alle Sorgen des Tages beiseite geschoben, und man weiß, dass man zwischen dem Ende der Nacht und dem Anbruch des Tages noch sechs bis acht Stunden in aller Ruhe verbringen kann. Wenn man an einem gut gedeckten Tisch sitzt, einem hübschen Mädchen gegenüber, inmitten der angenehmen Aufregung von Lichtern und Blumen, lässt sich der Geist, obwohl hellwach, in das Reich der Träume entführen, und erreicht zu einer solchen Zeit seine höchsten Höhen der Brillanz und Begeisterung. Es ist nicht nur so, dass man beim Abendessen brillanter ist als bei jeder anderen Mahlzeit und dass man mehr Witz hat als bei jeder anderen Mahlzeit, sondern auch die eigene Natur scheint anders zu sein.

Ich bin sicher, dass die meisten witzigen Sprüche des 18. Jahrhunderts beim Abendessen gefallen sind. Lassen Sie uns also mehr von diesen Abendessen feiern, und wir werden nicht vergessen, was sie so brillant gemacht hat.

Kommen wir nun zur Zigarre. Früher gingen Männer und Frauen nach *dem Frühstück* ins Billardzimmer oder in den Garten; nach dem Abendessen begaben sie sich ins Wohnzimmer, und dort ging die Unterhaltung in derselben Richtung weiter, sei es oberflächlich oder allgemeiner. Heutzutage sind die Männer kaum vom Tisch aufgestanden, als sie zueinander sagen: „Komm, lass uns eine Zigarre trinken."

Dann gehen sie hinaus und laufen rauchend die Bürgersteige auf und ab. Dort treffen sie auch Frauen, die aber bei weitem nicht zu dem gleichen Witz fähig sind wie die, die sie gerade im Salon zurückgelassen haben. Die Gedanken der Männer werden auf die Ebene der Frauen gehoben, mit denen sie verkehren; man kann sich vor der schönsten Hälfte der Schöpfung nicht erniedrigen. Und diese Verallgemeinerung wird jeden Tag bestätigt.

Man trifft nicht zwei Tage hintereinander dieselben Leute auf den öffentlichen Promenaden, aber obwohl die Leute wechseln, ist die Art der Unterhaltung immer ziemlich gleich. Unmerklich wird die Gemütslage schlechter. Wenn man dazu noch den Einfluss des im Tabak enthaltenen Narkotikums hinzufügt, kann man sich vorstellen, wie der Zustand der Gesellschaft in einem halben Jahrhundert aussehen wird, wenn die Vorliebe für Zigarren unaufhörlich zunimmt. 1950 werden wir in Frankreich ungefähr so viel geistige Aktivität haben wie heute in Holland.

Der Leser wird erkennen, dass wir uns weit von Rousseau und Romieu entfernt haben. Jetzt müssen wir uns nur noch mit Rousseau befassen, und deshalb wollen wir zu ihm zurückkehren.

KAPITEL II

Die Laterne – *La Chasse et l'Amour* – Rousseaus Rolle darin – Das Couplet
über den Hasen – Das *Couplet de facture* – *Wie es Hasen und Hasen* geben kann
– Empfang im l'Ambigu – Meine ersten Einnahmen als Autor – Wer Porcher
war – Warum niemand etwas gegen Mélesville sagen darf

De Leuven und ich machten uns auf die Suche nach Rousseau, der damals
mit einer Frau in der Rue du Petit-Carreau lebte. Wir fanden ihn in einem
verrückten Geisteszustand vor. Am Abend zuvor hatte er bei Philippe zu
Abend gegessen, und zwar sehr gut. Ich kann hier auch erwähnen, dass ich
Philippe als den einzigen Mann empfehlen kann, bei dem man noch ein gutes
Abendessen bekommt. Rousseau war gegen ein Uhr morgens mit Romieu
abgereist, nur angeheitert. Er hatte noch keine zwei Schritte getan, als die
frische Luft ihre übliche Wirkung zeigte und er betrunken wurde; nach etwa
hundert Schritten war er sturzbetrunken. Romieu unternahm heroische
Anstrengungen, ihn so weit wie möglich zu führen; aber als er zweimal auf
den Bürgersteig gezerrt worden war, beschloss er, ihn an die sicherste Stelle
zu bringen und ihn dann zurückzulassen. Als Romieu also dreißig Schritte
von seiner Tür entfernt erkannte, dass es unmöglich war, ihn weiter zu
ziehen, legte er ihn bequem vor der Tür eines Obstladens auf einen Haufen
Kohlblätter und toter Karottenblätter, den er dort fand, und lehnte seinen
Kopf gegen eine Wand. Dann stieß er mit Hilfe seiner Knöchel und Stiefel
einen Lebensmittelladen in der Nähe an, wo er eine Laterne kaufte, die er
anzündete und neben Rousseau stellte. Dann verabschiedete er sich von
seinem unglücklichen Freund und sprach ihn mit den folgenden Worten an,
halb aus Genugtuung über eine erfüllte Pflicht und halb als Bittgebet an die
Mächte da oben:

„Und nun schlafe friedlich, Sohn des Epikur. Niemand wird dich mit Füßen
treten!"

Rousseau verbrachte die Nacht ganz ruhig, dank der Lampe, die ihn
bewachte, und als er aufwachte, fand er zwei oder drei Sous in seiner Hand.
Einige gute Seelen hatten ihm Almosen gegeben, weil sie ihn für einen
armen, elenden Ausgestoßenen hielten. Da er sich jedoch in seiner eigenen
Nachbarschaft befand, wurde er bei Tagesanbruch sowohl vom
Lebensmittelhändler als auch vom Obsthändler erkannt, was ihn zutiefst
beschämte. Wir trösteten ihn, indem wir ihm ein gutes Frühstück im *Café des
Variétés anboten* , und da Sonntag und damit ein Feiertag war, brachten wir
ihn anschließend zu Adolphes Zimmer.

Adolphe hatte damals eine sehr reizende Wohnung, fast so hübsch wie die von Soulié. Das Haus, das M. Arnault in der Rue de la Bruyère gebaut hatte, war sehr schön, und die Familie de Leuven war den Arnaults von der Rue Pigalle in die Rue de la Bruyère gefolgt. Wir setzten uns und tranken Tee, wobei Rousseau erklärte, er sterbe vor Durst, und dann lasen wir unserem Gast nacheinander unsere gesamten literarischen Versuche vor, damit er selbst beurteilen konnte, was er seines erhabenen Schutzes am würdigsten hielt. Als wir zur zweiten Szene kamen, gab Rousseau vor, er könne besser zuhören, wenn er sich in Adolphes Bett legte, und stieg deshalb darauf; in der vierten Szene schnarchte er – was bezeugte, dass man, egal wie weich das Kräuterbett war, das ihm der Obsthändler in der Rue du Petit-Carreau lieh, nie richtig schläft, wenn man die ganze Nacht draußen bleibt. Wir respektierten Rousseaus Schlaf und warteten geduldig, bis er wieder aufwachte. Als er aufwachte, war sein Kopf schwer und er konnte keine zwei Gedanken zusammenbringen, also bat er darum, unsere Manuskripte mitnehmen zu dürfen, und versprach, sie zu Hause sorgfältig zu lesen und uns das Ergebnis mitzuteilen. Wir vertrauten ihm unsere Schätze an – zwei Melodramen und drei komische Opern – und verabredeten uns, am folgenden Donnerstag mit ihm in Adolphes Räumen zu Abend zu essen. Madame de Leuven selbst verpflichtete sich, dafür zu sorgen, dass das Abendessen gut und gut serviert wurde, denn sie war sich der Wichtigkeit des Anlasses bewusst, und Rousseau wurde sowohl per Brief als auch mündlich eingeladen. Am Ende des Briefes, wo man auf Balleinladungen „Tanzen" schreibt, schrieben wir: „Es gibt zwei Flaschen Champagner"; und Rousseau erschien natürlich.

Weder Melodramen noch Varietés hatten ihm gefallen. Die Melodramen waren aus allzu bekannten Romanen entlehnt, aus denen bereits viele Melodramen entnommen worden waren. Die Varietés basierten auf Ideen, die von Anfang bis Ende langweilig waren. Stärkere Männer als wir hätten sich durch ein solches Urteil wahrscheinlich niedergeschlagen fühlen können. Aber Adolphe hatte eine Idee, die unseren Mut stärkte und unsere Selbstachtung beruhigte.

„Er hat sie nicht gelesen", flüsterte er mir zu.

„Sehr wahrscheinlich", antwortete ich.

Diese Halbüberzeugung hat unsere Stimmung etwas gebessert. Beim Nachtisch erzählte ich mehrere Geschichten, darunter auch eine Jagdgeschichte.

„Was meinen Sie damit", rief Rousseau, „wenn Sie so großartige Geschichten erzählen und sich gleichzeitig damit amüsieren, Melodramen von Florian und Märchen von M. Bouilly abzukupfern? In der Geschichte, die Sie gerade erzählt haben, steckt doch eine ganze Komödie, *la Chasse et l'Amour.* "

„Meinen Sie?", riefen wir beide.

(Zu dieser Zeit unserer Freundschaft sprachen wir Rousseau mit förmlicher Umgangssprache an.)

„Den Teufel tue ich."

„Aber nehmen wir an, wir würden diese Comedyetta schreiben...?"

„Lasst es uns tun!", wiederholten wir im Chor.

„Warte einen Moment, nicht so schnell", sagte Rousseau. „Es ist noch eine Flasche Champagner da, lass uns sie trinken."

„Ja", sagte Adolphe, „und wir brauchen noch einen Dritten, um auf unser neues Vorhaben anzustoßen. Wir werden sofort mit der Arbeit beginnen."

„Amen!", rief Rousseau und erhob sein Glas. „Auf den Erfolg von *la Chasse et l'Amour*!", rief er.

Wir achteten darauf, dem Toast gerecht zu werden, und wiederholten ihn so lange, bis kein einziger Tropfen des goldenen Schnapses mehr in der Flasche war.

„Die dritte Flasche!", sagte Rousseau, während er die letzten Tropfen der zweiten in sein Glas trank.

„Machen wir uns an die Arbeit, das Bier zu zapfen ... Die dritte Flasche soll heraufgebracht werden."

„Also gut, lasst uns anfangen!", rief Rousseau.

Wir klingelten nach dem Diener, der Teller, Schüsseln und Tischtücher wegräumte und nur die drei Gläser zurückließ; dann wurden Federn, Tinte und Papier auf den Tisch gelegt, mir wurde eine Feder in die Hand gedrückt und die dritte Flasche heraufgebracht. Sie war nach einer Viertelstunde geleert, und nach einer Stunde war der Plan fertig. Bitten Sie mich nicht, das Stück zu beschreiben, ich habe keine Lust, mich daran zu erinnern. Wir teilten die einundzwanzig Szenen, aus denen das Werk meines Wissens bestand, in drei Abschnitte zu je sieben. Meine sieben waren die des Anfangs, Rousseau übernahm die sieben, die sich mit der Auflösung beschäftigten, und de Leuven die sieben in der Mitte. Dann verabredeten wir uns, uns in einer Woche wieder beim Abendessen zu treffen, um das Stück zu lesen, wobei jeder sich verpflichtete, seinen Teil innerhalb einer Woche fertigzustellen. So wurden Stücke der alten Schule komponiert. Scribe hat das alles geändert, nach dem Vorbild von Molières Arzt, der die Leber links und das Herz rechts lokalisiert hatte. Was vor Scribes Zeit aus Launenhaftigkeit und Leichtfertigkeit unternommen worden war, machte er zu einer ernsten Angelegenheit. Meine sieben Szenen waren bis zur nächsten Nacht geschrieben. Am vereinbarten Tag trafen wir uns alle; sowohl Adolphe als auch ich hatten unsere Rollen erledigt, aber Rousseau hatte kein einziges Wort von seiner geschrieben. Er erklärte, er sei so daran gewöhnt, in Gesellschaft zu schreiben, dass seine Ideen nicht fließen würden, wenn er allein sei, und er nichts tun könne. Wir sagten Rousseau, dass ihn das sicherlich nicht aufhalten müsse, denn wir würden ihm Gesellschaft leisten.

Es wurde vereinbart, dass der Abend dieses Tages der Überarbeitung von Adolphes und meinen Teilen gewidmet werden sollte und dass am nächsten Tag die Sitzungen beginnen sollten, während derer Rousseau seinen Teil komponieren sollte . Mein Teil wurde gelesen und mit großem Beifall aufgenommen – ein Vers verblüffte Rousseau besonders. Die komische Rolle wurde von einem bebrillten Pariser Sportler übernommen, einem Sportler aus der Ebene von Saint-Denis, und er singt die folgenden Zeilen zur Erklärung seiner Tapferkeit:

"Die Angst vor dem Verlust
und der Verderbnis, Für meine Jagdadresse, Auf mich wartend in Paris.
Gefährlich wie eine Bombe, Unter meinen Schlägen sind keine Gräber,
Der Hirsch wie eine Colombe, Auf meinen einzigen Blick, Endlich, Alles
gib dem Feuer nach ; Auto,
um einen Lendenschurken zu haben, Ich sage einen berühmten Lappen!"

Adolphe las seinen Part und erhielt eine lobende Erwähnung für seine Kunstfertigkeit im *Couplet de facture.* [1] Heutzutage kennt niemand mehr das *Couplet de facture , außer den Nestoren der Kunst, die sich angenehm an die his* and *ter [wiederholten Zugaben]* erinnern, die das *Couplet de facture* fast immer begrüßten . Hier sind Adolphes Couplets – jedem das Seine: –

AIR DU VAUDEVILLE DES *BLOUSES*

„Ein einziger Blick auf die Welt. Sie werden nie sehen, dass die Jäger hier unten sind. Ich fahre um die Welt, weil ich deshalb nur nicht jage?

In unseren Salons jagt ein dicker Bernsteinduft von schönen Frauen alle Herzen. Eine zügellose Intrige im Vorzimmer. Jagt einen Gürtel, eine Aufmerksamkeit, von Favoriten. Ohne zu schauen, ist sein Alter nicht so alt. Eine Kokette, die ein Jahr alt ist. Mit Bedacht jagt sie noch einmal den Mann, der an
seine Kleinen gerichtet ist. Ein lautes Tagebuch, das der Mann braucht, immer in vergebliche Jagd auf Informanten;Und die Oper, ohne noch

mehr zu finden,Seit langer Jagd auf Zuschauer.
Ein junger Autor, der Melpomene liebt,
jagt den Ruhm und wartet auf ihn, aber:
Ein anderes Kreuz, ohne sich die Fesseln zu reißen,Das genügt ihm, das
Institut zu jagen.In vielen Jahren fliegen die Vorhänge Frankreichs über
das Universum, das von Vergeudung heimgesucht wird,Und der Fremde
sagt es aus Erfahrung,Wenn unsere Soldaten alle gute Jäger sind:
Nur ein Augenblick untersucht die Welt,Sie vergessen nicht, dass die Jäger
hier unten sind.Ich fahre um die Welt,Weswegen nur ich jagen – das habe
ich nicht getan?"

Wie gesagt, blieb nur noch Rousseaus Teil zu erledigen. Wir machten uns
am nächsten Abend an die Arbeit, konnten aber wegen der
Zusammenstellung des Postsacks erst um neun Uhr beginnen und waren
erst um ein Uhr morgens fertig. Da ich im Faubourg Saint-Denis wohnte,
fiel mir die Aufgabe zu, Rousseau in die Rue Poissonnière zu begleiten. Aber
wenn Rousseau unsere Hände verließ, war er fast immer in einem gesunden
Geistes- und Körperzustand, so dass ich keine Kosten auf mich nehmen
musste, um Laternen zu kaufen, um ihn zu bewachen.

Als das Stück zu Ende war, mussten wir überlegen, in welchem Theater wir
unser *Meisterwerk präsentieren würden*. Ich hatte diesbezüglich keine Präferenz;
solange das Stück überhaupt aufgeführt und sofort aufgenommen wurde,
war es mir ziemlich egal, in welchem Haus ich vorgestellt wurde. Adolphe
und Rousseau waren für die Gymnase, und da ich nichts gegen dieses Haus
einzuwenden hatte, wurde es vereinbart. Rousseau bat um eine Lesung, und
da seine Stücke dort schon früher gespielt worden waren, konnten sie ihm
eine Anhörung nicht verweigern. Er bekam also eine Lesung, obwohl
Poirson, die treibende Kraft der Gymnase, ihn drei Wochen warten ließ. Es
blieb uns nichts anderes übrig, als zu warten – wir warteten seit zwei Jahren!

Endlich war der große Tag gekommen. Wir hatten vereinbart, dass nur die
Namen zweier Autoren in dem Buch erscheinen sollten. Großzügig überließ
ich de Leuven den Ehrenposten, denn ich wollte nicht, dass mein Name
bekannt wurde, bis ich eine wirklich wichtige Arbeit geleistet hatte. In dieser
Welt hängt alles von einem guten Anfang ab, und mich durch „ *La Chasse et
l'Amour" bekannt zu machen* , so bemerkenswert dieses Werk auch war, schien
meinem ehrgeizigen Stolz kein hinreichend würdiger Anfang zu sein. Denn
obwohl meine Hoffnungen in den letzten zwei Jahren geschwunden waren,
war mein Stolz noch immer im Vordergrund. Daher wurde beschlossen,
dass ich weder in der Lesung noch auf den Theaterzetteln erscheinen sollte,
sondern dass mein Name, Dumas, veröffentlicht werden sollte, wenn das
Stück gedruckt wurde.

Endlich war der große Tag da. Wir frühstückten gemeinsam im Café du Roi; dann, um halb elf, trennten wir uns: Rousseau und Adolphe gingen ins Gymnasium, und ich ging in mein Büro.

Oh! Ich muss gestehen, dass ich von elf bis drei Uhr eine schreckliche Anspannung durchgemacht habe. Um drei Uhr öffnete sich die Tür, und durch den Spalt erhaschte ich einen Blick auf zwei traurige Gesichter. Rousseau kam als Erster herein, gefolgt von de Leuven. *La Chasse et l'Amour* war einstimmig abgelehnt worden. Es hatte keine einzige Gegenstimme gegeben. Poirson schien erstaunt darüber, dass irgendjemand davon geträumt hatte, ein solches Werk in einem Theater zu lesen, das den erhabenen Titel Théâtre de Madame trug. Er war zutiefst schockiert über die Passage, die mit diesen vier Zeilen endete:

„Nur auf meinen Blick, schließlich,
alles wird dem Schaf geweiht; Auto, um ein Schaf zu haben, ich bin ein berühmter Hase!"

Rousseau machte ihn darauf aufmerksam, dass nicht immer, nicht einmal in den Jagdsaisonen, eine solche Grausamkeit gegenüber Wild herrschte. In der *Héritière* hatte Scribe seinen Oberst sagen lassen, während er einen alten Hasen hochhielt, den er aus seiner Jagdtasche zog:

„Sehen Sie dieses Lieblingspaar ,
damit die anderen ihre Herzen schließen können. Das ist der Nestor dieser Wälder, das ist der Patriarch der Herzen! Wenn du die Tür des Lebens öffnen willst,
vergöttere ich dich ohne Unterlass. Aber wenn ich einen Augenblick zu spät komme, werde ich aus Langeweile erwachen!"

Aber Poirson erwiderte, es gebe Hasen *und* Hasen; der Vergleich, den M. Scribe mit einem Patriarchen und Nestor anstellte, wertete ihn in den Augen aller kultivierten Leute auf, während das scheußliche Wortspiel, das wir uns erlaubt hatten, indem wir das Wort lièvre dem Wort *lapin* gegenüberstellten , geschmacklos war und nicht einmal von einem *Théâtre de Boulevard geduldet würde*. Ich fragte unschuldig, ob das Gymnase nicht ein Boulevardtheater sei; und nun war Rousseau an der Reihe, mich auszuzahlen: Er war sehr wütend auf mich, da er meinen Durchgang als Grund für unsere Ablehnung ansah.

und Boulevards gibt , genau wie es Hasen *und* Hasen gibt."

Ich war ungeheuer überrascht; ich hatte noch nie einen Unterschied zwischen Hasen gemacht, außer dass ich sie in zarte und zähe Hasen einteilte; oder, was Boulevards anbelangte, außer dass ich im Sommer die schattigsten den sonnigsten und im Winter die sonnigen den schattigen vorzog. Ich hatte mich geirrt: Zwischen Hasen und Boulevards bestanden Rangabstufungen.

Wir trennten uns, nachdem wir ein Treffen für den Abend vereinbart hatten. Lassagne bemerkte, dass ich niedergeschlagen war, und zeigte großes Mitgefühl für mich. Als Ernest mir den Rücken zuwandte, sagte er:

„Macht nichts, mein lieber Freund, wir werden zusammen ein Theaterstück schreiben."

„Meinst du das wirklich?", rief ich und sprang vor Freude.

„Ruhe!", sagte er. „Geh nicht so durch die Gänge und brüll nicht so im Büro."

„Oh, mach dir keine Sorgen!"

„Ich habe Ihre Ode an General Foy gelesen. Sie ist zwar grob, enthält aber mehrere ausgezeichnete Zeilen und zwei oder drei gute Metaphern. Ich werde Ihnen helfen, erfolgreich zu sein."

„Oh, danke, danke!"

„Aber vielleicht werden wir genötigt sein, noch eine dritte Person hinzuzuziehen, denn weder Sie noch ich konnten bei den Proben dabei sein; außerdem darf nicht bekannt werden, dass ich damit etwas zu tun habe."

„Fügen Sie hinzu, wen Sie möchten. Aber wann können wir beginnen?"

„Gut, versuchen Sie, sich ein Thema auszudenken, und ich werde dasselbe tun. Dann wählen wir das aus, was am wahrscheinlichsten erscheint."

Dann kam Ernest zurück und Lassagne legte den Finger auf die Lippen. Ich nickte und die Sache war erledigt. Am selben Abend trafen sich Adolphe, Rousseau und ich wie vereinbart.

Kann es etwas Traurigeres geben als eine Versammlung von Autoren, deren Werke abgelehnt wurden? Wenn man nicht gerade Corneille oder M. Viennet ist, bleibt immer der quälende Zweifel, ob der Manager vielleicht Recht hat und der Autor sich selbst täuscht. Statt diese wichtige Frage gleich zu klären, gingen wir einen *Mittelweg* und lasen das Stück in einem anderen Theater vor. Aber wohin sollten wir es bringen? Poirson hatte uns verächtlich zu den Boulevardtheatern verbannt, also bot Rousseau an, es im Ambigu vorzulesen. Der Manager, Warez, war ein Freund von ihm, also bestand die Chance, dass er sofort Gehör finden würde, was anderswo sicher nicht der Fall wäre. Wir stimmten dem Vorschlag also zu und die Lesung, um die Rousseau für den nächsten Tag gebeten hatte, wurde für den darauffolgenden Samstag angesetzt.

Wir sahen diesem Tag mit großer Sorge entgegen, ich besonders, denn das Ergebnis, so jämmerlich es auch sein mochte, war für mich beinahe eine

Frage von Leben und Tod. Meine Mutter und ich waren entsetzt, als wir sahen, wie nahe wir am Ende unserer Mittel waren. Obwohl unser Nachbar Després gestorben war und wir auf seinen Rat hin seine Zimmer genommen hatten, da sie hundert Francs billiger waren als unsere, und obwohl wir bei unseren Ausgaben so sparsam wie möglich waren, nahmen unsere Mittel nach und nach ab, aber schnell genug, um uns ernsthafte Sorgen zu bereiten, da wir uns der Zeit bewusst waren, in der wir nur noch von meinem Einkommen leben mussten.

Der ereignisreiche Samstag war da.

Ich ging in mein Büro, die Anderen zur Lesung.

Um ein Uhr öffnete sich die Tür meines Büros, doch dahinter standen zwei Gesichter, deren Ausdruck in mir nicht mehr Raum für Zweifel ließ als beim ersten Mal.

„Akzeptiert?", rief ich.

„Mit Beifall, mein lieber Junge", sagte Rousseau.

„Und was ist mit der Hasenpassage?"

"Zugabe!"

Oh, wie instabil das menschliche Urteil ist! Was M. Poirson empört hatte, versetzte M. Warez in Ekstase.

Es schien also, als gäbe es tatsächlich Hasen *und* Hasen, Boulevards *und* Boulevards. Ich stellte fest, wie hoch die Rechte des Autors eines für das Ambigu geschriebenen Vaudevilles ausfielen. Sie bestanden aus zwölf Francs für die Autorenrechte und sechs Plätzen im Theater. Das bedeutete vier Francs pro Abend und zwei Plätze. Diese beiden Plätze waren vierzig Sous wert. Insgesamt würde ich mit meinem dramatischen Debüt sechs Francs pro Tag verdienen. Sechs Francs pro Tag, wohlgemerkt, entsprachen meinem Gehalt und noch einmal der Hälfte. Nur, wann würde unsere erste Vorstellung stattfinden? Sie hatten Rousseau versprochen, dass es so bald wie möglich sein würde, und tatsächlich wurde er gerufen, um es den Schauspielern in einer Woche vorzulesen. Das war wirklich ein Festtag. Als er nach der Lesung zurückkam, nahm Rousseau mich beiseite.

„Hören Sie", sagte er, „wir sind in unseren Höhen und Tiefen der Enttäuschung und der Freude enge Freunde geworden – wenn Sie mal schnell etwas Geld brauchen …"

„Knapp bei Kasse? Das glaube ich tatsächlich!"

„Na gut. Wenn du etwas brauchst, kann ich dir einen anständigen Kerl nennen, der dir etwas leihen kann."

„Auf welche Sicherheit?"

„Auf Ihren Tickets."

„Auf welchen Tickets?"

„Na, auf Ihren Theaterkarten."

„Auf meinen zwei Plätzen täglich?"

„Ja, das meine ich. Ich habe ihm sowohl meine Karten als auch meine Rechte verkauft ... er hat mir zweihundertfünfzig Francs direkt bezahlt. Also, sagte ich mir, darf ich meine Freunde nicht vergessen. Ich habe Sie gut aufgebauscht; ich sagte ihm, Sie seien ein junger Kerl, der gerade seine Karriere beginnt, aber dass Sie beträchtliches Potenzial zeigten. Ich hinterließ bei ihm den Eindruck, dass Sie Scribe und Casimir Delavigne insgesamt übertreffen würden, und er erwartet Sie heute Abend im Café de l'Ambigu."

"Wie heißt Ihr Mann?"

„Porcher."

„Gut! Ich werde gehen."

Rousseau war schon ein Stück gegangen, als er wieder zurückkam.

„Übrigens, reden Sie mit ihm über alles, was Sie wollen, aber rennen Sie nicht nach Mélesville zu ihm."

„Warum glauben Sie, dass ich etwas gegen Mélesville sagen sollte? Ich denke nur Gutes über ihn."

„Oh, du unreifer Junge! Weißt du nicht, dass man auf dem Gebiet der Literatur die schlimmsten Dinge über diejenigen sagt, die man für die besten hält?"

„Nein, das wusste ich nicht ... Aber warum darf man gegenüber Porcher nicht schlecht über Mélesville reden?"

„Eines Tages, wenn ich Zeit habe, werde ich es dir erzählen."

Und Rousseau nickte mir freundlich zu, winkte mit der Hand und ging mit seinen 250 Francs klimpernd davon, während ich mich fragte, warum ich nicht nach Mélesville hinunter zu Porcher laufen sollte.

Ich wartete nicht bis zur üblichen Schließzeit, sondern lief fröhlich nach Hause und überbrachte meiner Mutter die gute Nachricht. Das Angebot, das Rousseau mir gemacht hatte, erwähnte ich jedoch nicht. Am Abend, nachdem ich meinen zweiten Postsack gepackt hatte, ging ich ins Café de l'Ambigu und fragte nach Monsieur Porcher. Er wurde mir beim Dominospiel gezeigt. Ich ging zu ihm und wahrscheinlich wusste er, wer ich war, denn er stand auf.

„Ich bin der junge Mann, von dem Rousseau gesprochen hat", sagte ich zu ihm.

„Ich stehe zu Ihren Diensten, Monsieur. Haben Sie es eilig oder erlauben Sie mir, mein Dominospiel zu beenden?"

„Machen Sie es unbedingt zu Ende, Monsieur. Ich habe es nicht eilig. Ich werde einen Spaziergang auf dem Boulevard machen."

Ich ging vor das Café, um zu warten, und Porcher kam fünf Minuten später heraus.

„Also wurde Ihr Stück im Ambigu angenommen?", begann er.

„Ja, und heute wurde es geprobt."

„Ich weiß. Und Sie möchten einen Vorschuss auf Ihre Tickets?"

„Hören Sie!", sagte ich, „so bin ich nun einmal." Und ich erzählte ihm in wenigen Worten die ganze Geschichte meines Lebens.

„Wie viel wollen Sie für Ihre Tickets? Sie wissen, dass sie nur zwei Franc pro Tag wert sind?"

„Oh ja, das kenne ich nur zu gut!"

„Ich kann Ihnen daher nicht viel geben."

„Das weiß ich auch."

„Denn möglicherweise wird das Stück kein Erfolg."

"Also, was kannst du mir geben?"

„Wie viel? … Lass uns sehen!"

Ich nahm all meinen Mut zusammen, denn ich selbst hielt die Forderung für unverschämt.

„Können Sie mir fünfzig Francs geben?"

„Oh ja", sagte Porcher.

"Wann?"

„Sofort, den Betrag habe ich nicht dabei, werde ihn aber im Café holen."

„Und ich werde hereinkommen und Ihnen eine Quittung geben."

„Das ist nicht nötig. Ich werde Ihren Namen in mein Register eintragen, so wie ich es mit dem von Mélesville und anderen Autoren tue. Aber es ist doch eine Selbstverständlichkeit, dass Sie immer mit mir Geschäfte machen werden, nicht wahr?"

„Ich stimme bei meiner heiligen Ehre zu."

Porcher ging hinein, holte fünfzig Francs vom Schreibtisch und reichte sie mir. Ich habe kaum ein schöneres Gefühl erlebt als die Berührung des ersten Geldes, das ich mit meiner Feder verdient hatte: Bis dahin hatte ich nur für meine Rechtschreibung verdient.

„Hören Sie", sagte er, „seien Sie vernünftig, arbeiten Sie hart, und ich werde Sie in Mélesville bekannt machen."

Ich sah Porcher an: Dies war das zweite Mal, dass er den Namen aussprach, vor dem Rousseau mich besonders gewarnt hatte.

„Warum sollte ich Mélesvilles Bekanntschaft machen?", wagte ich schüchtern zu fragen.

„Natürlich, um mit ihm zusammenzuarbeiten. Wenn Sie mit Mélesville zusammenarbeiten würden, wäre Ihre Zukunft gesichert."

Ich sah Porcher an.

„Hören Sie, Monsieur", sagte ich. „Ich habe schreckliche Angst, dass Ihnen das, was ich Ihnen sagen werde, missfallen könnte."

„Oh! Oh!", begann Porcher. „Sie werden mir doch nichts gegen Monsieur Mélesville sagen, oder?"

„Gott bewahre, Monsieur, nein! Ich habe Monsieur Mélesville höchstens ein- oder zweimal gesehen, glaube ich. Er ist ein Mann von etwa fünfunddreißig Jahren, nicht wahr?"

"Ja."

„Dunkel und dünn?"

"Ja."

"Immer lachend?"

"Ja."

„Mit einem prächtigen Gebiss?“

„Das ist er.“

„Nun, M. Mélesville ist ein Mann von unendlicher Genialität.“

„Das ist er tatsächlich!“

„Aber ich habe einen Ehrgeiz.“

"Was ist es?"

„In ein oder zwei Jahren aus eigener Kraft Erfolg zu haben.“

„In welchem Haus?“

„Im Théâtre-Français.“

„Ah! ah! – das wäre eine schlimme Sache.“

„Im Théâtre-Français?“

"Ja."

"Für wen?"

"Für mich."

"Warum?"

„Ach, Sie haben keine Ahnung, welche Schwierigkeiten man in diesem verfluchten Theater mit den Karten macht. Das ist doch egal! Das Urheberrecht ist gut, und wenn Sie es schaffen, dort hineinzukommen, dann werden Sie es sehr gut machen ... aber ich warne Sie, es wird keine leichte Sache sein.“

„Das weiß ich ganz genau, aber M. Talma kenne ich flüchtig.“

„Oh, also gut, das entspricht dem römischen Sprichwort: ‚Ich kenne den Papst.‘ Gut, ausgezeichnet, großartig! Machen Sie weiter ... aber vergessen Sie nicht, dass Sie Ihre ersten Geschäfte mit Porcher gemacht haben.“

„Ich werde mich erinnern.“

„Haben Sie ein gutes Gedächtnis. Menschen mit einem guten Gedächtnis sind im Allgemeinen gutherzig.“

„Monsieur, ich denke, Sie sind der lebende Beweis für Ihre eigene Aussage.“

„Warum?“

„Weil Sie den Namen Mélesville dreimal erwähnt haben.“

„Mélesville! Aber, Monsieur, ich würde mich für ihn umbringen.“

„Ich werde nicht so neugierig sein und nach dem Grund dieser Hingabe fragen."

„Oh, das ist leicht zu erklären. Ich war Friseur und habe M. Mélesville die Haare geschnitten; er stand bei Fortune in der Gunst, aber das spielte keine Rolle! Er schrieb Theaterstücke. Das war vor zehn oder zwölf Jahren, und damals verkauften die Autoren ihre Eintrittskarten nicht, sondern verschenkten sie."

„Monsieur Porcher, glauben Sie mir, wenn ich reicher wäre, würde ich Ihnen mit größtem Vergnügen meinen Reichtum schenken."

"Sie verstehen nicht: Karten wurden damals verschenkt, nicht verkauft. M. Mélesville gab mir also seine Karten; ich ging mit Freunden zu seinen Theaterstücken und applaudierte. Er inszenierte so viele Stücke und gab mir so viele Karten, dass mir eine Idee in den Kopf kam: Anstatt sie zu nehmen und umsonst zu verschenken, wollte ich sie ihm abkaufen und verkaufen, also schlug ich ihm das Geschäft vor. ,Sie sind ein Einfaltspinsel, Porcher', sagte er zu mir. ,Was zum Teufel können Sie daraus machen?' ,Lassen Sie es mich versuchen.' ,Oh, versuchen Sie es, wenn Sie wollen, mein lieber Freund.' Ich versuchte es, Monsieur, und es gelang mir. Von da an führte ich mein kleines Geschäft weiter, und wenn ich jemals ein Vermögen erwerbe, werde ich es M. Mélesville verdanken. Kommen Sie mit mir nach Hause, und ich werde Ihnen sein Porträt zusammen mit denen meiner Frau und Kinder zeigen."

Ich bin seitdem mehrere Male zu Porchers Haus gegangen – wahrscheinlich hundertmal, um ihn um Hilfe zu bitten, einmal nur, um ihm Beistand zu leisten – und jedes Mal habe ich Mélesvilles Porträt betrachtet, das durch die Dankbarkeit dieses ehrenwerten Mannes auf die gleiche Stufe wie das seiner Frau und Kinder gehoben wurde. Einmal hatte Porcher Cavé um die eine oder andere Bitte, als Cavé Direktor der Schönen Künste war. Ich brachte Porcher zu Cavés Haus und sagte zu ihm:

„Sehen Sie, ich bringe Ihnen einen Mann, der in den letzten fünfundzwanzig Jahren mehr für die Literatur getan hat, als Sie und Ihre Vorgänger und Nachfolger in einem Jahrhundert getan haben oder tun werden."

Und ich habe nur die Wahrheit gesagt. Einem literarischen Kämpfer kommt es nie in den Sinn, sich in finanziellen Schwierigkeiten an den Innenminister oder den Direktor der Schönen Künste zu wenden. Aber es fällt ihm ein, sich an Porcher zu wenden, und er wird Hilfe erhalten. Bei Porcher wird er ein fröhliches Gesicht und eine offene Bank vorfinden – zwei Dinge, die er im Innenministerium sicher nicht finden wird. Théaulon, Soulié und Balzac unter den Toten und alle heute lebenden Autoren werden mir Recht geben.

In den letzten fünfundzwanzig Jahren hat Porcher wahrscheinlich 500.000 Francs an Literaten verliehen. Ich bin Porcher in meinem eigenen Namen ebenso dankbar wie Porcher es Mélesville war, und wenn ich ihn heute besuche, bin ich stolz und erfreut zugleich, mein eigenes Porträt in Büste, Pastell und Medaillon neben den Porträts seiner eigenen Kinder hängen zu sehen. Aber am dankbarsten bin ich für die ersten fünfzig Francs, die er mir gab, die ich meiner Mutter brachte und die in ihrem Herzen die himmlische Blume der Hoffnung wiederbelebten, die zu verwelken begonnen hatte! Und bitten Sie Madame Porcher, die alle besten Köpfe Frankreichs gekannt hat, Ihnen einige der bezaubernden Briefe zu zeigen, die sie erhalten hat. Sie sollte sicherlich eine Auswahl davon veröffentlichen. Sie würden an Interesse denen von Madame de Sévigné nicht nachstehen, obwohl sie etwas anderer Natur wären. Wir werden auf gut Glück einen auswählen, der ihr von einem Autor geschickt wurde, den wir kennen; es ist keiner von mir, obwohl die Unterschrift meiner außerordentlich ähnlich ist. Er hatte um das bescheidene Darlehen von hundert Francs gebeten und die Antwort erhalten, er müsse noch einige Tage warten, dann könne die Transaktion aller Wahrscheinlichkeit nach durchgeführt werden. Hier der Brief:

„„Warten Sie ein paar Tage, Madame! Das ist doch dasselbe, als würde man einem Mann, dem der Kopf abgeschlagen werden soll, sagen, er solle einen Jig tanzen oder ein Wortspiel machen. In ein paar Tagen werde ich Millionär sein! Ich werde fünfhundert Francs haben! Wenn ich mich an Sie wende und Sie belästige, dann deshalb, weil ich in einen solchen Zustand des Elends geraten bin, dass ich sogar Hiob, dem unglücklichsten Helden der Vergangenheit, Punkte geben könnte. Wenn Sie mir die hundert Francs nicht durch meinen Sklaven schicken, werde ich meine letzten Sous verschwenden, um mir eine Klarinette und einen Pudel zu besorgen, und ich werde mit ihnen vor Ihrer Tür auftreten und die Inschrift in großen Buchstaben auf meinen Bauch schreiben: ‚Haben Sie Mitleid mit einem Literaten, den Madame Porcher im Stich gelassen hat.‘ Soll ich zu Ihnen kommen und Sie um die hundert Francs auf meinen Kopf bitten, oder soll ich rufen: „Es lebe die Republik“, oder soll ich Mademoiselle Moralès heiraten? – Soll ich lieber ins Odéon gehen, oder Talent *à Cachardy entdecken* oder *Chapeaux gibus tragen* ? Ich werde genau tun, was Sie mir befehlen, wenn Sie mir nur die hundert Francs schicken. Schicken Sie sie mir lieber zehnmal als gar nicht! Mit tiefster und wiederholter Hingabe,

X--

„ *P.S* .: Es ist mir egal, ob die hundert Francs in Silber, Gold oder in Banknoten sind. Schicken Sie mir, was Ihnen lieber ist.“

[1] „Ein auf Wirkung ausgelegtes Couplet, das vor allem durch den Reichtum seiner Reime besticht.“—LITTRÉ.

KAPITEL III

Der Erfolg meines ersten Stückes – Meine drei Geschichten – M. Marie und seine Rechtschreibung – Madame Setier – Eine schlechte Spekulation – Der *Vater* von Montvoisin – Der *Oreiller* – Madame Desbordes-Valmore – Wie sie Dichterin wurde – Madame Amable Tastu – Der *letzte Tag des Jahres* – *Zéphire*

———

La Chasse et l'Amour wurde am 22. September 1825 in einer Sondervorstellung gespielt. Es war ein enormer Erfolg. Dubourjal spielte die Hauptrolle; ich habe völlig vergessen, wer die anderen Schauspieler waren. Ich hätte sicherlich den Titel des Stücks und die Namen der Schauspieler vergessen, wenn ich nicht den Ausgangspunkt der hundert Dramen hätte angeben wollen, die ich wahrscheinlich komponieren werde, so wie ich gleich den Ausgangspunkt der sechshundert Bände angeben werde, die ich geschrieben habe. Dieser Erfolg flößte Porcher so viel Vertrauen ein, dass er mir aufgrund meiner zukünftigen Eintrittskarten zusätzlich zu dem, was ich bereits hatte, hundert Kronen lieh. Jetzt werden Sie hören, was aus den hundert Kronen wurde. Während *La Chasse et l'Amour* geprobt wurde und ich nach einem Thema suchte, an dem ich mit Lassagne arbeiten könnte, hatte ich ein kleines Buch mit Erzählungen geschrieben, das ich veröffentlichen wollte. Es war die Zeit der großen Erfolge im Kleinen; Ich habe zuvor dieselbe Bemerkung in Bezug auf Soumets *Pauvre Fille* und M. Guirands *Savoyen gemacht* und ich wiederhole sie. Dasselbe galt für zwei oder drei gerade von Madame de Duras und Madame de Salm veröffentlichte Erzählungen, allerdings nicht in Bezug auf meine. Ich verstand die Natur dieser Erfolge oder, genauer gesagt, die Sensation, die sie hervorriefen, nicht ganz. Ich war mir nicht bewusst, welche Rolle die gesellschaftliche Stellung berühmter Autoren spielte, und ich sah nicht ein, warum ich mit meinen Erzählungen nicht denselben Ruf und denselben Erfolg haben sollte wie Mesdames de Duras und de Salm (*Ourika* usw.) mit ihren. Ich hatte drei Erzählungen geschrieben, die ein kleines Bändchen bildeten, und ich bot dieses Bändchen sechs Verlegern an, die es auf den ersten Blick und, um ihnen gerecht zu werden, ohne das geringste Zögern ablehnten. Diese drei Erzählungen hießen *Laurette* , *Blanche de Beaulieu* und – aber den Titel der dritten habe ich völlig vergessen. Aber aus *Blanche de Beaulieu* habe ich inzwischen die *Rose rouge gemacht* ; und aus dem dritten, dessen Titel ich vergessen habe, habe ich den *Cocher de Cabriolet gebaut*. Nachdem ich bei den Verlegern eine Ablehnung nach der anderen erhalten hatte und davon überzeugt war, dass das Erscheinen meines Buches in der Literaturwelt eine ebenso große Sensation hervorrufen würde wie *Ourika* , beschloss ich, den Band auf eigene Kosten zu drucken.

Irgendwo lebte damals ein Mann, der eine ganz besondere Behauptung aufstellte. Er behauptete, alle Regeln der Rechtschreibung umzuwerfen und sie durch eine Rechtschreibung ohne Regeln zu ersetzen. Seiner Auffassung nach sollte jedes Wort so geschrieben werden, wie es ausgesprochen wird, und es machte ihm keinen Kopf, ob es aus dem Griechischen oder Keltischen, Lateinischen, Arabischen oder Spanischen stammte. So schrieb er das Adverb *aucunement*, das wir gerade verwendet haben, *oqunemen*.

Es war schwer genug zu lesen, aber er fand es viel einfacher zu schreiben. Sein Name war M. Marle. M. Marle suchte weit und breit nach Rekruten für seine Rechtschreibung; er erkannte, dass er keine Revolution herbeiführen konnte, wenn er nicht wie Attila eine Streitmacht von etwa einer Million Anhängern aufbringen konnte.

Da er sich nun zweifellos entschieden hatte, dass Literaten und insbesondere Vaudeville-Künstler die korrekte Rechtschreibung am ehesten missachten würden, unternahm er besondere Anstrengungen, um unter uns neue Leute zu finden, und, ehrenwerter Mann, er veröffentlichte eine Zeitschrift, die in der seltsamen Sprache geschrieben war, die wir oben erwähnt haben. Er veröffentlichte die Zeitschrift in einer Druckerei, die Setier gehörte, der im Cour des Fontaines lebte. Als ich M. Maries Bekanntschaft machte, lernte ich auch M. und Madame Setier kennen. Madame Setier war eine bemerkenswerte Frau. Sie war Engländerin oder beherrschte die Sprache jedenfalls perfekt. Sie bot mir an, einige englische Stücke zu übersetzen, die ich, wie sie behauptete, leicht auf die französische Bühne bringen könnte. Da der Cour des Fontaines in der Nähe meines Büros lag, in das ich, wie gesagt, jeden Abend zurückkehren musste, und auch in der Nähe der Passage Véro-Dodat, wo mein Freund Thibaut lebte, zu dem ich jeden Tag ging, besuchte ich das Etablissement im Cour des Fontaines häufig.

Als meine drei Geschichten fertig waren, gab ich sie Madame Setier zum Lesen. Madame Setier war eine Frau und hatte eine nachsichtige Natur; sie fand meine Geschichten bezaubernd und ließ ihren Mann sie zum halben Preis drucken. Tausend Exemplare der Geschichten – ich dachte, wir könnten nicht zu viele drucken – würden 600 Franc kosten, und M. Setier erklärte sich bereit, sie für 300 zu drucken. Die restlichen 300 Franc würde er übernehmen. Nachdem er sich die 300 Franc zurückgezahlt hatte, sollten wir den Gewinn zu gleichen Teilen unter uns aufteilen. Deshalb bat ich Porcher, mir 300 Franc zu leihen, wenn ich das nächste Mal als Autor auftrat. Ich brachte meine 300 Franc zu M. Setier, überreichte ihm mein Manuskript und zwei Tage später erlebte ich das Vergnügen, meine ersten Druckfahnen zu korrigieren. Wer hätte gedacht, dass das, was mir damals große Freude bereitete, später im Leben zu einer Last für das Fleisch werden würde?

Am Ende des Monats, in dem „ *La Chasse et l'Amour* "einen triumphalen Lauf hatte und mir 180 Francs an Autorentantiemen und Eintrittskartenverkäufen einbrachte, erschien mein Kurzgeschichtenband unter meinem Namen mit dem Titel „ *Nouvelles contemporaines* ".

vier Exemplare verkauft und ein Artikel darüber im *Figaro geschrieben.* Der Artikel war von Étienne Arago. Wenn dieses Kapitel erscheint, wird er hoffentlich nach Frankreich zurückgekehrt sein. Sollte er im Exil jedenfalls darauf aufmerksam werden, wird er zweifellos sehr überrascht sein, wenn er nach 25 Jahren erfährt, dass ich mich an einen Artikel erinnere, den er vergessen hat. Die vier verkauften Exemplare brachten Herrn Setier zehn Francs in die Kasse. Herr Setier verlor also 290 Francs für den Druck der *Nouvelles contemporaines* und ich 300 Francs für das Schreiben. Es war für uns beide eine unglückliche Spekulation. Dann erinnerte ich mich an den Rat eines sehr klugen Verlegers, Herrn Bossange:

„Machen Sie sich einen Namen, und dann werde ich Ihre Werke veröffentlichen."

Genau darin bestand die Schwierigkeit! *Sich einen Namen zu machen!* Das ist die Voraussetzung für jeden, der sich aufmacht, seine eigene Karriere zu gestalten. Als man ihm diese Voraussetzung zum ersten Mal stellt, fragt er sich verzweifelt, wie er sie jemals erfüllen soll, und dennoch erfüllt er sie.

Ich glaube nicht an die Existenz ignorierter Talente oder an Genies, die unbekannt bleiben. Es muss Gründe gegeben haben, warum Gilbert und Hégésippe Moreau in den Krankenhäusern starben. Es muss Gründe gegeben haben, warum Escousse und Lebras Selbstmord begingen. Es ist schwer zu sagen, aber keiner dieser beiden armen, dummen Kerle hätte, wenn sie überlebt hätten, nach zwanzig Jahren Arbeit den Ruf erlangt, den ihnen Bérangers Grabinschrift einbrachte.

Also machte ich mich sehr ernsthaft daran, mir einen Namen zu machen, der ausreichte, um meine Bücher zu verkaufen, damit ich nicht mehr die Hälfte der Druckkosten bezahlen musste. Und außerdem hatte dieser Name, so kurz und bescheiden er auch war, bereits begonnen, im Land bekannt zu werden. Vatout hatte meine *Ode au général Foy* und meine *Nouvelles contemporaines gelesen* (denn man wird verstehen, dass der Verkauf von nur vier Exemplaren meiner Großzügigkeit in Sachen Präsentationsexemplare ein weites Feld gegeben hatte), und eines Tages schickte er mir drei oder vier Lithografien und bat mich, eine zu nehmen und einige Zeilen darunter zu schreiben. Dies bedarf einer Erklärung. Vatout veröffentlichte die *Galerie du Palais-Royal.* Es war ein aufwändig gedrucktes Werk und erschien unter der Schirmherrschaft des Duc d'Orléans. Es war eine lithografische Reproduktion aller Bilder in der Galerie des Palais-Royal, mit Hinweisen, Informationen oder Zeilen, die zu ihren Ehren von allen Literaten der Zeit verfasst worden waren. Es scheint also, dass ich zu diesen literarischen Persönlichkeiten gezählt wurde, da Vatout mich um einige Zeilen bat. Meine Argumentation war also eher Sophisterei als ein Dilemma; aber da ich niemanden hatte, mit dem ich die Angelegenheit besprechen konnte, stellte sie sich mir als Dilemma dar und wurde zu einer Ermutigung für mich. Oh! Ich brauchte damals nichts mehr als Ermutigung von allen Seiten. Ich wählte einen Druck, der einen römischen Hirtenjungen nach einem Gemälde von Montvoisin darstellte. Der Junge lag schlafend im Schatten eines Weinstocks. Ich gebe die Verse, die ich zu diesem Thema verfasste, nicht wegen ihres Werts wieder, sondern eher als interessante Studie meiner Fortschritte in der poetischen Ausdrucksweise:

„Es ist eine glühendere Stunde.
Wo der Glanz der Sonne am Zenit steht, Unterbricht seinen Lauf, Und es strömt Flammen und klares Wasser. Also, ein Wolkenhimmel liegt tief über der Erde, Die Berge sind Wüste, Die Ebene ist einsam,
Der Lärm hat keine Stimme mehr, um seine Liebe zu singen, Und auf dem verlassenen Fluss, Die Blume fleht vergeblich, unbeweglich und hilflos,
Das Rad dreht sich auf seinem Weg.

Es ist ein Ort im Wald, Wo, in den Wäldern gelegen,

Der Regen und die wilde Rebe
werden länger in verteufeltes Gewölbe.Das ist, was du unter dem Schatten verspürst.Ein Berg im nächsten Dorf.Finde einen halben Reparateur.Und neben ihm ist sein treuer Hund.Seht, aufmerksamer Wächter.Auf den Truppen und dem Pasteur.Du

tust es! Ich bin ein Bergfilz.Und
mein Auge reißt dich aus den Trümmern.Erkunde diese riesigen Felder.Wo hat das königliche Volk geblüht!Du tust es!Und die unwissenden Sterblichen haben es verloren.Keine Erinnerung an den Ruhm deines Herzens wird dir fehlen.Was deine Mitglieder tun, ist, die Überreste zu finden.Auf
der Weide eines Reiches und auf dem Mittelpunkt der Helden.

Diese großen Namen, die in den Jahrhunderten geboren wurden. Die Jahrhunderte sind vergangen. Und wer uns immer begegnet, ist über die Trümmer der Jahre hinweg. Von unseren erhabenen Herzen, von unseren Götzen. Sie sind für deine eitlen Worte.
Lass die Söhne nicht lange auf sich warten. Und wenn es dir schwerfällt, sie zu wiederholen,
ist dies wie der Widerhall, der
die Worte widerspiegelt, die er nicht versteht.

Bewahre diese Unwissenheit, schenke mir einen freudigen Augenblick und eine kleine Gleichgültigkeit, spare mir und eine Erinnerung.
An diesen Tagen war die Luft klar, wie ein schüchterner Strahl, der nach Blumen roch und aus dem Palast der Erde kam, als würde er in einen einsamen Raum eintauchen. Der Himmel spiegelt seine Farben wider.

Wenn du den Goldschatz der Zeit verlierst, willst du die Wände hochhalten
? Was verbirgt sich hinter diesen Felsen? Du sangst, schmetterst und stirbst; Die Qualen der Eifersucht. Die Tugend wird immer weitergegeben, In die Augen der gleichgültigen Könige; Und sie entweiht die alten Tage, Auf der Kippe der Republiken, Von den Tyrannen gekleidete Ahnen.

Was tust du, wenn die Geschichte dich ängstigt? Wird sich an deinen Augen entzünden? Deine am stärksten brennenden Augen, wo ist der Ruhm? Wird sich an den Irrtümern der Seelen retten? Hier, Cornélies Söhne. Was die Tyrannei zerstört, im Vorbeigehen, unter ihrem Zorn; Wenn Gott dir seine kleinen Kinder straft, wird Caton seine Eingeweide loswerden. Um Cäsars Verzeihung!

Vor diesen beispielhaften Opfern, „Wer die Freiheit liebt, der vergisst, wer ihre Verbrechen begangen hat, der sieht die Großen unter sich." „Wer seine Wut empfindet, wird sterben, Ein Satz beendet sein Leben, Bleibe in Frieden."
Ein Tiber, der wehtut,
Und wenn er stirbt, werden ein riesiges Volk und ein Ort im Reich der Götter sein.

Also, zu dieser verfluchten Stunde, Wo wird der Schatten den Tag versetzen, Wenn die Echos des Tals in sanfte Liebesgesänge erklingen, Nur kannst du auf den Füßen der Hügel bleiben,
Wo wird Rom von seinen Ruinen bedeckt sein, Sieh dich ohne Hunde und ohne Truppen um und bedauere deine Unwissenheit, Vergiss deine Spiele und Tänze, Um die Gräber zu überfluten!

Inzwischen war M. Marle gezwungen gewesen, seine Zeitschrift aufzugeben, und Adolphe und ich schlugen vor, seine zwei- oder dreihundert Abonnenten zu bereichern, indem wir diese guten Leute zum Kern einer monatlichen Veröffentlichung machten. Nach langen Diskussionen darüber, ob die Veröffentlichung besser in Prosa oder in Versen erfolgen sollte, entschieden wir, dass sie sowohl in Versen als auch in Prosa erscheinen und den Titel *Psyché tragen sollte*. Dies war für mich eine wunderbare Möglichkeit, alles, was ich zuvor in Prosa und Versen geschrieben hatte, zu veröffentlichen, ohne die Hälfte der Kosten tragen zu müssen. Weder Prosa noch Gedichte in *Psyché* würden uns etwas einbringen, aber gleichzeitig würde es uns nichts kosten. Wir veröffentlichten zu dieser Zeit einige entzückende Verse von Madame Desbordes-Valmore und Madame Amable Tastu. Hier sind die von Madame Desbordes-Valmore:

„Lieber kleiner Ohrhörer, weich und warm unter meinem Kopf, ganz viele erlesene
Federn und Weiß, und das ist es für mich. Wenn ich Angst vor Wind, Wolf und Sturm habe, liebe kleine Ohrhörer, dann liegt es gut auf dir!

Viele, viele arme Kinder und wir, ohne Mutter, ohne meine Tochter , werden uns nicht zum Schlafen verführen.
Sie sind immer Sommer ... O mein Schicksal! Das, liebe Mama, das werde ich lieben ...

Und wenn ich Gott für alle diese kleinen Engel bete, werde ich mich nicht verlieben, ich umarme sie, und nur in meinem guten Herzen , wenn du deine Füße triffst, werde ich
dir wohlgefällig sein, meine Mutter, und ich berühre sie!

Ich habe mich nicht gefreut, als ich die Premiere von „De l'aube au rideau bleu" sah. das ist schön anzusehen!
Ich werde alles tun, aber mein lieber Gott;
Gib mir noch einen Bären, mein Mann. Bonsoir!

PRIÈRE

„Gott der Kinder! Das Herz eines kleinen Mädchens. Ohne zu beten, höre es hier in deinen Armen. Heil! Ich habe mit Waisen ohne Familie gesprochen. In der Nacht, mein Gott, spreche nicht mit Waisen! Lass uns im Schlaf herabsteigen,

ein Engel, der uns verflucht
hat. Um der Stimme zu antworten, die wir verstanden haben. Aber wenn das verlorene Kind seine Mutter im Stich gelassen hat, Ein kleiner Waisenmann, der schlafen geht!"

Madame Desbordes-Valmore wurde in Douai geboren.

„Ich war das letzte Kind meiner Mutter und ihr einziges schönes Kind", schrieb sie mir einmal, „und ich wurde mit besonderen Ehren getauft wegen der Farbe meines Haares, die bei meiner Mutter sehr bewundert wurde. Sie war so schön wie eine Madonna, und jeder hoffte, ich würde ihr in allem ähnlich sein; aber ich ähnelte ihr nur wenig, und wenn ich jemals geliebt wurde, dann sicherlich wegen anderer Reize als wegen meiner großen Schönheit. Mein Vater war Wappenmaler; er malte auch Wappen auf Kutschen und Kirchendekorationen. Sein Haus lag in der Nähe des Friedhofs der bescheidenen Gemeinde Notre-Dame de Douai. Ich fand das liebe alte Haus sehr groß, als ich es im Alter von sieben Jahren verließ; aber ich habe es seitdem gesehen, und es ist eines der kleinsten und schäbigsten in der Stadt. Trotzdem liebe ich es mehr als jeden anderen Ort auf der ganzen Welt, denn ich habe nie wirklich so viel Frieden und Glück gehabt wie dort. Dann kam plötzlich großes und überwältigendes Elend, als mein Vater keine Kutschen mehr zum Bemalen oder Wappen zum Entwerfen bekam … Ich war vier, als Frankreich seine größte Krise durchmachte. Die Großonkel meines Vaters, die nach der Aufhebung des Edikts von Nantes zuvor nach Holland verbannt worden waren, boten uns ihr riesiges Erbe an, wenn wir den katholischen Glauben aufgeben und zum Protestantismus übergehen würden. Diese beiden Onkel waren Hundertjährige und lebten unverheiratet in Amsterdam, wo sie einen Verlag gegründet hatten. In meiner armseligen kleinen Bibliothek besitze ich einige von ihnen gedruckte Bücher. Es wurde ein Familienrat einberufen. Meine Mutter weinte bitterlich; mein Vater war unentschlossen und küsste uns. Schließlich lehnten sie das Erbe aus Angst ab, unsere Seelen zu verkaufen, und wir blieben in unserem elenden Zustand der Armut, der im Laufe der Monate immer schlimmer wurde und bei mir einen Eindruck von Unglück hinterließ, der nie ausgelöscht werden konnte. Meine Mutter war mutig und wagemutig und beschloss, nach Amerika zu gehen, um dort einen reichen Verwandten zu suchen, in der Hoffnung, das Vermögen ihrer Familie wiederherzustellen. Ihre vier Kinder schauderten bei der Aussicht auf die Reise, also nahm sie nur mich mit. Ich war durchaus bereit, mit ihr zu gehen, aber das Opfer kostete mich all meine Leichtherzigkeit, denn ich verehrte meinen Vater wie man Gott selbst verehrt. Diese lange Reise, die Seehäfen, der große Ozean erfüllten mich mit Angst, und ich suchte Schutz in den Kleidern meiner Mutter, die mein einziger Zufluchtsort waren. Als wir Amerika erreichten, fand meine Mutter ihre Cousine als Witwe vor, die von den Negern von ihrem Anwesen vertrieben worden war. Die Kolonie hatte sich erhoben und das Gelbfieber wütete in all seiner Grausamkeit. So unsanft aus ihrem geliebten Traum geweckt, konnte sie den neuen Schlag, der uns überfallen hatte, nicht ertragen. Er brachte sie um und sie starb im Alter von einundvierzig Jahren. Ich wäre beinahe an ihrer Seite gestorben, als sie mich in meinem Trauerkleid von der sich rasch entvölkernden Insel holten und mich von Schiff zu Schiff verfrachteten, bis ich wieder zu meinen Verwandten zurückgebracht wurde, die nun ärmer waren als je zuvor. Dann bot uns das Theater einen Zufluchtsort. Ich wurde im Singen unterrichtet; ich bemühte mich, meine Heiterkeit wiederzuerlangen, aber es half mir nichts; ich kam besser mit melancholischen oder leidenschaftlichen Rollen zurecht. Das ist praktisch meine ganze Lebensgeschichte. Ich wurde am Théâtre Feydeau aufgenommen, und alle sagten mir eine glänzende Zukunft voraus. Ich wurde noch vor meinem sechzehnten Geburtstag Mitglied, ohne es zu hoffen oder darum zu bitten; aber damals brachte mir meine unbedeutende Rolle nur achtzig Francs im Monat ein, und die Armut, mit der ich zu kämpfen hatte, ist unbeschreiblich. Ich war gezwungen, die Zukunft der Gegenwart zu opfern, und um meines Vaters willen kehrte ich in die Provinz zurück. Mit zwanzig zwang mich ein großer Kummer, das Singen aufzugeben. Schon der Klang meiner Stimme brachte mich zum Weinen, aber die Musik klang noch immer in meinem unglücklichen Kopf, und die gleichmäßigen Rhythmen zwangen meine Gedanken unabsichtlich, mit ihnen Schritt zu halten. Ich fühlte mich gezwungen, meine fiebrigen Ideen zu Papier zu bringen, und als ich fertig war, sagte man mir, ich hätte eine Elegie geschrieben. M. Alibert, der sich um meine sehr schwache Gesundheit kümmerte, empfahl mir das Schreiben als Heilmittel, da er nichts anderes kannte, das von Nutzen sein könnte. Ich folgte seinem Rat ohne jegliches Wissen oder Studium meines Themas. Und das bereitete mir zusätzliche Schwierigkeiten, weil ich nie die richtigen Worte fand, um meine Gedanken auszudrücken. Mein erster Band wurde 1822 veröffentlicht. Sie fragten, lieber Freund, wie ich zum Dichter wurde. Ich kann Ihnen nur antworten, indem ich Ihnen erzähle, wie ich zum Schreiben kam."

Madame Tastu hatte ein weniger sorgloses und unglückliches Leben, und das erkennt man an den ruhigen Schwingungen ihrer Zeilen. Sie hatte ihre Position als Frau ganz einfach akzeptiert und ihr Leben ihrer Mutter, ihrem Mann und ihren Kindern gewidmet.

Sie hatte ihr Leben im Licht dieser drei Lieben gelebt, sich nichts darüber hinaus gewünscht, nichts bereut und Gedichte aus ihrem Herzen fließen lassen, wenn es zu voll wurde, um sich selbst zu fassen, so wie Wasser aus einem zu vollen Gefäß überläuft. Das folgende Beispiel wird eine Vorstellung von ihrem sanften, melancholischen Stil geben:

„Verlasse den schnellen Tag. Verlasse den Tag
zu den Sonnenstunden.
Und der letzte Sohn des Jahres. Er hat die letzte Sonne satt. Hinter der
Eingangstür, allein, inaktiv. Buch mit starken Erinnerungen. Mein Gedanke
ist fehlgeschlagen,
flüchtig. Vergangene
Tage zu den gegenwärtigen Tagen. Mein Blick ist auf den Hasen gerichtet.
Lange Zeit der Flammen, die sich aufheizen. Passt auf die Launen auf.
Oder an das Handy gehängt. Auf der empfindlichen E-Mail vermerkt.
Nichts ist still während der Zeit.
Noch ein Mal, noch eine Stunde. Und das Jahr ist hell, ohne Rückkehr.
Achte auf die letzte Ruhe. Die Aura ist zu Ende Tour!Weswegen mein

Blick gespannt ist.Lass es weitergehen,Wenn ich nicht kann, einen einzigen Moment,Verzögere deinen Marsch, den du gehst ?
In den Zeiten, in denen es bergab geht.Wenn einige Tage vielleicht wiederkehren,Es ist nicht ein einziger Moment, vielleicht ist es so.Was meine Stimme zu sagen hat ...Aber von heute auf morgen ist mein Ton weg;Ihr Abschied bedrückt mein Herz.Ich sage: „Das ist noch eine Blume.Das Alter ist auf meinem Kopf geblieben,
Und ein Buch, das den Strom zerstört;Das ist ein Schatten, der dem Schatten hinzugefügt wurde.Was ich an meinen Tagen zurückgehalten habe,Ein Druck, der von dir zurückgehalten wurde. Name: Von diesen habe ich den Kurs nicht gesehen!'Schlagwörter ... die Klangfarbe ist sehr kurz; es ist nur so, dass es klingelt. ... ich höre es noch einmal
und das Jahr vergeht mit meiner Stimme.
Das ist wahr! mein Appell ist vergebens! Adieu! ... Salut, deine neue Schwester! Salut! ... Welche Männer sind für dich da? Was haben wir deinem Weg gegönnt? Was haben die schönen Tage in deinem Leben geschlafen? Was bin ich los! ich zittere, ich
werde deine Geheimnisse nicht lüften!
Hoffnung, Jugend und Anziehungskraft. Heute ist dein strahlendes Paradies, und dein Weg, unempfindlich und langsam, kann das Bedauern lindern. Also verschwindet jede Sonne. Mein Wort an unsere unempfindlichen Augen. Und jeder Tag wird seinen Weg finden. Mit Betroffenheit, wie
eine vergebliche Träumerei. Unsere Augen sind verloren und zerstreut ... Aber die fantastische Hoffnung. Erweckt ihre magische Klarheit. In der dunklen Nacht des Morgens führen wir Jahr für Jahr, nur um im Glück den Sonnenaufgang zu sehen. Der Tag, der nicht enden darf!

Zu dieser Zeit gab es noch einen anderen Dichter, einen äußerst bezaubernden Dichter, dessen Namen ich heute vielleicht vergessen habe, und ich schwor, ihn nie zu vergessen. Sein Name war Denne-Baron. Wir veröffentlichten ein Gedicht von ihm mit dem Titel *Zéphire* , zu dessen Schreiben ihn Prudhons Bild inspiriert hatte.

Hier ist es. Sagen Sie mir, ob Sie jemals sanftere Zeilen gelesen haben:

"Er ist ein Demi-Dieu, charmant, leicht, flüchtig;
Er weicht dem Licht aus und schimmert im Schatten. Er stirbt vor dem Feuer des Tages. Auf seinen glänzenden, wo er zwei Flügel verpasst hat. Er porträtiert
einen Wolf und grausame Pfeile. Seine Augen schnappen nach Liebe.

Das ist er, der nachts geht, wenn die Stunden flüchtig sind. Er blickt durch die schlafenden Türen. Er gleitet mit leisem Gebrüll in die Luft. Das ist er, der noch eine Stimme zu den Naïaden hört,

von den Suppen der Syrinx, von den Konzerten der Dryaden und von
sanften Nachtdüften.

Zéphire ist ihr süßer Name. sein leichter Ursprung, „Pure comme l'éther,
trompa les œil de Lucine, et n'eut pour un temps; D'un s ouvert du
printemps, d'un suppir de l'aurore,
Dans son liquide azur, le ciel le vit éclore, Comme un alcyon sur les mes.

Dies ist kein Kinderspiel, sondern eine Art Kindheit.
Zwischen zwei grünen Myrten hält es das Gleichgewicht; Es spielt am
Rande des Wassers, Oder du glitzerst auf einem See, Oder gehst auf die
Erde,
Die Spinnenfilets, Das vagabundierende Blatt, Und das leichte Tierchen.

In der Höhe von Cynthe oder Erymanthe, Unter den Kleidern einer
bewachten Quelle, „Die schlafende Diane im Bad", „Oder, wenn Venus im
Arm des Mars ist,
Auf ihrem Bett liegt ein strahlender Idalie-Rosen, „Der Augenschutz von
Vulkan".

Teilweise in hinteren Ecken – ein bizarrer und düsterer Palast. Vom
Wilden Echo, vom Dunkeln und vom Schatten – Der Löwe hat die Wälder
verlassen. Teilweise in einem alten Eichenwald, im Wald von Cybèle.
In der ruhigen Nacht der Baum Philomèle. Sein Himmel, seine Gesänge
und sein Unglück.

Überlasse es dir, Zéphire, mit deinem Dichter, nur für den Preis meiner
Wenigkeit, im Hintergrund meiner Zurückgezogenheit, streichle einen Tag
meines alten Lebens! Und wenn ich dich frage, kannst du einen Tag meines
Lebens verbringen
Auf den Glücksbrettern meines kleinen Anwesens Besiege meine gelben
Ähren!

KAPITEL IV

Talmas Krankheit – Wie er sich verhalten hätte *Tasso* – Seine Neffen – Er erhält Besuch von Monsieur de Quélen – Warum seine Kinder seinen Glauben aufgegeben haben – Sein Tod – *La Noce et l'Enterrement* – Oudard hält mir einen Vortrag über meine Vorliebe für das Theater – Die hervorragende Antwort, die das Palais-Royal in heitere Stimmung versetzt – Ich behalte immer noch das Vertrauen von Lassagne und de la Ponce – Ich erziele anonym einen Erfolg an der Porte-Saint-Martin

Mitten in diesen ersten literarischen Arbeiten, in die wir uns mit der ganzen Begeisterung der Jugend gestürzt hatten, verbreiteten sich in ganz Paris Schreckensnachrichten für die Sache der Kunst. Talma wurde von einer tödlichen Krankheit befallen. Er hatte gerade den Höhepunkt seines Talents erreicht, vielleicht in seiner letzten Schöpfung, der *Démence de Charles VI*. Der Leser wird sich an den Besuch erinnern, den Adolphe und ich ihm machten, und wie er, als es ihm besser ging, hoffte, ins Theater zurückzukehren, um *Tibère zu spielen*, und wie er auf seine mageren Wangen zeigte, die ihm in der Rolle des greisen Kaisers hervorragende Dienste leisten würden. Aber Talma wurde von einer tödlichen Krankheit befallen. Charles VI. sollte sein letzter Auftritt sein – ein Auftritt, der schöner war als alle Schöpfungen seiner Jugend oder seiner reifen Jahre – und Michelot war dazu bestimmt, die Rolle des Tiberius zu übernehmen. Wir waren übrigens nicht die einzigen Menschen, die ähnliche Erinnerungen hatten. Gegen Ende seines Lebens machte Talma einen kurzen Aufenthalt in Enghien, wo Firmin ihn besuchte. Firmin wollte gerade die Rolle *des Tasso spielen*, die Talma zugeteilt worden war, auf die er jedoch verzichten musste. Talma mochte Firmin sehr; sein Enthusiasmus bezauberte ihn, und er hatte ihm oft Ratschläge gegeben.

„Nun, mein lieber Freund", sagte er zu ihm, „Sie wollen also *Tasso spielen?* "

„Zu meinem großen Bedauern", war Firmins Antwort. „Ich hätte Sie viel lieber spielen sehen; es wäre eine Übung für mich gewesen und ich hätte eine Lektion daraus gelernt."

„Es ist nur ein armseliges Stück", sagte Talma, „obwohl es im fünften Akt eine schöne Szene gibt, in der man dem armen Verrückten in der Hoffnung, ihn wieder zur Vernunft zu bringen, von den Ehrungen erzählt, die für ihn vorbereitet werden, und von der Krone, die ihn erwartet. Und wie Sie wissen, Firmin, scheint er bei dem Wort *couronne* zu verstehen, was man ihm sagt. ‚Eine Krone für mich!', ruft er aus. ‚Wenn das so ist, wird Alphonse mir seine Schwester nicht länger abschlagen! ... Wo ist diese Krone? Wo ist sie?' Dann, als man sie ihm zeigt, sieht er sie an und sagt traurig: ,Es ist keine goldene Krone, nur ein Lorbeerkranz ... der Bruder wird niemals seine Zustimmung geben!' Hören Sie, Firmin", sagte Talma, „so würde ich es spielen ..."

Und, halb aufrecht in seinem Bett sitzend, ging er die Szene mit so vielsagender Stimme und mit einem so mitleiderregenden und niedergeschlagenen Gesichtsausdruck durch, der durch und durch von Verzweiflung und Wahnsinn erfüllt war, dass Firmin, der nichts wusste außer dem, was er gerade gesehen hatte, sich geneigt fühlte, die Rolle aufzugeben.

Anfang Oktober verschwand die Besserung, die die Hoffnung wieder etwas gestärkt hatte, und die Krankheit schritt so schnell voran, dass Talma selbst den Wunsch äußerte, die Menschen zu sehen, die er am meisten liebte, die aber aufgrund ihrer Arbeit weit von ihm entfernt waren. Zu diesen gehörte sein Neffe Amédée Talma, ein Chirurg und Zahnarzt in Brüssel. Er kam am 9. Oktober an und verließ seinen Onkel bis zum Schluss nicht. Nachdem der Kranke auf diesen Besucher vorbereitet worden war, betrat Amédée Talma das Zimmer und trat an das Bett seines Onkels. Talma streckte seine Hand aus, zog ihn an sich und küsste ihn. Es war dunkel, aber der junge Mann sah an der Feuchtigkeit auf der Wange seines Onkels, dass er weinte. Der Kranke erholte sich jedoch bald und sagte nach einer kurzen Pause:

„Sie dürfen nicht länger als zwei oder drei Tage hier bleiben. Ihre Geschäfte erlauben keine längere Abwesenheit. Ich habe nach Ihnen geschickt, weil Sie seit langem wissen, an welcher Krankheit ich leide, und meine Ärzte möchten wissen, was Sie ihnen darüber sagen können, bevor sie gerufen werden."

Daher wurde am 12. eine neue Konsultation abgehalten, bei der der junge Arzt anwesend war. Nur zwei oder drei der elf anwesenden Mediziner glaubten, dass es noch Hoffnung gäbe. Die neuen vorgeschlagenen Mittel linderten jedoch die Brechanfälle, und gegen Ende hörten sie ganz auf. Als die Ärzte an sein Bett kamen, sagte Talma zu ihnen:

„Also, ist alles vorbei? Ich werde alles tun, was Sie verlangen ... aber ich bezweifle, dass Sie mich durchbringen können, und ich habe mich mit dem Unvermeidlichen abgefunden. Aber was mir am meisten Sorgen bereitet und was ich am meisten möchte, dass Sie sich darum kümmern, ist mein Sehvermögen: Ich habe Angst, dass ich mein Augenlicht verlieren werde."

Ein weiterer von Talmas Neffen, Charles Jeannin, kam am 16. aus Brüssel an. Es waren größte Vorsichtsmaßnahmen nötig, um Talma die Nachricht von diesem neuen Besucher zu überbringen. Nichts, was um ihn herum geschah, entging seiner Aufmerksamkeit. MM. Dupuytren, Biett und Begin standen am Kamin und unterhielten sich leise, als Talma ein oder zwei Worte ihrer Unterhaltung aufschnappte.

„Wovon redest du?", fragte er.

M. Dupuytren antwortete ihm nicht, sondern ging zu Amédée Talma. „Ich habe diese Herren gefragt", sagte er zu dem jungen Mann, „ob Talma von den Besuchen des Erzbischofs informiert worden sei."

Tatsächlich rief der Erzbischof fast täglich an, aber man erlaubte ihm nicht, den Patienten zu sehen.

„Der Erzbischof?", wiederholte Talma. „Was sagst du über den Erzbischof?"

Amédée beeilte sich zu antworten:

„Monsieur Dupuytren hat diesen Herren erzählt, Onkel, dass der Erzbischof von Paris jeden Tag vorbeigekommen ist, um nach Ihnen zu fragen."

„Oh! Was für ein guter Kerl der Erzbischof ist!", rief Talma aus. „Es rührt mich sehr, dass er sich an mich erinnert … Ich traf ihn oft im Haus der Prinzessin von Wagram: Er ist ein ganz vortrefflicher Mann."

„Ja", wiederholte Amédée, „ja, er hat fast jeden Tag angerufen."

„Hier?", fragte Talma.

„Hier, ich habe zweimal persönlich mit ihm gesprochen. Ich habe ihm sogar versprochen, dass Sie ihn sehen werden, wenn es Ihnen besser geht."

„Oh! Nein, nein", sagte Talma schnell. „Aber wenn es mir besser geht, werde ich ihn als Ersten aufsuchen. Ich erinnere mich, dass er einmal so freundlich war, einen Geistlichen zu mir zu schicken, der mir sagen sollte, dass er nichts mit der Beleidigung meiner Kinder bei der Preisverteilung zu tun habe und dass die ganze Schuld beim Schuldirektor liege."

Ich will Ihnen die Geschichte des Geschehens schildern: Das Ereignis war für Talma eine tiefe Wunde, denn er vergötterte seine beiden Kinder.

Der Erzbischof von Paris wurde gebeten, einer Preisverleihung im College Morin vorzustehen. Nun scheint es, dass die Behörden es nicht wagten, den Geistlichen zu bitten, die beiden Söhne des großen Schauspielers zu belohnen, also wurden die Namen der beiden Jungen weggelassen, und erst nach M. de Quélens Abreise wurden ihnen die Preise, die sie verdient hatten, privat überreicht. Talma veranlasste seine beiden Kinder sofort, den katholischen Glauben aufzugeben, und von da an gehörten sie der reformierten Religion an.

Die Ärzte zogen sich zurück, und als sie gingen, sagte Monsieur Dupuytren zu Amédée:

„Ich gehe zum Schloss. Wenn ich den Erzbischof treffe, was soll ich ihm sagen?"

„Nun, Monsieur", antwortete der junge Mann, „ich glaube nicht, dass Sie etwas Besseres tun können, als ihm zu erzählen, was wir gerade gehört haben, und die Antwort meines Onkels auf das, was ich gesagt habe. Wenn mein Onkel später nach ihm fragt, werde ich ihm gern sofort ein Angebot machen."

Doch anstatt diese Anweisungen zu befolgen, schrieb Monsieur Dupuytren, der den Erzbischof nicht traf, ihm und teilte ihm mit, er könne Talma besuchen. Der Erzbischof beeilte sich, der Bitte nachzukommen, von der er nicht wusste, dass sie nur von Monsieur Dupuytren kam. Doch wie bei früheren Gelegenheiten wurde er von Amédée Talma empfangen. Am 18. Oktober musste Monsieur Charles Jeannin seinen Onkel verlassen und am 20. zu einer Verabredung nach Brüssel zurückkehren. Am 19. Oktober um sechs Uhr morgens, als Talma Amédée an seinem Bett sah, sagte er:

„Was, mein lieber Junge, bist du noch nicht gegangen?"

„Es gab nur einen freien Platz in der Postkutsche, Onkel, und den habe ich Charles überlassen, der in Brüssel dringend gebraucht wurde."

"Wann gehst du?"

"Morgen früh."

"Zu welcher Zeit?"

„Sechs Uhr … wenn ich einen Platz bekomme."

Talma schüttelte sanft seinen Kopf.

„Sie betrügen mich", sagte er. „Sie haben mich nicht retten können und wollen bis zum Ende bei mir bleiben. Wäre ich ein Bauer aus Brunoy gewesen, hätte ich geheilt werden können. Aber sie haben mich verpfuscht. Mein Tod wird ihnen jedoch zeigen, wie sie jemand anderen behandeln sollten. So viel zum Arztgehen! Gehen Sie jetzt und holen Sie die Herren Nicod und Jacquet."

Dies waren seine Anwälte. Der Gärtner wurde gerufen und mit diesem Auftrag geschickt. Talma erkannte ihn.

„Ah! Bist du das, Louette?", sagte er.

Dann wandte er sich an seinen Neffen und fügte hinzu:

„Ich habe ihm seit zwei Monaten nichts bezahlt. Sie müssen Madame sagen, dass es äußerst wichtig ist … Aber nebenbei, wo ist Caroline?"

"Sie schläft."

„Das heißt, sie weint."

Madame Talma hörte es und kam ans Bett.

„Wie spät ist es?", fuhr Talma fort, ohne sie zu sehen.

„Sechs Uhr, Onkel."

„Bei dir ist es immer sechs Uhr."

Er versuchte, die Repetition seiner Uhr in Gang zu setzen.

„Ich kann meine Uhr nicht mehr hören", sagte er.

"Möchten Sie eine Uhr?"

„Ja, geh und hol mir das aus meinem Schlafzimmer."

Sein Neffe ging und Madame Talma war allen Augen ausgesetzt.

„Ah, da bist du ja, Caroline", sagte er. „Jetzt müssen wir die Dinge für dich in Ordnung bringen."

Sein Neffe brachte die Uhr und stellte sie auf den Nachttisch.

„Ich bin sehr hässlich, nicht wahr, meine gute Amédée?", bemerkte Talma. „Mein Bart ist so lang …"

„Heute soll es geschnitten werden."

"Gib mir einen Spiegel."

Er nahm es und betrachtete sich.

„Ich sage dir, Amédée, ich verliere mein Augenlicht; um Himmels willen, lass etwas für meine Augen tun. Oh! Ich werde sie verlieren – ich kann heute überhaupt nichts sehen."

Die Anwälte kamen und mit ihnen M. Davilliers. Aber Talma versuchte vergeblich, geschäftliche Angelegenheiten zu besprechen – das war ihm alles egal; er konnte nur flüsternd sprechen, obwohl er glaubte, sehr laut zu sprechen, und seine Sprache wurde immer undeutlicher. MM. Arnault und de Jouy wurden angekündigt. Talma gab ein Zeichen, dass sie zu ihm gebracht werden sollten. M. Arnault umarmte Talma, dem er zärtlich zugetan war, und dabei entschlüpfte ihm das Wort „Adieu".

„Gehst du dann weg?", fragte Talma.

„Ja", antwortete Amédée hastig, „diese Herren fahren nach Brüssel."

Beide Männer umarmten ihn und eilten, um ihr Schluchzen zu verbergen, schnell aus dem Zimmer. Als Talma sie hinausgehen sah, sagte er:

„Ganz recht, beeil dich und geh, dann hoffe ich, dich bald wiederzusehen. Je schneller du gehst, desto schneller kommst du zurück."

Als die Herren von Jouy und Arnault gegangen waren, wurden ihm seine beiden Kinder gebracht, und Talma streckte ihnen die Hände zum Kuss entgegen. Ein paar Minuten später sagte er drei Worte:

„Voltaire! … wie Voltaire! …"

Dann, gleich danach, murmelte er:

„Das Grausamste von allem ist, sein Augenlicht zu verlieren."

Im nächsten Moment knackte ein Möbelstück sehr laut und Talma drehte den Kopf in die Richtung des Geräuschs. Eine gerade angekommene Dame nutzte diese Bewegung aus, um zu sagen:

„Talma, ich bin es, Mademoiselle Menocq."

Der Sterbende gab ihr ein kleines Zeichen der Danksagung und drückte ihr die Hand. Es schlug halb zwölf. Talma nahm sein Taschentuch in beide Hände, hob es langsam zum Mund, wischte sich die Lippen ab und legte es dann hinter den Kopf, wobei er es immer noch mit beiden Händen hielt. Nach ein paar Sekunden ließen seine Hände los und fielen an seinen Seiten herab. Sein Neffe ergriff die Hand, die ihm am nächsten war, und spürte, dass sein Druck schwach erwidert wurde. Um elf Uhr fünfunddreißig entwich seinen Lippen ein Seufzer, ohne dass er zuckte oder seine Gesichtsmuskeln anspannte – es war sein letzter Atemzug.

Als Garrick starb, betrachteten es vier englische Peers als Ehre, die vier Ecken seines Sarges zu tragen und ihrem englischen Roscius zu seiner Ruhestätte unter den Königsgräbern zu folgen.

Hunderttausende Menschen folgten Talmas Trauerzug, doch unter ihnen war kein einziger Vertreter der hochrangigen Politiker des Staates.

. . . .

Lassagne hatte mir gesagt, ich solle mir ein Thema für ein Varieté überlegen. Das hatte ich getan und glaubte, eines gefunden zu haben. Es war, glaube ich, in Tausendundeine *Nacht* , eine der Episoden aus den Reisen von Sindbad dem Seefahrer. Ich sage: Ich glaube", denn ich bin mir nicht ganz sicher, und die Sache ist nicht wirklich die Mühe wert, meinen Schreibtisch zu durchwühlen, um das herauszufinden. Sindbad, der unermüdliche Reisende, erreicht ein Land, in dem man Frauen mit ihren Männern und Männer mit ihren Frauen begräbt. . Er heiratet unvorsichtigerweise; seine Frau stirbt, und er entgeht nur knapp dem Begräbnis mit ihr. Eine reine Kleinigkeit. Aber die Episode brachte mich auf einen vagen Plan, den ich Lassagne mitteilte.

Lassagne las es, und als er sah, wie entschlossen ich war, erfolgreich zu sein, war er mir gegenüber, wenn das möglich war, noch freundlicher gesinnt als am Anfang. Abgesehen von einigen Korrekturen, die er vorzunehmen vornahm, war er der Meinung, dass der Plan brauchbar sei. Er nahm daher Kontakt mit einem klugen jungen Mann namens Vulpian auf, einem Freund von ihm, der später auch einer von mir werden sollte. Vulpian ist ein weiterer Name, der in diesen Erinnerungen angekreuzt werden muss; denn er ist tot. Wir trafen uns zwei- oder dreimal und teilten uns die Aufgabe. Diesmal hatte ich es mit Mitarbeitern zu tun, die ihre Versprechen noch gewissenhafter hielten als der arme Rousseau. Beim ersten Treffen hatte jeder von uns seinen Teil fertig. Wir fügten die drei Stücke zusammen und machten sie zu einem harmonischen Ganzen. Lassagne übernahm es, dem Werk den letzten Schliff zu geben, was ihn drei oder vier Tage kostete. Als dies erledigt war, erklärten die drei Autoren es für perfekt und beschlossen, es unter dem Titel *La Noce et l'Enterrement* im Vaudeville vorzulesen, wo Lassagne und Vulpian Désaugiers kannten. Unglücklicherweise war Désaugiers, der bereits von der Krankheit befallen war, an der er schließlich starb, zu Hause und unterzog sich einer zweiten oder dritten Operation und konnte bei der Lesung nicht anwesend sein. Seine Abwesenheit hatte zur Folge, dass *La Noce et l'Enterrement* im Vaudeville fast ebenso abrupt abgelehnt wurde wie *La Chasse et l'Amour* im Gymnase. Es schien, als sei mir kein Glück beschieden, während ich mein Werk mit anderen teilte. Ich war furchtbar entmutigt. Aber am Tag nach der Lesung fühlte ich mich noch schlimmer, als Lassagne mit düsterem Gesichtsausdruck auftauchte. Er war so selten deprimiert, dass ich von meinem Platz aufstand und sicher war, dass etwas nicht stimmte.

„Was ist denn jetzt los?", fragte ich.

„Das ist eine Sache, mein armer Freund. Denn irgendwie ist durchgesickert, dass ich mit Ihnen zusammen ein Stück geschrieben habe, obwohl Ihr Name bei der Lesung nicht erwähnt wurde. Oudard hat mich deshalb gerade rufen lassen."

"Also?"

„Nun, er hat behauptet, ich hätte Ihnen eine Vorliebe für die Literatur gegeben; er sagt, diese Vorliebe würde Ihre künftige Laufbahn ruinieren, und er hat mir mein Ehrenwort abgenommen, Ihnen nicht nur bei keinem anderen Stück mehr zu helfen, sondern auch das bereits fertiggestellte Stück wegzuwerfen.“

„Und hast du es versprochen?“, fragte ich.

„Ich fühlte mich verpflichtet, dies Ihretwegen zu tun, Dumas. Sie haben hier keinen General Foy mehr, der Ihre Interessen vertritt. Ich weiß nicht, wer Ihnen einen schlechten Dienst erwiesen hat, indem er mit Monsieur de Broval gesprochen hat, aber man sieht Ihre literarischen Neigungen keineswegs mit freundlichen Augen an.“

Ich glaube nicht, dass mir jemals das Herz schwerer war. Die zwei- oder dreihundert Francs, die mir „ *La Chasse et l'Amour*“ eingebracht hatte, hatten unsere Lage so deutlich erleichtert, dass ich mich auf die Zeit gefreut hatte, in der ich nicht nur zwanzig bis fünfundzwanzig Francs mehr im Monat verdienen würde, sondern durch literarische Arbeit das Vierfache. Außerdem war ein Teil dessen, was mir „*La Noce et l'Enterrement*“ einbringen sollte, an Porcher verpfändet, der mir 300 Francs geliehen hatte. Was Lassagne mir gerade erzählt hatte, brachte so ziemlich alle meine Schlösser in Spanien zum Einsturz. Es erschien mir äußerst grausam, mir zu verbieten, außerhalb der Bürozeiten für das Drama zu arbeiten, und darauf zu bestehen, dass meine Mutter, mein Sohn und ich gezwungen sein sollten, von 125 Francs im Monat zu leben. Dieses Gefühl war so stark, dass es mir den Mut gab, direkt zu Oudard zu gehen. Ich betrat sein Büro mit Tränen in den Augen, aber meiner Stimme unter Kontrolle.

„Stimmt es, Monsieur“, fragte ich, „dass Sie Lassagne verboten haben, mit mir zu arbeiten?“

„Ja“, war seine Antwort. „Warum fragst du mich das?“

„Weil ich nicht gedacht hätte, dass Sie den Mut dazu hätten.“

"Was meinst du damit?"

„Nun, mir scheint, es gehört Mut dazu, drei Menschen dazu zu verurteilen, von hundertfünfundzwanzig Francs im Monat zu leben.“

„Und meiner Meinung nach sollten Sie sich glücklich schätzen, die hundertfünfundzwanzig Francs im Monat zu haben, statt sie zu verachten.“

„Ich verachte sie nicht, Monsieur. Im Gegenteil, ich bin denen, die sie mir geben, sehr dankbar. Ich wiederhole nur, dass die Summe nicht ausreicht und dass ich meiner Meinung nach das Recht haben sollte, sie aufzustocken, solange dies meine Büroarbeit nicht beeinträchtigt.“

„Es mag Ihre Büroarbeit jetzt noch nicht beeinträchtigen, aber das wird sehr bald der Fall sein."

„Dann ist es an der Zeit, dass Sie sich Sorgen machen."

„Es geht mich wirklich nichts an", sagte M. Oudard. „Ich gebe lediglich die Ansichten des Chefdirektors wieder."

„Von Monsieur de Broval?"

„Ja, von Monsieur de Broval."

„Ich dachte, Monsieur de Broval gäbe vor, die Literatur zu fördern."

„Literatur? Vielleicht tut er das … aber nennen Sie „ *La Chasse et l'Amour*" und „*La Noce et l'Enterrement* " Literatur?"

„Ganz bestimmt nicht, Monsieur. Aber mein Name stand nicht auf den Plakaten des Ambigu, wo *La Chasse et l'Amour* gespielt wurde, und er wird auch nicht auf den Plakaten des Theaters stehen, das La Noce et l'Enterrement aufnimmt, welches auch immer das sein mag . "

„Wenn Sie sich jedoch schämen, diese Produktionen zu besitzen, warum machen Sie sie dann?"

„Erstens, Monsieur, weil ich mich im Augenblick nicht in der Lage fühle, es besser zu machen, und weil sie, so wie sie sind, unsere Armut trösten … ja, Monsieur, unsere Armut – ich schrecke nicht vor der Wahrheit zurück. Eines Tages erfuhren Sie irgendwie, dass ich mehrere Nächte damit verbracht hatte, einige Bühnenstücke zu kopieren, die vier Francs pro Akt einbrachten, und dass ich unter denselben Bedingungen die Komödie ‚Die Indiskrete' von Monsieur Théaulon kopierte – nun, Sie machten mir damals ein Kompliment für meinen Mut."

"Ziemlich wahr."

„Darf ich fragen, inwiefern bin ich dann schuldiger, wenn ich meine eigenen Stücke schreibe, als wenn ich die Stücke anderer kopiere? Ihnen muss doch klar sein, dass Adolphe auch Stücke schreibt?"

„Welcher Adolphe?"

„Adolphe de Leuven."

"Was dann?"

„Ich habe gehört, wie Sie neulich mit Monsieur de Broval über Adolphes Antrag auf eine Stelle in der Kanzlei des Herzogs von Orléans gesprochen haben."

„M. Adolphe de Leuven wurde mir wärmstens empfohlen."

„Und ich, Monsieur, wurde ich Ihnen nicht auch wärmstens empfohlen? Gewiss, de Leuven wurde Ihnen von Benjamin Constant, General Gérard und Madame de Valence wärmstens empfohlen, während ich Ihnen nur von General Foy empfohlen wurde."

"Und was bedeutet das?"

„Das bedeutet, dass die Gönner von Adolphe de Leuven am Leben sind, während mein Unterstützer tot ist."

„Herr Dumas! …"

„Oh, seien Sie nicht verärgert. Ich sehe, ich habe den Nagel auf den Kopf getroffen."

„Dann bestehen Sie unbedingt darauf, mit dem Schreiben fortzufahren?"

„Ja, Monsieur, ich wünsche es sowohl aus Neigung als auch aus Notwendigkeit."

„Also gut, produzieren Sie Literatur wie die von Casimir Delavigne, und anstatt Ihnen Vorwürfe zu machen, werden wir Sie ermutigen."

„Monsieur", antwortete ich, „ich bin nicht so alt wie M. Casimir Delavigne, der seit 1811 Hofdichter ist; auch habe ich nicht die Ausbildung genossen, die M. Casimir Delavigne an einem der besten Colleges in Paris genossen hat . Nein, ich bin erst zweiundzwanzig; ich bin jeden Tag damit beschäftigt, mich weiterzubilden, wahrscheinlich auf Kosten meiner Gesundheit, denn alles, was ich lerne – und ich versichere Ihnen, ich studiere viele Fächer – lerne ich, wenn andere Leute tief schlafen oder sich amüsieren. Daher kann ich im Moment keine Arbeit wie M. Casimir Delavigne leisten. Aber, M. Oudard, ich möchte Sie abschließend bitten, genau zuzuhören, was ich Ihnen jetzt sagen werde, so seltsam es Ihnen auch klingen mag: Wenn ich nicht glauben würde, dass ich in Zukunft eine andere Arbeit leisten könnte als M. Casimir Delavigne, nun, Monsieur, dann würde ich Ihnen und M. de Broval mehr als nur halbwegs in Ihren Wünschen entgegenkommen, und in diesem Augenblick würde ich Ihnen mein heiliges Versprechen geben, ich würde einen feierlichen Eid, nie wieder etwas mit Literatur zu tun zu haben."

Oudard sah mich mit ausdruckslosen Augen an; mein Stolz verschlug ihm den Atem. Ich verbeugte mich vor ihm und ging hinaus. Fünf Minuten später ging er zu Monsieur Deviolaine, um ihm von meinem wahnsinnigen Treiben zu erzählen. Monsieur Deviolaine fragte, ob ich diese ungeheuerlichen Dinge wirklich in seiner Gegenwart, wirklich zu ihm gesagt hätte.

„Ja, es geschah in meiner Gegenwart und für mich", sagte Oudard.

„Ich werde seiner Mutter davon erzählen", sagte M. Deviolaine, „und wenn er weiterhin von diesem Wahnsinn besessen ist, schicken Sie ihn zu mir. Ich werde ihn in mein Büro bringen und dafür sorgen, dass er nicht völlig verrückt wird."

Und tatsächlich wurde es meiner Mutter noch am selben Abend mitgeteilt. Als ich von der Zusammenstellung der Mappe zurückkam, fand ich sie in Tränen aufgelöst vor. M. Deviolaine hatte nach ihr geschickt und ihr alles erzählt, was an diesem Morgen zwischen M. Oudard und mir vorgefallen war. Am nächsten Tag war das Verbrechen, dessen ich mich schuldig gemacht hatte, in allen Büros öffentlich bekannt. Die dreiundsechzig Angestellten Seiner Königlichen Hoheit ließen keine Gelegenheit aus, sich gegenseitig zu fragen: „Haben Sie gehört, was Dumas gestern zu M. Oudard gesagt hat?"

Und der Angestellte, an den die Frage gerichtet war, antwortete entweder mit Ja oder Nein. Wenn er verneinte, wurde die Geschichte mit Korrekturen, Ausschmückungen und Übertreibungen erzählt, die der Fantasie meiner Kollegen am meisten Ehre machten. Den ganzen Tag und noch mehrere Tage danach konnte man in den Korridoren des Maison de la rue Saint-Honoré Nr. 216 homerisches Gelächter hören. Es gab einen einzigen Buchhalter, der erst am Vortag eingestellt worden war und den noch niemand kannte, der nicht lachte.

„Aber", sagten die anderen zu ihm, „du lachst nicht."

"NEIN."

„Warum lachst du nicht?"

„Weil es mir nicht zum Lachen erscheint."

„Was? Finden Sie es nicht einen riesigen Witz, dass Dumas sagte, er würde Besseres leisten als Casimir Delavigne?"

„Erstens sagte er nicht, dass er es besser machen würde, er sagte, dass er etwas anderes machen würde."

„Es ist alles das Gleiche."

„Nein, es ist ganz anders."

„Aber kennen Sie Dumas?"

„Ja, und weil ich ihn kenne, sage ich Ihnen, dass er etwas tun wird. Ich weiß nicht, was es sein wird, aber ich sage Ihnen, dass dieses Etwas alle in Erstaunen versetzen wird, außer mich selbst.“

Dieser Angestellte, der gerade in die Buchhaltungsabteilung des Büros eingetreten war, war mein alter deutscher und italienischer Lehrer, Amédeé de la Ponce.

Es gab also zwei Personen unter den zweiundsiebzig Personen, Vorgesetzten und Angestellten, die den offiziellen Stab Seiner Königlichen Hoheit bildeten, die nicht an mir verzweifelten! Lassagne und er.

Von da an begann der Krieg, vor dem mich Lassagne gewarnt hatte, als ich das erste Mal ins Büro kam. Doch egal, wie der Krieg ausfallen oder wie lange er dauern würde, ich war entschlossen, bis zum Ende zu kämpfen.

Eine Woche später gab es für mich einen Lichtblick der Ermutigung. Vulpian kam, um Lassagne und mir mitzuteilen, dass unser Stück vom Theater Porte-Saint-Martin für Serres‘ Debüt angenommen worden war.

Man sieht also, dass ich mich langsam dem Théâtre-Français näherte, aber ich hatte genug Italienisch gelernt, um das Sprichwort „ *Che va piano va sano* “ zu verstehen.

Auch die Rechte des Autors waren höher. Das Theater an der Porte-Saint-Martin zahlte für ein Varieté achtzehn Francs und erlaubte Eintrittskarten im Wert von zwölf Francs.

Das bedeutete für mich acht Francs pro Nacht statt sechs – also genau das Doppelte dessen, was ich diesmal durch meine Büroarbeit einnahm.

La Noce et l'Enterrement wurde am 21. November 1826 aufgeführt. Meine Mutter und ich sahen mein Stück vom Orchester aus. Da mein Name nicht bekannt war und ich völlig unbekannt war, war es für mich kein Problem, mir die Genugtuung zu gönnen, dabei zu sein. Das Stück war ein großartiger Erfolg; aber so wie die römischen Kaiser in ihren Triumphtagen von einem Sklaven daran erinnert wurden, dass sie sterblich waren, so stellte die Vorsehung, damit mein Erfolg mich nicht berauschte, einen Nachbarn zu meiner Linken, der, als er aufstand, als der Vorhang fiel, bemerkte:

„Kommen Sie, kommen Sie, mit solchem Zeug lässt sich das Theater nicht am Leben erhalten.“

Mein Nachbar hatte recht, und er wusste umso besser, wovon er sprach, da er auch Schriftstellerkollege war.

Das Stück wurde etwa vierzig Mal aufgeführt, und da Porcher mir großzügig die Hälfte meiner Rechte überließ und nur die andere Hälfte beanspruchte, um vorherige Vorschüsse zu begleichen, halfen uns die vier Francs pro Abend, die ich für die Karten erhielt, über den Winter 1826/27 zu kommen.

KAPITEL V

Soulié in der mechanischen Sägemühle – Seine platonische Liebe zum Gold – Ich möchte mit ihm ein Drama schreiben – Ich übersetze *Fiesque* – Der Tod von Auguste Lafarge – Mein Gehalt wird erhöht und meine Position herabgesetzt – Félix Deviolaine, von der medizinischen Fakultät verurteilt, wird durch Krankheit gerettet – *Ludwig XI. in Péronne* – Talmas Theatergarderobe – Das *Loi de Justice et d'amour* – Die Auflösung der Nationalgarde

Von diesem Moment an war mein Entschluss fest: Wie Ferdinand Cortez hatte ich meine Boote verbrannt und musste entweder Erfolg haben oder mich aufhängen. Leider setzte ich nicht nur für mich selbst ein; meine arme Mutter war ebenso in das Spiel verwickelt.

Obwohl Soulié weniger Glück hatte als wir, da noch nichts von ihm aufgeführt worden war, ahnte ich, welche Vorstellungskraft in seinem Werk steckte, und beschloss, gemeinsam mit ihm ein Werk von einiger Bedeutung in Angriff zu nehmen. Im Grunde stimmte ich wirklich mit M. Oudards Einschätzung meiner ersten beiden Inszenierungen überein, und das zeigte ich, indem ich meinen Namen im Zusammenhang mit keiner der beiden sehen wollte, während ich aus einem Instinkt, der mich nicht weit in die Irre führte, die *Ode sur la mort du général Foy* , die *Nouvelles contemporaines* und *Pâtre romain unterschrieben hatte.* Aber ich beschloss ganz und gar, meinen Namen unter kein Theaterstück zu schreiben, bis ich etwas tun konnte, das große Aufsehen erregen würde. Soulié war umgezogen und wohnte in der Nähe von La Gare. Auf die eine oder andere Weise war er Leiter eines Sägewerks geworden, in dem über hundert Arbeiter beschäftigt waren. Im Vergleich zu uns war Soulié wohlhabend. Er erhielt ein kleines Taschengeld von seinem Vater und zusätzlich sein Gehalt als Leiter dieses Industrieunternehmens; so konnte er ein wenig Gold in seinen Taschen klimpern lassen, was in unserem Fall völlig ausgeschlossen war. Soulié hatte eine wahre Leidenschaft für Gold und er liebte es, es anzusehen und damit umzugehen. Gegen Ende seines Lebens verdiente er zwischen vierzig- und fünfzigtausend Francs pro Jahr; und wenn er am Ende des Monats Verträge zu bezahlen hatte, behielt er die so verpfändeten zwei- oder dreitausend Francs oft vom 15. bis zum 20. in seiner Schublade. Um sich dann die Freude zu verschaffen, die ihm der Anblick des Goldes bereitete, tauschte er seine Fünffrankenstücke oder seine Banknoten in Napoleons um und bat darum, dass man ihm die neuesten und glitzerndsten Münzen schickte, selbst wenn er vier oder fünf Sous pro Napoleon bezahlte (denn Soulié hatte nicht das Glück, in der glücklichen Zeit der Goldentwertung zu leben). Wenn dann das Monatsende kam, war es ihm so schmerzlich, sich von seinem Gold zu trennen, dass er, obwohl der geschuldete Betrag in seiner Schublade lag, seine Rechnung selten zum Fälligkeitstermin beglich, sondern lieber zwanzig, dreißig, fünfzig oder hundert Francs extra zahlte, um seine Augen noch ein paar Tage länger an dem reichen Metall weiden zu können. Und doch konnte niemand großzügiger, freigebiger oder verschwenderischer sein als Soulié. Er liebte Gold; aber verstehen Sie uns nicht falsch, er liebte es nicht als Geizhals, sondern als Vertreter des Luxus, als sicherstes Mittel, sich alle Freuden des Lebens zu verschaffen: Er liebte Gold wegen der Macht, die es verleiht. So hatte er eine ganz besondere Vorliebe für die Romantik von *Monte Christo*. Ich hoffe, man verzeiht mir, wenn ich mich zu lange mit Soulié befasse; er war eine der interessantesten Persönlichkeiten, die ich je kennengelernt habe, und ich sage von ihm, was Michelet einmal von mir sagte: „Er war eine der Naturgewalten." Ich konnte mir Soulié viel besser als Wilderer in den Wäldern Amerikas, als Pirat im Indischen Meer oder im Arktischen Ozean, als Entdecker an den Ufern des Tschadsees oder Senegals vorstellen als als Romanautor oder Dramatiker.

Er war auch vollkommen, als er inmitten seiner hundert Arbeiter im Sägewerk stand und ihnen mit einem Kopfnicken oder einer Handbewegung Anweisungen gab und seine Anweisungen in einem Tonfall gab, der zugleich sanft und fest, freundlich und doch voller Kraft war. Er hatte gerade seine Imitation von Shakespeares *Romeo und Julia beendet*. Es gab einige schöne, gut durchdachte Zeilen in diesem Werk, einige große Gedanken wurden energisch umgesetzt; im Großen und Ganzen war es jedoch eine mittelmäßige Produktion. Er hatte zwei Jahre zu spät damit begonnen und nichts Neues versucht zu einer Zeit, als Originalität eine der Voraussetzungen für den Erfolg war.

Ich sagte Soulié offen, dass ich gekommen sei, um ihn zu bitten, mit mir ein Drama zu schreiben. Da sich aber keiner von uns stark genug fühlte, um etwas Eigenes zu wagen, entschieden wir uns, ein Thema von Walter Scott zu wählen. Walter Scott war der letzte Schrei. Sein *Kenilworth Castle* war gerade mit großem Erfolg an der Porte-Saint-Martin aufgeführt worden, und eine Version von *Quentin Durward* sollte am Théâtre-Français aufgeführt werden. Talma wurde die Rolle von Ludwig XI. zugeteilt, und er hatte vorgehabt, sie auf seinen Tiberius zu folgen. Was für eine großartige Sache wäre es für das Drama gewesen, wenn Talma eine Figur von Walter Scott verkörpert hätte! Wir entschieden uns für *Old Mortality*. In *Old Mortality* gab es zwei Figuren – John Balfour of Burley und Bothwell –, die Soulié völlig faszinierten.

Als unser Thema gewählt war, machten wir uns mit großem Eifer an die Arbeit; aber vergebens steckten wir die Köpfe zusammen, der Plan ging nicht gut. Um es ganz deutlich zu sagen, jeder von uns war zu individuell und wir stießen ständig aneinander. Nach zwei oder drei Monaten fruchtloser Arbeit und nach fünf oder sechs nutzlosen Treffen hatten wir überhaupt keine Fortschritte gemacht und waren kaum weiter als bei unserem ersten Treffen. Aber ich hatte durch meinen Kampf mit diesem rauen Meister enorm gewonnen; ich fühlte, wie alle möglichen neuen Kräfte in mir aufstiegen, und wie bei einem Blinden, dem das Augenlicht wiedergegeben wurde, schien sich mein Blickfeld jeden Tag Stück für Stück zu erweitern.

Inzwischen übte ich mich in der Handhabung dramatischer Dichtung, indem ich Schillers *Fiesque* in Verse übersetzte. Ich übernahm die Aufgabe, um mir selbst etwas beizubringen, und nicht in der Hoffnung auf Bezahlung; und obwohl ich damit keinen Pfennig verdienen konnte und wir dringend Arbeit brauchten, die mir etwas einbringen würde, hatte ich den Mut, sie von Anfang bis Ende zu Ende zu schreiben.

Etwa zu dieser Zeit hatte meine arme Mutter, die immer in Angst war, ich könnte meine Stelle verlieren, und deren Ängste, wie ich gestehen muss, durchaus berechtigt waren, mir ein neues Beispiel getäuschter Hoffnungen vor Augen zu führen. Mein Landsmann Auguste Lafarge, der elegante Anwaltsgehilfe, der für einen Augenblick die ganze Stadt Villers-Cotterets revolutioniert hatte und der gezwungen war, sein Geschäft zu verkaufen, um seine Schulden zu bezahlen, weil er keine reiche Frau finden konnte, die seine Situation hätte retten können, hatte sich aus Mangel an anderen Lebensgrundlagen in die Literatur gestürzt und war gerade nach zwei oder drei Jahren Kampf gegen entsetzliche Armut gestorben. Vergebens sagte ich meiner Mutter, Lafarge habe nie das Zeug zum dramatischen Dichter gehabt; vergeblich sagte ich ihr, er habe nie gekämpft, sondern im Gegenteil kampflos aufgegeben; vergeblich betonte ich, Lafarge habe nicht einmal einen Bruchteil meiner Energie und Ausdauer besessen; die wesentliche Tatsache war, dass er Hunger und Elend erlitten hatte und infolge seiner Entbehrungen gestorben war.

Eine andere Tatsache, die ihre Ängste eigentlich hätte beruhigen sollen, machte sie nur noch nervöser. Betz war befördert worden. Der Leser wird sich erinnern, dass Betz der nette Junge war, der mein Stellvertreter im Duell mit MB gewesen war. Er war zum Obersekretär mit einem Gehalt von 2400 Francs ernannt worden, und seine Stelle als Ordnungssekretär mit 2000 Francs wurde Ernest gegeben, der wiederum seinen Posten mit 1800 Francs frei ließ. Da ich meine Büroarbeit mit einer Regelmäßigkeit erledigt hatte, an der nicht einmal mein schlimmster Feind etwas auszusetzen gehabt hätte, und da sie, obwohl sie mir gegenüber vielleicht ungerecht waren, nicht wirklich böse Absichten hegten, konnten sie mir Ernests Posten, um den ich Oudard bat, als stünde er mir zu. Meine Bitte wurde bewilligt, aber sie versetzten mich von der Sekretariatsabteilung in die Vertretungsbüros. Das

Bureau des secours war eigentlich eine Zweigstelle des Sekretariats, wurde aber als untergeordnete Abteilung angesehen. Am meisten hätte ich es bedauert, Lassagne zu verlassen, aber die Büroeinteilung war vor einiger Zeit geändert worden, und man hatte ihm in Anbetracht seiner Position als stellvertretender Büroleiter ein eigenes Zimmer zugewiesen. So kam es, dass ich ihm im Hilfsbüro genauso nahe stand wie unter den neuen Bedingungen im Sekretariat. Diese Änderung brachte mir zwei Vorteile: erstens eine Gehaltserhöhung und zweitens eine größere Handlungsfreiheit. Denn da ich Informationen über die unglücklichen Menschen einholen musste, die um Hilfe baten, verbrachte ich ganze Tage damit, von einem Ende von Paris zum anderen zu reisen. Als Ausgleich für diese beiden Vorteile hätte ich gern meine Tätigkeit als Portfoliomanager aufgegeben, aber es gab keinen Ausweg.

Trotz meiner Gehaltserhöhung und der größeren Freiheit, die ich erlangte, betrachtete meine Mutter diese Veränderung meiner Stellung als eine Schande. Sie täuschte sich nicht, und wenn doch , hätte Monsieur Deviolaine dafür gesorgt, sie in diesem Punkt zu belehren.

Darüber hinaus drohte ein sehr ernstes Unglück unseren Haushalt zu heimsuchen, mit dem wir eng verbunden waren. Seit einiger Zeit litt Felix Deviolaine, der das blühende Leben war, unter Husten und verlor an Gewicht. Er fühlte sich unwohl angesichts der Schwäche, die er immer mehr spürte, und eines Tages suchte er mich auf und bat mich, ihn zu Thibaut zu bringen, dessen medizinische Fähigkeiten er mich oft hatte loben hören. Ich beeilte mich, ihm diesen Dienst zu erweisen, und brachte ihn zu Thibaut, wobei ich ihn bat, Felix sehr sorgfältig zu untersuchen. Thibaut ließ ihn sich bis zur Hüfte ausziehen, klopfte ihm auf die Brust, lauschte seiner Atmung sowohl mit dem Ohr als auch mit dem Stethoskop und sagte ihm nach zehnminütiger Untersuchung unverblümt, dass er an einer schweren Lungenkrankheit leide, obwohl er nicht in Gefahr sei. Doch mir gegenüber flüsterte er:

"Der Junge ist dem Untergang geweiht."

Ich kann den Kummer und die Bestürzung, die diese knappe Erklärung in mir auslöste, nicht beschreiben. Felix war mir gegenüber nie besonders freundlich gewesen; er war von etwas eifersüchtigem Gemüt und hatte mich eher abgestoßen als dazu gebracht, die Freuden zu teilen, die er mir dank der gesellschaftlichen Stellung seines Vaters hätte verschaffen können, besonders im Hinblick auf die Jagd, die ich über alles liebte. Aber dennoch war seine Freundschaft eine der zärtlichsten meiner frühen Tage, und wenn sich diese Prophezeiung erfüllte, wäre dies das erste Blatt, das der Tod vom goldenen Zweig meiner Kindheitserinnerungen reißen würde.

Ich wollte Monsieur Deviolaine diese traurige Nachricht nicht mitteilen, also suchte ich Oudard auf und erzählte ihm, was geschehen war. Oudard weigerte sich entschieden, es zu glauben; denn bis jetzt schien es am unwahrscheinlichsten, dass Felix an Lungenschwindsucht sterben könnte; aber ich ließ Thibaut selbst rufen, und Thibaut wiederholte ihm das verhängnisvolle Urteil, das er mir mitgeteilt hatte. Ohne Monsieur Deviolaine die ganze Wahrheit zu sagen, gab Oudard ihm zu verstehen, dass Felix große Pflege benötige, und da Felix keinen anderen Arzt als Thibaut haben wollte, wurde vereinbart, dass Thibaut ihn täglich besuchen sollte. Damals begann ich mich mit der Lungenschwindsucht, die ich später in meinem Roman *Amaury behandelte*. Ich habe bereits erwähnt, dass Felix Deviolaine, gerade als Thibauts Vorhersage kurz davor war, sich zu erfüllen, und alle Hoffnung aufgegeben wurde – sogar im Herzen seiner Mutter, diesem letzten Zufluchtsort der Hoffnung –, auf wundersame Weise durch Gelenkrheumatismus gerettet wurde, der die Entzündung linderte und bewirkte, was kein anderes Heilmittel bewirken konnte.

Während diese Ereignisse stattfanden, fand im Théâtre-Français die Aufführung des Dramas von *Ludwig XI. in Péronne statt, in dem Talma hätte mitspielen sollen. Es war ein großes Ereignis für uns alle jungen Schriftsteller, die danach strebten*, etwas Neues zu schaffen ; Taylor hatte auf die Aufführung gedrängt, hatte dafür gesorgt, dass die Kostüme akkurat und die Inszenierung perfekt waren. Das Stück verdankte seinen Erfolg teilweise dem Erstaunen, das es hervorrief, und teilweise seinem inneren Wert. Ich habe es bei der ersten Aufführung nicht gesehen, weil ich keine Karte ergattern konnte und zu arm war, um mir eine an der Tür zu leisten; aber Soulié kam später zu uns ins Café des Variétés und erzählte uns alles darüber. Er war höchst begeistert davon. Das gab uns Mut und wir versuchten, unsere *Puritains d'Écosse* wieder aufzunehmen.

Talmas dramatische Nachfolge am Théâtre-Français war aufgeteilt worden: Michelot übernahm Tiberius und Ludwig XI.; Firmin Tasso; Joanny war bereit, das gesamte Repertoire des berühmten verstorbenen Schauspielers zu übernehmen; Lafond war beides geworden [1]; alle betrachteten Talma als Hindernis , und jetzt, da dieses Hindernis beseitigt war, bemühte sich jeder, den Ruf des Mannes zu erlangen, der alle anderen Rufe in den Schatten gestellt hatte. Um keine Chance auf Erfolg zu verlieren, teilten sie seine Kostüme unter sich auf, so wie sie seine Rollen aufgeteilt hatten. Für den 27. April war eine öffentliche Versteigerung von Talmas Garderobe angekündigt. Hier sind einige der Preise, die die verschiedenen Kostüme erzielten. Die Schauspieler, die hofften, mit seinen Kleidern sein Talent zu kaufen, zahlten nicht viel dafür.

Franken

Karl VI. und seine Perücke 205

Ladislaus 230

Der Cid 62

Mithridate 100

Richard III. 120

Die beiden Néron 412

Die Krone von Néron. 132

Othello, einer der in der Oper gespielten 131

Leonidas 200

Clovis 97

Joad 120

Nicomède 60

Der Bürgermeister von Palais 115

Philoktète 40

Typpo-Saëb 96

Leicester 321

Meynau 45

Falkland 42

Danville 130

Der Menschenfeind 400

Bayard 51

Der Großmeister der Templer 40

Jean de Bourgogne 79

Manlius 80

Sylla, mit der Perücke. 160

Hamlet, mit dem Schwert. 236

Der Oreste von *Andromak* . 100

Der Oreste von *Klytaimnestre* . 80

Fr. 3.884

Im Obigen sind zwei Punkte hervorzuheben: der eine, *Les deux Néron* , und der andere, *Othello, une fois joué à l'Opéra*. Diese beiden Beschreibungen zeigen, wie gewissenhaft Talma Einzelheiten zu seinen Kostümen recherchierte. Als er einmal bei Sueton entdeckte, dass Nero den Senat in einem blauen, mit goldenen Sternen bestickten Mantel betreten hatte, ließ er sofort ein Kostüm nach demselben Muster anfertigen und betrat die Bühne in genau demselben blauen Mantel mit goldenen Sternen, wie Nero ihn bei seinem Einzug in den Senat getragen hatte. Doch am nächsten Tag schrieb ein Kritiker, der sich nicht die Mühe gemacht hatte, Sueton zu lesen, und der dieses Kostüm für eine Laune des Schauspielers hielt, in einer der Zeitungen, Talma sehe aus wie die Nacht im Prolog zu *Amphitryon*. Dies reichte völlig aus, um Talma davon abzuhalten, das sternenbesetzte Gewand zu tragen. Bei einer anderen Gelegenheit, bevor er *Othello* für eine Benefizvorstellung in der Oper spielte, dachte er, dass der Mohr, da er ein venezianischer General geworden war, zwangsläufig sein orientalisches Kostüm abgelegt und die venezianische Kleidung angenommen haben musste. Also trug er eine sehr genaue Kopie eines venezianischen Kostüms aus dem 15. Jahrhundert. Aber als er den Turban, den Gürtel und die weiten, verzierten Hosen ablegte, war die Hälfte der malerischen Wirkung verloren, und nicht einmal Talmas ganze Genialität war imstande, das wiedergutzumachen. So war er selbst enttäuscht und dachte, dass der Kostümwechsel sich negativ auf sein Stück ausgewirkt hatte. Er kehrte für den Rest der Aufführungen zum traditionellen Kostüm zurück und benutzte das andere nie wieder. Das Kostüm des Menschenfeindes, das Talma in seinem Kleiderschrank fand, zeigte seinen lebenslangen Wunsch, die Rolle des Alceste zu spielen, aber es war ein Wunsch, den er nie zu erfüllen wagte. Die Person, die es kaufte, war nicht von der gleichen Bescheidenheit befallen.

Während diese Ereignisse stattfanden, die für Frankreich von so untergeordneter Bedeutung, für uns aber von so großem Interesse waren, versuchte die Regierung auf hinterhältige Weise, die Zensur, die sie abgeschafft hatte, wieder einzuführen. In seiner Rede vor der Kammer hatte der König gesagt:

"Wenn es möglich gewesen wäre, hätte ich es vorgezogen, der Presse keinerlei Aufmerksamkeit zu schenken. Doch seit sich die Gewohnheit entwickelt hat, politische Artikel zu veröffentlichen, sind neue Missbräuche entstanden, die wirksamere und umfassendere Mittel zur Unterdrückung erfordern. Es ist an der Zeit, den schmerzhaften Skandalen ein Ende zu setzen und die Freiheit der Presse selbst vor der Gefahr ihrer eigenen Exzesse zu schützen. Zu diesem Zweck wird Ihnen ein Projekt vorgelegt."

Dieser Absatz war nichts weiter als eine Drohung, die sich in einen Gesetzentwurf übersetzte, der der Kammer unter dem Titel „ *Entwurf des Gesetzes über die Pressepolizei*" vorgelegt wurde. Die Verlesung dieses Gesetzes wurde von der Opposition zwanzigmal unterbrochen und endete in einer Szene schrecklicher Aufregung. Casimir Périer sprang von seinem Sitz auf und rief:

„Sie könnten ebenso gut einen Gesetzentwurf einbringen, der nur aus der einzigen Klausel besteht: ‚Der Buchdruck wird in Frankreich zugunsten Belgiens verboten'!"

Herr de Chateaubriand bezeichnete dieses Gesetz als ein *Gesetz des Vandalismus.* Und auf den Aufschrei in der Hauptstadt reagierte ganz Frankreich und schickte gemeinsame und getrennte Petitionen, in denen die Kammer gebeten wurde, das Gesetz abzulehnen, da es alle öffentlichen Freiheiten zerstöre, dem Handel schaden und die heiligen Eigentumsrechte angreife. Inmitten dieser schrecklichen Kundgebung, die 1827 die bewaffnete Opposition von 1830 vorhersagte, hatte der *Moniteur* entweder die Klugheit oder die Hinterhältigkeit – man kann die wahren Gefühle *des Moniteur nie ganz ergründen* –, in einen Artikel zugunsten des Gesetzes die Phrase einzufügen, die es als *Gesetz der Gerechtigkeit und der Liebe charakterisiert.* Oh! Was für eine Gelegenheit bot dies der Waffe des Sarkasmus, die in Frankreich immer stark ist! Sie griff diese Phrase auf und benutzte sie als Waffe, um bei jeder möglichen Gelegenheit das Herz von Herrn de Peyronnet zu treffen. Alle riefen gegen dieses Gesetz aus, sogar die Akademie selbst. Es war M. de Lacretelle, der den riskanten und schwierigen Schritt wagte, die Vierzig Unsterblichen auf ihren Stühlen aufzuwecken. Am 4. Januar las er ihnen eine mitreißende Rede über die Nachteile des geplanten Gesetzes und die Fesseln vor, die es dem Denken auferlegen würde; er lehnte diese neue Zensur ab, die Drucker zu Richtern über Autoren machen sollte, und forderte, dass die Akademie von ihrem Vorrecht Gebrauch machen und den König ersuchen sollte, den Bitten der Vierzig nachzukommen und den Gesetzentwurf zurückzuziehen. Nach einer einstündigen Diskussion wurde fast einstimmig beschlossen, dass diese Petition dem König vorgelegt werden sollte, und die M. de Chateaubriand, Lacretelle und Villemain wurden beauftragt, sie zu verfassen. Am 21. Januar erschien die folgende Mitteilung im *Moniteur*:

„ART. I. Die Ernennung von Sieur Villemain, *Maître des Requêtes* des Staatsrates, wird widerrufen."

Dann weiter nach unten:—

„Auf Befehl des Königs wird M. Michaud von der Französischen Akademie nicht länger einer der Lektoren Seiner Majestät sein.

„Auf Befehl Seiner Exzellenz, des Innenministers, vom heutigen Tag wurde Herr de Lacretelle von seinem Posten als Theaterzensor entlassen."

Diese Verfolgung wurde mit einem Ausbruch der Empörung gegen die Regierung und mit demonstrativem Mitgefühl für die Opfer der Grausamkeit der Minister aufgenommen. Schließlich steigerte sich der Chor der Opposition zu einem so bedrohlichen Ton, dass die Regierung Angst bekam und am 18. April das Gesetz zurückzog, das sie am 29. November eingeführt hatte. Dann brach in Paris ein Freudenschrei aus: Die Häuser strömten von ihren Bewohnern auf die Straßen, und jedes Gesicht strahlte vor Freude; Hände wurden zur Begrüßung ausgestreckt, und Druckergesellen liefen durch die Boulevards und riefen „Vive le roi!" und schwenkten weiße Fahnen; und in ganz Paris fand in dieser Nacht eine allgemeine Beleuchtung statt. Aber die beschämte Regierung schickte Truppen, Schüsse wurden abgefeuert und Verwundete erlitten, und der Rückzug des berühmten *loi de justice et d'amour* ist nicht der Intelligenz des Königs, sondern seiner Angst zuzuschreiben.

Als Karl X. – der arme, blinde, taube Monarch – glaubte, dass die Begeisterung, die seine Thronbesteigung ausgelöst hatte, ewig anhalten würde, und am 29. April auf dem Champ de Mars eine Parade der Nationalgarde abhalten ließ, hörte er zu seiner großen Überraschung, vermischt mit jenen Rufen von „Vive le roi!", von denen Herrscher berauscht sind und auf ihren Thronen erzittern, die bitteren und rauen Rufe von „A bas les ministres!" und „A bas les Jésuits!" Diese Rufe kamen vor allem aus den Reihen der zweiten, dritten, fünften, siebten und achten Legion, also aus jenen, die der Finanzaristokratie und der unteren Mittelklasse angehörten. Überrascht von einem solchen Empfang hielt Karl X. für einen Augenblick an; dann trieb er sein Pferd an und ritt in die vordersten Reihen der Legion, die die bittersten dieser Beschimpfungen ausgestoßen hatte, und rief:

„Meine Herren, ich bin hierhergekommen, um Huldigungen entgegenzunehmen und nicht, um Vorträge zu halten."

Ach! Die Könige des Jahres 1827 wie auch die des Jahres 1848 hätten wissen müssen, dass Huldigung blendet und Belehrungen aufklären.

Um sechs Uhr am nächsten Morgen wurde jeder Posten der Nationalgarde durch Linientruppen abgelöst, und um sieben Uhr erschien statt eines Leitartikels im *Moniteur* über die Revue der Befehl zur Auflösung. Von diesem Moment an herrschte ein Bruch zwischen der älteren Schicht und der Mittelklasse. Die erstere besaß ihren König, der von Gottes Gnaden gewählt worden war, um über sie zu herrschen und mit ihr zu sterben. Doch von dieser Stunde an konnten weitsichtige Augen die herannahenden Wolken erkennen, die auf ihren Flügeln den Sturm von 1830 herbeitrugen.

[1] Siehe Band II, S. 442.

KAPITEL VI

Englische Schauspieler in Paris – Literarische Importe – *Trente Ans* oder *das Leben eines Spielers* – *Der Weiler* von Kemble und Miss Smithson – Ein Flachrelief von Mademoiselle de Fauveau – Besuch bei Frédéric Soulié – Er lehnt es ab, *Christine* mit mir zu schreiben – Ein nächtlicher Überfall – Ich treffe Adèle d'Alvin noch einmal – Ich verbringe die Nacht *au violon*

Irgendwann um 1822 oder 1823, glaube ich, versuchte eine Truppe englischer Schauspieler, eine Reihe von Vorstellungen im Theater Porte-Saint-Martin zu geben, aber sie wurden mit so viel Widerstand und Gejohle empfangen, und aus dem Parterre wurden so viele Äpfel und Orangen auf die unglücklichen Schauspieler geworfen, dass sie gezwungen waren, das Schlachtfeld unter dem schweren Geschoßfeuer zu verlassen. Und so drückte sich der Nationalgeist im Jahr 1822 aus. Aber damals, im Jahr 1822, galt es als entwürdigend, wenn ein Theater, in dem die Inszenierungen von Herrn Caignez und Pixérécourt aufgeführt wurden (ganz zu schweigen von denen von Corneille und Molière), seine Bühne einem Barbaren wie Shakespeare und der Reihe von *œuvres immondes* , die in seinem Gefolge folgten, zur Verfügung stellte.

Seitdem waren nur fünf Jahre vergangen, und nun überraschte das zweite Théâtre-Français alle mit der Ankündigung, dass eine Truppe englischer Schauspieler die wichtigsten Stücke Shakespeares aufführen würde. Ideen reiften in der brennenden Sonne des 19. Jahrhunderts so schnell, dass nur fünf Jahre nötig waren, um eine solche Aufklärung der öffentlichen Meinung herbeizuführen. Unsere Nachbarn auf der anderen Seite des Kanals waren uns jedoch ein Beispiel an Höflichkeit gegeben. Mademoiselle Georges war es gerade gelungen – zweifellos dank der politischen Erinnerungen, die sie umgaben –, das zu erreichen, was Talma trotz seiner anglo-französischen Abstammung nie erreicht hatte, nämlich eine öffentliche, nicht subventionierte Aufführung eines französischen Stücks.

unter der Schirmherrschaft des Herzogs von Devonshire eine äußerst erfolgreiche Vorstellung von *Sémiramis* . *Die Einnahmen beliefen sich auf 800 Pfund Sterling (20.000 Francs). Einige Tage später spielte sie, wiederum mit ähnlichem Erfolg, Mérope.* Dieser doppelte Triumph brachte den Direktor des Odéon auf die Idee, eine englische Schauspielertruppe einzuladen, und eine für Anfang September angekündigte Aufführungsreihe wurde mit Spannung erwartet. Tatsächlich hatte sich die Meinung von völliger Verachtung der englischen Literatur zu enthusiastischer Bewunderung gewandelt. Monsieur Guizot, der damals kein Wort Englisch konnte – und es seither nur zu gut kann – hatte mit Hilfe von Letourneur Shakespeare neu übersetzt . Walter

Scott, Cooper und Byron waren in jedermanns Hand. Monsieur Lemercier hatte aus *Richard III.* eine Tragödie gemacht ; Monsieur Liadière eine weitere über *Jane Shore. Kenilworth Castle* war an der Porte-Saint-Martin aufgeführt worden, *Louis XI. à Péronne* am Théâtre-Français, *Macbeth* an der Opéra. Man sprach von Frédéric Souliés *Juliette* und von Alfred de Vignys *Othello*. Der Wind hatte eindeutig nach Westen gedreht und deutete auf eine literarische Revolution hin. Doch das war noch nicht alles: An der Porte-Saint-Martin wurde ein Stück aufgeführt, dessen Schluss aus Werners *Vingt-Quatre Février entlehnt war* , das sowohl durch seinen Stil als auch seine Aufführung eine Revolution ausgelöst hatte.

Wir möchten ein paar Worte zu *Trente Ans* oder *La Vie d'un Joueur* von MM. Victor Ducange und Goubaux sagen. Neben der dramatischen Bedeutung dieses Werks hat es zwei hervorragende Künstler ans Licht gebracht, Frédérick und Madame Dorval. Es kommt selten vor, dass man zwei so hochbegabte Schauspieler findet, von denen einer so gut ist wie der andere. Er war nämlich der elende Tragödiendichter, der drei Jahre zuvor im Odéon einen der Brüder Macchabée gespielt hatte! Sie war das kleine Mädchen, das vergessen wurde, sobald sie die undankbare Rolle der Malvina im *Vampir gespielt hatte!*

Das Volksdrama hatte seinen Talma, und die Boulevardtragödie ihre Mademoiselle Mars. Jeder kennt *Trente Ans* ; jeder hat es von den beiden Künstlern gespielt gesehen, die ich soeben genannt habe. Aber nicht jeder hat die fieberhafte Aufregung miterlebt, die sowohl Schauspieler als auch Zuschauer bei diesen ersten Aufführungen erfasste.

So fanden die englischen Künstler die Pariser Theaterbesucher voller Begeisterung, die eifrig nach neuen Emotionen verlangten, um die eben erlebten zu ersetzen. Solche Momente erlebt man zu verschiedenen Zeiten und Jahreszeiten, wenn außerhalb der Vorstellungswelt alles ruhig ist. Da das physische Leben nicht in Gefahr ist, seufzt der Geist nach eingebildeten Gefahren; menschliches Mitgefühl muss sich auf etwas konzentrieren. Zwölf Jahre Ruhe ließen jeden nach Emotionen schreien; zehn Jahre Lachen riefen laut nach Tränen. Mit einem von Natur aus ruhelosen und abenteuerlustigen Nationalgeist müssen wir uns immer dramatisch ausdrücken, ob auf der Bühne oder im wirklichen Leben.

1827 hatte das Theater alles im Griff. Am 7. September gaben die englischen Schauspieler ihre erste Vorstellung. Abbott eröffnete die Veranstaltung mit einer kurzen Rede in sehr sorgfältig ausgesprochenem Französisch, und sie spielten *The Rivals* von dem armen Sheridan, der gerade in finanziellen Schwierigkeiten begraben worden war; dann Allinghams *Caprice of Fortune*. Die Komiker der Truppe trugen die Ehre der Premiere davon, und obwohl man einen Komiker namens Liston und ein von Miss Smithson gespieltes

Liebhaberstück bemerkte, waren wir ganz sicher, dass die lang ersehnte Truppe nicht nur für diese Demonstration ihrer Fähigkeiten über den Kanal gebracht worden war. Ich hatte mich entschlossen, diese englischen Vorstellungen mit einiger Sorgfalt zu besuchen, und da Porcher die Vorschüsse, die er mir geliehen hatte, fast zurückerhalten hatte, bat ich ihn um zweihundert Francs, von denen hundertfünfzig für unsere Haushaltskosten verwendet wurden und fünfzig dazu bestimmt waren, mich in die Schönheiten des englischen Dramas einzuführen. Zu dieser Zeit kannte ich Shakespeare bereits fast auswendig; aber Theaterstücke sind nach Ansicht der Deutschen zum Anschauen und nicht zum Lesen da. Also widerstand ich der Versuchung, zur ersten Aufführung zu gehen, und wartete darauf, Shakespeare von der englischen Truppe zu sehen.

Sie kündigten *Hamlet an.* Diesmal hatte ich keine Angst, es zu verpassen. Glücklicherweise war es Ernests Woche, in der er das Portfolio zusammenstellte. Ich verließ das Büro um vier Uhr und stellte mich in die Schlange, diesmal etwas besser informiert als bei meinem ersten Besuch in Paris. Ich kannte *Hamlet* so gut, dass ich die Worte nicht kaufen musste; ich konnte den Schauspielern folgen und die Worte übersetzen, sobald sie ausgesprochen wurden. Ich muss zugeben, dass der Eindruck, den ich machte, meine Erwartungen bei weitem übertraf: Kemble war wunderbar als Hamlet und Miss Smithson gab eine göttliche Ophelia. Die Bühnenszene, die Leinwandszene und die mit den beiden Porträts, die Wahnsinnsszene und die auf dem Friedhof elektrisierten mich. Erst dann wurde mir klar, was das Drama sein könnte, und aus den Ruinen meiner früheren schwachen Versuche, die der Schock dieser Offenbarung mit sich brachte, sah ich, was nötig war, um eine neue Welt zu erschaffen.

„Und Finsternis lag auf der Tiefe, und der Geist Gottes schwebte über dem Wasser", so heißt es in der Bibel.

Dies war das erste Mal, dass ich echte Leidenschaften auf der Bühne sah, die Männer und Frauen aus echtem Fleisch und Blut inspirierten. Jetzt verstand ich Talmas Stöhnen über jede neue Rolle, die er schuf; ich verstand sein immerwährendes Streben nach einer Literatur, die ihm die Chance geben könnte, einen Helden darzustellen, der ein lebendiges Wesen sein sollte; ich verstand seine Verzweiflung darüber, zu sterben, bevor er jener Seite seines Genies Ausdruck verliehen hatte, die unbekannt in ihm und mit ihm starb. Die heutige Generation wird nicht verstehen, was ich sage; denn ihre kindlichen Studien haben sie mit Walter Scott ebenso vertraut gemacht wie mit Lesage, mit Shakespeare ebenso wie mit Molière. Unser Jahrhundert, das in erster Linie ein Jahrhundert der Wertschätzung geworden ist, lächelt ungläubig, wenn es hört, dass ein Komiker ausgebuht werden könnte, weil er Engländer war, oder ein Stück ausgebuht werden könnte, weil es von Shakespeare war.

Diese Aufführungen erfreuten sich immer größerer Beliebtheit. Auf *Hamlet* folgten *Romeo und Julia* , dann *Othello* ; dann schließlich, eines nach dem anderen, alle Meisterwerke der englischen Bühne. Kemble und Miss Smithson gebührt die ganze Ehre dieser Aufführungen. Es ist unmöglich, die Szene von Ophelias Wahnsinn, die Balkonszene in *Julia* , die Vergiftungsszene in der Totengruft, Othellos Eifersucht und den Tod Desdemonas zu beschreiben, wie sie von diesen beiden großen Künstlern gespielt wurden. Auch Abbott erwies sich in den Rollen, die er spielte, als anmutiger Komiker. Sein Mercutio war unter anderem ein wahres Meisterwerk entzückender Schauspielkunst.

Und nun wollen wir bemerken, wie seltsam es ist, dass Ereignisse, die das Leben eines Menschen beeinflussen, sich scheinbar miteinander verbinden. Am 10. führten die englischen Schauspieler die letzte ihrer Aufführungen auf, die mich mit neuen Eindrücken erfüllten und meinen Geist mit neuem Licht erfüllten. Am 4., sechs Tage zuvor, war gerade die Salon-Ausstellung eröffnet worden. In diesem Salon stellte Mademoiselle de Fauveau zwei kleine Flachreliefs aus, um die sich alle Künstler versammelten.

Eines dieser Flachreliefs stellte eine Szene aus „Der *Abbé* " dar , das andere die Ermordung Monaldeschis. Ich kam mit der Menge herbei, um mir diese Flachreliefs anzusehen, und schätzte wahrscheinlich mehr als die meisten anderen Betrachter die Kraft und Feinheit dieses Werks, das so geschickt von den Fingern einer Frau bearbeitet wurde. Ich hatte „Der *Abbé*" gelesen , also wusste ich alles über eines dieser Flachreliefs, aber in einigen geschichtlichen Aspekten war ich so unwissend, dass ich nicht nur den Vorfall nicht kannte, den die andere Skulptur darstellte, sondern auch nicht wusste, wer Monaldeschi oder Christine war, und ich verließ das Museum, ohne es zu wagen, jemanden danach zu fragen. Da es Sonntag war und ich Soulié seit mehreren Tagen nicht gesehen hatte, beschloss ich, einen Teil des Abends mit ihm in La Gare zu verbringen.

Um neun Uhr – nachdem ich meiner Mutter gesagt hatte, dass ich wahrscheinlich erst sehr spät nach Hause kommen würde – süßte ich mir vor einem glühenden Feuer (denn in einem Sägewerk gibt es reichlich Holz) eine Tasse Tee und begann mit Soulié über die Änderungen zu diskutieren, die seine *Juliette* erfahren müsste, da die englische Schauspielerei ins Rampenlicht gerückt war. Plötzlich fiel mir das Flachrelief von Monaldeschis Tod ein, und da ich es nicht wagte, Soulié nach Einzelheiten zu fragen, aus Angst, er könnte sich wegen meiner Unwissenheit über mich lustig machen, fragte ich ihn, ob er eine *Biographie universelle besitze*. Er hatte eine, und ich las die beiden Artikel über *Monaldeschi* und *Christine*. Dann, nach einigen

Augenblicken des Nachdenkens, in deren Tiefen ich alle möglichen tragischen Charaktere zwischen dem Glitzern der Schwerter zu sehen glaubte, sagte ich zu Soulié, als ob er meinen Gedanken gefolgt wäre:

„Wissen Sie, in all dem steckt ein furchtbares Drama?"

"In was?"

„Bei der Ermordung Monaldeschis durch Christine."

„Das sollte ich einfach denken."

"Sollen wir es zusammen machen?"

„Nein", antwortete Soulié nachdrücklich. „Ich habe nicht vor, weiterhin mit anderen zusammenzuarbeiten."

"Warum?"

„Weil David mir durch den Einfluss von M. Portalis das Kreuz versprochen hat, wenn ich mein erstes wichtiges Werk alleine schreibe."

Ich sah Soulié völlig verblüfft an. Ich glaube nicht, dass er selbst sich der Natur seiner schroffen Ausbrüche ganz bewusst war.

„Deshalb", fügte er hinzu, „habe ich die Absicht, dieses Thema selbst für eine Tragödie zu verwenden."

„Oh!", sagte ich und legte die Bände weg.

„Das muss Sie nicht davon abhalten, Ihr eigenes Drama zu schreiben, verstehen Sie, wenn Sie der Idee treu bleiben wollen."

„Zum selben Thema wie du?"

„Es gibt mehr als ein Theater in Paris und ein Dutzend Möglichkeiten, ein Thema zu behandeln."

„Aber wer von uns wird es im Théâtre-Français lesen?"

"Wer auch immer zuerst fertig ist."

„Würde es Sie nicht ärgern?"

„Was zum Teufel glauben Sie, würde es mir antun?"

„Sie sind heute Abend nicht sehr liebenswürdig."

"Ich bin nicht gut gelaunt."

"Was ist los mit dir?"

Juliette konstruiert habe, hätte ich es entweder gar nicht oder anders gemacht."

„Werden Sie meinen Rat befolgen?"

"Inwiefern?"

„Der aufrichtige Rat eines Freundes … Lassen Sie Ihre *Juliette* beiseite, so wie ich meinen *Fiesque beiseite gelassen habe* , und träumen Sie von etwas anderem."

„Pah! Wenn es fertig ist!"

Ich sah, dass Soulié entschlossen war, damit fortzufahren, und ließ das Thema fallen. Da ich mir dann die *Biographie universelle nicht leisten konnte* , fragte ich Soulié, ob ich die beiden Artikel abschreiben dürfe, und er erlaubte es mir. Offenbar flößte ihm mein Schreiben über dasselbe Thema keine große Angst ein. Wir trennten uns um Mitternacht, und als ich den Boulevard entlangging, träumte ich bereits von meiner zukünftigen *Christine*. Es war eine dunkle, regnerische Nacht, und der Boulevard war fast menschenleer. Als ich das Tor von Saint-Denis erreichte und gerade den Boulevard verlassen wollte, um wieder auf die Straße zu gehen, hörte ich dreißig Schritte vor mir Schreie; dann sah ich mitten in der Dunkelheit eine Gruppe von Leuten, die auf dem Boulevard heftig miteinander rangen, und ich rannte in die Richtung der Schreie. Zwei Kerle griffen einen Mann und eine Frau an. Der angegriffene Mann versuchte sich mit einem Stock zu verteidigen, die Frau war zu Boden geworfen worden und der Dieb versuchte, ihr eine Kette um den Hals zu entreißen. Ich sprang auf den Dieb, und im nächsten Moment lag er ebenfalls am Boden und ich kniete auf ihm. Als der zweite Dieb das sah, hörte er auf, den Mann anzugreifen und rannte davon. Es scheint, als hätte ich meinem Dieb unabsichtlich gnadenlos die Kehle zugedrückt, denn plötzlich schrie er zu meiner großen Überraschung:

"Hilfe Hilfe Hilfe!"

Dieser Schrei und die bereits von dem angegriffenen Mann und der Frau ausgestoßenen Rufe riefen mehrere Soldaten der Militärstation Bonne-Nouvelle herbei. Ich hatte den Dieb nicht losgelassen, und die Soldaten rissen ihn mir aus den Händen. Erst dann konnte ich auf den Dank derer antworten, die ich gerettet hatte. Die Stimme der Frau kam mir seltsam vor. Es war Adèle d'Alvin, die ich seit meiner Abreise aus Villers-Cotterets nicht mehr gesehen hatte, und der Mann war ihr Ehemann. Es hatte eine Sondervorstellung an der Porte-Saint-Martin gegeben, bei der *La Noce et l'Enterrement* gespielt worden war, und da sie wussten, dass ich an diesem Meisterwerk beteiligt gewesen war, wollten sie es sehen. Die Vorstellung war, wie bei Sondervorstellungen üblich, erst spät zu Ende gegangen, und Adèle war hungrig. Als sie herauskamen, gingen sie zum Abendessen ins Theatercafé, was sie aufgehalten hatte. Gerade als sie Charlards Apotheke erreichten, wurden sie von den beiden Raufbolden angegriffen, die ich ihnen zuvor ausgetrieben hatte und von denen einer von den Verteidigern des Landes verhaftet worden war. Unglücklicherweise waren diese Verteidiger des Landes nicht so intelligent wie mutig. Sie konnten nicht zwischen Räubern und Beraubten, zwischen Dieben und ehrlichen Leuten unterscheiden und brachten uns alle in die Wache mit der Mitteilung, dass wir bis zum Morgen dort bleiben müssten. Bei Tagesanbruch schickten sie nach einem Polizisten, der die Spreu vom Weizen trennte.

Wir versuchten, uns zu erklären, und baten darum, dass sie unsere Person, unser Gesicht und unser Aussehen sorgfältig untersuchen und mit dem des Mannes vergleichen sollten, den ich verhaftet hatte, und dass sie uns nicht bis zum nächsten Tag festhalten sollten, bevor sie uns die Gerechtigkeit widerfahren lassen, die uns gebührt. Aber auf all das antworteten die Verteidiger des Landes unbeirrt, dass *nachts alle Katzen grau aussehen* ; man könne sich daher leicht täuschen, während am nächsten Tag die Sache *klar sein würde* .

Die Entscheidung war weder logisch noch beredt; aber wir waren die schwächere Partei. Sie ließen uns, Angegriffene und Angreifer gleichermaßen, in den Teil des Wachhauses gehen, der *Violon* genannt wird , und uns blieb nichts anderes übrig, als auf die Zustimmung des Herrn Chef du Poste zu warten .

Wir lehnten uns alle aneinander, wie es Leute in einer Kutsche tun, und versuchten zu schlafen. Da Adèle und ihr Mann eine Ecke des Feldbetts für sich beansprucht hatten, blieb eine für mich übrig. Ich blickte die Frau lange Zeit traurig an; sie war mit den frühesten Erinnerungen meines Lebens verbunden, und jetzt, anscheinend vollkommen glücklich, schlief sie auf der Schulter einer anderen ein, mit der sie in vertrautem Ton sprach. Sie hatte zwei Kinder; die Mutterschaft hatte sie über ihre verlorene Liebe getröstet. Sie schliefen beide ein; aber weder der Dieb noch ich schliefen ein. Bald wandten sich meine Augen von Adèle und ihrem Mann ab; meine Gedanken verfolgten ihre Schritte zurück und ich nahm meinen Traum dort wieder auf, wo er unterbrochen worden war. Ich sah vor meinem geistigen Auge das Flachrelief von Mademoiselle de Fauveau, wie es an der Wand befestigt hing, und in der Wache des Boulevard Bonne-Nouvelle, neben dieser Frau und ihrem Mann, Auge in Auge mit dem Dieb, der bei der nächsten Gerichtsverhandlung zu drei Jahren Gefängnis verurteilt werden sollte, rief meine Vorstellungskraft die ersten Szenen von *Christine hervor*. Am nächsten Morgen um acht Uhr kam der Polizeibeamte herein, nahm unsere Aussagen und Adressen auf und ließ uns dann frei; während unser Freund, der Dieb, sofort auf die Polizeiwache gebracht wurde. Als ich nach Hause kam, fand ich meine arme Mutter schrecklich verstört vor. Sie hatte, wie ich, die ganze Nacht kein Auge zugetan. Ich sah Adèle während ihres Aufenthalts in Paris ein- oder zweimal wieder; aber seit dieser Zeit war meine Vorstellungskraft, wenn nicht mein Herz, die Sklavin einer Geliebten, die alle meine früheren Geliebten verdrängt und sogar denen der späteren Jahre geschadet hat. Diese Geliebte oder vielmehr dieser Meister war Art.

KAPITEL VII

Zukünftige Meilensteine – Komplimente an den Herzog von Bordeaux –
Vates – Cauchois-Lemaires Orléaniste-Broschüre – Der See von Enghien –
Der Papagei von Oberst Bro – Doktor Ferrus – Morrisel – Ein Trauerzug
der Extraklasse – Jagd auf Hochtouren – Eine Autopsie – Erklärung zum
Tod des Papageis

Für jeden philosophischen Geist ist es äußerst lehrreich, eine vergangene
Zeitspanne zu überblicken und sich daran zu erinnern, dass sie einst als
Zukunft betrachtet wurde. Dann kann man sehen, wie allmählich
Veränderungen eintraten; man erkennt Meilensteine, und man erkennt, dass
es in der Entwicklung der Dinge nichts Plötzliches oder Unerklärliches gibt;
was wir in der Gegenwart als allmächtigen Zufall betrachten, wird, wenn
man es im Licht der Vergangenheit untersucht, als Vorsehung erkannt. So
war Karl X., der letzte Vertreter einer sterbenden Aristokratie, zum
Untergang bestimmt; so war Louis-Philippe, der Vertreter des Volkes in
seinem stärksten Moment, dazu bestimmt, den Thron zu besteigen; und von
1827 bis 1828 wurde alles vorbereitet, damit das Volk auf die große
Katastrophe von 1830 vorbereitet war. Und doch kann niemand die Zeichen
einer unmittelbaren Zukunft klar deuten.

Alle Hoffnungen des Landes schienen auf dem „phänomenalen Kind" (
l'enfant du miracle) zu ruhen, wie man den Herzog von Bordeaux nannte, und
am 1. Januar richtete Monsieur de Barbé-Marbois, der erste Präsident des
Cours des Comptes, die folgende entzückende kleine Rede an ihn, die ganz
dem Alter und der Intelligenz des jungen Prinzen angemessen war:

"Monseigneur, Sie werden heute die üblichen Geschenke erhalten; ich werde
eine kurze Geschichte erzählen. Es war einmal der Prinz, dessen Namen Sie
tragen und der damals so jung war wie Sie, der nach einer Reise an den Hof
von Navarra zurückkehrte. Noch auf seinem Pferd sitzend war er von
Kindern vom Lande umgeben, die erfreut, ihn wiederzusehen, immer wieder
wiederholten: , *Caye nostre Henry!* ', was so viel heißt wie ,Hier ist unser
Henri!', als ob der junge Prinz zu ihnen gehörte. Königin Jeanne, seine
Mutter – eine vortreffliche Prinzessin –, die vom Balkon des Palastes aus
alles gesehen und gehört hatte, war sehr erfreut über den Empfang, den sie
dem jungen Prinzen bereiteten, und sagte zu ihm: ,Diese Kinder, mein Sohn,
haben dir gerade eine Lektion erteilt, die süßeste, die du jemals erhalten
kannst; indem sie dich , *unser Henry* ' nennen, lehren sie dich, dass Prinzen
genauso zu ihrem Land gehören wie zu ihrer eigenen Familie.' Der Prinz
erinnerte sich an die Lektion, und deshalb nennen ihn die Franzosen seit

mehr als zwei Jahrhunderten weiterhin ‚unser Henry' und werden immer so von ihm sprechen."

Der Herzog von Bordeaux hörte aufmerksam zu und antwortete dann:

" *Ich werde nicht vergessen.* "

Schon im Jahr zuvor hatte man zu ihm gesagt: „Und Sie, Monseigneur, der Sie noch sehr jung sind und auf dessen Haupt das zukünftige Glück Frankreichs ruht, denken Sie immer daran, dass dieses schöne Königreich auch einen guten König braucht – einen König, der die Wahrheit liebt und möchte, dass sie ihm gesagt wird; einen König, der Schmeichelei verachtet und der diejenigen aus seiner Gegenwart verbannt, die ihn täuschen. Sie werden sich erinnern, Monseigneur, dass Ihnen dieser Rat von einem alten weißhaarigen Mann gegeben wurde?"

Der Herzog von Bordeaux hatte geantwortet:

" *Ja.* "

„Ihr *Ja* , Monseigneur", fügte der erste Präsident hinzu, „wird in unsere Annalen eingetragen, wo Sie es finden werden, wenn Sie volljährig sind."

Leider waren all diese Ratschläge vergebens. Der weißhaarige Veteran, der durch Nachdenken über die Vergangenheit so viel gelernt hatte, konnte die Zukunft nicht voraussehen. Gott verleiht nur Dichtern die Gabe der Hellsichtigkeit. Es war ein Dichter, Monseigneur, der diese Worte an Sie richtete:

„Gruß, kleiner Cousin Germain!
An einem Ort des Schicksals habe ich geschrieben.
Das Glück wird dir helfen; deine Geburt wird dir gelingen.

Mein erster Tag war auch sehr schön, ein französischer Punkt, der nicht gefällt: „Die Könige haben sich am Boden verzehrt ... und trotzdem bin ich in Wien!"

Es war ein Dichter, Sire, der diese Worte an Sie richtete:

"O Könige, hütet euch, hütet euch! Habt die Herrschaft nicht verloren.
Wir werden
nicht das wiedergutmachen, was uns vergönnt war; Wir werden nichts tun,
es gibt Schläge einer rebellischen Braut, Erobert die Freiheit, die euch mit
ihr vereint; Bleibt in eurer Zeit, hört das, was da ist ,
und hört das große Leben, denn das Volk ist groß! Hört, hört! Vor dem
riesigen Horizont, Dieses Geräusch, das sich zu verdichten und wieder zu
erschallen scheint, Dieses verwirrende Gemurmel, dieses saure Frömmeln,
das sich dreht und das von Moment zu Moment ankommt! Das sind die

Leute, die leben! Das ist die hohe See
, die da ist. Berg, unaufhörlich von seinem alten Gewand!Jedes
Jahrhundert, auf seiner Reise, die er aus Gold oder Eisen bedeckte, Er
legte sich wie eine Kappe auf den Berg des Meeres,
Mit seinen Kindern, seinen Seelen, den Denkmälern, die er hinterließ,
Vergebliche Hindernisse, die ihn zum Flechten brachten , überhäuften die
Erde
mit allem, was er sah und was er nicht mehr sah, Verliere dich unter dieser
Flotte, die nichts von Rückfluss hatte!Die Sonne ist immer da, die Flotte ist
immer da;Unglücklicherweise für ihn, die Nacht wird auf den Tod
warten,Und keine Forderung an den Fischer, der sich erfüllteD'où hat das
„Am Horizont erkennt man dieses große Geräusch!
König, hasse euch! Verlasse das alte Meer der Menschen! – In dieses Meer
der Menschen! – Bringe Platz, oder sieh, wenn du weg willst! – Im
vergangenen Jahrhundert muss man einfach alles zurückholen!

Wieder war es ein Dichter, der diese Worte aussprach:

„Aber mit freundlichen Grüßen dieses neuen Ministers,
Die Nacht wird in den dunklen Himmel rücken; Die Schilder werden
aufgehängt, hinter den Kulissen geschrieben, Die eitlen Anhänger dieser
Partei werden den Geist erhellen; Und Frankreich ersehnt! – Die
Unsterbliche und Herrliche wird von den Märtyrern
Griechenlands geschlagen, Auf der hohen Front des Plebejer Senats, Parut,
der Agitator, wird von Phrygien geblendet!
Panthéon, das goldene Kreuz wird von seiner Kuppel verdunkelt!
Unter den heiligen Steinen des Place Vendôme, Das Land ist verwittert,
und der Lärm des Herrschers
wird über ihm strahlen. Basis d'Airain!..

Es war auch ein Dichter, der folgende Drohung aussprach:

„Es ist traurig und traurig, wenn das Herz schlägt,
und in der Ergüsse der geheimsten Momente, in denen ich mich an seinen
Rändern mit den Herzen des Vaterlandes auseinandersetze, in den Klauen
des Herzens und der Vergänglichkeit.

Es ist so lange her, dass uns ein Schicksal im Weg stand, in den Kämpfen
der Zivilbevölkerung, die wir ertragen mussten; in den Leidenschaften zu
sehen, die wir in der Arena entdecken mussten, und in der Eintracht und
der verträumten Freude zu schwelgen. Nur wenn ich

nur daran denke, werde ich mich nur darüber freuen!
Es ist so, als würde es uns ärgern; ich muss mich ärgern; und für den, der
sich Luft verschafft. es ist immer grau, aber mir wird es trotzdem nicht

gleichgültig bleiben.

Oh! Schade, die Suppen! Oh! Gott, wir werden noch einmal kämpfen.
In diesen bewaffneten Duellen zwischen einem Volk und dem König!
Unter der Sonne des Abends wird die Hitze nicht erlahmen. Das Lied ist
heiße Brühe, und nichts ist mir fremd."

Wie wir bereits erwähnt haben, hat das Vorgehen der Regierung der Sache
der Öffentlichkeit wirklich geholfen. Es wurde unaufhörlich ein Prozess
nach dem anderen gegen die Presse geführt, aber die Freiheit geht aus diesen
Auseinandersetzungen immer als Sieger hervor, ganz gleich, was geschieht,
und tötet durch ihren Erfolg diejenigen, die versuchen, sie zu unterdrücken.
Monarchien werden nicht gestürzt, sie untergraben sich selbst und beginnen
zu wanken; dann, eines Tages, wenn die Menschen sie zittern sehen, schreien
sie laut und stürzen zu Boden.

Der Fall des *Spectateur religieux* ging von Gericht zu Gericht und landete
schließlich vor dem Gericht von Orléans. Herr de Senancourt, der von der
Strafvollzugsbehörde wegen seiner Zusammenfassung von Traditions morales et religieuses
zu neun Monaten Gefängnis und einer Geldstrafe von 500 Francs verurteilt
worden war , wurde in der Berufung freigesprochen.

Schließlich wurde Cauchois-Lemaire zu fünfzehn Monaten Gefängnis und
einer Geldstrafe von zweitausend Francs verurteilt, weil er in seinem *Brief an
den Königlichen Herzog von Orléans, über die aktuelle Krise, einen Regierungswechsel
und eine Änderung der Thronfolge gefordert hatte.* Dieser Brief enthielt die
folgenden belastenden Passagen. Der Autor legte dem Prinzen die Lage
Frankreichs offen und fügte hinzu:

„Aber Sie werden mir vielleicht sagen: ‚Was kann ich tun? Als Pair des
Königreichs weiß Frankreich, dass ich mich einem Ächtungsverbot
unterwerfe, das mir jegliche Beteiligung an öffentlichen Angelegenheiten
verbietet.‘ Genau darum geht es, Monseigneur. Weil Sie Ihrer Privilegien
enthoben sind, sind Sie dann auch vom Common Law enthoben? Ist das
Land in der Hohen Kammer begrenzt? Verurteilt die Trägheit des
Parlaments alle zur politischen Lethargie? Und sind die Leute, nur weil sie
nicht zufällig der Aristokratie angehören, deshalb bedeutungslos?
‚Gefährliche Fragen‘, werden einige ausrufen. ‚Unangemessen und jedenfalls
irrelevant‘, werden andere sagen. Solche Fragen, würde ich antworten, sind
in einer verfassungsmäßigen Regierungsform sowohl natürlich als auch
nützlich."

Nach diesem Absatz folgte Folgendes:—

„Statt nach Gent zu gehen, ging er nach England und entzog sich so der Verbindung mit dem System, das die Epoche des Jahres 1815 kennzeichnete, und davor, in die Fußstapfen von 1815 zu treten.“

Dann ging er von der Politik zum Rat über und fügte hinzu:

„Und um nicht von seiner Gewohnheit abzuweichen, Ratschläge zu erteilen, fordert der Verfasser dieses Briefes Sie auf, Ihr herzogliches Wappen gegen die bürgerliche Krone einzutauschen. Kommen Sie, Prinz, fassen Sie Mut; in unserer Monarchie steht Ihnen noch eine schöne Chance offen, eine Position, wie sie la Fayette in einer Republik einnehmen könnte, nämlich die des ersten Bürgers Frankreichs. Ihr Fürstentum ist nur eine armselige Pfründe neben diesem moralischen Königreich!“

Dann auf der folgenden Seite:—

„Das französische Volk ist wie ein großes Baby, das unterrichtet werden muss. Beten wir, dass es nicht in böse Hände fällt.“

Wieder:-

„Ein eifriger Patriotismus kann einem großen und edlen Beispiel, einer herausragenden Position und immensem Reichtum nicht standhalten – drei Qualifikationen, die alle in der Person Eurer Hoheit vereint sind. Mit diesen müssen Sie sich nur bücken, um das Juwel aufzuheben, das zu Ihren Füßen liegt, nach dem viele streben, das sie aber nicht erlangen können, da Ihnen die Qualifikationen fehlen, mit denen Sie durch die Gnade Gottes ausgestattet wurden.“

Dann:-

„Außerdem würde sich ein Prinz, der den Staat in Gefahr sieht, nicht damit zufrieden geben, die Arme zu verschränken, damit der Wagen nicht richtungslos umkippt. Wir haben unsererseits alles in unserer Macht Stehende getan; es liegt an Ihnen, es zu versuchen und das Rad festzuhalten, bevor es über den Abgrund stürzt.“

Und schlussendlich:-

„Während wir im Niedergang begriffen sind“, schrieb der Verfasser dieses Briefes, „werden der Herzog von Bordeaux, der Herzog von Chartres und sogar der Herzog von Reichstadt erwachsen …“

Von den drei Prinzen, die laut Cauchois-Lemaire in dieser Zeit aufwuchsen, lebt nur noch einer.

Der Herzog von Reichstadt verschwand 1832, so wie ein Schatten mit dem Körper verschwindet, der ihn geworfen hat. Der Herzog von Chartres wurde 1842 gewaltsam aus der Gesellschaft ausgeschlossen, da er durch seine Popularität ein erhebliches Hindernis für die Pläne darstellte, die sich 1848 ihrer Verwirklichung näherten. Schließlich sollte der Herzog von Bordeaux, den Béranger im Namen seines kleinen deutschen Vetters, des Herzogs von Reichstadt, begrüßt hatte, diesem Herzog zwei Jahre vor seinem Tod ins Exil folgen. Welch ein trauriger und doch beredter Anblick für die Bevölkerung waren all die Kinder, die mit Kronen auf dem Kopf oder in der Hand geboren wurden und sich weinend an die Türpfosten klammerten, als der Sturm der Revolution kam, um sie eines nach dem anderen aus dem königlichen Hostel fortzureißen, das am Palais des Tuileries vorbeiführt!

Nach und nach lernte ich alle Männer der Oppositionspartei kennen, die zu Beginn des 19. Jahrhunderts damit begannen, die Monarchie zu untergraben – eine unvollendete Aufgabe vom Ende des 18. Jahrhunderts. Ich traf Carrel im Haus von Herrn von Leuven, wohin er oft kam, da er für den *Courrier* *schrieb* , dessen Chefredakteur Herr von Leuven war. Manuel, Benjamin Constant und Béranger traf ich bei Oberst Bro; doch Béranger war der einzige der drei, den ich näher kennenlernen konnte oder der selbst Muße hatte, mich einzuschätzen: Die anderen beiden sollten sterben, der eine bevor ich bekannt wurde, und der andere, als ich noch kaum bekannt war. Bro hing sehr an mir. Ich habe bereits berichtet, wie ich dank ihm Géricault auf seinem Sterbebett gesehen habe. Er hatte einen Sohn, damals ein bezaubernder Junge namens Olivier, der einer unserer tapfersten Offiziere in der neuen Armee wurde, so wie sein Vater einer der tapfersten in der alten *Grande Armée gewesen war*. Sein Leben wurde auf so wundersame Weise von General Lamoricière gerettet, als ihm bereits die Yatagan eines Beduinen an der Kehle hing. Ich habe ihn seit 1829 nicht mehr gesehen und werde eine Geschichte erzählen, die ihm, wo auch immer er sein mag, Kindheitserinnerungen zurückbringen wird.

Colonel Bro verschaffte Adolphe und mir alle möglichen Vergnügungen, darunter auch das Schießen. Auf irgendeine Weise, ich weiß nicht wie, besaß er damals den Enghiensee. In den Jahren 1827 und 1828 war der Enghiensee kein hübscher, kleiner, glatter, gepflegter See wie heute; an seinen Ufern gab es keine öffentlichen Gärten voller Rosen, Dahlien und Jasmin; keine gotischen Schlösser, italienischen Villen und Schweizer Chalets ringsum; und auf seiner Oberfläche tummelte sich auch keine Flottille von Schwänen wie heute, die die Leute, die für drei Francs und fünfzig Centimes die Stunde Boote mieteten, um Kuchen anbettelten und die Oberfläche seines Wassers zerfurchten, das so klar war wie das Wasser in einem Becken und so glatt wie das Glas eines Spiegels. Nein, der Enghiensee war zu jener Zeit ein einfacher, natürlicher See, zu schlammig, um als See bezeichnet zu werden, und nicht schlammig genug, um als Teich bezeichnet zu werden. Er war mit

Schilf und Seerosen bedeckt, zwischen denen Tauchervögel spielten, Teichhühner gackerten und Wildenten plantschten, und zwar in ausreichender Menge, um zwanzig Kanonen zu unterhalten.

So hatte Oberst Bro auf Adolphes und meine Bitte hin einen Tag zum Schießen vereinbart und einen Sonntag festgelegt, da Adolphe und ich an diesem Tag nicht an unseren Schreibtischen arbeiten mussten und teilnehmen konnten. Der Treffpunkt war um sieben Uhr bei Oberst Bro. Wir verließen die Rue des Martyrs in drei Kutschen und waren um neun in Enghien. Hier erwartete die Gäste ein Frühstück, das eines sächsischen Thanes würdig war. Um zehn Uhr begannen wir mit unserem Sport; um fünf wurde uns wieder eine gute Mahlzeit serviert, und um elf Uhr abends waren wir alle wieder in unseren jeweiligen Häusern. Ich war immer vor allen anderen bereit, wenn es ums Schießen ging, also erschien ich um halb sieben morgens bei Oberst Bro. Man führte mich in ein kleines Boudoir, wo ich mich Tête-à-Tête mit einem riesigen blau-roten Carolinapapagei wiederfand. Der Papagei stand auf seinem Hochsitz, und ich setzte mich auf ein Sofa. Ich habe immer den größten Respekt vor Menschen mit großen Nasen und Tieren mit großen Schnäbeln empfunden; nicht weil ich sie hübsch finde, sondern weil ich glaube, dass die Natur ihre Gründe hat, wenn sie eine Monstrosität hervorbringt. Und aus diesen Gründen hatte Colonel Bros Papagei meinen tiefsten Respekt verdient. Also richtete ich ein paar höfliche Worte an ihn, als ich mich, wie gesagt, auf ein Sofa gegenüber seiner Stange setzte. Der Papagei musterte mich eine Minute lang mit dem melancholischen Ausdruck, der Papageien eigen ist; dann kletterte er mit jener Vorsicht, die sie nie verlässt, langsam jeden Ast seiner Stange hinunter, mit Hilfe seiner Krallen und seines Schnabels; und schließlich den Hauptpfosten der Stange selbst hinunter, bis er den Boden erreichte. Dann kam er auf mich zu, watschelte, blieb stehen, sah sich nach allen Seiten um und stieß bei jedem Schritt einen Schrei aus, bis er die Spitze meines Stiefels erreicht hatte, von wo aus er versuchte, an meinem Bein hochzuklettern. Berührt von diesem Vertrauensbeweis des Vogels streckte ich meine Hand aus, um ihm das Klettern zu ersparen; doch ob er nun meine freundlichen Absichten missverstand oder hinter einer wohlwollenden Fassade einen vorsätzlichen Angriff verbarg, kaum hatte er meine Hand in Reichweite erblickt, als er meinen Zeigefinger packte und mir oberhalb des ersten Gelenks bis auf den Knochen einen Doppelbiss verpasste. Der Schmerz war umso heftiger, weil er unerwartet kam. Ich stieß einen Schrei aus, und mit einer krampfhaften Bewegung versteifte sich mein Bein mit der Elastizität einer Stahlfeder, und ich trat dem Papagei mit der Spitze meines Jagdstiefels in die Brust, sodass er flach gegen die Wand prallte. Er fiel zu Boden und blieb regungslos liegen. War sein Tod durch den Tritt oder den darauf folgenden Schlag verursacht worden? Durch meinen Stiefel oder durch den Kontakt mit der Wand? Ich habe es nie herausgefunden und auch keinen

Versuch unternommen, es herauszufinden, denn ich hörte Schritte im Nebenzimmer. Ich packte den Vogel, der noch immer reglos dalag, hob die Decke des Sofas, schob ihn mit dem Fuß darunter in die dunkle Tiefe, ließ die Decke wieder fallen und setzte mich, als wäre nichts Außergewöhnliches geschehen . Dann bandagierte ich mir mit meinem Taschentuch den Finger, und dann trat Oberst Bro ein. Wir begrüßten uns und da ich die Hand in der Tasche behielt, fiel nichts auf.

Alle kamen, und wir machten uns auf den Weg, ohne dass der unter dem Sofa vergrabene Papagei auch nur einen Schrei oder eine Bewegung oder ein Lebenszeichen von sich gab.

Als wir Enghien erreichten, schien einer von uns die Hand wie ich verbunden zu haben, und aus Mitgefühl entstand eine Welle der Sympathie zwischen uns. Ich fragte ihn, wie es zu seinem Unfall gekommen sei. Eine Tür war vom Wind heftig zugeschlagen worden, gerade als er seine Hand zwischen Türpfosten und Türpfosten hatte, und seine Finger waren eingeklemmt. Ich selbst sagte ihm einfach, ich hätte mich mit dem Stein meines Gewehrs geschnitten; denn damals benutzte ich noch ein Steingewehr zum Schießen. Dieser Jäger, der an derselben Hand verstümmelt war wie ich, stellte sich als der berühmte Doktor Ferrus heraus. Als er meinen Namen hörte, fragte er mich sofort, ob ich der Sohn von General Alexandre Dumas sei, und als ich dies bejahte, erzählte er mir die Geschichte vom Anheben der vier Musketen mit vier Fingern, die ich ihm zufolge am Anfang dieser Memoiren wiedergebe.

Unter den Schützen befand sich auch ein Freund von Telleville Arnault – ein Mann, der zweifellos einer der tapfersten, geistreichsten und originellsten Menschen war, die je gelebt haben – Colonel Morrisel. Er trug eine Brille und sah alles andere als wie ein Colonel aus. Er hatte gerade ein erfolgloses Duell ausgefochten, das mehr Aufsehen erregte, als wenn es erfolgreich gewesen wäre.

Damals gab es in der Rue Lafitte ein Café namens Café *Français* , das der Treffpunkt der jungen Leute der Oberschicht war. Der Oberkellner war ein großer Billardspieler namens Changeur, und eines Abends spielte er mit einem sehr jungen Mann, der es für nötig hielt, für drei Francs pro Spiel Unterricht zu nehmen, als M. le Baron de B. in Begleitung eines seiner Freunde das Lokal betrat. M. le Baron de B. war ein etwas hinterlistiger Charakter und außerdem berüchtigt wegen zwei oder drei glücklichen oder unglücklichen Duellen (je nachdem, wie viel Menschenfreundlichkeit der Leser besitzt und ob er es für ein Glück oder Unglück hält, seinen Nachbarn zu verletzen oder zu töten). Er trat an den Billardtisch und sagte, ohne den jungen Mann auch nur anzusprechen:

„Changeur, hol uns Kaffee und überlass uns den Billardtisch."

„Entschuldigen Sie, Monsieur le Baron“, sagte Changeur erstaunt und zeigte auf den jungen Mann, „aber ich bin gerade in ein Spiel verwickelt.“

„Gut, dann werden Sie das Spiel beenden, das ist alles.“

„Monsieur“, sagte der junge Mann schüchtern und höflich, „wir haben nur noch ein paar Punkte zu klären; in zehn Minuten steht der Billardtisch zu Ihrer Verfügung.“

„Ich verlange es nicht in zehn Minuten, sondern sofort ... Komm, Changeur, komm, mein Junge, gib mir dein Stichwort.“

Morrisel, der bereits alt, grau, dünn, gebrechlich, schäbig und verarmt aussah, trank in einer Ecke eine Tasse Kaffee.

„Changeur“, sagte er, ohne aufzustehen, und in einem sanften Tonfall, der einen merkwürdigen Kontrast zu den Worten bildete, die er ausgesprochen hatte, „Changeur, mein Junge, ich verbiete dir, den Billardtisch aufzugeben.“

„Aber, Monsieur“, antwortete Changeur in großer Verlegenheit, „wenn Herr Baron von B. wirklich möchte, dass ich ihm mein Stichwort gebe...“

„Wenn Sie M. le Baron Ihr Stichwort geben, Changeur, werde ich es M. le Baron aus der Hand nehmen und es Ihnen über den Kopf hauen!“

Monsieur le Baron de B. sah ganz deutlich, dass Changeur nur als Funke benutzt wurde, um die Flamme zu entzünden. Der Stoß war tatsächlich auf ihn gezielt, und er gab den Schlag in die Richtung zurück, aus der er gekommen war.

„Mir scheint, Monsieur“, sagte er, „Sie wollen unbedingt Streit mit mir anfangen.“

„Ich bin entzückt, Monsieur, dass Sie die Dinge so klar sehen!“

„Und was ist Ihre Entschuldigung dafür, Streit mit mir anzufangen?“

„Weil Sie Ihre Stellung gegenüber diesem jungen Mann missbraucht haben und mir jeder Machtmissbrauch, welcher Art auch immer, abscheulich erscheint.“

„Wissen Sie, wer ich bin, Monsieur?“, fragte der Baron von B. und schritt mit drohender Miene auf Morrisel zu.

„Ja, Monsieur“, antwortete dieser und hob ruhig seine Brille. „Sie sind Monsieur le Baron de B. Sie haben Monsieur in einem Duell getötet und in einem anderen verwundet. So viel weiß ich über Sie.“

„Und dennoch bestehen Sie darauf, dass mir der Billardtisch nicht überlassen wird?“

„Ich bestehe hartnäckiger denn je!"

„Sehr gut, Monsieur; aber Sie verstehen, dass ich Ihre Bemerkungen als Beleidigung betrachte."

„Ich habe keine Einwände, Monsieur."

„Deshalb treffen wir uns morgen früh um sechs Uhr, wenn es Ihnen recht ist, im Bois de Vincennes oder im Bois de Boulogne."

„Monsieur, ich bin fünfundzwanzig Jahre älter als Sie und brauche mehr Schlaf. Außerdem bin ich Spieler und spiele normalerweise die ganze Nacht hindurch. Deshalb gehe ich nicht vor fünf ins Bett und stehe selten vor Mittag auf. Wenn ich dann aufstehe, muss ich mich umziehen – eine Gewohnheit, die ich zu lange beibehalten habe, um sie jetzt aufzugeben. Wenn ich fertig bin, bereitet mein Diener mein *Frühstück vor.* Nachdem ich zu Mittag gegessen habe, komme ich hierher, um meinen Kaffee zu trinken, wie Sie sehen. Ich bin äußerst methodisch. Nun, das alles dauert bis zwei Uhr. Wenn es Ihnen also passt, stehe ich Ihnen morgen ab halb drei zur Verfügung, aber nicht vor halb drei."

„Um halb drei, also, Monsieur. Hier ist meine Karte."

Morrisel betrachtete es aufmerksam, verbeugte sich anerkennend, steckte es in seine Tasche, zog zwei Karten mit seiner Adresse hervor, überreichte eine Monsieur le Baron de B——— und wickelte die andere in einen Fünfhundert-Franc-Schein. Dann rief er Changeur zu, Monsieur le Baron de B——— schaue ihm zu, was er tue.

„Changeur", sagte er, „hier ist ein Fünfhundert-Franc-Schein."

„Möchte Monsieur seine Rechnung begleichen?", fragte Changeur.

„Nein, nein, mein Junge."

„Was soll ich dann mit diesem Fünfhundert-Franc-Schein machen?"

„Nehmen Sie zunächst Monsieurs Maße."

Changeur blickte den Baron de B. zu Tode erschrocken an.

„Hören Sie?", sagte Morrisel. „Und wenn Sie ihn vermessen haben, können Sie damit zum Bestatter gehen."

„Zum Bestatter...?"

„Ja, Changeur, und dort können Sie in meinem Namen – im Namen von Oberst Morrisel, verstehen Sie? – eine erstklassige Trauerkutsche für Monsieur le Baron de B. bestellen. Sie verstehen, es soll vom Allerbesten sein! – Ich weiß, es wird mehr kosten, aber die fünfhundert Francs reichen als Anzahlung – verstehen Sie, Changeur? Es soll eine durch und durch gute Beerdigung werden."

M. le Baron de B—— versuchte, es als Scherz aufzufassen.

„Monsieur", sagte er, „ich hätte gedacht, Sie hätten diese Vorbereitungen meiner Familie überlassen können."

„Nicht so, M. le Baron; Ihre Familie ist ruiniert – so sagen die Leute – und die Sache wäre schäbig gemacht. Stellen Sie sich vor, M. le Baron de B. in einem zweitklassigen Leichenwagen oder mit einem drittklassigen Sargtuch zum Friedhof zu bringen! Pfui! Ich habe in meinem Leben zweiundzwanzig Männer in Duellen getötet, M. le Baron, und ich habe immer die Kosten für ihre Beerdigungen getragen. Verlassen Sie sich auf mich, Sie werden ansehnlich begraben. Wenn Fremde Ihren Trauerzug vorbeiziehen sehen, sollen sie fragen: ‚Du meine Güte! Wem gehört dieses prächtige Begräbnis?' Dann, während es den Boulevard entlangfährt, wird Changeur antworten: ‚Es ist das von M. le Baron de B—, dem berühmten Duellanten, wissen Sie. Er hat einem jungen Mann, der sich nicht verteidigen konnte, auf grobe Weise einen Streit aufgezwungen; Oberst Morrisel war zufällig anwesend, ergriff für den jungen Mann die Keule, und auf mein Wort, wenn er den Baron de B— nicht beim ersten Stoß tötete! Das wird ein hervorragendes Beispiel für alle unverschämten Leute und Duellanten sein ...' Au revoir, M. le Baron de B—, das heißt, bis morgen. Sie kennen meine Adresse, schicken Sie mir die Namen Ihrer Sekundanten; Sie haben die Wahl der Waffen."

Dann wandte er sich an den Kellner: „Und nun, Changeur, mein Junge, verstehen Sie, ein erstklassiges Essen – das Beste, was man bekommen kann! Nichts soll zu gut sein für Monsieur le Baron de B.!"

Und er rückte seine Brille zurecht, nahm seinen Regenschirm und ging hinaus.

Der Streit hatte für große Aufregung gesorgt, und am nächsten Tag war das Café *Français ab Mittag* voll mit neugierigen Leuten, die wissen wollten, was vorgefallen war und noch mehr, was geschehen würde. Um ein Uhr kam Morrisel wie gewöhnlich, die Brille auf der Nase, den Regenschirm in der Hand. Alle machten ihm Platz. Morrisel verbeugte sich mit seiner gewohnten Höflichkeit, ging an seinen üblichen Platz und rief nach Changeur, der zu ihm lief und sich beeilte, ihn zu bedienen.

„Mein Kaffee, Changeur", sagte Morrisel; und er schmolz phlegmatisch seinen Zucker bis zum letzten Atom, und dann betrat M. le Baron de B. das Café.

Er ging auf Morrisel zu, der sein Glas hob und den Gruß seines Gegners mit einem Lächeln auf den Lippen erwiderte.

„Monsieur le Comte", sagte der Baron, „als ich Sie gestern beleidigte, war ich nicht nüchtern; heute biete ich Ihnen meine Entschuldigung an. Nehmen Sie sie bitte an? Ich habe Wiedergutmachung geleistet und kann mich daher so an Sie wenden, ohne dass meine Ehre Schaden nimmt."

„Das ist Ihre Sache, Monsieur le Baron", erwiderte Morrisel.

Dann wandte er sich an Changeur: „Changeur, gehen Sie und sagen Sie dem Bestatter, dass die Beerdigung von Monsieur le Baron auf unbestimmte Zeit verschoben wurde."

„Das ist unnötig", sagte Changeur. „Ich habe mir erlaubt zu warten. Hier ist Ihre Nachricht, Colonel."

„Dann geh und frag deinen Herrn nach meiner Rechnung, mein Junge."

Der Wechsler ging zum Schalter und kam mit einer aufwendig ausgefertigten Rechnung zurück.

„Ah!", sagte Morrisel und senkte sein Glas. „Neunhundert Francs. Halt, Changeur, hier ist noch ein Fünfhundert-Francs-Schein. Das Wechselgeld ist für den Kellner."

Dann trank er mit der ihm eigenen Lässigkeit seinen Kaffee, nahm seine Brille ab, nahm seinen Regenschirm und verließ das Lokal unter dem Beifall der Kunden und Zuschauer. Wenn ich mich recht erinnere, hat Godefroy Cavaignac eine reizende Geschichte über diese Anekdote geschrieben.

Morrisel war auch Kartenspieler und spielte so hoch, wie jeder wollte. Eines Abends auf einer Party bei Madame Regnault de Saint-Jean-d'Angely oder bei Madame Davilliers, ich habe vergessen, bei wem, hörten wir eine kleine Diskussion an einem Kartentisch, auf dem nicht ganz fünfundzwanzig Louis lagen. Wir gingen näher heran und fragten, worum es ging. Morrisel hielt die Karten; er hatte sieben Mal gepasst und sechshunderttausend Francs (ich drücke die Zahlen absichtlich in Buchstaben aus) von M. Hainguerlot gewonnen. M. Hainguerlot nahm die Karten und wettete, die 600.000 Francs in einem einzigen Spiel zurückzugewinnen. Morrisel war bereit, 500.000 Francs *en partie liée zu setzen* und riskierte damit, von dem berühmten Bankier nur 100.000 Francs zu behalten, denn er hielt sich (und das zu Recht) für einen sehr guten Spieler, denn als er schließlich vom Tisch aufstand, um *Karl den Großen zu spielen* , hatte er durch diesen Wurf eine Summe von 30.000 Livres eingefahren, was für einen pensionierten Oberst keine schlechte Summe war. Als die Frage ausdiskutiert wurde, machten beide ein Zugeständnis. Monsieur Hainguerlot willigte in einen Einsatz von 500.000 Francs ein und Morrisel verzichtete auf seine *partie liée* . Wie bei einem Duell wurden für jede Seite zwei Zeugen benannt. Morrisel verlor. Er stand mit der gleichen Gelassenheit auf, als ginge es nur um einen halben Napoleon. Allerdings hatte er trotzdem 100.000 Francs gewonnen.

Im Sommer lebte Morrisel manchmal im Landhaus von Madame Hamelin in Val, in der Nähe von Saint-Len-Taverny. Eines Tages, zu Beginn der Jagdsaison, wagte er sich auf das Land der Gemeinde Frépillon, wo er auf den Wildhüter traf und ihm im Falle eines zweiten Verstoßes energisch mit einer Strafverfolgung gedroht wurde. Morrisel wurde für den folgenden Sonntag zum Abendessen in das Schloss von Madame Regnault de Saint-Jean-d'Angely eingeladen, das auf der anderen Seite des verbotenen Gebiets lag. Als der Sonntag kam, nahm Morrisel, damit man nicht sagen konnte, er sei unbemerkt durch das verbotene Land geschlichen, den Büttel, ein Blasinstrument und vier Spielpfeifen mit, bildete ein Sechserquadrat mit sich selbst in der Mitte und durchquerte das Gebiet von Frépillon, während er zur Begleitung gregorianischer Gesänge schoss. Als er Madame Régnault de Saint-Jean-d'Angely erreichte, folgte ihm das ganze Dorf, dessen Neugier durch diese beispiellose Art der Jagd enorm geweckt wurde.

Der arme Morrisel starb an den Folgen einer schmerzhaften Krankheit. Trotz chirurgischer Hilfe, trotz Silbernitrat, trotz Civiale, Pasquier und Dupuytren kam es dazu, dass er als starker Trinker keinen einzigen Tropfen des Alkohols wieder loswerden konnte, wenn er in seinen Körper aufgenommen wurde. Sie verlängerten sein Leben, indem sie Mittel anwandten, die ihn zum Schwitzen brachten. Schließlich, eines Tages, als er nicht ganz verstand, was die Ärzte ihm über seine Krankheit sagten, fragte er, ob sie ihm nicht, bevor er selbst starb, aus irgendeinem Krankenhaus den Leichnam eines Menschen besorgen könnten, der an der Krankheit gestorben war, an der er selbst sterben sollte. Die Ärzte sagten ihm, dass dies möglich sei, und machten sich an die Arbeit, einen zu finden. Drei oder vier Tage später sagten sie ihm, sie hätten einen gefunden. Morrisel kaufte ihn zum üblichen Preis – sechs Francs, glaube ich –, ließ den Leichnam an sein Bett bringen, legte ihn auf einen Tisch und bat einen der Ärzte, eine Obduktion vorzunehmen. Als die Autopsie abgeschlossen war, hatte Morrisel die Genugtuung, die genaue Natur der Krankheit zu kennen, an der er litt, und von nun an war er zufrieden damit, friedlich zu sterben – eine Tat, die er, wie erwähnt werden sollte, mit erstaunlichem Mut vollbrachte.

Doch zurück zum Papagei in der Rue des Martyrs. Als ich vierzehn Tage später zu Colonel Bro's zurückkehrte, um einen weiteren Jagdausflug wie den vorherigen zu unternehmen, war ich erstaunt, ihn wieder auf seiner Stange vorzufinden. Doch nachdem ich ihn einige Minuten beobachtet hatte, kam mir seine Reglosigkeit ungewöhnlich vor. Ich ging zu ihm hin: Er war ausgestopft!

„Oh!", sagte ich zum Oberst, „Ihr armer Jacquot ist tot, nicht wahr?"

„Ach ja, das stimmt", antwortete der Oberst. „Sie erzählten mir in diesem Zusammenhang einen merkwürdigen Vorfall – eine Geschichte, die ich vorher nie geglaubt hatte. Es ging nämlich darum, dass sich bestimmte Tiere verstecken, um zu sterben, und dass man deshalb ihre Körper nie findet …"

"Also?"

„Stellen Sie sich das nur vor! Dieser unglückliche Papagei versteckte sich unter der Sofadecke, um dort zu sterben. Zuerst dachten wir, er sei verloren, suchten überall nach ihm und fanden ihn schließlich dort, am Tag nach unserer Jagd."

„Hat es jemals Menschen gebissen?", fragte ich General Bro schüchtern.

„ *Es?* Niemals!" war die Antwort des Obersten.

Ich dachte daran, dem Oberst meinen Finger zu zeigen, der immer noch schlimme Spuren davon aufwies, aber ich dachte, es wäre viel besser, den Oberst im Unklaren über die Charakterfehler seines Papageis zu lassen und ihm die Illusion zu geben, er sei, wie gesagt, eines ehrenhaften Todes gestorben. Nun, da seit diesem Ereignis viele Jahre vergangen sind und von dem unglücklichen Jacquot wahrscheinlich keine einzige Feder mehr übrig ist, gestehe ich demütig mein Verbrechen und bitte alle, die es betrifft, um Vergebung.

KAPITEL VIII

Barthélemy und Méry—M. Éliça Gallay – Méry, die Damespielerin und Anatomin – *L'Épître à Sidi Mahmoud* – Die Bibliothek von Ponthieu – Soulé – *Die Villéliade* – Barthélemy, der Drucker – Méry, die Improvisatorin – Die *Vœux de la nouvelle année* – Das Pastiche von *Lucrèce*

Zu Beginn des vorigen Kapitels sprachen wir von Dichtern, die Propheten waren; jetzt wollen wir ein wenig über Dichter sprechen, die für ihr Handwerk kämpften. Und unter ihnen waren die unerschrockensten und ausdauerndsten ohne Zweifel die Herren Barthélemy und Méry, die die Die beiden Männer verrichteten die härteste Arbeit als Pioniere und halfen bei den härtesten Angriffen in der ersten Reihe der Kämpfer. Beide waren Marseillais, aber sie kannten sich 1825 kaum. M. Méry hatte Marseille nie verlassen und M. Barthélemy, nachdem er es verlassen hatte, als Kind kaum jemals wieder dort gewesen war.

M. Barthélemy (den wir der Kürze halber einfach Barthélemy nennen wollen) wurde am Kolleg von Juilly erzogen und erhielt dort eine ausgezeichnete Ausbildung in Griechisch und Latein. Er hatte bereits in Marseille im Stil von Mathurin Régnier eine Satire verfasst, die viel Aufsehen erregte, obwohl sie nie gedruckt wurde, als er zur Zeit der Krönung eine Ode an Karl X. veröffentlichte. Sie geriet unter den Erfolgen berühmterer poetischer Rivalen der Zeit in Vergessenheit, noch bevor sie bekannt wurde, und Barthélemys Ode blieb unbeachtet, obwohl sie einige bemerkenswerte Strophen enthielt, darunter diese an Camoëns gerichtete:

„Und du singst den Ruhm der Eroberer Indiens,
feurig deiner Armut und der Lorbeeren der Pinien, du hängst an den Flossen des gereizten Abdomens,
und du versuchst, den Neid mit doppelter Wucht zu ertragen,
auf eine Weise, die dir dein Leben rettet, auf die andere, die dir deine Unsterblichkeit rettet!"

Barthélemy hatte von seinem Vater ein gewisses Vermögen geerbt und lebte ruhig im Hotel *Grand-Balcon* 11, Rue Traversière. Méry hatte ebenfalls mit 18 Jahren sein Debüt gegeben und dafür mit acht Monaten Gefängnis bezahlt. Sein Debüt fand in Form einer Broschüre gegen M. Éliça Gallay statt.

Wenn man nach 25 Jahren innehält und auf sein vergangenes Leben zurückblickt, ist man überrascht, wie viele Menschen und Ereignisse, die zu ihrer Zeit in der Welt für viel Aufsehen gesorgt haben, völlig vergessen sind und wie die Erinnerung an sie ausgelöscht wurde, sobald das Gleichgewicht wiederhergestellt war. M. Éliça Gallay war Inspektorin der Universität.

Eines Tages kam er in Marseille an und hielt seine übliche Rede im Royal College. In dieser Rede war der folgende Satz enthalten; wir geben hier den Sinn wieder, wenn auch nicht den genauen Wortlaut:

„Meine Herren, wir sind gezwungen, zwei Maßstäbe anzulegen. Einem loyalen und religiösen Schüler kann man alles verzeihen, ist er jedoch ein Liberaler, so muss man ihm gegenüber die größte Strenge walten lassen."

Die Verwendung dieser beiden Gewichts- *und* Maßskalen *wurde* damals in den Zeitungen vielfach kommentiert und Méry war davon so angewidert, dass er eine, wie es scheint, etwas beißende Broschüre gegen M. Éliça Gallay schrieb; und diese Broschüre kostete unseren Autor, wie wir bereits gesagt haben, acht Monate Gefängnis. Méry hatte in Marseille keine Lebensgrundlage, er hasste ein kaufmännisches Leben, er konnte mit größter Leichtigkeit Gedichte schreiben und war ein Meister der Damekunst. Er träumte nicht von einem kaufmännischen Leben, er konnte nicht auf Poesie zählen, also beschloss er, das Spiel zu nutzen, das, so wie er es spielte, zu einer Kunst wurde. Méry ging nach Paris mit der Absicht, seinen Lebensunterhalt als Damespieler zu verdienen. Er war damals einundzwanzig und wohnte bei Madame Caldairon, rue des Petits-Augustins 11, zusammen mit Achille Vauabelle, dem Autor der *Deux Restaurations*, und begann ein Leben, das er einerseits mit dem Studium der Geologie bei Cuvier und andererseits mit der Vervollkommnung seines Damespiels bei Spielen mit den besten Amateuren im Café *Manoury teilte*. So spielte er also Dame im Café *Manoury* und studierte Geologie im Jardin des Plantes. Indem er pro Spiel zehn Sous spielte – nie mehr –, verdiente Méry ein Jahr lang zehn Francs pro Tag. Andererseits versäumte er nie seine Unterrichtsstunde in vergleichender Anatomie, und Cuvier hatte keinen eifrigeren Schüler als ihn; er zeigte sich ihm gegenüber sehr freundlich und sagte ihm voraus, dass er sich in der Geologie einen Namen machen würde. Auch sonst entwickelten sich die Dinge wunderbar zum Vorteil der Zukunft unseres Freundes aus Marseille. Madame Caldairon, die ihn verehrte, wollte, dass er eine junge Schneiderin heiratete, die damals sehr in Mode war und deren Geschäft, eines der florierendsten in Paris, 25.000 bis 30.000 Francs im Jahr einbrachte. Die Heirat wurde arrangiert und Méry sah freudig einer rosigen Zukunft entgegen, als seine junge Verlobte sich in einer kalten Februarnacht im Jahr 1826 eine Erkältung zuzog, als sie und Méry zu Fuß über die Pont des Arts gehen mussten, da sie weder in der Rue Jacob noch auf dem Embankment eine Droschke bekommen konnten. Die Erkältung entwickelte sich zu einer Lungenentzündung, sie starb innerhalb von drei Tagen und Méry war Witwer, bevor er überhaupt verheiratet war. Er glaubte, zu ewiger Trauer verdammt zu sein; aber Zugluft und Geologie sind mächtige Tröstungen, und ohne das arme liebe Mädchen zu vergessen, fand Méry eines Tages doch seinen Geist frei genug, um zu Barthélemy zu sagen:

„Mein lieber Freund, ein Mann, der heutzutage Satiren schreiben könnte, hätte gute Chancen auf eine Karriere in der Politik und in der Poesie."

„Haben Sie eine Idee?", fragte Barthélemy.

"Ja sicher."

"Was ist es?"

„Ein Brief an Sidi Mahmoud."

Sie haben vergessen, wer Sidi Mahmoud war, nicht wahr? Dann werde ich Ihr Gedächtnis auffrischen.

Er war der Gesandte unseres Freundes, des Bey von Tunis – der damals noch nicht ganz so freundschaftlich mit uns verbunden war wie heute –, um Karl X. zu seiner Thronbesteigung zu gratulieren. Sidi Mahmoud wurde am 5. Mai im Außenministerium von M. le Baron de Damas, umgeben von Adligen, Abgeordneten und Generalen, feierlich empfangen. Als der Gerichtsdiener den Botschafter ankündigte, erhoben sich alle mit Ausnahme von M. de Damas, der als Vertreter des Königs von Frankreich sitzen blieb und bedeckt war. M. de Damas grüßte den Botschafter mit einer Handbewegung und gab ihm ein Zeichen, sich zu setzen. Der Botschafter übergab dann seine Briefe und setzte sich, und es wurde einem arabischen Dolmetscher überlassen, sie zu übersetzen. Paris, das in diesem Moment nichts Besonderes zu bieten hatte, widmete sich ganz und gar Sidi Mahmoud: seinen dreißig Jahren, seinem schönen dunklen Gesicht, seinem weißen, mit himmelblauer Seide bestickten und mit goldenen Haken befestigten Dolman, den beiden Schals, die seinen Turban bildeten, und dem Kaschmirmantel, den er über die Schulter geworfen hatte. Méry hatte vollkommen recht; Barthélemy sah sofort, wie er selbst, dass der Plan ausgezeichnet war. Leider musste er nach London.

„Verfassen Sie Ihren Brief allein", sagte er zu Méry, „und wenn ich zurückkomme, werden wir noch einmal über die Satire sprechen."

Barthélemy reiste nach London und Méry verfasste seinen Brief. Als der Brief verfasst war, war der schlimmste Teil seiner Aufgabe noch nicht vorbei, denn nun stellte sich die Frage, wie er ihn veröffentlichen könnte.

Méry wandte sich mit seinem Brief an Ponthieu, der erklärte, dass damals niemand Gedichte las! Natürlich erwiderte Méry, indem er auf die zwanzig Ausgaben von Casimir Delavigne, die fünfzehn Ausgaben von Béranger, die zwölf Ausgaben von Lamartine und die zehn Ausgaben von Victor Hugo verwies; bei jedem Namen, den Méry aussprach, sagte Ponthieu:

„Oh! Monsieur Casimir Delavigne, das ist eine andere Sache! Oh! Monsieur Béranger, das ist eine andere Sache! Oh! Monsieur Victor Hugo, das ist eine andere Sache! Oh! Monsieur Lamartine, das ist eine andere Sache!"

Oder, um es in die Sprache eines Verlegers zu übersetzen:

„Mein sehr geehrter Herr, all die Herren, an die Sie mich erinnern, sind berühmt und talentiert, während Sie über keine dieser Qualifikationen verfügen."

Méry trat den Rückzug an, den Brief in der Hand, und fühlte sich besiegt, zurückgewiesen und in die Flucht geschlagen.

Er hatte von einem anderen Drucker namens Bérand gehört; aber dieser Mann hatte leider Ansichten und war ein Anhänger der Regierung. Méry beschloss, ihm seine Ode als Gedicht zu zeigen, das er zu Ehren von Monsieur de Villèle geschrieben hatte. Der Geschäftsinstinkt des Druckers würde den Rest erledigen.

Méry hatte sich nicht geirrt. Der Drucker las den Brief an Sidi Mahmoud, war damit völlig zufrieden und bot an, ihn zu drucken, unter der Bedingung, dass er seine eigenen Kosten aus dem Erlös der ersten verkauften Exemplare zurückzahlte. Sie druckten zweitausend Exemplare, und die zweitausend waren in weniger als einer Woche vergriffen.

Inzwischen war Barthélemy aus London zurückgekehrt. Als er in Paris ankam, hörte er vom Erfolg des Briefes, und er ließ sich Zeit und verfasste einen weiteren Brief mit dem Titel *Adieux à Sidi Mahmoud*, der fast ebenso populär war wie der erste. Méry und Barthélemy hatten zu dieser Zeit einen engen Freund, der eine der führenden Persönlichkeiten am *Nain jaune war*. Sein Name war Soulé, und er war gerade wegen eines Artikels über St. Domingo zu zwei Monaten Gefängnis verurteilt worden. Soulé hatte keine Lust, seine zwei Monate im Gefängnis zu verbringen, und da er und Barthélemy sich zufällig sehr ähnlich sahen, so dass er Barthélemys Pass benutzen konnte, lieh man ihm diesen; er machte sich auf den Weg nach London, reiste von dort aus in die Vereinigten Staaten und ist heute der bedeutendste Anwalt in New Orleans, wo er ein Einkommen von hunderttausend Francs pro Jahr hat. In der Zwischenzeit schrieb Méry allein seinen Brief an Monsieur de Villèle. Diese Veröffentlichungen waren gegen die Regierung gerichtet und voller satirischem Humor und dem Geist der Zeit. Sie trafen den Geschmack des Publikums und waren sehr erfolgreich. Zwei weitere Dichter hatten sich inzwischen zu den Verehrern der poetischen Muse eingetragen. Und da sie eine ähnliche Linie verfolgten, beschlossen sie, ihre Werke zusammenzulegen und unter dem gemeinsamen Titel *Villéliade zu veröffentlichen*. Schließlich erschien sie in fünfzehn Auflagen.

Aber als die *Villéliade* fertig war, blieb, wie im Fall von *Épître à Sidi Mahmoud* , die große Frage, welcher Verleger den Mut haben würde, sie zu veröffentlichen. Die Verleger hatten drei Gefahren zu fürchten: Geldstrafen, Gefängnis oder den Entzug ihrer Lizenz. Die Monarchie von 1826 behandelte ein solches Verhalten ebenso wenig als eine Nebensache wie die Republik von 1852. Méry und Barthélemy gingen zu jedem Verleger, den sie kannten, und boten ihm ihr Gedicht an. Jeder tat zunächst so, als ob er es annehmen würde, gab das Manuskript aber zurück, nachdem er ein oder zwei Verse gelesen hatte, schüttelte den Kopf und sagte:

„Wer auch immer Dein Gedicht veröffentlichen will, ich werde es bestimmt nicht sein!"

Die beiden Mitarbeiter nahmen ihr Manuskript und machten sich auf den Weg, um es bei einem anderen Verleger erneut zu versuchen – mit dem gleichen Ergebnis. Als sie die Liste der bekannten Verlage erschöpft hatten, begannen sie, sich an Druckereien zu wenden, mit denen sie bereits zusammengearbeitet hatten. Druckereien befanden sich in der gleichen Situation wie Verleger und hatten Angst vor Geldstrafen, Gefängnis und dem Entzug ihrer Lizenzen, also lehnten sie ab.

Es ist traurig, mit fünf- oder sechstausend Zeilen Gedicht zurückgelassen zu werden. Und was für Zeilen! Zeilen, die einen Monat später ganz Frankreich auswendig kannte. Méry schlug vor, einen letzten Versuch bei einem völlig unbekannten Drucker zu unternehmen. Es war ein verzweifeltes Mittel, aber verzweifelte Mittel retten manchmal das Leben eines Patienten. Sie schlugen den *Almanach der Bibliothek auf* , um den Namen eines Druckers zu finden, der aufgrund der Buchstabenfolge seines Namens, seiner Bedeutung oder seines Klangs den Augen oder Ohren der beiden Dichter etwas Hoffnung geben könnte. Es gab einen Drucker namens Auguste Barthélemy, der in der Rue des Grands-Augustins Nr. 10 wohnte. Der Name kam den beiden Autoren wie ein Glücksbringer vor. Sie nahmen ihr Manuskript und gingen zu Monsieur Barthélemy. Sie fanden einen großen jungen Mann mit intelligentem Gesicht, festem, aber angenehmem Ausdruck und einer ehrlichen, freundlichen Ausstrahlung. Sie legten ihm ihre Schwierigkeiten dar.

„Ihre Arbeit ist also feindselig gegenüber der Regierung?", fragte er.

„Jawohl, Monsieur."

"Ist es sehr stark?"

„Zu stark, wie es scheint."

„Und es ist riskant, es zu drucken?"

"Das hat man uns erzählt."

„In Ordnung, ich werde Ihre Arbeit ausdrucken und das Risiko eingehen ..."

Die beiden Dichter streckten Monsieur Barthélemy die Hände entgegen, der ihren Gruß erwiderte.

Zehn Tage später erschien die *Villéliade* , für die er die Kosten für Druck, Papier, Einband usw. vorgestreckt hatte, und erreichte, wie gesagt, fünfzehn Auflagen! Dieser Drucker, der zur Zeit der Bourbonen und auch unter Louis-Philippe die Opposition begünstigte, war unser guter und tapferer Freund Auguste Barthélemy, der seither Vertreter des Departements Eure-et-Loir sowohl bei der *Konstituante* als auch bei der *Legislative war*. Er musste nach dem 2. Dezember das Land verlassen und blieb fünf Monate in Brüssel; jetzt, nach seiner Rückkehr nach Frankreich und nachdem er den Eid als *Generalkonsul* verweigert hatte, lebt er in seinem Schloss Lévéville, eine Meile von Chartres entfernt. Wir möchten schnell feststellen, dass er dieses Schloss nicht von seinen Ersparnissen als Drucker gekauft hat; nein, ach! Seine Handelstreue, von der wir gerade ein Beispiel hatten, kostete ihn im Gegenteil etwa hundertfünfzig- bis zweihunderttausend Francs! Dies ist die Geschichte der *Villéliade*. Ich muss nur hinzufügen, dass Barthélemy in den Anmerkungen zum Sechsten Lied der *Énéide* angab, das Gedicht sei allein von Méry geschrieben worden.

Ich kannte Barthélemy nicht gut; ich traf ihn kaum öfter als ein- oder zweimal in meinem Leben; aber Méry kannte ich sehr gut. Er war, ist und wird wahrscheinlich immer einer meiner engsten Freunde sein. Und ich kann die Zahl dieser Freunde leicht zählen: Ich hatte höchstens zwei oder drei; ich könnte vielleicht sagen, vier. Sie sehen also, wie klein mein Haus auch sein mag, selbst wenn ich ein Haus hätte, würde es nie voll sein.

Nichts war merkwürdiger als die physischen und moralischen Unterschiede zwischen Méry und Barthélemy. Barthélemy war außergewöhnlich groß, Méry von gewöhnlicher Statur; Barthélemy war kalt wie Eis, während Méry heiß wie Feuer war; Barthélemy war in sich gekehrt und ruhig, Méry redselig und offen wie der Tag; Barthélemy fehlte es an Witz im Gespräch, während Méry eine wahre Kaskade kluger Sprüche, einen Funkenregen, ein Feuerwerk ausspuckte. Méry – und hier gebe ich den Vergleich auf – wusste alles oder fast alles, was ein Mensch wissen kann. Er kannte Griechisch wie Platon, Rom wie Vitruvius, Indien wie Herodot; er sprach Latein wie Cicero, Italienisch wie Dante, Englisch wie Lord Palmerston. Er war ein leidenschaftlicher Musikliebhaber und stritt sich einmal mit Rossini, und er sagte zu dem Komponisten von *Moses* und *Wilhelm Tell* :

„Bleib! Mehr brauchst du nicht zu sagen, du verstehst überhaupt nichts von Musik!"

„Das stimmt", antwortete Rossini.

Selbst die begabtesten Menschen haben ihre guten und ihre schlechten Tage, ihre Momente der Schwere und der Fröhlichkeit. Méry war nie müde, Méry war nie unfruchtbar. Wenn er zufällig nicht sprach, dann nicht, weil er sich ausruhte, sondern einfach, weil er zuhörte; es war nie, weil er müde war, sondern einfach, weil er den Mund hielt. Wenn man wollte, dass Méry redete, brauchte man nur ein Streichholz an seinen Docht zu halten und ihn anzuzünden, und schon war er weg. Und wenn man ihm freien Lauf ließ und ihn nicht störte, egal, ob das Gespräch über Ethik, Literatur, Politik oder Reisen, über Sokrates oder M. Cousin, Homer oder M. Viennet, Napoleon oder den Präsidenten, Herodot oder M. Cottu ging, hatte man die außergewöhnlichste Improvisation, die man je gehört hat. Und dann – noch unglaublicher! – kam zu all dem hinzu, dass er nie etwas Verleumdendes, Bitteres oder Nörgelndes über einen Freund sagte! Wenn Méry nur einmal die Fingerspitzen eines Mannes umklammert hatte, war der Rest des Körpers in seinen Augen heilig. Und was macht die Menschen wirklich böse? Neid! Aber worauf sollte Méry neidisch sein? Er ist so gelehrt wie Nodier, so ein Dichter wie wir alle zusammen, so faul wie Figaro, so geistreich wie – wie Méry; eine sehr gute Stellung, wie mir scheint, in der literarischen Welt. Was Mérys Begabung angeht, so wurde sie sprichwörtlich. Ich werde zwei Beispiele dafür anführen. Eines Abends, es war der 31. Dezember, diskutierten wir in einer Gruppe über diese oberflächliche Gabe, und ein literarischer Heiliger Thomas, dessen Namen ich vergessen habe, stellte sie in Frage. Méry erwiderte, indem er vorschlug, man solle ihm eine bestimmte Anzahl von *Bouts-rimés geben* , die er sofort fertigzustellen unternahm. Wir steckten die Köpfe zusammen und stellten mit größter Anstrengung unserer Vorstellungskraft die folgenden Reime zusammen:

„Choufleur,
Trouble,   Souffleur,   Rouble.

Clairon,   Dune,   Perron,   Lune.

Fusil,   Coude,   Grésil,   Boude.

Nacarat,   Conque,   Baccarat,   Quelconque.

Argo   ,
Jongle, Camargo, Ongle."

In kürzerer Zeit, als wir gebraucht hatten, um die Reime zu finden, verfasste Méry die folgenden Verse:

FÜSSE DES NEUEN JAHRES———

"Bei allen Curtius suchte ich einen choufflé;

An unsere Gesetzgeber, Sitzungen ohne Problem;

Der Schauspieler ist mangelhaft, ein ausgezeichneter Soufflé;

Von Französisch nach Russland, eine große Verehrung Rubel.

A Buloz, die Rückkehr vom Mars und von Hellebarde;

Für die Seeleute, die Freude am Leben auf der Düne;

A la Sainte-Chapelle, eine gotische Freitreppe;

Ein Freund von Journet, die Freundschaft des Mond.

Im Namen des Bürgersoldaten, der Verlassenheit Gewehr;

Ein öffentlicher Schreiber, ein Kuss für seinen Sohn Kutte;

Für mich, der Winter ohne Kälte, ohne Schnee und ohne Gresil;

Eine Sonne, die in einen grauen Himmel ragt Boude.

Auf dem irrenden Juif, einer Samtbank Nakarat;

Ein Araber in der Wüste, mit offenem Wasser erobern;

Für den Spieler, ein Versuch von Neuem Baccara;

Für den Mann, der sich langweilt, ein Schmerz was auch immer.

Ein Leverrier, ein Punkt im Zeichen von Argo;

Über den bengalischen Tiger, ein Englisch in der Jonglieren;

Für die Tänzerinnen des Tages, die Füße von Camargo;

An einem anderen Abend kam es im Hause von Madame de Girardin zu einer hitzigen Diskussion über Ponsards *Lucrèce*. Die gehässige und in die Enge getriebene Akademie war gerade wegen ihrer Bosheit gezwungen, so etwas wie gute Gefühle vorzutäuschen. Und obwohl sie kein einziges Wort von *Lucrèce kannte* , pries sie die Akademie, lobte sie und pries sie in den Himmel. Das Werk wurde zur Adoptivtochter all jener ohnmächtigen Wesen, die, da sie nie Nachkommen gezeugt haben, dazu verdammt sind, die Kinder anderer zu streicheln; kurz gesagt, es war ein Werk, das mit *Marion Delorme* und *Lucrèce Borgia* , der *Maréchale d'Ancre* und *Chatterton* , *Anthony* und *Mademoiselle de Belle-Isle konkurrieren sollte.* Und so herrschte im Palais Mazarin Heiterkeit.

Während wir auf das Erscheinen des *Meisterstücks warteten* , sprachen wir unsere Ansichten zu diesem Thema aus. Ich kannte *Lucrèce und hatte sie gehört.* Ich wusste, dass es sich um eine ehrenwerte Tragödie im Schuljungenstil handelte, die von ihrem Autor gewissenhaft zusammengestellt worden war, der, vielleicht ein wenig unwissend in der römischen Epoche, meiner Ansicht nach das Rom der Könige mit dem der Kaiser verwechselt zu haben schien, Sextus Tarquin mit Caligula, Tully mit Messalina; aber dennoch beharrte ich darauf, dass das Werk, so sehr es auch an Phantasie und dramatischer Kraft mangelte, wegen seines Stils eine Anhörung verdiente, als Méry sagte:

Lucrèce zu schreiben und sie aufführen zu lassen, bevor Ponsards *Lucrèce* selbst erscheint. Sie ist für den 25. des Monats angekündigt; jetzt ist der 14. – sie wird erst am 30. aufgeführt. Es ist mehr als genug Zeit, zweitausend Zeilen zu komponieren, sie vorlesen, verteilen, proben und aufführen zu lassen."

„Wie lange werden Sie brauchen, um Ihre Tragödie zu vollenden?", sagte ich zu Méry.

„Wieso! Vierhundert Verse pro Akt, fünf Akte in fünf Tagen –"

„Also, können Sie uns morgen Abend den ersten Akt zeigen?"

„Morgen Nacht, ja."

Wir verabredeten uns für den nächsten Abend, ohne im Geringsten mit dem ersten Akt von Mérys *Lucrèce zu rechnen* . Am nächsten Tag waren wir alle pünktlich am verabredeten Ort. Wir bildeten ein Publikum, um seiner Lesung zuzuhören. Méry wurde ein Glas Wasser gebracht. Er setzte sich an den Tisch und wir bildeten einen Kreis um ihn. Er zog sein Manuskript aus der Tasche, hustete, befeuchtete nur seine Lippen mit dem Wasser und las die folgenden Szenen.

Er hatte den Akt nicht beendet, weil er unterbrochen worden war, doch als wir den *Speisesaal betraten* , bot er an, vor Ende des Abends das Fehlende zu beenden.

LUCRÈCE

TRAGÉDIE

SZENE PREMIERE

Das Haus des Aruspice Faustus beherbergt ein riesiges Gitter an der Bergkuppe des Quirinalbergs. Linkshändig, die Fassade eines Hauses aus roten Ziegeln. Hinter der Tür steht ein Schild, das einen aus Ton geschnitzten Gott stützt. am Fuße des Quirinals, in einem leuchtenden Hintergrund, das vom Tibre umrahmte Marsfeld

FAUSTUS, *allein auf dem Fuße seines*

Gottes. Gott habe dich mit Lehm bedeckt, das ist mein Hausgott!
Eines Tages wirst du goldene Nächte in einer reichen Kapelle verbringen.
Sag, Rom bereitet sich auf unsere unsterblichen Götter vor
und das Lied der Stierkämpfer wird deine Helden sein.
Aber heute, heute, bin ich mit einem gesegneten Öl gesegnet. Der Vater
und der Sohn des Aventin. Diese Früchte einer alten Dame blühen heute
Morgen auf, im Tempelfrieden auf dem Fuß des Aventin, und diese reine
Milch, die da reift. von den hohen Hügeln. Woher weiß ich jetzt, dass eine
sibyllinische Stimme kommt,
wenn der Berger die grünen Blätter aufhängt. Die Flöte, die ein Gott mit
sieben Blättern singt. Das Laub auf dem Soracte verkündet sein Licht;
wenn ich meinen Rand sehe, ist er weg. Premiere: „Das ist eine große
Stimme, die in der Luft bleibt."
Das ist der Boden, der linke, der Boden ohne Licht, Und das, in dieser
dunklen und geheimnisvollen Nacht, Ein ganzer schwarzer Vogel in den
Zweigen des Auges. O Gott, höre! entschuldige mich für den Tod, lass es
heute bei Gott bewenden, damit die Flamme und die weiße Weste
nicht aus der Tür des Tempels strömen, sondern als Herrscher über Gott
in die Wolken, steige mit dem Tag in den Himmel, und die Wendung.

SZENE II

: FAUSTUS, BRUTUS, *in einem braunfarbenen Gewand, als
Vorstadtarbeiter.*

BRUTUS

: Die Götter fühlen sich sanft und grausam an, und Cybèle Jamais lebt in
ihren Gärten ohne einen rebellischen Stuhl! Die Müdigkeit unterdrückt
mich; zum Abendstern. Hier sind meine Stadtweine ...

FAUSTUS.

Hier können Sie es sich schmecken lassen. Bescheidenheit ist mein
Zuhause, Gold ist immer da .
Aber ich hoffe, dass die Gastfreundschaft des Heiligen mir zugute kommt,
und ich werde den Bedürftigen immer vergeben,
denn wenn mein Gott Gold oder Silber hat, dann ist das kein Problem.

BRUTUS

: Das sage ich.

FAUSTUS:

Was ist los, Fremder, siehst du die Natur?

BRUTUS:

Wenn die Götter sprechen, werde ich es nicht mehr wissen.
Meine Mutter ist aus Capène. sie hat mich geliebt,Alles Kind, servier die
großen Götter von Numa.Oben auf dem Quirinal, geh in meine
Bergerie.Unter dem heiligen Holz der Nymphe Egérie,Und der graue Wolf
hat mich von meinem Haus weggeführt,Keine Sehnsucht nach seinen
Zähnen. ein kleines Stück Stoff.

FAUSTUS

Und welches Geheimnis steckt hinter der Stadt, die du trägst?

BRUTUS

Die Freiheit! ... Jadis Rome ist sein Land. Wenn die Pasteurkönige auf dem
Landgut sind, werden die Armen mit Trauben und Beeren belohnt. Wenn
der alte Evandr auf der Ebene ankommt, wird er unter
einem Dach spielen. Sayon de laine, Und dass der Tiger teilweise seine
Ränder bewundert. Von der Tugend in der Brust und vom Feuer draußen
... Aber diese Zeiten sind gut! Alles ist entstellt und das Grab. Der

mächtige Romulus soll mich in seinem Grab befreien,
während er an seinem göttlichen Marmor entlangschaut. Die Könige
zeugen von Gold, Luxus und Wein!

FAUSTUS:

Junger Mann, die Weise spricht durchs Maul. Deine Rücksicht ist sicher.
deine Stimme ist unhöflich, aber ich berühre sie. Nein, es gibt keine Spur
von dem, was uns erwartet, sondern von dem, was
unter dem Gartenkraut wuchert, wie es die Schlange tut.
Schandtaten, die ein Gehalt beanspruchen. Er erhob den König zu einer
Volksklage und lebte im Busch unter dem Baum des Weges.
Alle Bürger sollten ihren römischen Namen behalten ...

BRUTUS

. Lieber, höre deinen Sohn. – Du erinnerst dich ohne Zweifel. ,
Dessen heiliger Name, Dessen Name den der Tyrann erschreckte, Dessen
Name der vor einem Sterblichen flammte, Wie ein Feuer, das Cybèle auf
der Straße entzündete, De Brutus?

FAUSTUS:

Ist ihr Gedächtnis gestorben? Welcher Name ist der, den der Römer
verloren hat?
Er lebt so wie ein Herr im Leinengewand. Dir, dem Lobgesang Roms, an
die heilige Hauptstadt! Das weiß ich! Ich sehe ihn, wie er ist, diese Helden
unter dem Schwert von Tarquin, dem Großen! ... Er ist tödlich! Tod aller
seiner edlen Eltern, Erlöse mich von meinem Ruhm, der den Tyrannen
zuteilwird!

BRUTUS

: Herr, er bleibt ein Sohn.

FAUSTUS.

Ich sage: Körper ohne mich! Edle Fassade, die den Himmel vor seiner
Flamme verhüllt! Irrende Schatten, die nach seiner Daseinsberechtigung
verlangen. Noch einmal flüssiges Lied im Innern seines Hauses!

BRUTUS

Das ist ein falsches Geräusch: sein Haupt zur Rache ist schön;
Meine Güte, bewahre deine Daseinsberechtigung in deinem Kopf. Mein
Vater hat sein Gesicht, seine Stimme, seine Tugend gezeigt ...

FAUSTUS , *schreib*

Gott, ich will dich umarmen!

BRUTUS,

du hörst.

FAUSTUS

Oh! ...
(Brutus stürmt in seine Arme)
Einige der Götter fliegen über den Armen. Ein Fluch, wie es die
Steinbilder gebieten.
Das Alte ist weg! Oh! ich erkunde dich!
Ich lebe ins Leben ... Ja, mein Sohn, ich lebe!O Gott, oh, warum hast du
eine Totenwache?O ja , ich bin ganz in Ordnung, mein Blick ist schön,
mein Gesicht ist schön,
mein Held ist schön, seine Geste ist erfolgreich!Brutus, Tod unter meinen
Augen, Wiedergeburt in meinem Kind! Meine Brüste haben sich gefreut,
als ich sie ärmer fand! ... Das ist, was mir damals gesagt wurde, um einen
Kanal zu schaffen?

BRUTUS:

Eine Idee. Die Zeit ist wertvoll. die erste goldene Luit-
Linie auf der weißen Front des Jupiter-Stators. Sie muss anhalten! Ich
erfahre, dass ich in Rom die zynischen Projekte dieser Rasse imponieren
lasse und dass wir ein Verbrechen gegen die Eisen vorbereiten, dass die
Eumenide auf ihrem Eisenbett träumt. Wir werden unsere Götter durch
das Verbrechen töten. bewacht;
Der Senat dort; Tarquin belagert die Ardée; die Gerechtigkeit wird sich
verziehen und einen Pass freilassen; der Sextus regiert im Palast! Sextus! ...
ein Unverschämter! Entouré Nacht und Tag seiner berüchtigten Freunde,
Braves als Ixion, um die Frauen zu beleidigen!
Lass es nicht unter dem Feuer oder dem goldenen Lambris, In einer
Nische zu beiden Seiten wurde ein Licht entehrt! Heute Morgen, wachsam,
blickte das Laub fröhlich in die Augen, Ich habe Sextus Assis unter der Tür
des Kapitäns gesehen. Ich spreche, l 'unvorsichtig! und zweifele nicht

daran.
Du stellst dir ewig vor , wer alles verbrennt!
Also bin ich derjenige, der ganz Rom besucht. Er ist wachsam und ein
Sklave sitzt da. Ich werde nicht zögern: eine obszöne Sorge. Vor der
großen Sonne soll ich hierher führen.

FAUSTUS

: Das ist doch egal.

BRUTUS:

In deinem Haus , wo Gott
dich gefangen hält, in diesem Wüstenspaziergang eine Römerin?

FAUSTUS

Eine einzige … sie lebt zur Morgenstunde.

BRUTUS:

Was ist sein Name?

FAUSTUS

Das Jungfernhäutchen ist zu groß.

BRUTUS,

Lucrèce! ... Gott, die Lys unserer Gynäkologin! Heiliger Bursche, besiege
das bedrohte Mädchen!

FAUSTUS:

Sein Sohn ist abwesend, und wenn ihm der Tag gekommen ist, wird sie die
Zeichen für ihn erfragen.

BRUTUS

Oh! denn heute sind die Götter unsterbliche Macht. Die Karte!

FAUSTUS:

Ein Geräusch ohne Folgen! ...

BRUTUS:

Heiliger Schreck! das ist es! ...

Wir wollten natürlich unseren Scherz machen, aber wir wollten keinen Mord begehen; und dieses Stück im Théâtre-Français oder an der Porte-Saint-Martin vor Monsieur Ponsards *Lucrèce zu spielen* , hätte diesen sicherlich umgebracht. Méry erholte sich deshalb mitten im ersten Akt.

Ein letztes Wort zu 1828.

Zu dieser Zeit lebte Méry in der Rue du Harlay 29, im selben Zimmer wie Carrel. Ihre abendlichen Gesellschaft bestand im Allgemeinen aus Rabbe, Raffenel und Reboul.

Von diesen fünf Freunden, die fast unzertrennlich waren, wurden vier in der Blüte ihres Lebens grausam dahingerafft. Rabbe durch eine schreckliche Krankheit, die ihn so entstellt ins Grab brachte, als hätte ein Tiger sein Gesicht zernagt. Carrel und Reboul wurden in Duellen getötet, der eine in Saint-Mandé, der andere in Martinique. Raffenel wurde auf der Akropolis von einer türkischen Kanonenkugel in Stücke gerissen.

KAPITEL IX

Ich gehe von der Sekretariatsabteilung zum Archiv – M. Bichet – Worin ich Piron ähnele – Meine Freizeit – M. Pieyre und M. Parseval de Grandmaison – Eine Szene fehlt in *Distrait* – *La Peyrouse* – Ein Erfolg ganz für mich allein

Im Jardin du Luxembourg lernte ich Méry kennen. Dort wurde ich ihm vorgestellt. Wir zogen uns an wie Eisen und Magnet, und obwohl ich nicht wirklich sagen konnte, wer von uns Eisen und wer Magnet war, wurden wir unzertrennlich. Ich war mit meinem Drama *Christine schon weit fortgeschritten*. Ich sagte ihm etwa zwei- oder dreihundert Zeilen auf, und er ermutigte mich sehr. Ich hatte diese Ermutigung sehr nötig.

Ich hatte gerade einen Stellenwechsel hinter mir. Als Oudard sah, dass ich unverbesserlich war, und herausfand, dass ich bei einem Theater arbeitete, versetzte er mich von der Sekretariatsabteilung in die Archivabteilung. Und das kam einer Schande für mich gleich. Ich wurde dort zu einem kleinen alten Mann von achtzig Jahren namens M. Bichet gebracht, der seit 1788 immer eine Satinhose, bunte Strümpfe, einen schwarzen Stoffmantel und eine Weste aus geblümter Seide trug. Dieses Kostüm war mit Rüschen und Volants versehen. Sein Gesicht, das von einem Kranz schneeweißer Haare umgeben war, die in einem kleinen Zopf endeten, war rosig und ehrlich und hatte einen freundlichen Ausdruck. Er versuchte, mich unhöflich zu empfangen, aber es gelang ihm nicht. Meine extreme Höflichkeit ihm gegenüber entwaffnete ihn. Er zeigte mir meinen Platz und belud meinen Tisch mit all den angehäuften Arbeitsrückständen, die sich durch das Fehlen eines Schreibers seit einem Monat angesammelt hatten. Ich war mit der Arbeit nach drei Tagen fertig. Ich brachte es zu ihm in sein Büro und bat ihn um etwas anderes.

„Was, schon wieder etwas anderes?" rief er.

"Sicherlich."

"Warum?"

„Weil ich getan habe, was du mir aufgetragen hast."

„Komplett fertig?"

"Vollständig."

„Oh! oh! oh!", keuchte Monsieur Bichet.

Und er nahm meine Arbeit mit der Miene eines Mannes auf, der sich sagt: „Das muss ziemlich verpfuscht worden sein!"

Monsieur Bichet irrte sich: ich war geweckt. Jeder Bericht, jede Depesche, jede Kopie entlockte ihm einen Freudenschrei.

„Wirklich", sagte er, „wirklich, das ist sehr gut! Ausgezeichnet, Monsieur, ausgezeichnet! ... Ihr Schreibstil ist der gleiche wie der von Piron, Monsieur."

„Der Teufel! Das ist ein schönes Kompliment für mich."

„Kennen Sie Pirons Handschrift? Er war fünf Jahre lang Kopist in diesem Archiv, Monsieur."

„Oh, tatsächlich! ... Also ist meine Handschrift wie seine?"

„Ich habe gehört, Sie haben noch einen weiteren Punkt mit ihm gemeinsam."

„Was ist das, Monsieur?"

"Du schreibst Gedichte."

"Ach!..."

Er kam auf mich zu und sagte schelmisch:

„Sind die Gedichte, die Sie verfassen, im gleichen Stil wie seine?"

„Nein, Monsieur."

„Ach! Das dachte ich mir. Piron war ein lustiger junger Hund! ... Ich habe ihn bei Madame de Montesson gesehen ... Ich nehme an, Sie haben Madame de Montesson nie gekannt, oder?"

„Ja, das habe ich, Monsieur. Mein Vater hat mich zu ihr nach Hause gebracht, als ich noch ein Kind war."

„Sie war eine bezaubernde Frau, Monsieur, eine bezaubernde Frau, und sie unterhielt die beste Gesellschaft von Paris."

„Nun, Monsieur", fragte ich, „würden Sie mir bitte etwas neue Arbeit geben?"

"Welche Arbeit?"

„Warum? Irgendeine Arbeit."

"Aber mehr ist nicht zu machen!"

"Was! Nichts anderes zu tun?"

„Nein, da du ja alles erledigt hast.“

„Aber was soll ich dann tun?“

„Wie Sie wollen, Monsieur.“

„Meinen Sie, ich soll tun, was ich will?“

„Ja ... bis neue Arbeit kommt. Dann lege ich sie Dir auf den Tisch und Du kannst Dich dann an die Arbeit machen.“

„Und in meiner Freizeit? ...“

„Junger Mann, junger Mann! In Ihrem Alter sollten Sie keinen einzigen Augenblick verschwenden.“

„Ich bin ganz Ihrer Meinung, Monsieur, und Sie werden von meinem Fleiß überzeugt sein, wenn Sie mich ausreden lassen ...“

"Ah ah!"

„Ich möchte wissen, ob ich in meiner Freizeit an meiner Tragödie arbeiten darf?“

Tragödie statt *Drama* sagte ; ich wollte Herrn Bichet nicht erschrecken.

„Dann komponieren Sie also eine Tragödie?“, sagte er.

„Hm! ... ich weiß nicht, ob ich es dir sagen sollte.“

„Warum nicht? Ich sehe nichts Schlimmes darin. Mein alter Freund Pieyre hat eine Komödie geschrieben.“

„Ja, Monsieur, und zwar eine sehr bemerkenswerte: *die École des Pères.* “

"Du weißt es?"

"Ich habe es gelesen."

„Gut ... Außerdem schreibt ein anderer alter Freund von mir, Parseval de Grandmaison, epische Gedichte.“

„Ja, *Philippe-Auguste* zum Beispiel.“

„Du hast es gelesen?“

„Nein, ich muss gestehen, das habe ich nicht.“

„Nun, lassen Sie mich sagen, dass, obwohl der eine Komödien und der andere epische Gedichte schreibt, sie trotzdem nichtsdestotrotz ehrenwerte Männer sind.“

„Im Gegenteil, Monsieur, sie sind beide ausgezeichnete Kerle.“

"Hast du sie getroffen?"

"Niemals."

„Hm … Hm …“

Und M. Bichet schien über etwas nachzudenken.

„Gut! …“, sagte er nach einem Moment des Schweigens.

„Dann, Monsieur, haben Sie mir im Moment nichts mehr zu sagen?“

"Nichts."

„Natürlich werde ich an meinem Schreibtisch sitzen, und wenn Sie mich brauchen …“

„Sicher, du kannst gehen.“

Ich nahm erfreut meinen Platz wieder ein. Abgesehen davon, dass ich Lassagne und Ernest verlor, verwandelte sich meine Schande in ein Privileg. Der Bürojunge warnte mich, dass ich ihn nicht dort antreffen würde, wenn ich vor elf Uhr käme, und dass er mich einsperren würde, wenn ich nach vier Uhr ginge. Also keine Portfolios mehr, die ich zusammenstellen musste, alle meine Abende für mich und einen Chef, der mich nicht daran hinderte, Tragödien zu schreiben! Und sofort machte ich mich an die Arbeit an *Christine*. Ich kann nicht sagen, wie lange ich gearbeitet hatte, als der Bürojunge kam und mir sagte, dass M. Bichet mich in seinem Büro haben wollte. Ich ging sofort hinein. M. Bichet war diesmal nicht allein; zu seiner Rechten stand ein kleiner alter Mann und zu seiner Linken ein großer alter Mann. So wie sie da standen, sahen die drei Richter, vor denen ich anscheinend angeklagt werden sollte, Minis, Aeacus und Rhadamanthus nicht unähnlich aus. Ich verneigte mich und war ziemlich überrascht.

„Sehen Sie, da ist er“, sagte Monsieur Bichet. „Meines Wissens, seine Handschrift ist wunderschön, sie ist genau wie die von Piron, und er hat die Arbeit von fünfzehn Tagen in drei Tagen erledigt.“

„Was hat Monsieur Ihrer Erfahrung nach sonst noch gemacht?“, fragte der große alte Mann.

„Er schreibt ja Gedichte!“

„Ach ja, ganz genau, Poesie...“

Mir ging ein Licht auf.

„Habe ich die Ehre, mit Monsieur Parseval de Grandmaison zu sprechen?“, fragte ich.

„Ja, Monsieur“, antwortete er.

Dann wandte er sich an den anderen alten Herrn und sagte:

„Denken Sie nur daran, mein lieber Pieyre, ich bin so zerstreut, dass mir neulich etwas ganz Außergewöhnliches passiert ist."

"Was war es?"

„Stell dir vor! Ich habe meinen eigenen Namen vergessen."

„Pah!", rief Monsieur Bichet.

„Ihr eigener Name? Nicht Ihr eigener Name?", fragte M. Pieyre.

„Ja, mein Name, mein ganz eigener Name! Er stand im Ehevertrag von … wie heißt er noch mal …, du weißt schon, der die Tochter von dem und dem geheiratet hat …?"

„Wie kann ich Ihnen mit so unwichtigen Informationen weiterhelfen?"

„Oh, meine Güte! Die Tochter von dem und dem … wer ist mein Kollege an der Akademie? … der Komödien schreibt … der schrieb … ich kann mich nicht erinnern, welches es war … Ein Stück, das Mercier schon aufgeführt hat; das wissen Sie ja ganz genau?"

„Alexandre Duval? …"

„Ja, ja, es war bei der Vertragsunterzeichnung von wie hieß er noch mal … der seine Tochter heiratete … ein Architekt … der eine Arbeit über etwas schrieb … das verbrannt ist … beim Ausbruch des Vesuvs, wo irgendjemand gestorben ist …"

„Oh ja! Marois, der ein Werk über *Pompeji geschrieben hat* , wo Plinius starb?", wagte ich schüchtern zu fragen.

„Das ist es genau! … Danke, Monsieur."

Und er streckte sich ruhig in seinem Sessel zurück, nachdem er mir zuvor eine höfliche Verbeugung gemacht hatte.

„Also gut", sagte Monsieur Bichet, „erzählen Sie nun Ihre Geschichte zu Ende, mein lieber Freund."

"Welche Geschichte?"

„Na, die Geschichte, die du erzählt hast."

"Habe ich eine Geschichte erzählt?"

„Natürlich", sagte M. Pieyre. „Sie erzählten, mein lieber Freund, dass Sie bei der Unterzeichnung des Ehevertrags von Marois, der die Tochter von Alexandre Duval geheiratet hat, Ihren Namen vergessen hatten."

„Oh ja, das stimmt … Also gut, das war es. Alle haben unterschrieben: dann sagte ich mir: ‚Jetzt bin ich an der Reihe zu unterschreiben‘, und ich machte mich bereit, es zu tun. Ich begann, an meinen Namen zu denken, und – zum Teufel! Ich konnte mich nicht mehr daran erinnern! Ich dachte, ich müsste meinen Nachbarn fragen, wie ich hieße, und wie demütigend das für mich wäre. Es war im Erdgeschoss, und die Tür ging auf den Garten hinaus. Ich eilte in den Garten, schlug mir an die Stirn und sagte mir: ‚Du Schurke! Du Schurke! Wie heißt du?‘ Ja, tatsächlich, wenn ich mich nur an meinen Namen hätte erinnern müssen, um nicht gehängt zu werden, wäre ich gehängt worden, das ist ganz richtig. Inzwischen war ich an der Reihe zu unterschreiben, und die Leute suchten nach mir. Alexandre Duval erblickte mich im Garten. ‚Nun, das ist schön‘, sagte er; ‚da ist dieser Teufel von Parseval de Grandmaison, der gerade, als er unterschreiben sollte, einen poetischen Anfall hat … Hier! Parseval de Grandmaison!‘ „Das ist es“, rief ich aus, „das ist es: Parseval de Grandmaison! Parseval de Grandmaison! Parseval de Grandmaison!‘ und ich ging zum Tisch und unterschrieb.“

„Das ist genau die Szene, die im *Distrait gebraucht wird* “, sagte ich lächelnd.

„Ja, Monsieur, Sie haben ganz Recht, es ist notwendig; und wenn Sie Gedichte schreiben würden, würde ich Ihnen sagen: ‚Fügen Sie sie hinzu.‘“

„Aber“, warf M. Bichet ein, „er schreibt Gedichte, das war ja der Grund, warum Sie ihn rufen ließen.“

„Ah, das stimmt, das stimmt! … Also gut, junger Mann, kommen Sie und tragen Sie uns ein paar Ihrer Verse vor.“

„Etwas aus deiner Tragödie.“

„Ah! Sie schreiben eine Tragödie?“

„Jawohl, Monsieur.“

„Was ist Ihr Fach?“, fragte Monsieur Parseval de Grandmaison.

„Christine…“

„Ein gutes Thema! Jemand hat eines zum gleichen Thema geschrieben … Sehr armselig! Ah! Sehr armselig!“

„Entschuldigen Sie, meine Herren, ich würde Ihnen viel lieber etwas anderes vortragen als Zeilen aus meiner Tragödie.“ Die Zeilen meiner Tragödie waren dramatische Zeilen, die diesen Herren wahrscheinlich nicht besonders zusagen würden. „Viel lieber“, fügte ich hinzu, „würde ich Ihnen eine Ode vortragen.“

„Oh! oh! eine Ode!“ sagte Monsieur Parseval de Grandmaison.“

„Oh! oh! eine Ode!", sagte M. Pieyre.

„Oh! oh! eine Ode!", sagte M. Bichet.

„Also, nun zur Ode", sagte M. Parseval. „Wovon handelt es sich, junger Mann?"

„Sie erinnern sich vielleicht, dass man sich seit einiger Zeit sehr für die Peyrouse interessiert? In den Zeitungen wurde sogar kürzlich gemeldet, dass Spuren des Schiffswracks gefunden wurden ..."

„Ist das so?", fragte M. Bichet.

„Ja, das ist es", sagte M. Pieyre.

„Ich kannte La Peyrouse gut", sagte Monsieur Parseval de Grandmaison.

„Ich auch", sagte M. Pieyre.

„Ich kannte sie nicht", sagte M. Bichet, „aber ich kannte Piron."

„Das ist nicht dasselbe", sagte M. Parseval.

„Geben Sie uns Ihre Ode, junger Mann", sagte M. Pieyre.

„Das ist es, Monsieur, da Sie es gerne hören möchten."

„Komm, komm, hab keine Angst", sagte der alte Bichet.

Ich nahm all meine Kräfte zusammen und wiederholte in ziemlich zuversichtlichem Ton die folgenden Zeilen, was meiner Meinung nach darauf hindeuten könnte, dass ich einige Fortschritte gemacht hatte:

LA PEYROUSE.

Der Himmel ist rein, das Meer ist schön! Einer flüchtet sich aus dem Hafen, Tourment ist noch immer rebellisch, fest im Schwarzen, das ist Mord.
Er wird ungeduldig auf einer
immer aufgeregteren und tieferen Erde. Der Riese wird atmen! Er muss die Stürme in die Luft jagen. Er muss die Feste bekämpfen und der Ozean muss sich erholen.

Still und einsam. Ein Mann muss auf der Brücke sein. Sein Blick ist fest auf der Erde verankert.
Finde einen Blick, der ihm antwortet.
Auf der Flucht vergeblich das Huhn,
Wie ein Sturzbach, es sammelt sich und rollt, Es strömen die Augen der Liebe aus dieser Zelle, aus der verbannten Welt, Sei verzweifelt, traurig und verflucht, Warte auf die Rückkehr . [1]

Sein Ohr gerät in Schwierigkeiten, Und dennoch ist dieser Sohn von
Gefahren, Vor leichten Alarmen, Vor fremden Welten: Zweimal der Kreis
der Außenwelt, Enthüllen wir
sein Geheimnis, Von eisigen Rändern an den Rändern Brûlants, Fühle es
wie ein Schwert, das herauskommt, Das Karbon seines Schwertes
ruht auf seinen robusten Flanken.

Und die Glücksverzauberin. Lassen Sie sich nicht von den Glücksbringern
mitreißen; die Hoffnung der sanften Verzauberin
lässt Sie nicht von Ihren Gefährten ab.
Geboren vom Wohl zweier Welten. Er ermüdet die Welten nie. Um jeden
Preis, Schritt für Schritt. Die Sonne, die Potose keimen lässt. Die Glut von
Golconde schließt sich an. Und die Perlen von Visapour.

Dies ist eine äußerst edle Erwartung, die ihre verschiedenen Arbeiten
unterstreicht.
Mit freundlichen Grüßen, unter dem Namen Frankreichs,Das Gericht
verhört das Universum.Es muss das Universum antworten!In seiner
Unendlichkeit kann man nur versuchen, es zu erreichen.Eine entfesselte
Wüste und Wildnis,Eine köstliche Wildnis,Eine andere wird bewacht.
Adamas Tor.

Er hat es gefunden! Aber Ruhe! Du hörst das Geräusch von oben; Oben
auf der Matte, die im Gleichgewicht ist, Ein Pavillon ist ausgerollt. Als
Laufbahnteilnehmer trainiere ich eine Wolke aus Staub, die sich schnell
verdoppelt, Es wird mit Gnade geübt, So ist es Weiter zum Artikel.
Ein großer silberner Sitz.

Sind seine reifen Mächtigen, sind sie nicht mehr als eine leichte Rose; seine
Schnäbel sind flott, weiß wie die Flügel eines Vogels. Aber auf der steilen
Oberfläche ist es eine Wolke, die verschwindet, ein Punkt, der die Augen
verdunkelt.
Wer sich wäscht, der sich noch einmal wäscht,
also verdunstet ein Schatten …
und das Meer fühlt sich in der Wildnis wohl.

Also, blieb im Dunkeln, bis der letzte Schrei des Abschieds erklang;
Schweigsam, sie wird sich zurücklehnen , und sie wird dich fragen. Dann
wird die Dunkelheit zu einem Sturzflug,
nur um den Abgrund zu bedecken. Bleib auf dem Meer, bleib auf dem
Meer der Hafen; das eintönige Geräusch der Erde, kein menschliches
Geräusch, das antwortet: Die Welt ist ermüdend!

Sie ließen sich gehen und schwiegen. Nichts wurde unterbrochen. Durch einen langen Schrei, der sie anfeuerte ,
wurde sie von tausend Stimmen geflüstert. Auf einer abgelegenen Straße wurden die Trümmer einer Schiffsfrage gefunden ... Lasst uns auf dieses Geräusch hören. !Die Reisenden begeben sich nach Frankreich, aber die Zeichen der Hoffnung ändern sich in zwei Hälften!

Danke! ... wie gut, dass du getanzt hast,
hat Frankreich seine Hoffnungen geweckt! Also, das ist ein Degenkopf. Nur ein Wildschwein auf dem Weg ist zu sehen. Also, das ist ein alter Isolierter. Gefangen im Ich habe das Geld ausgegeben, als ich mich anstrengte, als ich von einer anderen Rasse wegkam. Jadis öffnete die Spur auf einer Insel ... unten ... im Norden.

Was ist dein Erbe, Was ist dein Erbe, Was ist dein Erbe, Was ist dein Erbe, Was ist dein Erbe, Was ist dein Erbe? grüne Algen ?
Oder, durch ein fataleres Schicksal,
spürst du, wie deine harten Tage sich
über ihre Vorderseite der Jahre ziehen. Wer ignoriert das Geburtsland?

Und dennoch, du diktierst deinen Weg,Ein König hat deinen Weg verfolgt;Aber aus dem Himmel kommt die Macht, ohne Zweifel,Hör auf die Macht des Menschen.Und so, als ob es aus ihrer Unwissenheit wäre, sättigt dich die Hoffnung,Gott , auf den Tischen des Gesetzes,Bei zwei verschiedenen Stürmen, die beiden Köpfe sind verschwunden. Du navigierst und du könig! ...“

Ich hatte die Wirkung auf meine Zuhörer mit größter Aufmerksamkeit verfolgt. M. Parseval blinzelte mit den Augenlidern und drehte einfach seine Daumen umeinander; M. Pieyre riss die Augen weit auf und lächelte, auch sein Mund war weit geöffnet. Der alte Bichet, der ebenso neugierig war wie ich, welchen Eindruck ich auf seine beiden Freunde machte, sah, dass dieser Eindruck günstig war, schüttelte erfreut den Kopf und sagte leise:

„Genau wie Piron! Genau wie Piron!

Als ich fertig war, brachen sie in Applaus aus, gefolgt von allerlei aufmunternden Ratschlägen.

Ich wusste nicht, ob ich auf dem Kopf oder auf den Fersen stand. Man stelle sich die Gefühle von Ovid vor, der im Exil unter den Thrakern lebte, als er eine Sonne fand, die strahlender war als die in Rom, und auf Blumenteppichen, die duftender waren als die von Pæstum, unter Bäumen, die kühleren Schatten spendeten als die am Tiber, dem Beifall lauschte, der seiner *Tristia* und seinen *Metamorphosen zuteil wurde*. Ich dankte den Göttern, die mir unaufgefordert diesen Moment des Friedens gewährt hatten. Wir werden sehen, dass er nur von kurzer Dauer sein sollte.

[1] Madame de le Peyrouse hat versprochen, dass ihr Mann, bis er zurückkommt, noch einmal ausruhen wird. Madame de la Peyrouse hat kein Wort mehr und wird bis zum Tode ihres Mannes nicht mehr gesehen.

KAPITEL X

Der Maler Lethière – Brutus enthüllt von M. Ponsard – Madame
Hannemann – Gohier – Andrieux – Renaud – Desgenettes – Larrey,
Augereau und die ägyptische Mumie – Soldaten der neuen Schule – Meine
Schauspielausbildung – Ich betrete die Büros der Forstverwaltung – Der
Schrank voller leerer Flaschen – Drei Tage Abwesenheit vom Büro – Werde
vor M. Deviolaine zitiert

In der Zwischenzeit, wie ich bereits sagte, war ich Herr über meine Abende
geworden, da ich mich nicht mehr um die Mappe kümmern musste, und ich
nutzte meine Freiheit, um ein wenig das Leben zu kosten. Meine Mutter
erinnerte sich an einen alten Freund meines Vaters, und wir wagten es, ihn
zu besuchen. Er gehörte zu den gutmütigen Menschen und hieß uns herzlich
willkommen. Es war der berühmte Künstler Lethière, Maler von *Brutus
Condamnant ses fils* , einem Heroismus, der mir immer ein wenig zu
spartanisch erschien, der mir aber in M. Ponsards *Lucrèce* später klarer
geworden ist. M. Ponsard war der erste, der das große eheliche Mysterium
enthüllte, dass die Söhne von Brutus nicht die Söhne von Brutus waren,
sondern lediglich die Frucht des Ehebruchs: Indem er sie enthauptete, zeigte
Brutus Rache, nicht seine Ergebenheit ihnen gegenüber!

M. Ponsard, das sei bemerkt, verdiente es nicht nur, der Akademie
anzugehören, sondern auch den Subscriptions und Belletristik. Nun, der alte
Freund meines Vaters war der Maler des schönen Bildes *Brutus Condamnant
ses fils*. Er hatte das Porträt meines Vaters gemalt, das ihn darstellte, als ein
Pferd unter ihm von einer Kanonenkugel erschossen worden war; mein
Vater hatte ihm auch in der Abgeordnetenkammer Modell gestanden für
seine *Philoctète* . Wir machten uns bald bei ihm bekannt und wurden mit
offenen Armen empfangen. Er umarmte sowohl meine Mutter als auch mich
und lud uns ein, sein Haus als unser eigenes zu betrachten, besonders
donnerstags, wenn an seinem Tisch immer Plätze für uns gedeckt sein
sollten. Wir waren über das letztere Angebot sehr erfreut. Ich möchte
meinen Lesern nicht verheimlichen, dass wir in der Lage waren, die
Ersparnis zu begrüßen, die durch den Gewinn eines Abendessens erzielt
wurde, das nicht auf unsere Kosten ging! M. Lethière besaß große Talente,
ein gutes Herz und ein gewinnendes Wesen. Damals lebte bei ihm als
herrschender Geist in seinem Haushalt eine junge Frau, blond, groß und
dünn, die sich fast immer schwarz kleidete; ihr Name war Mademoiselle
d'Hervilly, und unter diesem Namen wurde sie in der Malerei und Literatur
bekannt. Später wurde sie Madame Hannemann, und unter diesem Namen
wurde sie in der medizinischen Fachwelt bekannt. Sie war von Natur aus kalt

und sehr hart, aber sie besaß viel Willenskraft. Ich glaube, dass Madame Hannemann, jetzt Witwe, äußerst vermögend ist. Diese Dame, die einen sehr vornehmem Charakter hatte, erwies M. Lethières Haus die Ehre und bewirtete seine alten Freunde, von denen einige alte Freunde meines Vaters gewesen waren. Diese alten Freunde waren: M. Gohier, ehemaliger Präsident des Directoire; Andrieux, Desgenettes, ein alter Maler namens Renaud und mehrere andere.

Desgenettes, der meinen Vater in Ägypten sehr gut gekannt hatte, machte mir sofort freundliche Angebote und stellte mich Larrey vor.

Ich werde noch öfter Gelegenheit haben, auf den letztgenannten Herrn und seinen Sohn zu verweisen, der einer meiner besten Freunde war. Die Belagerung von Antwerpen im Jahre 1832 ermöglichte es ihm, sich als würdiger Sohn seines Vaters zu beweisen.

Von all diesen Männern erschien mir Gohier als der bemerkenswerteste. Entgegen den Gesetzen der Perspektive gibt es gewisse Personen von durchschnittlichem Kaliber, die aufgrund ereignisreicher Umstände hohe Positionen innehatten und daher in unserem Blickfeld umso größer erscheinen, je weiter sie zurücktreten. Jetzt konnte ich nicht anders, als den Mann, der Barras, Roger-Ducos, Moulin und Sièyes vorstand, als bemerkenswert anzusehen; denn zu dieser Zeit war er der erste der fünf Könige gewesen, die Frankreich regiert hatten. Aber ich täuschte mich in meiner Einschätzung seiner Größe: M. Gohier war ein solider, würdiger Mann, der gerade so viel von Geschichte wusste, wie man lernen muss, der nichts von Politik verstand und kein tiefes Urteilsvermögen besaß. Ich kann ihn nur mit unserem Boulay (de la Meurthe) vergleichen, den die Geschichte als drei Jahre lang Vizepräsident der Republik verzeichnen wird, obwohl er vielleicht so tun wird, als hätte er selbst am 2. Dezember keine Ahnung davon! Gohier verabscheute Bonaparte von ganzem Herzen; aber sein Hass war weder philosophischer noch politischer Natur, sondern eine rein persönliche Angelegenheit. Er konnte dem künftigen Ersten Konsul nie verzeihen, welche lächerliche Rolle er ihm am 18. Brumaire aufgezwungen hatte, indem er ihn zum Mittagessen mit Joséphine einlud und sich selbst zum Abendessen in sein Haus einlud, während er die gesamte Regierung auswechselte.

Ich muss das Porträt von Andrieux nicht zeichnen: Jeder kennt diesen kleinen, alten, verschrumpelten Mann mit seiner kleinen Stimme und seinen kleinen Augen, den Autor kleiner Fabeln, kleiner Komödien und kleiner Geschichten, der im Alter von achtzig Jahren starb und einen kleinen Ruf hinterließ, nachdem er kleine Hoffnungen geweckt hatte.

Renaud war ein alter Künstler, der einst ein Bild gemalt hatte, das viel Beachtung fand: Die *Jeunesse d'Achille*. Er war alt geworden, indem er Akte malte. Und im Alter malte er nur noch Grazien, Najaden und Nymphen und drehte dem Publikum ihre ... blauen und rosigen Rücken zu.

Desgenettes war ein alter Libertin mit einer äußerst schlagfertigen und sehr zynischen Denkweise, halb Soldat, halb Arzt, der die echten Göttinnen aus Fleisch und Blut sehr mochte, die der alte Renaud so gern nachahmte; er erzählte mit großer Freude die abstrusesten und unanständigsten Geschichten, wenn es ihm passte. Er hatte viel vom 18. Jahrhundert an sich.

Larrey dagegen hatte ein streng puritanisches Erscheinungsbild. Er trug sein Haar ziemlich lang, nach der Art der merowingischen Prinzen gestutzt; er sprach langsam und ernsthaft. Der Kaiser soll von ihm als dem ehrlichsten Menschen gesprochen haben, den er je gekannt habe. Abgesehen von dem Einfluss aufrichtiger Freundlichkeit, den er unter jungen Leuten verbreitete, bot Larrey uns allen ein interessantes Studienobjekt. Er hatte jede berühmte Persönlichkeit des Kaiserreichs gekannt; und er hatte die meisten Arme und Beine abgeschnitten, die amputiert werden mussten; er hatte viele interessante Informationen über den Charakter oder die Geheimnisse der Seele gesammelt, indem er den ersten Worten der Verwundeten und den letzten Worten der Sterbenden lauschte. Manchmal erzählte er Anekdoten, die einem ohne böse Absicht eine Vorstellung von der Unwissenheit jener dekorierten und gefiederten Krieger gaben, die im Allgemeinen löwenherzig, aber auch größtenteils geistig stumpf und in jedem Salon weit weniger brillant waren als auf einem Schlachtfeld. Als Larrey aus Ägypten zurückkehrte, brachte er eine Kuriosität mit, die heutzutage nicht mehr viel Aufmerksamkeit erregt, in Form einer Mumie, die damals aber die wissenschaftliche Neugier auf den Höhepunkt brachte. Als er Augereau traf, sagte er zu ihm:

„Ah! Komm jetzt und iss morgen mit mir zu Abend. Ich werde dir eine Mumie zeigen, die ich von den Pyramiden mitgebracht habe.“

„Mit Vergnügen“, antwortete Augereau und ging am nächsten Tag zum Abendessen.

„Also“, sagte er beim Nachtisch, „warum haben wir diese Mumie noch nicht gesehen?“

„Weil es in meinem Arbeitszimmer ist“, sagte Larrey. „Folgen Sie mir, und Sie werden es sehen.“

Larrey ging voran, Augereau folgte voller Neugier. Als sie das Arbeitszimmer erreichten, ging Larrey zu der Kiste, die an der Wand lehnte, öffnete sie und enthüllte die Mumie. Dann näherte sich Augereau und berührte sie mit seinem Finger.

„Ich erkläre“, rief er verächtlich, „es ist tot!“

Larrey war über diesen Ausruf so erstaunt, dass er nicht einmal daran dachte, sich bei Augereau dafür zu entschuldigen, dass er ihn mit dem Anblick eines so uninteressanten Gegenstands wie einer *toten Mumie gestört hatte.*

Aber während dieser ganzen Zeit waren alle literarisch, nicht aus eigenem Antrieb oder aus eigener Wahl, sondern aus Tradition. Niemand hatte noch vergessen, dass Bonaparte seine eigenen Proklamationen an die ägyptische Armee unterzeichnet hatte und dass Napoleon Monsieur de Fontanes jedes Mal, wenn er ihn traf, mit der Frage konfrontiert hatte:

„Nun, Monsieur de Fontanes, haben Sie einen Dichter für mich gefunden?"

Doch der Tag und die Stunde war gekommen für all jene Dichter, die den großzügigen Angeboten von Monsieur de Fontanes und Napoleon entgangen waren. Sie sprossen aus dem Boden, blühten und leuchteten wie Weißdorn im Monat Mai, und ihre Namen ließen bereits erahnen, welch große Sensation sie in der Zukunft machen würden. Ihre Namen waren Lamartine, Hugo, de Vigny, Sainte-Beuve, Méry, Soulié, Barbier, Alfred de Musset, Balzac; sie alle füllten bereits, unter Einsatz ihres Herzblutes, jenen großen und einzigartigen Strom der Poesie, aus dem Frankreich und Europa und die ganze Welt im 19. Jahrhundert trinken sollten.

Aber die Bewegung fand nicht nur inmitten jenes *Plejadenfeldes statt*, das ich soeben genannt habe; eine ganze Schar anderer kämpfte, und jeder unterstützte durch seinen eigenen Angriff die allgemeine Sache, um eine Bresche in die Mauern der alten Dichterschule zu schlagen. Dittmer und Cavé veröffentlichten die *Soirées de Neuilly*, Vitet die *Barricades* und die *États de Blois*, Mérimée das *Théâtre de Clara Gazul*. Und beachten Sie genau, dass all diese Bewegungen abseits der Bühne stattfanden, auf der der wirkliche Kampf stattfand, und getrennt von seinen Erscheinungsformen. Der wirkliche Kampf war der, an dem ich und Victor Hugo (ich setze mich aus chronologischen Gründen an die erste Stelle) teilnehmen sollten. Ich bereitete mich darauf nicht nur durch die Fortsetzung meiner *Christine* vor, sondern noch mehr durch das Studium der Menschheit als Ganzes, verbunden mit individuellen Charakterisierungen.

Ich habe bereits erwähnt, welch große Dienste mir die englischen Schauspieler erwiesen hatten. Macready, Kean und Young hatten ihrerseits das von Kemble und Miss Smithson begonnene Werk vollendet. Ich hatte *Hamlet*, *Romeo*, *Shylock*, *Othello*, *Richard III.* und *Macbeth gesehen.* Ich hatte nicht nur Shakespeare in seiner Gesamtheit gelesen und verschlungen, sondern auch die gesamte ausländische Dramatik. Ich hatte erkannt, dass in der Welt des Theaters alles von Shakespeare ausging, so wie in der Außenwelt alles seine Existenz der Sonne verdankt; dass nichts mit ihm verglichen werden konnte. Denn obwohl er vor allen anderen kam, war er in der Tragödie so überragend wie Corneille, in der Komödie so Molière, so originell wie Calderon, so gedankenreich wie Goethe und so leidenschaftlich wie Schiller. Ich erkannte, dass seine Werke ebenso viele Typen enthielten wie die Werke aller anderen zusammen. Kurz gesagt, ich erkannte, dass Shakespeare nach dem Schöpfer selbst mehr geschaffen hatte als jedes andere Wesen. Wie ich bereits sagte, als ich diese englischen Künstler sah, Schauspieler, die vergaßen, dass sie auf einer Bühne standen – das Leben der Vorstellungskraft wurde durch die Macht der Kunst zu wirklichem Leben; ihre überzeugenden Worte und Gesten schienen sie von Schauspielern in Geschöpfe Gottes zu verwandeln, mit ihren Tugenden und Lastern, ihren Leidenschaften und ihren Schwächen –, war meine Laufbahn von diesem Moment an entschieden. Ich fühlte, dass ich jene besondere Berufung erhalten hatte, die jedem Menschen zuteil wird. Ich fühlte ein Vertrauen in meine eigenen Kräfte, das mir bis dahin gefehlt hatte, und stürzte mich mutig in die unbekannte Zukunft, die mir bisher so viel Schrecken bereitet hatte. Aber gleichzeitig verbarg ich nicht die Schwierigkeiten auf dem Weg zu der Laufbahn, der ich mein Leben gewidmet hatte; ich wusste, dass sie tiefere und speziellere Studien erfordern würde als jeder andere Beruf; dass ich, bevor ich erfolgreich an der lebenden Natur experimentieren konnte, zuerst beharrlich die Werke anderer studieren musste. Daher gab ich mich nicht mit einem oberflächlichen Studium zufrieden. Ich nahm nacheinander die Werke genialer Männer wie Shakespeare, Molière, Corneille, Calderon, Goethe und Schiller, legte sie wie Körper auf einen Seziertisch und verbrachte ganze Nächte damit, sie mit dem Skalpell in der Hand bis ins Herz zu untersuchen, um die Lebensquellen und das Geheimnis ihres Blutkreislaufs zu finden. Und nach einer Weile entdeckte ich, mit welcher bewundernswerten Wissenschaft sie Nerven und Muskeln zum Leben erweckten und mit welcher Geschicklichkeit sie die verschiedenen Fleischarten modellierten, die dazu bestimmt waren, das eine unveränderliche menschliche Knochengerüst zu bedecken. Denn der Mensch erfindet nichts. Gott hat ihm die geschaffene Welt in die Hände gegeben und es ihm überlassen, sie seinen Bedürfnissen anzupassen. Fortschritt bedeutet einfach die tägliche, monatliche und ewige Eroberung der Materie durch den Menschen. Jeder Einzelne, der auf der Bildfläche erscheint, nimmt das Wissen seiner Väter in Besitz, verarbeitet es auf unterschiedliche Weise und stirbt dann, nachdem er der Summe des menschlichen Wissens, das er seinen Söhnen vermacht, einen weiteren Strahl hinzugefügt hat – einen Stern in der Milchstraße! Ich versuchte damals nicht nur, meine dramatische Arbeit, sondern auch meine dramatische Ausbildung zu vollenden. Aber das ist ein Fehler, die Arbeit kann man eines Tages beenden, die Ausbildung jedoch nie!

Ich hatte mein Stück gerade fast beendet, nach zwei Monaten Frieden und Ermutigung in meinem bescheidenen Posten im Archivbüro, als ich vom Sekretariat die Mitteilung erhielt, dass meine Position, da sie beinahe eine

Sinekure war, abgeschafft worden sei und dass ich mich bereit halten müsse, in die Forstverwaltung einzutreten – unter Monsieur Deviolaine. Damit war der Sturm, der lange über meinem Kopf gehangen hatte, endlich losgebrochen. Mit Tränen in den Augen verabschiedete ich mich von meinem alten Vater Bichet und von seinen beiden Freunden Monsieur Pieyre und Parseval de Grandmaison, die versprachen, meine Karriere mit wohlwollendem Interesse zu verfolgen, wo immer ich auch sein würde. Der Leser kennt Monsieur Deviolaine. Während der fünf Jahre, die ich in den Regierungsbüros gearbeitet hatte, hatte man mich als *bête noir angesehen*, und so trat ich meine neue offizielle Arbeit unter nicht sehr günstigen Vorzeichen an.

Der Kampf begann, sobald ich meine neuen Aufgaben antrat. Sie wollten mich mit fünf oder sechs meiner Kollegen in einem großen Raum zusammenpferchen, und ich lehnte mich gegen dieses Vorgehen auf. Meine Gefährten waren so freundlich, mir in aller Unschuld zu erklären, dass sie es für eine vorteilhafte Art hielten, die Zeit totzuschlagen – diesen Todfeind der Angestellten –, zusammenzusitzen, denn dann könnten sie reden. Nun war Reden gerade das, was ich am meisten fürchtete; für sie war es ein Vergnügen, für mich eine Qual, denn das Geplapper lenkte meine eigenen, immer fantasievolleren Ideen ab. Nein, statt in diesem großen Büro zu sein, das voller Statisten, Angestellter und Gehilfen war, hatte ich ein Auge auf eine Art Nische geworfen, die durch eine einfache Trennwand von der Kabine des Bürojungen abgetrennt war und in der er die Tintenfässer aufbewahrte, die ihm leer zurückgegeben wurden. Ich fragte, ob ich diesen Ort in Besitz nehmen könne. Ich hätte genauso gut nach dem Erzbistum von Cambrai fragen können, das gerade frei war. Auf diese Forderung hin erhob sich ein fürchterlicher Aufschrei, vom Bürojungen bis zum Abteilungsleiter *(directeur général)*. Der Bürojunge fragte die Angestellten im großen Raum, wo er künftig seine leeren Flaschen hinstellen könne; die Angestellten im großen Raum fragten den stellvertretenden Obersekretär (der noch nie von Byron gehört hatte), ob ich mich für zu gut hielte, um mit ihnen zu arbeiten; der stellvertretende Obersekretär fragte den Obersekretär, ob ich in die Forstverwaltung gekommen sei, um Befehle zu erteilen oder entgegenzunehmen; der Obersekretär fragte den Abteilungsleiter, ob es üblich sei, dass ein Angestellter, der 1500 Francs verdient, ein eigenes Büro hat, als wäre er ein Obersekretär mit 4000 Francs. Der Abteilungsleiter antwortete, dass dies nicht nur absolut gegen die Verwaltungsgepflogenheiten verstoße, sondern dass mir ein solcher Präzedenzfall nicht zugestanden würde und dass meine Forderung höchst anmaßend sei! Ich versuchte gerade, mich in die unglückliche Nische zu zwängen, die im Augenblick die Summe meiner Ambitionen darstellte, als der Obersekretär hochmütig aus dem Büro des Abteilungsleiters kam und den mündlichen Befehl überbrachte, dass der rebellische Angestellte, der es gewagt hatte, auch nur einen Augenblick lang die ehrgeizige Hoffnung zu hegen, die normalen Reihen zu verlassen, sofort an seinen Platz dort zurückkehren solle. Er übermittelte den Befehl sofort dem stellvertretenden Obersekretär, der ihn an die normalen Angestellten des großen Büros weitergab, die ihn an den Bürojungen weitergaben! In der ganzen Abteilung herrschte Freude: Ein Kollege sollte gedemütigt werden, und wenn er diese Demütigung nicht mit Demut hinnahm, würde er seine Stelle verlieren! Der Bürojunge öffnete die Tür zwischen seiner und meiner Kabine; er war gerade von einer allgemeinen Räumung im gesamten Büro zurückgekommen und hatte alle leeren Flaschen zurückgebracht, die er ausgraben konnte.

„Aber, mein lieber Féresse", sagte ich und beobachtete ihn unbehaglich, „wie soll ich Ihrer Meinung nach hier mit all diesen Flaschen klarkommen, oder vielmehr, wie sollen all diese Flaschen zu mir passen – es sei denn, ich lebe in einer von ihnen, nach dem Vorbild von *le Diable boiteux?* "

„Das ist es ja!", grinste Feresse, während er neue Flaschen neben die alten stellte. „ *Der Herr Generaldirektor* sieht das anders: Er möchte, dass ich diesen Raum für mich behalte, und hat nicht vor, dass ein Neuankömmling mir das Gesetz aufzwingt."

Ich ging auf ihn zu, mein Gesicht war blutverschmiert.

„Der Neuankömmling, so unbedeutend er auch sein mag, ist immer noch dein Vorgesetzter", sagte ich; „also solltest du mit unbedecktem Kopf mit ihm sprechen. Nimm deine Mütze ab, du junger Bursche!"

Und im selben Augenblick gab ich dem Jungen eine Ohrfeige, so dass sein Hut gegen die Wand flog, und verabschiedete mich. All dies geschah in Abwesenheit von Monsieur Deviolaine; ich hatte also nicht das letzte Wort in der Angelegenheit. Monsieur Deviolaine würde erst in zwei oder drei Tagen zurückkommen; also beschloss ich, nach Hause zu meiner armen Mutter zu gehen und dort auf seine Rückkehr zu warten. Doch bevor ich das Büro verließ, erzählte ich Oudard alles, was geschehen war, und der sagte, er könne in der Angelegenheit nichts tun. Und ich erzählte es Monsieur Pieyre, der sagte, er könne nicht viel tun. Meine Mutter war völlig verzweifelt: Es erinnerte sie zu sehr an meine Heimkehr von Maître Lefèvre im Jahr 1823. Sie eilte zu Madame Deviolaine. Madame Deviolaine war eine ausgezeichnete Frau, aber engstirnig, und sie konnte nicht verstehen, warum ein Angestellter andere Ambitionen haben sollte, als schließlich ein erstklassiger Angestellter zu werden; warum ein erstklassiger Angestellter mehr werden wollte als stellvertretender Obersekretär; warum ein stellvertretender Obersekretär andere Ambitionen haben sollte als Obersekretär zu werden, und so weiter. Sie machte meiner Mutter also keine Versprechungen; die arme Frau hatte übrigens nicht viel Einfluss auf ihren Mann, wie sie sehr wohl wusste, und sie versuchte nur selten, den wenigen

Einfluss, den sie hatte, auszuüben. Inzwischen hatte ich Porcher gebeten, zu uns nach Hause zu kommen. Ich zeigte ihm meine fast vollendete Tragödie und fragte ihn, ob er mir im Falle ungünstiger Umstände einen bestimmten Betrag vorstrecken würde.

„Verdammt noch mal!", antwortete Porcher, „eine Tragödie! ... Wenn es ein Varieté gewesen wäre, hätte ich es bestimmt getan! ... Aber *lassen Sie es uns empfangen* , dann werden wir sehen."

„Sorgen Sie dafür, dass es ankommt!" Darin liegt natürlich die ganze Frage.

Meine Mutter kam in diesem Moment zurück, und Porchers Antwort beruhigte sie nicht. Ich schrieb an Monsieur Deviolaine und bat ihn, ihm meinen Brief bei seiner Rückkehr auszuhändigen; dann wartete ich. Wir verbrachten drei Tage in Ungewissheit; aber während dieser drei Tage blieb ich im Bett und arbeitete unaufhörlich. Warum blieb ich im Bett? Das bedarf einer Erklärung. Während ich im Sekretariat war und von zehn Uhr morgens bis fünf Uhr abends im Büro sein musste und von acht bis zehn Uhr dorthin zurückkehrte, musste ich achtmal am Tag die Strecke zwischen dem Faubourg Saint-Denis Nr. 53 und der Rue Saint-Honoré Nr. 216 zurücklegen, und ich war so müde, dass ich kaum arbeiten konnte, wenn ich aufblieb. Also ging ich ins Bett und schlief, legte zuerst meine Arbeit auf den Tisch neben meinem Bett; ich schlief zwei Stunden, und dann weckte mich meine Mutter um Mitternacht und ging ihrerseits schlafen. Das war der Grund, warum ich im Bett arbeitete. Diese Gewohnheit, im Bett zu arbeiten, nahm so viel von mir Besitz, dass ich sie beibehielt, nachdem ich schon lange wieder frei war, und alle meine Theaterarbeiten auf diese Weise verrichtete. Vielleicht befriedigt diese Erkenntnis jene Physiologen, die sich über die Art von roher Leidenschaft ausließen, die in meinen frühesten Werken zu erkennen ist und die man mir, vielleicht nicht ohne Grund, vorwarf. Ich legte mir damals auch noch eine andere Gewohnheit zu, nämlich meine Dramen in einer rückwärts gerichteten Handschrift zu schreiben: diese Gewohnheit habe ich nie abgelegt, ebenso wenig wie die andere, und bis heute verwende ich eine andere Handschrift für meine Dramen und eine andere für meine Romane. Während dieser drei Tage machte ich enorme Fortschritte mit *Christine.* Am vierten Tag erhielt ich einen Brief von Monsieur Deviolaine, der mich in sein Büro beorderte. Ich eilte dorthin, und diesmal schlug mein Herz nicht schneller; ich hatte das Schlimmste erlebt, was passieren konnte, und war auf alles vorbereitet.

„Ah! Da bist du ja, du verfluchter Dummkopf!", rief Monsieur Deviolaine, als er mich erblickte.

„Ja, Monsieur, hier bin ich."

„So, so, Monsieur!“

Ich antwortete nicht.

„Also sind wir ein zu vornehmer Herr, um mit gewöhnlichen Sterblichen zusammenzuarbeiten?“, fuhr M. Deviolaine fort.

„Sie irren sich … ganz im Gegenteil. Ich bin kein ausreichend großer Herr, um mit den anderen zusammenzuarbeiten, deshalb möchte ich allein arbeiten.“

„Und Sie verlangen ein eigenes Büro, mit der Absicht, darin nichts anderes zu tun, als Ihre schmutzigen Stücke zu schreiben?“

„Ich verlange ein eigenes Büro, damit ich während der Arbeit das Recht habe, nachzudenken.“

„Und wenn ich Ihnen kein eigenes Büro überlasse?“

„Ich werde versuchen, meinen Lebensunterhalt als Autor zu verdienen. Sie wissen, dass ich keine andere Möglichkeit habe.“

„Und wenn ich Sie nicht sofort wegschicke, können Sie ganz sicher sein, dass es Ihrer Mutter zuliebe ist und nicht Ihretwegen.“

„Das ist mir völlig bewusst und ich bin Ihnen meiner Mutter zuliebe dankbar.“

„Also gut, dann übernehmen Sie Ihr Amt selbst; aber ich warne Sie, dass …“

„Sie geben mir die doppelte Arbeit wie jedem anderen Angestellten?“

"Genau so."

„Es wäre ungerecht, das ist alles. Aber da ich nicht der Stärkere bin, werde ich mich fügen.“

„Ungerecht! Ungerecht!“, schrie Monsieur Deviolaine. „Ich möchte Sie wissen lassen, dass ich in meinem Leben nie etwas Ungerechtes getan habe.“

„Es scheint, als gäbe es für alles einen Anfang.“

„Haben Sie jemals – oh, haben Sie jemals so einen jungen Fratz gesehen!“, fuhr M. Deviolaine fort, während er in seinem Büro auf und ab ging, „haben Sie jemals gesehen! haben Sie jemals gesehen! …“

Dann wandte er sich wieder mir zu und sagte:

„Also gut, ich werde Sie nicht ungerecht behandeln. Nein, ganz bestimmt nicht. Sie sollen nicht mehr Arbeit haben als die anderen. Aber Sie sollen genauso viel haben und es soll überwacht werden, dass Sie damit zurechtkommen. Herr Fossier wird von mir den Auftrag erhalten, diese Inspektion durchzuführen.“

Ich bewegte meine Lippen.

„Was nun? Haben Sie jetzt etwas gegen M. Fossier einzuwenden?“

„Nein, ich finde ihn nur hässlich.“

„Und was dann?“

„Na ja, mir wäre es doch viel lieber, wenn er gut aussehen würde, zuerst aus eigener und auch aus meiner Sicht.“

„Aber was macht es Ihnen aus, ob M. Fossier hässlich oder schön ist?“

„Wenn ich einem Gesicht drei- oder viermal am Tag begegnen muss, möchte ich lieber ein angenehmes als ein unangenehmes Gesicht sehen.“

„Also, so einen verfluchten jungen Kerl habe ich in meinem ganzen Leben noch nie getroffen! Sie werden bald von mir verlangen, dass ich meine Obersekretäre nach Ihrem Geschmack auswähle! ... Raus hier! Gehen Sie zurück in Ihr Büro und versuchen Sie, die verlorene Zeit nachzuholen.“

„Das werde ich tun. Aber vorher möchte ich Sie um ein Versprechen bitten, Monsieur.“

„Na, auf mein Wort, wenn er mir nicht tatsächlich seine eigenen Bedingungen auferlegen will!“

„Ich bin sicher, Sie werden dieses Angebot annehmen.“

„Nun, was wünschen Sie, Monsieur le poëte?“

„Ich möchte, dass Sie jeden Tag selbst einen Blick auf die von mir geleistete Arbeit werfen und sehen, wie ich sie erledigt habe.“

„Nun, das verspreche ich Ihnen... Und wann findet die erste Vorstellung statt?“

„Das kann ich Ihnen kaum sagen, aber ich bin ganz sicher, dass Sie dabei sein werden!“

„Ja, ich werde da sein, und zwar in mehr als einer Hinsicht. In dieser Hinsicht können Sie ganz beruhigt sein ... Und jetzt gehen Sie und benehmen Sie sich!“

Und er machte eine drohende Geste, woraufhin ich hinausging.

M. Deviolaine hielt sein Wort mir gegenüber. Er gab mir viel Arbeit, ohne mich zu überfordern. Aber wie versprochen kam M. Fossier immer und brachte mir die Arbeit persönlich, und wenn ich unglücklicherweise nicht an meinem Schreibtisch war, wurde M. Deviolaine sofort über meine Abwesenheit informiert.

KAPITEL XI

Schlussfolgerung von *Christine* – Eine Mäzenin, gewissermaßen – Nodier empfiehlt mich Taylor – Der königliche Kommissar und Autor von *Hécube* – Halboffizielle Lesung vor Taylor – Offizielle Lesung vor dem Komitee – Ich werde mit Beifall empfangen – Der Rausch des Erfolgs – Wie Geschichte geschrieben wird – M. Deviolaines Ungläubigkeit – Picards Meinungen zu meinem Stück – Nodiers Meinung – Zweite Lesung im Théâtre-Français und endgültige Annahme

---

Aber keines dieser Hindernisse hinderte mich daran, *Christine zu beenden*. Ich hatte allerdings kaum die berühmte letzte Zeile geschrieben –

„Gut, ich hatte Mitleid, mein Vater … Was habe ich erreicht?“

als ich mich in einer ebenso peinlichen Lage befand wie jedes arme Mädchen, das gerade ein Kind außerhalb der Grenzen einer legitimen Ehe zur Welt gebracht hat. Was sollte ich mit diesem unehelichen Kind tun, das ich geschaffen hatte und das außerhalb der Tore des Instituts und der Akademie geboren wurde? Sollte ich sie ersticken, wie ich ihre Älteren erstickt hatte? Das wäre in der Tat eine harte Entscheidung gewesen! Außerdem war dieses kleine Mädchen stark und durchaus lebensfähig; es schien daher gut, sie anzuerkennen; aber zuerst musste ein Theater gefunden werden, das sie aufnahm, Schauspieler, die sie einkleideten, und ein Publikum, das sie adoptierte!

Ach, wenn Talma doch nur noch am Leben wäre! Aber Talma war tot, und ich kannte niemanden am Théâtre-Français. Vielleicht könnte ich es über M. Arnault regeln. Aber er würde darum bitten, das Werk zu sehen, für das seine Dienste angefragt wurden, und er würde es kaum zehn Zeilen gelesen haben, bevor er es so weit von sich schleudern würde, wie der arme M. Drake die Klapperschlange, die ihn in Rouen gebissen hatte. Ich machte mich auf die Suche nach Oudard. Ich sagte ihm, dass mein Stück fertig sei, und bat ihn kühn um ein Empfehlungsschreiben für das Théâtre-Français. Oudard lehnte ab und behauptete, er kenne dort niemanden. Ich hatte den Mut, ihm zu sagen, dass seine Einführung als Leiter des Sekretariats des Herzogs von Orléans allmächtig sein würde.

Er antwortete in der Art von Madame Méchin, wenn sie kein besonderes Ziel verfolgen wollte:

„Ich werde in dieser Hinsicht niemals meinen *Einfluss geltend machen*.“

Ich hatte im Sekretariat schon mehrmals einen Mann mit dicken Augenbrauen und langer Nase bemerkt, der seinen Tabak nach Schweizer

Art mitnahm. Dieser Mann brachte regelmäßig die neunzig Theaterkarten in alle Teile des Hauses, die M. Oudard jeden Monat zu verschenken hatte, und zwar drei pro Tag. Ich wusste nicht, wer dieser Mann war, aber ich fragte nach. Man sagte mir, er sei der Souffleur.

Ich lauerte diesem Souffleur auf, überraschte ihn im Korridor und bat ihn, mir zu sagen, welche Schritte notwendig seien, um die Ehre einer Lesung vor dem Komitee des Théâtre-Français zu erhalten. Er sagte mir, ich müsse mein Stück zuerst beim Examiner hinterlegen; er warnte mich jedoch, dass dort bereits so viele andere Werke hinterlegt seien, dass ich mit einer Wartezeit von mindestens einem Jahr rechnen müsse. Als ob es mir möglich wäre, ein Jahr zu warten!

„Aber", fragte ich, „gibt es keine Abkürzung für all diese Formalitäten?"

„Oh je, ja!", antwortete er, „wenn Sie Baron Taylor kennen."

Ich habe ihm gedankt.

„Es gibt nichts, wofür ich mir danken müsste", sagte er.

Und er hatte recht. Es gab nichts, wofür ich ihm danken musste, denn ich kannte Baron Taylor überhaupt nicht.

„Kennen Sie Baron Taylor?", fragte ich Lassagne.

„Nein", antwortete er, „aber Charles Nodier ist sein enger Freund."

„Was ist damit?"

„Na, hast du mir nicht erzählt, dass du einmal bei einer Vampiraufführung einen ganzen Abend mit Charles Nodier geredet hast ? "

"Sicherlich."

„Schreiben Sie an Charles Nodier."

„Pah! Er wird mich völlig vergessen haben."

„Er vergisst nie etwas; schreiben Sie ihm."

Ich schrieb an Charles Nodier und erinnerte ihn an die Elzevirs, die Rädertierchen und die Vampire. Im Namen seiner wohlbekannten Freundlichkeit gegenüber jungen Leuten bat ich ihn, mich Baron Taylor vorzustellen. Man kann sich vorstellen, mit welcher Ungeduld ich auf die Antwort wartete. Baron Taylor selbst antwortete, gewährte meine Bitte und vereinbarte mit mir einen Termin für fünf oder sechs Tage später. Er entschuldigte sich gleichzeitig für die vereinbarte Stunde; aber seine zahlreichen Verpflichtungen ließen ihm so wenig Zeit, dass sieben Uhr morgens die einzige Stunde war, zu der er mich empfangen konnte. Obwohl ich wahrscheinlich der Spätaufsteher in Paris bin, war ich zur vereinbarten Stunde bereit. Freilich hatte ich die ganze Nacht wachgeblieben. Taylor wohnte damals in der Rue de Bondy Nr. 42, im vierten Stock. Seine Zimmerflucht bestand aus einem Vorzimmer voller Bücher und Büsten, einem Nebenzimmer voller Bilder und Bücher, einem Salon voller Waffen und Bücher und einem Schlafzimmer voller Manuskripte und Bücher. Ich klingelte an der Tür des Vorzimmers, und mein Herz klopfte wie wild. Die gute oder schlechte Laune eines Mannes, der nichts von mir wusste, der keinen Grund hatte, mir gegenüber freundlich zu sein, der mich aus reiner Gutmütigkeit aufgenommen hatte, sollte über mein zukünftiges Leben entscheiden. Wenn ihm mein Spiel missfiel, würde es allem im Wege stehen, was ich ihm später bringen konnte, und ich war fast am Ende meines Mutes und meiner Kraft. Ich hatte geklingelt, ganz leise, das gebe ich zu, und niemand hatte geantwortet; ich klingelte ein zweites Mal, genauso leise wie zuerst; wieder nahm niemand Notiz von mir. Und doch, als ich mein Ohr näher heranhielt, schien ich ein Geräusch zu hören, das darauf hindeutete, dass drinnen etwas Ungewöhnliches vor sich ging: wirre Laute und Knurren, die mal wie Wutausbrüche klangen und mal, in abnehmender Tonhöhe, wie eine kontinuierliche monotone Bassbegleitung klangen. Ich konnte mir nicht vorstellen, was es sein könnte; ich hatte Angst, Taylor in einem solchen Moment zu stören, und doch war es genau die Stunde, die er selbst für mein Kommen festgelegt hatte. Ich klingelte lauter. Ich hörte, wie sich eine Tür öffnete, und gleichzeitig ertönte das mysteriöse Geräusch von drinnen, das meine Neugier in den letzten zehn Minuten so sehr geweckt hatte, lauter denn je. Endlich wurde die Tür von einer alten Dienerin geöffnet.

„Ah! Monsieur", sagte sie nervös, „Ihr Kommen wird Monsieur le Baron einen ausgezeichneten Dienst erweisen. Er wartet ungeduldig auf Sie; gehen Sie hinein."

"Wie meinst du das?"

„Gehen Sie hinein, gehen Sie hinein … verlieren Sie keine Minute."

Ich ging rasch ins Wohnzimmer, wo ich Taylor in seiner Badewanne gefangen fand wie einen Tiger in seiner Höhle, neben ihm ein Herr, der eine Tragödie namens *Hécube las*. Dieser Herr hatte sich seinen Zutritt erzwungen, ganz gleich, was man ihm sagte. Er hatte Taylor überrascht, wie Charlotte Corday Marat überrascht hatte, als sie ihn in seiner Badewanne erstach; aber die Qualen, die der Kommissar des Königs erdulden musste, waren länger als die des Volkstribuns. Die Tragödie war zweitausendvierhundert Zeilen lang! Als der Herr mich erblickte, wurde ihm klar, dass ihm sein Opfer entrissen werden sollte; er umklammerte die Badewanne und rief:

„Es sind nur noch zwei Akte, Monsieur – es sind nur noch zwei Akte!"

„Zwei Schwerthiebe, zwei Messerstiche, zwei Dolchstöße! Wähle unter den Waffen ringsum – es gibt hier alle Arten – diejenige aus, die am besten schneidet und mich sofort tötet!"

„Monsieur", antwortete der Autor von *Hécube*, „die Regierung hat Sie eigens *zum Commissaire du Roi ernannt*, um mein Stück anzuhören; es ist Ihre Pflicht, mein Stück anzuhören – Sie sollen mein Stück hören!"

"Ah! Genau da kommt das Unglück ins Spiel!", rief Taylor und rang die Hände. "Ja, Monsieur, zu meinem Leidwesen bin ich *Commissaire du Roi* ... Aber Sie und Leute wie Sie werden mich zwingen, meinen Rücktritt einzureichen; Sie und Ihresgleichen werden mich zwingen, ihn aufzugeben und Frankreich zu verlassen. Ich habe ein Angebot bekommen, nach Ägypten zu gehen, ich werde es annehmen; ich werde die Quellen des Nils bis nach Nubien erforschen, direkt zu den Mondbergen – und ich werde sofort losgehen und meinen Pass holen."

„Sie können nach China gehen, wenn Sie möchten", antwortete der Herr, „aber Sie dürfen nicht gehen, bevor Sie mein Stück gehört haben."

Taylor stöhnte einmal lang auf wie ein besiegter Athlet, gab mir ein Zeichen, in sein Schlafzimmer zu gehen, ließ sich in die Badewanne zurückfallen und senkte resigniert den Kopf auf die Brust. Der Herr fuhr fort. Taylors Vorsichtsmaßnahme, eine Tür zwischen sich, seinen Leser und mich zu stellen, war völlig nutzlos; ich hörte jedes Wort der letzten beiden Akte von *Hécube*. Der Allmächtige ist groß und voller Mitgefühl – möge er diesem Autor Frieden schenken! Als das Stück schließlich zu Ende war, stand der Herr auf und willigte auf Taylors inständiges Flehen ein, zu gehen. Ich hörte, wie die alte Frau die Tür hinter ihm doppelt abschloss. Das Badewasser war während der Zeit, die er mit Lesen verbracht hatte, kalt geworden, und Taylor kam zitternd in sein Schlafzimmer zurück. Ich hätte einen Monatslohn für ihn geopfert, wenn er ein warmes Bett gefunden hätte, in das er kriechen konnte. Und der Grund ist nicht weit zu suchen; denn natürlich ist ein Mann, der nach dem Anhören von fünf Akten halb erfroren ist, nicht in der Stimmung, sich fünf weitere Akte anzuhören.

„Leider, Monsieur", sagte ich zu ihm, „ich bin auf einen höchst ungünstigen Zeitpunkt gestoßen und fürchte, Sie werden nicht im Geringsten geneigt sein, mir zuzuhören, zumindest nicht mit der Geduld, die ich mir wünschen könnte."

„Oh, Monsieur, das werde ich nicht zugeben, da ich Ihr Werk noch nicht kenne", erwiderte Taylor. „Aber Sie können sich vorstellen, was für eine Qual es ist, sich jeden Tag meines Lebens solche Sachen anhören zu müssen, wie ich sie gerade gehört habe."

"Täglich?"

„Ja, tatsächlich, und öfter! Sehen Sie, hier ist meine Tagesordnung für das heutige Komitee. Wir sollen einen *Epaminondas hören.* "

Ich seufzte tief. Meine arme *Christine* war zwischen die Fronten des Klassizismus geraten.

„Herr der Baron", wagte ich zu fragen, „würden Sie es vorziehen, wenn ich an einem anderen Tag käme?"

„Oh, sicher nicht", sagte Taylor, „jetzt sind wir hier..."

„Also gut", sagte ich, „ich werde Ihnen nur einen Akt vorlesen, und wenn Sie das ermüdet oder langweilt, müssen Sie mich unterbrechen."

„Na gut", murmelte Taylor, „Sie sind barmherziger als Ihre Mitbrüder. Und das ist ein gutes Zeichen … Weiter, weiter, ich höre zu."

Zitternd zog ich mein Stück aus der Tasche. Es sah aus wie ein furchtbar großes Buch. Taylor warf mit so erschrockenem Gesichtsausdruck einen Blick auf den riesigen Klotz, dass ich ihm zurief:

„Oh, Monsieur, haben Sie keine Angst! Das Manuskript ist nur auf einer Seite des Papiers beschrieben."

Er atmete wieder. Ich begann. Ich war so nervös, dass ich beim Lesen nichts sehen konnte; meine Stimme zitterte so sehr, dass ich meine eigene Stimme nicht hören konnte. Taylor beruhigte mich; er war solche Bescheidenheit nicht gewohnt! Ich nahm meine Lektüre wieder auf und schaffte es irgendwie, meinen ersten Akt zu überstehen.

„Nun, Monsieur, soll ich fortfahren?", fragte ich mit schwacher Stimme und wagte nicht, den Blick zu heben.

„Sicher, sicher", antwortete Taylor, „machen Sie weiter. Auf mein Wort, es ist ausgezeichnet!"

Ich wurde wieder lebendig und las meinen zweiten Akt mit mehr Zuversicht als den ersten. Als ich fertig war, sagte mir Taylor selbst, ich solle mit dem dritten, dann dem vierten und dann dem fünften fortfahren. Ich verspürte ein unaussprechliches Verlangen, ihn zu umarmen; aber ich hielt mich zurück, aus Angst vor den Folgen.

Als die Lesung zu Ende war, sprang Taylor aus seinem Bett.

„Sie müssen mit mir ins Théâtre-Français kommen", sagte er.

„Aber was muss ich da tun?"

„Warum kommen Sie so schnell wie möglich an die Reihe, Ihr Stück vorzulesen?"

„Meinen Sie das wirklich? Soll ich es dem Komitee vorlesen?"

„Nicht einen Tag später als nächsten Samstag." Und Taylor rief: „Pierre!"

Ein alter Diener kam herein.

„Gib mir alle meine Kleider, Pierre."

Dann wandte er sich mir zu und sagte: „Würden Sie mich entschuldigen?"

„Oh, es gibt nichts zu entschuldigen!...", antwortete ich.

Am folgenden Donnerstag (denn Taylor wollte nicht bis Samstag warten, sondern hatte ein Sonderkomitee einberufen) war das Komitee, ob aus Zufall oder weil Taylor mein Stück überschwänglich gelobt hatte, sehr groß; es waren so viele gut gekleidete Männer und Frauen anwesend, als ob ein Tanz bevorstünde. Die Damen, geschmückt mit bunten Hüten und Blumen, die Herren in modischer Kleidung, der große grüne Teppich, die neugierigen Blicke, die auf mich gerichtet waren, jedes Detail bis hin zu dem Glas Wasser, das Granville feierlich neben mich stellte – was mir sehr lächerlich vorkam – all dies weckte in mir tiefe Emotionen.

Christine war damals ganz anders als heute: Es war ein einfaches Stück, romantisch im Stil, aber auf klassischen Traditionen aufgebaut. Es war auf fünf Akte beschränkt; die Handlung spielte sich vollständig in Fontainebleau ab und entsprach der von Aristoteles festgelegten Einheit von Zeit, Ort und Handlung. Noch seltsamer! Es enthielt nicht die Figur der Paula, die heute die beste Schöpfung des Stücks und die eigentliche dramatische Triebfeder des gesamten Werks ist. Monaldeschi verriet Christines Ehrgeiz, aber nicht ihre Liebe. Und doch habe ich selten ein Werk erlebt, das bei der ersten Lesung so erfolgreich war. Man ließ mich den Monolog von Sentinelli und die Szene mit Monaldeschi dreimal lesen. Ich war berauscht vor Freude. Mein Stück wurde mit Beifall aufgenommen. Nur drei oder vier der Tagesordnungspunkte enthielten die folgende vorsichtige Phrase:

„ Eine zweite Lesung oder die Vorlage des Manuskripts bei einem Autor, zu dem das Komitee Vertrauen hat. "

Das Ergebnis der Beratungen der Comédie-Française war, dass die Tragödie *Christine* angenommen wurde. Aufgrund der großen Neuerungen, die sie enthielt, wollte man sich jedoch nicht dazu entschließen, sie aufzuführen, bevor eine weitere Lesung stattgefunden hatte oder das Manuskript einem anderen, noch zu benennenden Autor vorgelegt worden war.

Das Ganze war wie ein Nebel vor meinen Augen vorübergezogen. Ich hatte zum ersten Mal die Könige und Königinnen der tragischen und komischen Bühne von Angesicht zu Angesicht gesehen: Mademoiselle Mars, Mademoiselle Leverd, Mademoiselle Bourgoin, Madame Valmonzey, Madame Paradol und Mademoiselle Demerson, eine bezaubernd kluge *Soubrette*, die Molière mit großer Frische spielte, und Marivaux mit einem so vollendeten Stil, wie ich ihn noch nie bei jemandem anderen gesehen hatte. Ich wusste, dass ich angenommen worden war, und das war alles, was ich wissen wollte: die Bedingungen, die ich erfüllen würde, die Schwierigkeiten, die ich überwinden würde. Deshalb wartete ich nicht bis zum Ende der Konferenz. Ich dankte Taylor und verließ das Theater so stolz und unbeschwert, als hätte meine erste Geliebte zu mir gesagt: „Ich liebe dich." Ich machte mich auf den Weg zum Faubourg Saint-Denis und musterte jeden, den ich traf, als wollte ich sagen: „Du hast *Christine nicht geschrieben*; du bist nicht gerade vom Théâtre-Français gekommen; du wurdest nicht mit Beifall empfangen, du, du, du!" Und in der freudigen Beschäftigung meiner Gedanken achtete ich nicht darauf, meine Schritte über eine Gosse abzumessen, sondern stolperte mitten hinein; ich achtete nicht auf Kutschen, ich schubste zwischen den Pferden hin und her. Als ich das Faubourg Saint-Denis erreichte, hatte ich mein Manuskript verloren; aber das machte nichts! Ich kannte mein Stück auswendig. Mit einem Satz sprang ich in unsere Zimmer, und meine Mutter schrie auf, denn sie sah mich nie vor fünf Uhr zurück.

„Mit Beifall empfangen, Mutter! Mit Beifall empfangen!", rief ich. Und ich begann, in unseren Zimmern, die für solche Übungen kaum Platz boten, herumzutanzen. Meine Mutter dachte, ich sei verrückt geworden; ich hatte ihr aus Angst vor Enttäuschung nicht gesagt, dass ich zur Lesung ging.

„Und was wird M. Fossier sagen?", rief meine arme Mutter.

Malbroucks Melodie an . „M. Fossier kann sagen, was er will, und wenn er nicht zufrieden ist, schicke ich ihn weg!"

„Pass auf dich auf, mein lieber Junge", antwortete meine Mutter kopfschüttelnd. „Du wirst derjenige sein, der weggeschickt wird, und zwar in aller Ernsthaftigkeit."

„Schon gut, Mutter, umso besser! Dann habe ich Zeit, an meinen Proben teilzunehmen."

„Und nehmen wir an, Ihr Stück ist ein Misserfolg und Sie haben Ihre Stelle verloren, was wird dann aus uns?"

„Ich werde ein weiteres Stück schreiben, das Erfolg haben wird."

„Aber in der Zwischenzeit müssen wir leben."

„Ach ja, es ist sehr bedauerlich, dass man leben muss. Zum Glück werden wir in sieben oder acht Tagen etwas als Abschlag erhalten."

„Ja, aber während wir auf das warten, was du noch nicht bekommen hast, mein Junge, nimm meinen Rat an und kehre an deinen Schreibtisch zurück, damit niemand Verdacht schöpft, und prahle nicht mit dem, was einer einzigen Person passiert ist."

„Ich glaube, Sie haben recht, Mutter. Und obwohl ich Monsieur Deviolaine gebeten habe, mir den ganzen Tag frei zu geben, werde ich an meinen Schreibtisch zurückkehren. Es ist halb drei. Ich werde also noch Zeit haben, meine Tagesarbeit zu erledigen."

Und ich rannte los in die Rue Saint-Honoré. Die Bewegung tat mir gut, denn ich brauchte frische Luft und Bewegung; ich fühlte mich in unseren winzigen Zimmern erstickt. Ich fand einen Stapel Berichte vor, der für mich bereitlag; ich machte mich an meine Arbeit, und um sechs Uhr war alles fertig. Aber inzwischen wuchs Féresses Zorn auf mich zu Hass: Ich hatte ihn gezwungen, bis zum Glockenschlag von sechs zu bleiben, bevor ich die letzten Zeilen beendet hatte. Ich hatte noch nie so schnell oder so gut geschrieben. Ich las alles zweimal noch einmal durch, aus Angst, ich könnte einige Zeilen von *Christine* in die Berichte eingefügt haben. Aber wie üblich waren sie frei von poetischen Ergüssen. Ich gab sie Féresse zurück, der mit ihnen in M. Fossiers Büro ging und dabei wie ein Bär knurrte. Dann ging ich nach Hause zu meiner lieben Mutter, völlig erschöpft und völlig erschöpft von den großen Ereignissen dieses Tages. Es war der 30. April 1828. Ich verbrachte den Abend, die Nacht und den Morgen des nächsten Tages damit, mein Manuskript noch einmal neu zu schreiben. Als ich um zehn Uhr die Verwaltung erreichte, stand Ferésse vor der Tür seines Büros. Er hatte seit acht Uhr morgens nach mir Ausschau gehalten, obwohl er genau wusste, dass ich nie vor zehn kam.

„Ah, da sind Sie ja", sagte er. „Sie haben also eine Tragödie geschrieben, wie ich höre."

"Wer hat dir das gesagt?"

„Aber, meine Güte, es steht in der Zeitung."

"In der Zeitung?"

„Ja, lesen Sie es selbst."

Und er reichte mir ein Papier, das tatsächlich die folgenden Zeilen enthielt:

„Das Théâtre-Français hat heute mit Beifall und Einstimmigkeit eine Tragödie in fünf Akten in Versform angenommen, die von einem jungen Mann geschrieben wurde, der bisher noch nichts hervorgebracht hat. Dieser junge Mann befindet sich in der Verwaltung von M. le Duc d'Orléans, der ihm seinen Weg leicht gemacht und ihn dem Lesekomitee wärmstens empfohlen hat."

Sie sehen, wie genau die Tagespresse die Lage einschätzte! Sie hat diese Tradition bis heute nicht verloren. Obwohl die Nachricht im Detail ziemlich ungenau war, war sie im Grunde wahr; und sie machte die Runde von Korridor zu Korridor und von Stockwerk zu Stockwerk. Sie verbreitete sich von Büro zu Büro, indem Leute ein- und ausgingen, als hätte Madame la Duchesse d'Orléans Zwillinge zur Welt gebracht. Alle meine Kollegen gratulierten mir, einige aufrichtig, andere spöttisch; nur mein Bürochef versteckte sich vor den Blicken. Aber da er mich mit der vierfachen Menge an Arbeit beschäftigte, die ich sonst hatte, war es ganz offensichtlich, dass er die Zeitung gelesen hatte. M. Deviolaine kam um zwei Uhr und um fünf Minuten nach zwei ließ er mich rufen. Ich betrat sein Büro mit erhobenem Kopf und den Händen keck in die Hüften gestemmt.

„Ah! Da bist du ja, du junges Ding!", sagte er.

„Ja, hier bin ich."

„Also hast du mich gestern um einen Urlaub gebeten, um Streiche zu spielen!"

"Habe ich meine Arbeit vernachlässigt?"

„Das ist nicht die Frage."

„Entschuldigen Sie, Monsieur Deviolaine, im Gegenteil, das ist die einzige Frage."

„Aber sehen Sie denn nicht, dass sie sich über Sie lustig gemacht haben?"

"Wer hat?"

"Die Komiker."

„Trotzdem haben sie mein Spiel akzeptiert."

„Ja, aber sie werden es nicht auf die Bühne bringen."

„Ah! Wir werden sehen!"

„Und wenn sie Ihr Stück produzieren ..."

"Ja?"

„Sie werden weiterhin die Zustimmung der Öffentlichkeit benötigen.“

„Warum sollten Sie annehmen, dass es dem Publikum nicht gefallen wird, wenn es den Komikern gefallen hat?“

„Kommen Sie, wollen Sie mir weismachen, dass Sie, der Sie nur eine Ausbildung genossen haben, die drei Francs im Monat kostete, erfolgreich sein werden, wenn Leute wie M. Viennet, M. Lemercier und M. Lebrun scheitern? ... Kommen Sie mit!“

„Aber wäre es nicht fairer, abzuwarten, anstatt mich im Voraus zu verurteilen?“

„Oh ja, warte zehn Jahre, zwanzig Jahre! Ich hoffe aufrichtig, dass ich begraben werde, bevor dein Stück aufgeführt wird, und dann werde ich es nie sehen.“

In diesem Moment öffnete Ferésse verschmitzt die Tür.

„Entschuldigen Sie, Monsieur Deviolaine“, sagte er, „aber hier ist ein *Komiker* (er betonte das Wort sorgfältig), der nach Monsieur Dumas fragt.“

„Ein Komiker! Welcher Komiker?“, fragte M. Deviolaine.

„Herr Firmin, von der Comédie-Française.“

„Ja“, antwortete ich ruhig, „er übernimmt die Rolle des Monaldeschi.“

„Firmin spielt in deinem Stück mit?“

„Ja, er übernimmt Monaldeschi ... Oh, die Besetzung ist bewundernswert: Firmin spielt Monaldeschi, Mademoiselle Mars Christine ...“

„Mademoiselle Mars spielt in Ihrem Stück?“

"Sicherlich."

"Es ist nicht wahr."

„Möchten Sie, dass sie es Ihnen selbst erzählt?“

„Glauben Sie, ich werde mir die Mühe machen, mich davon zu überzeugen, dass Sie lügen?“

„Nein, sie wird hierher kommen.“

„Mademoiselle Mars wird hierher kommen?“

„Ich bin sicher, sie wird so freundlich sein, das für mich zu tun.“

„Mademoiselle Mars?“

„Ja, das siehst du, Firmin…"

„Halt! Gehen Sie Ihren Weg! Denn auf mein Wort, Sie sind genug, um mir den Verstand zu verdrehen! … Mademoiselle Mars … Mademoiselle Mars hat sich für Sie ins Zeug gelegt? Denken Sie mal darüber nach! … Mademoiselle Mars!" Und er hob verzweifelt die Hände zum Himmel, weil einem Mitglied seiner Familie überhaupt jemals eine so verrückte Idee in den Sinn gekommen war.

Ich nutzte diese theatralische Darbietung, um zu entkommen. Firmin wartete tatsächlich auf mich. Er hatte seine Zeit genutzt, um sich im Büro umzusehen, und er hatte festgestellt, dass die Fenster meines Büros genau denen der Comédie-Française gegenüber lagen – ein Umstand, der mir für meine künftige Kommunikation große Erleichterung verschaffte. Er kam, um keine Zeit zu verlieren, und bot mir an, mich zu Picards Haus zu bringen, der mein Manuskript lesen wollte. Picard genoss das absolute Vertrauen der Comédie-Française, und die Comédie-Française würde sich bedingungslos auf seine Entscheidung verlassen. Ich empfand eine starke Abneigung gegen Picard, der meiner Ansicht nach die Entwicklung der echten Komödie ebenso verzögert hatte, wie Scribe die Sache des Vaudeville gefördert hatte. Es stand außer Frage, dass Picard *Christine* vom Stil oder der Konstruktion her verstehen konnte. Ich wehrte mich daher so lange wie möglich dagegen, mich Picards Willkür unterwerfen zu müssen. Aber Firmin kannte Picard sehr gut und sagte, er habe eine große Vorliebe für junge Leute und sein Rat sei so gut, dass ich, anstatt Firmin gleich zu Beginn meiner Karriere zu verärgern, überredet wurde, hinzugehen. Es wurde vereinbart, dass Firmin mich um halb fünf am selben Abend abholen und mit mir Picard besuchen sollte. Um halb fünf machten wir uns auf den Weg. *Christine* war sorgfältig nachkopiert worden. Man kann sich vorstellen, dass ich, da ich mir mit den Stücken von Théaulon so viel Mühe gegeben hatte, auch auf meine eigenen besonders gut aufpasste! Das Manuskript wurde zusammengerollt und mit einem hübschen neuen Stück Band zusammengebunden, das mir meine Mutter gegeben hatte.

Wo wohnte Picard? Ich kann es Ihnen auf mein Wort nicht sagen und werde keine Zeit verlieren, um seine Adresse herauszufinden. Wo auch immer er wohnte, wir kamen bei ihm an. Sein Aussehen entsprach genau der Vorstellung, die ich mir von ihm gemacht hatte: Er war ein kleiner, missgestalteter Mann mit langen Händen, kleinen, hellen Augen und einer Nase so spitz wie die eines Wiesels. Er empfing uns mit jener ihm eigenen höflichen, scherzhaften Art, die viele Leute für intellektuelle Kameradschaft halten. Wir unterhielten uns zehn Minuten lang, und er tat so, als wüsste er überhaupt nichts von den Neuigkeiten, die er seit dem Morgen gehört hatte; er legte den Grund unseres Besuchs offen und bat uns, das Manuskript bei ihm zu lassen und in einer Woche wiederzukommen. Er gab uns seinen bescheidenen Rat in dieser wichtigen Angelegenheit und bat uns im Voraus um Nachsicht, falls sein Urteil eher zu den kürzeren klassischen Formen der Komödie als zu den *langen romantischen Produktionen (des grandes machines romantiques) tendieren sollte.* Diese Einleitung verhieß nichts Gutes. Wir sahen Picard eine Woche später; er erwartete uns, und wir fanden ihn im selben Sessel sitzend, mit demselben Lächeln auf den Lippen. Er bat uns, Platz zu nehmen, und erkundigte sich höflich nach unserem Befinden; schließlich streckte er seine langen Finger über seinen Schreibtisch aus und rollte mein Manuskript sorgfältig zusammen, wickelte es ein und band es zu. Dann sagte er mit gewinnendem Lächeln zu mir:

„Mein lieber Monsieur, verfügen Sie über Mittel zum Lebensunterhalt?"

„Monsieur", antwortete ich, „ich bin Angestellter im Büro von Monsieur le Duc d'Orléans und verdiene fünfzehnhundert Francs im Jahr."

„Nun, mein lieber Junge, mein Rat an Sie lautet: Kehren Sie an Ihren Schreibtisch zurück – kehren Sie an Ihren Schreibtisch zurück!"

Nach einer solchen Erklärung war das Gespräch notwendigerweise kurz. Firmin und ich standen auf, verbeugten uns und gingen. Oder besser gesagt, ich ging; Firmin blieb einen Moment nach mir zurück: Er wollte wahrscheinlich eine weitere Erklärung. Durch die halb geöffnete Tür konnte ich sehen, wie Picard so heftig mit den Schultern zuckte, dass sein Kopf in Gefahr war, von seinem Körper zu fallen. Der moderne Molière sah so äußerst abstoßend aus, und sein Gesichtsausdruck war vor allem bemerkenswert bösartig. Hatte Picard uns wirklich eine gewissenhafte Meinung mitgeteilt? Firmin war davon überzeugt, dass er das getan hatte, aber ich bezweifelte es immer. Es war unmöglich, dass ein intellektueller Mensch, egal wie engstirnig seine Ansichten auch sein mochten, nicht erkennen konnte – ich gehe nicht so weit, zu sagen, ein bemerkenswertes Werk in *Christine, aber bemerkenswerte Werke, die der Schule von Christine* angehören .

Am nächsten Tag ging ich zu Taylor und brachte mein Manuskript mit Picards Anmerkungen mit. Diese Anmerkungen bestanden aus Kreuzen, Klammern und Ausrufezeichen, die man durchaus als Zeichen der Verblüffung bezeichnen könnte. Bestimmte Zeilen schienen den Autor der *Petite Ville* und des *Deux Philibert besonders in Erstaunen versetzt zu haben.* Diese waren mit drei Ausrufezeichen versehen.

CHRISTINE

„Sie sind Franzosen, Sie, aber diese Italiener. Die schöne Sprache, die ihre Gefühle dämpft, scheint für ein paar Frauen zum Ausdruck gebracht worden zu sein. Energiegeladene Akzente werden gesetzt, um zu klopfen. Ein Mann ist es; es ist klar, dass er mit einem Mann sprechen wird. Er spricht, wenn er zurückkommt, und durch einen abrupten Wechsel. Anstelle eines Mannes werde ich einen Freund finden." –!!!

An die letzte Zeile waren die drei elenden Ausrufezeichen angehängt, die vieles ausdrücken sollten. Picards Kritik war größtenteils lakonisch kurz. Auf die folgenden Zeilen folgte ein gewaltiges Fragezeichen:

„Auf dem Weg der Könige bedeckte das Auge meine Spur.
Mein Name ertönte wie ein leeres Geräusch im Raum. Dies ist nicht das Echo eines wiederholten Echos, und ich helfe, nach und nach zu leben.
Ich bin zu lange weg – mein tiefer Fehler! – Meine Abdankung brüllte in der Welt ...
Um noch eines zu erwidern, das nur ich nicht kenne. Ich werde dieses abgebrochene Reich zurückerobern. Wie die Frau, ich repräsentiere meine Krone, und es liegt an mir, dass ich die Laune des Throns hatte!" –?

eine Frage, die zu sagen schien: „Vielleicht versteht der Autor diese Passage. Ich jedenfalls nicht."

Nach der letzten Zeile—

„Gut, ich hatte Mitleid, mein Vater ... Was habe ich erreicht?"

wurde das Wort „UNMÖGLICH" geschrieben.

War es das Stück, das *unmöglich war*, oder nur diese Zeile? Picard hatte die Zartheit, mir den Vertrauensvorschuss zu gewähren. Ich erzählte Taylor von meinem Abenteuer und zeigte ihm Picards Notizen.

„In Ordnung", sagte er. „Überlassen Sie mir das Stück und kommen Sie morgen früh wieder."

Ich verließ das Stück mit ihm und war sehr niedergeschlagen. Ich musste zu meinem Leidwesen lernen, dass die Freuden, die mit dem Theater verbunden sind, das Gegenteil von denen in der Natur sind und nur in die frühen Tage gehören – nach dieser kurzen Zeit beginnen die wirklichen Probleme sofort. Ich achtete sorgfältig darauf, meine Verabredung einzuhalten, und war am nächsten Morgen um acht bei Taylor. Er zeigte mir mein Manuskript, auf das Nodier in seiner eigenen Handschrift geschrieben hatte:

„Bei meiner Seele und meinem Gewissen erkläre ich, dass *Christine* eines der bemerkenswertesten Werke ist, die ich in den letzten zwanzig Jahren gelesen habe."

„Dir ist klar", sagte Taylor zu mir, „dass ich das als Unterstützung brauche. Du musst bereit sein, dein Stück am Samstag noch einmal durchzulesen."

„Monsieur le Baron", sagte ich zu ihm, „ich arbeite in einem Büro, und dort sind sie umso strenger mit mir, weil ich mich der literarischen Arbeit widme, was in den Augen der Bürokratie ein unverzeihliches Verbrechen ist. Könnte ich es am Sonntag statt am Samstag lesen?"

„Es widerspricht allen Gepflogenheiten, aber ich werde sehen, was ich tun kann."

Drei Tage später erhielt ich meine Einladung für den folgenden Sonntag. Die Versammlung war noch größer als beim ersten Mal, und das Stück wurde, wenn das überhaupt möglich ist, noch enthusiastischer beklatscht als bei der vorherigen Lesung. Es wurde zur Abstimmung gestellt und einstimmig angenommen, vorbehaltlich einiger Änderungen, die ich nach Rücksprache mit Monsieur Samson vornehmen sollte. Glücklicherweise waren Monsieur Samson und ich uns nicht einig; ich sage glücklicherweise, da die Meinungsverschiedenheit dazu führte, dass ich das ganze Stück umarbeitete, wodurch der Prolog, die beiden Akte in Stockholm, der Epilog in Rom und die gesamte Rolle der Paula hinzukamen. An der richtigen Stelle werden wir erzählen, wie diese Umwandlungen zustande kamen; sie ließen die *Metamorphosen* von Ovid (von denen Monsieur Villenave gerade eine großartige Ausgabe veröffentlicht hatte) sehr weit hinter sich. Ich muss ein paar Worte über Monsieur de Villenave sagen, der einer der bestinformierten und originellsten Männer seiner Zeit war; und ich muss ein wenig über seine Frau, seinen Sohn, seine Tochter und sein Zuhause sagen, alles Personen und Dinge, die diesen ersten Teil meines Lebens stark beeinflusst haben.

KAPITEL XII

Cordelier-Delanoue – Eine Sitzung des Athénée – M. Villenave – Seine Familie – Die 132 Nantais – Cathelineau – Die Jagd *auf die Blauen* – Wald – Ein Kapitel der Geschichte – Sauveur – Das Royalistische Komitee – Souchu – Das wundersame Grab – Carrier

Während der ersten Vorstellungen der englischen Schauspieler (die mit meinem abendlichen Besuch im Büro des Sekretariats zusammenfielen) lernte ich einen jungen Mann namens Cordelier-Delanoue kennen. Das ergab sich ganz natürlich. Wir veröffentlichten damals *Psyché , und Delanoue hatte uns ein Gedicht geschickt, das er Hamlet nannte* ; wir legten es in unsere Zeitschrift, er kam, um uns zu danken, und Adolphe und ich freundeten uns mit ihm an, ich besonders. Delanoue war der Sohn eines der Generäle der Revolution, der meinen Vater früher gekannt hatte; dieser Umstand hatte uns zusammengeführt, und unsere dramatischen und politischen Sympathien taten den Rest. Eines Abends besuchte mich Delanoue im Büro und schlug vor, mich ins Athénée zu bringen, während der Kurier vom Palais-Royal nach Neuilly und zurück fuhr. Ich war in vielen Dingen unwissend, daher wird es hoffentlich kein Grund zur Verwunderung sein, wenn ich zugebe, dass ich noch nie vom Athénée gehört hatte. M. Villenave gab dort an diesem Abend eine literarische Soirée. Ich wusste nicht, wer Monsieur Villenave war, und meine Unwissenheit in dieser Hinsicht war etwas verzeihlicher als meine Unkenntnis des Athénée. Trotzdem nahm ich das Angebot an. Damals hatte ich noch nicht die Schrecken, neue Bekanntschaften zu machen, die mich später plagten. Man hatte mir etwas versprochen, das mit Literatur und Literaten zu tun hatte, und ein solches Versprechen hätte mich dazu gedrängt, die messerscharfe Kante zu überschreiten, die als Brücke zwischen dem mohammedanischen Paradies und dieser Erde dient. Ich könnte diese Kante heute überschreiten, obwohl ich zu Schwindelgefühlen neige, aber ich würde damit genau dem entfliehen, was ich damals suchte. Soweit ich mich erinnern kann, fanden die Versammlungen des Athénée in einem unteren Saal des Palais-Royal statt, der seinen Eingang von der Rue de Valois hatte. Sie diskutierten alle möglichen Themen, die in Salons unerträglich gewesen wären, im Athénée jedoch einfach nur langweilig waren. Die Leute, die diese langweiligen Themen diskutierten, hatten Anspruch auf eine bestimmte Anzahl von Eintrittskarten, die sie unter ihren Familienangehörigen, Freunden und Bekannten verteilen konnten. Sie hätten diese Themen auch ganz gut allein diskutieren können, aber aus unerklärlichen Gründen zogen sie es vor, ein Publikum zu haben. An diesem Abend war der Saal voll. M. Villenave war in der Gesellschaft sehr beliebt, und außerdem hatten diese Versammlungen eine gewisse Berühmtheit. Wenn ich zum Tod durch den Strang verurteilt worden wäre, hätte ich um mein Leben nicht sagen können, worüber sie an diesem Abend sprachen. Es war wahrscheinlich eine Abhandlung über einen verstorbenen Autor zweiter Klasse, die dem Autor als Vorwand diente, den Lebenden ein paar Schläge zu versetzen. M. Villenave leitete die Versammlung: Er sprach im Stehen, mit Hilfe einiger Kandelaber und eines Glases *Eau Sucrée* in seiner Nähe. Er war ein gutaussehender alter Mann, der damals vielleicht sechsundsechzig oder achtundsechzig Jahre alt war. Er hatte prächtiges weißes Haar, das zierlich um seine Schläfen gelockt war; schwarze Augen, die mit dem Feuer des Südens blitzten; er war sehr groß, aber ein wenig gebeugt, weil er sich oft über einen Schreibtisch beugte; seine Bewegungen und sein Benehmen hatten etwas Vornehmes und Anmutiges. Ich war aus zwei Gründen bescheiden an der Tür stehen geblieben: Erstens, weil ich noch zu unbekannt war, um mir einzubilden, ich hätte das Recht, den Sprecher selbst oder sonst jemanden meinetwegen hinauszudrängen; zweitens, da ich um halb zehn in mein Büro zurückkehren musste, war es bequemer, in der Nähe der Tür zu sein als anderswo, um dem inkognito zu entgehen, wie ich es betreten hatte. Delanoue, der mit der Gesellschaft besser vertraut war als ich, ließ mich in den kurzen Pausen, in denen die Sitzung unterbrochen wurde, um M. Villenave Zeit zum Verschnaufen zu geben, mit ihnen herumalbern und scherzen.

Da der Kurier zur gewohnten Zeit kam, machte ich mich gerade leise auf den Weg, um ihn in meinem Büro abzuholen, als Delanoue mir nachlief und mich unter dem Säulengang einholte. Er war von der Familie Villenave beauftragt worden, mich nach der Versammlung zu einem Tee in ihrem Haus einzuladen. Diesen Gefallen verdankte ich den netten Worten, die mein Freund Delanoue über mich gesagt hatte. Dann musste ich nachfragen, wo die Villenaves wohnten. Nr. 82, Rue de Vaugirard. Oh! Aber Faubourg Saint-Denis 53 war ziemlich weit von meinem Zuhause entfernt. Glücklicherweise hatte ich während meines fünfjährigen Aufenthalts in Paris die Straßen ziemlich gut kennengelernt, sodass ich mich nicht wie bei meinem ersten Besuch gezwungen fühlte, ein Fuhrwerk zu mieten, das mich vom Place du Palais-Royal zur Rue des Vieux-Augustins brachte. Die Einladung, die Delanoue überbrachte, war so höflich und herzlich, dass ich sie wenigstens annehmen konnte. Ich rannte ins Büro, kümmerte mich um den Kurier und kehrte zurück. Während der halben Stunde meiner Abwesenheit war die Sitzung beendet worden, und als ich zurückkam, fand ich Monsieur Villenave in einem kleinen Salon, der von der großen Halle ausging, wo er die Glückwünsche seiner Freunde entgegennahm. Delanoue stellte mich Monsieur Villenave und seiner Familie vor. Die Familie Villenave bestand zunächst aus Madame Villenave, einer sehr liebenswürdigen kleinen alten Dame, sehr intellektuell und eine erfahrene Gesellschaftsunterhalterin, die zu Hause aber sehr gern nörgelte, da sie, wie Anna von Österreich, an einer Krebserkrankung litt, an der sie schließlich starb; Théodore Villenave, einem großen, energischen jungen Mann, der zu dieser Zeit verschiedene Fluchtgedichte verfasste und *Wallenstein übersetzte*, das hinter den Kulissen des Odéon drei oder vier Jahre lang für viel Aufsehen sorgen sollte, bevor es auf die Bühne gebracht wurde, wo es einen ziemlichen Erfolg hatte; Madame Mélanie Waldor, die Frau eines Hauptmanns der Infanterie im Dienst und in Garnison, der sich nur kurz und selten in Paris blicken ließ, wo die, die ihn kannten, von ihm als einem tapferen und loyalen Soldaten sprachen. Madame Waldor verfasste wie ihr Bruder Fluchtverse, die sie in der Tageszeitung veröffentlichte; wie ihr Bruder schrieb sie später auch ein Theaterstück, das unter dem Titel École des Jeunes Filles erfolgreich lief . Zuletzt kam Élisa Waldor, die zu dieser Zeit nur ein bezauberndes kleines Kind mit dem Kopf eines Cherubins war, umgeben von lieblichem, goldenem, lockigem Haar; sie wuchs später zu einer großen, schönen Frau heran und war zweimal verheiratet – und jedes Mal glücklich, wie ich hoffe. [1]

Die Familie kehrte zu Fuß nach Hause zurück, in patriarchalischer Manier, begleitet von fünf oder sechs Freunden, die wie ich auf dem Weg zur Rue de Vaugirard waren, um dort gemeinsam Tee zu trinken und Kuchen zu essen. Da ich der Fremde war, wurde mir die Ehrenposition zugeteilt, nämlich Madame Waldor den Arm zu reichen. Da die Entfernung sehr groß war, war dies eine gute Gelegenheit, einander kennenzulernen. Da wir uns jedoch noch nie zuvor gesehen oder miteinander gesprochen hatten, wäre der lange Spaziergang für uns beide peinlich gewesen, wenn sich Delanoue nicht zu uns gesellt und als dritter in das Gespräch zwischen dem Place du Palais-Royal und der Rue de Vaugirard einbezogen worden wäre. Damit erwies er uns beiden einen großen Dienst, für den wir ihm beide zutiefst dankbar waren.

Wie merkwürdig sind doch diese zufälligen Begegnungen! Wie erstaunt hätte ich gewesen, wenn mir jemand gesagt hätte, dass diese Familie, deren Existenz ich noch vor ein paar Stunden nicht einmal gekannt hatte und die mir völlig fremd war, mir in den nächsten zwei oder drei Jahren fast so nahe stehen würde wie meine eigene und dass ich in Zukunft zweimal täglich die Straße zwischen der Rue du Faubourg-Saint-Denis und der Rue de Vaugirard durchqueren würde, die mir damals so lang vorkam!

Aber ich hatte es eilig, unser Ziel zu erreichen, um mit Monsieur Villenave zu sprechen. Ich weiß nicht mehr, wie es war oder bei welcher Gelegenheit, aber mir fiel eine Broschüre in die Hände, die er geschrieben hatte – ein kleines Werk, das er 1794 veröffentlicht hatte, mit dem Titel *Relation des noyades de cent trente-deux Nantais* (Geschichte des Ertrinkens von 132

Menschen aus Nantes). Als ich Monsieur Villenave sah, erinnerte ich mich sofort an diese Broschüre, und sobald ich an die Broschüre dachte, beschloss ich, das Gespräch auf Carrier, Nantes und die 132 Nantais zu lenken. Es war nicht schwer, Monsieur Villenave zum Reden zu bringen; nur ähnelte seine Unterhaltung sehr einer Predigt. Wenn er sprach, musste man ihn weiterreden lassen, ihn nicht unterbrechen und ihm mit ehrfürchtiger Aufmerksamkeit zuhören. Er war tatsächlich 1793 zufällig in Nantes gewesen, zur selben Zeit wie Jean-Baptiste Carrier, der blutige Erinnerungen hat. Gott bewahre uns davor, auch nur die geringste Entschuldigung für diesen schrecklichen Prokonsul und die Gräueltaten zu finden, die er angerichtet hat! Aber es muss zugegeben werden, dass die Vendéaner ihm selbst ein abscheuliches Beispiel gegeben hatten. Von Priestern geführte Kriege sind oft barbarische Kriege, und es ist bekannt – oder vielmehr nicht bekannt –, dass der Aufstand zu Beginn vollständig in den Händen der Priester lag; die Adligen beteiligten sich erst später daran, und als sie daran teilnahmen, wurde die Methode des Abschlachtens etwas humaner: Sie wurde zum Schießen. Die erste Person, die an diesem blutigen Streit teilnahm, war ein Sakristan namens Cathelineau. Machiavelli sagt: „Als beschlossen wurde, Julian de Medicis in der Kirche Sainte-Marie-des-Fleurs zu ermorden, wählten sie Geistliche für die Morde, weil sie von der Heiligkeit des Ortes weniger beeindruckt sein konnten."

Es ist eine seltsame, aber unbestreitbare Tatsache, dass Männer des Friedens, der Liebe und der Nächstenliebe, wenn sie zu Henkern werden, die grausamsten Menschen überhaupt sind; man denke nur an die *Kerker* der Klöster, an die Zellen der Inquisition, an die Massaker von Alby, an die Autodafés von Madrid, an Jeanne d'Arc oder an Urbain Grandier.

Dieser Cathelineau war das, was die Landleute zwischen Angers und Saint-Laurent einen stämmigen Jungen (*gars*) nennen würden. Zwischen dem Tag seiner ersten Erschießung und dem Tag seiner Ermordung vergingen nur drei Monate, aber diese drei Monate genügten, um seinen Namen in die Geschichte einzugehen. Er war weder groß, noch hatte er kultivierte Manieren; er war nur 1,62 m groß, aber er hatte wohlgeformte Schultern und wunderbar balancierte Hüften und besaß den feinen, kühlen, besonnenen Mut der Männer des Westens. Wir haben erwähnt, dass er Küster war, aber er war noch vieles andere: er war Maurer, Fuhrwerk, Wäschehändler, verheiratet und Vater von zwölf oder vierzehn Kindern. Kaum hatte er sich Gehör verschafft, als er einen höheren Rat einsetzte, der hauptsächlich aus Priestern bestand: Um die Adligen kümmerten sie sich kaum. Der Leiter dieses Rates war der berühmte Bernier, Pfarrer von Angers. Cathelineau war der richtige Mann für ihn; Der einfache Bauer entdeckte eine schnellere Methode, einen Aufstand zu entfachen, als der Papst mit seinen Bullen oder die Priester mit ihren Predigten. Er riet den Pfarrern, die Kruzifixe in schwarzen Krepp zu hüllen und sie so bei ihren Prozessionen mitzuführen. Beim Anblick ihres trauernden Christus konnten die Bauern sich nicht mehr beherrschen; die Frauen rauften sich die Haare, die Männer schlugen sich an die Brust und alle schworen, die Republikaner mit Stumpf und Stiel zu töten, da sie den Erlöser betrübt hätten. Man sollte hinzufügen, dass nichts weniger ritterlich und weniger patriotisch sein könnte als die Proklamationen dieser tapferen Leute:

„Nieder mit der Wehrpflicht! Nieder mit der Miliz! Lasst uns in unserer Heimat leben. Die Leute sagen uns, der Feind könnte über uns herfallen und unsere Häuser bedrohen. Gut, wenn sie erst einmal unseren Boden betreten, werden wir bereit sein, ihnen dort entgegenzutreten!"

Und diejenigen, die so redeten, waren sich durchaus bewusst, dass der Feind ganz Frankreich verwüstet, geplündert und niedergebrannt und Paris zerstört hätte, bevor er sich zwischen ihre Hecken, ihre Ginsterbüsche und ihre Hohlwege wagte .

Das war gleichbedeutend mit der Aussage: „Was kümmert es uns, was mit dem Elsaß und Lothringen, der Champagne und dem Burgund, der Dauphiné und der Provence geschieht? ... Was kümmert es uns, wenn sie Paris, das Licht der Welt, auslöschen? ... Wir haben noch Zeit, unsere Waffen zu ergreifen, wenn wir sehen, wie der Kosak mit seinem Pferd über unsere Hecken springt!"

Nun würde es selbst dem malerischsten Schriftsteller schwerfallen, solchen Behauptungen eine patriotische Wendung zu geben. Persönlich ziehe ich die Freiwilligen, die den Preußen bis Valmy vorausliefen, den Bauern vor, die ruhig hinter ihren Hecken warteten; und das umso mehr, als ich nicht im Geringsten davon überzeugt bin, dass sie nicht wirklich absichtlich auf sie warteten, um sich mit ihnen zu verbünden. Warum sollten sie sich nicht mit den Preußen versöhnen? Sie führten viele Verhandlungen mit den Engländern! Der Krieg begann also zwischen Patrioten und Royalisten, zwischen Bürgern und Bauern. Es gab konstitutionelle Städte, Fabrikstädte – wie zum Beispiel Chollet, wo sehr schöne Taschentücher hergestellt werden –, in denen viele Arbeiter lebten, die weder Preußen in Frankreich noch Freunde der Preußen wollten. Eines Tages hörten sie, dass die Leute von Bressuire revoltiert hatten; sie bewaffneten sich mit Piken und stürmten los, um sie anzugreifen. So war die Stadt Chollet besonders dem Hass der Bauern ausgesetzt.

Am 4. März griffen sie es ihrerseits an. Ein kommandierender Offizier der Nationalgarde begab sich in eine Gruppe von Royalisten; er begab sich unter sie, um die beiden Parteien zu versöhnen; bald erklangen Schmerzensschreie aus dieser Gruppe, deren Mitglieder sich um ihn geschart hatten und mit seinem eigenen Schwert auf seine Beine einschlugen.

Am 10. war Machecoul an der Reihe; hier gab es weniger zu tun als in Chollet. Machecoul war eine kleine Stadt, von allen Seiten ungeschützt und leicht einzunehmen. Die Gefahr, in der sie sich befanden, wurde ihnen zum ersten Mal an einem Sonntag bewusst; die Sturmglocke wurde geläutet und alle Bauern der Umgebung strömten in die Stadt. Zweihundert Patrioten sammelten sich und rückten tapfer gegen die Angreifer vor – zweihundert gegen zweitausend! – die Messe wurde eröffnet, die kleine Gruppe umzingelt und nur ein Bissen davon gemacht. Machecoul hatte einen Verfassungspfarrer, und die Priester, die den Verfassungseid nicht abgelegt hatten, hegten einen Groll gegen diejenigen, die ihn abgelegt hatten: Sie protestierten, dass letztere „den Beruf verderben"; sie packten den armen Mann, als er zur Messe kam, und töteten ihn; aber es gab einen vorab ausgearbeiteten Plan unter ihnen, ihn durch Schläge ins Gesicht zentimeterweise zu töten. Die Folter dauerte lange: das Leben ist manchmal sehr hartnäckig, vor allem in den Händen geschickter Henker, die es nicht zu schnell aus dem Körper jagen. Aber alles hat ein Ende: Der Pfarrer starb als Märtyrer, und als er tot war, konsultierten sie einen alten Jäger, einen geschickten Hornisten, und organisierten eine Jagd, bei der sie Haus zu Haus absuchten, um ihre Beute aufzuspüren. Wenn sie einen Patrioten ausgruben, bliesen sie in die *Vue* , bei deren Klang alle Männer, Frauen und Kinder hinausrannten (in dieser Art von Krieg sind Frauen und Kinder noch schlimmer als Männer). Wenn der Patriot niedergeschlagen war, wurde das *Hallali* geblasen, dann kam die *Pfarrerin* , die lange dauerte: Sie wurde gewöhnlich von Frauen mit Hilfe von Scheren und Nägeln und von Kindern mit Hilfe von Steinen durchgeführt. Machecoul liegt auf einer Anhöhe zwischen zwei Departements; man hielt es für einen guten Ort, um einen Gerichtshof einzurichten; und sie verübten dort 42 Tage lang Massaker, vom 10. März bis zum 22. April.

Der Leser weiß, wie sich der Aufstand von der unteren Vendée in die obere ausbreitete. Auslöser war eine Affäre in Saint-Florent: Ein Emigrant hatte seinen Diener, einen Vendée-Bewohner namens Forest, in die Vendée geschickt, um Widerstand und Opposition gegen das Militärsystem zu predigen. Man versuchte ihn aufzuhalten, aber er ließ sich nicht abweisen und predigte offen auf der Straße zum Aufstand. Ein Gendarm kam zu ihm; er zog eine Pistole aus der Tasche, schoss auf den Gendarmen und tötete ihn. Dieser Pistolenschuss weckte diejenigen, die noch schliefen. Und wohlgemerkt, als dieser unglückliche Schuss abgefeuert wurde, läutete die Sturmglocke bereits in sechshundert Gemeinden; dann wurde sie vom Wind in alle Richtungen getragen; man hörte nichts als das Läuten der Glocken, als ob Schwärme unsichtbarer Vögel über ihre ehernen Zungen flogen. Das Vibrieren dieser Todesglocken, die sich von Dorf zu Dorf gegenseitig beantworteten, wurde immer lauter, hallte durch die Luft und lud die

Atmosphäre wie ein Gewitter mit elektrischen Strömen des Hasses und der Rache auf.

Was beschäftigte in der Zwischenzeit Cathelineau, der dies alles in die Wege leitete? Wir hören Michelets Version:

„Er hatte von dem Kampf bei Saint-Florent und dem Kanonenfeuer gehört; und am 12. konnte ihm auch das schreckliche Massaker vom 10. nicht entgehen, das die Küste der Vendée in den Aufstand verwickelt hatte, der kein Zurück mehr zuließ. Selbst wenn er nichts gehört hätte, hätte ihn die Sturmglocke heftig genug aufgeweckt: Das ganze Land schien in Aufruhr zu sein, die Erde selbst bebte. Er begann zu glauben, dass die Dinge ernst wurden, und ob aus Voraussicht des Vaters einer Familie, die er bald verlassen sollte, oder aus militärischer Klugheit, was die Anschaffung von Lebensmittelvorräten anging, begann er, seine Öfen zu heizen und Brot zu backen. Zuerst kam sein Neffe mit der Geschichte der Schlägerei bei Saint-Florent. Cathelineau knetete weiter seinen Teig. Dann kamen die Nachbarn vorbei – ein Schneider, ein Weber, ein Schuhmacher, ein Hutmacher.

„,Nun, Nachbar, was sollen wir tun?'

"Ganz siebenundzwanzig von ihnen hatten sich dort versammelt, entschlossen, seinem Rat bedingungslos zu folgen. Er wies zuerst darauf hin, dass eine Krise eingetreten sei: Der Sauerteig hatte seine Arbeit getan, die Gärung war weit genug fortgeschritten; es war Zeit, mit dem Kneten aufzuhören, sich die Hände abzuwischen und sein Gewehr zu schultern. Siebenundzwanzig gingen hinaus; am Ende des Dorfes waren es fünfhundert. Es war die gesamte Bevölkerung, alles würdige Männer, robust, stark, unerschütterlich mutig und ehrlich, die allerbeste Auswahl der Vendéan-Armeen, unerschrockene Anführer, die man fast immer in den vordersten Reihen fand, den republikanischen Kanonen gegenüber."

Als sie Chollet erreichten, waren sie fünfzehntausend Mann stark. Sie hatten in Jallais eine Kanone erbeutet, die sie „Missionnaire" tauften , *und eine zweite an einem anderen Ort, die sie Marie-Jeanne nannten* . Überall auf der Route schlossen sich Priester ihren Reihen an, die sie ermahnten, predigten und ihnen die Messe vorsangen. Sie brachen, wie wir gesehen haben, am 12. auf; nach dem 14. schloss sich ihnen eine große Schar an, angeführt von einem Mann, der sich das Kommando mit Cathelineau teilen und ihm später nachfolgen sollte. Dies war Stofflet, ein weiterer rauer, aber tapferer Bauer, ein Wildhüter auf dem Landgut von M. Maulevrier, dessen Enkel, ein armer Junge, der letzte Nachkomme dieser Rasse, im Alter von sechzehn Jahren bei der Jagd getötet wurde. Als die Armee der Vendéan Chollet erreichte, schickte sie eine weiße Fahne – er war außerdem ein merkwürdiger Gesandter, und er gibt uns eine gute Vorstellung von der Zeit, dem Ort und den Umständen: Er war mit Kopf und Füßen nackt; In der Hand trug er ein mit Dornen gekröntes Kruzifix, um das ein riesiger Rosenkranz gebunden war. Seine Augen waren zum Himmel erhoben wie die eines Mystikers oder Märtyrers, und zwischen Schluchzen schrie er:

„Ergibt euch, meine lieben Freunde, oder ihr werdet alle mit Feuer und Schwert getötet!"

Diese Vorladung erfolgte im Namen des *Kommandanten* Stofflet und *des Almoseniers* Barbotin.

Die gesamte Garnison von Chollet bestand aus dreihundert mit Musketen und fünfhundert mit Piken bewaffneten Patrioten. Sie versuchten, fünfzehntausend Mann Widerstand zu leisten. Aber natürlich war Widerstand völlig unmöglich. M. de Beauveau, der Chef der Republikaner, fiel beim ersten Angriff. Die Patrioten zogen sich in einen Teil des Schlosses zurück, der den Platz beherrschte, und von wo aus sie auf die Vendéaner schießen konnten, als diese den Platz betraten. Dies war umso einfacher, als es auf dem Platz einen Kalvarienberg gab, vor dem jeder Bauer kniete und betete, ohne auf das Feuer zu achten, und nicht in den Kampf zurückkehrte, bis er seine Gebete beendet und das Kreuzzeichen gemacht hatte. Diese guten Leute – legen wir Wert auf das Wort und nennen sie tapfere Leute –, denn sie verstanden nicht die Ungeheuerlichkeit der Verbrechen, die sie begingen, da ihre Priester es ihnen befohlen hatten! – plünderten nicht, sondern töteten nicht nur während der Schlacht, was eine Notwendigkeit war, sondern auch danach, und sie töteten grausam, wie wir sehen werden.

Wir werden uns wieder an Michelet wenden, um zu erfahren, wie sie getötet haben. Wenn ich es Ihnen in meinen eigenen Worten erzählen würde, würden Sie sagen, ich würde romantisieren. Er hat, wie man weiß, nicht gelogen. Er wurde sogar aus seinem Stuhl geworfen, weil er nicht nur über die Vergangenheit, sondern auch über die Zukunft die Wahrheit sagte. Michelet sagt:

„Sobald ein Gefangener beichtete, zögerten die Bauern nicht länger, ihn zu töten, da seine geistige Rettung gesichert war; mehrere entkamen dem Tod, indem sie die Beichte verweigerten und sagten, sie seien noch nicht im Stand der Gnade; einer von ihnen wurde verschont, weil er Protestant war und nicht beichten konnte. Sie hatten Angst, ihn in die Verdammnis zu schicken. Die Geschichte hat die unglücklichen Patrioten, die die Vendéaner abschlachteten, sehr hart bestraft; viele von ihnen zeigten heroischen Mut und starben wie Märtyrer. Die Zahl derer, die in Stücke geschnitten wurden, konnte zu Hunderten gezählt werden. Ich möchte ein Beispiel unter vielen nennen: einen Jungen von sechzehn Jahren, der über dem toten Körper seines Vaters , *Vive la nation!* ' schrie, bis er von zwanzig Bajonetten durchbohrt wurde. Der berühmteste dieser Märtyrer war Sauveur, ein Stadtbeamter von Roche-Bernard, oder besser gesagt von Roche-Sauveur, denn so sollte sein Name erhalten bleiben. Diese Stadt, die eine Durchgangsstraße zwischen Nantes und Vannes ist, wurde am 1. Juli 1748 angegriffen. 16. von einer riesigen Versammlung von fast sechstausend Bauern; es gab kaum bewaffnete Männer in der Stadt und sie war gezwungen, sich zu ergeben. Die wütende Menge begann sofort damit, 22 Personen auf dem Platz niederzumetzeln, unter dem Vorwand, dass plötzlich ein Gewehr in der Luft losgegangen sei; sie stürmten das Rathaus und entdeckten den *Procureur Syndic*, Sauveur, einen furchtlosen Beamten, der auf seinem Posten geblieben war. Er wurde ergriffen und weggezerrt; sie warfen ihn in einen Kerker, aus dem sie ihn am nächsten Tag herausholten, um ihn barbarisch niederzumetzeln. Sie probierten alle möglichen Waffen an ihm aus, hauptsächlich Pistolen; sie schossen mit Schrotkugeln auf ihn und versuchten, ihn zum Schreien zu bringen: „ *Vive le roi!* ", aber er schrie nur: „ *Vive la république!* " Wütend schossen sie ihm mit Schießpulver auf den Mund und schleppten ihn vor den Kalvarienberg, um um Gnade zu flehen; er hob anbetend seine Augen zum Himmel, aber er schrie immer noch: „ *Vive la nation!* " „Dann schossen sie ihm das linke Auge aus und traten ihn einige Schritte weit. Verstümmelt und blutend stand er da, die Hände gefaltet und nach oben blickend.

„„Empfiehl deinen Geist Gott!', schrien seine Mörder.

„Sie schossen ihn nieder; er fiel, stand aber wieder auf, umklammerte seine Magistermedaille fest und küsste sie noch immer. Wieder wurde auf ihn geschossen; er fiel auf ein Knie und schleppte sich mit stoischer Ruhe an den Rand eines Grabens, ohne ein einziges Stöhnen oder einen Schrei der Wut oder Verzweiflung! Seine Standhaftigkeit trieb den rasenden Mob in den Wahnsinn, denn seine einzigen Worte waren:

„„Macht mir den Garaus, meine Freunde', und , *Vive la République!* Lasst mich nicht länger warten, Freunde; , *Vive la nation!* '

„Er legte sein Glaubensbekenntnis bis zum Ende ab, und sie brachten ihn mit Schlägen aus den Kolben ihrer Gewehre zum Schweigen!"

Was haltet ihr davon, ihr royalistischen Herren? Der 2. und 3. September konnten euch doch nichts Besseres zeigen? Wartet einen Moment, das ist noch nicht alles; und was wir jetzt erzählen werden, das sei klar, ist nicht geschrieben, um Hass zu schüren, sondern um die Menschen den Bürgerkrieg verabscheuen zu lassen. Wenn ich mir noch einmal Michelets Worte ausleihe, dann nicht nur, weil sie beredter sind als meine, sondern damit wir zu zweit sind, die „Schande!" rufen. Hört zu, und ihr werdet sehen, wie wahr seine Worte sind:

„Ein wesentlicher Unterschied, den wir zwischen der Gewalt der
Revolutionäre und der der Fanatiker, die von der Wut der Priester
angetrieben werden, festgestellt haben, besteht darin, dass die ersteren beim
Töten nichts anderes wollen, als ihren Feind loszuwerden; die letzteren,
inspiriert von den Gefühlen der Wildheit der Zeiten der Inquisition, haben
weniger den Wunsch zu töten als Leiden zu verursachen, das arme endliche
Opfer in unendlichem Elend, in langwieriger Qual sühnen zu lassen, um
Gott zu rächen! Wenn man die sanften idyllischen Berichte der royalistischen
Schriftsteller liest, könnte man meinen, diese Aufständischen seien Heilige
gewesen; dass sie im Wesentlichen nur Rache übten und Repressalien übten,
wenn sie durch die Grausamkeit der Republikaner dazu gezwungen wurden.
Lassen Sie sie uns erzählen, welche Repressalien die Menschen von Pontivy
am 12. oder 13. März dazu veranlassten, unter der Führung eines
widerspenstigen Pfarrers siebzehn Mitglieder der Nationalgarde auf dem
öffentlichen Platz zu ermorden! Waren es Repressalien, die in Machecoul
sechs Wochen lang unter der organisierten Autorität des Royalistischen
Komitees? Ein gewisser Souchu, ein Steuereintreiber, der den Vorsitz hatte,
füllte und leerte die Stadtgefängnisse viermal. Der Pöbel hatte, wie wir
gesehen haben, zunächst aus reinem Spaß und aus brutaler Freude getötet.
Souchu machte dem ein Ende und sorgte auch dafür, dass die Hinrichtungen
langwierig und schmerzhaft waren. Als Henker bevorzugte er besonders
Kinder, weil ihre ungeschickten Hände längeres Leiden verursachten.
Erfahrene Männer wie Matrosen und Soldaten konnten diese Taten nicht
ohne Empörung mit ansehen und wollten sie verhindern, also beging das
Royalistische Komitee seine Morde nachts: Sie schossen nicht mehr, sondern
schlachteten ihre Opfer ab und bedeckten die Sterbenden dann hastig mit
Erde. Nach authentischen Berichten, die auf dem Konvent gemacht wurden,
kamen in einem Monat 542 Menschen ums Leben, und was für grausige
Tode! Als sie praktisch keine Männer mehr zum Töten fanden, gingen sie zu
Frauen über. Viele waren Republikaner und den Priestern gegenüber nicht
nachgiebig genug, die einen Groll gegen sie hegten. Es geschah ein
furchtbares Wunder: In einer der Kirchen befand sich das Grab eines
berühmten Heiligen. Sie befragten es. Ein Priester las die Messe über dem
Grab und legte die Hände darauf. Und siehe da, der Stein bewegte sich.

„Ich fühle, wie es aufsteigt!“, rief der Priester.

„Und warum erhob sie sich? Um ein gottgefälliges Opfer zu fordern, nämlich
dass Frauen nicht länger verschont, sondern abgeschlachtet werden sollten!
Glücklicherweise trafen die Republikaner, die Nationalgarde aus Nantes, ein.

„‚Ach!‘ sagten die Stadtbewohner zu ihnen und kamen weinend und
händeringend zu ihnen. ‚Ihr kommt zu spät! Ihr könnt nur noch die Mauern
retten, die Stadt selbst ist zerstört! …‘

„Und sie zeigten auf die Stelle, wo die Menschen lebendig begraben worden waren. Entsetzt erblickten sie eine verkümmerte Hand, die in der furchtbaren Qual des Erstickens das verdorrte Gras gepackt und verdreht hatte …"

Hat es nach all dem noch einen Sinn, über Carrier zu sprechen? Was würde es nützen, von seinen *bateaux à Soupapes* [2] , seinen *bagnades républicaines* [2] , seinen *mariages révolutionnaires* [Männer und Frauen, die an Händen und Füßen gefesselt und in die Loire geworfen wurden], seinen *déportations verticales* [3] zu erzählen? Es würde nur Verbrechen gegen Verbrechen ausspielen, was nichts anderes beweisen würde als die Schlechtigkeit des Menschen. Außerdem hat Carrier für seine Verbrechen gesühnt. Ich bin mir durchaus bewusst, dass dies zwar ausgereicht haben mag, um den Forderungen der Gerechtigkeit zu genügen, soweit es den Mann selbst betraf, aber nicht ausgereicht hat, um die Geschichte zufriedenzustellen. Es war vergeblich, dass Carrier mit aller Kraft und Kraft gegen die Anklage kämpfte, die ihn wie ein Schock überkam; es war vergeblich, dass er mit düsteren Augen, ausgestreckten Armen und schriller Stimme seinen alten Kollegen, die nun seine Richter geworden sind, zurief:

"Ich verstehe Sie nicht! Sie müssen verrückt sein! Warum beschuldigen Sie mich heute, das getan zu haben, was Sie mir gestern befohlen haben? Indem der Konvent mich anklagt, klagt er sich selbst an... Meine Verurteilung, seien Sie sich dessen bewusst, ist auch Ihre Verurteilung; Sie werden feststellen, dass Sie mit mir in derselben Ächtung gefangen sind: Wenn ich schuldig bin, dann ist es jeder hier ... jeder einzelne, jeder einzelne, jeder einzelne! Bis hin zur Glocke auf dem Tisch des Präsidenten!"

Aber all sein Geschrei war nutzlos. Und darin liegt das Grauenhafte an Revolutionen; sie erreichen einen Höhepunkt, an dem derselbe Schrecken, der sie zur Aktion trieb, sie zur Reaktion treibt, und in dem die Guillotine, gesättigt vom Blut der Angeklagten, gefühllos und gleichgültig bereit ist, das Blut der Richter und Henker zu trinken! Diese Reaktion, die zwei Tage später einsetzte, rettete das Leben von André Chénier und M. Villenave sowie 131 Nantais, seinen Gefährten.

---

[1] Ach! Seit diese Zeilen geschrieben wurden, hat der Tod in das Leben und Glück dieser armen Dame eingegriffen, denn eines Tages las ich in den Zeitungen in Brüssel in Worten, so kalt wie der Stahl des Mittelalters, der in die Hände eines Skeletts gelegt wurde:—

„Madame Bataillard, Tochter von Madame Mélanie Waldor, ist gerade nach langer und schmerzhafter Krankheit gestorben. Die Beerdigung findet morgen statt. Alle Freunde, die keine Einladung erhalten haben, sind eingeladen, um elf Uhr auf dem Friedhof zu erscheinen."

Leider kam die Nachricht für mich zu spät. Unter all ihren vielen Freunden hatte ich sie in liebevollster Erinnerung, und mir blieb der Trost verwehrt, sie vor ihrem Tod noch einmal zu sehen oder ihr ins Grab zu folgen. Das fröhliche Kind, das schöne junge Mädchen, die ernste und intelligente Frau, die lange nach uns hätte sterben sollen, da wir sie aufwachsen sahen, ist vor uns gegangen, und wir warten noch immer hier!

[2] ANMERKUNG DES ÜBERSETZERS.—Carrier zwang seine Opfer, auf Boote zu gehen, die dann versenkt wurden.

[3] ANMERKUNG DES ÜBERSETZERS.—Siehe Anmerkung 2.

KAPITEL XIII

Das Haus von M. Villenave – Die despotische Herrschaft des Meisters – Die Koketterie des Gelehrten – Beschreibung des Heiligtums des Gelehrten – Ich werde eingelassen dank einer Handschrift von *Buonaparte* – Der Spalt in der Wand – Die achttausend Folianten – Das Pastell von Latour – Entdeckungsreisen für einen Elzevir oder einen *Faust* – Der Fall des Porträts und der Tod des Originals

Ich wollte von Monsieur Villenave sprechen, und siehe da, ich habe von Cathelineau, Stofflet, Sauveur und Carrier gesprochen. Was für eine seltsame Sache ist die Vorstellungskraft! Die eigensinnige Bewohnerin des eigenen Hauses, die man für eine Sklavin hält, aber in Wirklichkeit die Königin ist!

Ich schloss mit der Bemerkung, dass wir bei Monsieur Villenave Tee trinken würden.

Jeder Vogel baut sein eigenes Nest, sei es aus Zweigen oder aus den verschiedensten Federn, und jeder Mensch baut sich sein eigenes Heim – wenn er überhaupt eines besitzt –, das seinen Charakter, sein Temperament und seine Eigenart widerspiegelt. Und so hatte auch Monsieur Villenave's Haus seine eigenen Merkmale, die den Geschmack seines Bewohners widerspiegelten. Es war aus Steinen gebaut, die einst weiß gewesen waren, die sich mit der Zeit grau gefärbt hatten und schnell schwarz wurden. Es lag nicht zur Straße hinaus; es war ein strenges und düster aussehendes Haus, das sich für derart frivole Machenschaften nicht eignete; zur Straße hin lag eine drei Meter hohe Mauer wie eine Art Außenwerk, oben mit einem furchterregenden Rand aus gezacktem Glas verziert. Diese Mauer hatte zwei Tore, ein großes und ein kleines. Sofern keine Kutschen einfahren wollten, blieb das große stets geschlossen, seine Angeln waren rostig, das Schloss kaputt; die kleine Tür neben der Pförtnerloge öffnete sich und führte in den Garten – einen Garten mit engen Wegen ohne Blumenrabatten, mit Weinreben ohne Trauben und kahlen Bäumen, die keinen Schatten spendeten. Wenn sich zufällig in einer Ecke eine Blume hervordrängte, war es eine Wildblume, die die feuchte Umgebung mit Brachland verwechselt hatte und unversehens dort aufgetaucht war – eine Winde, ein Gänseblümchen oder ein Butterblumengewächs. Eines Tages hörte die arme Blume einen überraschten Schrei und sah ein hübsches Kind mit rosigen Wangen und lockigem, goldenem Haar, das in atemloser Hast und mit eifrigen Schritten darauf zulief, die Augen darauf geheftet, und es dann verstohlen so vorsichtig ergriff, als wäre es ein Schmetterling; wenn es ihn gepflückt hatte, lief es voller freudiger Überraschung zu seiner Mutter und rief:

„Siehst du, Mama! Eine Blume!..."

Der Garten, der vielleicht fünfzehn Quadratmeter groß war, wurde an der Seite des Hauses durch einen gepflasterten Weg begrenzt, der zu einem mit quadratischen roten Ziegeln gefliesten Korridor führte, an dessen Ende eine Treppe den Ausblick vervollständigte. Doch bevor man diese Treppe erreichte, kam man zunächst an vier Türen vorbei. Die linke gehörte zum Esszimmer, dessen Fenster auf den ordentlichsten Teil des Gartens hinausging; rechts, gegenüber, war ein kleiner, wenig genutzter Raum, in dem ein Tisch und drei oder vier alte Sessel feucht wurden. An mehreren Stellen wölbte sich die Tapete und fiel ab, ohne dass es jemand bemerkte, und wurde mit grünen und weißen feuchten Flecken übersät. Dann kam wieder links die Küchentür und rechts die Speisekammer und die Speisekammer. Dieses dunkle und feuchte Erdgeschoss war wie eine Katakombe und wurde nur zu den Mahlzeiten betreten. Die eigentlichen Wohnräume, in denen wir bewirtet wurden, befanden sich im ersten Stock. Auf dieser Etage befanden sich ein kleiner und ein großer Salon sowie die Schlafzimmer von Madame Villenave und Madame Waldor. Wir verlassen den kleinen Salon und die beiden Schlafzimmer und widmen unsere ganze Aufmerksamkeit dem großen Salon, der nach den Dachböden (die wir hier schnell erwähnen möchten, bevor wir das Recht haben, sie zu betreten) der seltsamste Raum im Haus war. Er hatte die Form eines langen Rechtecks, an dessen Ecken jeweils ein Konsolentisch mit einer Büste stand. Eine dieser Büsten war die des Hausherrn. Zwischen den beiden Büsten, am unteren Ende, auf einem Tisch mit Marmorplatte gegenüber dem Kamin, befand sich das wichtigste Kunstwerk und archäologische Fundstück des Raumes: die bronzene Urne, die einst das Herz von Bayard enthielt. Ein kleines Flachrelief umgab die Urne und zeigte den „Chevalier *sans peur et sans reproche* ", wie er an einen Baum lehnt und den Griff seines Schwertes küsst. Als nächstes kamen vier große Bilder – drei davon waren Porträts und das vierte eine Landschaft. Beginnen wir mit der Landschaft – Ehre, wem Ehre gebührt – die Landschaft war von Claude Lorraine. Eines der Porträts stellte Anne Boleyn dar und war von Holbein signiert. Ich habe vergessen, von wem die beiden anderen Gemälde waren: eines war von Madame de Montespan und das andere entweder von Madame de Sévigné oder de Grignan, ich bin mir nicht sicher, von wem. Die Wände waren mit einer dieser unbestimmten Tapeten bedeckt, die keinen Eindruck im Gedächtnis hinterlassen; die Möbel waren mit Utrechter Samt bezogen; große Sofas mit dünnen weißen Armlehnen, wie die Arme eines Buckligen, luden Freunde der Familie ein, es sich bequem zu machen; während es Stühle und Sessel für formellere Besucher gab. Dieses Stockwerk hatte sowohl seinen König als auch seine Vizekönigin: Der König war M. Villenave, die Vizekönigin war Madame Waldor. Wir sagen absichtlich „Vizekönigin", denn sobald M. Villenave seinen Salon betrat, wurde er dessen Herr, der König – mehr als

König, der Despot! Monsieur Villenave hatte einen tyrannischen Charakter und übte diese Tyrannei gegenüber Fremden ebenso aus wie gegenüber seiner eigenen Familie. Wie jene kleinen Fürsten Italiens, deren Prinzipien die Leute übernehmen müssen, sobald sie die Grenzen ihrer begrenzten Territorien überschritten haben, so ließ Monsieur Villenave es nicht zu, dass man, sobald man die Schwelle seines Salons überschritten hatte, zu irgendeinem Thema eine andere Meinung als er selbst hatte. Man wurde Teil des Wesens des Mannes, der alles gesehen und alles studiert hatte und tatsächlich alles wusste . Obwohl dieser tyrannische Geist durch die Höflichkeit des Hausherrn gemildert wurde, hatte er dennoch eine deprimierende Wirkung auf die Gesellschaft im Allgemeinen. Obwohl die Unterhaltung in Anwesenheit von Monsieur Villenave, wie man es auszudrücken pflegte, *bien menée* – d. h. geschickt geführt – war, war sie doch immer weniger amüsant, gehemmter und weniger brillant als in seiner Abwesenheit. Es war genau wie der Unterschied zwischen einem Menuett und dem Spiel „Kater in der Ecke". Bei Nodiers geselligen Abenden war es genau umgekehrt: Nodier wollte, dass sich die Leute genauso wohl fühlten wie er.

Dabei fällt mir ein, dass ich Nodier nicht erwähnt habe, seit ich ihn als meinen Vermittler beim Eintritt ins Théâtre-Français beschrieben habe. Ausgezeichneter und geliebter Nodier! – einer meiner liebsten Freunde! Sie können sicher sein, dass er durch die Verschiebung nicht verloren geht.

Glücklicherweise erschien Monsieur Villenave nur sehr selten im Salon, außer an den Abenden im Athenée. Den Rest seiner Zeit verbrachte er im zweiten Stock und erschien nur zum Abendessen bei seiner Familie. Dann, nach ein paar Minuten Plauderei, nachdem er seinem Sohn eine Standpauke gehalten und seine Frau gescholten hatte, streckte er sich in einem Sessel aus, ließ sich von seiner Tochter die Locken frisieren und kehrte in seine eigenen Gemächer zurück. Die Viertelstunde, während der die Zinken des Kamms sanft seinen Kopf kratzten, war für Monsieur Villenave die glücklichste Zeit des Tages, die einzige Ruhepause, die er sich von seinem endlosen Vertieftsein ins Gekritzel gönnte.

„Aber warum hat er seine Haare gelockt?", fragt jemand.

Das war die Frage, die ich selbst gestellt habe.

Madame Waldor erklärte, es sei bloß ein Vorwand gewesen, sich am Kopf kratzen zu lassen. M. Villenave musste ein Papagei in einer der Metamorphosen gewesen sein, die seinem Leben als Mensch vorausgingen. Madame Villenave, die ihren Mann länger kannte als ihre Tochter und daher behaupten konnte, ihn besser zu kennen, behauptete, es sei aus Eitelkeit geschehen. Und tatsächlich musste M. Villenave, der ein gutaussehender alter Mann war, als junger Mann wunderbar gutaussehend gewesen sein.

Seine markanten Gesichtszüge wurden wunderbar durch ihren Rahmen aus wallendem weißem Haar hervorgehoben, das das feurige Licht seiner schönen schwarzen Augen hervorhob. Tatsächlich war M. Villenave zwar ein gelehrter Mann, aber auch eitel – eine Kombination aus Tugend und Fehler, die man selten zusammen findet –, aber er war nur eitel, was seinen Kopf betraf. Was sein übriges Aussehen betraf, mit Ausnahme seiner Krawatte, die ausnahmslos weiß war, überließ er es seinem Schneider und seinem Schuhmacher oder vielmehr der Obhut seiner Tochter, die sich für ihren Vater um diese Angelegenheiten kümmerte. Ob sein Mantel blau oder schwarz war, seine Hose weit oder eng, die Spitzen seiner Stiefel rund oder eckig, solange M. Villenave sein Haar gut frisiert hatte, war ihm das alles wichtig. Wir haben erwähnt, dass M. Villenave, nachdem seine Tochter seine Locken gekämmt und gelockt hatte, nach oben in seine eigenen Gemächer ging – oder *nach Hause,* wie die Engländer sagen. Meine Güte! Und was für ein merkwürdiger Ort das war!

Folgen Sie mir, lieber Leser, wenn Sie diese kleinen Einzelheiten im Stil von Balzac amüsieren und wenn Sie glauben, dass die Natur sich bei der Herstellung eines Ysops ebenso viel Mühe gibt wie bei der Herstellung einer Zeder. Außerdem können wir aus dem Sammelsurium vielleicht noch eine merkwürdige Anekdote über ein bezauberndes Pastell von Latour herauslesen. Aber so weit sind wir noch nicht; wir werden es am Ende erreichen, so wie wir schließlich in M. Villenaves Heiligtum gelangt sind.

Wir haben das Erdgeschoss in Esszimmer, Küche und Speisekammer unterteilt; und im ersten Stock in die kleinen und großen Salons und die Schlafzimmer; so etwas gab es im zweiten Stock nicht. Der zweite Stock hatte fünf Räume, fünf Räume, die nichts anderes als Bücher und Kisten enthielten. Diese fünf Räume müssen vierzigtausend Bände und viertausend Kisten enthalten haben, die auf dem Boden und auf Tischen gestapelt waren. Allein das Vorzimmer war eine riesige Bibliothek. Es hatte zwei Eingänge: Der rechte führte zu M. Villenaves Schlafzimmer – ein Zimmer, auf das wir zurückkommen werden. Der linke führte in einen großen Raum, der wiederum in einen viel kleineren führte. Diese beiden Räume waren, wohlgemerkt, nichts anderes als zwei Bibliotheken. Die vier Wände waren mit Büchern behangen, die auf einem Unterbau aus Kisten ruhten. Das war an sich schon merkwürdig genug, wie man sich leicht vorstellen kann, aber es war nicht das Originellste, was einem auffiel. Die raffinierteste Einrichtung war eine quadratische Konstruktion, die wie ein riesiger Block in der Mitte des Raumes stand und eine zweite Bibliothek innerhalb der ersten bildete. Sie ließ nur Platz für einen Gang um den Raum, der links und rechts von Büchern gesäumt war und gerade breit genug war, damit sich eine einzelne Person frei bewegen konnte; eine zweite Person hätte den Verkehr blockiert. Außerdem nahmen nur die engsten Freunde von Monsieur

Villenave jemals an, das Privileg des Zutritts zu diesem *Allerheiligsten zu erhalten*. Die Kisten darunter enthielten Autogramme. Allein das Zeitalter Ludwigs XIV. brauchte fünfhundert Kisten! Darin befand sich das Ergebnis von fünfzig Jahren täglicher Arbeit, die sich auf dieses eine Objekt konzentrierte; Stunde um Stunde von dieser einen Leidenschaft eingenommen. Es war, mit einem Wort, die sanfte und leidenschaftliche Leidenschaft eines geborenen Sammlers, in die er seinen Geist, sein Glück, seine Freude und sein Leben steckte!

In der Eisentruhe fand man einen Teil der Papiere von Ludwig XVI., die Korrespondenz von Malesherbes, zweihundert Autogramme von Rousseau und vierhundert von Voltaire sowie Autogramme aller Könige Frankreichs von Karl dem Großen bis in unsere Zeit. Außerdem gab es Zeichnungen von Raffael und Jules Romain, von Leonardo da Vinci, Andrea del Sarto, Lebrun, Lesueur, Greuze, Vanloo, Watteau, Boucher, Vien, David, Girodet usw.

für keine hunderttausend Kronen vom Inhalt dieser beiden Räume getrennt
.

I Es sind jetzt nur noch das Schlafzimmer und das schwarze Kabinett hinter M. Villenaves Nische übrig, das über einen Korridor zu erreichen war und über das wir einige Worte verlieren werden. Nur wer dieses Schlafzimmer gesehen hat, in dem das Bett das am wenigsten auffällige Möbelstück war, kann sich vorstellen, wie das Schlafzimmer eines Bücherwurms aussieht. In diesem Zimmer empfing M. Villenave seine Freunde. Nach vier oder fünf Monaten vertrauter Vertrautheit mit dem Haushalt hatte ich die Ehre, dort empfangen zu werden. Eine alte Dienerin, die, glaube ich, Françoise hieß, führte mich dorthin. Ich hatte M. Villenave ein Autogramm versprochen – nicht das von Napoleon, von dem er fünf oder sechs besaß, oder das von Bonaparte, von dem er drei oder vier hatte –, sondern eines von *Bonaparte*.

Er hatte angeordnet, dass ich gleich nach meiner Ankunft nach oben geführt werden sollte.

Françoise öffnete die Tür halb.

„M. Dumas ist hier", sagte sie.

Normalerweise stieß Monsieur Villenave, wenn jemand angekündigt wurde, selbst wenn es sich um einen guten Freund handelte, der unerwartet gekommen war, einen lauten Schrei aus, schalt Françoise und warf verzweifelt die Arme in die Luft. Und dann, wenn er schließlich seinen Anfall von Verzweiflung überwunden und genug gestöhnt und geseufzt hatte, sagte er:

„Also gut, Françoise, da er schon da ist, führen Sie ihn herein.“

Dann würde der Eindringling eingelassen.

Mein Empfang war ganz anders. M. Villenave hatte meinen Namen kaum gehört, als er ausrief:

„Führt ihn herein! Führt ihn herein!“

Ich ging hinein.

„Ah, da sind Sie ja“, sagte er. „Ich wette, Sie haben es nicht gefunden!“

"Was?"

„Das berühmte Autogramm, das du mir gestern versprochen hast.“

„Ja, tatsächlich … ich habe es gefunden.“

„Und hast du es mitgebracht?“

„Das habe ich natürlich! …“

"Wirklich?"

"Hier ist es!"

„Schnell, lass es mich sehen!“

Ich gab es ihm. M. Villenave eilte zum Fenster.

"Ja, es ist echt", sagte er. "Da ist das *u* ! ... Oh! Da ist sein ganz eigenes *u* , daran besteht kein Zweifel. Mal sehen: '29 vendémiaire, Jahr IV', das ist es! ... Halt, halt!" Er ging zu einer Kiste. "Sehen Sie, hier ist ein *Frimaire* aus demselben Jahr, signiert mit 'Bonaparte, 12 frimaire'; also muss es zwischen dem 29 vendémiaire und dem 12 frimaire gewesen sein, dass er sein *u weggelassen hat* ; das entscheidet eine große historische Frage!"

Während dieser Monolog vorgetragen wurde, hatte ich mich gründlich im Schlafzimmer umgesehen und bemerkt, dass das einzige Möbelstück, das nicht mit Büchern vollgestellt war, der Sessel war, aus dem er gerade aufgestanden war. Nachdem M. Villenave das Autogramm sorgfältig untersucht hatte, steckte er es in eine weiße Hülle, schrieb darauf, legte es in eine Schachtel, stellte die Schachtel an ihren Platz und ließ sich mit einem Seufzer der Freude wieder in seinen Sessel fallen.

„Ah! Nun setz dich“, sagte er.

„Das wäre mir lieb“, antwortete ich. „Aber worauf soll ich mich denn setzen?“

„Na, auf der Couch.“

„Oh ja, auf der Couch!"

"Was ist damit?"

„Na, dann schau dir die Couch doch einfach selbst an."

„Auf mein Wort, Sie haben Recht, es ist voller Bücher. Keine Sorge, nehmen Sie einen Sessel heran."

„Sehr gern. Aber die Sessel...?"

„Die Sessel?"

„Sind genau wie die Couch übersät."

„Ah! Ich habe so viele Bücher … Ist Ihnen der große Riss in den Wänden des Hauses aufgefallen?"

"NEIN."

„Es ist dennoch deutlich zu erkennen... Nun, mein lieber Monsieur, es sind die Bücher! Die Bücher reißen das Haus nieder."

„Die Bücher? Wie?"

„Ja, zwölfhundert Folianten, Monsieur, zwölfhundert herrliche und seltene Folianten; ich glaube sogar, dass darunter ganz unbekannte sind, so selten sind sie! Ich habe sie alle auf dem Dachboden untergebracht und wollte dort noch mehr unterbringen, denn es war noch Platz für weitere zwölfhundert, als plötzlich das Haus bebte, stöhnte und krachte."

„Wieso, Sie müssen doch gedacht haben, es wäre ein Erdbeben gewesen?"

„Genau! ... aber als wir feststellten, dass der Schaden begrenzt war, schickten wir nach einem Architekten. Der Architekt untersuchte das Haus vom Keller bis zum zweiten Stock und erklärte, dass der Unfall nur durch ein zu schweres Gewicht verursacht worden sein könne. Und deshalb bat er darum, sich den Dachboden ansehen zu dürfen. Ach! Das war es, was ich befürchtete. Oh! Wenn es nur um mich gegangen wäre, hätte ich ihm nie den Schlüssel gegeben; aber man muss sich für das Gemeinwohl aufopfern … Er besuchte den Dachboden, entdeckte die Folianten, schätzte, dass das Gewicht achttausend Pfund betragen müsse, und erklärte, dass sie verkauft werden müssten, sonst würde er nicht für die Folgen aufkommen ... Und sie wurden verkauft, Monsieur!"

„Ratlos?"

„Nein... Leider! Ich habe damit einen Gewinn von fünf- oder sechstausend Francs gemacht, denn, wie Sie wissen, steigt der Wert von Büchern, wenn sie im Besitz eines Bücherliebhabers sind; aber die armen Folianten waren für mich verloren – sie wurden unter dem Dach hervorgejagt, das sie geschützt hatte... Eine solche Sammlung werde ich nie wieder finden. Aber bitte, nehmen Sie Platz."

Die Stühle befanden sich in einem ähnlichen Zustand wie die Sessel und Sofas – kein einziger war unbesetzt. Ich beschloss, das Thema zu wechseln.

„Oh!", sagte ich zu Monsieur Villenave und näherte mich seinem Nischenbereich, an dessen Rückseite eine offene Tür zum Korridor führte, die es mir ermöglichte, zu sehen, was sich dort befand. „Oh, Monsieur, was für ein schönes Pastell haben Sie da unten!"

„Ja, ja", antwortete Monsieur Villenave mit jener altmodischen, höfischen Miene, die ich nur bei zwei oder drei alten Männern gesehen habe, die so eitel waren wie er. „Ja, das ist das Porträt einer alten Freundin von mir – ich sage alt, weil ich nicht mehr jung bin und sie, wenn ich mich recht erinnere, fünf oder sechs Jahre älter war als ich. Wir lernten uns im Jahr 1784 kennen; Sie sehen, das ist nicht gestern. Wir haben uns seit 1802 nicht mehr gesehen, aber das hat uns nicht daran gehindert, uns jede Woche zu schreiben oder den wöchentlichen Briefen mit genau der gleichen Freude entgegenzublicken ... Ja, Sie haben recht, das Pastell ist bezaubernd, aber wenn Sie das Original gekannt hätten, hätten Sie sie noch bezaubernder gefunden!"

Und ein süßer Widerschein der Jugend huschte wie ein Sonnenstrahl über das hübsche Gesicht des alten Mannes und ließ es vierzig Jahre jünger aussehen.

Leider! Ich betrat dieses heilige Tabernakel des Intellekts nur zweimal: Ich habe beschrieben, was bei meinem ersten Besuch geschah, und ich werde sofort erzählen, was bei meinem zweiten geschah. Aber ich sollte vorher die Frage beantworten, wie es M. Villenave gelang, all diese wertvollen Schätze zu sammeln, da er kein großes Vermögen besaß. Es war durch Geduld und Ausdauer, wie la Fontaine sagen würde. Diese Sammlung war die Arbeit seines ganzen Lebens gewesen. So wie Ghiberti als junger Mann mit den Toren des Baptisteriums in Florenz begann und sie im Alter vollendete, so hatte M. Villenave dieser Aufgabe fünfzig Jahre gewidmet. Er verbrannte nie ein einziges Papier oder vernichtete einen Brief. Ich schrieb M. Villenave zwei- oder dreimal, um um Informationen zu bitten; nun, meine unwürdigen Briefe wurden in ihre Umschläge gesteckt, klassifiziert und beschriftet. Warum wurde ich so geehrt? Wer weiß? Vielleicht dachte er, selbst ich könnte eines Tages eine große Berühmtheit werden. Man kann sich leicht vorstellen, dass er, wenn er solche Briefe wie die meinen aufbewahrte, auch andere Dinge gewissenhaft aufbewahren würde. Ankündigungen von Versammlungen gelehrter Gesellschaften, Einladungen zu Hochzeitszeremonien, Trauerkarten – alles wurde aufbewahrt, klassifiziert und an seinen Platz gelegt. Ich kann nicht sagen, was die Sammlung von M.

Villenave *nicht* enthielt; ich sah darin eine Sammlung halb verbrannter Bände, die am 14. Juli aus dem Feuer der Bastille gerettet worden waren.

M. Villenave beschäftigte zwei Adjutanten oder vielmehr Bluthunde: einen namens Fontaine, der selbst Autor eines Buches mit dem Titel *Manuel des Autographes* war; den anderen einen Angestellten des Kriegsministeriums. Zweimal in der Woche gingen sie auf die Jagd; sie durchstöberten die Läden der Lebensmittelhändler, die an diese Besuche gewöhnt waren und alle Papiere beiseite legten, die sie für selten oder kurios hielten. Aus diesen Papieren wählten die beiden Besucher eine aus und zahlten den Lebensmittelhändlern fünfzehn Sous pro Pfund, während M. Villenave ihnen dreißig Sous zahlte. Es gab auch etwas, das man als königliche Jagdtage bezeichnen könnte; an diesen Tagen jagte M. Villenave persönlich; jeder Lebensmittelhändler in Paris kannte ihn und kam mit den Händen voller Papiere zu ihm, die ihm viel wertvoller waren als Rosen und Lilien.

Der Leser hätte Monsieur Villenave sehen sollen, wenn er sich aufmachte, um sich zu vergnügen, oder besser gesagt, wenn er ausging, um die Hauptarbeit seines Lebens zu verrichten. An diesen Tagen war er kein eitler, lockiger Dandy, er trug weder die weiße Krawatte noch den blauen Mantel mit den Goldknöpfen; nein, er wollte in Gegenwart der alten Antiquariate, bei denen er auf Nachschlagetour ging, nicht allzu wohlhabend aussehen; an diesen Tagen trug er einen ziemlich schmutzigen alten Hut, eine schwarze Krawatte, die von seinem Bart abgeschnitten war, und einen ungebürsteten Mantel. Dann ging der unermüdliche Bücherwurm die Kais entlang. Hier, mit beiden Händen in den Hosentaschen, den großen Körper gebeugt, den schönen, intelligenten Kopf vor Verlangen erstrahlend, schickte er seine durchdringenden Blicke tief in die Warenansammlung und suchte unablässig nach irgendeinem unbekannten Schatz, einem Text von *Faust* oder einem Elzevir. Manchmal kehrte der Jäger mit leeren Händen nach Hause zurück; dann war er beim Essen mürrisch und schweigsam und murrte, dass seine Tochter ihn beim Locken an den Haaren zog ; danach nahm er seinen Kerzenständer und ging nach oben auf sein Zimmer, ohne jemandem eine gute Nacht zu wünschen. Wenn ein Jagdtag hingegen ertragreich war und Monsieur Villenave mit einem wertvollen Band oder einer seltenen Ausgabe zurückkam, dann kam er mit einem strahlenden Lächeln herein; er warf Élisa in seinen Armen auf und ab; er scherzte mit seinem Sohn, küsste seine Tochter, machte seiner Frau Komplimente für das Essen und wenn das Essen vorbei war, bedankte er sich bei seinem Friseur und schnurrte wie eine zufriedene Katze. Monsieur Villenave hatte nur einen Grund zur Unruhe: Wo sollte er die Neuerwerbung unterbringen? Die Bücher waren so eng in die Regale gequetscht, dass kein Brieföffner dazwischen passte. Er ging von einer Seite zur anderen, drehte sich um, kreuzte, beschwerte sich, streckte verzweifelt seine langen Arme zum Himmel und beschloss schließlich, das Buch auf ein Sofa oder einen der Sessel oder Stühle zu legen, und sagte mit einem Seufzer:

„Wir müssen später einen Platz dafür finden."

Dieser Platz würde nie gefunden werden und das Buch würde auf dem Sofa, dem Sessel oder dem Stuhl liegen bleiben, wo es platziert wurde, ein neues Hindernis auf dem Weg jedes Besuchers, der einen Sitzplatz finden musste.

Ich war mir der Abneigung von Monsieur Villenave gegen Störungen zu bewusst, um einen zweiten Besuch in seinem Heiligtum zu wagen, bis ich, als ich *Christine* neu gestaltete, die Handschrift der Tochter von Gustav Adolf zu Rate ziehen wollte; ich wollte mich mit gewissen Eigenheiten ihres Charakters vertraut machen, die sich möglicherweise, so dachte ich, in ihren Schriften widerspiegeln könnten. Also beschloss ich, Monsieur Villenave in jenen intellektuellen Regionen zu stören, in denen er weit über die gewöhnliche Menschheit hinausragte. Es war im März 1829, etwa fünf Uhr nachmittags, als ich klingelte und das Tor geöffnet wurde. Ich fragte nach Monsieur Villenave und wurde hineingeführt. Ich war noch nicht viele Schritte auf das Haus zugegangen, als Françoise mich zurückrief.

„Monsieur!" Sie sagte: "Monsieur!"

„Was ist, Françoise?"

„Möchte Monsieur hinauf zu M. Villenave gehen?"

„Ja, Françoise."

„Ich dachte, Monsieur besucht wie üblich die Damen."

„Du liegst falsch, Françoise."

„Dann wird Monsieur so freundlich sein, meinen armen Beinen das zweistöckige Treppensteigen zu ersparen und M. Villenave diesen Brief zu überreichen, der gerade für ihn eingetroffen ist."

„Gerne, Françoise."

Françoise gab mir den Brief, und ich nahm ihn und ging nach oben. Als ich an die Tür kam, klopfte ich, aber es kam keine Antwort. Ich klopfte etwas lauter. Wieder keine Antwort. Ich begann mich unwohl zu fühlen; der Schlüssel steckte in der Tür, und die Anwesenheit dieses Schlüssels deutete unweigerlich auf die Anwesenheit von Monsieur Villenave in seinem Zimmer hin. Sicherlich musste ihm irgendein Unfall zugestoßen sein. Ich klopfte ein drittes Mal, um einzutreten, falls mir niemand antwortete. Es kam keine Antwort, und ich trat ein. Monsieur Villenave schlief in seinem Sessel. Das Geräusch, das ich beim Eintreten machte, und vielleicht auch der

Luftzug, den ich verursachte, störten einige magnetische Einflüsse, und Monsieur Villenave stieß einen Schrei aus, erwachte und sprang auf.

„Ach, entschuldigen Sie", rief ich aus. „Ich bitte tausendmal um Verzeihung! Ich habe Sie gestört."

„Wer sind Sie? Was wollen Sie?", fragte Monsieur Villenave schnell.

„Warum, auf mein Wort, erkennen Sie mich nicht? ... Alexandre Dumas."

„Oh!", sagte Monsieur Villenave und schnappte nach Luft.

„Wirklich, Monsieur", sagte ich, „es tut mir sehr leid. Ich werde mich zurückziehen."

„Nein, nein, im Gegenteil, kommen Sie herein", sagte Monsieur Villenave und fuhr sich mit der Hand über die Stirn. „Sie werden mir einen Dienst erweisen."

Ich ging rein.

„Nehmen Sie Platz", sagte er aus Gewohnheit.

Acht oder zehn Folianten lagen verstreut auf dem Boden, ich schichtete sie zu einem Stapel auf und setzte mich darauf.

„Ja", fuhr Monsieur Villenave fort, „es war etwas ganz Merkwürdiges ... Ich schlief ein, die Dämmerung brach herein und in der Zwischenzeit war mein Feuer ausgegangen. Sie weckten mich und fanden mich im Dunkeln, sodass ich mir den Lärm in meinem Zimmer nicht erklären konnte; es war zweifellos der Luftzug aus dem Gang, der mein Gesicht berührte, aber als ich aufwachte, schien es mir, als ob etwas Weißes wie ein Leichentuch vor meinen Augen tanzte ... Merkwürdig, nicht wahr?", fuhr Monsieur Villenave mit einem Schauder fort, als ob ihm durch und durch kalt wäre. „Aber hier sind Sie, umso besser!" Und er streckte mir seine Hand entgegen.

Ich erwiderte seine Höflichkeit, indem ich den Brief, den ich ihm in der rechten Hand gebracht hatte, in meine linke Hand legte.

„Was haben Sie da?", fragte M. Villenave.

„Ach, entschuldigen Sie, ich vergaß es ... es ist ein Brief, den Françoise mir für Sie gegeben hat, und das ist der Grund, warum ich Sie gestört habe."

„Danke ... Halt mal kurz, würdest du bitte nach einem Streichholz tasten? Ich bin wirklich noch ganz verwirrt, und wenn ich abergläubig wäre, würde ich glauben, ich hätte eine Vorahnung gehabt."

Er nahm das Streichholz, das ich ihm hinhielt, und zündete es in der roten Glut des Kamins an. Sobald das Streichholz Feuer fing, konnten wir Gegenstände im Zimmer an seinem flackernden Licht erkennen, so schwach es auch war.

„Oh, du meine Güte!“, rief ich plötzlich aus, „was ist mit deinem schönen Pastell passiert?“

„Wie Sie sehen, sind das Glas und der Rahmen zerbrochen. Ich warte darauf, es zum Glaser und Bilderrahmenmacher zu schicken ... das war völlig unfassbar!“

"Was war?"

„Die Art, wie es gefallen ist.“

„Ist der Nagel rausgekommen oder der Ring kaputt?“

"Weder das eine noch das andere. Vorgestern habe ich den ganzen Abend gearbeitet; als es Viertel vor zwölf war, war ich müde, aber ich musste noch einen Probeabzug einer handlichen kleinen Ausgabe meines *Ovid korrigieren.* Ich beschloss, Ruhe und Arbeit zu verbinden, indem ich zu Bett ging und die Probeabzüge im Bett korrigierte. Also legte ich mich hin: Ich stellte meine Kerze auf den Tisch neben dem Bett, und das Licht davon schien auf das Porträt meines armen Freundes; mein Blick folgte dem Kerzenlicht und ich sagte dem Bild wie üblich gute Nacht ... Ein halb geöffnetes Fenster ließ eine kleine Brise herein, die die Flamme meiner Kerze so bewegte, dass es mir vorkam, als erwiderte das Porträt meine gute Nacht, indem es seinen Kopf neigte, wie ich es getan hatte! Sie werden verstehen, dass ich diese Bewegung als visionär und töricht ansah; aber ob Torheit oder Vision, mein Geist verweilte bei der Bewegung, und je mehr ich darüber nachdachte, desto realer erschien mir der Vorfall; meine Augen wanderten von meinem *Ovid* ab und blieben auf diesem einen Punkt, dem Bild, haften; meine wandernden Gedanken flogen, wider Willen, zurück in die Tage meiner Jugend; und diese frühen Tage zogen nacheinander an mir vorüber... Ach, ich! Ich glaube, ich habe Ihnen erzählt, dass das Original dieses Pastells in jenen frühen Tagen einen großen Teil meiner Aufmerksamkeit in Anspruch nahm! Da war ich also, in Gedanken versunken in alte Erinnerungen von vor fünfundzwanzig Jahren; ich sprach die Kopie an, als ob das Original mich hören könnte, und mein Gedächtnis antwortete für sie; es schien, als ob sich die Lippen auf dem Pastell bewegten; ich dachte, die Farben des Gemäldes begannen zu verblassen, und der Gesichtsausdruck wurde traurig und unglücklich... Etwas wie ein Abschiedslächeln huschte über ihre Lippen; eine Träne trat in ihre Augen, bereit, das Glas zu benetzen. Es begann Mitternacht zu schlagen; und wider Willen schauderte ich – warum, konnte ich nicht sagen! Der Wind blies, und beim letzten Glockenschlag um Mitternacht, während die Uhr noch vibrierte, öffnete sich das halboffene Fenster heftig, ich hörte ein Seufzen wie ein Stöhnen, die Augen des Porträts schlossen sich, und das Bild fiel herunter, ohne dass der Nagel, der es hielt, oder die Schnur gebrochen waren; und meine Kerze ging aus. Ich versuchte, sie wieder anzuzünden, aber es brannte kein Feuer im Kamin, es lagen keine Streichhölzer auf dem Kaminsims; es war Mitternacht, alle im Haus schliefen; es gab also keine Möglichkeit, Licht zu bekommen. Ich schloss mein Fenster wieder und ging zurück ins Bett... Obwohl ich keine Angst hatte, fühlte ich mich sehr bewegt, ich war traurig, ich hatte ein großes Verlangen zu weinen; ich glaubte, etwas durch mein Zimmer gehen zu hören, wie das Rascheln eines Seidenkleides... Ich hörte dieses Geräusch dreimal so deutlich, dass ich fragte: „Ist da jemand?" Schließlich schlief ich sehr spät ein, und das Erste, was ich ansah, als ich wieder aufwachte, war mein armes Pastell, das ich in dem Zustand vorfand, in dem Sie es jetzt sehen."

„Das ist wirklich eine merkwürdige Geschichte!", sagte ich. „Und haben Sie Ihren wöchentlichen Brief wie üblich erhalten?"

„Nein, und das ist es, was mich beunruhigt. Deshalb habe ich Françoise den Auftrag gegeben, mir alle Briefe, die für mich bestimmt sind, sofort nachzuschicken oder zu bringen, wenn sie eintreffen."

„Nun", sagte ich, „vielleicht das, was ich Ihnen gerade mitgebracht habe …"

„Das ist nicht ihre Art zu falten. Aber egal, denn es kommt aus Angers …"

Dann drehte er den Umschlag um, um ihn zu zerreißen, und rief: „Ach, mein Gott! Er ist schwarz versiegelt! Die arme Seele, ihr ist ein Unglück widerfahren!"

Und Monsieur Villenave wurde blass, als er den Brief öffnete; darin befand sich ein zweiter.

Seine Augen füllten sich mit Tränen, als er die ersten Zeilen des ersten Briefes las.

„Schau", sagte er und hielt ihn mir hin, „lies ihn" und während er schweigend und traurig den zweiten Brief öffnete, nahm ich den ersten und las:

„MONSIEUR, – Mit persönlichem Kummer, der noch verstärkt wird, weil ich weiß, was auch Sie fühlen werden, muss ich Ihnen mitteilen, dass Madame – – letzten Sonntag um Mitternacht gestorben ist. Am Tag zuvor, als sie Ihnen schrieb, wurde sie von einer Unpässlichkeit heimgesucht, die wir zunächst für nur leicht hielten, die sich aber immer weiter verschlimmerte, bis sie schließlich starb. Ich habe die traurige Pflicht, Ihnen den Brief zu schicken, den sie begonnen hatte, Ihnen zu schreiben, obwohl er noch unvollendet ist. Dieser Brief wird Ihnen versichern, dass ihre Zuneigung zu Ihnen bis zum Ende unverändert geblieben ist.

„Ich verbleibe, Monsieur, in tiefer Trauer, wie Sie mir glauben werden, Ihr sehr ergebener und sehr gehorsamer Diener,

"THÉRÈSE MIRAUD"

„Sie sehen also", fuhr M. Villenave fort, „dass das Porträt beim letzten Glockenschlag um Mitternacht herunterfiel und dass sie beim letzten Glockenschlag um Mitternacht starb."

Ich spürte, dass sein Kummer eine Einsamkeit brauchte, die nur von Erinnerungen erfüllt war und in der ich ihn nicht durch irgendwelche schwachen Trostversuche unterbrechen konnte. Ich nahm meinen Hut, drückte ihm die Hand und ging.

Dieser Vorfall erinnerte mich an die Erscheinung meines Vaters in der Nacht seines Todes, die mich als kleines Kind aufweckte, und ich stellte mir die Frage, die so oft gestellt und nie beantwortet wird: „Was sind die geheimnisvollen Bande, die die Toten mit den Lebenden verbinden?" Später, als ich meine Mutter verlor, die ich mehr liebte als irgendjemand sonst auf der Welt, und die mich ihrerseits über alle Maßen liebte, erinnerte ich mich an diese beiden Visionen, und ich kniete neben dem Bett nieder, in dem sie gerade gestorben war, mit meinen Lippen auf ihrer Hand flehte ich sie an, mir noch einmal zu erscheinen, falls noch etwas von ihr übriggeblieben war; dann, als die Nacht hereinbrach, legte ich mich in ein einsames Zimmer und wartete mit klopfendem Herzen in der Hoffnung, die geliebte Erscheinung zu sehen. Ich zählte fast alle Stunden dieser Nacht vergebens, und nicht das leiseste Geräusch oder die leiseste Erscheinung tröstete meine traurige Wache. Danach bezweifelte ich alle derartigen Erfahrungen, ob meine eigenen oder die anderer; denn die Liebe meiner Mutter zu mir und meine Liebe zu ihr waren so groß, dass ich wusste, wenn sie noch einmal von ihrer Ruhestätte hätte aufstehen können, um mir ein letztes Lebewohl zu sagen, hätte sie es sicher getan. Aber vielleicht sind nur Kinder und alte Leute privilegiert – Kinder, weil sie näher an der Wiege sind, alte Leute, weil sie näher am Grab sind.

KAPITEL XIV

Erste Aufführung von Souliés *Roméo et Juliette* – Anaïs und Lockroy – Warum französische Schauspielerinnen nicht Julia spielen können – Die Studien des Konservatoriums – Eine zweite *Christine* am Théâtre-Français – M. Évariste Dumoulin und Madame Valmonzey – Verschwörung gegen mich – Ich verzichte auf meine Rolle, um mein Stück aufführen zu lassen – Wie ich das Thema *Heinrich III. fand* – Meine Meinung zu diesem Stück

Inzwischen hatten wir Anfang Juni 1828 erreicht, und Soulié teilte mir mit, dass das Odéon seinen *Roméo angenommen hatte* , ihn probte und fast bereit war, ihn aufzuführen. Wir hatten uns seit dem Abend nicht mehr gesehen, als wir vereinbart hatten, jeder seine eigene Version von *Christine zu schreiben.* Aber er hatte mich nicht vergessen, und ich erhielt zwei Parkettkarten für die Premiere. Da meine Mutter mich oft von Soulié hatte reden hören und da sie wusste, dass Soulié einer meiner Freunde war, nahm ich sie, um sie auf die erste Aufführung meiner Arbeit vorzubereiten, mit, um die erste Aufführung von Souliés Stück zu sehen. Arme Mutter! Es war ein großes Vergnügen für sie, mit mir auszugehen. Ach! Ich hatte sie in den vergangenen Monaten schrecklich vernachlässigt. Wir gewöhnen uns so sehr an diese Schutzengel, unsere Mütter, dass wir uns nie träumen lassen, wenn wir sie ihren albernen Jugendphantasien überlassen, dass ein Moment kommen wird – ein schrecklicher und unerwarteter Moment –, in dem sie uns ihrerseits verlassen werden! Erst dann erinnern wir uns mit Tränen in den Augen und Reue im Herzen an die vielen gedankenlosen und grausamen Abwesenheiten und rufen aus: „Guter Gott! Warum habe ich sie so oft für dies und das verlassen, und jetzt wirst Du für immer von ihr getrennt sein?"

Wir machten uns auf den Weg zum Odéon. Eine Uraufführung war damals eine große Sache – besonders, wenn das Stück, das zum ersten Mal aufgeführt wurde, von einem Mann der neuen Schule stammte. Dennoch war dieses Stück von Soulié nicht epochal: Wäre es vor dem Besuch der englischen Truppe in Paris aufgeführt worden, hätte man es als äußerst fortschrittlich angesehen, aber da es nach ihren Aufführungen kam, war es keineswegs auf dem neuesten Stand. Man hatte zwar keine Angst, dass es ein völliger Misserfolg werden würde, aber es bestand auch keine Chance, dass es ein großer Erfolg werden würde. Beachten Sie auch, dass es auf derselben Bühne und wahrscheinlich mit derselben *Inszenierung aufgeführt werden sollte* , die Kembles und Miss Smithsons Inszenierung von Shakespeares *Meisterwerk begleitet hatte.* Anaïs und Lockroy wurden mit den Hauptrollen betraut. Es war fast Lockroys erster Auftritt. Er war gutaussehend, jung, romantisch und wagemutig – ein Schauspieler, von dem man Großes erwartete, besonders in dieser besonderen Art von Rolle. Bei Anaïs war es jedoch anders. In der Komödie war sie bewundernswert und entzückend, unfehlbar in Geschmack, Witz, Feinheit des Stils und der Interpretation; aber in Drama und Tragödie war sie völlig unzulänglich. Und sie sollte auf denselben Bühnen auftreten, vor demselben Publikum, in derselben Rolle der Julia, die Miss Smithson mit wunderbarem Können und mit all den Qualitäten präsentiert hatte, die eine große Tragödin ausmachen! Außerdem gab es damals in Paris keine einzige Frau, die Julia spielen konnte, und wir können hinzufügen, dass wir heute niemanden haben, der das könnte. Was ist der Grund dafür, dass uns dieser charmante Typ fehlt, die Frau, die Fröhlichkeit des Geistes mit dramatischen und poetischen Fähigkeiten verbindet? Warum haben wir nie jemanden hervorgebracht und werden es wahrscheinlich bis in ferner Zukunft auch nie tun, der die Persönlichkeiten von Miss Smithson und Miss Faucett mit Augen und Gedächtnis in Erinnerung rufen wird? Warum war Mademoiselle Mars der Rolle der Desdemona nicht gewachsen und Madame Dorval selbst der von Julia nicht? Weil die dramatische Ausbildung unserer Schauspielerinnen nur nach den Grundsätzen dreier Meister erfolgt, die zweifellos große Verdienste haben, deren Genie jedoch nicht, wie das Shakespeares, jene glückliche Mischung aus natürlichem, dramatischem und poetischem Ausdruck umfasst, die in den meisten Werken des englischen Dichters zu finden ist. Außerdem werden die Schüler am Konservatorium nur auf einen einzigen Zweig der Kunst vorbereitet, entweder auf Tragödie oder Komödie, nie auf Tragödie und Komödie kombiniert. Warum wiederum? Weil bei den studierten Meistern – Molière, Corneille und Racine – diese beiden Stile nie vermischt vorkommen. Es ist ein fataler Fehler, die Komödie aus der Ausbildung der Tragödin und die Tragödie aus der Ausbildung der Komödiantin auszuschließen; es macht die Tragödin schwerfällig in der Komödie, die Komödiantin affektiert in der Tragödie. Unsere Theater des 17. und 18. Jahrhunderts kannten nichts außer dem Realismus der Frauen Molières, der Grobheit der Frauen Corneilles, der Wut oder Sanftheit der Frauen Racines, der Agnès und Célimène Molières, Corneilles Émilie und Rodogune, Racines Hermine und Aricie. Sie werden unter ihnen allen vergeblich nach irgendetwas suchen, das den Ammen-, Balkon- und Grabszenen ähnelt, die sich alle um die einzelne Figur der Julia drehen. Um das Niveau der englischen Schauspieler zu erreichen, müsste man entweder nicht am Konservatorium ausgebildet werden – was ich persönlich als einen klaren Vorteil betrachten würde – oder das Konservatorium müsste neben dem Studium der französischen Meister auch das Studium ausländischer Meister oder zeitgenössischer Autoren ermöglichen, deren dramatische Werke die dreifachen Elemente Natur, dramatische Kunst und dichterisches Gefühl enthalten. Das wäre sehr einfach zu arrangieren; es würde, das weiß ich ganz genau, die Herren Samson und Provost verärgern; aber was würde es einem intelligenten

Innenminister ausmachen, auf einen solchen Widerstand zu stoßen? Natürlich würde es die Herren Viennet, Lebrun und Jouy aufrütteln; aber Herr Viennet ist kein Mitglied der Abgeordnetenkammer mehr und Herr Lebrun ist kein Mitglied der Pairskammer mehr; Herr Jouy gehört nicht mehr zur Redaktion des *Constitutionnel*; was würden also ihre Proteste einem Innenminister ausmachen, dem es egal ist, ob er der Akademie angehört oder nicht? Auf den ersten Blick scheint es tatsächlich sehr einfach zu sein, einen klar denkenden Innenminister zu erkennen, der nicht viel von der Zugehörigkeit zur Akademie hält; aber nun, da irren wir uns. Wir versuchen seit dreißig Jahren, einen solchen Mann zu finden! Wir haben zwei Revolutionen erlebt, ohne einen solchen Minister zu finden, und vielleicht müssen wir noch zwei weitere Revolutionen durchleben, bevor er auftaucht. Ich habe nicht den Wunsch, vor meinem Tod noch zwei weitere Revolutionen zu erleben, aber ich würde den Minister sehr gern finden.

Das Fazit all dessen ist, dass Anaïs, obwohl sie eine bezaubernde Komödiantin ist (sie wurde wahrscheinlich am Konservatorium ausgebildet), eine unzulängliche Juliette war; und Lockroy, der seine Rolle bei Kemble und Macready studiert und vor allem selbst darüber nachgedacht hatte, in der Rolle des Romeo Wunder vollbrachte. Eine dieser Wundertaten war ein Geniestreich. Als er Juliette aus ihrem Grab auferstehen und gehen sieht, weicht er zurück, hält seine Augen auf sie gerichtet, aus Angst, sie, die er für ein Gespenst hält, könnte verschwinden, und er tastet das Totenbett ab, das sie gerade verlassen hat, und hält seinen Freudenschrei zurück, bis er sich vergewissert hat, dass das Bett leer ist. Das Stück erlangte den literarischen Erfolg, den es verdiente – ein Erfolg, der im letzten Akt gipfelte, der fast vollständig von Shakespeare übernommen wurde.

Ich glaube nicht, dass mich eine meiner eigenen Aufführungen jemals so bewegt hat wie diese von Soulié. Nie litt ich mehr als während dieser ersten vier Akte, als ich das Gefühl hatte, das Stück schleppe sich leblos und langweilig dahin, und mir wurde klar, dass diese Langeweile und dieser Mangel an Leben vom *übertrieben guten Geschmack* des Dichters herrührten, der es für notwendig gehalten hatte, Shakespeare zu verbessern. Es war jedoch originell genug, um das Publikum zufriedenzustellen, und das Publikum war zufrieden; aber ich bin sehr sicher, dass Soulié selbst es nicht war.

Inzwischen machte sich der Einfluss von Picards Kritik an *Christine* an der Comédie-Française bemerkbar. Mademoiselle Mars, die anfangs von der Rolle der Christine begeistert war, kühlte beim Einstudieren der Rolle ab; denn so unvollständig sie auch war, sie fühlte sich nicht in der Lage, sie zu spielen; Firmin, obwohl er ein inspirierter Komiker war, fehlte der Sinn für Komposition und er begann sich bei der Rolle der Monaldeschi unwohl zu fühlen; schließlich verließ Ligier, der die Rolle des Sentinelli spielen sollte, die Comédie-Française und ging zum Odéon. Etwas noch Ernsteres war geschehen. Das Komitee des Théâtre-Français hatte ein zweites Stück mit dem Titel *Christine erhalten.*

Diese zweite *Christine* war von einem gewissen M. Brault geschrieben worden, einem ehemaligen Präfekten und Freund von M. Decazes, der ihn mit allen Kräften unterstützte. Die Hauptrolle in dieser neuen Tragödie, nämlich die der Christine, war Madame Valmonzey übertragen worden. Falls Sie Madame Valmonzey nicht kennen, werde ich Ihnen sagen, wer sie war. Madame Valmonzey war keine gute Schauspielerin, aber sie war eine sehr hübsche Frau, die Geliebte von M. Évariste Dumoulin, dem Herausgeber des *Constitutionnel.* Man könnte sich vielleicht fragen, warum ich diese Tatsache erwähne. Ich antworte, dass es so ist, weil ich es muss. Der Himmel bewahre mich davor, unnötigerweise einen Skandal anzuzetteln und unnötigerweise schlecht über die Toten zu reden; aber ich schreibe die Geschichte der Kunst und die Geschichte der Literatur und die Geschichte des Theaters, und damit diese Geschichte Geschichte sein kann, muss die Wahrheit gesagt werden.

Dies geschah, als im Théâtre-Français eine zweite *Christine empfing* und infolge der Liebschaften von Monsieur Évariste Dumoulin und Madame Valmonzey. Monsieur Évariste Dumoulin ließ durchblicken, dass er das Théâtre-Français durch sein Tagebuch ruinieren würde, wenn sie nicht das Stück seines Freundes Monsieur Brault vor dem von Monsieur Alexandre Dumas aufführten. Diese Kriegserklärung erschreckte das Théâtre-Français zutiefst. Da die Forderung von Monsieur Évariste Dumoulin an das Komitee jedoch eine ernste und beispiellose Sache war, antworteten sie, dass sie durchaus bereit seien, Monsieur Braults *Christine zu spielen* , dass sie dazu aber zunächst meine Einwilligung einholen müssten, ihm meine Rolle zu überlassen. Außerdem litt M. Brault an einer unheilbaren Krankheit, an der er einige Zeit später starb, und es wäre für den armen Sterbenden ein Trost gewesen, sein Stück vor seinem Tod aufgeführt zu sehen. Auf diese Weise wurde mir die Bitte von seinem Sohn in einem äußerst höflichen und freundlichen Brief übermittelt, und auch der Herzog von Decazes bot mir seine Hilfe in den freundlichsten Worten an. Die Komödianten des Théâtre-Français wiederum garantierten nach einer Komiteesitzung, mein Stück nach der Aufführung von M. Brault zu spielen, und zwar auf meine erste Bitte hin.

Ich war schon immer leicht zu bewegen durch solche Appelle. Aber dieser Aufschub war für meine Mutter und mich eine ernste Angelegenheit, denn wir warteten buchstäblich auf die Aufführung dieses Stücks, um unseren Lebensunterhalt zu bestreiten. Die Prämien, von denen ich meiner Mutter erzählt hatte, waren verteilt worden, aber mein Anteil war fünfzig Francs geringer als der meiner Kollegen – eine Warnung, dass ich mich besser benehmen musste. Außerdem war ich unter Monsieur Deviolaine, der vorhergesagt hatte, dass mein Stück nie aufgeführt werden würde, und der vor Freude fast hüpfte, als er sah, dass seine Prophezeiung wahrscheinlich in Erfüllung gehen würde. Schließlich war mein Versprechen, mein Stück zu spielen, sobald ich darum bat, illusorisch, denn nachdem die erste *Christine* aufgeführt worden war, konnte ich die Comedians kaum bitten, eine zweite zu spielen, bevor mindestens ein Jahr vergangen war. Aber in Wirklichkeit konnte ich nichts anderes tun, als nachzugeben, denn ich war von allen Seiten von Bitten umgeben, sogar von der Familie Villenave, und außerdem stimmte mein eigener Instinkt mit diesen Bitten überein. Also gab ich nach und überließ M. Brault den Platz.

Mein Opfer wurde nicht belohnt. Schon am nächsten Tag verkündeten die Zeitungen, das Komitee des Théâtre-Français habe in M. Braults Stück mehr Chancen erkannt als in meinem und deshalb beschlossen, dass M. Braults Stück aufgeführt werden solle, während meines auf unbestimmte Zeit verschoben werden müsse. Ich hätte öffentlich Einspruch erheben, den Brief von M. Braults Sohn vorlegen und die von der Comédie-Française eingegangene Verpflichtung offenlegen können. Ich tat nichts dergleichen und habe von diesem Tag an bis heute nie wieder von den kleinlichen Intrigen der Zeitungen Notiz genommen; ich kann mit Stolz und ohne Furcht vor Widerspruch prahlen, dass ich mir nie die Hände schmutzig gemacht habe, weder um meine eigenen Ziele zu erreichen, noch um anderen Leuten zu schaden. Natürlich hatten weder M. Brault, der arme sterbende Dichter, noch sein Sohn, noch M. Decazes etwas mit all diesen intriganten Ankündigungen zu tun. Ich glaube sogar, dass M. Braults Sohn den Anstand hatte, die wahre Version der Fakten zu schreiben und zu erzählen und mir öffentlich zu danken, wie er mir privat gedankt hatte. Aber obwohl ich diese Strapazen mit Verachtung behandelte, waren sie doch nicht ohne Ärger. Meine Mutter las die Zeitungen nie, aber die Familie Deviolaine las sie, und jeder in den Büros las sie, und barmherzige Seelen achteten darauf, meiner Mutter zu sagen:

„Meine Güte, Ihr Sohn macht gerade von sich reden!"

„Worüber?", fragte meine Mutter zitternd vor Angst.

Und dann beeilten sie sich, es ihr mitzuteilen, und betrübten ihr armes Herz, denn ich war ihr Ein und Alles, und sie machte sich viel mehr Sorgen um mich, als ich um mich selbst.

Die Proben von M. Braults *Christine* wurden so schnell vorangetrieben, wie meine verschoben wurden – obwohl jeder weiß, was Schnelligkeit im Théâtre-Français bedeutet; M. Brault hatte reichlich Zeit, vor der Aufführung seines Stücks zu sterben, das nur einen mäßigen Erfolg hatte. Und Madame Valmonzey hatte nicht einmal Erfolg. Trotzdem wurde mein Stück auf unbestimmte Zeit verschoben.

Soulié hatte seine *Christine fertiggestellt* und sie im Odéon angenommen, mit Mademoiselle Georges und Ligier in den Hauptrollen. Und was geschah die ganze Zeit mit mir?...

Einer jener Glücksfälle, die das Schicksal nur denen zuteil werden lässt, die vom Schicksal bestimmt sind, brachte mich durch einen anderen Zufall, der mich zu *Christine geführt hatte, zu Heinrich III.* Den einzigen Schrank, den ich in meinem Büro hatte – dem Büro, das ich, wie man sich erinnern wird, sehnlichst begehrte –, musste ich mit Féresse teilen: Ich legte meine Papiere hinein, er stellte seine Flaschen dort hin. Eines Tages, sei es aus Versehen oder um mir einen Streich zu spielen oder um seine Vorrechte gegenüber mir zu demonstrieren, nahm er mir auf einer Besorgung den Schlüssel zu diesem Schrank weg. Während seiner Abwesenheit verbrauchte ich alle Papiere, die in meinem Büro herumlagen, und da ich noch drei oder vier Berichte abzuschreiben hatte, holte ich mir neues Papier. Auf einem Schreibtisch lag ein aufgeschlagener Band von Anquetil: Ich warf mechanisch einen Blick darauf und las auf Seite 95 die folgenden Zeilen:

„Obwohl er dem König nahestand und dem Herzog von Guise dienstgradig feindlich gesinnt war, war Saint-Mégrin dennoch in die Herzogin Katharina von Clèves verliebt, und es hieß, sie habe seine Liebe erwidert. Der Autor dieser Anekdote gibt uns zu verstehen, dass dem Ehemann die tatsächliche oder vermeintliche Untreue seiner Frau gleichgültig war. Er widersetzte sich den Bitten seiner Verwandten, sich zu rächen, und bestrafte die Indiskretion oder das Verbrechen der Herzogin nur mit einem Scherz. Eines Tages betrat er frühmorgens ihr Zimmer, in der einen Hand einen Zaubertrank und in der anderen einen Dolch; nachdem er seine Frau grob aufgeweckt und ihr Vorwürfe gemacht hatte, sagte er in wütendem Ton:

„Entscheiden Sie, Madame, ob Sie durch den Dolch oder durch Gift sterben wollen!"

„Vergeblich bat sie ihn um Vergebung; er zwang sie, ihre Wahl zu treffen. Sie trank das Gebräu und warf sich auf die Knie, empfahl ihre Seele Gott und erwartete nichts Geringeres als den Tod. Sie verbrachte eine Stunde in Angst; dann kam der Herzog mit heiterer Miene zurück und sagte ihr, dass das, was sie für Gift gehalten hatte, eine ausgezeichnete Suppe war. Zweifellos machte diese Lektion sie danach vorsichtiger."

Ich erhielt Zugang zur *Biographie* ; die *Biographie* verwies mich auf die *Mémoires de l'Estoile*. Ich wusste nicht, was die *Mémoires de l'Estoile* waren; ich fragte M. Villenave, der sie mir lieh. Die *Mémoires de l'Estoile* , Band I, Seite 35, enthalten diese Zeilen:

„Saint-Mégrin, ein junger Herr aus Bordeaux, gutaussehend, wohlhabend und gutherzig, war einer der Lieblinge des Königs mit den Locken. Eines Nachts, als er um elf Uhr den Louvre verließ, wo sich der König aufhielt, in der Rue du Louvre, in der Nähe der Rue Saint-Honoré, wurde er von etwa zwanzig bis dreißig unbekannten Männern mit Pistolen, Schwertern und Entermessern angegriffen, die ihn tot auf dem Bürgersteig liegen ließen; er starb tatsächlich am nächsten Tag, und es war ein Wunder, wie er so lange leben konnte, denn er hatte vierunddreißig oder fünfunddreißig tödliche Wunden erlitten. Der König befahl, seinen Leichnam nach Boisy in der Nähe der Bastille zu bringen, wo sein Gefährte Quélus gestorben war, und ihn in Saint-Paul mit ebenso viel Pomp und Feierlichkeit zu begraben, wie seine Gefährten Maugiron und Quélus vor ihm dort begraben worden waren. Es wurden keine Ermittlungen bezüglich des Attentats angestellt, da Seine Majestät gewarnt worden war, dass es Der Schlag wurde durch die Vermittlung des Herzogs von Guise durchgeführt , weil es Gerüchte über eine intime Beziehung zwischen dem jungen Mignon und der Frau des Herzogs gab und dass der Schlag von jemandem ausgeführt worden war, der den Bart und die Gesichtszüge seines Bruders, des Herzogs von Maine, trug. Als der König von Navarra die Neuigkeit hörte, sagte er:

„„Ich bin froh zu hören, dass mein Cousin, der Herzog von Guise, sich nicht von einer *kleinen Couchetti-Dame* wie Saint-Mégrin hat betrogen lassen. Ich wünschte, all die anderen vornehmen jungen Leute am Hof, die sich um die Prinzessinnen herumtreiben, sie anstarren und mit ihnen Liebe machen, könnten die gleiche Behandlung erfahren' …“

Weiter hinten in den *Mémoires de l'Estoile* findet sich folgende Passage über den Tod von Bussy d'Amboise:

„Am Mittwoch, dem 19. August, wurde Bussy d'Amboise, erster Hofdame von M. le Duc, Gouverneur von Anjou, Abbé de Bourgueil, der sich wegen der Parteilichkeit seines Herrn sehr hochmütig und mächtig aufspielte und alle möglichen bösen Taten begangen und die Länder Anjou und Maine ausgeraubt hatte, vom Seigneur de Monsoreau zusammen mit dem bösen Leutnant von Saumur in einem Haus des besagten Seigneur de Monsoreau erschlagen, wohin ihn der besagte Leutnant, der sein Liebesbote war, in der Nacht zum Schlafen mit der Frau des besagten Monsoreau gebracht hatte, mit der Bussy lange Zeit Liebe gemacht hatte; mit der die besagte Dame absichtlich diese falsche Verabredung gemacht hatte, um ihn von ihrem Ehemann Monsoreau überraschen zu lassen; als er gegen Mitternacht erschien, wurde er sofort von zehn oder einem Dutzend Männern umzingelt und angegriffen, die den Seigneur de Monsoreau begleiteten und sich auf ihn stürzten in Wut, ihn zu massakrieren: Dieser Gentleman, der sich so verächtlich verraten sah und allein war (wie es die Leute bei solchen Expeditionen normalerweise vorziehen), hörte jedoch nicht auf, sich bis zum letzten zu verteidigen, was bewies, wie er oft gesagt hatte, dass *Angst nie Platz in seinem Herzen gefunden hatte* ; – denn solange ein Zoll des Schwertes in seiner Hand blieb, kämpfte er weiter, bis ihm nur noch der Griff blieb, und dann benutzte er Tische, Bänke, Stühle und Hocker, mit denen er drei oder vier seiner Feinde außer Gefecht setzte, bis er, überwältigt von der Überzahl und aller Waffen und Mittel zur Selbstverteidigung beraubt, in der Nähe eines Fensters niedergeschlagen wurde, aus dem er versucht hatte, sich in der Hoffnung auf Flucht zu stürzen. Das war das Ende von Captain Bussy..."

Auf diesen beiden Abschnitten über Bussy und Saint-Mégrin baute ich mein Drama auf. M. Villenave sagte mir, Einzelheiten über Sitten und Bräuche könne ich in zwei wertvollen Büchern mit den Titeln „ *Confession de Sancy*" und „ *Ile des Hermaphrodites*" finden .

Im Zusammenhang mit *Heinrich III.* ist es leicht zu erkennen, dass die dramatische Begabung bei bestimmten Menschen angeboren ist. Ich war fünfundzwanzig Jahre alt, *Heinrich III.* war mein zweites ernstes Werk: Jeder gewissenhafte Kritiker mag es einer strengsten Prüfung unterziehen, und er wird am Stil viel auszusetzen haben, aber nichts an der Handlung. Ich habe seit *Heinrich III. fünfzig Dramen geschrieben* , aber keines davon ist geschickter konstruiert.

KAPITEL XV

Lesung von *Heinrich III.* bei Herrn Villenave und Herrn Roqueplan – Eine weitere Lesung bei Firmin – Béranger ist anwesend – Ein paar Worte über seinen Einfluss und seine Popularität – Wirkung meines Dramas – Empfang durch die Comédie-Française – Kampf um die Rollenverteilung – Das Ultimatum von Herrn de Broval – Wegen des Verbrechens der Poesie verurteilt, appelliere ich an den Herzog von Orléans – Seine Königliche Hoheit hält mein Gehalt zurück – Herr Laffitte leiht mir dreitausend Francs – Verurteilung Bérangers

Die Ausführung von *Heinrich III.* ging, verhältnismäßig gesehen, schnell; sobald ich die Handlung vollständig im Kopf hatte, brauchte ich kaum zwei Monate, um das Werk zu vollenden. Ich erinnere mich, dass ich in der Zeit zwischen der Ausarbeitung der Handlung und der Aufführung des Stücks nach Villers-Cotterets ging, um zu schießen, glaube ich. Auf meiner Rückkehr brach ich vor der Kutsche auf, und meine jungen Freunde Saunier, Labarre und Duez schickten mich bis zum Dorf Vauciennes. Während unseres Spaziergangs erzählte ich ihnen *Heinrich III.* von Anfang bis Ende. *Heinrich III.* wurde unmittelbar nach der Fertigstellung der Handlung vollendet. Wenn ich an einem meiner Stücke arbeite, hilft es mir, die Geschichte zu erzählen; während ich sie erzähle, erfinde ich sie, und am Ende einer dieser Aufführungen an einem schönen Morgen ist das Stück fertig. Aber es kommt oft vor, dass diese Art des Komponierens, nämlich das Komponieren erst zu beginnen, wenn ich die Handlung beendet habe, sehr langsam ist. Fast fünf Jahre lang behielt ich *Mademoiselle de Belle-Isle* so im Kopf, und seit 1832 habe ich die Handlung eines *Juif-Erranten* im Kopf und warte, bis ich einen Moment Muße finde, sie zu Ende zu schreiben; es wird eines meiner besten Werke werden. Ich habe nur eine Angst, und die ist, dass ich sterbe, bevor ich es fertigstellen kann.

Heinrich III. beendet hatte, las ich es einem kleinen Freundeskreis bei Madame Waldor vor. Das Stück machte großen Eindruck, aber man riet mir einhellig, zuerst *Christine* aufführen zu lassen. Sie sagten, *Heinrich III.* sei zu gewagt für eine Erstaufführung. Ich brauche wohl nicht zu erwähnen, dass Herr Villenave all diese neuen Strömungen in der Literatur für monströse Verirrungen des menschlichen Intellekts hielt. Es war die Zeit, als eine völlig neue Generation um uns und mit uns heranwuchs. Männer unserer Zeit hatten gerade mehrere Zeitschriften gegründet, die voll von den damals aktuellen neuen Ideen waren und im Widerspruch zu den Ansichten des *Constitutionnel* , des *Courrier français* , des *Journal de Paris* und des *Journal des Débats standen* , das von da an sein ganzes Lob Victor Hugo vorbehielt.

Diese Zeitschriften waren der *Figaro* und die *Sylphe*. Sie wurden von Nestor Roqueplan, Alphonse Royer, Louis Desnoyers, Alphonse Karr, Vaillant, Dovalle und einem Dutzend anderer mutiger Verfechter der romantischen Schule herausgegeben. Ich lud sie alle zu einem Treffen in Nestor Roqueplans Räumen ein und bat auch Lass agne und Firmin, sich uns anzuschließen. Damals war Nestor Roqueplan in seinen Gemächern an der Oper nicht prächtig untergebracht; seine Salons waren nicht von Boule verziert, und die Ecksteine stammten nicht von Coromandel. Er hatte ein kleines Zimmer im fünften Stock mit einem Kaminsims, der anstelle einer Uhr mit einem Waschbecken verziert war, und Duellpistolen anstelle von Kerzenleuchtern. Fast zwanzig von uns drängten sich in diesem Zimmer zusammen; wir legten die Matratzen des Bettes auf dem Boden aus, um Diwane zu bilden; wir verwandelten das Bettgestell in ein Sofa. Ich stand vor einem Tisch, der von einfachen Kerzen beleuchtet wurde; der Kessel wurde auf das Feuer gestellt, so dass jeder Akt durch eine Tasse Tee unterbrochen werden konnte – und ich begann. Diesmal hatte ich es mit Männern zu tun, die kühne Ansichten hatten, und ihr Rat war daher genau das Gegenteil: Sie erklärten alle einstimmig, ich solle *Christine ihrem unglücklichen Schicksal überlassen und Heinrich III.* voranbringen . Firmin war entzückt; er verstand die Rolle des Saint-Mégrin viel besser, als er sich in die des Monaldeschi hineinversetzen konnte. Er verpflichtete sich, eine Lesung für mich zu erbitten und eine solche zu beschleunigen. In der Zwischenzeit würde er, wenn ich einverstanden wäre, seine Schauspielkollegen in seinem Haus versammeln, damit ich ihnen mein Stück vor der endgültigen Lesung im Théâtre-Français vorlesen könnte. Ich war außer mir vor Freude über meinen Erfolg; ich hätte es fünfzig Mal gelesen, wenn man mich darum gebeten hätte. Ich begab mich in seine Hände und sagte ihm, er solle tun, was er wolle. Als ich wegging, hielt mich Lassagne am Arm fest.

„Mein Freund", sagte er, „in Sachen *Christine hatten Sie nur zur Hälfte recht; in Sachen Heinrich III.* haben Sie vollkommen recht . "

Firmin legte die Lesung für den folgenden Donnerstag fest; es war notwendig, dass Béranger dabei war. Sie müssen die Bedeutung dieser wenigen Worte verstehen: „Es war notwendig, dass Béranger dabei war!" Béranger war der Held der Stunde; von ihm hatte Benjamin Constant gerade gesagt: „Guter alter Béranger! Er glaubt, er schreibt Chansons, und in Wirklichkeit komponiert er Oden!" Dieses *Wort* hatte die Runde gemacht, es traf so köstlich ins Schwarze, und die gesamte liberale Partei hatte Béranger zum größten Dichter seiner Zeit erklärt. Diese Parteilichkeit hatte einigen Widerstand hervorgerufen, aber sie hatte nur zur Folge, dass die Begeisterung aufs Äußerste stieg. Bitte, lassen Sie mich klarstellen, dass ich nicht den Eindruck erwecken möchte, Béranger sei überschätzt worden, aber ich denke, es war den anderen gegenüber ziemlich ungerecht; und mit den anderen meine ich Lamartine und Hugo. Sie komponierten auch Oden, auch bewundernswerte Oden, und niemand ging so weit zu sagen, dass sie nicht auch Chansons komponieren könnten. Die Erklärung war, dass Lamartine und Hugo beide durch und durch Mitglieder der royalistischen Partei waren und die royalistische Partei weit davon entfernt war, die Meinung der Mehrheit zu vertreten. Nun war diese Begeisterung des Volkes nicht bloß Béranger als Dichter schlechthin geschuldet; sie galt Béranger als Nationaldichter, Béranger als Autor des *Vieux Drapeau* , des *Dieu des bonnes gens* und der *Grand'mère*. Hier waren die Instinkte der Massen nicht schuld; sie erkannten ganz genau, dass Béranger ein glühender Sozialist war, dass jedes seiner politischen Chansons ein Hackenhieb war, der die Fundamente des Throns untergraben sollte, und sie applaudierten mit Händen und Stimmen dem kühnen Pionier, der den Graben aushob, durch den das Volk eines Tages Zugang zu den Tuilerien erhalten sollte. Béranger genoss also einen ungeheuren Einfluss; alle Parteien wetteiferten miteinander, wer Béranger auf ihre Seite ziehen könne. Sie boten ihm das Kreuz an, und er lehnte es ab; Sie boten ihm eine Pension an, die er ablehnte. Sie boten ihm die Mitgliedschaft in der Akademie an, die er ablehnte. Niemand wurde von Béranger Besitz ergreifend, im Gegenteil: Béranger gewann das Vertrauen aller Menschen im Allgemeinen und das von Laffitte im Besonderen.

Laffittes Freundschaft mit Béranger und Bérangers Einfluss auf Laffitte zeigten sich 1830 auf einzigartige Weise. Diesen beiden Männern verdankte Frankreich die Herrschaft von Louis-Philippe, das heißt den meiner Ansicht nach unabdingbaren Übergang vom aristokratischen Royalismus zur demokratischen Herrschaft – jenes Zwischenstadium, das als *la royauté bourgeoise bezeichnet wurde.* Wir werden zu gegebener Zeit und am richtigen Ort einige merkwürdige Einzelheiten zu berichten haben, denn während jener großen Woche waren wir eng mit den Machern und Zerstörern von Königen verbunden. Aber im Augenblick war der Béranger, den Firmin mir versprochen hatte, nicht der Mann der Politik, sondern Béranger der Dichter, der Autor von *Lisette* , den *Deux Sœurs de Charité* und *Frétillon*. Außerdem sollten wir Autoritäten wie die Herren Taylor, Michelot und Samson sowie Mlle. Leverd und Mlle. Mars zu Gast haben.

Ich wollte meiner Mutter das Vergnügen bereiten, bei dieser Lesung dabei zu sein, da ich mir eines erfolgreichen Ergebnisses ganz sicher war und sie daher überredete, mich zu begleiten.

Ach, arme Mutter! Ich hätte ahnen können, dass sie bei der Aufführung nicht anwesend sein würde!

Die Lesung machte auf alle einen großen Eindruck. Obwohl Béranger naturgemäß nicht in der Lage war, sich in die dramatische Form hineinzuversetzen, war auch er vom dritten und fünften Akt begeistert und sagte mir ohne Zögern einen großen Erfolg voraus.

Von jener Nacht an bestand eine Freundschaft zwischen Béranger und mir – eine Freundschaft, die nie erloschen ist. Diese Freundschaft nahm oft einen sarkastischen, fast bitteren Ausdruck an, denn Béranger ist keineswegs der gutmütige Mensch, den die Leute sich vorstellen; er hat zu viel Genie, um freundlich zu sein; aber diese Freundschaft war immer aufrichtig und bereit, durch Taten und Zeichen auf die Probe gestellt zu werden.

Die Lesung hatte, wie gesagt, eine deutliche Wirkung auf alle Anwesenden; besonders beeindruckt waren aber die fünf Komiker Firmin, Michelot, Samson, Mlle. Mars und Mlle. Leverd. Es wurde beschlossen, dass bei der Sitzung des Komitees in zwei Tagen eine besondere Lesung angefordert werden sollte und dass, unter Ausnutzung der Garantie, die mir hinsichtlich *Christine gegeben wurde* , meinetwegen ein besonderer Gefallen erbeten werden sollte, damit das Stück so bald wie möglich aufgeführt werden konnte. Das Stück wurde am 17. September 1828 gelesen und mit Beifall aufgenommen. Nach der Lesung wurde ich in das Büro des Direktors gerufen, das im Augenblick unbesetzt war. Dort fand ich Taylor, Mademoiselle Mars, Michelot und Firmin. Mademoiselle Mars begann das Thema mit ihrer üblichen Offenheit, ich wollte sagen, mit ihrer üblichen brutalen Offenheit. Ich sollte nicht zulassen, dass *Henri III.* beiseite geschoben wurde, wie ich es im Fall *Christine getan hatte* ; alles musste sofort geregelt werden, solange das Komitee in Stimmung war – die Rollenverteilung, die Unterzeichnung des Vertrags; und unter Ausnutzung der eifrigen Begeisterung des Komitees mussten sofort Schritte unternommen werden, um die *Inszenierung von der Verwaltung zu erhalten. Außerdem war mein großzügiger Gönner Taylor im Begriff, das Theater zu verlassen, um in den Osten zu reisen; er hatte sein Versprechen gegenüber dem Autor von Hécube* gehalten und brach nicht nur nach Alexandria und Kairo, sondern sogar bis nach Luxor auf. Seine Abwesenheit konnte ausgenutzt werden, um mir einen schlechten Dienst zu erweisen. Ich stattete Mlle. Mars, Firmin und Michelot mit uneingeschränkter Vollmacht aus, und sie übernahmen meine Angelegenheiten, ernannten sich zu meinen Vormündern und erklärten, dass ich nicht in der Lage sei, die notwendigen Verhandlungen selbst zu führen.

Als die Frage der Rollenverteilung diskutiert wurde, stieß Mlle. Mars auf großen Widerstand. Sie wollte, dass Armand die Rolle von Heinrich III. übernahm und Madame Menjaud den Pagen. Ich hingegen wollte, dass Louise Despréaux den Pagen und Michelot Heinrich III. spielte. Die Diskussion zog sich eine Woche hin. Dieser Streit war der Beginn einer Reihe von Kämpfen zwischen Mlle. Mars und mir, die trotz unserer echten Freundschaft erst über das eine und dann über das andere Thema andauerten, bis zum Tod dieser ehrenwerten Schauspielerin. Aber ich blieb standhaft. Ich hatte aus den Vorwürfen von Mlle. Mars Nutzen gezogen und drehte den Spieß gegen sie um. Madame Menjaud war eine sehr talentierte Frau, aber sie war weder jung noch hübsch genug für einen Pagen, und genau aus diesem Grund wollte Mlle. Mars nichts lieber tun, als sich zu streiten. Mars konnte ihren Egoismus nicht loswerden, der selbst den bedeutendsten Künstlern eigen ist, und hatte etwas gegen den Kontrast zwischen ihrem jungen und frischen Gesicht und ihrem eigenen, da sie damals einundfünfzig Jahre alt war. Ich musste mich mit der Antwort begnügen, dass ich Louise Despréaux als Schülerin von Firmin unbedingt haben musste. Mein Grund, warum ich Armand die Rolle von Heinrich III. nicht spielen lassen wollte, war schwieriger zu enthüllen. Obwohl Armand fünf oder sechs Jahre älter war als Mlle. Mars, sah er immer noch gut aus, wirkte recht jung und war der vorzeigbarste der französischen Komödianten, aber niemand außer Armand selbst hätte je davon geträumt, dass er die Rolle von Heinrich III. übernehmen würde! Ich musste Armand sagen, dass er die Rolle zu realistisch spielte und dass ich nicht wollte, dass er sie übernahm. Diese Antwort machte Armand fürs Leben zu meinem Feind und brachte mich beinahe in Streit mit Mlle. Mars.

Solche Sorgen hatte ich im Theater – im Büro hatte ich noch jede Menge mehr.

Wie im Fall *Christine* veröffentlichten die Zeitungen sofort die Nachricht von meiner Aufnahme, und wie im Fall *Christine* gab es in den Büros große Aufregung darüber. Mir wurde jedoch zunächst nichts gesagt. Dank der einfachen Kommunikationsmittel zwischen dem Komitee und meinem kleinen Büro besuchte mich Firmin mehrmals, und als meine späteren Abwesenheiten nach seinen Besuchen, die sich auf verschiedene Schwierigkeiten bezogen, die bei der Verteilung der Rollen oder der *Inszenierung auftraten* , zur Kenntnis genommen wurden, wurde eine Anklage gegen mich erfunden, die schwerwiegend genug war, um als Anklage wegen Gehorsamsverweigerung zu gelten. Infolgedessen erhielt ich eines Morgens durch Féresse die Aufforderung, nach oben zu kommen und vor dem Generaldirektor zu erscheinen. M. de Broval empfing mich mit einem strengen Blick, der einen Sturm ankündigte. Ich musste sofort an M. Lefèvre und seine Rede über die gut organisierte Maschine und das Rad denken, das, so klein es auch war, das Ganze am Funktionieren hinderte. Ach! in den letzten sechs Jahren war ich nicht viel größer geworden und fühlte mich vor Monsieur de Broval genauso klein wie vor Monsieur Lefèvre. Aber tief in meinem Innern regte sich etwas, das wuchs, und das war das Selbstvertrauen, das mir sechs Jahre Arbeit und die Aufnahme meiner beiden Stücke *Christine* und *Henri III verliehen hatten*. So sah ich dem Sturm mit einer Gelassenheit entgegen, die Monsieur de Broval überraschte und beinahe aus der Fassung brachte.

Schließlich erklärte er mir in sanftem Ton, dass Literatur und bürokratische Arbeit unvereinbar seien, und dass er, da er wisse, dass ich trotz der natürlichen Abneigung zwischen beiden versucht hätte, sie miteinander zu verbinden, mich auffordere, zwischen beiden zu wählen.

Monsieur de Broval war ein guter Redner, denn er war ein Beamter dritter Klasse im diplomatischen Dienst gewesen. An großen Tagen trug er, wie ich glaube, erwähnt zu haben, einen Mantel mit geflochtenem Kragen und an diesem Mantel die Medaille von Saint-Janvier, die er anlässlich der Hochzeit des Herzogs von Orléans mit der Tochter Ferdinands von Sizilien erhalten hatte; an gewöhnlichen Tagen kleidete er sich wie jeder andere. Eine seiner Schultern war höher als die andere und er hatte eine große rote Nase. Ich hatte immer Pech mit deformierten Personen. Ich wusste, dass die Zeit gekommen war, in der ich meinen letzten Wurf setzen musste; ich ließ Monsieur de Broval mit der Abrundung seiner Sätze und seinen heißgeliebten Höhepunkten fortfahren, bis er fertig war, und dann sagte ich:

„Monsieur le Baron, soweit ich Ihrer Ausführung folgen konnte, nehme ich an, dass Sie mir die Wahl zwischen meiner Stelle als Kopiergehilfe und meiner Berufung als Literat überlassen."

„Das ist so, Dumas", antwortete der Baron.

„Meine Stelle wurde vom Herzog von Orléans durch General Foy erlangt; sie wurde mir vom Herzog von Orléans durch seinen Einfluss zuerkannt; bevor ich nun glauben kann, dass der erste Prinz von königlichem Geblüt, ein Mann, den alle als Förderer der Literatur bezeichnen — und der diesen Titel dadurch rechtfertigte, dass er M. Casimir Delavigne in seine Bibliothek aufnahm, der wegen des Verbrechens, Gedichte zu schreiben, aus seinem Amt entlassen wurde — bevor ich, sage ich, glauben kann, dass ein solcher Mann mich aus seiner Verwaltung entlassen konnte für dasselbe Verbrechen wie das von M. Casimir Delavigne, das im Fall von M. Casimir Delavigne ein Ehrentitel war, muss ich meinen *Exeat erhalten* , ob mündlich oder schriftlich, entweder aus den Lippen oder der Hand von M. le Duc d'Orléans. Ich werde weder zurücktreten noch eine Entlassung akzeptieren. Was mein Gehalt betrifft, so hat mir M. le Baron zu verstehen gegeben, dass die einhundertfünfundzwanzig Francs, die ich monatlich erhalte, eine exorbitante Steuer auf das Vermögen Seiner Königlichen Hoheit sind. Budget, ich bin bereit, sofort darauf zu verzichten."

„Ah! Ah!" rief Herr von Broval überrascht aus. „Und wie wollen Sie und Ihre Mutter leben, Monsieur?"

„Das ist meine Sache, Monsieur." Und ich verbeugte mich und bereitete mich zum Abschied vor.

„Beachten Sie, Monsieur Dumas", sagte Monsieur de Broval, „ab Ende nächsten Monats erhalten Sie kein Gehalt mehr."

„Von diesem hier, Monsieur, wenn Sie es wünschen. Dadurch können Sie Seiner Hoheit einhundertfünfundzwanzig Francs sparen, und ich zweifle nicht daran, dass Seine Hoheit Ihnen für diese Ersparnis gebührend dankbar sein wird."

Woraufhin ich mich erneut verbeugte und zurückzog.

Monsieur de Broval hielt Wort. Als ich in mein Büro zurückkehrte, wurde mir offiziell mitgeteilt, dass ich in Zukunft über meine Zeit verfügen könne, wie ich es für richtig hielte, da *mein Gehalt von diesem Tag an ausgesetzt sei*. Es scheint unglaublich und ist doch eine Tatsache. Außerdem waren die Gehälter in den Büros des Fürsten in der Regel so niedrig, dass sie nicht zum Leben reichten. So griff jeder auf irgendeine besondere Art von Fleiß zurück, um seine ständige Armut zu lindern: Einige hatten Näherinnen geheiratet, die kleine Läden führten; andere besaßen Anteile an Mietställen; es gab sogar welche, die 32 Sous-Restaurants im Quartier Latin betrieben und um fünf Uhr die herzoglichen Federn niederlegten, um die Serviette eines Kellners in einem billigen Imbiss zu übernehmen. Na ja! Diesen wurde nichts gesagt, man warf ihnen nicht vor, seine fürstliche Würde in den Augen anderer herabzusetzen; nein, ihr Fleiß wurde gepriesen und als ganz natürlich und ganz normal angesehen, während ich, der ich keine Berufung verspürte, einen Ladenbesitzer zu heiraten, der kein Kapital besaß, um es ins Droschkengewerbe zu investieren; Ich war es gewohnt, mir eine Serviette auf die Knie zu legen und nicht über den Arm, und wurde als Verbrecher angesehen, weil ich in der Literatur meinen Ausweg suchte! Sie haben mir mein Gehalt gestrichen, weil ich eine Tragödie und ein Drama in die Comédie-Française aufgenommen hatte!

Nun, ich hatte meine Pläne im Voraus vorbereitet, und diese Pläne hatten mich gestärkt. Ich hatte beschlossen, meinen Fall Béranger vorzutragen und ihn zu bitten, für mich ein Gespräch mit Laffitte zu erreichen. Es war durchaus möglich, dass Laffitte unter ähnlichen Umständen für mich tun könnte, was er für Théaulon getan hatte. Laffitte könnte mir vielleicht tausend Kronen leihen. Ich ging zu Firmin und erzählte ihm von all meinen Schwierigkeiten, und er brachte mich zu Béranger. Und Béranger brachte mich zu Laffitte. Ich würde die Wahrheit verdrehen, wenn ich sagen würde, dass M. Laffitte die Gelegenheit, mir diesen Dienst zu erweisen, sofort ergriffen hätte; aber ich würde sie auch verdrehen, wenn ich nicht schnell hinzufügen würde, dass er ihn mir tatsächlich erwiesen hat. Ich unterschrieb einen Schuldschein über dreitausend Francs, hinterlegte eine Kopie meines Manuskripts von *Heinrich III.* bei der Kasse und versprach ehrenvoll, die dreitausend Francs beim Verkauf des Manuskripts zurückzuzahlen. Von Zinsen war keine Rede.

Ich verließ Laffittes Haus mit meinen drei Tausend-Franc-Scheinen in der Tasche, schüttelte Béranger herzlich die Hand und lief nach Hause zu meiner Mutter. Ich fand sie verzweifelt vor; sie hatte bereits gehört, was geschehen war. Ich zog die drei Tausend-Franc-Scheine aus meiner Tasche und gab sie ihr. Sie stellten mein Gehalt für zwei Jahre dar. Ich erklärte ihr, wie ich an das Geld gekommen war, aber sie konnte es nicht begreifen. Trotzdem begann meine arme Mutter zu glauben, dass ich nicht völlig verrückt war, Theaterstücke zu schreiben, da ich mir auf das leere Manuskript eines dieser Stücke tausend Kronen leihen konnte – eine Summe, die meinem Gehalt für zwei Jahre entsprach. In dieser Nacht erzählte ich Herrn Villenave, was geschehen war. Herr Villenave machte mir Vorwürfe, aber alle anderen sagten, ich hätte richtig gehandelt.

Vierzehn Tage nachdem Béranger mir diesen Dienst erwiesen hatte, wurde er vom *Tribunal de police correctionnelle de la Seine als Autor von Ange gardien* , Gérontocratie *und* Sacre *de Charles le Simple* zu einer Geldstrafe von zehntausend Francs und neun Monaten Gefängnis verurteilt. Béranger legte gegen das Urteil keine Berufung ein und saß Anfang 1829 im Gefängnis. Einen Monat nach seiner Inhaftierung besuchte ihn M. Viennet.

„Nun, mein edler Sänger", begann der Autor der *Philippide* , „wie viele Chansons hast du bereits hinter Schloss und Riegel komponiert?"

„Noch kein einziges", antwortete Béranger. „Meinen Sie, Chansons seien so leicht zu schreiben wie epische Gedichte?"

KAPITEL XVI

Der Herzog von Orléans lässt mir mein Gehalt streichen – Ein Schreiberling (*folliculaire*) – *Heinrich III.* und die Zensur – Meine Mutter ist gelähmt – Cazal – Edmond Halphen – Ein Besuch beim Herzog von Orléans – Erste Nacht Heinrichs *III.* – Wirkung auf Monsieur Deviolaine – Glückwünsche von Monsieur de Broval

Unter diesen Umständen brach das Jahr 1829 an, das Jahr, in dem sich das große Duell zwischen meiner Vergangenheit und meiner Zukunft abspielen sollte. Durch meinen engen Umgang mit der Familie Villenave hatte ich Zugang zu mehreren Salons der damaligen Zeit, darunter auch zu dem der Prinzessin von Salm. Hier lernte ich Lady Morgan, Cooper und Humboldt kennen.

Inzwischen erregte *Heinrich III.* großes Aufsehen. Man sprach nur über die Revolution, die seine Aufführung bedeutete. Ich besuchte die Proben mit großem Eifer, angezogen, wie ich behauptete, von meinem Interesse an dem Werk; aber laut Mlle. Mars war der wahre Grund das Interesse, das ich für eine überaus hübsche und charmante Dame namens Mlle. Virginie Bourbier hatte, die in meinem Drama eine unbedeutende Rolle spielte. Seit dem Monat Oktober hatte ich das Büro nicht mehr betreten. Obwohl ich neun Monate des Jahres hart gearbeitet hatte und daher Anspruch auf drei Viertel meines Bonus hatte, schien jeder außer mir an der Verteilung der Gelder und an der Großzügigkeit Seiner Königlichen Hoheit beteiligt gewesen zu sein. Es war kein einfaches Versehen, wie ich vielleicht gehofft hatte, obwohl das schon demütigend genug gewesen wäre – nein, die Tatsache war diskutiert, erwogen und entschieden worden, und Seine Königliche Hoheit hatte sich herabgelassen, neben meinen Namen eigenhändig zu schreiben:

„Die Gratifikationen von Herrn Alexandre Dumas sind einzubehalten, da er literarisch tätig ist."

Die Verwaltung war wegen meiner Position in zwei Lager gespalten. Einige hatten es mutig gewagt, sich auf die Seite der Literatur und gegen die Bürokratie zu stellen. Zu meinen Anhängern gehörte der kleine alte Bichet, dem Monsieur Pieyre und Monsieur Parseval de Grandmaison den Kopf verdreht hatten und der behauptete, ich würde Großes leisten ... natürlich nicht so Großes wie Piron; aber ich würde mir immerhin einen Namen machen. Die anderen waren Lassagne, Lamy, der Sekretär von Mlle. Adélaïde, der Sohn des Direktors der *Comptabilité Jamet* , dessen Bewunderung für die englischen Schauspieler und besonders für eine bezaubernde englische Schauspielerin ihn zur romantischen Schule geführt hatte, und einige andere, die zu sehr auf ihre Position angewiesen waren, um ihre Sympathie für mich offen zu bekunden. Oudard blieb neutral. Monsieur Deviolaine schwankte; all das Gerede über mich hatte seine Meinung erschüttert. Hatte ich trotz der ganzen Welt recht und sollte ich trotz meiner Ausbildung für drei Francs im Monat dort Erfolg haben, wo Dutzende andere gescheitert waren? Von Zeit zu Zeit äußerte er seine Zweifel und brachte sein Zögern fast immer mit den folgenden Worten zum Ausdruck:

„Der —— ist verrückt genug, das zu tun!"

Wie es im Theater üblich ist, wurde die Aufführung von Tag zu Tag verschoben, aber schließlich wurde sie für den 11. Februar angesetzt. Über allen und insbesondere über mir schwebte jedoch eine große Angst wie eine schwarze Wolke. Der Zensor hatte seine endgültige Entscheidung über das Stück noch nicht getroffen. Zu dieser Zeit besetzte ein erbärmliches Wesen das Amt, das von Skandalen lebte und aus dem Selbstwertgefühl oder der Schwäche anderer Kapital schlug, neben dem Geoffroi die Ehrlichkeit selbst und ein gewissenhafter Kritiker war. Die folgenden Zeilen über Lavilles *Folliculaire* hätten über ihn geschrieben werden können:

"Eine Vase aus Gold, eine Tasche mit Preis,
Du trinkst Wein, voilà, deine Lieblingsgeschenke. Auf jeden Fall – ich glaube, auf diesem wahrscheinlichen Weg, Für die Wahrheit, die Chronik mit dem wahrscheinlichen Preis – An diesem Tag haben unsere Freunde den alten Nestor gesehen. Wir hoffen auf die Jahre und noch mehr; An diesem Tag haben die Mädchen ihre Maränen sehr gemocht;
An diesem Tag der Großzügigkeit, unter dem Namen der Verheirateten, nimmt sein Vater einige Ehrungen entgegen,
Und eine ehrliche Ehrerbietung gebührt seinen Einnahmen, Er wird mit Rabatten belohnt oder sogar an die Verehrung, der Überfluss an Wein und die gute Liebe.
Lassen Sie sich nicht von der Traurigkeit oder dem Zorn der Schauspieler überwältigen; und diese Follicula, für die die Regisseure die Schallplatten und die erneuerten Hüte weglassen, geht in zwei Monaten auf die Toilette!

Die ganze Theaterwelt zollte diesem Mann Tribut. Mademoiselle Mars gab ihm eine Pension; er erhielt Subventionen vom Théâtre-Français, vom Odéon, von der Opéra und der Opéra-Comique. Sie kamen zu ihm wie zum freien Markt: Er verkaufte den einen Lobreden, den anderen Verleumdungen; er verkaufte alles, sogar sein Schweigen.

Mademoiselle Mars, Firmin, die Truppe der Comédie-Française und sogar Taylor selbst hatten mich gedrängt, diesem Mann einen Besuch abzustatten, aber ich hatte hartnäckig abgelehnt. Eines Morgens brachte mir also jemand seine Zeitung, die folgende Zeilen enthielt:

„ In dem gerade von der Comédie-Française angenommenen Stück, dem Werk eines Autors, der, wie man uns sagt, große Verdienste besitzt, erscheinen Charaktere, die eine schändliche Verbindung mit dem Thema (dem Hof Heinrichs III.) hatten, deren neuer Auftritt auf der Bühne möglicherweise dazu dienen kann, das Talent des Autors zu beweisen, deren Anwesenheit jedoch, das kann man nicht leugnen, eine Unangemessenheit darstellt, die unmöglich zu tolerieren ist. Die Geschichte hat die Namen dieser elenden Helden bewahrt, dieser berüchtigten Persönlichkeiten, die an einem ebenso ausschweifenden wie unentschuldbaren Gelage teilnahmen; wir wagen es, sie bei ihren wahren Namen zu nennen und unsere Abneigung gegenüber den Vertretern dieser Rollen von *Mignons auszudrücken*, wegen des skandalösen Unheils, das sie den Massen zufügen werden. Wenn die Informationen, die wir zu diesem Thema erhalten haben, richtig sind, wird die Autorität, die das Theater mit ihrer wachsamen Aufsicht ehrt, eine Neuerung dieser Art nicht zulassen, denn sie weiß, dass ihre erste Pflicht nur darin besteht, jene Stücke zu genehmigen, bei deren Aufführung ein Sohn oder eine Tochter unschuldig zufrieden, wenn sie ihre Eltern fragen: „Was bedeutet das?"

Ich hatte damit gerechnet und war darauf vorbereitet. Kaum hatte ich den obigen Absatz gelesen, bewaffnete ich mich mit einem stabilen Stock und erschien wieder im Büro.

„De la Ponce", sagte ich in der Bibel, „nimm deinen Mantel und deinen Hut."

Ich machte mich mit umso größerer Befriedigung auf die Suche nach dem Kritiker, da ich wusste, dass es Tage gab, an denen er kein Feigling war: Wenn ein Duell seinen Zweck erfüllte, würde er eines ausfechten. Ich schickte meinen Namen ein.

Er habe mich erwartet, sagte er, als er meinen Namen hörte; aber wahrscheinlich habe er nicht damit gerechnet, dass ich in der Gemütsverfassung zu ihm käme, in der ich mich ihm präsentierte.

Würde ich Glück oder Pech haben? Ich konnte es nicht sagen, aber der *Folliculaire* war nicht in seiner mutigen Stimmung: Er redete um den heißen Brei herum, sprach von seinem Einfluss bei der Regierung, versuchte uns seine letzten Neujahrsgeschenke zu zeigen und bot mir schließlich an, seinen Einfluss bei Monsieur de Martignac geltend zu machen, *der ein Freund von ihm war und ihm Geld schuldete.*

Ich zitiere insbesondere diesen Satz als Beispiel für die Unverschämtheit dieses Mannes.

Ich sagte ihm, ich sei nicht gekommen, um seinen Einfluss geltend zu machen, sondern um ihn zu bitten, seinen Artikel in den Tageszeitungen so schnell wie möglich und so ausführlich wie möglich zurückzuziehen. Am nächsten Tag enthielt seine Zeitung die folgende Entschuldigung:

"Wir bedauern außerordentlich, dass unser kurzer Artikel über *Heinrich III.*, der kürzlich von der Comédie-Français angenommen wurde, in der gestrigen Ausgabe Unterstellungen enthielt, die keineswegs von uns beabsichtigt waren. Wir hatten nicht die genauen Informationen zu diesem Thema erhalten, die uns jetzt vorliegen, und wir können unsere Leser hinsichtlich des Geschmacks, der Feinheit und des Feingefühls, mit dem die Szenen und Personen, auf die wir uns bezogen haben, behandelt werden, zufriedenstellen. Diese Methode, Romantik zu behandeln, ist den klassischen Traditionen zu sehr ähnlich, als dass wir Einwände erheben könnten."

Meine Leser werden vielleicht überrascht sein, dass ich im Zusammenhang mit einem solchen Mann auch nur einen Augenblick Unbehagen empfand, aber – ich muss es wiederholen, um es zu glauben – so verachtenswert und verachtet dieser Mann auch war, er hatte seinen Einfluss. Statt dass seine Meinungsäußerungen vor seinen Augen von denen, auf die sie sich bezogen, zerrissen wurden, fanden sie in den Augen der Kritiker die gebührende Aufmerksamkeit, und ich kannte einen Direktor der Beaux-Arts sehr gut, der ihm viele Jahre lang eine Pension von tausend Francs zahlte. Im Übrigen, ob diese Entschuldigung nun die Prüfungskommission beeinflusste oder nicht, wurde das Stück am Tag nach der Veröffentlichung der Entschuldigung weniger zerschnitten, zerfetzt und zerfetzt zurückgegeben, als es heute der Fall gewesen wäre! Gewiss, Herr de Martignac, der viel über das Stück gehört hatte, wollte dessen Zensor werden, und Herr de Martignac war, wie jeder wusste, ein so kluger Mann, dass sogar Karl X., als er in der Regierung war, Anzeichen von Klugheit zeigte.

Ich war im Theater und freute mich riesig über die unerwartete Rettung meines Stücks, das am folgenden Samstag aufgeführt werden sollte, als einer von Monsieur Deviolaines Dienern mit sehr verängstigter Miene eilig zu mir kam und mir sagte, meine Mutter sei auf dem Weg nach einem Besuch bei Monsieur Deviolaine die Treppe hinunter erkrankt und man habe sie nicht wieder zu Bewusstsein bringen können. Monsieur Deviolaine wohnte im vierten Stock des Hauses eines Schreibwarenhändlers Chaulin an der Ecke Rue Saint-Honoré und Rue de Richelieu. Ich eilte aus dem Theater und schickte den Hausangestellten los, um Monsieur Florence, dem Theaterarzt, zu sagen, dass meine Mutter seine Hilfe brauche. Wenige Sekunden später war ich bei meiner Mutter. Sie saß in einem großen Lehnsessel. Ihre Augen waren geöffnet, und sie war wieder zu Bewusstsein gekommen, aber sie konnte kaum sprechen. Eine Seite ihres Körpers war vollkommen gelähmt. Sie war bei Madame Deviolaine gewesen. Wie gewöhnlich war ich das Gesprächsthema gewesen. wie üblich hatten sie ihr erzählt, ich sei ein eigensinniger Dummkopf, der der Milde des Hauses Orléans mir gegenüber nicht würdig sei. Mein Stück würde ein Misserfolg werden und nicht einmal genug einbringen, um Monsieur Laffitte seine tausend Kronen zurückzuzahlen. Dann würde ich meinen Posten verlieren und ohne Zukunft vor mir haben. Meine arme Mutter hatte bitterlich geweint und war in großer Seelenpein weggegangen. Als sie die Treppe hinuntergehen wollte, wurde ihr schwindlig , sie verlor völlig alle Kraft und brach zusammen, die Beine auf der Treppe und ihr Körper auf dem Treppenabsatz. Ein Untermieter fand sie in dieser Lage, als er die Treppe hinaufkam. Er klingelte bei Monsieur Deviolaine, und man trug sie hinein und setzte sie auf einen Sessel. Als ich bei meiner armen Mutter ankam, war sie einigermaßen wieder zu Bewusstsein gekommen. Ich fühlte ihren Puls und hielt ihren Arm hoch, der schlaff herabhing. Ich kniff sie, um das Ausmaß ihrer Bewusstlosigkeit festzustellen, und kam zu dem Schluss, dass sie gerade einen Schlaganfall erlitten hatte, der jedenfalls so schwer war, dass ihre linke Seite gelähmt war. Ich ließ Senf holen und legte ihre Füße in heißes Wasser, bis der Arzt kam. Da er dann lange auf sich warten ließ, schickte ich zu einem Instrumentenbauer, der fast gegenüber wohnte, nach einer Lanzette und beschloss, ihr selbst eine Ader zu lassen, falls Florence nicht käme. Aber er kam und führte die Operation selbst durch; sofort zeigte sich eine leichte Besserung, und da ihre Zunge sich freier anfühlte, konnte sie einige Worte hervorbringen. Inzwischen war meine Schwester dorthin geeilt; glücklicherweise war sie in Paris, um sich die Uraufführung meines Stücks anzusehen. Glücklicherweise war auch ein Zimmer in dem Haus leer – im dritten Stock, glaube ich – und wir nahmen es für 25 Cent. Madame Deviolaine schickte ein Bett für meine Mutter hinunter; wir brachten uns selbst Matratzen aus der Rue du Faubourg Saint-Denis; Wir legten die Matratzen auf den Boden im Zimmer meiner Mutter und meine Schwester und ich waren entschlossen, sie keinen einzigen Moment allein zu lassen.

Unglücklicherweise war Thibaut nicht in Paris. Madame de Celles, die Tochter von General Gérard, litt an Schwindsucht und brauchte einen Arzt, der sie nach Italien begleitete. Madame de Leuven hatte Thibaut empfohlen, und er war mit ihr gegangen. Da wir Florenz nur flüchtig kannten, zog er sich nachdenklicherweise von selbst zurück, nachdem er unserem Kranken Erste Hilfe geleistet hatte. Also rief ich einen anderen meiner Freunde namens Cazal zu mir. Er war ein äußerst kluger Kerl, der, als er feststellte, dass seine Praxis trotz seiner medizinischen Fähigkeiten nicht zunahm, eine neue Art von Regen- und Sonnenschirm erfand, ein Patent darauf einreichte und ein Vermögen machte. Cazal verbrachte die ganze Nacht mit uns an der Seite meiner Mutter; und am nächsten Tag, als die Besserung anhielt, glaubte er, er könne sich um ihre Genesung bemühen, wenn sie keinen Rückfall erlitt.

Wie freute ich mich, dass ich auf die Idee gekommen war, mich an M. Laffitte zu wenden! Wie freute ich mich, dass M. Laffitte mir die tausend Kronen geliehen hatte! Wir konnten uns zumindest einer Sache sicher sein, dass es unserer Mutter während ihrer Krankheit an nichts fehlen würde, egal wie die Dinge ausgingen. Außerdem schickte mir einer meiner Freunde, der Sohn eines berühmten Diamantenhändlers, Edmond Halphen, als er diese Neuigkeit erfuhr, ohne zu wissen, dass ich so reich war wie Ali Baba, eine kleine Geldbörse mit zwanzig Louisdor. Ich gab ihm die Louisdor zurück, aber ich behielt die Geldbörse in Erinnerung an diese zarte Freundlichkeit, die mir so wenige erwiesen haben, und ich erinnere mich mit Dankbarkeit an diese Tat, denn sie hat mich zutiefst berührt. Ich habe jedoch manchmal anderswo dieselbe spontane Großzügigkeit erlebt, aber bei meinen *Freundinnen* , nicht bei meinen *Freunden* .

So tief beunruhigt ich auch war – Gott allein wusste, wie tief mich dieser Schlag getroffen hatte! –, war ich gezwungen, meine Mutter für ein paar Stunden zu verlassen. Mein Drama war selbst für die, die es probten, so neuartig, dass ihr Vertrauen in mich schwand, wenn ich nicht anwesend war. Ich kam zurück und fand alle sehr beunruhigt über das Unglück, das mich so unerwartet getroffen hatte. Taylor war da, um an meiner Stelle zu soufflieren, falls ich nicht kommen konnte. Das Stück war fertig oder fast fertig, und es bestand kein Zweifel, dass es am folgenden Samstag aufgeführt werden würde. Als ich nach Hause kam, erwartete mich die ganze Familie Villenave, von Théodore bis Élisa. Sie hatten mich am Abend zuvor vermisst, ich, der ich jeden Tag zu ihnen nach Hause kam, und als der Brief eintraf, der meinen lieben Freunden mitteilte, was geschehen war, kamen sie sofort, um mich zu besuchen. Niemand kann sich die Anspannung der nächsten zwei oder drei Tage vorstellen – die tiefe Trauer, den sterbenden Zustand meiner Mutter mit anzusehen, und die schreckliche Arbeit, ein erstes Drama für seine öffentliche Tortur vorzubereiten.

Am Abend vor der Vorstellung unternahm ich einen Schritt, den ich mir schon seit einiger Zeit vorgenommen hatte. Ich stellte mich im Palais-Royal vor und bat um ein Treffen mit Monsieur le Duc d'Orléans. Die Bitte war so ungewöhnlich und so kühn, dass die Diener zweifellos eine Audienz erwarteten. Sie informierten den Duc d'Orléans über meine Anwesenheit und meine Bitte, mit ihm zu sprechen. Der Duc d'Orléans wiederholte meinen Namen zweimal und gab den Befehl, mich einzulassen. „Ah! Ah! Sind Sie es, Monsieur Dumas?“, sagte er. „Welcher gute Wind weht Sie hierher oder vielmehr wieder zurück?“

„Monseigneur“, sagte ich zu ihm, „morgen spielen sie *Heinrich III.* “

„Ja“, sagte er, „das weiß ich.“

„Nun, Monseigneur, ich bin gekommen, um Sie um einen Gefallen zu bitten, oder vielmehr um einen Akt der Gerechtigkeit.“

"Was ist es?"

„Geben Sie mir Ihre Anwesenheit bei meiner ersten Vorstellung ... Vor einem Jahr wurde Eurer Hoheit mitgeteilt, ich sei ein hohlköpfiger, eitler Narr; seit einem Jahr arbeite ich als bescheidener Dichter; ohne mich anzuhören, Monseigneur, haben Sie sich auf die Seite derjenigen aus Ihrem Gefolge gestellt, die meine Ankläger waren – vielleicht hätte Eure Hoheit warten sollen, aber Eure Hoheit war anderer Meinung und wartete nicht. Morgen wird die Sache öffentlich verhandelt; ich komme nur, um Sie zu bitten, Monseigneur, dass Sie bei der Urteilsverkündung anwesend sein werden.“

Der Herzog sah mich einen Augenblick an, und als er sah, wie ruhig ich seinem prüfenden Blick begegnete, antwortete er:

„Ich hätte Ihrer Bitte sehr gern entsprochen, M. Dumas, denn verschiedene Leute haben mir gesagt, dass Sie, wenn auch kein Musterbeispiel an Fleiß, so doch ein Beispiel an Beharrlichkeit seien; aber leider ist das unmöglich.“

„Eure Hoheit meint wahrscheinlich, dass ein Mann, der danach strebt, mit Leuten in hohen Positionen zu sprechen, es besser wissen sollte, als einen Prinzen zu befragen; aber, Monseigneur, ich bin unter so außergewöhnlichen Umständen zu Ihnen gekommen, dass ich es wagen möchte zu fragen, woher diese Unmöglichkeit kommt, denn ich muss gestehen, dass sie mich sehr enttäuscht.“

„Urteilen Sie selbst: morgen erwarte ich zwanzig bis dreißig Prinzen und Prinzessinnen zum Essen.“

„Wäre es nicht ein neuartiges Vergnügen, Monseigneur, diese Prinzen und Prinzessinnen zu *Heinrich III. zu führen?* “

„Wie könnte ich sie dorthin mitnehmen, wenn das Abendessen um sechs beginnt und *Heinrich III.* um sieben?“

„Wenn Monseigneur sein Abendessen um eine Stunde vorverlegt, werde ich *Heinrich III.* um eine Stunde aufhalten. Das würde Monseigneur drei Stunden Zeit geben, um den Hunger seiner erlauchten Gäste zu stillen.“

„Nun, das ist keine schlechte Idee ... Glauben Sie, das Théâtre-Français würde der Verzögerung zustimmen?“

„Sie würden sich sehr freuen, Eurer Hoheit entgegenzukommen.“

„Aber wo soll ich sie hinsetzen? Ich habe nur drei Kisten.“

„Ich habe die Verwaltung gebeten, den ersten Kreis nicht aufzulösen, bis ich Eure Hoheit gesehen habe."

„Sie nahmen also an, dass ich einwilligen würde, mir Ihr Stück anzusehen?"

„Ich habe mich auf Ihren Sinn für Gerechtigkeit verlassen. Sehen Sie, Monseigneur, ich appelliere an den erwachten Philippe."

„Sehr gut. Gehen Sie und sagen Sie Monsieur Taylor, dass ich anwesend sein werde, wenn die Comédie-Français zustimmt, die Vorstellung um eine Stunde zu verschieben, und dass ich den ganzen Kreis einbeziehen werde, um dies durchzuführen."

„Ich werde sofort dorthin eilen, Monseigneur."

"Sind Sie zufrieden?"

„Verzaubert! Ich vertraue auch darauf, dass Eure Hoheit keinen Grund haben wird, diese Freundlichkeit zu bereuen."

„Das hoffe ich auch... Fort mit dir und viel Glück!"

Ich verbeugte mich und ging.

Zehn Minuten später wurde das Theater informiert; zwanzig Minuten später erhielt der Herzog von Orléans eine bejahende Antwort. Noch am selben Abend wurden den Gästen Briefe zugesandt, in denen sie über die Änderung der Uhrzeit informiert wurden.

Endlich war der lang erwartete Tag da! An diesem Tag gab es weder Proben noch sonstige Treffen: Ich konnte bis zum Abend an der Seite meiner Mutter bleiben. Man hatte mir eine bestimmte Anzahl Theaterkarten gegeben, vor allem Karten für das Orchestergraben; die *Claque* , *d. h.* bezahlter Applaus, war damals nicht so anerkannt wie heute, und der Posten des *erfolgreichen Unternehmers* war fast eine Pfründe: Er war der Obhut der Freunde und der Unparteilichkeit des Publikums überlassen. Die Großzügigkeit des Theaters erlaubte es mir, für jeden meiner alten Bürokollegen eine Orchestergrabenkarte zu unterschreiben. Porcher und seine Frau hatten jeweils eine Balkonkarte. Ich hatte eine kleine Loge auf der Bühne selbst, die Platz für zwei Personen bot. Meine Schwester hatte eine der Logen in der ersten Reihe, wo sie Boulanger, de Vigny und Victor Hugo empfing. Ich kannte weder Hugo noch de Vigny, und sie stellten sich mir in der Verzweiflung vor, sonst eine Chance zu bekommen. Ich lernte beide an diesem Abend kennen. M. Deviolaine hatte eine Orchesterkarte. Alle verbleibenden Sitzplätze im Haus waren bereits seit einer Woche belegt, und für eine Loge wurde der unverschämte Preis von zwanzig Louisdor verlangt.

Um Viertel vor acht küsste ich meine Mutter, die in ihrem benebelten Gehirn kaum begriff, was für ein Kämpfer ich am Vorabend des Kampfes war. Ich traf M. Deviolaine im Korridor.

„Na, du junger Fratz! ...", sagte er, „also hast du dich endlich durchgesetzt!"

"Was habe ich dir gesagt?"

„Ja, aber wir müssen noch sehen, was das Publikum von Ihrer Prosa hält."

„Das wirst du schon sehen, da du ja hier bist."

„Ich werde sehen, ich werde sehen", knurrte M. Deviolaine. „Es ist sehr wahrscheinlich, dass ich sehen werde ..."

Ich entfernte mich von ihm, da ich nicht wusste, was er mit seinen Worten meinte, und erreichte meine Loge, die, wie gesagt, auf der Bühne stand. Von meiner Loge aus konnte ich das ganze Haus perfekt überblicken. Diejenigen, die bei dieser Vorstellung dabei waren, werden sich erinnern, was für ein großartiger Anblick das war: Der erste Rang war mit Prinzen gefüllt, die unter dem Befehl von fünf oder sechs Nationen standen; die gesamte Aristokratie drängte sich in der ersten und zweiten Reihe der Logen; die Damen funkelten mit Diamanten.

Der Vorhang hob sich. Noch nie hatte ich ein so starkes Gefühl empfunden wie das, das mir ein Lufthauch aus dem Theater über die fiebrige Stirn strich. Der erste Akt wurde mit Geduld angehört, obwohl die Erzählung lang, kalt und ermüdend war. Der Vorhang fiel. Die Worte des Herzogs von Guise: „Sankt Paul! Wenn ich nur die Männer finden könnte, die Dugast ermordet haben!" wurden mit herzlichem Beifall aufgenommen und heizten sowohl das Publikum als auch die Schauspieler ein.

Ich lief los, um nach meiner Mutter zu sehen. Auf dem Rückweg ins Theater traf ich Monsieur Deviolaine im Korridor; doch sobald ich erschien, zog er sich schnell in ein kleines Vorzimmer zurück, um mir, wie ich annahm, absichtlich aus dem Weg zu gehen. Ich habe dem armen, lieben Mann Unrecht getan! Er hatte ganz andere Absichten im Sinn.

Der zweite Akt begann; es war ein unterhaltsamer; die Szene mit der Erbsenpistole, vor der ich so große Angst gehabt hatte, wurde ohne Anzeichen von Einwänden vorübergezogen, und der Vorhang fiel unter allgemeinem Beifall.

Der dritte Akt war derjenige, der über den Erfolg des Stücks entschied. In diesem Akt kommt die Szene zwischen dem Pagen und der Herzogin und die Szene zwischen der Herzogin und dem Herzog vor – die Szene, in der Monsieur de Guise seine Frau zwingt, ein Treffen mit Saint-Mégrin zu vereinbaren. Wenn die starken Situationen in dieser Szene beim Publikum

Anklang fanden, war die Schlacht gewonnen. Die Szene rief Entsetzensschreie hervor, aber gleichzeitig auch Beifallsstürme; es war das erste Mal, dass dramatische Szenen mit großer Freiheit – ich würde sogar sagen, mit brutaler Offenheit – präsentiert wurden.

Ich ging hinaus. Ich konnte es kaum erwarten, meine arme Mutter wiederzusehen und sie zu umarmen, obwohl sie damals kaum in der Lage war zu verstehen, wer sie umarmte.

Wie glücklich wäre ich gewesen, wenn sie im Theater gewesen wäre, statt in ihrem Bett! Sie schlief ganz friedlich. Ich küßte sie, ohne sie aufzuwecken, und ging ins Theater zurück. Unter der Veranda traf ich Monsieur Deviolaine wieder, der gerade ging.

„Was!", sagte ich, „wirst du nicht bis zum Ende bleiben?"

„Wie kann ich bis zum Ende durchhalten, du Vieh?"

„Warum kannst du nicht bleiben? …"

„Weil ich total durcheinander bin! Weil ich völlig auf den Kopf gestellt bin… eine Kolik."

„Ah!", rief ich lachend. „Deshalb habe ich dich also auf die Toilette gehen sehen?"

„Ja, das war der Grund, Monsieur … Sie haben mich schon fünfzig Sous gekostet ! Und zwar jedes Mal zwei Sous … Sie werden mich also ruinieren!"

„Pah! Du übertreibst. Was kannst du zum fünfundzwanzigsten Mal schon tun?"

„Nichts, du kleiner Welpe! Und das letzte Mal wäre ich völlig verschwunden, wenn mich nicht die Haare auf meinem Kopf aufgehalten hätten! Ach, was für ein Vorfall! … O je! Mir ist schrecklich schlecht!" Und Monsieur Deviolaine legte beide Hände auf seinen Bauch und rannte in Richtung der Rue Saint-Honoré.

Ich ging ins Theater; wie ich es vorausgesehen hatte, war es vom vierten Akt bis zum Ende mehr als ein Erfolg, es war ein zunehmendes Delirium: Alle Hände applaudierten, sogar die der Damen. Madame Malibran, die nur einen Platz in der dritten Reihe ergattern konnte, lehnte sich aus ihrer Loge und hielt sich an einer Säule fest, um nicht zu fallen. Als dann Firmin erschien, um den Namen des Autors zu nennen, war die Begeisterung so allgemein, dass sogar der Herzog von Orléans selbst aufstand und den Namen seines Angestellten ausrief, dessen Werk – wenn auch nicht das verdienstvollste, so doch das bemerkenswerteste der Epoche – so erfolgreich war und ihm gerade die Anerkennung als Dichter einbrachte.

Noch am selben Abend, als ich nach Hause kam, fand ich einen Brief von Monsieur le Baron de Broval, den ich hier wörtlich wiedergebe:

„Ich kann nicht schlafen, ohne Ihnen, mein lieber junger Freund, zu sagen, wie sehr ich mich über Ihren großartigen Triumph freue, ohne Ihnen und vor allem Ihrer ehrenwerten Mutter von ganzem Herzen zu gratulieren, denn ich weiß, dass Sie sich um ihretwillen mehr Sorgen gemacht haben als um Ihren eigenen. Meine Schwester und ich und alle im Büro haben tief mit Ihnen mitgefühlt; und jetzt freuen wir uns über einen Triumph, den Sie sowohl aufgrund Ihres sehr großen und beharrlichen Talents als auch Ihrer kindlichen Hingabe verdient haben. Ich bin sehr sicher, dass Ihre Lorbeeren und der Erfolg, der in der jetzt vor Ihnen liegenden Zukunft auf Sie wartet, Ihrer Freundschaft nicht im Wege stehen werden, und ich versichere Ihnen, dass ich Ihnen gegenüber sehr herzliche Gefühle hege.

BARON DE BROVAL"

"10. *Februar* 1829"

Das war der Mann, der mich fünf Monate zuvor gezwungen hatte, auf mein Gehalt zu verzichten!

KAPITEL XVII

Am Tag nach meinem Sieg – *Heinrich III.* wird verboten – Ich erhalte eine Audienz bei Monsieur de Martignac – Er hebt das Verbot auf – *Les hommes-obstacles* – Der Herzog von Orléans lässt mich in seine Loge rufen – Sein Gespräch mit Karl X. über mein Drama – Ein weiterer Schreiberling – Besuch bei Carrel – Gossets Schießstand und Pistolen Nr. 5 – Ein unmögliches Duell

---

Nur wenigen Menschen ist es vergönnt, eine so rasche Veränderung in ihrem Leben zu erleben wie in meinem während jener vier Stunden der Aufführung von *Heinrich III.* Bis zu jener Nacht war ich völlig unbekannt, und am nächsten Tag war ich, ob im Guten oder im Bösen, das Gesprächsthema in ganz Paris. Von jener Nacht an wuchs der Hass auf Menschen, die ich nie gesehen hatte – Hass, der durch den unwillkommenen Ruhm geweckt wurde, der mit meinem Namen verbunden war. Aber auch Freundschaften wuchsen aus dieser Epoche. Wie viele Menschen beneideten mich in jener Nacht, die keine Ahnung hatten, dass ich sie auf einer Matratze auf dem Boden neben meiner sterbenden Mutter verbrachte! Am nächsten Tag war das Zimmer voller Blumensträuße; ich bedeckte das Bett meiner Mutter damit, und sie berührte sie mit der Hand, die nicht gelähmt war, zog sie näher an sich heran oder stieß sie von sich weg, ohne zu wissen, was all diese Blumen bedeuteten – und vielleicht sogar ohne zu wissen, dass es überhaupt Blumen waren. Um zwei Uhr nachmittags, am Tag nach der Aufführung, war mein Manuskript für sechstausend Francs verkauft worden. Diese sechstausend Francs wurden mir in sechs Banknoten ausgezahlt, und ich ging hin, um sie Monsieur Deviolaine zu zeigen.

„Was ist das?", fragte er.

„Das ist der Preis für mein Manuskript", antwortete ich. „Sie sehen, es sind die dreitausend Francs von Monsieur Laffitte und noch dreitausend Francs mehr."

„Was!" rief M. Deviolaine. „Gibt es Idioten, die es Ihnen abgekauft haben?"

„Sehen Sie selbst."

"Na ja, das sind ja hirnlose Idioten!"

Dann gab er mir die Scheine zurück, zuckte mit den Schultern und sagte:

„Du fragst nicht, wie es mir geht!"

„Ich habe mich nicht getraut... Wie geht es dir?"

„Zum Glück etwas besser.“

„Konnten Sie ins Theater zurückkehren?“

„Ja, ich war beim Abschluss dabei.“

„Waren Sie dabei, als mein Name bekannt gegeben wurde?“

„Was für ein Teufel war ich!“

„Und hat es Ihnen nicht ein wenig Befriedigung verschafft?“

„Ein bisschen! Du Schlingel, ich habe geweint wie ein kleines Kind!“

„Komm schon! Es hat dich viel gekostet, das anzuerkennen … Lass uns einander die Hand geben.“

„Ach!“, sagte Monsieur Deviolaine, „wenn Ihr armer Vater nur dort hätte sein können!“

„Meine Mutter hätte dort sein können, wenn die Leute sie nicht so unglücklich gemacht hätten.“

„Komm, komm! Du willst mir doch nicht etwa erzählen, dass es meine Schuld ist, dass deine Mutter im Bett liegt? Du meine Güte! Es hat mich während deiner Darstellung schon genug gequält. Ich konnte an nichts anderes mehr denken; ich glaube, das war es, was mir diese fürchterlichen Koliken eingebracht hat... Übrigens, was sagt man im Büro?“

Ich zeigte ihm den Brief von Monsieur de Broval. Er las ihn zweimal durch.

„Also, ich habe es nie getan! ...“, sagte er, als er es mir achselzuckend zurückgab. „Wollen Sie ins Büro zurückkehren?“

„Ich? Meine Güte, nein!“

„Nun, ich denke, Sie haben Recht. Wollen Sie zu M. Fossier gehen?“

"In der Tat nicht."

„Er mag dich trotzdem.“

„Warum hat er mir dann nicht auch einen Glückwunschbrief geschrieben?“

„Na ja, aber vielleicht hat er ja Karten für seine Tochter erwartet.“

„Da fällt mir ein. Soll ich dir eine Loge für die zweite Vorstellung freihalten? Bei der ersten hattest du keinen guten Platz … du warst nah an der Tür.“

„Du Schurke! Ich war genau da, wo ich war, neben der Tür … Glaubst du, dieser verrückte Streich, den du gerade gespielt hast, wird dir mehr einbringen, als das, was du mir gerade gezeigt hast?“

„Das tue ich natürlich."

„Ungefähr wie viel?"

„Fünfzehntausend Francs."

"Was!"

„Ungefähr fünfzehntausend Francs."

„Und wie lange wird es dauern, das zu erreichen?"

„Vielleicht zwei Monate."

„Sie haben also in zwei Monaten das gesamte Jahresgehalt von drei Obersekretären inklusive Prämien verdient?"

„Rufen Sie Ihre drei Obersekretäre zusammen und sagen Sie ihnen, sie sollen das selbst erledigen."

„Raus hier! Ich fürchte, die Decke wird uns auf den Kopf fallen, während du solche monströsen Dinge sagst!"

„Also morgen Nacht?"

„Ja, morgen Abend, wenn ich nichts Besseres zu tun habe."

Ich hatte keine Probleme. Monsieur Deviolaine hatte nichts Besseres zu tun und hätte auch nicht akzeptiert, dass ihm ein Jahresgehalt vorenthalten würde.

Von Monsieur Deviolaines Haus lief ich zu Monsieur Laffitte. Ich war stolz, ihm meine Schulden so schnell zurückzahlen zu können. Ich gab ihm seine tausend Kronen und er gab mir meinen Schuldschein und mein Manuskript zurück. Aber ich erinnerte mich immer an den Dienst, den er mir erwiesen hatte, der, da meine Mutter erkrankte, von unschätzbarem Wert war. Doch meine Sorgen waren noch nicht zu Ende. Als ich zu meiner vorübergehenden Unterkunft zurückkehrte, fand ich einen Brief vom Théâtre-Français, in dem ich aufgefordert wurde, sofort ins dortige Büro zu kommen. Ich eilte dorthin und fand das Komitee von Taylor abwärts in einem Zustand der Bestürzung vor. Sie hatten einen Brief vom Innenminister erhalten, in dem *Henri III. suspendiert wurde*. Dies war eine weitaus ernstere Angelegenheit als die Aussetzung meines Gehalts. Glücklicherweise hatte Taylor sich entschieden, was zu tun war. Er schlug vor, ich solle dringend eine Audienz bei Monsieur de Martignac verlangen. Er selbst übernahm es, den Brief entgegenzunehmen und dafür zu sorgen, dass er ihm zugestellt wurde. Ich setzte mich hin und schrieb sofort und bat um eine Audienz für den nächsten Tag. Zwei Stunden später erhielt ich eine Antwort. M. de Martignac würde mich am nächsten Morgen um sieben empfangen. Um sieben Uhr am nächsten Morgen war ich in seinem Haus.

Oh! Was für ein Segen ist es, einen Minister zu finden, der sowohl kultiviert als auch kultiviert ist wie M. de Martignac! *Rara Avis*, wie Juvenal es nennen würde, und, schlimmer noch, ein Zugvogel! Wir blieben eine Stunde zusammen und sprachen nicht über das Stück, sondern über alle möglichen Themen; in zehn Minuten waren wir uns über das Stück einig, und ich brachte mein Manuskript zurück, gerettet, diesmal nicht vor der Vernichtung, sondern vor dem Limbus. Oh! Armer M. de Martignac! Wie gut verstand er die Kunst! Wie gut kannte er diese Art von Menschen, die jeden Fortschritt, dem sie auf dem Weg begegnen, behindert, mit der Absicht, andere eher am Vorankommen zu hindern als sich selbst voranzubringen! Nicht unter M. de Martignacs Verwaltung begegnete die Kunst, wohin sie auch ging, der Mitteilung: „Diese Straße ist auf Anordnung der Behörden gesperrt." Und wenn man bedenkt, dass zwanzig Jahre lang dieselben Männer dieselben Wege versperrten; dass sie aus alten Leuten zu gebrechlichen heranwuchsen, während wir jungen Leute alt wurden; dass sie es durch Böswilligkeit und Verfolgung schafften, Lamartine und Hugo in die Politik und Soulié und Balzac ins Grab zu treiben; dass ich in meinem Kampf gegen sie fast allein dastehe; dass sie den Dingen ihren Stempel aufdrückten, wie das Siegel Salomons, das die Genien aus Tausendundeiner *Nacht* in Tonvasen einschloss; und dass all dieser politische und literarische Druck ihnen eines Tages um die Ohren fliegen wird und alles um sich herum tötet und umstößt, ohne sich selbst zu verletzen – runzlige Zwerge, die unaufhörlich das glühende Feuer der Revolutionen schüren! Einige Dinge zumindest sind sehr klar: dass diese Herrscher zwanzig Jahre lang kleinlich, armselig und verachtenswert waren; dass sie bei den Deutschen, Ungarn und Italienern an den Ufern des Nils wie auch am Bosporus, in Mogador wie in Montevideo, in der Alten wie in der Neuen Welt eine traurige und beschämende Erinnerung hinterlassen haben; dass sie in der gesamten Zeit zwischen dem Tag, an dem Herr Sébastiani in der Tribune verkündete, dass „in Warschau Ordnung herrschte", und dem Tag, an dem Herr Barrot im *Moniteur schrieb*, dass „die Franzosen in Rom einmarschiert sind", nicht nur alle von Menschen gemachten Versprechen Lügen straften – ob diese Versprechen nun von Herrn de la Fayette oder Herrn de Lamartine kamen –, sondern mehr noch alle Hoffnungen Gottes, der Frankreich dazu bestimmte, der Polarstern für andere Nationen zu sein, der zu den Völkern sagte: „Ihr wollt in die unbekannte Welt segeln, in das gelobte Land namens Freiheit; hier ist euer Kompass. Setzt eure Segel aus und folgt ihm mutig!" Anstatt den Menschen die Treue zu halten und Gottes Willen zu erfüllen, was habt ihr getan, ihr armen Sklaven der Leidenschaft und elenden Diener der Blindheit? Ihr habt das Meer rau und die Winde ungünstig gemacht für jedes edle Schiff, das unter göttlicher Eingebung in See stach. Ihr wisst, dass es so ist, ich erzähle euch nichts Neues; ihr wisst, dass alles, was jung und edel und rein ist, was nicht durch den Schmutz der Vergangenheit gezogen wurde und in die ätherischen Regionen der Zukunft vordringt, gegen euch ist; ihr wisst, dass diejenigen, die ihr von österreichischen Ruten ermorden ließet, diejenigen, die ihr in päpstlichen Kerkern einsperren ließt, diejenigen, die ihr von neapolitanischen Kanonen niederschießen ließt, Märtyrer waren. Ihr wisst, dass die Leute euch, ihr Tyrannen, zujubeln, wenn ihr zu euren Vergnügungsorten geht, wir ihre Ergebenheit haben werden; ihr wisst, kurz gesagt, dass wir, die Fackelträger, geliebt werden, während ihr, die Arbeiter der Finsternis, verabscheut werdet; Sie wissen, dass, sollten Ihnen Ihre Taten jemals vergeben werden, dies auf das zurückzuführen sein wird, was wir in Ihrem Namen gesagt haben. Und daher kommen Ihre Verfolgungen - machtlos, Gott sei Dank, wie alle Dinge, die von unten kommen und dem zu schaden suchen, was oben ist ... Ja, dem, was oben ist, denn derjenige, der sagen kann: „Ich habe gerade diese Seite geschrieben und Sie konnten sie nicht schreiben", ist über Ihnen!

Kehren wir zu *Heinrich III. zurück* , der mit all dem nichts zu tun hatte und der plötzlich und unerwartet in den Himmel gehoben wurde. Meine Rückkehr wurde mit Ungeduld erwartet, denn man wagte nicht, ohne die Erlaubnis des Ministers Werbung zu machen. Ich brachte ihnen diese Erlaubnis, und sie machten Werbung. M. le Duc d'Orléans kündigte an, dass er bei der zweiten Vorstellung anwesend sein würde. Als ich an diesem Abend das Theater erreichte, sagte man mir, dass er bereits angekommen sei und mich gebeten habe, in seine Loge zu gehen. Ich tat, was mir geheißen wurde, zwischen dem ersten und zweiten Akt. Das dicht gefüllte Theater zeugte von der wahren Stärke meines Erfolgs. Der Duc d'Orléans empfing mich äußerst freundlich.

„Nun, Monsieur Dumas", sagte er, „sind Sie noch nicht zufrieden? Sie haben sich gegen alle durchgesetzt – gegen die Öffentlichkeit und mich selbst eingeschlossen. Sogar Broval, Deviolaine und Oudard sind entzückt."

Ich verneigte mich.

„Aber wissen Sie trotzdem", fuhr er lachend fort, „dass Sie mich beinahe in ernsthafte Schwierigkeiten gebracht hätten?"

„Sie, Monseigneur?"

"Ja ich."

"Wie ist das?"

„Der König hat gestern nach mir geschickt."

"Der König?"

„Ja, tatsächlich."

„Und was ist mit, Monseigneur?“

„Über dein Drama.“

„Über *Heinrich III.?* “

„‚Ist Ihnen bekannt, was man mir erzählt hat, *Vetter* ?‘, fragte er und legte dabei Nachdruck auf das letzte Wort. ‚Man hat mir erzählt, dass Sie einen jungen Mann in Ihrem Büro haben, der ein Stück geschrieben hat, in dem Sie und ich beide auftreten – ich als Heinrich III. und Sie als Herzog von Guise.‘“

„Monseigneur, Sie hätten natürlich antworten können, dass der König sich geirrt habe und der junge Mann nicht mehr in Ihren Diensten stehe.“

„Nein, ich würde lieber anders antworten und nicht lügen, da ich Sie ja behalten will.“

„Was hat Eure Hoheit dann gesagt? ...“

„Ich sagte: ‚Sire, man hat Sie falsch informiert, und zwar aus drei Gründen: Erstens schlage ich meine Frau nicht; zweitens hat mich Madame la Duchesse d'Orléans nicht zum Hahnrei gemacht; drittens haben Eure Majestät keinen treueren Untertan als mich.‘ Glauben Sie, meine Antwort war dem gleich, was Sie mir geraten hätten?“

„In der Tat, Monseigneur, es ist unendlich witziger.“

„Und näher an der Wahrheit, Monsieur... Ah! Der Vorhang hebt sich: Kümmern Sie sich um Ihre Angelegenheiten; meine Aufgabe ist es, Ihnen zuzuhören.“

Ich verneigte mich.

„Übrigens“, sagte der Herzog, „Madame la Duchesse d'Orléans möchte Sie morgen früh sehen, um sich zu erkundigen, wie es Ihrer Mutter geht.“

Ich verbeugte mich und zog mich zurück.

Oh! Was für eine Macht hat der Erfolg, mit seiner Bekanntheit und dem ganzen Wirbel um einen Namen, mit seiner ruhigen und gelassenen Überlegenheit des Geistes über die Materie! Monsieur de Broval, Monsieur Deviolaine und Monsieur Oudard waren entzückt; der Herzog von Orléans hatte mich in seine Loge gerufen, um einen witzigen Satz zu wiederholen, *den* er dem König gesagt hatte; und schließlich wollte mich Madame la Duchesse d'Orléans am nächsten Tag empfangen, um mich nach Neuigkeiten über meine Mutter zu fragen! Die Geburt, so scheint es, verleiht nur Fürstentümer; Talent verleiht die Würde eines Fürstentums.

Am nächsten Tag stattete ich der Herzogin von Orléans einen Besuch ab, die mir gegenüber so freundlich war, wie man nur sein konnte. Aber ach, warum kam diese ganze Freundlichkeit erst so spät? Als ich zurückkam, fand ich in einem Umschlag eine Zeitung, deren Namen ich vergessen habe. Ein Freund, dem mein Ruf am Herzen lag, hatte sie mir geschickt. Sie verkündete den Erfolg Heinrichs *III.* und fügte hinzu:

„So groß dieser Erfolg auch sein mag, überrascht niemanden, der weiß, wie diese literarischen und politischen Aufträge vom Haus Orléans vergeben werden. Der Autor ist ein Untergebener im *Sold Seiner Königlichen Hoheit.* "

Der Artikel war sowohl schmerzlich als auch unwahr; eine Lüge, weil das Haus Orléans, wie allgemein bekannt war, nicht geplant hatte, mir in irgendeiner Weise zu helfen; und schmerzlich, weil der Autor durch die Verwendung des Wortes „Gehalt" *(Gages)* offensichtlich andeuten wollte, dass ich nur ein gewöhnlicher Diener sei. Ich sah meine arme, kranke Mutter an, die, ohne zu wissen, was ich las, versuchte, die ersten Wünsche des wiedererlangten Bewusstseins durch Lächeln zärtlicher Zuneigung auszudrücken; und in einem solchen Moment wie diesem wurde ich von einer Person, die ich nie zuvor gesehen hatte, deren Existenz mir unbekannt war und die keinen Grund hatte, mich zu hassen, gezwungen, sie zu verlassen, um eine Entschuldigung für eine grobe und grundlose Beleidigung zu verlangen! Ich ging zu de la Ponce. Ich bat ihn, in die Redaktion der Zeitung zu gehen und dort und dann mit dem Autor des Artikels die Bedingungen eines Duells für den nächsten Morgen zu vereinbaren. Seitdem ist so viel Zeit vergangen und mein Gedächtnis für Beleidigungen ist so schlecht, dass ich den Namen der Zeitung und den Namen des Autors, mit dem ich den Streit hatte, völlig vergessen habe. Ich bedauere den letzteren, denn er hat sich in der ganzen Angelegenheit so gut verhalten, dass ich immer noch der Meinung bin, er habe die Verantwortung für einen Artikel übernommen, der nicht von ihm war. Da ich mich nicht an seinen Namen erinnern kann, gestatten Sie mir, von ihm als M. X. zu sprechen. De la Ponce kehrte etwa eine Stunde später zurück. Das Duell war für den übernächsten Tag vereinbart worden, da M. X., der sich als Autor des Artikels bekannte, am Tag dazwischen ein Duell mit Carrel hatte. Ich besuchte Carrel, den ich seit langem kannte, da ich ihn bei Monsieur de Leuven und auch bei Méry getroffen hatte. Wie ich war auch er grundlos beleidigt worden; wie ich hatte er Genugtuung verlangt, und er sollte am nächsten Morgen um acht Uhr in einem Pistolenduell gegen meinen zukünftigen Gegner antreten. Carrel gratulierte mir zu meinem Erfolg und versprach, sein Möglichstes zu tun, damit M. X. am nächsten Tag nicht mit mir kämpfen könne. Es war eine traurige Tatsache, dass ich, kaum dass ich meine Schauspielkarriere begonnen hatte, in weniger als einer Woche gezwungen war, von zwei Männern Genugtuung zu verlangen, nicht wegen Kritik an meinem Talent, sondern wegen der Verletzung meines persönlichen Rufs. Ein paar Worte, die de la Ponce fallen ließ, ließen mich glauben, dass Pistolen die Waffen der Wahl sein würden, und Carrel bestätigte mich in dieser Meinung; als ich Adolphe traf, erzählte ich ihm, was passiert war, und bat ihn, am nächsten Tag mit mir zu kommen und Schießübungen zu machen. Obwohl ich es mir nicht leisten konnte, Geld zu verschwenden, hatte ich immer noch genug, um mir einmal im Monat einen Besuch bei Gosset zu leisten. Ich war dort Stammgast geworden. Wir kamen gegen zehn Uhr dort an.

„Philippe!", rief ich dem jungen Wärter im Vorbeigehen zu, „Pistolen Nr. 5 und fünfundzwanzig Kugeln."

Philippe kam hoch.

„Sie können 25 Kugeln haben", sagte er, „aber keine Pistolen Nr. 5, es sei denn, Sie üben allein."

„Warum?"

„Weil sie heute Morgen an einen Herrn verliehen wurden, der ein Duell hatte, und Sie sollten sich den Zustand ansehen, in dem er sie zurückgebracht hat."

Und tatsächlich war bei der zweiten Pistole Nr. 5 der Abzugsbügel gebrochen und das Griffende abgerissen.

"Was hat das bewirkt?"

„Aber eine Kugel", sagte Philippe.

„Ganz genau, aber was ist mit dem Herrn, der es in der Hand hielt?"

"Ihm wurden zwei Finger abgeschnitten."

"Schneiden?"

"Ja, Schnitt!"

„Also musste er den Preis für zwei seiner Finger bezahlen?"

„Und auch für die Reparatur der Pistole."

"Wie hieß dieser Herr?"

„Ich erinnere mich nicht an seinen Namen; er kämpfte mit M. Carrel."

"Zeug und Unsinn!"

"Das ist wahr."

"Bist du sicher?"

„Natürlich bin ich das. M. Carrels Sekundanten haben die Pistolen zurückgebracht."

„Sehen Sie", sagte ich zu Adolf, „das wird mein Duell von morgen verschieben, da besteht kein Zweifel."

Und dann erzählte ich ihm, dass mein Gegner für denselben Tag ein Duell mit Carrel geplant hatte und dass wahrscheinlich er derjenige war, der sich zwei Finger verletzt hatte.

„Das ist ganz leicht herauszufinden", sagte Adolf. „Wir wollen hingehen und nachfragen."

Wir gingen zu M. X.s Haus und fanden heraus, dass er es tatsächlich war, der gekämpft hatte. Ihm waren zwei Finger abgerissen worden – der dritte und der kleine Finger. Ich ließ meine Visitenkarte durch seinen Diener nach oben schicken und wir gingen. Wir waren noch nicht mehr als zwei Stockwerke hinuntergegangen, als wir den Mann hinter uns herlaufen hörten. M. X. bat mich hineinzugehen. Ich fand ihn trotz seiner Wunden lächelnd und trotz seines Angriffs sehr höflich.

„Bitte entschuldigen Sie, Monsieur", sagte er, „die Freiheit, die ich mir nahm, Sie zu bitten, noch einmal vorbeizukommen; ich nutze das Privileg eines Verletzten."

„Ist Ihre Verletzung ernst, Monsieur?", fragte ich.

„Nein, ich bin mit dem Verlust von zwei Fingern meiner rechten Hand davongekommen, und da mir noch drei übrig sind, um Ihnen zu schreiben und zu sagen, wie leid es mir tut, dass ich mich Ihnen gegenüber unfreundlich verhalten habe, habe ich alles, was ich brauche."

„Mit der linken Hand können Sie mir immer noch die Hand schütteln, Monsieur", sagte ich, „und das ist immer noch besser, als Ihre rechte Hand bei allem Möglichen zu ermüden."

Wir schüttelten uns die Hände, unterhielten uns über belanglose Themen und verabschiedeten uns dann zehn Minuten später voneinander. Wir haben uns seitdem nie wieder gesehen, und wie ich schon sagte, habe ich seinen Namen völlig vergessen. Ich trage ihm meine Erinnerung nach, denn ich werde mich immer gern an ihn erinnern.

Ein merkwürdiger Zufall! Wenn dieser Mann keinen Streit mit Carrel gehabt hätte und Carrel ihm nicht seine beiden Finger abgenommen hätte, hätte er mit mir gekämpft und hätte mich vielleicht getötet oder wäre von mir getötet worden. Und aus welchem Grund, frage ich Sie?

BUCH III

KAPITEL I

Das Arsenal – Nodiers Haus – Das Profil des Meisters – Der Kongress der Bibliophilen – Die drei Kerzen – Debureau – Mademoiselle Mars und Merlin – Nodiers Familie – Seine Freunde – In welchen Häusern ich mich am wohlsten fühle – Der Salon des Arsenals – Nodier als Geschichtenerzähler – Der Ball und die Wärmepfanne

Ich versprach, zu Nodier zurückzukehren, und ich werde mein Wort halten. Nachdem Nodier mir den Dienst erwiesen hatte, indem er mir die Türen des Théâtre-Français öffnete, ging ich zu ihm, um ihm zu danken. Nodier tat bei meinem zweiten Besuch mehr für mich als beim ersten – er öffnete mir die Türen des Arsenals. Und damit meine Leser nicht bei dem Wort erschrecken und denken, ich meine eine Waffensammlung, ein Artilleriemuseum, möchte ich schnell hinzufügen, dass die Türen des Arsenals die Türen von Charles Nodiers Haus waren. Jeder kennt das große, düster aussehende Gebäude namens Arsenal, das in einer Linie mit dem Quai des Célestins, an der Rückseite der Rue de Morland, mit Blick auf den Fluss, liegt. Hier lebte Nodier. In diesen schlichten Memoiren würde es zu weit abschweifen, zu erzählen, wie dieses schwere Gebäude einst, als Paris sich auf den Krieg vorbereitete, auf einem Stück Land namens Champ-au-Plâtre errichtet wurde; wie Franz I., als das schwerfällige Gebäude errichtet wurde, dort die Kanone gießen ließ, die in Pavia viel Unglück brachte; wie er, da er ein Stück Land brauchte, von seiner guten Stadt Paris einen Bauernhof lieh und versprach, ihn zurückzugeben; wie er, nachdem er diesen ersten Bauernhof geliehen hatte, einen zweiten und einen dritten von ihr lieh; wie er, kurz gesagt, nach dem Grundsatz „Was gut ist, zu nehmen, ist gut, zu behalten" die drei geliehenen Bauernhöfe behielt – wir werden diese Dinge erzählen, wenn wir am Ende unserer Eindrücke von Europa, Asien und Afrika unsere Eindrücke von Streifzügen in Paris niederschreiben. Diese Bauernhöfe wurden zusammen mit dem großen Gebäude, von dem wir gesprochen haben, zur Lagerung von Kanonen und Pulver verwendet. Eines Tages, während der Herrschaft Heinrichs II., entzündete ein Funke, von dem niemand wusste, woher er kam – wer weiß, woher schreckliche Brände entstehen! – das Pulvermagazin und ließ es explodieren. Paris bebte, wie Neapel und Catana beben, wenn der Vesuv oder der Ätna ausbrechen; die Fische kamen im Fluss um; durch die unerwartete Erschütterung schwankten die Nachbarhäuser und stürzten dann übereinander. Melun, ein Dutzend Meilen entfernt, erschauerte beim Lärm der Explosion; dreißig Personen, die von diesem Vulkan in die Luft geschleudert wurden, fielen in Stücke, hundertfünfzig wurden verletzt und schrieben den Unfall, da sie die Ursache nicht kannten, den Protestanten zu, gegen die sie nicht zögerten, sich zu beschweren. Es ist leicht verständlich, dass die von Franz I. errichteten Gebäude und die drei Bauernhöfe der Stadt Par in diesem Aufruhr verschwanden. Karl IX., der ein großer Baumeister war und für die Bildhauerei im Louvre und die Schnitzereien des Brunnens der Unschuldigen verantwortlich war, besuchte die Ruinen mit seinem Architekten. Er entwarf den Plan eines neuen Gebäudes, begann mit dem Neuaufbau und da er sowohl ein großer Künstler als auch ein großer Dichter war, ist es wahrscheinlich, dass er ein gutes Stück Arbeit daraus gemacht hätte. Doch Königin Katharina von Medici, die bereits einen Sohn verloren hatte, war nicht bedauert, Karl IX. nach dem Vorbild von Franz II. loszuwerden, um die Ankunft Heinrichs III. zu beschleunigen. Für den Fall, dass diese Anklage gegen Katharina von Medici unseren Lesern, die den Tod Karls IX. vielleicht lieber als Gottesstrafe betrachten (ein Akt, der durchaus mit der Vergiftung Karls IX. durch seine Mutter einhergehen könnte), zu stark erscheint, geben wir hier einen von Bassompierre aufgezeichneten Dialog wieder; er ist kurz, aber lehrreich.

„Sire", sagte Bassompierre zu König Ludwig XIII., der in einer Fensternische des alten Louvre saß und heftig in ein Horn blies, „Sire, Sie sollten nicht so mit aller Kraft blasen; Ihre Lunge ist schwach, und Ihnen könnte dasselbe passieren wie König Karl IX."

„Mein lieber Bassompierre", antwortete Ludwig XIII., „König Karl IX. starb nicht daran, dass er zu lange und zu oft in sein Horn blies; er starb daran, dass er so unvorsichtig war, sich wieder mit seiner Mutter zu versöhnen, nachdem er die Klugheit besaß, sich mit Katharina von Medici zu streiten."

Kehren wir zum Arsenal zurück und zu einem anderen König, der so unklug war, sich mit seiner Frau zu streiten – oder vielmehr mit dem Haus Österreich, dem sie angehörte – Heinrich IV. Er war es tatsächlich, der das Arsenal vollendete und den wunderschönen Garten anlegte, den wir noch heute auf Gemälden aus der Zeit Ludwigs XIII. sehen können. Er übergab es Sully, der dort sein Finanzministerium führen sollte; und hier sammelte der sparsame Minister die Millionen an, mit denen Heinrich III. seinen Krieg gegen Flandern führen wollte, als der Dolchstoß von Ravaillac jenem seltsamen Traum des 17. Jahrhunderts ein Ende setzte, der im 19. Jahrhundert Wirklichkeit werden sollte, nämlich der Vereinigung der sieben Wahlrepubliken und der sechs Erbmonarchien unter einem Oberhaupt, das unter dem Titel des *Congrès de la Paix gegründet wurde.*

Ach, mein lieber Mr. Cobden, mit Ihnen habe ich einst mehrere langweilige Tage verbracht und in Spanien ein paar melancholische Abendessen eingenommen. Die Idee zu diesem Friedenskongress stammt nicht von

Ihnen. Sie kam von unserem unglücklichen König Heinrich IV.: „Geben wir dem Cäsar, was dem Cäsar gehört."

Alle Besucher des Arsenals sollten wissen, dass die wunderschönen Räume, die heute die Bibliothek bilden, von Sully mit dem Geld von Heinrich IV. dekoriert wurden.

1823 wurde Charles Nodier zum Bibliothekar dieser Bibliothek ernannt und verließ die Rue de Choiseul, wo er lebte, um sich in seiner neuen Wohnung niederzulassen. Aber das Gebäude, das oft Gegenstand von Illustrationen war, war kein sehr prächtiger Ort zum Wohnen! Auf dem ersten Absatz einer Treppe mit massiven Balustraden stieß man links auf eine schlecht schließende Tür, die zu einem gemauerten Korridor führte; das Esszimmer und das Büro waren wie der Korridor mit Ziegeln gepflastert. Drei weitere Räume vervollständigten die Suite – drei luxuriöse Räume mit Parkettböden und getäfelten Wänden: einer war Madame Nodiers Schlafzimmer, der andere der Salon und der dritte das Arbeitszimmer, die Bibliothek und das Schlafzimmer von Charles. Charles führte zwei getrennte Existenzen: sein Wochenleben war das eines Arbeiters und Bücherfreundes; sein Sonntagsleben war das eines Gesellschaftsmenschen und Gastgebers. Nodier war eine bezaubernde Persönlichkeit; ich habe nie jemanden getroffen oder gekannt, der so gebildet, so sehr ein Künstler und dennoch so freundlich im Wesen war wie er, außer vielleicht Méry. Und obwohl er viele Fehler hatte, hatte er kein Laster, und seine gewinnenden Fehler entsprangen der Originalität des Genies. Nodier war extravagant, sorglos, säumig; aber er hatte die entzückende Faulheit eines Figaro. Man hätte ihm vielleicht vorwerfen können, etwas zu weltlich zu sein; aber auch das entsprang seiner Sorglosigkeit, da er sich nicht die Mühe machte, seine Gefühle zu untersuchen. Es war eher die ganze Gemeinschaft der Märtyrer, sozusagen, die Nodier auf diese Weise liebte; er hatte einen inneren Kreis privilegierter Freunde, die er von ganzem Herzen liebte; andere mochte er nur intellektuell. Nodier war ein Gelehrter *par excellence*: Er wusste alles und noch eine Menge mehr; denn er übte das Vorrecht genialer Männer aus: Wenn er etwas nicht wusste, erfand er sein Wissen darüber, und man muss zugeben, dass seine Erfindung im Allgemeinen viel wahrscheinlicher, viel raffinierter und romantischer und fadenscheiniger war und, so wage ich zu sagen, der Wahrheit viel näher kam als der Realität selbst. Es lässt sich leicht erraten, dass Nodier mit seiner Erfindungsgabe eine wahre Fundgrube an Paradoxien war. Aber er versuchte nie, einem diese Paradoxien aufzuzwingen; drei Viertel seiner Paradoxien schuf er zu seinem eigenen Vergnügen.

Eines Tages, als ich mit einem Minister zu Mittag aß, wurde ich gefragt:

„Wie verlief das Mittagessen?"

„Na gut", antwortete ich, „aber wenn ich nicht selbst dort gewesen wäre, hätte ich mich schrecklich gelangweilt!"

Und so war es auch mit Nodier; aus Angst, sich zu langweilen, erfand er Paradoxe, genau wie ich Geschichten erzählte.

Ich muss auf meine Aussage zurückkommen, dass Nodier ein wenig zu sehr dazu neigte, alle zu lieben. Mein Satz klingt etwas vorwurfsvoll, darf aber nicht so aufgefasst werden. Nodier war der Philanthrop von Terenz, der Mann, dem nichts fremd ist. Nodier liebte, wie ein Feuer wärmt, wie eine Fackel leuchtet, wie die Sonne scheint; er liebte, weil Lieben und Freundschaften schließen ebenso ein Bekenntnis seiner Natur waren wie Trauben die Früchte des Weinstocks. Erlauben Sie mir, ein *Wort zu prägen*, um den Mann zu beschreiben, der selbst so viele prägte: Er war ein Liebhaber (*aimeur*). Ich habe gesagt, er liebte und schloss Freundschaften, weil es für Nodier ebenso viele Frauen wie Männer gab. So wie er alle Männer guten Willens liebte, so liebte er in seiner Jugend (und Nodier wurde nie alt) alle liebenswerten Frauen. Wie er das schaffte, hätte er selbst nicht erklären können. Aber wie alle überaus poetischen Geister verwechselte Nodier immer den Traum mit dem Ideal und das Ideal mit der materiellen Welt; für Nodier existierte jede Fantasie seiner Fantasie wirklich – Thérèse Aubert, la Fée aux Miettes, Inès de las Sierras – er lebte inmitten all dieser Schöpfungen seines Genies, und nie hatte ein Sultan einen prächtigeren Harem.

Es ist interessant zu wissen, wie ein Schriftsteller arbeitete, der so viele und noch dazu so unterhaltsame Bücher schrieb. Ich werde es Ihnen erzählen. Nehmen wir den Nodier der Werktage, Liebesromanautor, Gelehrter und Bücherfreund, den Autor des *Dictionnaire des Onomatopées*, *des Trilby* und der *Souvenirs de Jeunesse*. Am Morgen, nach zwei oder drei Stunden leichter Arbeit, wenn er ein Dutzend oder vierzehn Seiten Papier von sechs Zoll Länge und vier Zoll Breite mit einer regelmäßigen, leserlichen Handschrift geschrieben hatte, ohne eine einzige Radierung vorzunehmen, betrachtete er seine Morgenaufgabe als erledigt und ging hinaus. Wenn er draußen war, irrte Nodier ziellos umher, ging mal eine Straße der Boulevards hinauf, mal eine andere, mal diesen oder jenen Kai entlang. Welchen Weg er auch einschlug, drei Dinge beschäftigten ihn: die Stände der Antiquariate, die Schaufenster der Buchhändler und Buchbinder; denn Nodier hatte eine fast ebenso große Vorliebe für schöne Einbände wie für seltene Bücher, und ich glaube, er stufte Deneuil, Derome, Thouvenin und die drei Elzevirs in seinem Kopf wirklich auf die gleiche Stufe. Diese abenteuerlichen Spaziergänge Nodiers, die sich durch Bücherfunde oder Treffen mit seinen Freunden in die Länge zogen, begannen gewöhnlich mittags und endeten fast immer zwischen drei und vier Uhr bei Crozet oder Techener. In diesen Häusern versammelten sich ungefähr um diese Stunde die Bücherfreunde von Paris: der Marquis de Ganay, der Marquis de Châteaugiron, der Marquis de Chalabre; Bérard, der Elzevir-Sammler, der in seiner freien Zeit die Charta von 1830 ausarbeitete; schließlich der Bücherfreund Jacob, König des bibliographischen Wissens, wenn Nodier nicht anwesend war, Vizekönig, wenn Nodier auf der Bildfläche erschien. Hier tauschten sie Meinungen aus und diskutierten über *de omni rescibili et quibusdam aliis.* Diese Verabredungen dauerten bis fünf Uhr. Um fünf Uhr ging Nodier auf einem anderen Weg nach Hause als dem, den er am Morgen genommen hatte; wenn er also über die Kais gekommen war, kehrte er über die Boulevards zurück, und wenn er die Boulevards entlanggegangen war, kehrte er über die Kais zurück. Um sechs Uhr speiste Nodier mit seiner Familie. Nach dem Essen gab es eine Tasse Kaffee, die wie ein echter Sybarit in kleinen und großen Zügen getrunken wurde, dann wurde das Tischtuch mit allem darauf entfernt und drei Kerzen auf den leeren Tisch gestellt. Drei Talgkerzen, nicht drei Wachskerzen. Nodier zog Talg dem Wachs vor – warum, erfuhr niemand: es war eine von Nodiers Launen. Diese drei Kerzen, nie mehr und nie weniger, wurden dreieckig aufgestellt . Dann holte Nodier seine Arbeit und seine Federn hervor – er verabscheute Stahlfedern – und arbeitete bis neun oder zehn Uhr abends. Zu dieser Zeit ging er ein zweites Mal hinaus; dieses Mal folgte er jedoch immer dem Verlauf der Boulevards und ging, je nachdem, was gerade los war, zur Porte-Saint-Martin, zum Ambigu oder zu den Funambules. Man wird sich erinnern, dass ich ihn zum ersten Mal an der Porte-Saint-Martin traf.

Es gab drei Schauspieler, die Nodier verehrte: Talma, Potier und Debureau. Als ich Nodiers Bekanntschaft machte, war Talma seit drei Jahren tot und Potier hatte sich vor zwei Jahren zur Ruhe gesetzt; so blieb ihm nur die unwiderstehliche Anziehungskraft von Debureau. Er war es, der als erster den berühmten Pierrot pries; in dieser Hinsicht kam Janin nach Nodier und war lediglich sein Nachahmer. Nodier sah das *Bœuf enragé* fast hundertmal. Bei der ersten Aufführung des Stücks wartete er bis zum Ende auf den Ochsen, und als er ihn nicht sah, ging er hinaus und sprach mit dem Logenwärter darüber.

Bœuf enragé heißt ? "

„Monsieur", antwortete der Buchhalter, „weil das sein Titel ist."

„Ah!", rief Nodier und zog sich zufrieden mit der Erklärung zurück.

Die sechs Tage der Woche vergingen auf die gleiche Weise: dann kam der Sonntag. Jeden Sonntag ging Nodier um neun Uhr morgens zum Frühstück mit Guilbert de Pixérécourt, für den er damals eine tiefe Bewunderung und die freundschaftlichsten Gefühle empfand. Er nannte ihn den Corneille der

Boulevards. Hier traf er sich mit den wissenschaftlichen Kreisen von Crozet oder Techener.

Wir haben erwähnt, dass einer dieser Bücherwütigen Marquis de Chalabre hieß. Er starb und hinterließ eine sehr wertvolle Bibliothek, die er Mademoiselle Mars vermachte. Mademoiselle Mars las sehr wenig oder, um ehrlich zu sein, sie las überhaupt nicht. Sie beauftragte Merlin, die ihr vermachten Bücher zu klassifizieren und ihren Verkauf zu organisieren. Merlin war der ehrlichste Mensch auf Erden; und er ging mit seiner üblichen Gewissenhaftigkeit an diesen Auftrag heran und blätterte die Seiten jedes Bandes so sorgfältig um, dass er eines Tages mit dreißig oder vierzig Tausend-Franc-Scheinen in der Hand zu Mademoiselle Mars ging, die er auf einen Tisch legte.

„Was ist das, Merlin?", fragte Mademoiselle Mars.

„Ich weiß nicht, Madame", antwortete er.

„Wieso? Das sind doch Banknoten!"

"Sicherlich."

"Wo hast du sie gefunden?"

„In einem Taschenbuch, im Einband einer sehr seltenen Bibel. Und da die Bibel Ihnen gehört, gehören auch diese Banknoten Ihnen."

Mademoiselle Mars nahm die Banknoten, die natürlich ihr gehörten, und es fiel ihr sehr schwer, Merlin die Bibel als Geschenk zu überreden, in der er, wie ich verstehe, die Banknoten entdeckt hatte.

Nodier kam zwischen drei und vier Uhr nach Hause und ließ sich, ebenso wie Monsieur Villenave, von seiner Tochter Marie ankleiden und zurechtmachen. Wir haben nämlich versäumt zu erwähnen, dass Nodiers Familie aus seiner Frau, seiner Tochter, seiner Schwester Madame de Tercy und seiner Nichte bestand. Um sechs Uhr wurde Nodiers Tisch gedeckt. Zusätzlich zur Zahl der Familiengäste wurden drei oder vier zusätzliche Gedecke bereitgestellt, und zwar für die regelmäßigen Stammgäste. Drei oder vier weitere Gedecke wurden für Gelegenheitsgäste bereitgestellt. Die Stammgäste waren Cailleux, der Direktor des Museums, Baron Taylor, der seinen Platz wegen seiner Reise nach Ägypten bald frei machen sollte, und Francis Wey, den Nodier wie sein eigenes Kind liebte und dessen alter französischer Adelsdialekt kaum weniger auffiel als der von Nodier und der von Dauzats. Die Gelegenheitsgäste waren Bixio, der riesige Saint-Valery und ich. Saint-Valery war Bibliothekar, wie Nodier. Er war 1,85 Meter groß und ein äußerst gebildeter Mann, aber er besaß weder Originalität noch Witz. Über ihn schrieb Méry diese Zeile:

„Er wird schwimmen und einen Vogel in die Lüfte treiben!"

In der Bibliothek brauchte er nur sehr selten eine Leiter, um an ein Buch zu kommen, so groß war er. Er stellte sich auf die Zehenspitzen und streckte einen seiner langen Arme aus, um das gewünschte Buch zu finden, selbst wenn es nahe an der Decke hing. Er war äußerst empfindlich und konnte keine scherzhaften Bemerkungen über seine große Gestalt ertragen, so harmlos sie auch waren. Er war lange Zeit wütend auf mich, weil ich ihn einmal, als er sich bei Madame Nodier über eine schlimme Erkältung beschwerte, fragte, ob er vor einem Jahr kalte Füße gehabt habe.

Wenn man in den reizenden und begehrenswerten inneren Kreis der Familie Nodier aufgenommen wurde, konnte man so oft mit ihnen speisen, wie man wollte. Wenn ein, zwei oder drei Gedecke zusätzlich zu den bereits gedeckten benötigt wurden, wurden sie hinzugefügt; wenn der Tisch vergrößert werden musste, wurde er verlängert. Aber der Mann, der zufällig der dreizehnte war, hatte Pech! Er wurde erbarmungslos an einen kleinen Tisch gesetzt, um allein zu speisen, es sei denn, ein vierzehnter Gast, der noch weniger erwartet wurde als er, würde auftauchen, um ihn von seiner Buße zu befreien. Ich war sehr bald unter den engeren Freunden, von denen ich gerade gesprochen habe, und mein Platz am Tisch war ein für alle Mal zwischen Madame Nodier und Marie Nodier festgelegt. Als ich an der Tür erschien, wurde ich mit Freudenschreien begrüßt; sie stürmten alle auf mich zu, von Nodier abwärts, der seine beiden großen Arme ausstreckte, um mich zu umarmen oder mir die Hand zu schütteln. Nach einem Jahr war mein Platz nicht mehr eine akzeptierte Tatsache, sondern wurde von Rechts wegen als meiner anerkannt: Er blieb für mich bis nach der Suppe frei; dann wagten sie es, ihn zu besetzen, aber wenn ich zufällig kam, sei es zehn Minuten, eine Viertelstunde oder eine halbe Stunde zu spät, selbst wenn ich erst beim Dessert eintraf, stand der Eindringling auf oder wurde dazu gezwungen, und mein Platz wurde mir überlassen. Nodier tat immer so, als wäre ich ihm ein Glückspilz, weil ich ihm das Reden abnahm; aber was in dieser Hinsicht dem faulen Hausherrn ein Vergnügen gewesen sein mag, war für seine Gäste eine Quelle des Kummers: Den faszinierendsten Redner, den man sich vorstellen kann, vom Reden abzuhalten, kam einem Verbrechen gleich. Trotzdem war ich, als ich zum Vizekönig der Konversation ernannt wurde, aufs Äußerste bemüht, meine Position nach besten Kräften auszufüllen. Es gibt bestimmte Häuser, in denen man spontan brillant ist; andere, in denen man langweilig ist, egal wie sehr man versucht, das Gegenteil zu sein. In drei Häusern war ich am besten, drei Häuser, in denen meine Stimmung immer besser wurde und vor jugendlicher Ausgelassenheit sprühte; diese Häuser waren Nodiers, Madame Guyet-Desfontaines und Zimmermanns. An allen anderen Orten konnte ich noch Gäste empfangen, aber nur im üblichen gesellschaftlichen Umgang. Doch egal, ob Nodier selbst der Redner war (und wenn das der Fall war, hörten Erwachsene und kleine Kinder still zu); ob sein Schweigen das Gespräch Dauzats, Bixio oder mir überließ, die Zeit verging unbeachtet, bis das Abendessen zu Ende war – ein Abendessen, um das der mächtigste Fürst der Erde ihn hätte beneiden können, vorausgesetzt, sein Geschmack war intellektuell. Nach dem Abendessen wurde Kaffee herumgereicht, während wir noch bei Tisch saßen. Nodier war viel zu sehr Sybarit, um im unbequemen Stehen in einem halb geheizten Salon vom Tisch aufzustehen und seinen Mokka zu trinken, während er ihn in einem warmen Speisezimmer, das gut nach Früchten und Likören duftete, in seinem Sessel zurückgelehnt trinken konnte. Während dieses letzten Akts oder vielmehr dieses Epilogs des Abendessens standen Madame Nodier und Marie auf, um den Salon zu erleuchten, und ich, der weder Kaffee noch Liköre trank, begleitete sie, um ihnen bei ihrer Aufgabe zu helfen, da meine große Gestalt ihnen sehr nützlich war, die Kronleuchter und Kandelaber anzuzünden, ohne dass sie auf Stühlen stehen mussten. Ich brauche wohl kaum zu sagen, dass, wenn M. Saint-Valery, der einen Fuß größer war als ich, anwesend war, ihm die Aufgabe des Anzündens von Rechts wegen zufiel.

Als der Salon dank uns beleuchtet war – eine Zeremonie, die nur sonntags stattfand, denn an Wochentagen wurden die Empfänge in Madame Nodiers Zimmer abgehalten –, erhellte das Licht die weiß getäfelten Wände mit Louis-Querschnitten und äußerst schlichtem Mobiliar, bestehend aus einem Dutzend Stühlen oder Lehnsesseln und einem mit rotem Kaschmir bedeckten Sofa mit Vorhängen in derselben Farbe, einer Büste von Hugo, einer Statue von Heinrich IV. als Kind, einem Porträt von Nodier und einer Landschaft mit einer Alpenansicht von Régnier. Links , wenn man eintrat, stand Maries Klavier in einer Nische, die fast wie ein eigenes Zimmer aussah. Diese Nische war groß genug, wie die Zwischenräume zwischen den Bettgestellen zur Zeit Louis XIV., damit die Freunde des Hauses um sie herumstehen und sich mit Marie unterhalten konnten, während sie mit ihren geschickten, flinken Fingern Quadrillen und Walzer spielte. Aber Quadrillen und Walzer begannen nicht vor dem angegebenen Moment: Zwei Stunden, von acht bis zehn, waren ausnahmslos der Konversation gewidmet; dann tanzten wir von zehn bis ein Uhr morgens. Fünf Minuten nachdem Madame Nodier, Marie und ich den Salon beleuchtet hatten, kamen als erste Taylor und Cailleux herein – sie fühlten sich in dem Haus viel wohler als Nodier selbst; dann kam Nodier, seinen Arm unter den von Dauzats oder Francis Wey oder Bixio gelegt; denn obwohl Nodier damals erst achtunddreißig oder vierzig war, war er wie eine große Kletterpflanze, die Wände mit Blättern und Blüten bedeckt, aber schon etwas zum Anlehnen braucht. Hinter Nodier kamen die übrigen Gäste herein, mit seiner kleinen Tochter, die tanzte und hüpfte. Zehn Minuten später begannen die üblichen Besucher hereinzuschauen – Fontanay und Alfred Johannot mit ihren beiden

teilnahmslosen Gesichtern, immer melancholisch inmitten unseres
Gelächters und unserer Fröhlichkeit, als hätten sie eine vage Vorahnung des
Todes; Tony Johannot, der nie ohne eine neue Zeichnung oder einen
Kupferstich kam, um Maries Album oder Sammlung zu bereichern; Barye,
der inmitten des Tumults einsam wirkte, denn es schien immer, als sei sein
Geist weit weg von seinem Körper auf der Suche nach etwas Wunderbarem;
Louis Boulanger mit seinen wechselhaften Stimmungen, heute traurig,
morgen heiter, immer derselbe große Künstler, große Dichter und treue
Freund; Francisque Michel, ein Sucher alter Manuskripte, der oft so in seine
tagesaktuellen Forschungen vertieft war, dass er vergaß, dass er in einem
alten Hut aus der Zeit Ludwigs XIII. und in gelben Pantoffeln gekommen
war; de Vigny, der in Unkenntnis seiner künftigen Verklärung noch immer
geruhte, sich unter Sterbliche zu mischen; de Musset, fast noch ein Junge,
der über seine *Erzählungen von Spanien und Italien träumte* ; und, den Abschluss
bildend, Hugo und Lamartine, die beiden Könige der Poesie, die
friedfertigen Eteokles und Polyneikes der Kunst, einer mit dem Zepter der
Ode und der andere mit der Krone der Elegie.

Ach! und ach! was ist aus all denen geworden, die sich dort versammelt
haben? Fontanay und Alfred Johannot sind tot; de Vigny hat sich unsichtbar
gemacht; Taylor ist auf Reisen; Lamartine hat mit seiner provisorischen
Regierung Frankreich aus den Fingern gleiten lassen; Hugo ist Abgeordneter
und versucht, das Land zusammenzuhalten, eine Aufgabe, die sich für die
Hände seines Kollegen als zu schwierig erwies; und der Rest von uns ist
verstreut, jeder geht seine eigene mühselige Karriere, behindert durch
boshafte Feinde, schikanöse Gesetze und kleinlichen Ministerhass; wir
kämpfen uns blind und müde weiter auf jene neue Welt zu, die die
Vorsehung für unsere Söhne und Enkel bewahrt, die wir zwar nicht sehen
werden, zu der uns aber zumindest unsere Gräber wie Meilensteine den Weg
weisen werden.

Kehren wir in unseren Salon zurück, den die Leute, von denen ich gerade
gesprochen habe , gerade betraten und mit überschwänglichen
Freudengrüßen begrüßt wurden. Wenn Nodier, wenn er den Esstisch
verließ, sich in seinem Sessel am Kamin ausstreckte, dann, weil er, wie der
egoistische Sybarit, der er war, es genoss, in diesem glückseligen Moment,
der auf den Kaffee folgt, in aller Ruhe ein zufälliges Spiel seiner Fantasie zu
genießen; wenn er sich dagegen bemühte, stehen zu bleiben, und sich gegen
den Kamin lehnte, die Waden gegen das Feuer und den Rücken gegen den
Spiegel, dann bedeutete das, dass er einige seiner Geschichten erzählen
wollte. Wir waren dann alle in der *Stimmung,* über die Anekdoten zu lächeln,
die von diesen fein modellierten, satirischen und witzigen Lippen kamen;
jeder schwieg; und er schüttete eine der entzückenden Geschichten seiner
Jugend aus, die wie ein Roman von Longus oder eine Idylle von Theokrit

klangen. Er schien wie Walter Scott und Perrault; der Gelehrte rang mit dem Dichter, das Gedächtnis kämpfte mit der Vorstellungskraft. Nodier war nicht nur amüsant anzuhören, sondern auch entzückend anzusehen. Sein großer, hagerer Körper, seine langen, dünnen Arme, seine weißen, spitz zulaufenden Hände, sein langes Gesicht voll heiterer Melancholie, alles harmonierte und passte zu seiner etwas trägen Stimme und dem bereits erwähnten aristokratischen Akzent; und ob Nodier nun eine Liebesgeschichte erzählte oder einen Kampf auf den Ebenen der Vendée beschrieb oder irgendein Drama, das sich auf dem Place de la Révolution abspielte, eine Verschwörung von Cadoudal oder Oudet, seine Zuhörer hielten den Atem an, so wunderbar verstand es der Geschichtenerzähler, zum Kern von allem vorzudringen, was er beschrieb. Diejenigen, die in der Mitte eintraten, verneigten sich schweigend und setzten sich in einen Sessel oder lehnten sich gegen die Täfelung; die Erzählung ging immer zu schnell zu Ende; warum er jemals zu einem Schluss kam, war ein Rätsel, denn wir wussten, dass Nodier ewig aus jenem Fortunatus-Beutel schöpfen konnte, den wir Vorstellungskraft nennen. Wir applaudierten nicht – applaudieren wir etwa dem Murmeln eines Bachs, dem Gesang eines Vogels, dem Duft einer Blume? – aber als das Murmeln aufhörte, der Gesang verklang, der Duft verflogen war, lauschten wir, warteten wir, verlangten nach mehr! Dann rutschte Nodier leise von seinem Platz am Kamin in seinen großen Sessel zurück, lächelte und wandte sich an Lamartine oder Hugo mit –

„Genug von solcher Prosa – jetzt lasst uns Poesie haben, Poesie!"

Und ohne ein zweites Kommando ließ einer der beiden Dichter von seinem Platz aus, die Hände auf die Rückenlehne eines Sessels gestützt oder die Schultern gegen die getäfelte Wand gelehnt, den harmonischen und eifrigen Fluss seiner poetischen Phantasie beginnen; dann wandten sich alle Köpfe in die neue Richtung, alle Geister folgten dem Flug eines Gedankens, der auf Adlerschwingen über ihnen dahinschwebte, um bald im Nebel der Wolken zwischen den Blitzen des Unwetters, bald in den Strahlen der Sonne zu spielen.

Bei diesen Gelegenheiten folgte Applaus; wenn der Applaus dann aufgehört hatte, ging Marie zu ihrem Klavier und ein strahlender Schwall von Tönen erschallte . Dies war das Signal für eine Quadrille; Sessel und Stühle wurden weggeräumt, Kartenspieler suchten Zuflucht in Ecken, und diejenigen, die statt zu tanzen lieber mit Marie plauderten, schlüpften in ihre Nische. Nodier war einer der ersten an den Kartentischen; lange Zeit spielte er nur Bataille , worin er behauptete, sehr gut zu sein; aber schließlich ließ er sich dazu bewegen, dem Geschmack des Jahrhunderts nachzugeben und spielte *Ecarté* . Wenn der Ball begonnen hatte, rief Nodier, der normalerweise sehr viel Pech hatte, nach Karten. Von dem Moment an, als er begann, löschte sich Nodier aus, verschwand und wurde völlig vergessen; er war einer dieser altmodischen Gastgeber, die sich selbst auslöschten, um ihren Gästen den Vortritt zu lassen, die, wenn sie willkommen sind, selbst Herren des Hauses werden. Außerdem verschwand Nodier, nachdem er eine Zeitlang verschwunden war, ganz. Er ging rechtzeitig zu Bett, oder, genauer gesagt, er wurde früh zu Bett gebracht. Madame Nodier war dafür verantwortlich, dieses große Kind zu Bett zu bringen; sie verließ daher zuerst den Salon, um sein Bett fertigzumachen. Wenn es Winter war und sehr kalt und das Küchenfeuer vielleicht erloschen war, sah man eine Wärmepfanne zwischen den Tänzern zum Kamin im Salon rollen, ihre breiten Öffnungen öffneten sich, um die glühenden Kohlen aufzunehmen, und dann wurde sie in Nodiers Schlafzimmer gebracht. Nodier folgte der Wärmepfanne, und wir sahen ihn in dieser Nacht nicht mehr.

So war Nodier; so war das Leben dieses hervorragenden Mannes.

Einmal begegneten wir ihm in einer Stimmung der Demütigung, Scham und Verlegenheit. Der Autor von „ *Rot de Bohème et ses Sept Châteaux* " war gerade zum Akademiemitglied ernannt worden. Er entschuldigte sich in aller Bescheidenheit bei Hugo und mir, und wir vergaben ihm.

Nachdem er fünfmal abgelehnt worden war, wurde Hugo nun nominiert. Er bot mir keine Entschuldigungen an, was auch gut war; denn ich hätte ihm sicherlich nicht verzeihen sollen!

KAPITEL II

Oudard übermittelt mir die Wünsche des Herzogs von Orléans – Ich werde zum Hilfsbibliothekar ernannt – Wie Seine Hoheit dadurch vierhundert Francs sparte – Rivalität mit Casimir Delavigne – Petition der klassischen Schule gegen romantische Produktionen – Unterstützungsschreiben von Mademoiselle Duchesnois – Ein fantastischer Tanz – Die Person, die Racine einen *Schurken nannte* – Schöne Entrüstung des *Constitutionnel* – Erste Darstellung von *Marino Faliero*

Man wird sich erinnern, dass Monsieur le Duc d'Orléans während des kurzen Gesprächs, das ich die Ehre hatte, in seiner Privatloge mit ihm zu führen, den Wunsch geäußert hatte, mich in seiner Nähe zu behalten. Jetzt, da ich meine Handlungsfreiheit wiedererlangt hatte, hatte ich keinen Grund, den Mann zu verlassen, der mir jedenfalls sechs Jahre lang meinen Lebensunterhalt gesichert und mir ermöglicht hatte, meine Studien fortzusetzen und zu dem zu werden, was ich war. Außerdem war Monsieur le Duc d'Orléans damals ein typischer Vertreter jener Oppositionspartei, der ich als Sohn eines republikanischen Generals von Rechts wegen angehörte. Monsieur le Duc d'Orléans, Sohn eines Königsmörders, Mitglied des Jakobinerklubs, Verteidiger Marats und Schuldner von Collot d'Herbois, schien mir tatsächlich, das muss ich zugeben, wenn er seit 1793 nicht stark degeneriert war, 1829 weit fortgeschrittener zu sein als ich selbst. Er verhielt sich gut, bis hin zu dem *Satz*, den er an dem Tag aussprach, als ich ihm nach Diktat schrieb: „Monsieur Dumas, bedenken Sie, dass es eine Ehre ist, stolz darauf zu sein, wenn man von Ludwig XIV. abstammt, und sei es auch nur durch einen seiner Bastarde." Ich hatte diesen *Satz natürlich* durch mein unwissendes Zögern hervorgerufen. Außerdem konnte man stolz darauf sein, von Ludwig XIV. abzustammen, während man gleichzeitig die Verworfenheit Ludwigs XV. und die Fehler Ludwigs XVI. tadelte; außerdem, woher kamen unsere republikanischen Väter? – aus dem Parc-aux-Cerfs und dem Petit Trianon. Der Duc d'Orléans war also, wenn auch nicht gerade ein republikanischer Prinz, wie man ihn 1792 nannte, zumindest ein Bürgerprinz, wie man ihn 1829 nannte. Kurz gesagt, es war gut für meine Position und im Einklang mit meinen Sympathien, M. le Duc d'Orléans verbunden zu bleiben. All diese Überlegungen hatten genügend Zeit, in meinem Kopf zu reifen, als ich einen Brief von Oudard erhielt, in dem er mich bat, ihn in seinem Büro aufzusuchen. Früher hätte mich eine solche Einladung sehr beunruhigt; jetzt brachte sie mich nur zum Lächeln, und ich stellte mich vor. Raulot verneigte sich fast bis zum Boden vor mir; er öffnete die Tür und verkündete:

„Herr Alexandre Dumas.“

Oudard kam mir mit lachendem Gesicht entgegen.

„Nun, mein lieber Dichter“, sagte er, „es scheint, Sie hatten zweifellos Erfolg?“

"Ja."

„Zuerst möchte ich Ihnen herzlich gratulieren … Aber wer hätte das vorhersehen können?“

„Diejenigen, die mir meine Bonuszahlungen vorenthalten und mein Gehalt einbehalten haben. Denn ich nehme an, wenn sie einen Misserfolg vorausgesehen hätten, hätten sie nicht die Grausamkeit besessen, meine Mutter und mich dem Hungertod auszusetzen.“

„Hat Ihnen Herr de Broval am Abend der Vorstellung nicht geschrieben?“, fragte Oudard etwas verwirrt.

„Ja, tatsächlich; hier ist sein Brief.“

Ich habe ihm den Brief gezeigt, den der Leser gesehen hat.

„Und ich behalte es als Modell“, fuhr ich fort und steckte es wieder in meine Tasche.

„Als Vorbild wofür?“

„Von diplomatischen Lügen und dummer Speichelleckerei.“

„Komm, das ist aber eine starke Sprache!“

„Stimmt, aber man sollte die Dinge auch beim Namen nennen.“

„Wie dem auch sei, lassen Sie uns das Thema fallen und über Ihre Position hier sprechen.“

„Das ist so, als würde man über Luftschlösser diskutieren.“

„Ich beziehe mich nicht auf Ihre frühere Stellung, denn ich bin mir durchaus bewusst, dass Sie es unter den alten Bedingungen ablehnen würden, im Haushalt zu bleiben; und wir wünschen das auch nicht … Sie müssen Zeit für Ihre Arbeit haben.“

„Fahren Sie fort, mein Herr Mæcenas, sprechen Sie im Namen des Augustus; ich höre zu.“

„Nein, im Gegenteil, es ist Ihre Aufgabe zu sprechen. Was wünschen Sie?“

„Ich? Ich wollte Erfolg und ich habe ihn gehabt. Ich will nichts anderes.“

„Aber was können wir tun, das Ihnen gefällt?“

„Nicht viel.“

„Dennoch muss es im Haus eine Position geben, die Du gerne hättest.“

„Es gibt keinen, den ich begehre; aber es gibt einen Posten, der mir passen würde.“

"Welches ist das?"

„Um M. Casimir Delavignes Kollege in der Bibliothek zu sein.“

Oudards Gesichtsmuskeln zuckten und sein Ausdruck verriet, dass er sagen wollte: „Sie sind in der Tat ehrgeizig, mein Freund.“

„Oh, ich verstehe die Schwierigkeiten durchaus“, sagte ich.

„Sehen Sie“, fuhr Oudard fort, „wir haben bereits Vatout und Casimir, einen Bibliothekar und einen Hilfsbibliothekar.“

„Natürlich, und das reicht doch völlig aus, wenn es keine Bibliothek gibt, oder nicht?“

Denn tatsächlich war die Bibliothek des Herzogs von Orléans, insbesondere zu dieser Zeit, sehr minderwertig.

„Was meinen Sie mit ‚keine Bibliothek‘?“, rief Oudard aus; denn wie der Diener eines Pfarrers konnte er es nicht ertragen, dass das Haus seines Herrn an Wert verlor. „Wir haben dreitausend Bände!“

„Sie irren sich, mein lieber Oudard, es sind dreitausendvier, denn ich habe vorgestern im Hause des Herzogs von Orléans die *Mémoires de Dumouriez gesehen, die gerade aus London gekommen waren.“*

Ich gab den Stoß gutmütig, und Oudard nahm ihn hin. Er konnte ihn nicht abwehren, ohne zuzugeben, dass er getroffen worden war. Er fuhr fort:

„Nun, nun, Sie sind wunderbar klug, mein Freund; ich werde Monseigneur Ihren Wunsch übermitteln, dem Haushalt als Bibliothekar beizutreten.“

Ich habe ihn aufgehalten.

„Bleib, wir wollen uns endlich verstehen, Oudard.“

„Ich wünsche mir nichts Besseres.“

„Hast du mich nicht gebeten, zu dir zu kommen?“

"Sicherlich."

„War ich es nicht, der aus eigenem Antrieb gekommen ist?“

"NEIN."

„Ich wäre nicht gekommen, wenn Sie mir nicht geschrieben hätten.“

„Das wäre sehr nachlässig von Ihnen gewesen.“

„Möglich, aber ich bin trotzdem nicht gekommen. Sie sprechen jetzt von einem Wunsch, ich habe keinen geäußert, ich bin es nicht, der den Wunsch hat, dem Haushalt verbunden zu bleiben. Wenn sie mich behalten wollen, müssen sie mich zur Bibliothekarin machen; was das Gehalt betrifft, brauchen sie mir keins zu geben. Sie sehen, ich mache Seiner Königlichen Hoheit die Dinge außerordentlich leicht.“

„Ach! Wirst du immer eigensinnig sein?“

„Nein, aber ich erinnere mich daran, was Monsieur le Duc d'Orléans vor einem Monat in seiner eigenen Handschrift neben meinen Namen zu schreiben geruhte: ‚Streichen Sie ihm seine Prämien‘ usw. usw.“

„Komm, ich werde dir etwas sagen, was deine Wertschätzung für den Prinzen wiederherstellen wird.“

„Ach, mein lieber Oudard, ich bin in der Tat ein viel zu unbedeutendes Individuum, um das Recht zu beanspruchen, mit ihm zu streiten.“

„Nun, ich nehme an, er würde die Widmung Ihres Dramas annehmen.“

„Die Widmung meines Stückes, mein lieber Oudard, gebührt dem Mann, der es auf die Bühne brachte; mein Drama *Henri III.* werde ich Taylor widmen.“

„Sie machen einen Fehler, mein lieber Freund.“

„Nein, ich zahle eine Schuld zurück.“

„Gut, wir wollen das Thema nicht weiter verfolgen. Also, ein Bibliothekar wie Casimir Delavigne …“

„Oder wie Vatout, wenn Ihnen der Vergleich einfacher erscheint.“

„Ist Ihnen bewusst, wie epigrammatisch Sie seit Ihrem Erfolg geworden sind?“

„Nein. Ich kann jetzt nur laut aussprechen, was ich früher für unausgesprochen hielt.“

„Nun, ich sehe deutlich, dass Sie das letzte Wort haben wollen.“

„Natürlich. Versuchen Sie, ein Wort zu finden, auf das ich keine Antwort finden kann. *Au revoir!* “

"Adieu!"

Zwei Tage später rief mich Oudard wieder zu sich; er hatte eine Stelle entdeckt, die viel besser zu mir passte als die des Bibliothekars: nämlich die des Vorlesers bei Madame la Duchesse d'Orléans. Ich dankte Oudard, versicherte ihm aber, dass ich immer noch an meiner ersten Idee festhielt, entweder Bibliothekar zu werden oder gar nichts.

Wir trennten uns etwas kühler als zuerst. Zwei Tage später erhielt ich einen dritten Brief; diesmal hatte er etwas gefunden, das am besten zu mir passte. Man würde mich zum *Ehrenritter* von Madame Adélaïde machen! Ich beharrte hartnäckig darauf, Bibliothekarin werden zu wollen. Schließlich erhielt ich eine vierte Einladung und stattete ihr einen vierten Besuch ab. Man hatte beschlossen, meiner Bitte nachzukommen, und ich wurde zur Hilfsbibliothekarin mit einem Gehalt von 1200 Francs ernannt.

Da ich im Voraus erklärt hatte , dass die Geldfrage keine Rolle spiele, hatten sie dies ausgenutzt, um Monseigneur vorzuschlagen, mir als Bibliothekar 300 Francs weniger zu zahlen, als sie mir als Angestellter gezahlt hatten. Das spielte keine Rolle; aber hören Sie, und mögen Harpagon und Grandet sich erhängen, weil sie nicht erfunden haben, was die Leute ersonnen haben, die die Angelegenheiten von M. le Duc d'Orléans und mir regelten. Da sie mir sechs Monate lang kein Gehalt gezahlt hatten, verlegten sie meine Ernennung um sechs Monate vor. Da ich als Angestellter ein Gehalt von 1500 Francs und als Bibliothekar 1200 Francs hatte, sparten sie folglich, indem sie mir für diese sechs Monate als Bibliothekar zahlten, die Summe von 150 Francs, was ihnen, zusammen mit meinen nicht ausgezahlten Prämien von 1829, 350 Francs ersparte; und die 350 Francs, zusammen mit den 50 Francs, die von meinem Bonus von 1828 abgezogen wurden, ergaben einen Nettobetrag von 400 Francs mehr für die fürstliche Schatzkammer. Man muss zugeben, dass der Herzog von Orléans von Männern mit großen Ansichten umgeben war! Unglücklicherweise waren dies genau dieselben Männer, die später den König umgaben.

Als ich in der Bibliothek eingezogen wurde, lernte ich Vatout und Casimir Delavigne kennen, die, wie Oudard mich gewarnt hatte, meine Ankunft nicht mit großer Begeisterung begrüßten. Besonders Casimir Delavigne, der sich zwar später wieder mit mir versöhnte, mir aber meinen Erfolg mit *Heinrich III. zunächst nicht verzeihen konnte.* Tatsächlich hielt mein Erfolg mit *Heinrich III.* das ganze Jahr an, und da es ein Sprichwort gibt, dass zwei Erfolge auf der Bühne nie zusammenkommen, verhinderte der Erfolg von *Heinrich III.* den Erfolg von *Marino Faliero* , das auf seinen Auftritt wartete und in dem Mademoiselle Mars die Helena spielen sollte. Aber Mademoiselle Mars war drei lange Monate mit *Heinrich III. beschäftigt* ; dann kamen ihre zweimonatigen Ferien; so wurde *Marino Faliero* auf den kommenden Winter verschoben. Dies passte Casimir Delavigne überhaupt nicht.

Ich habe geschildert, wie sich die dramatischen Angelegenheiten von Casimir Delavigne abspielten: Wegen *Marino Faliero wurde ein Familienrat einberufen* , und es wurde beschlossen, dass der Doge von Venedig an die Porte-Saint-Martin übersiedeln sollte, dass Madame Dorval, deren Ruf sich herumgesprochen hatte, Mademoiselle Mars ersetzen sollte, und dass Ligier vom Odéon abgeworben werden sollte, um Marino Faliero zu spielen. Dieser Übertritt erregte großes Aufsehen. Casimir an der Porte-Saint-Martin! Das war Coriolan bei den Volskern; alle Zeitungen jammerten und stöhnten laut über die Verbannung des Nationaldichters, und man begann, in mir einen Usurpator zu sehen, der sich erhoben hatte, um einen gekrönten und gesalbten König von seinem rechtmäßigen Thron zu vertreiben. Die Situation wurde durch ein ebenso neuartiges wie unerwartetes Ereignis kompliziert. Eine Petition an den König erschien, in der Seine Majestät gebeten wurde, für Corneille, Molière und Racine – die von dieser Aufregung unbeeindruckt auf ihren Marmorpodesten im *Foyer standen* – das zu tun, was Seiner Majestäts erlauchter Vorgänger für König Ferdinand VII. getan hatte, als dieser von den Cortes vertrieben worden war: sie wieder auf ihre Throne zu setzen. Ach! Niemand war jemals weniger ehrgeizig, anderen Leuten die Throne wegzunehmen, als ich ... Ich war durchaus bereit, einen Sitz oder einen bequemen Sessel einzunehmen, ja, einen erhöhten, gut sichtbaren, aber einen Thron! Das Wort und die Position waren zu klassisch, und ich strebte nie danach. Es ist unvorstellbar, nicht wahr? dass man sieben Literaten finden konnte, die intolerant, albern und lächerlich genug waren, um sich an einen König zu wenden, um eine Methode der Kunst, eine unsichtbare, undefinierbare und ungreifbare Konzeption zu verbieten, und ihm kühn zu sagen: „Sire, wir sind die Vertreter der Kunst; wir allein wissen, was schön ist; wir allein besitzen Wissen, Geschmack und Genie; freilich zischt uns das Publikum aus, sobald wir auftreten; freilich ziehen unsere Tragödien niemanden an, wenn sie aufgeführt werden; freilich spielen die Komödianten unsere Stücke mit ausgesprochener Abneigung, da sie nicht den gleichen Gewinn daraus ziehen, obwohl die Kosten die gleichen sind; aber was macht das alles schon! Es ist schwer für uns, zu sterben und vergessen zu werden; wir möchten lieber ausgebuht als begraben werden. Sire, erteilen Sie Ihren Befehl, dass unsere Stücke und nur unsere aufgeführt werden; denn wir sind die einzigen Nachkommen von Corneille, Molière und Racine, während diese Neuankömmlinge nichts weiter sind als Bastarde von Shakespeare, Goethe und Schiller!"

Wie logisch! Ich war ein Bastard von Shakespeare, Goethe und Schiller, denn ich hatte gerade *Henri III. komponiert* , ein so ausgesprochen französisches Stück, dass man mir, wenn man es tadeln könnte, vorwerfen könnte, ich hätte die Sitten des ausgehenden 16. Jahrhunderts zu getreu wiedergegeben. Und da die Sache wirklich unglaublich klingt, wollen wir unseren Lesern die Bitte dieser Herren vor Augen führen:

„SIRE, – Der Ruhm der Literatur ist nicht der am wenigsten strahlende unter den französischen Ruhmestaten, und der Ruhm unseres Theaters ist nicht der am wenigsten strahlende unter unseren literärischen Ruhmestaten. So dachten Ihre Vorfahren, als sie das Théâtre-Français mit einem besonderen Schutz ehrten; so dachte Ludwig XIV., dem es seine erste Gründung verdankte. Dieser königliche Beschützer der Literatur war überzeugt, dass die *Meisterwerke* , die seine Herrschaft hervorgebracht hatte, nicht perfekt genug dargestellt werden konnten, und verfügte, dass die besten Schauspieler, die in den verschiedenen damaligen Ensembles der Hauptstadt verstreut waren, zu einem Ensemble vereint werden sollten, das die „Comedians en ordinaire d'hôte" des Königs heißen sollte. Er gab dieser erlesenen Truppe Regeln, gewährte ihr Rechte und unter anderem das ausschließliche Privileg, Tragödien und hohe Komödien darzustellen; und er fügte diesen Gunstbeweisen das der Begabung hinzu. Sein Ziel dabei, Sire, war, wie Sie wissen, nicht nur, jene Schauspieler zu belohnen, die das Glück hatten, ihm zu gefallen, sondern sie auch zur Ausübung einer Kunst zu ermutigen, die durch ihre Höhe in Harmonie mit dem König stehen sollte. mit seinem königlichen Geist; auch, um den Wohlstand dieser Kunst aufrechtzuerhalten und ein Mustertheater auf einem soliden Fundament für Schauspieler und Autoren zu errichten. Lange Zeit wurden die Absichten von Ludwig XIV. von seinen Nachfolgern erfüllt, bei denen es weder an Geschmack noch an Großzügigkeit mangelte; die beiden Künste, die er liebte und denen die französische Bühne ihre Würde und ihre Überlegenheit verdankte, haben dort mit fast unbestrittener Macht geherrscht. So war der Zustand zur Zeit des Ablebens Ihres erlauchten Bruders; warum muss man zugeben, dass er heute nicht mehr derselbe ist? Der Tod des Schauspielers, dessen Talente mit denen der vollkommensten Künstler aller Epochen wetteiferten, hat der edlen Kunst, die er hochhielt, mehr als nur einen Schaden zugefügt. Ob aus Geschmacklosigkeit oder aus dem Bewusstsein, dass sie seinen Platz nicht einnehmen können, haben gewisse Mitarbeiter des Théâtre-Français behauptet, dass die Kunstmethode, in der Talma brillierte, nicht mehr gewinnbringend weitergeführt werden könne; Sie versuchen, die Tragödie von der Bühne zu verbannen und sie durch Stücke zu ersetzen, die die exzentrischsten Dramen der ausländischen Literatur nachahmen – Dramen, die niemand zuvor zu reproduzieren gewagt hat, außer in unseren schäbigsten Theatern. Es ist durchaus denkbar, dass drittklassige Schauspieler diese Taktiken verfolgen, die ihren mittelmäßigen Darbietungen entsprechen, und dass sie, da sie nicht in der Lage sind, sich auf die Höhe der Tragödie zu erheben, die Kunst auf das Niveau ihres Talents herabsetzen wollen; aber es ist fast unvorstellbar, Sire, dass diese Haltung von denen gefördert wird, die sie bekämpfen sollten. Sie verletzen nicht nur die ihnen gewährten Privilegien, um bei jeder möglichen Gelegenheit die besondere Kunstmethode zu fördern, an die sie sich gewöhnt haben; sondern um den Erfordernissen dieser Methode gerecht zu werden, die weniger danach strebt, die Seele zu erheben, das Herz zu verführen und den Geist zu beschäftigen, als die Augen mit materiellen Mitteln zu blenden, erschöpfen sie durch die Ablenkung durch eitle Schaustellung und Bühneneffekte das Kapital des Theaters, erhöhen seine Schulden und führen zu seinem Ruin. Und da die Tragödie trotz aller Bemühungen, sie zu verhindern, noch immer – und mit einigem Erfolg – gegen ihre niederträchtige Rivalin kämpft, geben sich die Behörden nicht damit zufrieden, die notwendigen Ausgaben zu verweigern und die erforderliche Ausstattung zu verweigern. Sie tun ihr Bestes, um tragische Aufführungen ganz und gar zu verhindern und den Hauptdarstellern nur noch Subventionen für Themen zu gewähren, die beim Publikum nicht gutheißt. Schlimmer noch: Um jegliche tragische Aufführung von nun an unmöglich zu machen, haben sie die beiden führenden Vertreter der Tragödie, Mademoiselle Duchesnois und M. Lafond , im Vorgriff auf ihren Rückzug von der Bühne zu einem Jahr der Verbannung gezwungen, wobei sie sich als Feiertag ausgaben. Während dieser Zeit wollen sie das Theater von Racine, Corneille und Voltaire endgültig ruinieren.

„Sire, reagieren die Agenten, denen Sie das Vertrauen geschenkt haben, das Theater zu überwachen und zu kontrollieren, richtig auf Ihre wohltätigen Pläne? War es beabsichtigt, dass die Freiheit, die ihnen anvertraut wurde, dazu verwendet werden sollte, die Sache des Melodrams zum Nachteil der Tragödie zu fördern? Sollten die Mittel, die ihnen durch Ihre Großzügigkeit zur Verfügung gestellt wurden, um die Sache des guten Geschmacks zu fördern, für ihre eigenen besonderen Einfälle verschwendet werden, die dazu neigen, die größten Namen der Kunst der Melpomene der Boulevards unterzuordnen und ihre erhabene Kunst auf den Status eines niederträchtigen Gewerbes zu reduzieren? Wir sind überzeugt, Sire, dass der Ruhm Ihrer Herrschaft mit der Erhaltung aller Quellen des französischen Ruhms verbunden ist, und wir betrachten es daher als unsere Pflicht, Ihre Aufmerksamkeit auf die Erniedrigung zu lenken, durch die das erste unserer Theater bedroht ist. Sire, das Übel ist bereits schwerwiegend! In wenigen Monaten wird es nicht mehr zu beheben sein; in wenigen Monaten wird das von Louis le Grand gegründete Theater für Werke, die die Freude der höflichsten Höfe, der aufgeklärtesten Nationen; es wird unter das Niveau der schäbigsten Bühnen gesunken sein, oder vielmehr: das Théâtre-Français wird aufgehört haben zu existieren.

„(Unterzeichnet) AV ARNAULT, N. LEMERCIER, VIENNET, JOUY, ANDRIEUX, JAY, O. LEROY"

Diesem merkwürdigen Brief folgte ein ebenso merkwürdiger Brief – oder, genauer gesagt, er ging ihm voraus. Der Brief von Mademoiselle Duchesnois, den wir in seiner Gesamtheit vorlegen werden, so wie wir die

Petition dieser Herren vorgelegt haben, war die Rakete, die die Öffentlichkeit warnte, dass ein großes Feuerwerk bevorstünde.

Meine Leser werden sich an den Besuch erinnern, den M. Lafond mir in meinem Büro abstattete, um mich zu fragen, ob ich in meinem Stück einen eleganten, gepflegten Kerl hätte, der zu Königin Christine sagen könnte: „*Sacrebleu!* Eure Majestät hat nicht das Recht, diesen armen Teufel zu ermorden!" Man wird sich erinnern, dass ich ihm sagte, dass dies nicht der Fall sei. Woraufhin M. Lafond sich anmutig auf dem Absatz umdrehte und bemerkte, dass sein Besuch daher fruchtlos gewesen sei.

Nach der Lesung von *Heinrich III.* hatte sich M. Lafond gesagt, dass die Rolle dieses äußerst angesehenen Höflings, des Herzogs von Guise, ihm von Rechts wegen zustünde; aber leider hatte er gesehen, dass die Rolle Joanny zugewiesen wurde, die sie auffallend gut spielte, obwohl sie nicht tadellos war. Ebenso schlimm war es für die arme Mademoiselle Duchesnois gewesen: Sie hatte nacheinander die Rolle von Christine und die der Herzogin von Guise an sich vorübergehen sehen; sie hatte mir die Ehre erwiesen, beide Rollen spielen zu wollen, und jedes Mal musste ich ihr unter unendlichen Schwierigkeiten erklären, wie unmöglich es für sie war, eine der beiden Rollen zu übernehmen; daher war sie wütend. Nun ist Wut ein schlechter Ratgeber, und so kam es, dass Mademoiselle Duchesnois unter dem Einfluss dieser Wut den folgenden Brief schrieb:

„MONSIEUR, ich hätte es vorgezogen, mich aus dem Streit herauszuhalten, der die Aufmerksamkeit der Zeitungen über das Théâtre-Français erregt; aber da die Verteidigung eines Systems, das unsere soziale Existenz gefährdet, auf falschen Tatsachen beruht, habe ich es für meine Pflicht gegenüber der Öffentlichkeit gehalten, bestimmte Erklärungen abzugeben, die die Frage in ihrem wahren Licht zeigen. Zweifellos sollte die erste Pflicht der französischen Komödianten darin bestehen, die Gunst des Publikums zu behalten, und man kann uns dies nicht vorwerfen, da wir in den letzten drei Jahren nacheinander mit sehr hohen Kosten alle Werke der neuen Schule produziert haben; infolgedessen sind unsere Anteile von sechzehntausend auf siebentausend Francs gefallen, und wir haben in der Zwischenzeit Schulden in Höhe von schätzungsweise hunderttausend Francs angehäuft. Das alte Repertoire und die Werke, die auf denen der alten Meister basieren, wie *Tartuffe, Phèdre, Zaïre, Germanicus, Sylla, Pierre de Portugal, Marie Stuart, l'École des Vieillards, Blanche, le Roman* verherrlichen zwar nicht mehr die Bühne, bringen aber immer noch etwas Geld in unsere Taschen und helfen, die schrecklichen Kosten für die Kulissen und die für die Dramen erforderlichen Einrichtungen zu decken. Trotz des Ruins unseres Wohlstands und der Zunahme unserer Verbindlichkeiten hätte ich geschwiegen, wenn sich nicht das Gerücht verbreitet hätte, dass wir im Begriff seien, unseren Verein aufzulösen, um uns auf eine neue Leitung vorzubereiten und auf unseren Ruinen ein sogenanntes romantisches Theater zu errichten. Diese Berichte haben genug an Gewicht gewonnen, um in mehreren Zeitungen wiederholt zu werden, und es wurde bemerkt, dass die üblichen Anhänger des Commissary Royal sich alle Mühe gegeben haben, die Vorteile eines solch absurden Vorschlags hervorzuheben, anstatt ihn zu leugnen. Die Tragödienschauspieler, die seit dem Eintreffen von M. Taylor Gegenstand einer Kritik waren, für die sie bis vor kurzem noch keine Ursache finden konnten, wurden in denselben Zeitungen mit unerhörter Bitterkeit und mit dem Schlagwort des Augenblicks angegriffen: *„ Das Publikum will keine Tragödien mehr.“* Es lässt sich nicht leugnen, dass die Tragödie nicht mehr die enormen Summen einbringt wie die erfolgreichen Tage von Talma und die ersten fünfzehn Jahre meiner Theaterkarriere; aber ohne auf ihre Bedeutung und Notwendigkeit einzugehen, lässt sich anhand der Einnahmen erkennen − nicht jener, die ich vom Commissary Royal erhielt, sondern der tatsächlichen Einnahmen, die in das Registre *des Pauvres eingetragen wurden* (die ich in diesem Moment heraussuchen lasse, um sie zu veröffentlichen) − dass die Tragödie wieder erfolgreiche Tage erleben würde, wenn die Regierung ihr den Schutz gewähren würde, der ihr gebührt, anstatt die Schauspieler und Autoren zu verfolgen, die immer noch ihre Unterstützer sind. Es wäre eine schwierige Aufgabe, alle Beispiele für M. Taylors Böswilligkeit aufzuzählen; hier sind ein oder zwei, die ausreichen werden, um Sie zu überzeugen. Drei junge Schauspieler, die vom Odéon weggebracht wurden, zeigten ein gewisses Interesse und Talent für Tragödien. M. Taylor versuchte, sie von der Comédie-Française wegzutreiben. Er hatte Erfolg mit den Herren Ligier und Victor; und wenn M. David uns gerettet wurde, dann nur, weil ein Gerichtsurteil den Commissary Royal überstimmte. M. Beauvallet, ein junger Mann, der bei den Freunden der dramatischen Kunst große Hoffnungen weckte, war gezwungen, ein Engagement an einem zweitrangigen Theater anzunehmen. Und das ist noch nicht alles; meine Anwesenheit und die von M. Lafond waren Hindernisse auf dem Weg zur Verwirklichung der Pläne der romantischen Schule. So erhielten wir diesen Winter eine Mitteilung, fast gleichbedeutend mit einem Befehl, Paris für ein Jahr zu verlassen, ohne etwas dergleichen erbeten zu haben, wie gewisse falsch informierte Zeitungen berichteten. Unter diesen Umständen, Monsieur, haben namhafte Literaten, die aufgrund ihrer Verbindungen zu Schauspielern viel besser mit der Situation am Théâtre-Français vertraut sind als die Verfasser vieler Artikel, es als ihre Pflicht angesehen, dem König ein Mahnmal zu überreichen, nicht um den neuen Dramastil auszuschließen (ein von M. Taylors Freunden erfundener Scherz, um ein vollkommen gerechtfertigtes Vorgehen *lächerlich zu machen*), sondern um einen Schutz für Autoren der *klassischen* Schule und die sie unterstützenden Schauspieler zu fordern, der zumindest dem der romantischen Schule gleichwertig ist.

„Ich bitte Sie, Monsieur, die Güte zu haben, mir mitzuteilen, dass ich gerade Herrn Taylor und den Vicomte de la Rochefoucauld vor Gericht gestellt habe, damit sie sich für ihren Verstoß gegen die Regeln unserer Gesellschaft verantworten. Durch diese Regeln haben sie ein Komitee für die letzten vier Jahre vertagt, von dem ein Drittel gemäß unseren Statuten jährlich hätte erneuert werden müssen. Ich bitte Sie auch, so freundlich zu sein und in meinem Namen mitzuteilen, dass der Artikel, der heute Morgen im Journal *de Paris veröffentlicht wurde*, in allen seinen Aussagen und Berechnungen falsch ist, und dass ich mich beeilen werde, die Beweise für diese Aussage so schnell wie möglich der Öffentlichkeit vorzulegen. Erlauben Sie mir gleichzeitig, die falsche Behauptung zu widerlegen, dass einer der Unterzeichner der Petition seine Unterschrift *zurückziehen* oder *verleugnen wollte*. Im Gegenteil, ich weiß, dass mehrere unserer angesehensten Autoren sich darauf vorbereiten, ihre Zustimmung zu dem Mahnmal für den König öffentlich zu machen. – Ich bin usw.

J. DUCHESNOIS"

Wir haben bereits gesagt, dass unter einer klugen Regierung jeder, sogar der König, seinen Verstand schärft.

Der König antwortete seinen Bittstellern wie folgt:

„Meine Herren, ich kann in der von Ihnen gewünschten Angelegenheit nichts tun. Ich habe wie jeder andere Franzose nur einen Sitz im Theater."

Nun werde ich gefragt, wie es M. Arnault gelang, diese gegen mich gerichtete Forderung mit seiner Freundlichkeit mir gegenüber in Einklang zu bringen? Wie konnte er mich jeden Sonntag vertraulich bei sich zu Hause und an seinem Tisch empfangen, während er sein Bestes tat, mich vom Theater fernzuhalten? Oh! Seien Sie in dieser Hinsicht ganz ruhig! M. Arnault hatte einen logischeren Verstand. Am Sonntag nach der Aufführung von *Henri III.* – also am nächsten Tag – fand ich Madame Arnault ganz allein im Haus, und sie sagte im Laufe des Gesprächs zu mir:

„Dumas, wenn Sie mit uns zu Abend essen möchten, sagen Sie es uns vorher. Sonst laufen Sie Gefahr, mit mir *unter vier Augen zu speisen*, wie heute, was für Sie nicht sehr unterhaltsam ist."

Ich habe den Wink verstanden und bin nie wieder dorthin zurückgekehrt.

Der Erfolg *Heinrichs III.* brachte also alle Vor- und Nachteile großer Erfolge mit sich. Den Rest des Winters 1829 war ich der angesagte Autor; ich erhielt unzählige Einladungen, und M. Sosthène de la Rochefoucauld, Minister des königlichen Haushalts, schrieb mir einen Brief, in dem er mir freien Eintritt in alle königlichen Theater gewährte. Er war klug genug, um zu erkennen, dass ich, wenn er mir dieses Privileg nicht gewährte, der Mann war, der es annehmen würde. Devéria fertigte eine Lithographie von mir an, David d'Angers ein Medaillon. Man sieht, dass nichts fehlte, um meinen Triumph zu vervollständigen, nicht einmal die lächerliche Seite, die immer mit einem steigenden Ruf einhergeht.

Dann wurden eine Menge Anekdoten über mich erzählt, eine absurder als die andere. Es hieß, dass nach der Aufführung *Heinrichs III.* , als alle Lichter im Saal gelöscht waren, im Licht der erlöschenden Feuer im Greenroom ein Sabbatical-Tanz *um* die Büste Racines (sie steht an der Wand!) stattfand, ähnlich dem großartigen Tanz Boulangers; dass man die geisterhaften Tänzer den gotteslästerlichen Refrain „Racine ist gefallen!" ausstoßen hörte und dass sogar Blutgeschrei von einem jungen Fanatiker namens Amaury Duval erhoben wurde, der die Köpfe der Akademiker forderte – ein vatermörderischer Schrei, da dieser unglückliche Mensch der Sohn von M. Amaury Duval vom Institut und der Neffe von M. Alexandre Duval von der Académie française war.

Außerdem wurde ein fanatischer Romantiker, dem Gott zur Strafe für seine Sünden eine der sieben Plagen Ägyptens geschickt hatte, beschuldigt - und diese Geschichte könnte durchaus wahr sein -, in einem Anfall von rasender Kratzwut gesagt zu haben: „Racine war ein richtiger Schurke!"

Dieser Fanatiker hieß Gentil.

Man kann sich gut vorstellen, dass Geschichten wie diese, erzählt am Kaminfeuer, allen anständigen Leuten die Haare zu Berge stehen ließen. Der „ *Constitutionnel"*, der schon immer die literarische und politische Vertretung anständiger Leute gewesen ist, war besonders schockiert.

Von dieser Zeit an widmete sich jeder ehrenwerte Mann dem Hass auf alle Ideen, die nicht älter als ein halbes Jahrhundert waren, und auf jeden Autor, der nicht mindestens sechzig Jahre alt war – ein Schreibstil, der von 1830 bis 1850 anhielt –, dem energischen Hassstil, auf den sich Alceste bezieht, und der sich unserer Meinung nach weitaus leichter in die Herzen schwachsinniger, böser und eifersüchtiger Menschen frisst als in die Herzen von Menschen guten Willens.

Die Leute warteten jeden Tag in Erwartung einer neuen Bartholomäusnacht, und der arme M. Auger, der sich gerade unter so traurigen Umständen umgebracht hatte, wurde beglückwünscht, weil er durch Selbstmord einem allgemeinen Massaker entgangen war. Die Bestürzung war so groß, dass die gesamte klassische Partei nur ein einziges Stück produzierte – das ein Misserfolg war. Dies war *Elisabeth d'Angleterre* von M. Ancelot. Denn wir nennen Casimir Delavignes *Marino Faliero* , das pompös als Melodram in Versen getauft wurde, keine klassische Produktion. Schon die Wahl des Themas, *Marino Faliero* , und die Nachahmung von Byrons Hauptszenen waren ein doppeltes Zugeständnis an ausländische Genies und an den modernen Geschmack.

Casimir Delavigne wurde, wie wir an anderer Stelle bemerkt haben, fünfzehn Jahre zu früh geboren, um mit ganzem Herzen an der neuen Schule teilzunehmen; sein Stil schien immer gehemmt und schwankte unaufhörlich zwischen Voltaire und Byron, Chénier und Shakespeare, ohne dass es ihm jemals gelang, seinen Ideen eine bestimmte Form zu geben. Dennoch wurde nichts versäumt, um *Marino Faliero* zum Erfolg zu verhelfen. Die Zeitungen hatten viel über die Undankbarkeit der Mitglieder der Comédie-Française und den Wechsel von M. Ligier an die Porte-Saint-Martin geschrieben. Es wurde angekündigt, dass die Musik der Ouvertüre von Rossini und die Kostüme von M. Delaroche stammten. Nun war M. Delaroche in der Malerei das genaue Gegenstück zu dem, was Casimir Delavigne in der Literatur war; beide genossen damals einen viel zu großen Ruf, um von Dauer zu sein, und waren dazu bestimmt, diesen Ruf zu ihren Lebzeiten verblassen und abnehmen und fast erlöschen zu sehen. Rossini hatte jedoch die Musik komponiert und Delaroche hatte die Kostüme entworfen.

Das Stück wurde am 30. Mai aufgeführt und war sehr erfolgreich. Doch seltsamerweise erhielt die Rolle, die der Autor am aufwendigsten konzipiert hatte, nicht den meisten Beifall, und auch der größte Erfolg des Schauspielers ging weder an Ligier noch an Madame Dorval: Er ging an Gobert, der die Rolle des Israël Bertuccio spielte.

Das Werk wurde mit großer Pracht und größter Sorgfalt inszeniert, insbesondere im Hinblick auf die Kostüme. M. Delaroche hielt es für wünschenswert, dass seine Entwürfe im Wind wehen sollten, um ihnen eine malerischere Wirkung zu verleihen, und so kam der Kostümbildner auf die geniale Idee, Luft in die Mäntel einzunähen.

Meine Meinung zu diesem Stück habe ich bereits an anderer Stelle geäußert.

KAPITEL III

Mesmerismus – Experiment während einer Trance – Ich lasse mich hypnotisieren – Meine Beobachtung dazu – Ich selbst beginne zu hypnotisieren – Experiment in einer Diligence – Ein weiteres Experiment im Haus des *Staatsanwalts der Republik* Joigny – Die kleine Marie D. – Ihre politischen Vorhersagen – Ich heile sie von der Angst

Zwischen der Aufführung meines Stücks und dem von Casimir Delavigne beschäftigte sich die Welt der Wissenschaft mit einem wichtigen Ereignis, bei dem die Kraft des Magnetismus nachgewiesen wurde, die seit Mesmers Zeiten umstritten war.

Einer der klügsten Chirurgen der Zeit, Jules Cloquet, hatte gerade an Madame Pl—— eine Brustkrebsoperation durchgeführt, bei der sie ohne die geringsten Schmerzen verspürte, da sie durch Mesmerismus in Trance versetzt worden war.

Ein Wort zum Mesmerismus. Lassen wir die Wirklichkeit hinter uns und wenden wir uns den Abstraktionen zu.

Madame Pl——, an der dieses seltsame Experiment gerade durchgeführt worden war, war zwischen 64 und 65 Jahre alt; sie war seit zehn Jahren Witwe und litt seit zwei oder drei Jahren an Drüsenschwellungen an der rechten Brust. Doktor Chap—— war ihr medizinischer Berater; er hatte einige Zeit Magnetismus praktiziert und sich darin als begabt erwiesen. Er versuchte, ihn zur Heilung von Madame Pl—— anzuwenden, aber die Krankheit war zu weit fortgeschritten, und er beschloss, zu versuchen, ob es möglich wäre, ihre Schmerzen während der Operation zu lindern. Jules Cloquet wurde konsultiert und vorgeschlagen, dass er die schlafende Patientin operieren sollte. Er willigte ein, da er die Gelegenheit begrüßte, ein Phänomen, dem er skeptisch gegenüberstand, selbst zu sehen, und gleichzeitig froh war, der Patientin das Leiden ersparen zu können, das unvermeidlich mit einer der schmerzhaftesten chirurgischen Operationen verbunden ist. Doktor Chap—— magnetisierte Madame Pl—— und machte ihre gesamte rechte Seite völlig schmerzunempfindlich. Die Ablation der Brust begann mit einem elf Zoll langen Schnitt, gefolgt von einem weiteren neun Zoll langen. Durch diese beiden Schnitte konnten sie an mehrere Drüsen unter der Achselhöhle gelangen, die sorgfältig seziert wurden. Während der Operation, die zehn Minuten dauerte, zeigte die Patientin keinerlei Anzeichen von Empfindung. Um die Worte des Chirurgen zu verwenden:

„Es schien, als würde er *an einer Leiche operieren* ; nur dass die Patientin, als die Operation vorüber war und ihre Wunde mit einem Schwamm ausgewaschen wurde, zweimal aus ihrem Trancezustand erwachte und rief: ‚Beeil dich und mach Schluss, und kitzel mich nicht so!'"

Als die Operation vorüber war, wurde Madame Pl—— aus ihrer Trance geholt: Sie erinnerte sich an nichts, hatte keine Schmerzen gespürt und zeigte sich zutiefst erstaunt, dass die Operation vorüber war. Der Verband wurde auf die übliche Weise angelegt und die Wunde zeigte alle Anzeichen einer schnellen Heilung. Nach einer Woche fuhr Madame Pl—— in einer Kutsche hinaus. Die Eiterung war zurückgegangen und die Wunde heilte rasch, als sich die Patientin etwa am Abend des fünfzehnten Tages über starkes Beklemmungsgefühl beklagte und Schwellungen in den unteren Extremitäten auftraten.

All dies ist nichts als die einfache Wahrheit: Jetzt kommt das Wunderbare. Madame Pl—— hatte eine Tochter, die vom Land kam, um ihre Mutter zu pflegen. Als Dr. Chap—— sah, dass sie einen sehr klaren Verstand hatte, versetzte er sie in einen magnetischen Schlaf und befragte sie über den Zustand ihrer Mutter. Als sie zum ersten Mal versuchte zu sehen, wurde ihr Gesicht beunruhigt und Tränen stiegen ihr in die Augen.

Dann verkündete sie, dass der friedliche, aber unvermeidliche Tod ihrer Mutter am nächsten Morgen eintreten werde. Als sie nach dem inneren Zustand der Brust ihrer Mutter gefragt wurde, sagte sie, dass die rechte Lunge völlig tot sei, dass sie leer sei, auf der Seite, die dem unteren Teil der Wirbelsäule am nächsten liegt, eiterte und in seröser Flüssigkeit getaucht sei; dass die linke Lunge gesund sei und allein das Leben ertrage. Was die Eingeweide des Bauches betreffe, so sei die Leber ihrer Aussage nach weißlich und runzelig; aber die Därme seien gesund.

Diese Aussagen wurden im Beisein von Zeugen aufgenommen.

Am nächsten Tag starb Madame Pl. zur angegebenen Stunde. Die Autopsie wurde in Anwesenheit von Vertretern der Akademie durchgeführt und der Zustand der Leiche entsprach genau der Beschreibung des hypnotisierten Mädchens.

Dies wurde in den Zeitungen berichtet, in den offiziellen Antworten angegeben, mir mitgeteilt und von Jules Cloquet selbst bestätigt, als wir eines Tages – vor der Entdeckung des Chloroforms – über die großen Geheimnisse der Natur sprachen, die den menschlichen Verstand vor Rätsel stellen. Später, als ich mein Buch *Joseph Balsamo vorbereitete* , wollte ich, weil ich die oft diskutierte Frage der Macht oder Ohnmacht des Magnetismus ergründen wollte, einige persönliche Experimente durchführen und mich nicht auf die von Ausländern verlassen, die daran interessiert waren, den

Magnetismus zu bestätigen. Ich studierte also den Magnetismus aus erster Hand und das Ergebnis meiner Untersuchungen war wie folgt:

Ich war mit großen magnetischen Kräften ausgestattet, und diese Kraft wirkte in der Regel bei zwei von drei Personen, an denen ich experimentierte. Ich möchte schnell feststellen, dass ich sie nur bei jungen Mädchen oder Frauen anwandte. Diese Kraft in Verbindung mit physikalischen Phänomenen ist unbestreitbar. Eine Frau, die einmal dem magnetischen Schlaf ausgesetzt war, ist die Sklavin des Mannes, der sie in den Schlaf schickte . Selbst nachdem sie aufgewacht ist, erinnert sie sich oder vergisst, was während ihres Schlafs vorgefallen ist, je nach dem Willen des Magnetiseurs. Man konnte sie dazu bringen, jemanden im Schlaf zu töten, und wenn er wollte, dass sie von ihrem Verbrechen überhaupt nichts wusste, würde sie nie etwas davon erfahren. Der Hypnotiseur kann seinem Opfer an jedem Körperteil Schmerzen jeglicher Art zufügen; er braucht die Stelle nur mit der Fingerspitze, dem Ende eines Stocks oder dem Ende einer Eisenstange zu berühren. Er kann mit Eis ein Wärmegefühl, mit Feuer ein Kältegefühl hervorrufen; er kann mit einem Glas Wasser oder sogar mit einem leeren Glas Trunkenheit verursachen. Er kann einen Arm, ein Bein oder den ganzen Körper in einen Zustand der Katalepsie versetzen und ihn hart und starr wie eine Eisenstange oder so weich und geschmeidig wie einen Schal machen. Er kann Unempfindlichkeit gegenüber dem Stich einer Nadel, der Klinge einer Bistoury oder dem Schmerz eines Brenneisens verursachen.

Ich glaube, dass all diese Dinge in den Bereich physikalischer Phänomene fallen. Sogar das Gehirn kann zu einer solchen Erregung getrieben werden, dass ein gewöhnlicher Mensch zum Dichter wird, ein zwölfjähriges Kind die Ideen, Gefühle und Ausdrucksweisen eines zwanzig- oder fünfundzwanzigjährigen Menschen besitzt.

1848 machte ich eine Rundreise durch Burgund. Meine Tochter und ich saßen im selben Wagen mit einer sehr charmanten Dame von dreißig bis zweiunddreißig Jahren; wir wechselten nur wenige Worte; es war elf Uhr abends; und sie hatte mir unter anderem erzählt, dass sie während der Reise nie schlafe. Zehn Minuten später schlief sie nicht nur, sondern schlief mit dem Kopf auf meiner Schulter. Ich weckte sie auf; sie war äußerst überrascht, dass sie eingeschlafen war, und zwar in der Position, in der sie sich befand. Ich wiederholte das Experiment während der Nacht zwei- oder dreimal, und meine Willenskraft reichte jedes Mal aus, um erfolgreich zu sein, ohne dass ich meine Nachbarin berühren musste.

Als die Kutsche an der Poststation hielt und die Pferde gewechselt wurden, weckte ich sie abrupt und fragte sie, wie spät es sei. Sie öffnete die Augen und versuchte, ihre Uhr herauszuziehen.

„Das ist doch egal", sagte ich zu ihr. „Sag mir die Uhrzeit anhand deiner Uhr, ohne darauf zu schauen."

„Drei Minuten vor drei", antwortete sie sofort

Wir riefen den Postillon und stellten im Licht seiner Laterne fest, dass es genau drei Minuten vor drei war.

Dies waren praktisch alle Experimente, die ich an der Dame durchführte. Sie führten zu den Ergebnissen, die ich soeben geschildert habe, und mit Ausnahme der Zeitangabe ohne Blick auf die Uhr gehören sie alle zur Kategorie der physikalischen Phänomene.

In Joigny machte ich einen offiziellen Besuch bei Herrn Lorin, dem *Staatsanwalt der Republik* , den ich noch nie zuvor getroffen hatte. Es war gerade die Zeit der Veröffentlichung von *Balsamo* , das den Magnetismus zu einem wahren Renner gemacht hatte. Ich betrat zu dieser Zeit selten einen Salon, ohne zu diesem großen Geheimnis befragt zu werden. In Joigny antwortete ich wie immer:

„Magnetische Kraft existiert; sie kann genutzt werden, aber ihre wissenschaftlichen Grundlagen sind noch nicht bekannt. Sie befindet sich in einem ähnlichen Zustand wie Heißluftballons: Wir können sie in die Luft schicken, aber es gibt noch keine Mittel, sie zu lenken."

Dann äußerten die Anwesenden, insbesondere die Frauen, ihre Zweifel. Ich fragte eine dieser Damen, Madame B., ob sie mir gestatten würde, sie einzuschläfern; sie lehnte dies in einer Weise ab, die mich überzeugte, dass sie nicht übermäßig wütend wäre, wenn ich es ohne ihre Erlaubnis täte. Trotzdem nahm ich ihr gegenüber eine unterwürfige Haltung ein; doch fünf Minuten später, als ich aufgestanden war, als wollte ich mir eine Gravur ansehen, die über ihrem Sessel hing, rief ich all meine magnetische Kraft zu Hilfe und versuchte fünf Minuten lang, sie zum Einschlafen zu bewegen; am Ende dieser fünf Minuten schlief sie. Dann begann ich eine Reihe äußerst merkwürdiger Experimente an dieser Dame, die mir völlig fremd war, in einem Haus, das ich nie zuvor betreten hatte und seitdem auch nie wieder betreten habe. Madame B. gehorchte trotz ihres Willens sowohl meinen ausdrücklichen Befehlen als auch meinen stummen Wünschen. Jede gewöhnliche Empfindung in ihr war umgekehrt: Feuer fühlte sich wie Eis an, Eis wie Feuer. Sie klagte über starke Kopfschmerzen. Ich bandagierte ihre Stirn mit einem imaginären Verband, von dem ich ihr sagte, er enthalte Schnee, und sie verspürte sofort ein köstliches Gefühl der Kühle. Einen Augenblick später wischte sie sich das Wasser vom imaginären Verband von der Stirn, als würde die Hitze ihres Kopfes den vermeintlichen Schnee schmelzen. Doch bald reichte ihr Taschentuch nicht mehr für die Operation. Sie lieh sich das eines Freundes. Schließlich folgte auf die Forderung nach einem Taschentuch die nach einer Serviette. Da ihr Kleid und ihre übrigen Kleider feucht waren, bat sie darum, in ein Zimmer gehen zu dürfen, um sich umzuziehen. Ich ließ sie dieses Kältegefühl spüren, bis sie fröstelte. Dann gab ich plötzlich den Befehl, ihre Kleider sollten von selbst trocknen, und sie trockneten von selbst. Das Ganze war natürlich nur Einbildung der wie hypnotisierten Dame. Sie hatte eine äußerst schöne Stimme mit einem ziemlich weiten Umfang, die jedoch beim ionischen *Si endete*. Ich befahl ihr, bis zum *Re zu singen*. sie sang und spielte die beiden letzten Töne perfekt – eine für sie in ihrem normalen Zustand unmögliche Leistung, die sie vergeblich versuchte, nachdem ich sie aus ihrem magnetischen Schlaf geweckt hatte. Im Nebenzimmer arbeitete eine Frau. Ich drückte der Schlafwandlerin ein Brieföffner in die Hand und ließ sie glauben, es sei ein richtiges Messer. Dann befahl ich ihr, loszugehen und die Arbeiterin zu erstechen. Da rebellierte der letzte freie Wille in ihr; sie weigerte sich, krümmte sich, lehnte sich an den Möbeln zurück, aber ich brauchte nur zu wollen und in die Richtung zu zeigen, in die sie gehen sollte, und sie gehorchte und ging auf die Arbeiterin zu, völlig verblüfft, das Messer erhoben.

Ihre Augen waren offen und ihr Gesicht, das sehr schön war, nahm einen bewundernswerten Bühnenausdruck an, so schön wie der von Miss Faucit, wenn sie die Schlafwandelszene in *Hamlet spielt*. Der *Staatsanwalt der Republik* war entsetzt bei dem Gedanken an eine solche Macht, die einen Menschen wider Willen zu einem Verbrechen drängen konnte. Nachdem ich Madame B. wieder zur Ruhe gebracht hatte, versuchte ich, sie die Dinge aus der Distanz sehen zu lassen. Als Oberst S. M., der ein Freund von mir war, mit seinem Regiment in Joigny war, hatte sie seine Bekanntschaft gemacht, also fragte ich, wo der Oberst zu dieser Stunde sei und was er mache.

Sie antwortete, Oberst S. M. befinde sich in der Garnison in Lyon und befinde sich gerade im Offizierscafé, wo er neben dem Billardtisch stehe und mit dem Oberstleutnant plaudere. Dann sah sie plötzlich, wie der Oberst blass wurde, wankte und sich auf eine Bank setzte. Er hatte gerade einen Rheumatismus im Knie bekommen. Ich berührte sie am Knie und wollte, dass sie selbst denselben Schmerz spürte: Sie stieß einen Schrei aus, erstarrte und vergoss viele Tränen. Wir waren so erschrocken über diesen vorgetäuschten Kummer, der alle Anzeichen eines echten Leidens aufwies, dass ich sie weckte. Sobald sie aufgewacht war, erinnerte sie sich an das, was ich sie erinnern lassen wollte, und vergaß die Dinge, die ich ihr zu vergessen befohlen hatte.

Anschließend begann eine weitere Reihe von Experimenten an der Frau im Wachzustand.

Ich schloss sie in einen imaginären Kreis ein, den ich mit einem Stock zog, und verließ das Zimmer, wobei ich ihr verbot, den Kreis zu verlassen. Nach fünf Minuten kam ich zurück und fand sie in der Mitte des Salons sitzend, wo sie auf meine Erlaubnis wartete, ihre Freiheit wiederzuerlangen. Sie saß in einer Ecke des Zimmers und ich stellte mich an das andere Ende; ich sagte ihr, sie solle sich mit allen Kräften dagegen wehren, zu mir herüberzukommen, und befahl ihr gleichzeitig, zu mir zu kommen. Sie klammerte sich fest an ihren Sessel, aber von einer unwiderstehlichen Kraft angezogen, musste sie loslassen; dann setzte sie sich auf den Boden, um der Anziehung zu widerstehen, aber die Vorsicht war vergeblich: Sie kam und schleppte sich mit. Als sie zu meinen Füßen war, brauchte ich nur meine Hand nach ihrem Kopf auszustrecken und sie langsam zu heben; sie erhob sich gehorsam und stand trotz ihrer Bemühungen vor mir. Sie bat um ein Glas Wasser; sie probierte es, und es war wirklich Wasser; dann, bevor sie das Glas abgestellt oder es aus ihren Händen genommen hatte, sagte ich ihr, das Wasser sei Kirschwasser: Sie wusste ganz genau, dass es kein Kirschwasser war, und doch schrie sie beim ersten Schluck, dass es ihr den Mund verbrenne. Die arme Frau! Sie war ein bezauberndes junges Geschöpf, das seitdem ein noch tieferes Mysterium erfahren hat – das des Todes! Ich frage mich, ob sie sich daran erinnert oder vergessen hat, was geschah, als sie auf der Erde war?

Ich bin mit dem Thema Magnetismus noch nicht fertig; im Gegenteil, ich möchte Ihnen noch einen weiteren höchst außergewöhnlichen Vorfall dieser Art erzählen, der sich in Anwesenheit von zwölf bis fünfzehn Personen ereignete. Was folgt, ist eine einfache Erzählung, die in Form eines Gerichtsberichts von zwei der Zeugen verfasst und damals von uns allen unterzeichnet wurde.

Während meines Aufenthalts in Auxerre wurde ich im Haus von M. D. aufgenommen. Er hatte zwei Kinder, einen Jungen von sechs und ein Mädchen von elf Jahren. Marie war der Name der Tochter, und sie war ein schönes Kind, wie ein Engel, denn ihre Wangen waren blass und ihre Augen schwarz und fast streng. Sie war ein außerordentlich zartes Geschöpf, aber natürlich besaß sie nur die Intelligenz und Eigenschaften, die für ein Kind ihres Alters üblich sind, und ich hatte ihr dementsprechend wenig Aufmerksamkeit geschenkt, außer meiner Tochter gegenüber zu bemerken, dass sie sehr hübsch sei. Und meine Tochter, die mir zustimmte, fertigte ein Porträt des Kindes im Wachzustand an. Eines Tages speisten wir in einem Zimmer, das auf den Garten hinausging. Wir waren beim Nachtisch angelangt; die beiden Kinder hatten den Tisch verlassen und spielten zwischen den Sträuchern und Blumen. Wir diskutierten die ewige Frage des Magnetismus, ein Thema, dessen ständige Wiederkehr mich umso mehr langweilte, als die üblichen Zweifel geäußert wurden, denen ich nur mit

Fakten begegnen konnte; Da diese Ereignisse fast immer an einem anderen Ort stattfanden als dem, an dem die Diskussion stattfand, war ich gezwungen, aus den Anwesenden eine Person auszuwählen, von der ich annahm, dass sie leicht hypnotisiert werden könnte, und diese Person, ob gewollt oder nicht, zu operieren. Jeder, der schon einmal die Kunst der Hypnose praktiziert hat, weiß, dass die Übung für den Hypnotiseur ebenso ermüdend ist wie für den Hypnotisierten. Ich habe mehrere der Vorfälle, die ich gerade im vorhergehenden Kapitel aufgezeichnet habe, erzählt, aber sie wurden mit äußerster Skepsis aufgenommen.

„Ich würde nicht an Mesmerismus glauben", sagte Madame D. zu mir, „es sei denn zum Beispiel (und sie versuchte, an das unwahrscheinlichste Thema zu denken, das ihr einfiel) – es sei denn, Sie könnten meine Tochter Marie in Trance versetzen."

„Rufen Sie Mademoiselle Marie und lassen Sie sie an ihren üblichen Platz am Tisch Platz nehmen; geben Sie ihr einen Keks und etwas Obst, und während sie isst, werde ich versuchen, sie in Trance zu versetzen."

„Es besteht doch keine Gefahr, oder?"

"Von was?"

„Es wird der Gesundheit meiner Tochter nicht schaden?"

"Nicht im geringsten."

„Marie!"

Sie riefen das Kind, und es lief herbei; man legte ihm ein paar Renekloden und einen Keks auf den Teller und sagte ihm, es solle sie dort essen, wo es sei. Ihr Platz war neben mir, links von mir. Während alle weiterredeten, als ob nichts wäre, streckte ich meine Hand hinter dem Kopf des Kindes aus und war der einzige, der schwieg, denn mein Wille war darauf konzentriert, das Kind zum Einschlafen zu bringen. Nach einer halben Minute hatte es jede Bewegung eingestellt und schien in die Betrachtung einer Reneklode vertieft, die es gerade in den Mund stecken wollte.

„Was ist los, Marie?", fragte ihre Mutter.

Das Kind antwortete nicht: Es schlief.

Die Sache war so schnell geschehen, dass ich es selbst kaum glauben konnte. Ich ließ sie ihren Kopf gegen die Stuhllehne lehnen, ohne sie zu berühren, nur durch meine Anziehungskraft; ihr Gesicht war das Bild vollkommenen Friedens. Ich bewegte meine Hand ein paar Mal vor ihren Augen auf und ab, um sie dazu zu bringen, sie zu öffnen. Sie öffnete die Augen, ihre Augäpfel hoben sich zum Himmel, ein leicht schillernder Film erschien darunter – das Kind war in einem Trancezustand. In diesem Zustand zucken die Augenlider nicht, und Gegenstände können ganz nah an die Pupille herangeführt werden, ohne die geringste Bewegung zu verursachen. Meine Tochter zeichnete ihr Porträt, während sie in dieser Trance war, als Ergänzung zu dem anderen. Das zweite Porträt hatte eine so auffallende Ähnlichkeit mit dem eines Engels, dass sie ihm Flügel hinzufügte, und die Zeichnung sah aus wie eine Studie nach Giottos oder Peruginos schönen Engelsköpfen. Das Kind war in Trance: Jetzt blieb noch herauszufinden, ob es sprechen konnte. Eine einfache Berührung meiner Hand auf ihrer verlieh ihr ihre Stimme; eine einfache Aufforderung aufzustehen und umherzugehen verlieh ihr Bewegung. Aber ihre Stimme war klagend und tonlos; ihre Bewegungen ähnelten eher denen eines Automaten als denen eines Lebewesens. Ob ihre Augen geschlossen oder offen waren, ob sie vorwärts oder rückwärts ging, sie bewegte sich mit derselben Leichtigkeit und demselben Gefühl der Sicherheit. Ich begann damit, sie von anderen zu isolieren, so dass sie nur mich hörte und nur mir antwortete. Die Stimmen ihres Vaters und ihrer Mutter erreichten sie nicht mehr; ein einfacher Wunsch meinerseits, den ich durch ein Zeichen ausdrückte, änderte ihren Zustand der Isolation und brachte das Kind wieder in Kontakt mit der Person, die ich als ihren Fragesteller auswählte. Ich übermittelte ihr mehrere Fragen, auf die sie so genau, so intelligent und so prägnant antwortete, dass ihrem Onkel plötzlich die Idee in den Sinn kam, mir zu sagen:

„Befragen Sie sie zu politischen Themen."

Das Kind war, ich wiederhole, elf Jahre alt. Alle politischen Fragen waren ihr daher völlig fremd; sie hatte weder Ahnung von Politik noch von politischen Persönlichkeiten.

Ich werde den Ablauf dieses seltsamen Kreuzverhörs genau schildern, ohne dabei auch nur den geringsten Glauben an die Vorhersagen des Kindes zu setzen. Ich gestehe, es waren Vorhersagen, deren Erfüllung ich äußerst bedauern würde, und ich kann sie nur dem fiebrigen Zustand zuschreiben, in den ihr Gehirn durch den hypnotischen Schlaf versetzt worden war.

Ich werde die folgenden Seiten diesem Dialog widmen und die genauen Bedingungen wiedergeben, unter denen er geführt wurde.

„In welchem sozialen Zustand befinden wir uns gegenwärtig, mein Kind?"

„Wir sind eine Republik, Monsieur."

"Können Sie mir erklären, was eine Republik ist?"

„Es geht um die gleichmäßige Aufteilung der Rechte unter allen Bevölkerungsklassen einer Nation, ohne Unterscheidung von Rang, Geburt oder Umständen."

Wir starrten uns alle an, erstaunt über diesen Anfang; die Antworten waren ohne Zögern gekommen, als hätte sie sie schon vorher gelernt. Ich wandte mich an ihre Mutter.

„Sollen wir weitermachen, Madame?", fragte ich.

Sie war fast sprachlos vor Erstaunen.

"Oh, Himmel!", sagte sie. "Ich fürchte, es wird das arme Kind zu sehr ermüden, solche Fragen zu beantworten; sie liegen weit jenseits ihres Alters und ihres Verständnisses. Die Art, wie sie sie beantwortet", fügte die Mutter hinzu, "erschreckt mich."

Ich wandte mich wieder dem Kind zu.

„Ermüdet dich der hypnotische Schlaf, Marie?"

„Nicht im Geringsten, Monsieur."

„Sie glauben also, dass Sie meine Fragen problemlos beantworten können?"

"Sicherlich."

„Dennoch sind es nicht die üblichen Fragen, die man einem Kind in deinem Alter stellt."

„Gott will, dass ich sie verstehe."

Wir sahen uns noch einmal an.

„Weiter", sagte die Mutter.

„Weiter", rief die ganze Gesellschaft voller Neugier.

"Wird die gegenwärtige Regierungsform fortbestehen?"

„Ja, Monsieur, es wird mehrere Jahre halten."

„Werden Lamartine oder Ledru-Rollin ihr Bollwerk sein?"

„Weder das eine noch das andere."

„Dann werden wir einen Präsidenten haben?"

"Ja."

"Und wen werden wir nach diesem Präsidenten haben?"

"Henri V."

„Heinrich V.? … Aber du weißt doch ganz genau, mein Kind, dass er im Exil ist!"

„Ja, aber er wird nach Frankreich zurückkehren."

„Wie wird er nach Frankreich zurückkehren? Mit Gewalt?"

„Nein, mit Zustimmung des französischen Volkes."

„Und wo wird er wieder nach Frankreich einreisen?"

„In Grenoble."

"Muss er um Einlass kämpfen?"

„Nein, er wird über Italien kommen, von dort aus in die Dauphiné einreisen und eines Morgens wird man melden: ‚Heinrich V. ist in der Zitadelle von Grenoble.'"

„Es gibt also eine Zitadelle in Grenoble?"

„Jawohl, Monsieur."

"Können Sie es sehen?"

„Ja, auf einer Höhe."

„Und die Stadt?"

"Die Stadt liegt tief unten im Tal."

"Gibt es in der Stadt einen Fluss?"

"Es gibt zwei."

„Hat ihr Wasser die gleiche Farbe?"

„Nein, einer ist weiß und der andere ist grün."

Wir sahen uns noch erstaunter an als zuvor. Marie war noch nie in Grenoble gewesen und man glaubte nicht einmal, dass sie den Namen der Hauptstadt der Dauphiné kannte, wenn sie bei klarem Verstand war.

„Aber sind Sie ganz sicher, dass der Herzog von Bordeaux in Grenoble sein wird?"

„So sicher, als stünde sein Name hier geschrieben"; und sie zeigte auf ihre Stirn.

„Wie sieht er aus? Komm, beschreibe ihn uns."

„Er ist mittelgroß und eher kräftig; er ist rotbraun; seine Augen sind blau und sein Haar ist wie das der von Mademoiselle Marie Dumas gezeichneten Engel frisiert."

„Nun, wenn er vor Ihren Augen vorbeigeht, fällt Ihnen etwas Merkwürdiges an seinem Gang auf?"

„Er hinkt.“

"Und wohin wird er von Grenoble aus gehen?"

„Nach Lyon.“

„Werden sie sich seinem Einzug in Lyon nicht widersetzen?“

"Zuerst werden sie es versuchen, aber ich kann mir vorstellen, dass ihm eine Reihe von Arbeitern vorausgehen und ihn hineinführen."

"Wurden keine Schüsse abgefeuert?"

„O ja, Monsieur, mehrere; aber es ist kein großer Schaden entstanden.“

"Wo wurden diese Schüsse abgefeuert?"

"Auf dem Weg von Lyon nach Paris."

„Durch welchen Vorort wird er Paris betreten?“

„Von Saint-Martin.“

„Aber, mein Kind, was nützt es, wenn Heinrich V. König von Frankreich wird, da er keine Kinder hat …“, fügte ich zögernd hinzu, „und man sagt, er könne keine haben?“

„Oh, das ist nicht seine Schuld, Monsieur, es ist die seiner Frau.“

„Es läuft auf dasselbe hinaus, meine liebe Marie, da eine Scheidung nicht erlaubt ist.“

„Oh ja! Aber es wird etwas geschehen, das jetzt nur Gott und ich wissen.“

"Was ist es?"

"Seine Frau wird an Schwindsucht sterben."

„Und wen wird er heiraten? Eine russische oder deutsche Prinzessin, nehme ich an?“

„Nein, er wird sagen: ‚Ich bin auf Geheiß des französischen Volkes zurückgekehrt und werde daher eine Tochter des Volkes heiraten.‘“

Wir lachten: Wahrsagerei begann sich mit Prophezeiung zu vermischen.

„Und wo wird er diese Tochter des Volkes finden, mein Kind?“

„Er wird sagen: ‚Suchen Sie das junge Mädchen, das ich in der Faubourg Saint-Martin Nr. 42 sah, wo sie auf einen Straßenpfosten geklettert war; sie war in ein weißes Kleid gekleidet und schwenkte einen grünen Zweig in der Hand.‘“

„Und, werden sie in den Faubourg Saint-Martin gehen?“

"Sicherlich."

"Werden sie das junge Mädchen finden?"

„Ja, in Nr. 42.“

"Zu welcher Familie gehört sie?"

"Ihr Vater ist Tischler."

„Kennen Sie den Namen dieser zukünftigen Königin?“

„Léontine.“

„Und der Prinz wird dieses junge Mädchen heiraten?“

"Ja."

„Er wird einen Sohn mit ihr haben?“

"Er wird zwei haben."

„Wie wird der Älteste heißen – Henri oder Charles?“

„Keines von beiden. Henri V. wird sagen, dass diese beiden Namen denen, die sie getragen haben, zu viel Unglück gebracht haben: Sie werden den Jungen Léon nennen.“

„Wie lange wird Heinrich V. regieren?“

„Zwischen zehn und elf Jahren.“

"Wie wird er sterben?"

„Er wird an einer Rippenfellentzündung sterben, die er sich zugezogen hat, als er eines Tages auf der Jagd im Wald von Saint-Germain kaltes Wasser aus einem Brunnen getrunken hat.“

„Aber bedenke, mein Kind, dass du diese Prophezeiung vor zwölf bis fünfzehn Leuten machst: Einer von uns hier kann den Prinzen warnen, und wenn ihm dann gesagt wird, dass er sterben wird, wenn er kaltes Wasser trinkt, wird er darauf verzichten, es zu trinken.“

„Er wird gewarnt, aber er wird es trotzdem trinken; denn er wird sagen, er hat viel Eis gegessen, als ihm heiß war, also kann er sicher auch kaltes Wasser trinken.“

"Wer wird ihn warnen?"

„Ihr Sohn, der einer seiner engen Freunde sein wird.“

„Was? Mein Sohn ist einer der engen Freunde des Prinzen?"

„Ja, Sie sind sich durchaus darüber im Klaren, dass Ihr Sohn anderer Meinung ist als Sie."

Meine Tochter und ich tauschten Blicke und brachen in Gelächter aus, denn Alexandre und ich streiten uns ständig über Politik.

„Und wenn Heinrich V. tot ist, wird Leon I. den Thron besteigen?"

„Jawohl, Monsieur."

"Was wird während seiner Herrschaft geschehen?"

„Ich kann nicht weiter sehen: weck mich."

Ich beeilte mich, sie zu wecken, aber sie konnte sich an nichts erinnern, als sie geweckt wurde. Ich stellte ihr einige Fragen über Lamartine, Ledru-Rollin, Grenoble, Henri V. und Léon I., und sie brach in lautes Gelächter aus. Ich fuhr ihr mit beiden Daumen über die Stirn, um sie zum Erinnern zu bewegen, und sie erinnerte sich sofort. Ich bat sie, die Geschichte noch einmal zu erzählen, und sie wiederholte sie getreulich, in genau denselben Worten, so dass die Person, die meine Fragen und ihre Antworten aufgeschrieben hatte, während sie sie vortrug, die erste Erzählung durch die zweite korrigieren konnte.

Ich habe seitdem bei mehreren Gelegenheiten andere Experimente an diesem Kind durchgeführt. Die Macht, die der Mesmerismus in oder vielmehr auf sie hatte, schien keine Grenzen zu kennen. Ich konnte sie nach Belieben stumm, blind oder taub machen und ihr mit einem Wort alle ihre Fähigkeiten zurückgeben und sie bis zu einem Grad der Perfektion erregen, der die Grenzen menschlichen Wissens zu überschreiten schien. Wenn ich sie zum Beispiel ans Klavier schickte – ob sie wach oder schlafend war, spielte sie eine Sonate. Eine anwesende Person summte mir leise eine Melodie vor, die das Kind anstelle der Sonate spielen sollte. Die Sonate hörte sofort auf, und sobald ich meine Hand nach ihr ausstreckte, spielte das Kind die gewünschte Melodie. Wir führten dieses Experiment zwanzigmal vor den ungläubigsten Menschen durch, und sie scheiterte nie.

Das Haus von Maries Vater war an der Stelle eines alten Friedhofs gebaut worden ; sogar auf den Steinen der Gartenmauer waren mehrere Grabinschriften zu entziffern; und deshalb wagte das arme Kind bei Einbruch der Nacht nicht, hinauszugehen, sondern zitterte vor Angst. In der Nacht, als ich abreiste, sprach Madame D. mit mir über diese Angst, und mein Einfluss auf das Kind war so groß, dass sie mich fragte, ob ich nicht etwas dagegen tun könne. Ich war so daran gewöhnt, Wunder zu wirken, dass ich antwortete, nichts könne einfacher sein und wir würden das Experiment sofort durchführen. Also rief ich das Kind, legte beide Hände auf seinen Kopf, in dem Wunsch, dass alle Angst von ihm genommen würde, und sagte:

„Marie, deine Mutter hat mir gerade ein paar Pfirsiche für die Reise mitgegeben; geh und hol mir ein paar Weinblätter aus dem Garten, um sie darin einzuwickeln."

Es war neun Uhr abends und sehr dunkel. Das Kind ging hinaus und kam singend zurück; es brachte die Weinblätter zurück, die es genau an der Stelle gesammelt hatte, wo die Grabsteine standen, die ihm tagsüber solche Angst machten. Von dieser Stunde an hatte es keine Hemmungen mehr, in den Garten oder in einen anderen Teil des Hauses zu gehen, zu jeder Zeit der Nacht und sogar ohne Licht.

Drei Monate später kehrte ich nach Auxerre zurück; ich hatte niemandem von meiner Reise erzählt. Zwei Tage vor meiner Ankunft wollte man der kleinen Marie einen Zahn ziehen lassen.

„Nein, liebe Mutter", sagte sie, „warte. Monsieur Dumas wird übermorgen hier sein. Er wird meinen kleinen Finger festhalten, während sie mir den Zahn ziehen, und dann werde ich den Schmerz nicht mehr spüren."

Ich kam an dem von ihr angegebenen Tag und hielt während der Operation die Hand des Kindes in meiner. Die Operation verlief ohne das geringste Schmerzempfinden des Kindes.

Wenn ich nach einer Erklärung für die Phänomene gefragt werde, die ich gerade beschrieben habe, kann ich keine geben. Ich stelle einfach fest, was geschehen ist. Ich bin kein Befürworter des Magnetismus, ich nutze ihn nur, wenn man mich dazu zwingt, und es ermüdet mich immer übermäßig. Ich glaube, eine unehrenhafte Person könnte den Magnetismus zu bösen Zwecken einsetzen, und ich bezweifle, dass eine Person mit guten Absichten durch die Ausübung des Magnetismus auch nur das Geringste Gutes bewirkt. Magnetismus ist ein Zeitvertreib, er ist noch keine Wissenschaft geworden.

KAPITEL IV

Neue Prozesse gegen Zeitungsredakteure – Der *wütende Mouton* – Fontan – Harels Witz über ihn – Der *Sohn des Mannes* vor dem Polizeigericht – Der Autor plädiert in Versen – Die Prosa von M. Guillebert – Gefängnisstrafen in Sainte-Pélagie – Die Verlegenheit des Herzogs von Orléans wegen eines historischen Porträts – Die beiden Usurpationen

---

Wir haben die Regierung damit beschäftigt, Béranger gegen Ende des Jahres 1828 neun Monate lang einzusperren. Jetzt, im Juli 1829, verfolgen wir sie vor dem *Polizeigericht* und verurteilen M. Vremiot, ihren Manager, zu fünfzehn Tagen Gefängnis und einer Geldstrafe von 300 Francs wegen eines Artikels mit dem Titel *Sottise des deux parts*. Im selben Monat verfolgte sie Fontan wegen eines Artikels im *Album* mit dem Titel *Mouton enragé* und Barthélemy wegen seines Gedichts *Fils de l'Homme*. Da diese beiden Prozesse großes Aufsehen erregten und allgemein die Meinung herrschte, dass sie durch ihre Unpopularisierung zum Sturz der Regierung beigetragen hätten, werden wir näher auf die Angelegenheit eingehen.

ein oder zwei Jahre zuvor im Odéon eine Tragödie namens *Perkin Warbeck aufgeführt* hatte , im alten *Album* , herausgegeben von Magallon, einen Artikel mit dem Titel Der *Mouton enragé*. Der Staatsminister glaubte, dieser Artikel sei als Beleidigung der Person des Königs gemeint und überwies die Angelegenheit an das Polizeigericht.

In der Anklage werden insbesondere folgende Passagen genannt:

„Stellen Sie sich ein hübsches weißes Schaf vor, das jeden Morgen gekämmt, gelockt und gewaschen wird; mit Glubschaugen, langen Ohren, spindeldürren Beinen, einem schweren, herabhängenden Unterkiefer (oder anders gesagt der Unterlippe); kurz gesagt, ein echtes Berry-Schaf. Es geht an der Spitze der Herde, deren Monarch es so ziemlich ist; eine riesige Wiese ist sein Weideland und das seiner Mitschafe; einige der Morgen dieser Wiese fielen ihm von Rechts wegen zu. Und hier wuchs das zarteste Gras, und es wurde fett darauf, was seine Seele erfreute! Was für eine schöne Sache ist es, ein Anwesen zu erben! Unser Schaf heißt Robin; es antwortet mit gnädigen Grüßen auf die ihm gemachten Komplimente und zeigt seine Zähne als Beweis seiner Freude. Trotz seines sanften Aussehens kann es unangenehm sein, wenn es aufgeweckt wird; es kann dann wie jedes andere Tier beißen. Mir wurde erzählt, dass ein mit ihm verwandtes Mutterschaf es jedes Mal biss, wenn es ihm begegnete , weil es der Meinung war, dass er seine Herde mit genügend Despotismus. Ich sage Ihnen dies unter dem Siegel der Geheimhaltung: Der arme Robin-Mouton ist verrückt! Sein Wahnsinn ist nicht offensichtlich; im Gegenteil, er bemüht sich nach Kräften, ihn zu verbergen; wenn er einen Anfall kommen fühlt und das Verlangen, einen bösen Gedanken zu befriedigen, sieht er sich gut um, um zu sehen, ob ihn jemand beobachtet; denn Mouton-Robin weiß, welches Schicksal den Tieren bestimmt ist, die von dieser Krankheit befallen sind – er lebt in Angst vor Kugeln, unser Robin-Mouton! Und außerdem ist er sich seiner Schwäche bewusst. Wenn er nur ein Stier wäre, ach! wie würde er seine Hörner benutzen! Er würde es Ihnen bald zeigen. Wie würde er auf seinen Vorrechten unter den Schafen bestehen, die er kennt! Er könnte möglicherweise sogar mutig genug sein, einer benachbarten Herde den Krieg zu erklären. Aber, ach! er stammt aus einer Familie, die das Kämpfen nicht besonders liebt, und so verlockend die Annehmlichkeiten der Eroberung für ihn auch sein mögen, er gelangt zu der bitteren Schlussfolgerung, dass in seinen Adern nur das Blut eines Schafs fließt. Diese fatale Vorstellung macht ihn verzweifelt. – Mach dir nichts draus, Robin, du hast nicht viel zu beklagen; du brauchst nur ein luxuriöses Leben voller Müßiggang zu führen. Was hast du von morgens bis abends zu tun? Nichts. Du isst, du trinkst und du schläfst: deine Schafe führen treu deine Befehle aus und befriedigen deine kleinsten Launen; sie springen, um deinen Befehlen zu gehorchen; was kannst du dir mehr wünschen? Glaub mir, und versuche nicht, deinen Zustand tierischer Ruhe zu verlassen; zerstöre diese riesigen Ideen von Ruhm, die zu groß für dein beschränktes Gehirn sind; vegetiere so dahin, wie deine Väter vor dir dahinvegetiert haben; der Himmel hat dich zu einem Schaf gemacht, stirb als Schaf! Ich sage dir offen, du wärst ein ganz bezauberndes Vierbeiner, wenn du *in petto* nur gesund wärst!"

Fontan wurde zu zehn Jahren Gefängnis und einer Geldstrafe von 10.000 Francs verurteilt. Das Urteil war etwas zu streng und verursachte einen großen Aufschrei. Man muss zugeben, dass der Artikel nicht gut genug war, um diese strenge Behandlung zu verdienen. Das Ergebnis war, dass Fontan in die Höhe eines Märtyrers erhoben wurde. Und Fontan, der einen energischen und eigensinnigen Charakter hatte, unternahm keinen Versuch, sich vor seinen Richtern zu rechtfertigen.

„Meine Herren", sagte er schlicht, „ob ich nun beabsichtigt habe, dass mein Artikel die von Ihnen gewählte Interpretation erfährt oder nicht, ich habe das Recht, jede Erklärung zu diesem Thema zurückzuhalten; ich erlaube niemandem, in das innere Heiligtum meines Gewissens einzudringen. Ich wollte einen Artikel über ein verrücktes Schaf schreiben und habe es getan; das ist die einzige Erklärung, die ich Ihnen geben sollte oder möchte."

Ich kannte Fontan sehr gut im Hause von Monsieur Villenave, einem guten Freund von Théodore, einem ungehobelten Menschen, dem es aber nicht an poetischem Gefühl mangelte. Er war unsauber bis zum Zynismus und weniger aristokratisch als Schaunard in Vie *de bohème* ; statt einer Pfeife zum ständigen Rauchen und einer schöneren, wenn er ausging, hatte er nur eine einzige Pfeife, die er nie aus dem Mund nahm und die scheußlich roch, wenn sie brannte und zwischen seinen Zähnen steckte, und die noch viel schlimmer roch, wenn sie ausgeblasen war und in seiner Tasche steckte.

Diese Verurteilung machte Fontans Namen berüchtigt. Ich glaube, die Julirevolution fand ihn in Poissy. Er tauchte wieder auf und erfreute sich einer gewissen Popularität, aber es war nur die vorübergehende Popularität der Verfolgung.

Harel, der Direktor des Odéon, kam schnell auf die Idee, diese Popularität auszunutzen, indem er Fontan bat, ein Stück für ihn zu schreiben. Fontan kam der Bitte nach und schrieb *Jeanne la Folle* , aber es war ein Misserfolg oder zumindest nur ein Teilerfolg. Harel kam nach der Vorstellung zu mir und sagte:

„Ich bin eindeutig von Fontan getäuscht worden. Er hat mehr mit dem Gefängnis zu tun als mit Talent!"

Das war leider wahr. Der arme Fontan starb sehr jung und hinterließ nichts Bemerkenswertes; er veröffentlichte einen Gedichtband und erlebte zwei oder drei Dramen oder Tragödien auf der Bühne.

Barthélemys Strafe war milder: Er wurde zu drei Monaten Gefängnis und einer Geldstrafe von 1.000 Franc verurteilt.

Wir werden die Gründe nennen, die zu seinem Prozess führten. Wir haben unsere Leser bereits mit den Debüts von Barthélemy und Méry unterhalten. Sie wissen, wie diese beiden Dichter zusammenkamen und wie die *Villéliade* , die *Peyronnéide* , die *Corbiéréide* und eine Vielzahl anderer Stücke entstanden, die die Aufmerksamkeit der Öffentlichkeit einige Jahre lang fesselten. Das wichtigste dieser Gedichte war *Napoléon en Égypte* . Es nahm enorm viel Zeit in Anspruch und erreichte in weniger als sechs Monaten zehn Auflagen.

Méry, der sich nach Sonnenschein gesehnt hatte, war auf der Suche nach Wärme und Meeresbrise, zwei gegensätzlichen Elementen, die sich in Marseille jedoch wunderbar vereinen. Barthélemy, der allein zurückgeblieben war, kam auf die Idee, nach Wien zu gehen, um dem jungen Herzog von Reichstadt die Abschrift eines Gedichts anzubieten, in dem sein Vater als Held auftrat. Um Benjamin Constants Worte zu verwenden: So wie der Vater an politischem Krebs sterben durfte, so durfte *der Sohn* an einer Brustkrankheit sterben. Eine bezaubernde Tänzerin und eine schöne Erzherzogin waren die beiden seltsamen Ärzte, die Österreich damit beauftragte, den Verlauf der Krankheit des Prinzen zu überwachen, die drei Jahre später einfach nur noch eine Frage der Geschichte war.

Barthélemys Reise war natürlich nutzlos: Er durfte sich dem Prinzen nicht nähern und brachte sein Gedicht zurück, ohne dass man es ihm hätte anbieten dürfen. Aber Barthélemys Odyssee hatte ihm das Thema eines neuen Gedichts mit dem Titel Fils *de l'Homme geliefert,* und dieses Gedicht wurde vom Gesetz geächtet. Barthélemy verkündete im Voraus seine Absicht, sich in Versen zu verteidigen. Natürlich füllte eine solche Erklärung das Polizeigericht, wo dieser Dichterprozess ab acht Uhr morgens stattfinden sollte. Barthélemy hielt sein Wort. Hier sind einige Zeilen dieses einzigartigen Plädoyers, das in den Annalen der Justiz beispiellos ist.

„Meine Herren", begann er, –

"Voilà, also, mein Entzücken! Zu einem schwachen Gedicht
appelliere ich an die Kritik, an das Anathema; Und diese Verse, Feinde
Frankreichs und des Königs, Meine Ankläger, sie kleiden sich gegen mich!
Heil! Während der Nächte rät mir der Frieden nicht ,
Wenn ich meine Augen zwinge, den Schleier zu stützen, Und nur, mit den
Augen zweier brennender Flammen, Mit diesem schmerzlichen Schreiben
setze ich die Lämpchen zusammen, Damit mir klar wird, dass dieses Werk
in Flammen aufgeht, Von einem bedauerlichen Verbrechergremium, das
eine Trophäe verdient, Rufe einen Tag lang zu diesen Feinden an,
Meine Muse, Vierzehnte hinter den Arresten von Thémis?Kann sein, dass
ich versage; aber, glaube dem Opfer,Mir selbst kann ich mein Verbrechen
gut antun,Schlechte Richter, alte Leute im Handwerk der Lüge,Mir war es
nicht möglich, einen ersten und zweiten zuzusprechen .
Außerdem habe ich den unaufmerksamen Blick genossen,Du steigst über
den Himmel zu meinen Füßen herab,Ein kleiner Stumpfsinn hat meinen
Geist geraubt,Wenn die Nacht über mein Buch vergeht,Wie eine Macht die
dunklen Verschwörungstheoretiker ärgert,Ich lege meine Bücher auf den
Kopf und
schreie d'ajourner ihr Ruhm an die Leine, fordern Sie die *Söhne des Mannes* ,
ein Auftrag an die Leine.
Trotzdem bin ich von der Obhut meines behüteten Bruders begnadigt
worden. Ich habe einen Freund für meine solidarischen Taten gewonnen
und nur auf meine Verurteilung durch das Gesetz verzichtet .
Trauriger als ich selbst, im Weihnachtsgemach
werde ich heute der Stunde der Gerechtigkeit beiwohnen.
Wenn er anwesend ist, wird er mein Komplize sein. Andere Gefährten bei
ihren Arbeiten. Feste unserer Vereinigung, Brüder und keine Rivalen. Nur
zu, in der Arena, damit unsere Streitkräfte es zulassen.
Unsere beiden Namen sind nicht mit einem Wort verbunden. Und einer
von uns wird gebeten, zu antworten. Es wird nicht von einem Lorbeer

kommen, der nicht bei ihm ist. Drei Jahre, um unsere Volksstimme zu verstehen. Hören Sie, die Riesen helfen dem Ministerium. Drei Jahre, auf die Stimme des Herrscherrats.

Unsere Brüder haben den Streit mit Alexandrin aufgewühlt.

Und er schockierte den Feind, erfroren von unseren Siegen, Er riss uns mit unseren Erfordernissen zurück. Aber heute, wo der Rächer ist, sind wir lange Zeit gefangen. „Der Tod des auf den Titanen liegenden Schlosses , Überall auf seinen philippinischen Landstrichen schwebend, Unsere feurige Muse, besingt epische Gesänge, Erweckung aus dem Milieu der afrikanischen Zobel, Die von der republikanischen Zeit bedrängten Soldaten, Und im Militärgewand vereint, Die leuchtenden Vorhänge von Thabor und Kairo.

Von unseren Bürgerherzen ist der letzte Schrei; Unsere Muse hört zu, und Méry Allait erweckt unter der Sonne der alten Phocée einen Körper zum Leben, der im Gedanken gebraucht wird: „J'osai, über die Donau hinweg garantiert mir den Herrn, Im Hof des Pyrrhus sucht er den Sohn Hektors." Ich trage sie mit Hingabe in meine bescheidenen Tafeln. Diese Söhne, die zu Füßen der Könige die Dichter stellten, und, Dichter, ich werde mich an meinen Sohn zurückziehen. Die Geschichte eines Soldaten auf den Ebenen von Memphis. Nun, alles ist ein Komplott eines langen Feldzugs. Eine zähe Macht erweist mir die Ehre.

Und ich trage einen Argus, der noch nicht geflohen ist. Ich kehre zum Rhein zurück, unbesonnen und freimütig."

Das Obige war seine Verteidigung in Bezug auf die Tatsachen. Nachdem er das Thema verteidigt hatte, ging Barthélemy zur Form über; er beklagte sich über die Auslegungsmethode, die Richter aller Zeiten bis zum Äußersten getrieben haben, so dass sie verfolgten, ob unter dem älteren oder dem jüngeren Zweig der Bourbonen, ob unter M. Cavaignac oder unter M. Louis-Bonaparte; er sagte:

"Aber voilà, mein Verbrechen! Ein Lied, eine Erlösung.
Ich verdamme mich selbst zu meiner Entschuldigung! Teilweise, auf diesem Tuch, fröstele ich vor dem Sehen. Von den Verurteilten, die von einem schwarzen Zug beseelt sind; Der Ankläger hat seine Spur teilweise verloren. Und ich bin schon in meiner Einleitung ein Verbrecher. Ach! Du bist weniger, er fällt, es ist mir ein bisschen zu mühsam,
um zu urteilen. Ich urteile, alles zu lesen und alles zu verhören. Er fällt, die Langeweile der Arbeit zu überwinden. Nur das letzte Blatt zwingt dir den Mut. Und durchquert mein Buch mit einem Skalpell die Hauptstraße.
Vorwärts, mutig, nur über den Weg.
Sicher, wenn Sie weitermachen, wie Sie es tun. entdecke ein Buch, kombiniere
einige Schreiber, die die Würde des Lebens wahren!Was hilft, schwarze

Zeichnungen zu finden?Nur im Evangelium und in den heiligen
Werken!Meine Prosa ist immer darauf aus, meine Muse zu bestrafen;
Die Notiz verteidigt mich, wenn der Text mich anklagt;Aus einem
normalen Stoff, warum überwältigt der Sohn?Mit welchem Recht du mich
verurteilst, subtiler Anmerkungskünstler,Entschuldige meine Geschichte,
greife mein Gedicht an,Hör auf, als wäre ich ganz meiner Meinung,Und
während ich in Gedanken in die Umwelt eintauche,
Teile gegen mich das Unteilbare mit?Aber das ist mehr als das. encore, fort
de mon unnocence,Arme du texte solubili que la défense;Seulement, n'allez
pas, enimant mes vers,D'un sense sens clair et precis un sin
pervers!Gardez-vous d'un chercher , trop savant interprete,
Sous ma lucide phrase une énigme secrete!Ainsi, quand vous lirez: 'was de
mes yeux blanchis,La gloire a dérobé les sons de saint Louis;Was s'usums
aux droits de la puissance,Je ne doutais pas, en mon adolesce n'un
jugend,Quer les les les sables, que
l'héritier de lys, extérieur de Mittau,Régnait chez les englais in un humble
Schloss, Und dass seit Jahrhunderten sein gutes Vaterland ist! Erteile
seinen Leuten eine ewige Charta! „Höre gut zu, als hätte jemand mich
angezündet. Warum versuchst du, ein Geheimnis zu verbergen, Und drehe
mein Freimaurerrecht mit lösbarer Ironie um, Und sieh nur eine Seite
meines doppelten Genies? Willst du, dass ich aus Liebe zu den Göttern
lese?
Die heilige *Gazette* hat ihr Journal nicht begleitet,
Und sie hat euch beiden uninteressante Dinge erzählt, Was ist, wenn ich
meine Gedanken verliere?“

Das sind sicherlich die wohlgeformten Zeilen eines sehr klugen
Versdichters, wenn nicht eines großen Dichters. In Athen, vor der
Areopagitica, wo Äschylus seine Sache vertrat, wäre Herr Barthélemy
freigesprochen worden! Aber was konnte er erwarten? Wir sind keine
Athener, und unsere Richter sind keineswegs Archonten.

Der Dichter fuhr dennoch fort, obwohl man an den finsteren Gesichtern
der Richter deutlich erkennen konnte, dass sie kein Verständnis für die
Verteidigung des Angeklagten hatten.

Hören wir noch einmal Barthélemys Worte:

"Jetzt gerade sehe ich dich mit einem ruhigen Gesicht.
Erobere für meine Sache einen leichten Vorteil. Ich habe mich ohne
Anstrengung gerächt, in meinem Buch, einige, einige Worte von Themis,
die verfallen sind. Verdoppele deinen Mut: eine große Anstrengung bleibt
uns erhalten; lass uns diesen lustigen Weg aufgeben,
von einem anderen zum anderen, der mit einem dunklen Kreuz gekämpft

hat! Lass mich mit meinen Augen den Palast unserer Könige erobern, den Staat auf seine legitime Basis stellen, von einem heiligen Usurpator das Regime anfechten, ich rufe den Zwiespalt zwischen den verhärteten Armen auf! Ist es wahr? Dann bin ich es wenn koppelbar? ... Hör zu!
„Er sagt also enttäuscht, er ist nicht mehr zu wissen. Was er ist, was er tut und was er tun könnte. Oh! Was du beides willst, dass du gehst und zurückkommst. Auf die große Flucht vor dir musst du gehen! Kombiniere in deinem Herzen das, was deine erste Träumerei beschützt.
Doppelt beschützt durch Recht und Glefe, Die Leute trauern um den Tröster, Der kleine Sohn eines Cäsars und der Sohn eines Kaisers, Der Legat der Welt, der geborene König von Rom, Es sind heute nicht mehr die Söhne *des Menschen!“*
Aber welcher Sohn des Königs ist dieser unbekannte Name? Hat er seinen Titel und sein zukünftiges Zepter nicht geändert? Aber was ist los? Inhalt eines Namens, der ein Diadem wert ist. „Niemals wirst du einen Tag haben, den du selbst erobert hast? Die Nacht, als ich zweimal nach Mitternacht schwankte, „Was ertönt, ist nicht mehr in meinem Palast zu hören,
Und nur in der Umgebung einer Wohnung,
Du bist verhüllt von deinem eifrigen Gedanken,
Ohne Zweifel, dass es dir auf deiner Seite gefallen könnte, Ein familiärer Dämon wird dich unterhalten. Ja, denn du lebst in deiner Jugend, Unter deiner edlen Obhut wird die Macht bewahrt,
Die zwielichtigen Erzfeinde werden ihre Orgel loben, Du alter, allmächtiger Imitator, der den Anfang nachahmt; Aber hier kann dieser brüderliche Frieden garantiert werden? In diesem Moment kann der Tod verschwinden. Bis später, im Umfeld seiner ungarischen Garde, wird sie den Fehler des Ältesten der Könige begehen. Also wird sie Zeit haben, dieses Problem zu erklären. Auf eine Art Mysterium, das mir selbst verborgen bleibt.
Napoleons Söhne, Franz' Söhne,
Unter zweien trifft die Faudra eine Wahl. Lass dich durch das Lied deiner Mutter beherrschen,
Lass deinen Gedanken eine eitle Chimäre verbieten, Und dein Ehrgeiz wird die Flamme fangen! Dein Schicksal, das dir bleibt, ist, noch schöner zu werden. Die Könige haben ihr junges Alter großartig getröstet. Das Herzogtum Reichstadt ist ein reiches Reich. Und du bist an einem Tag, deutscher Oberst,
führe ein edles Regiment zur Parade! Was das nur bedeutet, ist, dass dein junges Herz nach Höherem strebt. Lass deine Wünsche geboren werden, dein Ruhm und dein Reich. Die Regimenter vergiss nicht die Angst, dass du es nicht mehr schaffst. Das, was du nicht mehr kannst, ist, auf Wiedersehen zu sagen! '"

Nicht so, oh Dichter! Wir werden nie wieder sehen, was wir gesehen haben; das Phantomkind, das Sie aus seinem frühen Grab heraufbeschworen haben, sollte von der Geschichte nur als blasses Gespenst gesehen werden, das in dunkler poetischer Ferne in die Höhe gehalten wurde, als Astyanax oder Britannicus; die vergangenen Tage werden wir nicht mehr kennen. Aber die Zukunft hielt eine noch außergewöhnlichere Vision für uns bereit, die die Worte bestätigen sollte, die Dr. Schlegel 1838 zu mir sagte: „Die Geschichte wurde erfunden, um die Sinnlosigkeit der Beispiele zu beweisen, die sie uns vorlegt."

Inzwischen wurde Barthélemy trotz oder vielleicht gerade wegen seiner Bitten zu drei Monaten Gefängnis und einer Geldstrafe von 1000 Francs verurteilt. Aber wenn der Angeklagte nicht mit der Gerechtigkeit fertig war, war die Gerechtigkeit auch nicht mit dem Angeklagten fertig. Barthélemy war kaum im Gefängnis, als er den folgenden Brief von Herrn Guillebert, dem Gerichtsschreiber, erhielt:

"PARIS, 6. *Mai* 1830

„ MONSIEUR, ich hatte die Ehre, Sie in meinem Brief vom 22. März letzten Jahres zu bitten, die Geldstrafen und Kosten zu begleichen, zu deren Zahlung Sie per Urteil des königlichen Gerichtshofs am 7. Januar letzten Jahres verurteilt wurden. Diese belaufen sich auf:

Rechnung

Franken

Geldstrafe 1.000 00

Zehn Prozent 100 00

Prozesskosten und Berufung dito 81 45

Gesamt, 1.181 45

„Ich wiederhole meine Bitte, da mir bei meinem ersten Antrag ein Fehler unterlaufen ist, und zwar in Höhe von 1208 Francs 95 Centimes. Ich bitte Sie, diese Zahlungen bis zum 10. des Monats zu leisten, um die Einleitung rechtlicher Schritte gemäß Artikel 52 des *Strafgesetzbuches zu vermeiden.*

„Ich habe die Ehre, hier zu bleiben

„GUILLEBERT, *Kanzler*"

Und Herr Guillebert, der zu jedem Gefangenen ebenso höflich gewesen
wäre, aber zweifellos nicht so genau mit ihm, wenn er nicht Dichter gewesen
wäre, hatte die Güte, den 52. Artikel des *Code pénal*, auf den er so feinfühlig
anspielte, in ein Postskriptum zu setzen. Dies ist der Artikel, der, wie ich
annehme, unter der Regierung von König Louis-Philippe I. und unter der
von Herrn Bonaparte unverändert geblieben ist:

Artikel 52

„Die Pfändung von Geldbußen, Rückerstattungen, Schadensersatz und
Zinsen sowie von Kosten kann durch Gefängnisstrafen vollstreckt werden."

Auf diesen Brief antwortete Barthélemy am 9. Mai 1830 mit einem Brief mit
dem Titel *La Bourse ou la Prison*. Aber im Vergleich zu Fontan und Magallon
hatte Barthélemy nichts zu beklagen: Er war in einem Palast untergebracht.
Der Palast war mietfrei, aber er gibt uns die Kosten für die Einrichtung an:

Franken

Normales Bett, zwei Matratzen, Laken, eine Decke und

Polster 4 50

Für jede zusätzliche Decke 6 50

Ein Kissen 9 50

Ein Stuhl 6 50

Ein Tisch 6 50

Gesamt, 33 50

Und durch diese Maßnahmen entfremdete sich die Regierung vom Volk
(durch die skandalösen Prozesse gegen Carbonneau, Pleignies und
Tolleron); von der Armee (durch die Hinrichtungen von Bories, Raoul,
Goubin und Pommier); von der hohen Militäraristokratie (durch die
Ermordung von Brune, Ramel, Ney und Mouton-Duverney); von der
Mittelklasse (durch die Auflösung der Nationalgarde); und sie entfremdete
sich einer noch viel gefährlicheren Rasse, nämlich der Dichter, Journalisten
und Literaten (durch die Urteile, die nacheinander Männer wie Paul-Louis
Courier, Cauchois-Lemaire, Magallon, Béranger, Fontan und Barthélemy
trafen).

Nun ist die Lage einer Regierung, die sich den Widerstand des Volkes, der Armee, der Mittelklassen und der Literatur zu eigen gemacht hat, sehr schlecht. Und deshalb war auch diese Regierung am 31. Juli 1829, als sie ihr Urteil über Barthélemy verkündete, in einer sehr schlechten Verfassung; auf den Tag genau ein Jahr später war sie aufgelöst.

Zum Schluss noch eine Anekdote, die ich gleich erzählen werde, die beweisen wird, dass ich den Verlauf der kommenden Ereignisse teilweise voraussah. Meine neue Stelle in der Bibliothek des Herzogs von Orléans (ein Posten, der, wie ich meinen Lesern bereits sagte, eher ehrenamtlich als lukrativ war) hatte für mich den großen Vorteil, dass ich ein riesiges Büro hatte, in dem ich meine literarischen und historischen Forschungen fast ebenso gut und weitaus bequemer durchführen konnte als in der Bibliothèque royale. Ich war also regelmäßiger anwesend als meine beiden Mitbrüder, Vatout und Casimir Delavigne. Als der Herzog von Orléans eines Tages hereinkam und eine Melodie aus einer der Messen summte – eine Angewohnheit von ihm, wenn er gut gelaunt war, was, muss ich sagen, fast immer der Fall war – bemerkte er:

„Also, sind Sie allein, Herr Dumas?"

„Jawohl, Monseigneur."

Der Herzog von Orléans machte zwei oder drei Runden durch die Bibliothek und sang dabei unentwegt weiter. Dann fuhr er einen Augenblick später fort:

„Weder Vatout, noch Casimir, noch Tallencourt? …"

„MM. Vatout und Casimir sind nicht gekommen, Monseigneur, und Tallencourt ist ausgegangen."

Noch zweimal ging er durch die Bibliothek und summte dabei vor sich hin. Offenbar wollte er ein Gespräch beginnen, also wagte ich es, ihn zu fragen:

„Möchte Monseigneur, dass ich in Abwesenheit der anderen Herren etwas für Sie tun kann?"

„Nein, ich wollte Vatout ein historisches Porträt zeigen und ihn nach seiner Meinung fragen."

„Da Monseigneur leider einen Rat braucht, fürchte ich, dass ich kein Ersatz für Monseigneur Vatout bin."

„Kommen Sie trotzdem mit mir", sagte der Herzog.

Ich verbeugte mich und folgte dem Prinzen von der Bibliothek zur Gemäldegalerie.

Auf einer Staffelei ruhte ein Porträt, das gerade vom Rahmenmacher zurückgebracht worden war; es wartete darauf, dass der Name des Originals auf den Rahmen gemalt wurde. Es war ein Porträt des Kaisers, gemalt von Manzaisse. Im Jahr 1829 ein Porträt des Kaisers im Palast des ersten Prinzen von königlichem Geblüt zu finden, war eine so neuartige Art von Kühnheit, dass ich nichts anderes tun konnte, als mich darüber zu wundern.

„Was halten Sie von diesem Porträt?“, fragte der Herzog von Orléans.

„Ich bin kein großer Fan der Gemälde von Monseigneur Mauzaisse.“

„Ach, stimmt, ich vergaß, dass Sie ein Romantiker in der Malerei und Literatur sind. Sie bewundern die Malerei von M. Delacroix?“

„Ja, Monseigneur, auch von Herrn Delacroix, Herrn Scheffer, Herrn Granet, Herrn Decamps, Herrn Boulanger, Herrn Eugène Devéria – oh! Wir lassen einen großen Spielraum!“

„Ausgezeichnet! Ich weiß, dass Sie alles über diese Herren wissen – aber das ist nicht mein derzeitiges Anliegen. Dies ist ein Porträt, das ich gerade für meine Galerie habe malen lassen; und wie Sie sehen, fehlt nichts außer der Einfügung des Namens. Soll ich *Bonaparte einsetzen?* Es sähe wie Affektiertheit aus, nur den Ersten Konsul anzuerkennen. Soll ich *Napoleon einsetzen?* Es sähe wie Affektiertheit aus, ihn Kaiser zu nennen; das war der Punkt, zu dem ich Vatout konsultieren wollte.“

„Aber“, antwortete ich, „es scheint mir eine ganz einfache Sache zu sein. Setzen Sie *Napoléon Bonaparte ein* , Monseigneur.“

„Ja, aber das schließt immer noch den Kaiser mit ein… Napoleon war, wenn mich mein Gedächtnis nicht täuscht, Ihrer Familie gegenüber ungerecht, und ich glaube, Sie haben keine Liebe für ihn übrig.“

„Monseigneur, ich muss gestehen, dass ich, was diesen großen Mann betrifft, die gleiche Meinung wie Madame Turenne habe: nämlich Bewunderung.“

„Er war ein großer Mann, aber es gab zwei schreckliche Flecken auf seinem Charakter – der eine war ein Verbrechen, der andere ein Fehler – seine Ermordung des Herzogs von Enghien und seine Heirat mit Marie-Louise.“

„Verzeiht Monseigneur seine Usurpation?“

„Das habe ich nicht gesagt.“

„Monseigneur kennt den *Médecin malgré lui?* “

„Ja, ich bewundere es ungemein.“

„Nun, in *Médecin malgré* bemerkt Sganarille, dass es Reisigbündel *und* Reisigbündel gibt.“

„Ich nehme an, das heißt …?“

„Dass es Usurpationen und Usurpationen gibt.“

„Pah!“

„Jawohl, Monseigneur.“

"Ich verstehe nicht was du meinst."

„Ich will damit sagen – und Sie, Monseigneur, die Sie so unvoreingenommen sind, werden mich ohne weiteres verstehen –, dass es eine Usurpation gibt, bei der eine Dynastie durch eine andere ersetzt wird, und zwar mit Gewalt, wobei alle Wurzeln der alten Dynastie im ganzen Land zerstört werden und alle mit ihr verbundenen Interessen zerstört werden, wobei lange genug offene Wunden bei der Aristokratie und den Mittel- und Unterschichten zurückbleiben, die nur langsam heilen; und es gibt die Usurpation, bei der schlicht und einfach ein Mensch durch einen anderen ersetzt wird, ein verdorrter Ast durch einen grünen Zweig und Unbeliebtheit durch Popularität – das ist es, was ich mit meinen beiden Usurpationen meine, Monseigneur.“

Der Herzog von Orléans hob lachend die Hand, als wolle er mich stoppen, ließ mich aber trotzdem ausreden.

„Herr Dumas“, sagte er zu mir, „das ist eine etwas subtile Frage, und wenn Sie unbedingt eine Antwort darauf haben wollen, sollten Sie diese an einen Rat und nicht an einen Prinzen von Geblüt weiterleiten. Was das Porträt betrifft, haben Sie jedoch Recht; ich werde *Napoléon Bonaparte einsetzen* .“

Ich verbeugte mich und zog mich in die Bibliothek zurück.

Der Herzog blieb gedankenverloren in der Gemäldegalerie zurück.

KAPITEL V

Die größten Feinde des Erfolgs eines Stücks – Die Ehrlichkeit von Mademoiselle Mars als Schauspielerin – Ihr Ankleidezimmer – Die Stammgäste bei ihren Abendessen – Vatout – Denniée – Becquet – Mornay – Mademoiselle Mars in ihrem eigenen Haus – Ihre letzten Tage auf der Bühne – Materielle Folgen des Erfolgs von *Henri III.* – Meine ersten Spekulationen – Die Neubesetzung von *Christine* – Wo ich meine Inspiration suchte – Zwei weitere Ideen

Bei der 35. Aufführung von *Heinrich III.* musste Mademoiselle Mars Urlaub nehmen. Sie tat ihr Möglichstes, um die Comédie-Française zu überreden, sie für diesen Urlaub zu entschädigen; sie gewährte ihr jede erdenkliche Erleichterung, aber die Comédie-Française wollte auf nichts hören. Der Erfolg von *Heinrich III.* diente gewissen Interessen, verletzte aber gewisse *Eigenlieben*. In der Comédie-Française leidet man unter einer Eigenart, die in keinem anderen Theater oder fast keinem anderen bekannt ist. Der Autor, dessen Stück aufgeführt wird, macht sich alle Schauspieler, die nicht daran teilnehmen, zu Feinden.

Gegen Ende der Aufführung von *Heinrich III.* bemerkte ich, wie Monrose, ein ausgezeichneter Komiker, dessen Talent ihn über die armselige Eifersucht der weniger Begabten hätte erheben sollen, ins Künstlerzimmer kam, sich die Hände rieb und fröhlich ausrief:

„Ah, wir haben heute Abend fünfhundert Francs weniger eingenommen als bei der letzten Vorstellung!“

Ich war anwesend. Er hatte mich zunächst nicht bemerkt, und als er mich erblickte, gab er vor, mich nicht gesehen zu haben und ging weg.

Mademoiselle Mars war kurz davor, auf ihren Urlaub zu verzichten, so ungern wollte sie den Erfolg ihres Laufs unterbrechen.

Mademoiselle Mars war eine überaus geradlinige, ehrliche Schauspielerin, ich hätte beinahe gesagt, ein ehrlicher *Mann* , und sie war äußerst genau; jeder, der mit ihr zu tun hatte, tat seine Pflicht, denn sie tat ihre so gewissenhaft wie eine Schülerin im ersten Jahr eines Internats. Nur einmal kam sie bei einer Probe ein paar Minuten zu spät.

„Entschuldigen Sie die Viertelstunde Verspätung“, sagte sie, als sie hereinkam, „aber ich habe gerade vierzigtausend Francs verloren ... Lassen Sie uns schnell anfangen.“ Und sie probte, als wäre nichts geschehen.

Einmal, als sie auf die Bühne ging, erlitt sie eine Art Schlaganfall; doch anstatt das Stück zu unterbrechen, wie es jede andere Schauspielerin getan hätte, ließ sie Blutegel holen und nutzte zwischen dem ersten und dritten Akt den zweiten Akt, in dem sie nicht auftreten musste, um sie an ihrer Brust anzulegen. Als ich nach dem Stück ihr Ankleidezimmer betrat, war sie bis zu den Pantoffeln mit Blut bedeckt.

Mademoiselle Mars hatte einen sehr großen Saal – denselben, den Mademoiselle Rachel jetzt hat. Am Ende jeder Vorstellung war der Saal immer mit Leuten gefüllt. Mademoiselle Mars kümmerte sich nicht im Geringsten darum, ob ihre Besucher anwesend waren; sie zog sich aus und entfernte ihre Schminke und ihr Rouge mit einer bescheidenen Geschicklichkeit, die ganz bemerkenswert war: Sie hatte insbesondere eine Art, ihr Hemd zu wechseln, während sie sprach, ohne etwas von ihrer Person außer ihren Fingerspitzen zu zeigen, was eine *Meisterleistung war*. Wenn ihre Toilette fertig war, gingen diejenigen, die sie nach Hause begleiten wollten, mit ihr und fanden ein Abendessen bereit. Die regelmäßigen Gäste bei diesen Abendessen waren Vatout, Romieu, Denniée, Becquet und ich, unter den Männern, und Julienne, ihre Begleiterin – eine Figur –, der schöne Amigo, die schöne Madame Mira und manchmal eine alte Dame namens Fusil.

Mornay kam jeden Abend vorbei, um Mademoiselle Mars ins Theater zu führen oder sie sicher nach Hause zu bringen.

Meine Leser kennen Romieu; ich habe ihn zusammen mit seinem Freund Rousseau vorgestellt. Da ich nichts Neues über ihn zu erzählen habe, werde ich ihn übergehen.

Aber ich habe Vatout noch nicht beschrieben; Madame Valmore kam gut mit ihm zurecht, als sie ihn einen „ *Schmetterling in Stulpenstiefeln* " nannte. Vatout war voller kleiner Fehler und großer Qualitäten. Er streckte einem hochmütig den Finger entgegen, wenn man ihm die Hand schütteln wollte, und er tat so, als wäre er ein Grandseigneur, ohne jemals mit einem solchen verwechselt zu werden. Trotz seines hochnäsigen Auftretens hatte er ein gutes Herz und hinter seinem ungeschickten Äußeren einen charmanten Verstand. Er hatte eine Art, bestimmte Dinge zu sagen, die ihm überhaupt nicht gefielen. Eine seiner monströsen Affektiertheiten war der Versuch, dem Duc d'Orléans zu ähneln; man hat mir sogar versichert, dass er die Leute im Vertrauen Schlüsse aus dieser Ähnlichkeit ziehen ließ. Der Duc d'Orléans mochte ihn sehr und pflegte, als er noch König war, seine Freundschaft mit ihm. Im *Cour Citoyenne* zitierten sie seine Witze und sangen seine Chansons. Besonders eine Geschichte über den Bürgermeister von Eu erregte großes Aufsehen. Erlauben uns unsere bescheidenen Leser, sie hier einzufügen? Denn unserer Meinung nach war sie sein würdigster Anspruch auf die Akademie. Wir wollen dem armen Vatout kein Unrecht antun.

DER MEISTER VON EU

AIR – *zu faire*

„Ehrgeiz ist das Ziel der Bestien. Sie werden traurig und traurig sein, aber im alten Herrenhaus der Guises. Wer wird nicht ehrgeizig sein? ... Ich trauere um Faire. Was hat er an diesem schönen Ort gewählt?
Ich habe die Ehre, Bürgermeister zu werden, und ich wurde zum Bürgermeister von EU ernannt!

Unser Ursprung ist nicht klar ... Wir regieren jadis, aber Cäsar hat unseren Vater verloren. Woher kommen wir, von Smerdis? In der Verlegenheit meines Denkens kann ein Wort alle versöhnen:
Wir sind die Feinde von Persien. Seht nur, mein Wagen!

Ich bin nicht auf meinen Platz fixiert: „Mein Haus ist ein kleines Ding, und mein Stuhl sitzt auf einem einfachen Stuhl. In Notfällen sitze ich da. Meine Gewohnheiten sagen nichts über den Bernstein: Mein richtiger Schreibtisch sieht leicht aus.
Mehr als das, was mir wichtig ist! ein Zimmertopf. Reicht gut für einen Bürgermeister von Brüssel!

Auf Wiedersehen, mein Polizist. Das, was passiert ist, darf mich nicht treffen. Ich übe für alle gute Gerechtigkeit. Ich beobachte mit allen, den Fällen. Es kann nichts passieren, ohne dass etwas unter meinen Augen passiert.
Dies geschieht jedoch über die Messetage. An den Orten werde ich mich erinnern.

Dank der Rosen, die ich erhalten habe. In meiner Arbeitsstelle bevorzuge ich mein Portemonnaie
unter den Agenten des Königs.
Ich trotze den bösen Befehlen. Ich schütze sie vor aller Macht.
Und, was noch mächtiger ist, die Minister, ich komme, für immer ins Kabinett.

Ich beschwere mich in meinem Reich. Er bereitet mir keine Sorgen. Ich liebe die Luft, die ich aufsteige, und atme. Auf dass ich dir das Meer hierher schicke! Auf Wiedersehen und es ist drei .
Mein Leben ist ein Blumenstrauß. Außerdem liebe ich es sehr, dass es sich bei Herrn von Eu um den Blumenstrauß handelt!

Das schöne Schloss wurde von den Guises gebadet. Das azurblaue Meer umgibt Tréport. Die Orte, an denen Lauzun für die Tiere geeignet ist. Ich bin bis zum Tod bei dir. Ich sehne mich nach einem französischen Schwertkämpfer. Ich trauere um den römischen Senator. Ruhig und still auf meinem Stuhl. Miete meine Papiere zur Hauptsache!'

Vatout war auch der Autor des berühmten *Mot*, das er einem Beamten sagte, der den König durch eine Seitenstraße begleitete, die dieser unbedingt durchqueren wollte, und sich bei jedem Schritt für die Hindernisse entschuldigte, auf die sie stießen. Viele Hühner hatten dort gelegt, von der Art, zu der Heinrich IV. bemerkt hatte: „Halt, halt, Mutter! Ich sehe viel lieber die Henne als das Ei!"

„Oh, Sire", sagte der arme Kerl, „oh, Sire, hätte ich nur gewusst, dass Eure Majestät hier vorbeikommen wollten, hätte ich sie alle wegräumen lassen."

„Sie hätten nicht das Recht dazu gehabt, Herr Bürgermeister", bemerkte Vatout ernst. „Sie haben ihre Papiere!"

Zwischen 1821 und 1822 schrieb Vatout ein Buch, das ein enormer Erfolg war. Es handelte von den Abenteuern der Charte und trug den Titel *Histoire de la fille d'un Roi*. Später schrieb er *Idée fixe*, das kaum gelesen wurde; dann eine Art Roman mit dem Titel *Conspiration de Cellamare* ; schließlich verschiedene Veröffentlichungen über die königlichen Schlösser. Alles in allem nichts sehr Bemerkenswertes; dennoch war er von dem Wunsch besessen, Mitglied der Akademie zu werden, und Scribe drängte ihn dazu. Er erreichte sein Ziel, der arme Kerl; aber in der Zeit zwischen seiner Ernennung und seiner Aufnahme besuchte er die Verbannten in Claremont, wobei er der königlichen Sache während ihres Exils ebenso treu blieb wie in der Blütezeit ihrer Macht, wo er nach dem Abendessen krank wurde und 24 Stunden später starb! Er starb, ohne auch nur einmal das Vergnügen gehabt zu haben, in der Akademie zu sitzen! Armer Vatout! Ich bin sicher, dass niemand ihm mehr Gerechtigkeit widerfahren ließ oder mehr Mitleid mit ihm hatte als ich. Ich musste mir Hugos Stimme nur mit Mühe verschaffen.

Die ganze Pariser Gesellschaft kannte Denniée, den ehemaligen Generalorden, der, obwohl er ein witziger und vergnügungssüchtiger Mann war, sprach, als hätte er einen Mund voller Nussschalen, und eine Menge Geschichten und Anekdoten erzählte, von denen eine seltsamer und amüsanter war als die andere, mit einer so fehlerhaften Aussprache, dass sie einen überzeugenden Anschein von Originalität erweckten. Er verehrte Mademoiselle Mars, die ihn im Gegenzug sehr mochte. Wenn drei Tage vergingen, ohne dass Denniée in ihrem Haus gesehen wurde, fragte man, was aus ihm geworden sei; denn nur Krankheit oder ein Unfall, so nahm man an, konnten eine so lange Abwesenheit erklären.

Becquet war ebenso bekannt wie Denniée, vielleicht sogar noch bekannter. Er war einer der wöchentlichen Mitarbeiter des *Journal des Débâts*. Er war außerordentlich klug, aber da er sich regelmäßig einmal am Tag betrinkte, stumpfte sein Intellekt allmählich ab. Zwei oft zitierte Aussprüche von ihm veranschaulichen die Art von Respekt und kindlicher Zuneigung, die er für seinen Vater empfand. Einmal, als Becquet der Ältere seinen Sohn wegen seiner unglücklichen Trinkgewohnheit zur Rede stellte, sagte er zu ihm:

„Sieh, du Elender, wie es dich altern lässt; man wird dich für meinen Vater halten, und ich werde dich um zehn Jahre überleben!"

„Ach!", erwiderte Becquet träge, „warum sagen Sie immer so unangenehme Dinge zu mir?"

Becquet hatte noch eine weitere Angewohnheit: Schulden zu machen. Er war jedem Geld schuldig, und diese hohe Verschuldung brachte seinen Vater zur Verzweiflung.

„Elender!", sagte er bei einer anderen Gelegenheit zu ihm – dies war der übliche Ausdruck, den der alte Becquet für seinen Sohn verwendete und den er manchmal als Adjektiv, manchmal als Substantiv verwendete – „Elender!", sagte er, „bei Gott und dem Teufel, ich kann nicht begreifen, wie du so leben kannst."

„Bleiben Sie, Vater", antwortete Becquet, „Sie haben gerade die beiden einzigen Mächte erwähnt, denen ich nichts schulde."

Am Todestag seines Vaters – es ist traurig, dass es für Becquet, der mit Herz und Geld fröhlich war, ein Festtag war – speiste er im *Café de Paris* und bestellte sein Menü wie ein Mann, dem der Preis egal ist. Als es jedoch um den Wein ging, rief er den Kellner. Wahrscheinlich waren ihm einige Zweifel gekommen und er hätte gern die Meinung eines Experten gehört.

„Kellner", fragte er, „trägt der Bordeaux Trauer?"

Zwei Stunden später trugen sie Becquet nach Hause.

Eines Nachts traf ich Becquet in einem jener wunderbaren Rauschzustände, die nur er so herrschaftlich zur Schau stellen konnte. Es war am 21. Januar.

„Was!" sagte ich zu ihm, „ausgerechnet heute betrunken, Becquet?"

„Darf ich fragen, ob es vielleicht einen Tag gibt, an dem ein Mann nicht betrunken sein kann, wenn er möchte?", fragte der Autor von *Mouchoir bleu* erstaunt.

„Natürlich hätte ich gedacht, dass das so ist, besonders für Sie als Royalisten, da heute der Todestag von Ludwig XVI. ist."

Becquet schien einen Augenblick über die Bedeutung meiner Bemerkung nachzudenken. Dann legte er mir eine Hand auf die Schulter –

„Wenn man dem guten König Ludwig XVI. nicht den Kopf abgeschlagen hätte, glauben Sie, er wäre jetzt tot?"

„Es ist mehr als wahrscheinlich."

„Na dann", sagte Becquet und schnippte achtlos mit den Fingern, „wie können Sie mir dann etwas sagen?"

Und los ging es mit der Gelassenheit eines Trunkenbolds, der durch lange Übung dem Durchschnitt der Trinker überlegen ist und auch im betrunkenen Zustand immer geradeaus gehen kann.

Nachdem er das Haus von Mademoiselle Mars verlassen hatte, schrieb Becquet in stockbetrunkenem Zustand den berühmten Artikel für das *Journal des Débats*, der mit den folgenden Worten endete und die Monarchie stürzte:

„Malheureuse France! Malheureux roi!" „Unglückliches Frankreich! Unglücklicher König!"

Becquet starb am Alkohol, und zwar beim Trinken. In den letzten sechs Monaten seines Lebens war er nie nüchtern: Seine Augen wurden trüb und ausdruckslos; seine Handlungen waren unwillkürlich und instinktiv; seine Hand tastete mechanisch nach der Flasche, um Wein in sein Glas zu gießen, das er nicht mit der Kraft leeren konnte. Bis zum letzten Moment empfing ihn Mademoiselle Mars mit der aufrichtigen Freundschaft, die eine ihrer besten Tugenden war. Als Becquet starb, brachte sie es nicht übers Herz, ihn zu bedauern, obwohl sie bei der Nachricht Tränen vergoss.

Mornay bildete einen merkwürdigen Kontrast zu all denen, von denen ich gesprochen habe. Mornay war elegant und aristokratisch, er war die personifizierte *Gentry*, und zusätzlich zu all diesen Eigenschaften hatte er so viel Witz wie wir alle zusammen. Als Mornay zum Generalbevollmächtigten ernannt wurde und zuerst ins Großherzogtum Baden und dann nach Schweden ging, verlor Mademoiselle Mars den hellsten Stern ihres Salons. Es gibt Geister, die die Eigenschaften von gut gewürztem Zunder besitzen und alles in Brand setzen, mit dem sie in Berührung kommen; Mornay war einer von ihnen; der Rest von uns diente ihm als Feuerstein. Wenn er vielleicht zu müde war, um seinen eigenen Verstand zu gebrauchen, rechnete er damit, dass wir seinen Mangel ausgleichen würden. Mornay hatte kein Vermögen; aber Mademoiselle Mars hinterließ ihm bei ihrem Tod ein Einkommen von 40.000 Livres pro Jahr. Er nahm ein Porträt von ihr herunter und nahm es mit. Dabei bemerkte er: „Das ist das Einzige, worauf ich hier ein Anrecht habe", und hinterließ den Erben von Mademoiselle Mars 40.000 Livres pro Jahr.

Mademoiselle Mars im Theater und Mademoiselle Mars in ihrem Privathaus waren zwei ganz verschiedene Wesen. Auf der Bühne war ihre Stimme hinreißend, fast wie ein Lied, und ihr Aussehen war liebenswert und sanft, voll betörenden Charmes. Zu Hause war ihre Stimme rau, sie wirkte fast hart, und ihre Bewegungen waren brüsk und ungeduldig. Sie hatte sich ihre Theaterstimme angeeignet, ein Instrument, das man ihr beigebracht hatte und das sie wunderbar spielte, aber sie misstraute ihr zu Recht, wenn sie große leidenschaftliche Krisen ausdrücken oder großen poetischen Höhen Ausdruck verleihen musste. Sie fürchtete sich dann, ihre sanften Töne zu überanstrengen, und sie beneidete Madame Dorval beinahe um ihre heisere, rauhe Stimme, mit der sie mitleiderregende Schreie ausstoßen konnte, die direkt ins Herz gingen. Ich kannte niemanden, der bescheidener in Bezug auf seine Talente war als Mademoiselle Mars: Sie sprach nie von sich, ihren Triumphen oder ihren Schöpfungen. Sie bewunderte ihren Vater Mouvel zutiefst. sie war seine Schülerin, und es machte ihr sichtlich Freude, über ihn zu sprechen. Sie war auch eine große Bewunderin von Mademoiselle Contat, und es war merkwürdig zu hören, wie sie ihre Unterlegenheit gegenüber dieser großen Schauspielerin in Bezug auf bestimmte Aspekte der Kunst einräumte. Ich kann nicht sagen, ob alle Geschichten über das Alter von Mademoiselle Mars wahr sind, aber ich weiß, dass sie es nie auch nur eine Woche vor ihren Freunden verheimlichte. In ihrem Salon hatte sie eine Marmorskulptur von Boule, die Königin Marie-Antoinette ihrer Mutter geschenkt hatte, weil sie beide am selben Tag entbunden worden waren. Daher muss Mademoiselle Mars genauso alt gewesen sein wie die Herzogin von Angoulême, die am 19. Dezember 1778 geboren wurde. Wenn Mademoiselle Mars wollte, konnte sie charmant sein, denn sie besaß einen großen Humor; ihre Stimme war genau die richtige zum Nachahmen, und wenn sie die Mitglieder der Comédie-Française kritisierte, von Mademoiselle Plessy bis Ligier, tat sie dies knapp, aber hervorragend. Sie zeigte viel Freundlichkeit und Interesse gegenüber Personen, von denen sie dachte, dass sie Talent besaßen, und half ihnen mit ihrem Rat, ihrem Talent und ihrem Einfluss. Einmal rettete sie einen Clown, der auf dem Platz in Metz auftrat, und ruhte nicht, bis sie eine kleine Stelle für ihn gefunden hatte. Sie empfahl ihn mir 1833 oder 1834, aber ich hatte fünfzehn oder achtzehn Jahre lang keine Gelegenheit, ihm eine Rolle zu geben, bis ich ihm die Rolle des Lorrain in der *Barrière de Clichy anvertraute*. Der Mann hieß Patonnelle und war einer der besten Reiter im Cirque.

Wie Talma wuchs auch Mademoiselle Mars' Ruf bis zu dem Tag, an dem sie die Bühne verließ. Ihre letzte Kreation, Mademoiselle de Belle-Isle, war eine ihrer glücklichsten Aufführungen. Ich war ihr letzter Förderer am Theater und hatte aller Wahrscheinlichkeit nach das Glück, ihre Karriere um zwei oder drei Jahre zu verlängern.

Die letzten Tage ihrer Zeit an der Comédie-Française waren von Bitterkeit geprägt. Eines Tages, bei einer Extravorstellung, warf jemand ihr eine Krone aus Immortellen vor die Füße, wie sie auf Gräbern platziert wird. Sie war in einer der Logen des Theaters zusammengestellt worden, und ich könnte, wenn ich wollte, sagen, in wessen Loge sie war. Als sie die Bühne verließ, geschah dasselbe wie nach dem Verlust von Talma. Jeder glaubte, er könne Talma ersetzen, und jeder hoffte, Mademoiselle Mars zu ersetzen: Sie versuchten es in ihren alten Rollen, sie erfanden neue. Manager und Zeitungen taten ihr Möglichstes, indem sie aufkeimende Reputationen aufbliesen und lobten. Sie hatten Turennes Geld – hatten sie überhaupt das Geld von Mademoiselle Mars? ...

Obwohl *Heinrich III.* unserem Haushalt keinen sehr großen Reichtum bescherte, hatte er dennoch eine beträchtliche Veränderung bewirkt: Vor allem hatte er uns von Schulden befreit; er hatte Porcher und M. Laffitte zurückgezahlt; er hatte uns erlaubt, unsere bescheidene Unterkunft in der Rue Saint-Denis aufzugeben und für meine Mutter eine Reihe von Zimmern im Erdgeschoss mit Garten in der Rue Madame Nr. 7 zu mieten. Ihr war geraten worden, an die frische Luft und in Bewegung zu gehen, und ich wählte diese Straße und dieses Viertel, um in der Nähe von Mesdames Villenave und Waldor zu sein, die aus familiären Gründen ihr Haus in der Rue de Vaugirard verlassen und eine Suite in der Rue Madame Nr. 11 bezogen hatten. Ich hatte mir ein eigenes Zimmer im vierten Stock an der Ecke Rue de l'Université und Rue du Bac gemietet, und da ich aufgrund meiner neuen Position Besuch von den Damen und Herren des Théâtre-Français bekam, richtete ich dieses Zimmer so schön ein, wie ich es mir leisten konnte.

Da ich aus Erfahrung gelernt hatte, nie zu sehr auf die Zukunft zu vertrauen, hatte ich meine Verpflegung für ein Jahr im Voraus bezahlt, indem ich 1800 Francs zahlte; genauer gesagt, ich bezahlte 365 Frühstücks- und 365 Abendessensgutscheine, Wein nicht inbegriffen. Unglücklicherweise ging das Café Desmares einen Monat nach dieser Vereinbarung bankrott, und ich verlor meine Jahreszahlung und meine Verpflegung. Es war meine erste Spekulation, und sie ging schief, wie sich zeigen wird.

Inzwischen hatte ich von einer überaus charmanten jungen Dame im Théâtre-Français Vorwürfe erhalten, die murrte, weil sie, nachdem sie in *Henri III.* eine unbedeutende Rolle gespielt hatte, in *Christine* überhaupt keine mehr zu finden war – denn ich schmeichelte mir immer noch mit der Hoffnung, dass meine *Christine* trotz der Verzögerung durch M. Brault, der inzwischen gestorben war, doch noch im Théâtre-Français gespielt werden würde; und jetzt hatte die Comédie-Française es nicht eilig, eine der beiden Rollen zu übernehmen. Ihre Vorwürfe kamen an, wie sie verdient waren, und ich fühlte, dass ich ihr eine doppelte Wiedergutmachung schuldete. Ich antwortete daher:

„Seien Sie beruhigt: Ich werde die Rolle *der Christine umgestalten* , um sie dramatischer und zeitgemäßer zu gestalten, und bei der Verwandlung wird etwas herauskommen, was Sie, so hoffe ich, zufriedenstellen wird."

Der Geist eines Arbeiters ist oft voller sonderbarer Vorurteile, die manchmal so merkwürdig sind, dass sie an Wahnsinn grenzen: manchmal bildet er sich ein, er könne seine Pläne nur an diesem oder jenem Ort aushecken; ein anderes Mal, er könne sein Stück nur auf irgendeiner besonderen Art von Papier schreiben. Ich setzte mir in den Kopf, dass ich aus meiner alten *Christine nur eine neue Christine machen könnte* , wenn ich eine kurze Reise machte und mich von der Bewegung einer Kutsche hin und her schaukeln ließe. Da ich noch nicht reich genug war, um mit einer Kutsche zu fahren, wählte ich eine Postkutsche; es war gleichgültig, wohin die Postkutsche fuhr, solange ich das *Coupé* , das Innere oder die *Rotonde* für mich allein hatte. Ich ging zum Cour des Messageries und fand nach ein paar Stunden Wartezeit, was ich suchte, eine Kutsche ohne Passagier im *Coupé*. Die Postkutsche war nach Le Havre unterwegs. Das war tatsächlich eine Chance für mich, denn ich war noch nie in einem Seehafen gewesen und würde zwei Fliegen mit einer Klappe schlagen. Damals dauerte die Fahrt von Paris nach Le Havre volle zwanzig Stunden; Auch das war mir recht. Die Inspiration hatte genügend Zeit, um zu wirken, sonst würde sie nie kommen. Ich machte mich auf den Weg, und da die Vorstellungskraft natürlich eine Hauptrolle in Kunstwerken spielt, begann sie zu wirken, als meine Vorstellungskraft die äußeren Bedingungen hatte, die sie brauchte, um zu wirken. Als ich in Le Havre ankam, war mein Stück umgestaltet; ich hatte die Szenen zwischen Stockholm, Fontainebleau und Rom aufgeteilt, und die Figur der Paula entstand aus dieser frischen Entstehung. Das bedeutete eine vollständige Überarbeitung und Neufassung des gesamten Stücks, und vom Original blieb nur sehr wenig übrig. Obwohl ich es sehr eilig hatte, mit der Arbeit zu beginnen, machte ich mich erst wieder auf den Weg nach Paris, nachdem ich das Meer gesehen hatte. Ich blieb gerade lange genug in Le Havre, um ein paar Austern zu essen, auf dem Meer zu segeln und ein paar Porzellanvasen zu kaufen, die ich in Paris billiger hätte bekommen können, und dann bestieg ich die Postkutsche. In zweiundsiebzig Stunden war ich meine Reise hinter mir und hatte mein Stück umgestaltet.

Ich habe von den merkwürdigen Vorurteilen gesprochen, die der Erfüllung einer Arbeit gebieterisch bestimmte Bedingungen auferlegen. Niemand ist weniger ein Wahnsinniger als ich; niemand, der sich wie ich die Gewohnheit aneignet, unaufhörlich zu arbeiten, könnte mit größerer Leichtigkeit arbeiten als ich, und doch habe ich mich dreimal absolut gezwungen gefühlt, einer Laune zu gehorchen. Das erste Mal habe ich gerade davon berichtet; das zweite Mal betraf die Komposition von *Don Juan de Marana* und das dritte Mal stand im Zusammenhang mit *Capitaine Paul*. Ich war von der Vorstellung besessen, dass ich mir mein phantastisches Drama nur beim Klang von Musik ausdenken könnte. Ich bat meinen Freund Zimmermann um Karten für das Konservatorium, und in der Ecke einer Loge zusammen mit drei Fremden, mit geschlossenen Augen, als ob ich schliefe, von Beethoven und Weber bis zur Halbbewusstseinslosigkeit beruhigt, komponierte ich in zwei Stunden die Hauptszenen meines Dramas.

Bei *Capitaine Paul war es anders* : Ich brauchte das Meer, einen weiten Horizont, vorbeiziehende Wolken und eine Brise, die durch die Takelage und Masten der Schiffe pfiff. Ich unternahm eine Reise nach Sizilien und ankerte mit meinem kleinen Boot für ein paar Stunden am Eingang zur Straße von Messina. In zwei Tagen war *Capitaine Paul* fertig.

Bei meiner Rückkehr fand ich einen Brief von Hugo. Der Erfolg von *Heinrich III.* hatte in ihm den Wunsch geweckt, ein Drama zu schreiben, und er lud mich ein, es im Hause Devéria vorzulesen. Das Drama war *Marion Delorme*.

KAPITEL VI

Victor Hugo – Seine Geburt – Seine Mutter – Die Chassebœufs und die Comets – Hauptmann Hugo – Die Bedeutung seines Namens – Victors Pate – Die Familie Hugo auf Korsika – Monsieur Hugo wird von Joseph Bonaparte nach Neapel gerufen – Er wird zum Oberst und Gouverneur der Provinz Avellino ernannt – Erinnerungen an die frühe Kindheit des Dichters – Fra Diavolo – Joseph, König von Spanien – Oberst Hugo wird zum General, Grafen, Marquis und Majordomus ernannt – Der Erzbischof von Tarragona – Madame Hugo und ihre Kinder in Paris – Das Kloster der Feuillantinnen

Wir werden jetzt einige Seiten dem Autor von *Marion Delorme* , *Notre-Dame de Paris* und *Orientales widmen* , da wir meinen, dass er diesen Exkurs durchaus wert ist.

Victor Hugo wurde am 26. März 1803 geboren. Wo und unter welchen Bedingungen erzählt uns der Dichter selbst auf der ersten Seite seiner *Feuilles d'Automne* :

"Dieses Jahrhundert hat zwei Jahre gedauert; Rom hat Sparta ersetzt; Napoleon hat sich unter Bon
Aparte
aufgehalten , und der erste Konsul hat sich ganz dem Recht verschrieben, die Front des Kaisers hat die Maske des Todes gesprengt. Also, in Besançon, der alten spanischen Stadt, ist es wie ein Klacks in die Luft geflogen, als hätte man es gewollt, Naquit, von einem bretonischen und lothringischen Lied, ein Kind in seiner Farbe, ohne Blick und ohne Stimme;
wenn es töricht ist, was es vermasselt hat, auch ein Scharfschütze, von allen verlassen, außer von seiner Mutter, und was passiert ist, ist wie ein Rosenkranz verhüllt, es ist gut, für dieselbe Zeit sein Bier und sein Becher. Dieses Kind, dem das Leben seines Lebens zugute kommt ,
und das nicht einmal einen Hauch von Leben übrig hat, das bin ich ..."

Das Kind war allerdings so schwach, dass es fünfzehn Monate nach seiner Geburt nicht einmal den Kopf auf den Schultern halten konnte, sondern, als sei er schon mit all den Gedanken beschwert, von denen er nur den Keim besaß, beharrlich nach vorne auf seine Brust fiel.

Der Dichter fährt fort:

Ich kann dir helfen, einen Tag lang,
eine reine Milch, eine Wunde, eine Wunde, eine Liebeswut, Wunder für mein Leben, verdammt noch mal, ich bin mit beiden Beinen bei meiner hartnäckigen Mutter geblieben."

Seine Mutter, bretonischen Blutes, die wie eine echte Mutter und Bretonin im Kampf mit dem Tod um das Leben ihres Kindes beharrte, war die Tochter eines reichen Schiffseigners aus Nantes und Enkelin eines der führenden Bürger dieses oppositionellen Landes. Außerdem war sie die Cousine von Constantin François, Graf von Chassebœuf, der diesen großen feudalen, an die *Barone Pasteurs des* Mittelalters erinnernden Namen aufgab und sich stattdessen Volney nannte, der bloß an den Namen eines Provinzkomikers erinnern würde, wenn der Herr, der auf die seltsame Idee kam, diesen Namen anzunehmen, ihn nicht dadurch berühmt gemacht hätte, dass er ihn an den Anfang seiner *Voyage en Égypte* und an das Ende seiner *Ruines setzte* ; außerdem war sie die Cousine einer anderen kaiserlichen Berühmtheit, des Grafen Cornet, der weniger literarischen als politischen Interessen nachging. Comte Cornet, dessen Name heute vielleicht vergessen ist, war Abgeordneter für Nantes und Mitglied des Conseil des Cinq-Cents; er nahm an den Vorgängen des berühmten 18. Brumaire teil, der das Aussehen Frankreichs für ein halbes Jahrhundert veränderte. Anstatt die Privilegien der Versammlung zu verteidigen, unterstützte er Bonapartes Ansprüche; und Napoleon machte ihn aus Dankbarkeit zum Senator – die übliche Belohnung für solche Dienste – und dann zum Grafen; und damit er alles – wenn nicht an Qualität, so doch an Quantität – besaß, was die Mitglieder des alten Adels besaßen, die sich um das Kaiserreich geschart hatten, verlieh er ihm ein Wappen; aber durch eine jener Scherze, die sich ein gekrönter Soldat manchmal erlaubt, war dieses Wappen, das an die etwas plebejische Herkunft der Person erinnerte, die es zu adeln beabsichtigte, blau mit drei silbernen Kornetten.

Madame Hugo hieß Sophie Trébuchet. Wie wir gesehen haben, hatte sie zwei Adelstitel in ihrer Familie, den des Grafen Volney und den des Grafen Cornet. Bitte denken Sie daran, denn wir werden noch einmal darauf zurückkommen. Das lothringische Blut, von dem der Dichter singt, stammte von seinem Vater, Joseph-Léopold-Sigisbert Hugo. Von dieser Seite war die edle Abstammung ganz unbestritten; sie entsprang einer alten deutschen Quelle.

Sein Großvater, Georges Hugo, war Hauptmann der Wache eines Herzogs von Lothringen und war 1531 von diesem Herzog durch ein in Lillebonne in der Normandie datiertes Patent in den Adelsstand erhoben worden, der ihm als Wappen auf azurblauem Feld zwei schwarze Turmfalken auf dem Silbergrund verlieh . Drei Turmfalken sind, wie allgemein bekannt ist, das Wappen des Hauses Lothringen. Der Herzog hätte also nicht mehr für seinen Hauptmann tun können; noch ein Turmfalke, und er hätte ihn auf die gleiche Stufe mit sich selbst gestellt. Wer jedoch ausführlichere Einzelheiten zu diesem Thema als wir sie geben und eine größere Autorität wünscht, sollte Hozier, Register IV, unter der Überschrift *Hugo zu Rate ziehen*. Da wir jedoch an die Magie der Namen glauben, möchten wir einige Informationen geben, die Hozier nicht gibt – nämlich, dass das alte deutsche Wort „*hugo*" *dem lateinischen Wort* „*spiritus*" entspricht und Atem, Seele, Geist bedeutet!

Je schwächer ein Baby ist, desto eiliger muss es getauft werden. Major Sigisbert Hugo, der damals in Besançon, dem Depot eines korsischen Regiments, das Kommando hatte, sah, dass sein dritter Sohn so zart war, und wählte Victor Faneau de la Horie zum Taufpaten. Dieser wurde 1812 erschossen, weil er der anstiftende Geist der Verschwörung war, an der Mallet beteiligt war. Und von ihm erhielt der Dichter seinen Vornamen *Victor*, der, wenn er seinem Nachnamen hinzugefügt wird, egal ob er davor oder danach steht, nur so übersetzt werden kann:

„Siegreicher Geist – triumphierende Seele – siegreicher Atem!"

Der Dichter dachte nie daran, sich einen anderen Namen zu geben als den, den ihm seine Geburt zufällig gab, ebenso wenig wie sein Cousin mütterlicherseits, Chassebœuf, und wir werden später sogar sehen, dass er sich, als dieser Zusatz für ihn nützlich gewesen wäre, nicht Hugo-Cornet nannte.

Victors Vater war einer der rauen Kämpfer, die die Revolution hervorgebracht hatte. Er griff 1791 zu den Waffen und steckte sein Schwert erst 1815 in die Scheide. Andere benutzten ihr Schwert bis 1830 und 1848, aber es brachte ihnen nur selten Glück. 1795 war er Leutnant und kämpfte im Vendéan-Krieg. Seine Kompanie war Teil des von Kommandant Muscar angeführten Detachments, das Charette im Wald von La Chabotière einnahm. Durch einen merkwürdigen Zufall waren es Oberst Hugo, der Fra Diavolo in Kalabrien gefangen nahm, und General Hugo, der Juan Martin, auch bekannt als der *Empecinado*, am Ufer des Tejo festnahm. Sie waren die drei wichtigsten Anführer dieser großen Kriegsperiode, die mehr als ein Vierteljahrhundert dauerte. Natürlich ist es verständlich, dass wir den edlen und loyalen Charette nicht mit dem kalabrischen oder spanischen Banditen vergleichen. Charette wurde erschossen, Fra Diavolo gehängt und Juan Martin garrottiert. Nach der friedlichen Besiedlung der Vendée wurde der Leutnant zum Hauptmann ernannt, verließ die Loire und ging an den Rhein und in den Bürgerkrieg, um ins Ausland zu ziehen. Er wurde dem Generalstab von Moreau zugeteilt, mit dem er den Feldzug von 1796 bestritt. Anschließend ging er nach Italien, um in Massénas Armeekorps zu dienen.

Im Zusammenhang mit meinem Vater habe ich erwähnt, welche Abneigung Bonaparte gegenüber Offizieren empfand, die zu ihm kamen, nachdem sie sich bereits durch ihre Taten in den Armeen des Westens, der Pyrenäen und des Nordens ausgezeichnet hatten. Hauptmann Sigisbert Hugo war ein weiteres Beispiel. In der Schlacht von Caldiero wurde er von Masséna angewiesen, mit seiner Kompanie die Brückenspitze zu halten, und er war der Dreh- und Angelpunkt, um den sich das Schicksal der gesamten Schlacht drehte. Masséna erwartete daher, diese großartige Waffenleistung dadurch belohnen zu können, dass er Hauptmann Hugo zum *Chef de bataillon ernannte* . Aber er hatte nicht mit dem Hass des Oberbefehlshabers gerechnet. Bonaparte fragte, woher Hauptmann Hugo gekommen sei, und als er erfuhr, dass dieser zur Rheinarmee gehört hatte, annullierte er die Ernennung. König Louis-Philippe tat dem General ziemlich dasselbe Unrecht an wie Bonaparte dem Hauptmann: Der Name der Schlacht von Caldiero steht auf dem Triumphbogen in Étoile, der von General Hugo jedoch nicht. Der Dichter rächte dieses seltsame Versehen in der letzten Zeile seiner letzten Strophe über den Arc de Triomphe de l'Étoile:

„Wenn ich also dachte, verliere ich meine Würde,
werde ich eine vergangene Herrlichkeit erleben. Also, unter meiner Größe
werde ich mich erheben. Ich bewundere dich! Und, mein kleines Kind, lass
die Kunst vorübergehen. Ich bedauere nicht, dass ich nach deiner
erhabenen Mauer trauere.
Der Phidias ist abwesend und mein Vater ist tot!"

Da Hauptmann Hugo jedoch nicht zu denen gehörte, die in ihrer Laufbahn geschlagen werden, wurde er schließlich volljährig, aber unter welchen Umständen, weiß ich nicht. Wie dem auch sei, er war Major und befand sich zufällig in Garnison in Lunéville, als in dieser Stadt die Konferenzen zur Ratifizierung des Vertrags von Campo-Formio begannen. Bei diesen Konferenzen war Joseph Bonaparte, der später König von Neapel, dann König von Spanien und Indien, Bevollmächtigter der Republik. Ich kannte diesen König von Neapel und Spanien in Florenz gut. Sein Wesen war eher sanft als erhaben, eher gelassen als kühn; wie seine Brüder Louis und Lucien, und wir könnten sogar sagen wie sein Bruder Napoleon, hatte er anfangs eine Leidenschaft für die Literatur gehabt; die anderen hatten Memoiren, Komödien und epische Gedichte geschrieben, er hatte Romane geschrieben. Seine Tochter, Prinzessin Zenaïde, die jetzt Prinzessin von Canino ist, wurde, glaube ich, nach einer der Heldinnen ihres Vaters benannt. Joseph Bonaparte freundete sich als Bevollmächtigter mit Major Hugo an, der, wie wir bereits erwähnt haben, nach Abschluss der Konferenzen in das Depot des korsischen Regiments in Besançon eintrat. Und wir haben auch erwähnt, dass dort der berühmte Dichter geboren wurde, über den wir jetzt schreiben.

Einige Monate nach seiner Geburt erhielt das von seinem Vater kommandierte Depot den Befehl, Garnisonsdienst auf der Insel Elba zu übernehmen. Und auf dieser Insel, wo Napoleons Niedergang und Fall begann, begann der Autor der *Ode à la Colonne* , oder besser gesagt der *Odes à la Colonne* , zu wachsen.

Die erste Sprache, die das Kind, das dazu bestimmt war, so berühmt zu werden, lernte, war Italienisch; und das erste Wort, das es aussprach – nach jenen beiden Worten, mit denen alle menschlichen Stimmen, Lippen und Zungen beginnen, *Papa* und *Mama* – war ein Apostroph an seine Gouvernante: „ *cattiva* !" rief es eines Tages, bevor irgendjemand wusste, dass er die Bedeutung des Wortes gelernt hatte. Vielleicht ist es nicht allgemein bekannt, dass *cattiva unartig* bedeutet . An die Insel Elba erinnert sich das Kind nicht und nichts an seinen frühen Aufenthalt unter seinen Mitmenschen ; nichts von diesem ersten Aufenthalt an der Schwelle seiner Existenz ist in seinem Gedächtnis geblieben.

1806 wurde der Bevollmächtigte Joseph zum König von Neapel ernannt. Er erinnerte sich an seinen Freund, den Major von Lunéville. Er erkundigte sich, was aus ihm geworden sei, erfuhr, dass er auf der Insel Elba lebte und zum Oberstleutnant oder, wie es 1806 noch hieß, zum *Gros-Major befördert worden war.* Er schrieb ihm und schlug ihm vor, er solle kommen und sein Schicksal mit ihm vereinen und ihm bei der Errichtung seines Throns in der schönen Stadt helfen, die jeder sehen sollte, bevor er stirbt, und die er verlassen sollte, um zu sterben, sobald er sie gesehen hat. Aber niemand wagte es, ohne die Erlaubnis des Herrn solche militärischen Eskapaden zu wagen. Oberstleutnant Hugo bat Kaiser Napoleon um Erlaubnis, sich König Joseph anzuschließen. Kaiser Napoleon ließ sich herab, zu antworten, dass er diesen Dienstwechsel nicht nur genehmigte, sondern auch erfreut wäre, ein französisches Element in den Armeen seines Bruders zu sehen, die nur die Flügel seiner eigenen Armee waren.

Franzosen treten nie ohne gewisse Reue in den Dienst einer ausländischen Armee, aber diese Armee sollte einer der Flügel der Nationalarmee sein. Und um die Härten dieses Exils so weit wie möglich zu lindern, beförderte der neugewählte König den *Gros-Major* Hugo zum Oberst, machte ihn zum Adjutanten und ernannte ihn zum Gouverneur der Provinz Avellino. Als er als Gouverneur eingesetzt war, ließ der Ehemann seine Frau und seine Kinder nachholen, die er sich so sehr wünschte, in seiner Nähe zu haben. So machten sich Madame Hugo und ihre drei Söhne 1807 auf den Weg nach Neapel; und das Kind setzte das Wanderleben fort, das in seiner Wiege begonnen hatte und das ihm in seiner Jugend bis zur Schwelle des Mannesalters bestimmt sein sollte. Auf diese langen Reisen, die er in seinen frühen Tagen unternahm, spielt der Dichter in den folgenden Zeilen an:

„Kind, auf einer Trommel, die meine Krippe bedeckt; In einem Helm trage ich das
heilige
Wasser, das mir zugesetzt wurde; Ein Soldat, der von einem Schwert bedeckt ist; Von einem alten Schild, das von einem benutzten Vorhang umhüllt ist; Passen Sie auf die langen Arme meines Grabes.

Parmi, die rauchenden Kämpfer, die glänzenden Waffen; Eine Muse der Lager schläft unter den Zelten. Ich schlafe auf dem Rücken der Kanonenschützen; Ich laufe die Fledermäuse zu den schwimmenden Krippen
und lasse die Geräusche der Schützen erzittern.

Mit unseren eifrigen Lagern, im Dienst Europas, Ich laufe das Land vorwärts leben, und jedes Kind kommt, die alten Leute retten mich. Ich bin geschockt und habe von einem rohen Schneefall erzählt
. Meine Tage sind ein bisschen zahlreich und ich bin froh, dass ich es geschafft habe.

Ich besuche diese Insel in schwarzem Schutt, der mir aufgefallen ist. Erst spät habe ich eine tiefe Rutsche hinter mir! Der hohe Cenis, nimm die Felsen nicht ins Visier. Versteh, dass dort, wo die Lawine abgeht, wir haben unsere Eiszapfen unter meinen Nichtkindern ausgerufen.

Über die Etsch und den Arno fließen meine Weine von der Rhone; Ich besuche das Abendland, den Auguste Babylone: Rom, das alle Tage im Herzen seiner Seele lebt. Gräber, Königin der Welt, landet auf einem Trümmerhaufen, mit einem Lammfellmantel x.

Puis Turin; dann Florenz, mit all seinen Freuden; Neapel, mit seinen bewaldeten Wänden, wo der Frühling naht, und Vesuv, bedeckt mit einem leuchtenden Podium, als wäre er hier ein zorniger Krieger, ich schwöre bei einem Fest, Jette, mit seinem strahlenden Glanz im Blumenmeer ?

Glücklich, hundertmal glücklich ist der Mensch, der das Gewebe seines Lebens mit solch magischen Charakteren zu besticken vermag! Auch ich habe Erinnerungen gehabt, die denen meines literarischen Bruders ähnlich waren, aber ich habe meine in bescheidener Prosa ausgedrückt, und ich freue mich, sie in seiner herrlichen und klangvollen Poesie wiedergefunden zu finden. Von dort steigen die frühesten Erinnerungen des Kindes auf, unauslöschliche Erinnerungen, die noch klar leuchten, wenn wir ins hohe Alter gekommen sind, wie eine Fata Morgana eine verschwundene Oase widerspiegelt.

Hugo, der das schöne Italien nur einmal bereist hatte, sprach oft mit mir über die großartigen Bilder, die ihm im Gedächtnis geblieben waren. Sie waren ihm so gegenwärtig, als hätte er mich auf meinen fünfzehn oder zwanzig Reisen dorthin begleitet! Aber er erinnerte sich nie an die Dinge in ihrem normalen Zustand. Sie kamen ihm immer im Zusammenhang mit irgendeinem vorübergehenden Vorfall oder Unfall in den Sinn, der ihr gewohntes Aussehen verändert hatte. So erinnerte er sich an Parma als von einer Überschwemmung umgeben; der Vulkangipfel von Acquapendente hob sich im Licht der Blitze eines Gewitters ab; die Trajanssäule im Zusammenhang mit den Ausgrabungen, die rundherum durchgeführt wurden. Und doch war seine Erinnerung so genau wie sie nur sein konnte. Florenz mit seinen ummauerten Gasthäusern, seinen massiven Palästen, seinen Festungen aus Granit; Rom mit seinen springenden Brunnen, seinen Obelisken, die es wie eine Stadt im alten Ägypten aussehen lassen, und seiner Kolonnade des Bernino, der Zwillingsschwester des Louvre; Neapel mit seinen Promenaden, seiner Pausilippe, seiner Rue de Toledo, seiner Bucht, seinen Inseln und seinem Vesuv. Die drei Kinder hatten sich auf der langen Reise damit amüsiert, aus Stroh Kreuze zu basteln und sie in die Ritzen zwischen den Glastüren und in die Rillen zu stecken, in denen sie liefen. Wenn die italienischen Bauern, besonders jene, die in der Nähe von Rom lebten, diese einfachen, treuen Bilderverehrer sahen, knieten sie nieder oder machten zumindest das Kreuzzeichen. Die jungen Reisenden hatten große Angst vor dem Anblick der Banditenköpfe, die an den Straßenrändern auf Pfählen aufgesteckt waren und in der Sonne verdorrten. Lange Zeit weigerten sich die armen Kinder zu glauben, dass es sich wirklich um Menschenköpfe handelte, und beharrten darauf, dass es sich um Perückenmasken handelte, wie sie damals vor allen Friseurläden hingen; aber als man sie abnahm und ihnen in ihrer ganzen abscheulichen Realität zeigte, blieben sie tief in Victors Gedächtnis eingegraben.

Im Falle eines Mannes wie Hugo, eines außergewöhnlichen Genies, der bereits eine große Rolle in der literarischen und politischen Geschichte seines Landes gespielt hat und noch spielen wird, ist es die Pflicht derer, die ihn kannten, ihn seinen Zeitgenossen und Nachfolgern in dem Licht und den Schatten zu schildern, die den Charakter des Mannes und das Genie des Dichters prägten. Hoffen wir, dass das Genie des Dichters in unserer Erzählung makellos hervorsticht: Der Charakter des Mannes wird durch sein Verhalten und seine vollendeten Taten für sich selbst sprechen.

Für Madame Hugo und ihre Söhne wurde kein Heim in Neapel vorbereitet, sondern in Avellino, der Hauptstadt der Provinz, deren Gouverneur Oberst Hugo war. Dieses Heim war ein Palast, ein Palast aus Marmor, wie die meisten Paläste in diesem Land, wo Marmor häufiger vorkommt als Stein; aber dieser Palast besaß eine seltsame Besonderheit, die sicherlich die

Aufmerksamkeit auf sich ziehen und in der Erinnerung eines Kindes haften bleiben würde.

Eines jener Erdbeben, die auf der italienischen Halbinsel häufig vorkommen, hatte Kalabrien gerade von einem Ende zum anderen erschüttert; der Marmorpalast von Avellino war wie die übrigen Gebäude erschüttert worden; da er jedoch auf einem festeren Fundament stand als diese, blieb er nach kurzem Schwanken und Zittern aufrecht stehen, war aber vom Dach bis zum Boden gespalten. Der Riss verlief diagonal über die Wand von Victors Schlafzimmer, so dass er durch diese originelle Öffnung das Land fast so deutlich sehen konnte wie durch sein Fenster. Der Palast war auf einer Art Abgrund gebaut, gesäumt von großen Nussbäumen, die die enormen Nüsse hervorbringen, die *Avelines* (Haselnuss) genannt werden, nach dem Namen des Bezirks, in dem sie angebaut werden. Als diese Nüsse reif waren, verbrachten die Kinder ihre Tage damit, zwischen den über dem Abgrund hängenden Bäumen umherzuwandern, um die Bündel zu sammeln. Zweifellos hat Hugo dadurch jene Vertrautheit mit hohen Orten, jene Verachtung für Abgründe und jene Gleichgültigkeit gegenüber leerem Raum gelernt, die er mehr besaß als die meisten Menschen und die mich mit Bewunderung erfüllte, denn mir wird schwindlig, wenn ich auf dem Balkon im ersten Stock sitze.

Zu dieser Zeit war Michel Pezza, genannt Fra Diavolo, einer der erbittertsten Feinde der Franzosen, über den mein Mitbruder Scribe eine komische Oper komponierte, obwohl das Leben des Originals ein höchst schreckliches Drama war! Fra Diavolo hatte als Räuberhauptmann begonnen, etwas in der Art von Cartouche, aber mit mehr Grausamkeit. Er übte diesen romantischen Beruf aus, bis Kardinal Ruffo, ein weiterer Räuberhauptmann, der allerdings in einer höheren Gesellschaftsschicht tätig war, auf die Idee kam, Neapel für seinen geliebten Herrscher Ferdinand I. zurückzuerobern, der seine Hauptstadt als Lakai verkleidet infolge der französischen Invasion verlassen hatte, die durch seine unverschämten Proklamationen provoziert worden war.

Jeder kennt die schreckliche Geschichte beider Sizilien: die Blutorgien unter der Leitung zweier Kurtisanen, bei denen eine ganze Generation umkam, und bei denen man, um den Ruin des Staates zu verhindern, den Henkern feste Gehälter zahlen musste, die pro Hinrichtung zehn Dukaten erhielten.

Fra Diavolo schloss sich mit seiner Truppe der Armee von Kardinal Ruffo an, mit der er nach Neapel marschierte, die Stadt in Begleitung des Kardinals zurückeroberte und schließlich von Ferdinand I. zum Oberst (und, soweit ich weiß, sogar zum Grafen) ernannt wurde. Dennoch kehrte Ferdinand I. später nach Sizilien zurück, nicht nur als Flüchtling vor der französischen Invasion, sondern auch vor einem Bruder des Kaisers; und Fra Diavolo begann mit seinem Oberstrang und seinem Grafentitel erneut seinen Guerillakrieg und sein Banditentum. Oberst Hugo wurde beauftragt, ihn festzunehmen, und es wurde ein Kopfgeld von 20.000 Dukaten auf ihn ausgesetzt. Er war bereits einmal durch eine erstaunliche Leistung an Kühnheit und Geschick entkommen. Er wurde verfolgt, gejagt und von allen Seiten eingekesselt, mit zweihundertfünfzig bis dreihundert Mann, dem Rest seiner Truppe; aber er hoffte, durch eine Engstelle entkommen zu können, die, wie er glaubte, nur ihm bekannt war. Also hatte er sich auf den Weg zu dieser Schlucht gemacht, aber zu seiner großen Überraschung stellte er fest, dass dieser letzte Fluchtweg wie alle anderen bewacht war. Seine letzte Hoffnung war dahin! Er hatte keine Möglichkeit mehr, umzukehren; sie hatten jede Schlucht ausprobiert und waren auf eine Mauer aus Bajonetten gestoßen, die den Weg versperrte.

"Kommt also, uns bleibt nur noch ein Weg!...", rief Fra Diavolo. "Vielleicht lassen sie uns ihn nehmen! Bindet mich an Händen und Füßen an ein Pferd... Ihr habt mich gefangen genommen und führt mich zum französischen Oberst, um eure zwanzigtausend Dukaten zu bekommen, den Preis für meinen Kopf. Überlasst den Rest meinem Leutnant und tut, was er tut."

Sie mussten sich beeilen, denn sie waren in Sichtweite des französischen Detachments, das sich langsam Sorgen darüber machte, wer die Truppe sein könnte; außerdem waren sie es gewohnt, besonders in verzweifelten Situationen Fra Diavolos Anweisungen blind zu befolgen. In einer Sekunde war er festgeschnallt und wie Mazeppa auf einem Pferd festgebunden, und der Zug setzte seinen Weg fort, direkt auf das französische Detachment zu. Dieses Detachment bestand aus fünf- oder sechshundert Mann und wurde von einem Major kommandiert. Als sie das Detachment auf sich zukommen sahen, marschierte das französische Bataillon ihm entgegen, und die beiden Korps kamen sich dicht auf den Fersen. Das kalabrische Detachment blieb hundert Fuß vor dem französischen stehen, und nur der Leutnant, gekleidet wie ein einfacher Bauer, trat aus den Reihen hervor und ging auf den Major zu.

„Was wollen Sie und wer ist der Mann, den Sie da festgeschnallt haben?", fragte der Major.

„Der Gefesselte ist Fra Diavolo", antwortete der Leutnant, „den wir gefangen haben ... und wir wollen die zwanzigtausend Dukaten, die für seinen Kopf versprochen wurden."

Sofort wurde der Name Fra Diavolo von Mund zu Mund weitergegeben.

„Sie haben Fra Diavolo gefangen genommen?", rief der Major.

„Ja", fuhr der Leutnant fort, „und als Beweis liegt er da, an Händen und Füßen gefesselt und ans Pferd geschnallt."

Aus Fra Diavolos Augen sprühte Feuer.

„Wie haben Sie ihn erwischt?", fragte der Major.

Der Leutnant erfand eine Fabel, der zufolge Fra Diavolo, gejagt, verfolgt und umzingelt, in einem Dorf Unterschlupf gesucht hatte, von dem er glaubte, dass es ihm freundlich gesinnt sei. Er sei jedoch in der Nacht verhaftet, gefesselt und gefesselt worden, und das ganze Dorf habe aus Angst vor seiner Flucht seine Eskorte gebildet.

„Banditen! Schurken! Verräter!", rief Fra Diavolo.

Dem Major genügte diese Erklärung; außerdem war die Hauptsache, dass Fra Diavolo gefasst worden war; alle weiteren Erklärungen zur Gefangennahme waren reine Neugier.

„Sehr gut!", sagte er. „Gib mir deinen Banditen."

„Gewiß; aber zuvor gib uns die zwanzigtausend Dukaten."

„Wie ist es möglich, dass ich zwanzigtausend Dukaten bei mir habe?", entgegnete der Major.

„In diesem Fall", sagte der Leutnant, „kein Geld, kein Fra Diavolo!"

„Hmpf!...", sagte der Major.

„Oh! Ich weiß sehr wohl, dass Sie die stärkere Truppe sind", bemerkte der Leutnant, „und dass Sie uns nehmen können, wenn Sie wollen; aber wenn Sie uns nehmen, werden Sie uns zwanzigtausend Dukaten aus der Tasche gestohlen haben."

Der Major war ein logisch denkender Mensch und erkannte die Richtigkeit der Argumentation.

„Also gut", sagte er, „bringen Sie Ihren Gefangenen zum Hauptquartier. Ich werde Ihnen hundert Mann zur Begleitung mitgeben."

Der Leutnant und Fra Diavolo tauschten einen verschmitzten Blick, der andeutete, dass der Major ihnen in die Hände gespielt hatte.

Die hundert Männer der Eskorte und die zweihundertfünfzig kalabrischen Bauern machten sich auf den Weg zum sechs Meilen entfernten Hauptquartier. Aber das Hauptquartier erhielt nie Nachrichten von Fra Diavolo, und die hundert Männer der Eskorte tauchten nie wieder auf. Als eine Engstelle erreicht wurde, wurden die hundert Franzosen niedergemetzelt, und Fra Diavolo und seine zweihundertfünfzig Männer eroberten die Berge zurück! Oberst Hugo wollte die Verfolgung fortsetzen, und von da an kam es zu einer ständigen Reihe von Überlistungen und Märschen und Gegenmärschen zwischen ihm und dem kalabrischen

Häuptling, die mit der Niederlage von Fra Diavolo endeten. Fra Diavolo wurde ein zweites Mal gefangen genommen und nach Neapel geschickt, wo sein Prozess stattfinden sollte, und die 20.000 Dukaten wurden sofort an diejenigen ausgezahlt, die ihn gefangen genommen hatten. Eines Morgens erfuhr Oberst Hugo, dass Fra Diavolo zum Tode durch den Strang verurteilt war.

„Gehängt!" Das Wort klang für französische Ohren seltsam. Oberst Hugo machte sich sofort auf den Weg nach Neapel und erhielt eine Audienz beim König, von dem er eine Abmilderung der Strafe erbitten wollte, nicht der Strafe, sondern der Hinrichtungsart. Er bat darum, dass Fra Diavolo, da er Soldat gewesen war, erschossen werden dürfe. Unglücklicherweise war Fra Diavolo ein Bandit gewesen, bevor er Soldat wurde, und er hatte seine eigenen Ziele verfolgt, bevor er in die Dienste von Kardinal Ruffo und Ferdinand I. trat. Die Beweisdokumente, die König Joseph Oberst Hugo vorlegte, waren so voll von vorsätzlichen Verbrechen, Morden und Brandstiftungen, dass Oberst Hugo der Erste war, der seinen Vorschlag zurückzog. Infolgedessen wurde Oberst Michel Pezza, auch Fra Diavolo und Graf von ich weiß nicht welchem Titel, kurzerhand gehängt.

Als Napoleon 1808 die Herrschaft der spanischen Bourbonen für beendet erklärte, wechselte Joseph Bonaparte vom Thron beider Siziliens auf den spanischen, wohin ihm Oberst Hugo folgte. Bei seiner Ankunft in Madrid wurde Oberst Hugo zum Brigadegeneral, Gouverneur des Cours de Tagus, zum ersten Majordomus und ersten Adjutanten des Königs ernannt, zum Granden von Spanien, zum Grafen von Cogolludo und Marquis von Cifuentes und von Siguença! Dies waren große Gunstbeweise; aber unter ihnen gab es einen, den Oberst Hugo mit einiger Abneigung akzeptierte: und das war der Titel des Marquis.

„Sire", sagte er zu Joseph, als der König von Spanien sich herabließ, ihm seine Absichten mitzuteilen, „ich dachte, der Kaiser hätte den Titel des Marquis abgeschafft?"

„Nicht in Spanien, mein lieber Oberst ... nur in Frankreich."

„Sire", beharrte der neue General, „wenn der Kaiser es nur in Frankreich abgeschafft hat, dann hat Molière es überall sonst abgeschafft."

Und General Hugo begnügte sich damit, den Titel eines Grafen zu tragen, und trug nie den eines Marquis. Trotzdem wurde er nichtsdestotrotz zum Marquis und zum Majordomus ernannt. Zu den Privilegien, die dieses letztere Amt begleiteten, gehörte das, dem König Leute vorzustellen. Einmal musste der neue Majordomus König Joseph den Erzbischof von Tarragona vorstellen, der gekommen war, um dem König seine Treue zu geloben. Der Erzbischof von Tarragona hatte den Ruf der Hässlichkeit, der den Ruf, den

General Hugos Sohn später dem Glöckner von Notre-Dame zuschrieb, weit hinter sich ließ. Als der Majordomus also den ehrenwerten Prälaten ansah und erkannte, dass dessen Hässlichkeit nicht nur nicht übertrieben, sondern vielleicht sogar noch schlimmer war, als die Leute gesagt hatten, konnte er es sich nicht verkneifen, nachdem er die alles entscheidende Formel in reinem Kastilisch ausgesprochen hatte: „ *Señor, presento á vuestra Magestad el se señor arzobispo de Tarragona* ", die folgenden Worte auf Französisch hinzuzufügen: „Das schändlichste Vieh im Königreich Eurer Majestät!"

Der Erzbischof grüßte den König respektvoll. Dann wandte er sich an den Majordomus und sagte in reinstem Französisch mit tadellosem Akzent:

„Ich danke Ihnen, General!"

Angesichts der prekären Lage, die Spanien damals durchmachte, kam es General Hugo nicht in Frage, seine Familie mitzunehmen, als er Neapel verließ. Also kehrten Madame Hugo, Abel, Eugène und Victor nach Frankreich zurück. Gleich nach ihrer Rückkehr nach Paris nahm Madame Hugo ein altes Kloster, das den Feuillantinnen gehört hatte; denn während der zwei Jahre, die sie im Palast von Avellino verbracht hatte, hatte sie die Wirkung auf die Gesundheit ihrer Kinder zu schätzen gelernt, die ein luftiges Heim hatte, in dem sie Platz hatten, um herumzulaufen und frei zu spielen. Wir werden später im Zusammenhang mit diesem Kloster sehen, welche Erinnerungen sein großer Garten, sein herrlicher Sonnenschein und sein kühler Schatten im Geist des Dichters hinterließen. Hier wurde den drei Kindern völlige Freiheit gewährt, so wie ich sie im großen Park von Saint-Remy genießen durfte, dessen Pracht ich beschrieben habe. Hier gelang es Hugo, dem Hamsterrad des Universitätsstudiums zu entgehen, und er lernte dank der Fürsorge eines verheirateten Priesters namens Larivière, eines ehemaligen Oratorianers, ziemlich gut Latein, aber kaum Griechisch.

„ *Il savait le latin très-bien, très-mal le grec!* " sagte sein Schüler in einem bislang unveröffentlichten Vers über ihn.

Madame Hugo lebte von 1808 bis 1811 in diesem Rückzugsort, der ihre prächtige Brut beherbergte. Anfang 1811 erhielt sie einen Brief von ihrem Mann. Die Regierung von König Joseph schien geregelt, und deshalb wurde es notwendig, nach Madrid zu gehen, wo ihre drei Kinder als Pagen am Hof eingesetzt werden konnten.

KAPITEL VII

Abreise nach Spanien – Reise von Paris nach Bayonne – Der Schatz – Marschordnung des Konvois – M. du Saillant – M. de Cotadilla – Irun – Ernani – Salinas – Das Bataillon der *écloppés* (Krüppel) – Madame Hugos Proviantvorräte – Die vierzig niederländischen Grenadiere – Mondragon – Der Abgrund – Burgos – Celadas – Alerte – Die Parade der Königin

---

Wie wir gleich sehen werden, war es damals eine große Angelegenheit, nach Madrid zu reisen. Zunächst musste Frankreich von Paris nach Bayonne durchquert werden. Dies war nur eine Frage der Zeit. Vor einem Jahrhundert brauchte man fünf Wochen und vor vierzig Jahren neun Tage, um eine Strecke zurückzulegen, die man später in fünfzig Stunden zurücklegte und heute in fünfzehn oder achtzehn. Man schlief in Blois, in Angoulême und in Bordeaux. Dann musste man Spanien von Bayonne nach Madrid durchqueren. Zu gegebener Zeit werden wir sehen, was für eine unbequeme Angelegenheit es war, Spanien von Bayonne nach Madrid im Jahr der Gnade 1811, im siebten Jahr der Herrschaft Napoleons, zu durchqueren. Madame Hugo mietete die ganze Postkutsche, um sich, ihre Kinder und ihre Dienerschaft durch Frankreich zu bringen. Postkutschen trugen damals und während der gesamten Zeit die Livree des Kaisers; es waren große, grün gestrichene Kutschen; der Innenraum bot Platz für sechs und die *Lederkabrioletts* drei Sitze – insgesamt neun Plätze. Das gesamte Gepäck wurde hinten und oben verstaut. Nur sechs Personen besetzten die riesige Arche, die zur gewohnten Zeit ihre Reise antrat und schwerfällig der Grenze entgegenrollte. In Poitiers wollten zwei Passagiere in der Kutsche Platz nehmen, ein Franzose und ein Spanier. Man sagte ihnen, dass die ganze Postkutsche von einer Französin besetzt sei; aber sie schienen so enttäuscht zu sein, dass Madame Hugo ihnen beiden Sitzplätze anbot, unter der Bedingung, dass sie nichts zahlten, und sie nahmen ihr Angebot an. Madame Hugo behielt das Innere der Kutsche für sich, Abel, Eugène, den Diener und ihr Zimmermädchen; Victor weigerte sich, seinen Platz im Cabriolet zu verlieren, und blieb dort mit den beiden seltsamen Passagieren. Er behielt eine unauslöschliche Erinnerung an einen der Reisenden, der Isnel hieß, weil er ihn und seine Brüder während der gesamten Reise mit Kuchen und Süßigkeiten vollstopfte. Schließlich, am neunten Tag, erreichten sie Bayonne; aber dort mussten sie anhalten: Sie konnten nicht mit dem, was man Schatz nannte, nach Spanien gehen. Dies ist ein merkwürdiges Stück Geschichte. Joseph war König von Spanien, aber seine Souveränität beschränkte sich auf Madrid und die von der französischen Armee besetzten Teile. Alle übrigen Teile des Landes befanden sich im Aufstand. Wenn ein ins Land eindringendes Armeekorps eine Einfahrt durch die aufständischen

Streitkräfte machte, öffneten sich diese, nachdem sie sich vor ihm geöffnet hatten, wieder und schlossen sich wieder hinter ihm, und die Armee wurde zu einer Art schwimmender Insel – einem Delos, das ständig von den Wellen der Revolte hin- und hergeworfen wurde. Unter solchen Umständen gibt es keine Möglichkeit, Kontributionen einzutreiben. So war der König von Spanien und Indien, der in Wirklichkeit weder Spanien noch Indien besaß, nicht nur nicht in der Lage, den Glanz seines Hofes aufrechtzuerhalten, sondern wäre sogar in Madrid verhungert, wenn Napoleon diesem Präfekten des Reiches nicht viermal im Jahr *seine Einkünfte geschickt hätte* . König Josephs Einkünfte betrugen 48.000.000 Francs. Daher schickten sie ihm alle drei Monate eine Sendung von 12.000.000 Francs. Und dies wurde der *Schatz genannt*. Natürlich ist es leicht verständlich, dass dieser Schatz von spanischen Guerilleros heiß begehrt war, und deshalb musste er von einer starken Eskorte begleitet werden, um diese Herren so weit wie möglich auf Distanz zu halten. Reisende, die nach Madrid mussten, stellten sich unter den Schutz dieser Eskorte, so wie Pilger nach Mekka sich unter den Schutz von Karawanen stellten. Aber trotz aller Vorsicht und der Eskorte von zwei- oder dreitausend Mann waren der Schatz und die Pilger nicht immer sicher; der vorausgehende Konvoi war in Salinas mit furchtbarer Grausamkeit angegriffen, geplündert und ermordet worden. General Lejeune malte, wenn ich mich recht erinnere, ein Bild von diesem Angriff, das im Salon von 1824 oder 1825 ausgestellt wurde. Trotzdem war es jedoch viel sicherer, mit dem Konvoi zu reisen, und unsere Gruppe wartete daher fast einen Monat in Bayonne auf ihn. Er traf etwa Ende April ein.

Inzwischen hatte Madame Hugo genügend Zeit gehabt, ihre Vorbereitungen abzuschließen; sie hatte eine Kutsche gekauft, die einzige, die in Bayonne zu verkaufen war. Es war eines jener großen, kofferartigen Gefährte, wie man sie heute nur noch auf den Zeichnungen Piranesis sieht und vielleicht auch gelegentlich bei der Prozession einer päpstlichen Gala in den Straßen Roms. Stellen Sie sich eine enorme Kiste vor, die an riesigen Riemen zwischen zwei Stangen aufgehängt ist, mit Stufen, die mit diesen Stangen verbunden sind, so dass man über die Stange zu klettern beginnt und schließlich in die Kutsche hinabsteigt. Dieses Gefährt hatte jedoch einen Vorteil, denn im Notfall konnte es in eine Festung verwandelt werden, da seine Seiten schusssicher waren und nur durch Kugeln oder Kartätschen zerstört werden konnten. Vor der Abfahrt kam es zu heftigen Streitigkeiten über die Richtung des Marsches. Ungefähr dreihundert Kutschen und fünf- oder sechshundert Passagiere warteten wie Madame Hugo auf die beruhigende Eskorte; und es war keine leichte Sache, in einer solchen Menschenmenge, die sich zudem fast ausschließlich aus Männern und Frauen in den höchsten Ämtern des Staates oder aus Mitgliedern der ältesten Familien Spaniens zusammensetzte, die Regeln der Etikette durchzusetzen.

Wenn man einen Blick auf die Marschordnung wirft, wird man feststellen, dass die begehrten Plätze, auf die jeder seine eigenen besonderen Ansprüche geltend machte, einen Wert besaßen, der die Hartnäckigkeit, mit der um sie gestritten wurde, entschuldbar macht. So war der Marsch des Konvois mit seiner Eskorte durch eine Abteilung von dreitausend Mann organisiert:

Zuerst marschierten als Vorhut fünfhundert Männer mit geladenen Waffen. Dann kamen die Wagen mit dem Schatz, fünfundzwanzig oder dreißig Kutschen, umgeben von tausend Männern in Fünferreihen. Dann kamen die Reisenden, nach Rang, Titel, Grad und vor allem nach der Höhe ihrer Adelstitel geordnet. Diese Reisenden, die, wie wir bereits gesagt haben, leicht sechshundert zählen konnten, füllten dreihundert Kutschen, von denen einige von vier, andere von sechs Maultieren gezogen wurden, und bildeten eine Linie von einer Meile Länge. Diese Linie konnte nicht so energisch verteidigt werden wie der Schatz; um sie zu schützen, hätte man zehntausend statt drei Mann gebraucht. So wurden die Kutschen nur von einer einzigen Reihe Soldaten bewacht, statt von fünf nebeneinander. Schließlich wurde der Konvoi durch weitere fünfhundert Männer vervollständigt, die ein Kanonenstück zogen, das das Ende dieses riesigen Reptils bildete, das mit dem Kopf beißen und mit dem Schwanz stechen konnte. Die Konsequenz dieser Anordnung war, dass man, um angemessen bewacht zu sein, ganz sicher sein musste, dass man zu dem Teil des Konvois gehörte, der sich unmittelbar hinter den Wagen mit dem Schatz befand. Es war also nicht nur eine Frage der Etikette, wer zuerst, zweiter oder dritter kam, sondern eine Frage von Leben und Tod.

Madame Hugo, die sich und ihre drei Kinder gleichzeitig schützen musste, machte ihren Anspruch nicht als ängstliche Frau geltend, sondern als besorgte Mutter. Mehrere hochadlige Damen Spaniens aus sehr alten Familien, darunter die Herzogin von Villa-Hermosa, hatten das Recht, Madame Hugo den Vorrang einzuräumen, wenn sie es durchsetzen wollten; aber da Madame Hugo die Frau eines französischen Generals war, der Adjutant des Königs war, hatte sie den Vorrang vor allen anderen und ging als Erste, trotz der Proteste, Beschuldigungen und Beschwerden der spanischen Granden und Granden, die ihr vorgesetzt waren. Außerdem wurde ihr bei ihrem Anspruch wunderbar geholfen durch die Ankunft eines Adjutanten ihres Mannes, M. le Marquis du Saillant, Sohn jener Schwester Mirabeaus, die der berühmte Redner liebte und hoch genug schätzte, um in einem der merkwürdigsten Briefe, die er geschrieben hat, über seine politischen Äußerungen und Taten Bescheid zu wissen.

Die Eskorte wurde erstens vom Herzog von Cotadilla kommandiert, einem Mann mit edlem Namen, großem Vermögen und großem Appetit, der sein Schicksal mit Joseph geteilt hatte; und zweitens von Oberst de Montfort, einem jungen Mann von dreißig Jahren, der in seiner Husarenuniform bezaubernd aussah und zu der Rasse der lockigen Lieblinge gehörte, die dennoch tapfere junge Oberste waren; unter ihnen waren die Obersten Lefèvre, Bessières und Moncey – allesamt Söhne von Marschällen, die auf den Schlachtfeldern des Kaiserreichs getötet oder verstümmelt zurückgelassen worden waren; Oberst Moncey war wahrscheinlich der einzige, der diesen zehnjährigen Sturm aus Kugeln und Granaten überlebte und die Restauration erlebte. Der Herzog von Cotadilla und M. de Montfort hinterließen einen ganz anderen Eindruck auf die jugendliche Vorstellungskraft des zukünftigen Dichters. Zwanzig Jahre später finden wir eine Erinnerung in *Claude Gueux* über den Eindruck, den der Appetit des Herzogs von Cotadilla machte.

"Claude Gueux war ein großer Esser; das lag an seiner Konstitution; er hatte einen Magen, der so beschaffen war, dass der Nahrungsvorrat für zwei Männer kaum für einen Tag ausreichte. M. de Cotadilla hatte einen ähnlichen Appetit und lachte darüber: Aber was für einen Großherzog von Spanien, der 500.000 Schafe besaß, ein Grund zur Heiterkeit sein mag, ist für einen Arbeiter eine Last und für einen Gefangenen ein Unglück."

Claude Gueux eine weitere Erwähnung des Duc de Cotadilla. Wir sehen also, dass dieser berühmte spanische Grande im Gedächtnis von Victor Hugo ganz besondere Spuren hinterlassen hat.

Ich weiß nicht, ob Hugo irgendwo von Oberst Montfort gesprochen hat; aber eines Tages wird er es tun, denn früher oder später kommen unweigerlich die frühesten Erinnerungen aus der Kindheit wieder hoch.

Der Marquis du Saillant war ein Mann von fünfzig oder fünfundfünfzig Jahren, der das Leben gern und unbeschwert nahm und immer mutig war. Am tapfersten war er jedoch, wenn ihn jemand beim Essen oder im Schlaf störte. Denn nichts war ihm unangenehmer, als gestört zu werden, und er tat daraufhin sein Möglichstes, damit der Feind für die Störung büßte.

Endlich setzte sich die riesige Kavalkade in Bewegung und überquerte die Bidassoa in Sichtweite der Insel Faisans, der berühmten politischen und ehelichen Insel. Die erste Nacht schliefen sie in Irun. Der frische Baustil, die seltsamen Sitten und die andere Sprache beeindruckten das Kind lebhaft. Er erinnerte sich immer an diesen Aufenthalt in Irun und besuchte ihn in seinen poetischen Träumen, ebenso wie die Städte Burgos, Vittoria und Valladolid, die er auf andere Weise erwähnte:

"Spanien hat mir seine Schlösser und Bastillen gezeigt;
Burgos seine Kathedrale mit den gotischen Zinnen;
Irun seine Holztürme ; Vittoria seine Türme;
Und du, Valladolid, dein Familienpalast. Lass die Ketten auf ihren Plätzen liegen.

Meine deutschen Erinnerungen kommen in meinem beheizten Arm. Ich singe die Geschichten eines sechs Jahre alten Mannes. Und
meine Mutter hat im Geheimen alles beobachtet, was ich nicht kann. Pleurait und Souriait sagte: 'Dies ist eine Fee. Über die er spricht und was er nicht kann!'"

Auch die Art des Reisens hinterließ einen tiefen Eindruck im Gehirn des Kindes, das als Mann die Fähigkeit zur Beschreibung im höchsten Maße besitzen sollte! Wie gut kann man sich die fünfhundert Mann vorstellen, die die Vorhut bildeten; die tausend, die die schweren, lärmenden Wagen eskortierten; den großen Wagen mit seiner halb abgenutzten Vergoldung, der als nächstes kam, gezogen von sechs Maultieren , an schwierigen Stellen verstärkt durch zwei oder sogar vier Ochsen, geführt von einem *Bürgermeister* [1] , eskortiert von zwei Zagales [2] ! Denken Sie an die brennende Sonne, den sengenden Staub, die in der glühenden Atmosphäre funkelnden Waffen, an verwüstete Dörfer und die feindlichen und bedrohlichen Bevölkerungen, an die unsagbar schrecklichen und blutigen Erinnerungen, die eher zu den Inseln des Stillen Ozeans als zu einem europäischen Kontinent zu gehören schienen! - und wir werden eine Vorstellung von Szenen bekommen, die wir nicht zu beschreiben versuchen können, die nur Hugo selbst erzählen konnte.

Am ersten Tag legten sie drei Meilen zurück! Am zweiten Tag machten sie im Dorf Ernani Halt für die Nacht. In den Erinnerungen des Dichters wird der Name des Dorfes in den eines Mannes geändert. Jeder kennt den romantischen Banditen, den Liebhaber von Doña Sol, den Gegner von Karl V. und den Rivalen von Ruy Gomez. Am dritten Tag bot sich den Reisenden ein merkwürdiger Anblick: ein Bataillon von *Ecloppés*. Ein Bataillon von *Ecloppés* war eine Ansammlung von Soldaten aller Waffengattungen, die Überreste von zwanzig Gefechten oder vielleicht einer einzigen Schlacht; denn in jenen Tagen wurden Schlachten barbarisch geführt: Oft wurden zwei, drei oder vier Regimenter ausgelöscht; bis zu tausend, fünfzehnhundert oder zweitausend Verwundete wurden vom Schlachtfeld geborgen; hier wurde ein Bein abgetrennt, dort ein Arm, einem wurde eine Kugel herausgezogen, einem anderen wurden Splitter abgerissen. Sie alle gingen in den Hinterhalt, und wenn sie geheilt waren oder fast genesen waren, wurde aus den Überresten von vier oder fünf verschiedenen Regimentern ein Bataillon von *écloppés* (Krüppeln) gebildet, das nach Frankreich zurückgeschickt wurde und sich auf dem Weg dorthin selbst verteidigen musste. Die armen Kerle mussten sich so gut wie möglich aus dem schrecklichen Kriegsspiel befreien.

Unser Gefolge traf dann in Salinas auf eines dieser Bataillone. Es bestand aus leichter Infanterie, Kürassieren, Karabinern und Husaren. Es gab keinen

Mann unter ihnen, der nicht einen Arm oder ein Bein, eine Nase oder ein Auge verloren hatte; aber sie waren fröhlich und sangen und riefen „Vive l'empereur!" Die Kinder waren besonders davon beeindruckt, dass jeder Mann einen Papagei oder einen Affen auf der Schulter oder am Sattelbogen trug; einige hatten sogar beides. Sie kamen aus Portugal, wo sie ihre Gliedmaßen zurückgelassen hatten und woher sie diese Menagerie mitgebracht hatten.

In Mondragon, zwei oder drei Meilen vor Salinas, entgingen sie dank der Hingabe der Soldaten einer sehr ernsten Gefahr. Mit „sie" meine ich Madame Hugo und ihre drei Kinder. Doch bevor ich diesen Vorfall schildere, bedarf es einer kurzen Erklärung. Die Soldaten erhielten ihre Rationen alle drei Tage; ihrer üblichen Gewohnheit entsprechend verzehrten sie die Rationen für drei Tage in den ersten vierundzwanzig Stunden oder warfen die Nahrung weg, die sie belastete; so dass der ganze Zug normalerweise mindestens einen von drei Tagen fastete. Dieses Fasten war umso schmerzhafter zu ertragen – insbesondere was die Flüssigkeiten anging, die nicht weggeworfen, sondern normalerweise vorzeitig konsumiert wurden –, als sie über trockene Ebenen, unter brennender Sonne und in erstickender Luft reisten. Sie brachen bei Tagesanbruch auf, um die kühle Luft zu nutzen, machten mittags Halt, um zu essen und zu trinken , und brachen dann wieder auf und reisten bis zum Einbruch der Nacht. Die Soldaten lagerten um die Wagen herum; die Offiziere und Reisenden wohnten in den Dörfern oder Städten in Quartieren; Madame Hugo wohnte normalerweise im Alcade. Dort wurde ihr jede Nacht ihre Verpflegung ausgeteilt; es war die gleiche Ration, die ihr Mann bekam, wenn er auf Feldzug war, nämlich zwanzig Rationen. Diese Portionen waren sehr groß; jede Nacht türmten sich große Berge von Brot und Fleisch und mehr Wein vor ihr auf, als sie jemals trinken konnte. Die Soldaten, die rechts und links von ihrem Wagen neben den sechs Maultieren und dem riesigen Streitwagen marschierten, zählten etwa vierzig Mann. Es waren holländische Grenadiere, denn die französische Armee war damals, wie die römischen Legionen zur Zeit des Augustus, eine Mischung aus allen Nationen Europas. Diese vierzig Männer teilten sich die Rationen von Madame Hugo, die keine zwanzig Portionen Brot, Fleisch und Wein für sich, ihre Kinder und ihre Bediensteten brauchte, da sie und sie fast immer von dem Wirt, bei dem sie wohnten, mit Mahlzeiten versorgt wurden; auch der *Bürgermeister* und die beiden *Zagales* brauchten keine, da sie von einem Glas Wasser, einem Stück mit Knoblauch bestrichenem Brot und dem Rauch ihrer Zigaretten lebten. Die vierzig Holländer waren Madame Hugo gegenüber also zutiefst dankbar, und ihre Dankbarkeit kam bei zwei Gelegenheiten zum Ausdruck. Die erste erzählen wir gleich, die zweite folgt zu gegebener Zeit.

Mondragon verlässt man durch einen dunklen und steilen Tunnel, der das Stadttor bildet. Die Straße durch diesen Tunnel macht eine plötzliche Rechtskurve, an der Seite eines Abgrunds. Am Rand der Straße wurden einige leichte Pfähle aufgestellt, um Fahrzeugen, die über den Abgrund transportiert wurden, eine letzte Chance zu geben, sich hochzuziehen, falls sie zufällig gegen eine dieser Barrieren stoßen sollten. Ob der *Bürgermeister* und *die Zagales* mit der Geographie des Bezirks nicht vertraut waren oder ob sie nicht in der Lage waren, die schwere Kutsche zu kontrollieren, als das Fahrzeug aus dem dunklen Tunnel kam, bewegte es sich mit schnellem Tempo, von seinem eigenen Gewicht mitgerissen, auf den Abgrund zu, als die niederländischen Grenadiere die Gefahr erkannten, in der sich Madame Hugo befand, zu den Köpfen der Maultiere eilten und sie zwangen, schnell umzukehren, und die Kutsche anhielten, gerade als eines der Räder über den Rand des Abgrunds zu rollen begann. Einen Augenblick lang schwebten die Reisenden buchstäblich zwischen Leben und Tod. Aber das Leben siegte. Zwei oder drei Soldaten wurden durch den Aufprall fast heruntergeschleudert; aber einige klammerten sich an die Stränge und andere an die Stangen. Und wie es der Zufall wollte, waren die einzigen Verletzungen ein paar Prellungen und Wunden, was sie jedoch nicht daran hinderte, an diesem Abend mit Madame Hugos Rationenverteilung zu feiern. Der Duc de Cotadilla, der trotz seiner sechzig Jahre sehr galant war und während der ganzen Fahrt an Madame Hugos Kutschentür vorbeigaloppierte, fügte dieser Verteilung einige Flaschen Rum hinzu, und es gab ein regelrechtes Fest.

Nach etwa zwölf oder vierzehn Tagen Reise erreichten sie Burgos. Seit sie Bayonne verlassen hatten, hatten sie häufig Alarm geschlagen , aber oft festgestellt, dass die Leute, die sie für Guerilleros hielten, nur ruhige Maultiertreiber waren, die sich zu ihrem eigenen Schutz in Gruppen zusammengeschlossen hatten. Dieser Fehler war leicht, da die Maultiertreiber fast wie Soldaten bewaffnet waren und wegen des Staubes, der um sie herum aufwirbelte, nicht von solchen unterschieden werden konnten, außer aus nächster Nähe, wenn man sah, dass sie Maultiere und keine Pferde ritten. In Burgos machten sie drei oder vier Tage Halt, und Madame Hugo nutzte die Gelegenheit, die sich ihnen bot, um ihren Kindern die Kathedrale, dieses wunderbare Bauwerk gotischer Architektur, das Tor Karls V. und das Grab des Cid zu zeigen.

Aus dem Grab des Cid hatten die Soldaten eine Zielscheibe für Gewehre gemacht. Das Kind verließ Burgos benommen und atemlos vor Staunen. Obwohl er noch jung war, hegte er bereits eine leidenschaftliche Bewunderung für *Meisterwerke* der Architektur; und die Kathedrale von Burgos mit ihren sechzig oder achtzig Kirchtürmen ist in der Tat ein Meisterwerk ihrer Art. Durch einen seltsamen Zufall riss General Hugo, der

1813 den Rückzug der Spanier befehligte, drei dieser Kirchtürme nieder, als er die Zitadelle der Stadt Burgos in die Luft sprengte, deren letzter Gouverneur er war.

Je weiter sie vorrückten, desto häufiger wurden Spuren der Zerstörung sichtbar. Hinter Burgos machten sie in einem Dorf Halt, das einst Celadas hieß. Es war von einem Ende zum anderen ein Trümmerhaufen, und als hätte man befürchtet, der Ort könnte wieder aufleben, waren die Ruinen gründlich in Brand gesteckt worden. Nichts könnte trauriger sein, als dieses vom Feuer zerstörte Dorf mitten in den sonnenverbrannten Ebenen zu sehen. Ein paar Mauerseiten standen zerbröckelnd und ohne Dach, und aus ihnen bauten die Kinder der Karawane eine Festung, und bald teilten sie ihre kleine Gruppe in Belagerer und Belagerte. Krieg, damals das Handwerk der Väter, war das Spiel der Kinder. Der kleine Victor und seine beiden Brüder gehörten zur Belagerergruppe. Gerade als sie eine Bresche erklommen, um in die Stadt zu gelangen, und Victor, der schon immer hohe Plätze liebte, auf einer Mauer entlanglief, zweifellos um während des Angriffs ein Ablenkungsmanöver durchzuführen, verlor er den Halt und fiel kopfüber von der Mauerkrone in einen offenen Keller, wo sein Kopf mit solcher Wucht gegen die Ecke eines Steins prallte, dass er betäubt war und liegen blieb. Niemand hatte ihn fallen sehen: Sein Fall war zu schnell erfolgt, als dass er hätte schreien können. Der Angriff wurde also fortgesetzt, als ob die Belagerer keinen von ihnen verloren hätten. Als die Stadt eingenommen war, zählten Bezwinger und Besiegte ihre Zahl, und erst dann entdeckten sie, dass einer von ihnen, der junge Victor Hugo, glorreich auf dem Schlachtfeld zurückgeblieben war. Sie begannen, nach ihm zu suchen, Abel und Eugène an der Spitze, und suchten so sorgfältig in jeder Ecke und jedem Winkel, dass sie das verwundete Opfer bald in den Tiefen eines Kellers entdeckten. Da er keinerlei Lebenszeichen von sich gab, glaubten sie , er sei tot und eilten unter großem Wehklagen mit ihm zu Madame Hugo, die bald erkannte, dass er noch am Leben war.

Wir haben vergessen zu erwähnen, dass sich im Konvoi Vertreter aller Art von Menschlichkeit befanden, darunter sechs oder acht Staatsräte, die Napoleon fertig zu seinem Bruder schickte! Ein Arzt war also leicht zu finden. Der Arzt kümmerte sich um das Kind, und glücklicherweise war der Schock schlimmer als der eigentliche Schlag. Die Wunde war daher eher furchterregend anzuschauen als gefährlich, und obwohl die Schnittwunde noch heute deutlich dort zu sehen ist, wo Hugo sein Haar scheitelt, hatte das Kind sie am nächsten Tag völlig vergessen und war wie Kléber nach der Einnahme Alexandrias bereit, an der Belagerung einer neuen Stadt teilzunehmen.

Bisher hatte nichts Ernstes den Marsch der Karawane gestört. Gelegentlich bohrte sich die Kugel eines versteckten Guerilleros in die Dicke der Paneele eines der Waggons oder zerbrach das Glas einer Tür. Oberst Montfort schickte dann ein Dutzend Husaren los, um im Unterholz nach der Stelle zu suchen, aus der der Querschläger gekommen war. In dem Teil des Landes, durch den die Reisenden gerade zogen, war es für den Täter jedoch recht leicht, an den Seiten einer Schlucht hinunterzugleiten oder in eine Bergschlucht zu gelangen und sich so außer Reichweite zu bringen.

Eines Nachts jedoch hatten sie echten Alarm und erwarteten, diesmal tatsächlich einem furchtbaren Feind Auge in Auge gegenüberzustehen. Sie hatten fast zwei Drittel ihres Weges zurückgelegt und die kleine Stadt Valverde erreicht, eine Ansammlung düster wirkender Häuser mit hohen Mauern und ohne Fenster, die wie ein Nest von Festungen aus der Zeit Ludwigs XIII. aussahen. Wie üblich hatte die Eskorte ihr Lager am Eingang der Stadt aufgeschlagen, in alle Richtungen waren Wachen postiert und die Reisenden und Offiziere hatten ihre Quartierscheine für die Häuser der wichtigsten Einwohner erhalten. Madame Hugo wohnte wie üblich im Alcade. Als er sie verließ, sagte der Duc de Cotadilla:

„Seien Sie auf der Hut, Madame. Wir befinden uns mitten im Aufstand, und Ihr Gastgeber hat nicht nur einen sehr schlechten Ruf, sondern auch ein sehr böses Gesicht."

Madame Hugo konnte nur das Gesicht beurteilen, und ihre Meinung darüber stimmte völlig mit der des Herzogs von Cotadilla überein. Außerdem stimmte das Innere des Hauses mit dem Aussehen der Stadt und mit ihrem Gastgeber überein: Türen waren mit Eisen verriegelt und mit Bleiblech ausgekleidet; es gab streng wirkende Vorräume, die so dunkel waren wie die Gänge in einem Kloster, riesige Räume mit kahlen Wänden, deren Boden nur aus Erde im Erdgeschoss und Ziegeln im ersten Stock bestand; und die Einrichtung bestand aus Holzbänken und Ledersesseln. Nachdem Madame Hugo das ganze Haus besichtigt hatte, um die Räume auszuwählen, die ihr am besten passten, entschied sie sich für einen riesigen niedrigen Raum im Erdgeschoss , der von einem Kiefernzweig beleuchtet wurde, der in einer an der Wand befestigten Eisenstange brannte; sie zog ihr Bett aus dem riesigen Koffer, der es tagsüber umschloss, und legte die Kinder auf einem Dutzend Schaffellen zum Schlafen, brachte M. du Saillant in eine Nische neben dem großen Raum und wartete bei Einbruch der Nacht, was geschehen würde. Die Aussichten waren nicht heiter; die zu erwartenden Ereignisse waren furchtbar anzusehen, denn die Spanier hatten sich seit Beginn des Krieges einen immer größeren Ruf der Grausamkeit erworben, und die Foltermethoden, die sie für die elenden Franzosen erfanden, die ihnen in die Hände fielen, waren unbeschreiblich grausam. Bei primitiven Völkern, die durch und durch wild sind, wie zum Beispiel den

Türken, weiß man, was einen erwartet; es wird eine ihrer drei Folter- und Hinrichtungsmethoden sein: Kopfabschlagen, Strangulieren oder Pfählen; und die Vorstellungskraft der Henker reicht nicht über diese drei Tötungsarten hinaus. Aber bei einem zivilisierten Volk wie den Spaniern, die ihren Karl V., Philipp II. und die Inquisition hatten, ist die Sache anders: Der elende Mann, der zum Tode verurteilt ist, kann über einem kleinen Feuer geröstet, zwischen zwei Brettern zersägt, auf die Streckbank gelegt oder an den Füßen aufgehängt werden, oder seine Eingeweide werden wie ein Strang Baumwolle aufgetrennt, oder sein Körper wird in Scheiben geschnitten wie ein Wams aus dem 16. Jahrhundert, oder ihm die Augen auszustechen, seine Nase, seine Zunge oder seine Hände abzuschneiden. Die spanischen Henker sind einfallsreiche Männer! Und wenn sie ihre eigene Vorstellungskraft erschöpft hatten, blieben ihnen noch die Mittel der Inquisition, denn man sollte bedenken, dass die Männer, die gegen uns kämpften, in erster Linie Katholiken waren, Priester und Heilige!

Trotz solcher Überlegungen, die für eine Mutter, die ihrem Mann gegenüber für die Sicherheit ihrer selbst und ihrer drei Kinder verantwortlich ist, entmutigend genug waren, begann Madame Hugo einzuschlafen und beneidete Oberst du Saillant um seine Ruhe, der lange in der Nische geschlafen hatte, die sie neben diesem niedrigen Zimmer entdeckt hatten, als sie plötzlich durch den Ruf „Zu den Waffen!" und das Geräusch scharfer Schüsse aufgeweckt wurde. Sie war mit sehr wenig Kleidung zu Bett gegangen, besonders nach der Warnung, die sie erhalten hatte, und war sofort wieder auf den Beinen. Das Gewehrfeuer ging ununterbrochen weiter, wenn auch etwas unregelmäßig, und die Rufe „Zu den Waffen!" verdoppelten sich. Inmitten dieser Schreie klopfte jemand laut genug an die Außenläden des großen niedrigen Zimmers, um gehört zu werden, aber offensichtlich beruhigend gemeint. Madame Hugo öffnete den Laden. Es war Oberst Montfort, der mit dem Griff seines Schwertes an die Läden geklopft hatte.

„Ich bin es, Madame", sagte er, „Oberst Montfort, der die Ehre hat, Sie anzusprechen. Der Feind hat uns angegriffen, aber wir haben Maßnahmen ergriffen, um ihm einen herzlichen Empfang zu bereiten, also bleiben Sie ruhig. Bitte verbarrikadieren Sie sich auf jeden Fall hier und öffnen Sie nur dem Duc de Cotadilla oder mir selbst."

Madame Hugo dankte Oberst Montfort für seine aufmerksame Betreuung. M. du Saillant ging zu ihm hinaus, und sie schloss die Tür fest hinter ihm, verbarrikadierte sie mit allen verfügbaren Vorsichtsmaßnahmen und wartete auf die weitere Entwicklung. Das Feuer dauerte eine Zeit lang an und schien gelegentlich sogar heftiger zu werden; schließlich ließ es nach und erlosch allmählich. Wer hatte gesiegt? Die Franzosen oder die Spanier? Sie wusste es noch nicht, aber sie hoffte fest, dass die Franzosen gewonnen hatten, und bald klopfte es erneut an die Fensterläden, und unter lautem Gelächter, das Madame Hugo als das des Duc de Cotadilla, Oberst Montfort und des Adjutanten ihres Mannes erkannte, wurde sie gebeten, die große Tür zu öffnen. Nachdem dies geschehen war, traten die drei Offiziere ein.

Ein Husarentrompeter hatte gleich außerhalb der Stadt eine Wiese entdeckt, auf der er glaubte, dass sein Pferd, an dem er sehr hing, ein wenig frisches Gras finden könnte, als die Wachen aufgestellt worden waren. Er hatte sein Pferd in dieser winzigen Oase angebunden. Ein Bauer hatte dieses Vertrauen bemerkt und sich darüber gewundert, und als die Nacht hereinbrach, war er von Busch zu Busch geschlichen, um das Pferd zu stehlen. Das Tier hatte ihm erlaubt, sich zu nähern, bis er spürte, wie sich der Pflock löste. Dann schüttelte er sich heftig und befreite sich von seinem Dieb. Er rannte wiehernd und aufbäumend zurück zum französischen Lager. Die Wache rückte vor und rief: „Wer ist da?“ Und das Pferd lief natürlich an ihm vorbei, ohne zu antworten. Die Wache feuerte und fiel auf den ersten Vorposten zurück, wobei sie „Zu den Waffen!“ rief. Der erste Vorposten feuerte und rief: „Zu den Waffen!“, und dann waren die Soldaten ihrerseits zu ihren geladenen Musketen gerannt, feuerten und riefen: „Zu den Waffen!“ Daher der Alarm, die Schüsse, der furchtbare Tumult, der das kleine Städtchen Valverde eine Stunde lang mit Feuer, Rauch und Lärm erfüllte.

Für den Rest der Nacht dachte keiner daran, noch einmal zu schlafen, und so verbrachten Madame Hugo und die drei Offiziere die Nacht zusammen und setzten am nächsten Morgen bei Tagesanbruch ihren Marsch fort.

Am nächsten Tag stand den Reisenden unter den Strahlen der heißen Mittagssonne ein weiterer, fast ebenso grotesker Vorfall bevor, der den Reisenden fast ebenso grotesk erschien wie der alarmierende Vorfall der vergangenen Nacht. Sie machten zu dieser Stunde mitten auf einer großen Ebene Halt. Die Soldaten waren mit Staub bedeckt und schweißgebadet, als sie bei 35 Grad Celsius in der Sonne ihr Mahl beendet hatten, als ein Kurier für den Duc de Cotadilla eintraf, um ihm mitzuteilen, dass die Königin, die ebenfalls unter Eskorte unterwegs war, um zu ihrem Mann zurückzukehren, bald am Gefolge vorbeikommen würde. Der Duc de Cotadilla dankte dem Kurier für seine Informationen, und als er erfuhr, wann sie die Königin voraussichtlich treffen würden, und feststellte, dass sie noch mit fast einer Stunde rechnen konnten, schickte er den Kurier auf den Weg. Dann ging er zur Tür von Madame Hugos Kutsche, wo er, wie wir wissen, gewöhnlich ein Gespräch führte.

„Madame“, sagte er, „ich darf Sie bitten, Ihre Jalousien herunterzulassen, zunächst wegen der Sonne und dann wegen der Sehenswürdigkeiten, die Sie in der Eskorte sehen würden. Die Königin wird in einer Stunde vorbeikommen, und ich möchte ihr die gebührende Ehrerbietung erweisen, indem ich meine Männer in Paradekleidung kleiden lasse; und um dies zu tun, müssen sie alles wechseln, vom Kragen bis zu den Leggings. Während dieser Verwandlung, die noch umfangreicher sein wird, als ich sie beschrieben habe, wird es Entwicklungen geben, die für einen General oder einen Oberst in Ordnung sein mögen, für eine Dame jedoch unpassender sind. Ich habe Sie gewarnt, Madame, und ich werde jetzt die Herzogin von Villa-Hermosa und die anderen Damen warnen."

Und mit seiner üblichen Höflichkeit verabschiedete sich der Duc de Cotadilla von Madame Hugo und erteilte seine Befehle. Madame Hugo zog ihre Jalousien herunter.

Der Befehl des Duc de Cotadilla lautete, dass die Männer sofort Paradeuniformen anziehen sollten, um den Weg zur Königin zu säumen. Die Männer bildeten rasch eine einzelne Linie entlang der gesamten Straße, legten Waffen an, öffneten ihre Rucksäcke und begannen mit ihrer Toilette. Sie hatten gerade den heikelsten Teil ihrer Toilette erreicht, weshalb der Duc de Cotadilla die Damen ermahnt hatte, die Rollläden ihrer Kutschen herunterzulassen, als eine riesige Staubwolke auf dem Gipfel eines fünfhundert Fuß entfernten Berges erschien und Rufe von „Die Königin! Die Königin!" durch die Luft schallten. Die Königin war eine halbe Stunde früher gekommen, als der Kurier angekündigt hatte. Ein stärkerer Kopf als der des Duc de Cotadilla hätte durch einen solchen Unfall möglicherweise aus der Fassung gebracht werden können; außerdem war in keinem Buch über die Kunst der Kriegsführung für einen solchen Notfall Vorsorge getroffen worden. Also schwieg er, und ihrer eigenen Inspiration überlassen, schlugen die Trommeln den Ruf zu den Waffen, die Soldaten schulterten ihre Waffen und die Unteroffiziere schrien: „Antreten!"

So kam es, dass die Königin von Spanien eine Parade abhielt, wie sie keine andere Königin oder Kaiserin – und sei es Margarete von Burgund oder Katharina II. – je abgehalten hatte. Und als sie später erfuhr, dass Monsieur de Cotadilla vor ihrer Ankunft gewarnt worden war, konnte sie den Gedanken nicht verdrängen, dass die Nacktheit dieser dreitausend Männer ein Scherz war, den der berühmte Herzog für sie vorbereitet hatte.

Die Königin ging vorbei, und da die Paradeuniform keinen Nutzen mehr hatte, zogen sie ihre Alltagsuniformen wieder an, packten ihre feinen Kleider wieder in die Tornister, das Signal zum Aufbruch wurde gegeben und die Reise wurde fortgesetzt.

---

[1] Anmerkung des Übersetzers: Spanischer Anführer eines Maultiergespanns.

[2] Junge Hirten.

KAPITEL VIII

Segovia – Monsieur de Tilly – Der Alcázar – Die Dublonen – Das Schloss des Monsieur de la Calprenède und das eines spanischen Granden – Die *Bourdaloue* – Otero – Wieder die Holländer – Die Guadarrama – Ankunft in Madrid – Der Palast von Masserano – Der Komet – Das College – Don Manoël und Don Bazilio – Tacitus und Plautus – Lillo – Der Winter 1812/13 – Der Empecinado – Das Glas *Eau Sucrée* – Die Armee der Merinos – Rückkehr nach Paris

Schließlich erreichten sie Valladolid. Nach einem mehrtägigen Aufenthalt dort reisten sie von Valladolid nach Segovia weiter und überquerten steile Berge, die manchmal scharfe Gipfel hatten, manchmal sanftere Hänge hinauf zu hohen Gipfeln führten, von denen aus sie weite Ebenen überblicken konnten, die in der Junisonne lagen.

Der Graf von Tilly war Gouverneur von Segovia. Er gehörte zum alten Hof, war Page von Ludwig XVI. und hinterließ Memoiren, denen es nicht an einer gewissen Pittoreskheit fehlt – eine Eigenschaft, die zu dieser Zeit viel seltener war als die, Interesse zu wecken. Er kam an die Tür von Madame Hugos Kutsche, um sie willkommen zu heißen, brachte sie in einem Palast unter und kümmerte sich während ihres Aufenthalts in Segovia um sie und ihre Kinder.

Das Ereignis, das den jungen Dichter am meisten beeindruckte und ihm während seines Aufenthalts in dieser Stadt am lebhaftesten in Erinnerung blieb, war sein Besuch im Alcazar – jenem prächtigen Märchenpalast, der weniger berühmt, aber ebenso schön ist wie die von Granada und Sevilla, mit einer Galerie, in der sich Porträts aller maurischen Könige befinden, die mit Kleeblättern und auf goldenem Hintergrund gemalt sind. Wir müssen unseren Lesern nicht erklären, dass diese Bilder aus einer späteren Zeit als der arabischen Zeit stammen, da die Religion der Araber ihnen das Malen von Bildern verbot. Der Alcazar wurde damals auch als Münzstätte genutzt. M. de Tilly nahm Madame Hugo und ihre Kinder mit in den Münzraum, wo er für jedes Kind einen Dublonen prägen ließ. Eines der größten Probleme Hugos in seiner Jugend war, dass er seine Münze in Madrid verlor, als er sie durch den Spalt einer Kutschentür fallen ließ.

Sie warteten acht Tage auf Verstärkung, denn sie wagten es nicht, ohne frische Eskorte nach Madrid aufzubrechen. Als diese neue Eskorte eintraf, setzten sie ihre Reise fort, um sich auf der Straße nach Madrid wieder dem Konvoi anzuschließen. In Segovia war Madame Hugo, wie wir wissen, durch die Vermittlung des Grafen Tilly im Palast eines spanischen Granden untergebracht worden. Wie in M. de la Calprenèdes Palast war alles aus Silber, Kronleuchter, Teller, Becken, Waschschüsseln, alles, sogar die Zimmergegenstände. Eines der Möbelstücke, das Madame Hugo durch seine Schönheit und Originalität der Form besonders bezauberte, war eine entzückende kleine *Bourdaloue*.

Hier werde ich gefragt, warum eine Nachtkommode mit dem Namen des berühmten Jesuitenschülers in Verbindung gebracht und ein Kammergerät nach einem Prediger benannt wurde. Ich werde es erklären, nachdem ich Madame Hugos Faszination für dieses kleine Möbelstück und die daraus resultierenden Konsequenzen behandelt habe.

Madame Hugo war von der Form der bezaubernden *Bourdaloue so entzückt*, dass sie den Hausherrn des Hauses, in dem sie wohnte, fragte, ob sie sie ihm abkaufen dürfe. Aber als echter Spanier war der alte Kastilier ein unversöhnlicher Feind unserer Nation, also antwortete er, dass Madame Hugo das begehrte Objekt haben könne, wenn sie wolle, aber dass er nie etwas an die Franzosen verkaufe. Da es in diesem Fall einem Diebstahl gleichkäme, es zu nehmen, verzichtete Madame Hugo darauf, da sie annahm, dass die *Bourdaloue* Teil einer Sammlung sei, die zu verderben schade wäre. Lassen Sie uns nun erklären, warum diese kleinen länglichen Gefäße *Bourdaloues heißen*. Der berühmte Prediger hielt so endlos lange Predigten, dass die Damen gezwungen waren, bestimmte Vorsichtsmaßnahmen gegen ihre Länge zu treffen, die wir unserer Meinung nach nicht näher erklären müssen. Glücklicher als Christoph Kolumbus, der einem neuen Kontinent seinen Namen gab, gab die Säule der christlichen Beredsamkeit einem neuen Möbelstück seinen Namen, das speziell aufgrund seiner Verdienste hergestellt wurde – einem Stück, das sich aufgrund seiner langen und schmalen Form leicht transportieren ließ.

Nachdem wir nun glauben, diese historische Frage zur Zufriedenheit unserer Leser geklärt zu haben, werden wir uns dem Konvoi auf seiner Reise nach Madrid wieder anschließen. Er war bis auf eine Meile an Otero herangekommen, wo sie die Nacht verbringen sollten und dessen Türme sie bereits erkennen konnten, als sie, weil eine der Speichen eines Hinterrads von Madame Hugos riesiger Kutsche entzweibrach, auf der mit riesigen Felsbrocken gepflasterten Landstraße zwangsweise Halt machen mussten. Getreu seiner höflichen Gewohnheit hatte der Duc de Cotadilla einen allgemeinen Halt angeordnet, was einen Sturm von Einwänden hervorrief. Ein allgemeiner Halt um sieben Uhr abends! Ein Halt, der ein paar Stunden dauern und es ermöglichen konnte, den Konvoi bei Einbruch der Nacht einzuholen! Der Herzog hätte kaum mehr tun können, selbst wenn der Unfall einem der Wagen mit dem Schatz passiert wäre, und er überschritt seine Pflichten völlig, da es sich nur um die Frau eines französischen Generals handelte, eine Dame, die kaum drei Jahre lang Mitglied der spanischen Aristokratie war! So herrschte im ganzen Konvoi ein großer Lärm. Es gab Präzedenzfälle in ähnlichen Fällen, und der unglückliche Wagen war mit Sack und Pack der Gnade der Vorsehung überlassen worden! Der Duc de Cotadilla wollte sein Wort halten, musste aber vor dem Chor der Beschwerden nachgeben. Der Konvoi wollte seinen Weg nach Otero fortsetzen; aber Madame Hugo und ihrer armen verlassenen Kutsche sollte Hilfe erhalten, mit der sie nicht gerechnet hatte. Die vierzig niederländischen Grenadiere baten um die Gunst, als Eskorte bei ihrer Kutsche zu bleiben, bis das Rad repariert und die Reise fortgesetzt werden konnte. Diese Gunst wurde ihnen gewährt. Der Konvoi setzte sich in Bewegung und ließ die Kutsche allmählich wie eine zurückweichende Flut auf der Landstraße zurück. Aber nie machten sich Schiffbrüchige, die allein auf einer einsamen Insel waren, mit größerer Energie an die Arbeit, ein Floß zu bauen, als die vierzig niederländischen Grenadiere an der Reparatur des Rades. Es war in etwa einer Stunde fertig. Als sie wieder aufbrachen, war das Ende des Konvois schon lange nicht mehr zu sehen und es begann dunkel zu werden. Trotz all dieser widrigen Umstände erreichte die Kutsche mit Madame Hugo, ihren drei Kindern, dem Diener, dem Zimmermädchen und den vierzig niederländischen Grenadieren Otero um zehn Uhr abends, ohne den Guerilleros Maut zahlen zu müssen – ein höchst ungewöhnlicher Glücksfall. Während der Nacht wurde die Kutsche dank der Bemühungen eines örtlichen Stellmachers, den sie mit Gewalt dazu zwangen, die Arbeit zu übernehmen, und der von zwei Armeeschmieden beaufsichtigt wurde, repariert und war am nächsten Tag bereit, ihren Platz an der Spitze der Wagenreihe einzunehmen.

Sie erreichten die Bergkette des Guadarrama und begannen, sie zu erklimmen. Sie erklommen den höchsten Gipfel und machten am Fuße des riesigen Löwen Halt, der Altkastilien den Rücken kehrt und mit einer Pfote auf dem Wappen Spaniens nach Neukastilien blickt. Dann stiegen sie hinab in Richtung der Campagna um Madrid. Die Campagna von Rom ist kahl und düster, aber von herrlichem Sonnenschein gesprenkelt und sieht trotz ihrer Einsamkeit, wenn man das so sagen darf, lebendig aus. Die Campagna von Madrid ist kahl, dürr und grau und wie ein Friedhof. Und der Escurial erhebt sich am Ende der Ebene wie ein Grab. Dies war in der Tat der Eindruck, den es bei mir hinterließ, und auch der Eindruck, den es bei Hugo hinterließ, der es 35 Jahre vor mir besuchte.

"Spanien hat dem Eroberer ein Buch überreicht.
Ich habe den Burgherren die Freiheit gegeben, den Sturm zu überstehen.
Von Lenden und für ein Grab habe ich die Escurial gefangen genommen .
Und die dreifache Wasserleitung wird meinen Kopf neigen. Devant

ist die kaiserliche Front.

Also habe ich die Flammen der Militärfestungen gesehen. Ich habe die Mauern der einsamen Städte verdunkelt. Das Zelt der Kirche hat sich ins Schloss geworfen. Die Flammen der Soldaten in den heiligen Klöstern. Bei all den Wiederholungen sieht es aus wie ein Dreifachkreuz!"

Der Konvoi schlängelte sich wie eine lange Schlange über die Ebene vom Escurial nach Madrid; sie schliefen nur einmal unterwegs, in Galapagar. Am nächsten Tag erreichten sie um sechs Uhr abends Madrid. Sie hatten kaum die Straßen betreten, als sich alle auflösten, überglücklich, nicht mehr der militärischen Disziplin unterworfen zu sein. Madame Hugo verabschiedete sich vom Duc de Cotadilla, von Oberst Montfort und ihren vierzig Holländern; dann führte Oberst du Saillant sie in den Palast der Fürsten von Masserano, der für ihren Empfang vorbereitet war. Der General war Gouverneur in Guadalajara; wir werden später sehen, was er dort tat.

Der Palast von Masserano befand sich in der *Calle de la Reyna*. Es war ein riesiges Gebäude aus dem 17. Jahrhundert, in all der Pracht und Strenge jener Zeit; es hatte keinen Garten, sondern eine Vielzahl kleiner, quadratischer Höfe, die mit Marmor gepflastert waren und in deren Mitte sich jeweils ein Brunnen befand. Diese Höfe konnten nur durch eine Art Seitentor betreten werden; die Sonne schien nie hinein, denn die Mauern, die sie umschlossen, waren etwa zwölf bis fünfzig Meter hoch; und sie waren gerade groß genug, dass ein Wolf um den Brunnen herumlaufen konnte; tatsächlich waren sie einfach Vorratsorte für Schatten und Kühle. Soweit Victors Erinnerung ihn trug, war das Innere des Palastes von unglaublicher Pracht; besonders das Esszimmer, das auf jeder seiner vier Seiten große Glasfenster hatte, durch die das Licht in all ihrer Pracht prächtige Gemälde von Fra Bartolommeo, Velasquez, Murillo, Sébastian del Piombo, Leonardo da Vinci, Raphael und Michelangelo zeigte. Dieses Esszimmer führte in einen großen, mit rotem Damast gepolsterten Salon, der in einen weiteren, mit blauem Damast gepolsterten Salon führte, der wiederum in das sogenannte Prinzessinnenzimmer führte, ein riesiges Zimmer, das mit blau gemusterter Seide und Silber gepolstert und eingerichtet war. Auf der anderen Seite des Esszimmers gelangte man durch ein Vorzimmer, das nur mit Eichentruhen geschmückt war, die als Sitzgelegenheiten für Diener dienen sollten, in eine große Galerie, die eine Sammlung von Ganzkörperporträts der Grafen von Masserano in Hoftracht enthielt, sowie von Fürsten gleichen Namens; das Fürstentum existierte übrigens erst in der Mitte des 17. Jahrhunderts. In diesen großen Galerien spielten die Kinder mit den Söhnen von General Lucotte Verstecken, in Räumen von 150 Fuß Länge und zwischen chinesischen Vasen und Porzellanornamenten von 6 Fuß Höhe! Ihre Abende verbrachten sie auf einem großen Balkon, von wo aus sie den Kometen sehen konnten, auf dem sie die Jungfrau Maria erkennen konnten, die Ferdinand VII. die Hand reichte – so sagten die spanischen Priester.

Eines Morgens traf eine Eskorte westfälischer Kavallerie ein, die einen Boten mit einem Brief von General Hugo begleitete. Der General konnte nicht nach Madrid kommen, da er an den Ufern des Tejo in Kriegshandlungen verwickelt war. Der Hauptzweck des Briefes bestand darin, das beste College für die Ausbildung der drei Kinder zu empfehlen. Sie sollten im Séminaire des Nobles untergebracht werden, wo sie als Pagen des Königs ausgebildet würden. Es war nicht üblich, Jungen unter dreizehn Jahren aufzunehmen, aber obwohl Abel erst zwölf, Eugène erst zehn und Victor erst acht Jahre alt war, wurde ihnen zuliebe eine Ausnahme gemacht und eine Lizenz des Königs ermöglichte ihre sofortige Aufnahme. Sie mussten den prächtigen Masserano-Palast mit seinen wunderschönen Gemälden alter Meister, seinen prächtigen Wandteppichen, seinen endlosen, mit chinesischen Vasen geschmückten Galerien und den Wänden, auf denen drei Generationen von Grafen und Prinzen in ihren Staatskostümen oder in ihren Kriegsinsignien wieder zum Leben zu erwachen schienen, verlassen und in das düstere Seminar in der *Calle San-Isidro gehen*. Das Séminaire des Nobles war in der Tat ein furchterregendes und streng wirkendes Gebäude mit seinen großen baumlosen Höfen, und man könnte fast so weit gehen und sagen, seine riesigen Unterrichtsräume seien ohne Schüler. Es gab 25 Schüler, die drei Neuankömmlinge in diesem Seminar nicht mitgerechnet, das vor der französischen Invasion 300 Schüler beherbergt hatte. Dies war ungefähr der Anteil der spanischen Aristokratie, die sich um Joseph Bonaparte geschart hatte. Und außer den 25 Schülern gab es dort, wie gesagt, die drei Söhne von General Hugo und einen spanischen Gefangenen. Das Seminar erschien den armen Kindern in der Tat als ein düsterer Ort, als sie es betraten. Stellen Sie sich diese Unterrichtsräume und Schlafsäle und Toiletten und Refektorien vor, die den Bedürfnissen von 300 Schülern gerecht werden sollten, in denen sich jetzt nur 25 unglückliche Schüler befanden, die darin verloren wirkten. Vergils Ausdruck „ *rari nantes* “ schien hier völlig zuzutreffen. Geleitet wurde die Einrichtung von zwei Jesuiten, die das Kolleg mit scheinbar gleicher Strenge kontrollierten; diese beiden Jesuiten repräsentierten jeweils entgegengesetzte Typen ihres Ordens: der eine hieß Don Manoël und der andere Don Bazilio. Don Bazilio war groß und fast fünfundfünfzig Jahre alt; seine Stirn war kahl und kahl, und seine Nase glich dem Schnabel eines Geiers; sein Mund war groß und fest, und sein Kinn stand vor. Er hatte einen harten und strengen Charakter und vergab nie. Aber gleichzeitig war er gerecht und bestrafte nie, es sei denn, die Strafe war verdient. Der andere, Don Manoël, war rundlich und sehr breitschultrig. Er war untersetzt; er hatte ein lächelndes, fast heiteres Gesicht und sein Verhalten Neuankömmlingen gegenüber war sanft, liebenswürdig und zärtlich; seinem Äußeren nach zu urteilen, war er immer bereit, Fehler zu verzeihen oder zumindest nachzusehen; er war äußerst falsch, sehr hinterlistig und durch und durch boshaft; er leitete das Kollegium allein, trotz der angeblichen Mitarbeit von Don Bazilio, zweifellos auf Befehl seiner Vorgesetzten. Als die erste Spur seines Mitgefühls verflogen war, wurde Don Manoël unerträglich. Die Jungs verabscheuten Don Bazilio zunächst; aber da er trotz seiner Strenge gerecht war, verging dieser Hass allmählich; während die Leute Don Manoël zunächst mochten und schließlich verabscheuten. Aber als dieses Gefühl einmal geweckt war, steigerte es sich immer mehr .

Die Studien, die diese beiden Jesuiten ihren Schülern auftrugen, waren lächerlich. Sie waren so schwach, dass in einem Kolleg, das aus jungen Leuten von achtzehn bis zwanzig Jahren bestand, eine besondere Klasse für die Neuankömmlinge eingerichtet werden musste, von denen der älteste erst zwölf war. Sie beurteilten die Fähigkeiten der Kinder tatsächlich nach ihrer Größe, als sie begannen, sie zu prüfen, und gaben Abel einen Quintus Curtius und Eugène *De Viris* und dem kleinen Victor eine *Epitome*. Aber beim Anblick dieses Buches, mit dem er vor langer Zeit fertig geworden war, rebellierte das Kind und verlangte kühn nach Tacitus. Die Väter sahen einander verblüfft an, und sie verzichteten darauf, den verwegenen Jungen zu bestrafen, der sich diesen unpassenden Scherz erlaubt hatte, und brachten ihm das Buch. Victor öffnete es und übersetzte sofort den Absatz über Cocceius Nerva, auf den er zufällig gestoßen war. Die beiden anderen Brüder nahmen sich ihrerseits Tacitus vor und lieferten einen gleichwertigen, wenn nicht sogar besseren Beweis ihrer Geschicklichkeit. Sie brachten ihnen Perseus und Juvenal; die Kinder kannten diese beiden Satiriker und konnten sie nicht nur interpretieren, sondern boten sogar an, ganze Satiren auswendig vorzutragen. So machten sich die frisch aus Frankreich gekommenen Kinder über diese drei Autoren lustig, die im Séminaire des Nobles als für zwanzig Rhetoriker unerreichbar galten! Die beiden Jesuiten steckten die Köpfe zusammen, beschlossen, dass sie für die drei Neuankömmlinge eine besondere Klasse einrichten müssten, und beschlossen, ihnen Plautus zu erklären. Es war Don Manoël, ein echter Jesuit, der einen Autor voller Ellipsen auswählte, der vor Redewendungen strotzte, vollgestopft war mit römischem Dialekt, wie ihn Molière seinen Bauern in den Mund legte, und der immer auf Bräuche anspielte, die schon zu Ciceros Zeiten verschwunden waren. Aber Don Manoëls Ziel war erreicht: Die Gehirne der Kinder wurden bei Plautus stumpf, und genau das wollte er: ihren Stolz brechen. Die anderen 22 Schüler waren Spanier, Söhne spanischer Granden, die sich mit Joseph zusammengetan hatten. Unter ihnen befanden sich zwei Söhne von hoher Geburt, denen Victor in seinen Werken verschiedene Erinnerungen widmete: der Graf von Belverana, den er in seine *Lucrèce Borgia aufnahm* , und Raymond de Benavente, an den er 1823 die Ode richtete, die mit dieser Strophe beginnt:

"Hey! Ich habe meine Sorgen empfunden. Es scheint, als ob die Verdammnis
ihn quält. Wenn das Wort, das ich verfassen soll, verhallt, erschallt ein
Echo! Unter dem Druck der krampfhaften
Erschütterung habe ich nachdenkliche Schmerzen empfunden. Und meine
Gedanken sind tief und dunkel. Das ist wie bei der Aufhellung der Nächte.
Ich sehe auf unbekannte Meere. Aber ich kann den Hintergrund nicht
sehen."

Dem jungen Dichter fiel eine Sitte auf, die den spanischen Sitten eigen war:
Diese Kinder, deren Alter zwischen dreizehn und zwanzig schwankte,
redeten sich alle untereinander mit der Duzend-Form an, wie es sich für
Söhne spanischer Granden gehörte, und redeten einander nie mit ihrem
Tauf- oder Familiennamen an, sondern nur mit ihren Titeln Prinz, Herzog,
Marquis, Graf oder Baron. Sie nannten Victor „Baron", was ihn mit Stolz
erfüllte.

Unter diesen jungen Leuten – und um genaue Zahlen zu erhalten, müssten
wir die Zahl dieser jugendlichen Adligen auf einundzwanzig reduzieren –
befand sich einer, der weder Ritter, Baron, Graf, Marquis, Herzog noch
Prinz war und der dennoch nicht der am wenigsten bemerkenswerte Insasse
des Kollegs war. Es handelte sich um einen jungen spanischen Offizier
namens Lillo, fünfzehn Jahre alt , der bei der Belagerung von Badajoz
gefangen genommen worden war. Er hatte wie ein Besessener gekämpft,
einen französischen Grenadier mit eigener Hand getötet und war erst nach
einer heldenhaften Verteidigung gefangen genommen worden. Sie wollten
ihn gerade erschießen, als Marschall Soult zufällig vorbeikam. Er erkundigte
sich und ließ sich informieren, was vor sich ging, und ließ ihn nach Madrid
schicken mit dem Befehl, ihn im Kolleg unterzubringen. Der Befehl wurde
ausgeführt und Lillo wurde in das Kolleg geschickt, allerdings in der
doppelten Funktion als Schüler und Gefangener. Der Junge, der den Rang
eines Leutnants getragen hatte, hatte erwachsene Männer kommandiert,
hatte sich in der Schlacht auf offenem Feld befunden, war als Soldat
ausgerüstet und mochte die College-Disziplin voller jesuitischer Schikanen
nicht, der er sich wie alle anderen unterwerfen musste, außer in Bezug auf
den gemeinsamen Schlafsaal, wo jedoch jeder Schüler seine eigene Kabine
hatte. Er blieb daher, soweit es ihm erlaubt war, in Einsamkeit für sich, Wut
brannte in seinem Herzen, und im Umgang mit den anderen jungen
Burschen war er kalt, melancholisch und hochmütig. Natürlich waren die
drei französischen Jungen das Objekt seiner besonderen Abneigung, und er
fing ständig Streit mit einem und manchmal mit allen drei Söhnen des
Generals an, der Joseph angehörte, einem Soldaten Ferdinands VII. Einmal
nannte er Napoleon *Napoladron* vor Eugène – freilich nannten fast alle
Spanier den Bezwinger von Austerlitz mit diesem Spitznamen, aber Eugène

war dennoch weniger empfindlich? auf die Beleidigung deswegen und erwiderte, Lillo sei zwischen den Beinen eines französischen Grenadiers gefangen genommen worden. Lillo hatte einen Zirkel in der Hand; er wartete nicht auf eine andere Waffe, sondern warf sich auf Eugène und stach ihm damit brutal in die Wange. Die Wunde, oder vielmehr der Riss, war anderthalb Zoll lang. Eugène wollte sich duellieren, und Lillo war durchaus dazu bereit; aber die Professoren griffen ein und trennten den Jugendlichen und den Jungen. Lillo verschwand am nächsten Tag; und weder Victor noch sein Bruder erfuhren je, was aus ihm geworden war. Ich kann noch immer Victors ernste Stimme hören, als er mir die Anekdote erzählte und sagte:

„Und der junge Mann hatte recht: Er stand für sein Land ein … aber Kinder verstehen das nicht."

Das Leben im Séminaire des Nobles war klösterlich; wahrscheinlich gab es in ganz Spanien kein Kloster, das strengere Regeln befolgte. Alle vierzehn Tage machten sie einen Spaziergang, aber selbst das war verboten, und aus Angst vor Guerillabanden durften sie nicht einmal zu den Délices (das entspricht unseren Champs-Élysées) gehen. Diese zwanzig oder fünfundzwanzig Jungen wären eine tolle Beute gewesen und ein gutes Lösegeld wert gewesen, da sie nicht nur zu den ersten Familien in Madrid gehörten, sondern auch zu den Familien, die ihr Schicksal mit dem Bruder von *Napoladron* , wie Lillo ihn genannt hatte, verbunden hatten.

Von Zeit zu Zeit sahen die Jungen auf, wenn sie eine sich öffnende Tür hörten, und sahen zu Beginn des 19. Jahrhunderts eine Erscheinung aus dem 17. Jahrhundert erscheinen. Eines Tages, als sie im Refektorium schweigend ihr Mahl einnahmen, während ein junger Lehrer, der auf einem erhöhten Stuhl inmitten eines riesigen Saals saß, ihnen auf Spanisch aus einem frommen Buch vorlas, öffnete sich nach ein paar Klopfen plötzlich die Tür, als ob ein Prinz, Kardinal oder spanischer Grande draußen stünde. Die vier kleinen Benavente-Jungen hatten ihre Mutter seit über einem Jahr nicht gesehen, und es war die Prinzessin von Benavente. Sie trat ein paar Schritte ins Zimmer und wartete. Dann erhoben sich ihre vier Söhne, stellten sich nach Alter auf, der Älteste zuerst, der Zweitälteste als nächstes und so weiter, und ohne einen Schritt schneller als den anderen zu machen, traten sie feierlich vor und küssten ihrer Mutter nacheinander die Hand, vom Größten bis zum Kleinsten. Die drei jungen Franzosen waren über das Vorgehen höchst erstaunt und konnten eine solche Etikette nicht verstehen, denn sie waren es gewohnt, zu ihrer Mutter zu eilen und sich ihr um den Hals zu werfen, wenn sie sie erblickten.

Nach seinem sechsmonatigen Aufenthalt am Séminaire des Nobles erreichte Abel sein zwölftes Lebensjahr und erhielt in diesem Alter aufgrund eines Sonderprivilegs die Erlaubnis, als Page einzutreten.

Dann kam der Winter und die Hungersnot. Während des verheerenden Winters 1812/13 war es überall kalt, aber im Vergleich zu den strengen Verhältnissen in Russland war das kein Wunder.

Es war Napoleons Schicksal, sowohl während seiner Niederlagen als auch während seiner Siege die Aufmerksamkeit der Welt auf sich zu ziehen und zu konzentrieren.

Die 25 Schüler, die in diesem riesigen Séminaire des Nobles in den Schlafsälen, Schulzimmern und Speisesälen für 300 Insassen begraben waren, erfroren vor Kälte. Nichts konnte diese großen Räume wärmen, in denen es keinen einzigen Kamin gab; Kohlenbecken in der Mitte der Räume betonten nur den Triumph des Winters. Außerdem erfroren die Kinder nicht nur vor Kälte, sondern, was noch schlimmer war, sie verhungerten. Die Reichsten in Madrid konnten 1812 kein Brot bekommen. Und König Joseph selbst – wahrscheinlich um ein gutes Beispiel zu geben – ordnete an, dass an seinem Tisch nur Soldatenbrot serviert werden sollte. Ständig fand man auf den Straßen Leute, die nicht einmal so warm waren wie die Kohlenbecken des Séminaire des Nobles oder König Josephs Armeebrot; sie lagen in zerfetzten Mänteln auf den Schwellen der großen Räume und starben vor Hunger und Kälte. Wenn sie noch lebten, wurde alles getan, um sie zu ernähren und zu wärmen; wenn sie tot waren, wurden sie weggebracht und begraben. Brot war im Séminaire des Nobles ebenso knapp wie anderswo, und die Jungen klagten bitterlich über Hunger. Den weniger Geduldigen sagte Vater Manoël:

„Machen Sie ein Kreuzzeichen auf Ihren Bauch, dann werden Sie satt."

Die Jungen machten viele Kreuze, und obwohl diese Aktion sie ein wenig aufwärmte, war sie sicherlich nicht nahrhaft. Aber sie verdächtigten Don Manoël, der zwischen all den traurigen und ausgezehrten Gesichtern fett blieb, eine verbotene Intimität mit der Küche zu haben, die er sogar vor Don Bazilio verbarg.

Während dieser ganzen Zeit führte General Hugo an den Ufern des Tejo Krieg gegen den berühmten Juan Martin, genannt Empecinado , wie er es gegen Charette in der Vendée und gegen Fra Diavolo in Kalabrien getan hatte. Er selbst hat einen bescheidenen und gelehrten Bericht über die strategischen Schritte dieses großartigen Feldzugs gegeben, der mit der Gefangennahme und Hinrichtung des Anführers der Guerillahorden endete, gegen die er kämpfte. Wir werden nur einige der malerischen Berichte über die eingegangenen Gefahren auswählen – jene Fragmente, die die Geschichte aus ihrem Gewand fallen lässt und die Chronisten sorgfältig für ihre Memoiren sammeln.

Eines Tages kamen General Hugo und hundert Männer in ein Dorf an einem der vielen kleinen Bäche, die in den Tejo münden. Um keinen unnötigen Alarm auszulösen, betrat er das Dorf nur mit seinen beiden Adjutanten, um von den Einwohnern einige Informationen zu erhalten, die er benötigte. Er kam aus seinem Lager, das etwa fünf- bis sechstausend Mann umfasste und eine Meile weiter unten am Fluss lag. Um die gewünschten Informationen zu erhalten, wandte er sich an den Besitzer einer großen Zuckerfabrik, der, als er sah, dass er nur von zwei Adjutanten begleitet wurde, kein Wort sagte. General Hugo war durstig. Da er seine Informationen nicht erhalten konnte, dachte er, er könnte zumindest eine Erfrischung bekommen und bat um ein Glas Wasser.

„Wasser?", fragte der Besitzer der Zuckerraffinerie. „Im Fluss gibt es reichlich davon."

Und er schlug dem General die Tür vor der Nase zu. Der General wartete einen Moment, ob die Tür wieder geöffnet würde. Statt der Tür wurde ein Fenster geöffnet, die Mündung eines Gewehrs schob sich verstohlen vor, feuerte und eine Kugel sauste vorbei. Beim Geräusch des Schusses stürmte die Abteilung, die außerhalb der Stadt geblieben war, herein; und als die Soldaten erfuhren, was gerade geschehen war, wollten sie die Zuckerfabrik zerstören und das Dorf niederbrennen. General Hugo hielt sie auf und sagte zu seinem Ordonnanzoffizier: „Gehen Sie zurück ins Lager und laden Sie in meinem Namen alle sechstausend Männer, die es bilden, ein, zu kommen und etwas *Zuckerwasser zu trinken*; es wird ihnen eine Freude sein – die armen Teufel haben schon lange keins mehr getrunken!" Es war eine der besonderen Tugenden der Kaiserzeit, schnell zu verstehen, wenn man verstehen wollte: Der Adjutant verstand und galoppierte los. Auch die Soldaten verstanden. Sie brachen die Türen der Zuckerfabrik auf, warfen zwei- oder dreitausend Zuckerhüte in den Fluss und für den Rest des Tages konnten General Hugos sechstausend Männer so viel *Zuckerwasser* trinken, wie sie wollten! Dies war die einzige Rache, die er für die Ablehnung eines Glases Wasser und die auf ihn abgefeuerte Waffe nahm. Diese Tat ist in die Annalen der spanischen Armee eingegangen als einer der schmackhaftesten Scherze, die ein General seinen Männern je gemacht hat.

Bei einer anderen Gelegenheit, ebenfalls als sie an den Ufern des Tejo entlang marschierten, an dem Ort, an dem ich selbst – ich werde die Geschichte zu gegebener Zeit erzählen – dreißig Jahre später weilte, zogen sich die Späher in einer elenden Nacht auf den großen Ebenen Altkastiliens zwischen Toledo und Aranjuez plötzlich in voller Pracht zurück, als die Sonne so brannte, dass Sancho bitterlich bedauerte, keinen ausgezeichneten Quark zur Hand zu haben, und General Hugo warnte, dass ein anscheinend beträchtliches feindliches Armeekorps auf die französische Armee zumarschierte. Und tatsächlich war am Horizont eine so große Staubwolke zu sehen, wie sie nur eine große Truppe oder der Samum erzeugen konnte. Dieser Staub glänzte wie jene purpurnen und goldenen Wolken, die während der heißesten Hundstage in der Atmosphäre erscheinen. General Hugo gab den Befehl, anzuhalten. Dann ritt er mit hundert Mann voraus, um die Stellung des Feindes selbst zu untersuchen und wenn möglich seine Absichten zu erraten. Es bestand kein Zweifel – es war eine riesige Truppe, dem Raum nach zu urteilen, den sie einnahm, und dem Staub, den sie aufwirbelte, und sie marschierte mit einem ihrer Flügel am rechten Tejo-Ufer auf ihn zu. Die Infanterie erhielt sofort den Befehl, sich zum Kampf bereit zu machen, die Artillerie, ihre Batterien auf einem kleinen Hügel zu errichten, und die Kavallerie, Stellung auf dem rechten Flügel einzunehmen. Dann schickten sie einige berittene Männer unter dem Kommando eines Ordonnanzoffiziers nach vorn. Aber sowohl Offizier als auch Mannschaften kehrten wenige Augenblicke später im Galopp zurück. General Hugo dachte, seine Leute seien *zurückgedrängt worden* , und da kein einziger Schuss abgefeuert worden war, wollte er den Flüchtlingen gerade eine ordentliche Tracht Prügel verpassen, als er beim Näherkommen auf den Gesichtern von Offizier und Mannschaften eindeutige Anzeichen von Heiterkeit entdeckte.

„Also, was ist es?", fragte der General. „Wer ist unser Feind?"

„General", antwortete der Adjutant, „unser Feind ist eine Herde von dreihunderttausend Merino-Schafen, die von zweihundert Hunden getrieben und von einem Dutzend Hirten geführt wird und M. *Quatrecentberger gehört.* "

„Was ist das für ein Blödsinn, Monsieur?", sagte der General stirnrunzelnd.

„Ich mache keine Scherze, General", sagte der Offizier, „und in zehn Minuten werden Sie sehen, dass ich die Ehre hatte, Ihnen die reine Wahrheit zu sagen."

Eine Herde von 300.000 Schafen! Da lief den Soldaten das Wasser im Mund zusammen! Was für eine passende Nachwirkung zu den Fässern mit *Eau Sucrée* , die der General für sie bereitgestellt hatte!

Das Armeekorps bestand aus 4.000 Mann, jeder Soldat durfte mindestens ein Schaf für sich haben und jeder begann zu überlegen, welche Soße er zu seinem Gericht servieren würde.

Als diese seltsame Neuigkeit verkündet wurde, rückte M. Hugo nach vorn. Und dort sah er durch den Staub zuerst ein Dutzend Männer zu Pferd, bewaffnet mit langen, mit Nägeln gespickten Stöcken, die wie Lanzen aussahen; dahinter kam die undurchdringliche Front von 300.000 Schafen; und auf den Fersen dieser 300.000 Schafe rannten zweihundert bellende, beißende Hunde hin und her. Es sah aus wie die Migration eines großen arabischen Stammes zur Zeit Abrahams. Die Geschichte war völlig korrekt, bis auf den Namen des Besitzers, den der Offizier sich erlaubt hatte, der Gelegenheit entsprechend leicht falsch auszusprechen. Der Name des Besitzers war nicht *Quatrecentberger* (vierhundert Schafhirten), sondern *Katzenberger*. Man wird sehen, dass der Unterschied in der Aussprache so gering war, dass man dem Offizier sein passendes Wortspiel verzeihen kann. M. Katzenberger war ein reicher elsässischer Spekulant, der fast sein gesamtes Vermögen in eine Spekulation mit Merinoschafen investiert hatte. Eine große Melancholie machte sich unter den Truppen breit, als bekannt wurde, dass die Herde einem Landsmann gehörte. Es war höchst unwahrscheinlich, dass Herr Hugo die Beschlagnahmung von Herrn Katzenbergers Herde zulassen würde, egal ob es sich um 300.000 oder gar 400.000 Tiere handelte. Und tatsächlich erhielt der Oberhirte, der einen Moment lang vor dem drohenden Untergang seines Herrn gezittert hatte, von General Hugo das Versprechen, dass nicht nur jedes einzelne Haar seiner Merinoschafe ungeschoren davonkommen sollte, sondern dass er auch einen Pass erhalten sollte, in dem alle französischen Armeekorps aufgefordert wurden, Herrn Katzenbergers Hirten, Hunde und Schafe mit größtem Respekt zu behandeln.

Es war ein merkwürdiger Vorfall! Die Herde erreichte Frankreich ohne ernsthafte Zwischenfälle, und durch dieses fast unerwartete Glück verdoppelte, verdreifachte und vervierfachte M. Katzenberger sein Vermögen. Seine erste Handlung bestand darin, General Hugo einen Geldbetrag anzubieten, der im Verhältnis zu den Diensten stand, die er ihm erwiesen hatte. General Hugos erste und endgültige Entscheidung bestand darin, den angebotenen Betrag abzulehnen. Ich glaube, es waren 300.000 Francs – ein Franc pro Schaf.

Und hier sei festgehalten, dass General Hugo, der während der Kriege in Spanien vier Jahre lang eine hohe Position innehatte und mit der Leitung des Rückzugs von Madrid nach Bayonne betraut war, eine Position, die es einem General immer ermöglichte, sich sehr gut zu bereichern, ohne eine Gemäldegalerie, ohne einen einzigen Murillo, Velasquez oder Zurbaran starb und kein anderes Vermögen besaß als seine Ruhestandspension. Es scheint unglaublich, nicht wahr? Und doch war es so. Aber die Direktoren des Museums werden mich oder jene millionenschweren Sammler fragen, die nach dem Tod des verstorbenen Marschalls Soult Bilder für 600.000, 200.000, 50.000 und sogar 25.000 Francs beim Verkauf kauften, welchen Nutzen er aus seinem uneigennützigen Verhalten gegenüber Herrn Katzenberger zog? Er war der Gewinner eines jährlichen Abendessens, das Herr Katzenberger eigens aus Straßburg für ihn und seine gesamte Familie in Paris zum Jahrestag des großen Ereignisses, das ihn reich machte, gab. Und dieses Abendessen hatte einen großartigen Umfang: Es muss den dankbaren Straßburger mindestens fünfzig Louis gekostet haben.

Im Winter 1812 und in den ersten Monaten des Jahres 1813 begannen die Dinge in Spanien infolge unseres Unglücks in Russland einen so bedrohlichen Aspekt anzunehmen, dass General Hugo es für gefährlich hielt, seine Frau und seine Kinder in Madrid zurückzubehalten. Daher wurden Madame Hugo und ihre beiden jüngsten Söhne unter den Schutz einer ebenso starken Eskorte gestellt wie der, die wir beschrieben haben, und sie bewältigten die Rückreise von Madrid nach Bayonne auf ihrem Weg nach Paris ebenso erfolgreich, wie sie die Reise zwischen Bayonne und Madrid zurückgelegt hatten. Madame Hugo hatte es für das Beste gehalten, das Kloster der Feuillantinnen zu behalten, und so kehrten die beiden Kinder in ihr altes Nest mit seinem Licht und Schatten, seinen Erinnerungen an Arbeit und Spiel und außerdem zu dem Abbé Larivière und seinem *Tacitus* zurück. Abel Hugo, ein dreizehnjähriger Soldat, blieb bei seinem Vater.

KAPITEL IX

Das College und der Garten der Feuillantines – Grenadier oder General – Victor Hugos erster öffentlicher Auftritt – Er erhält eine lobende Erwähnung bei der Prüfung der Akademie – Er gewinnt drei Preise bei den Jeux Floraux – *Han d'Islande* – Der Dichter und der Leibwächter – Hugos Hochzeit – Die *Odes et Ballades* – Heiratsantrag von Vetter Cornet

Das elende Jahr 1813 war eine seltsame Zeit der Selbstbesinnung. *Un jour* ... Aber wir lassen den Dichter selbst die Dinge in den folgenden Versen beschreiben:

„Ich, in meinem blonden Kind, heile, tropfes Epheser,
Drei Herren: ein Garten, ein alter Herr und meine Mutter. Der Garten war großartig, tief , mysteriös,
Geschlossen von hohen Mauern mit kuriosen Blicken, Einige Blumen blühen und Arme, Und goldene Insekten, die auf die Steine lauern; Voller Bördelungen und verwirrter Stimmen; In der Umgebung herrscht ein Wald, in der Liebe herrscht ein Holz.
Der Herr, ganz nährt von Stille und Heimlichkeit, Es war ein altes, süßes Ding; meine Mutter war meine Mutter. Also, ich bin großartig unter ein dreifacher Rayon!
Ein Tag ... Oh! Wenn Gauthier mir seinen Buntstift zeigt,
zeichne ich aus einem Merkmal eine Figur. Also, wenn meine Mutter da ist, kommt ein Tag herein, tue dies mit einem Wink! Ein
Arzt an der Front, der sparsam ist, hält sich warm; Und ich sehe deine Hände ohne Boden, Türen deines Herzens, die mir nichts bedeuten, Es brennt, wenn es mich erleuchtet.

Wenn dieser Mann hereinkommt, schaue ich in den Garten,
Und so werde ich beim Sehen traurig. Das ist der Leiter eines Colleges, das da ist; Die Tritonen, die Coypel-Gruppe, zeichnen aus einem Tor, Die Faunen Watteau in Fourvoya-Bäumen, Rembrandts Zauberer, Goyas Gnome,
Die verschiedenen Teufel, Moins echte Wächter,
Don Callot im Schnee, Taquin Saint Antoine, Sie sind ruhig, aber sie sind charmant. Sie formen sich, aber sie erwidern: „Durch
ein Feuer, das aus ihrem Gesicht kommt, werden alle Falten sichtbar. Und vielleicht
spritzt ihnen in ihre Augen ein schneller Glanz! Unser Mann war sehr entspannt, aber er war dumm!"

Entschuldigen Sie, ich habe noch einmal wie ein Freier gesprochen. Das ist schlimm. das habe ich gesagt, danke für den Hinweis. In deinem schönen Alter, als ein Pedant dich in Verlegenheit brachte, habe ich den Fluch aufgehoben und die Gnade verloren.

Dieser weiße und schwarze Mann strahlt sehr für mich,
und meine Mutter lässt sich nicht von etwas anstecken, das sie strahlt. Alles in allem eine Vervielfachung der bescheidenen Haltung. Mitteilung von Warnungen und Sorgen: Das Kind war nie lenkbar. dass er sein Buch teilweise in Holz eingewickelt hat.
Was in dieser Einsamkeit auf den Hasard kreuzt; Was bleibt und hört, ist die strenge Lehre. Das Mädchen ist im Schatten und in tiefen Klöstern gefangen. Eine Lampe hängt an dunklen Decken. Was in sanften Kreisen die Federn lenkt. Es strahlt die Sonne, die spielt, wenn sie den
Baum in Blumen kreuzt. Und schließlich fällt es den Kindern, den Müttern, dem Spiel, der harten Arbeit und den leidenschaftlichen Schreien zu. Es liegt an der Schule, zielstrebig und triumphierend,
mit einem sanften Hauch, bietet einem jungen Kind ein Lächeln,Ich liebe die Freiheit, die Luft, die Freude und die Rosen,Seine Bänke aus schwarzem Wildleder, seine langen, trüben Kleider,Die verdunkelten Räume und was alle ihre Stühle betrifft,Skulpturen mit einem alten Hauch der Langeweile der E- Stangen;
Die Meister, die da schreiben, teilen sich die Papierkörbe, „Nimm die Spielstunde mit den gierigen Gedanken, Und ohne Wasser, ohne Benzin, ohne Bäume, ohne Mauerfrüchte, Sein großer gepflasterter Hof zwischen vier großen Mauern!"

Hier würde ich das Zitat gern abbrechen und in Prosa weiterschreiben, aber um die Wahrheit zu sagen, dazu fehlt mir der Mut. Oh, was für schöne Zeilen Sie haben, mein Freund, und was für eine Freude es mir ist, sie nicht nur lesen zu lassen – die ganze Welt hat sie gelesen –, sondern sie auch von den hunderttausend Lesern wiederlesen zu lassen, deren Augen über dieses Kapitel wandern und die seufzen werden, mit Blick nach England –

„Wer sich gegen die Sonne im Abendlicht wendet,
wird ein Viertel der Traurigkeit und drei Viertel der Angst haben."

Nehmen wir den Faden von Hugos Zeilen wieder auf, in deren Mitte ich die Kühnheit hatte, ein paar meiner eigenen einzufügen:

„Der Mensch ist durch seine zerbrochene Rede ermattet,
meine Mutter ist traurig und beschäftigt. – Was soll ich tun? Was will ich? Wer hat also eine Daseinsberechtigung? Oder ist der Morgen heiter oder das traute Heim?
Wer fühlt sich wohl im Leben, wenn er das strenge Werk vollendet? Der

turbulente Abenteurer oder das einsame Kind? – Probleme! Fragen! Sie
zögert sehr. Die Angelegenheit ist sehr ernst. Nach allem eine bescheidene
Frau, nur weil das Schicksal nicht das Ende des Buches ist, von dem, was
diesen tragischen Propheten zurückhält. Auf sie ist er magistral, mit
gewissen Gesten, mit denen er unter den Namen der Griechen spricht und
der Lateiner? Der Herr war ein Gelehrter ohne Zweifel; aber was ich sagte,
Gelehrsam vom Meister oder gut vom Kollegium? Und endlich – auch wir
triumphierten –
Der vulgärste Mann war durch große, tiefe Worte gekennzeichnet;
ich bin unentbehrlich! Das Praktische! Das Wichtige!
Wer sich darum kümmert, ist die stärkste Frau ... Arme Mutter, wer wird
dann zwei Wege wählen? Alle Söhne des Sohnes werden auf ihren Wegen
geborgen.
Zitternd hält sie dieses liebe Gleichgewicht, Und sie sieht gut aus, für einen
Moment, in Stille, Geh zum Kollegium, na ja! im Gegensatz zu „Mein
Glück kommt zu meinem gegenwärtigen Glück. Sie singt also ohne
Sonnenschein und ohne Schmerz;
Es war Sommer zu dieser Zeit, oder der Mond schwebte,Bei einer dieser
schönen Nächte, die dem Tag ähneln,Mit weniger Klarheit, aber mit mehr
Liebe.In seinem Park, wo der Wind und die Brise wehten,Sie war immer
traurig und immer unentschlossen,Alle Fragen haben das Wasser, den
Himmel, den Wald,Sie
hörte die Stimme, die sie verstand.In diesen Momenten ist es so, dass der
Garten lichtdurchflutet ist,
Der Spinnennetz, wo ein unsichtbares Insekt gerettet wird,
Der Skarabäus, der Blattfreund, der Lézard,Der helle Mondschein im
Hintergrund des alten Puisard,
Die Fayence ist Blaue Blume, wo die Graspflanze wächst,Die orientalische
Kuppel des dunklen Val-de-Grâce,
Das Kloster des Bettes, noch weicher glänzend,
Die Marronnier, die grüne Allee mit goldenen Knöpfen, Die Statue, wo
ohne Geräusche der Schatten der Zweige zu sehen ist, Die gefleckten
Paläste, die weißen Pflaster, Die gelben Blumen des Wassers, des Baumes,
der Rose, Der die Lieder des Vogels duftet, Er lacht im Meer oder liegt
unter dem Gras, Oder wer vom Ebenholz die Vorderseite mit
Superkräften belebt, Auf
der hellen Blumengrenze färbt er sich mit Erde, Zittert in Trauben Gold in
den Wolken des Wassers, Und der funkelnde Himmel hinter den Bäumen,
Und die Augen schimmern von bezaubernden Dämpfen. Das ist in diesen
Augenblicken so, wie du es siehst. Alles ist Gartenwasser, strahlendes
Paradies, Alle diese alten
schillernden Wände, Alle diese jungen Rosen, Alle diese Gegenstände zum
Nachdenken, Alle diese süßen Dinge, Sprich mit meiner Mutter mit Erde

und Wind, Und er spricht alles: „Lass uns dieses Kind!" Lass uns dieses
Kind, nur meine Mutter ist beunruhigt .

Diese glühende, unschuldige, süße Pfote, dieser Kopf geht nach vorne, als
ob es noch nicht vorbei wäre, dieses neue Mädchen kommt herein, Mutter,
lass uns, lass mich nicht in den Regen springen: Der Regen ist ein
Sturzbach, der diese Rolle wittert. Also, die Tiere, die Kinder haben Angst.
Lass unsere klare Luft an uns, unsere Verdampfer. Wir spülen leicht wie
ein Lied. In dieser Schüssel ist das Lied nicht zu hören. Dieses naive
Gefühl, das seine Hoffnungen verteidigt, ist groß. Oh, Mutter, lass uns
dieses Kind ins tiefe Herz schließen!

Wir haben keine Gedanken an gute Dinge; Wir haben uns von Tag zu Tag
verändert, der Mond begann zu beginnen; Gott hat uns gezeigt, wie er
seine verzauberten Augen sieht; Denn wir sind Blumen, Bäume und
Lichter; Wir sind die Natur und die ewige Quelle. Wo immer es still ist,
wo immer es still ist.

Und Holz und Feld, das umfasst nur die Weisheit, die ich habe. „Schafft
die Erziehung aller großen Geister; Lasst das Kind unsere erhabenen
Geräusche teilen,

Wir dringen in diese inneren Düfte ein. Lasst uns den

Himmel an jedem schönen Ort entfliehen,

Wer den Menschen liebt und bis an Gott lebt, Wie der Gesang einer Laute,
wie der Duft einer Vase,

Hoffnung, Liebe, Gebet und Verzückung!"

Wir behalten seine Augen im Schatten dieser unteren Reihe, und lassen das
Geheimnis aller unter sich verborgen.

Vom Kinde her treiben wir den Menschen dahin und der Mensch war ein
Dichter;Für seinen Sinn für das unruhige Herz,Das ist es, was wir wählen
mussten und wir werden es uns ansehen.Kommentar, aus dem Dunkel der
Nacht, der Hirsch zu den Mündern;Alles erstrahlt in Glanz, Farben,
Wolken, Wolken.Das

Leben in tausend Farben ruht in den grünen Ebenen;Wir haben die
einfachen Dinge und die blauen Wolken gesehen,Und wir werden alle Teile
davon in ihm verschwinden.Für den Menschen, der unter der Last der
Anstrengung leidet, ist er unter all den Ursachen verloren.Dieses Mitleid,
das den Anblick der Träume verpasst hat.

„Lass uns dieses Kind, wir haben ein Herz. Das versteht die Frau. ein nicht
zu erschütternder Geist, „Wer hat mir das Lied und den Schrecken
geschenkt? Wer hat Gott für das Buch und die Felder für die Grammatik
genommen? Einer hat mir die Geheimnisse meiner Liebsten verraten. Wer
hat mir auf allen geträumten Fassaden etwas Gutes getan?

Und wie die Sonne in den verbrannten Blumen? Werfen Sie einen Blick auf
alle Ideen. Also sage ich zu der Zeit, wo die Stadt ist, „Der Stern, die
Pflanze und der Baum – und meine Mutter hat es geliebt. Kind! Haben sie

dir ihr heiliges Versprechen gegeben?

Ich sage es nicht, aber ich sage, dass meine Mutter die Kruste liebt und mir die gelangweilten Gefängnisse verzeiht. „Vertraue meinem Kind mit seinen süßen Lektionen!"

Aus den Erzählungen des Dichters erfahren wir, welchen Kampf seine Mutter (die den schönen Garten der Feuillantines als Verbündeten hatte) gegen einen Rektor des Kollegs führen musste, der von Monsieur de Fontanes geschickt worden war. Dieser war, wie Napoleon, beunruhigt, dass ein Kind wild in den Tiefen eines alten Klosters aufwachsen und so der universitären Ausbildung entgehen sollte, die zu allen Zeiten und unter allen Regierungen das Zureiten von hochtrabenden Fohlen zum Ziel hatte. So hatte das alte Kloster der Feuillantines mit fünfzehn Jahren seine Versprechen erfüllt und das Kind zu einem Dichter gemacht. Wir werden gleich mehr darüber erfahren, aber für den Moment wollen wir zu General Hugo zurückkehren, der genau zu der Zeit, als der Konflikt zwischen Mutter und Sohn im Gange war, beim Rückzug aus Spanien nach den beiden großen Schlachten von Salamanca und Vittoria, dem Leipzig und Waterloo des Südens, half. Als Adjutant hatte er seinen Sohn Abel dabei, der mit nur vierzehn Jahren bereits drei Feldschlachten und siebzehn Scharmützel miterlebt und mitgemacht hatte. Er brauchte seinen alten Schulkameraden Lillo vom Séminaire des Nobles nicht zu beneiden, der mit fünfzehn Jahren bereits Offizier war.

Als die Überreste der spanischen Armee nach Frankreich zurückkehrten, fanden sie dort ein französisches *Beobachtungskorps* mit dem kaiserlichen Befehl, die spanische Armee in die französische einzugliedern. Aber diese vier Jahre Dienst in Spanien, dieser beschwerliche Feldzug, in dem sie nicht nur gegen zwei Armeen, sondern auch gegen die gesamte Bevölkerung kämpfen mussten; diese schrecklichen Belagerungen, die nur mit antiken Kriegen zu vergleichen waren, als Frauen und Kinder jeden Winkel der Wälle, jedes Haus und jeden Stein mit Muskete und Dolch in der Hand verteidigten; diese Sierras, die an die Kriege der Titanen erinnerten, als auf jedem hohen Gipfel Feuer entzündet wurden; diese zerklüfteten Berge, die durch Kavallerieangriffe eingenommen wurden; diese Felsenfestungen, die eine nach der anderen verteidigt und eingenommen wurden; diese Dutzende von Pässen, jeder wie eine andere Thermopyle; dieses Gemetzel, bei dem Folter und Tod auf jeden Gefangenen warteten – all das war umsonst, wurde vergessen, hatte aufgehört zu existieren, hatte nie existiert, als Spanien geräumt wurde. Man hätte Napoleon fragen können, warum er Russland räumte. Aber es hätte eines wahren Gottes bedurft, um den Unbesiegbaren unter ihm zu bezwingen; wie Thor, der Sohn Odins, hatte er mit dem Tod selbst gekämpft; er war nicht wie Xerxes besiegt worden, er war wie Kambyses zermalmt worden. Der Unterschied ist subtil, aber man dachte ebenso wenig daran, mit dem Bezwinger von Austerlitz zu streiten wie mit dem Helden, der bei Beresina besiegt wurde. So wurden die Verdienste der Franzosen in Spanien als wertlos angesehen, und – abgesehen von den 200.000 Männern, die auf den Schlachtfeldern von Talavera, Saragossa, Bayleu, Salamanca und Vittoria zurückblieben – war alles so, als wäre nichts geschehen.

Folglich fand General Hugo in Bayonne folgenden an ihn selbst gerichteten Befehl vor:

„ *Major* Hugo wird sich sofort dem Kommando von General Belliard unterstellen.“

Am nächsten Tag erschien General Hugo in der Uniform eines einfachen Grenadiers mit wollenen Schulterklappen im Haus von General Belliard. Belliard erkannte ihn nicht. General Hugo nannte seinen Namen.

„Was bedeutet diese einfache Soldatenuniform?“, erkundigte sich Belliard.

„Grenadier oder General“, war Hugos Antwort.

Und Belliard umarmte ihn. Noch am selben Tag schickte er den Befehl an den Kaiser zurück. Er wurde mit folgender Randkorrektur in Napoleons Handschrift zurückgeschickt:

„ *General* Hugo wird sofort das Kommando in Thionville übernehmen.“

Die Geschichte hat die Einzelheiten jener Belagerung geschildert, bei der General Hugo die Zitadelle verteidigte und die Stadt regierte. Die Zitadelle von Thionville war eine der letzten, die die dreifarbige Flagge wehte. Aber sie musste weichen, allerdings den Bourbonen, nicht dem Feind. General Hugo konnte in Paris nicht Halt machen: Es gab zu viele herzzerreißende Szenen für den alten Soldaten in der Hauptstadt, wo Frauen Blumen vor den Kosaken verstreuten, wo die Leute „ *Vivent les alliés!* “ riefen und wo die Statue des Kaisers durch die Gossen geschleift wurde.

Er kaufte das Schloss Saint-Lazare in Blois und zog sich dorthin zurück. Die finanziellen Mittel reichten nicht aus, um das schöne Kloster der Feuillantinnen länger zu erhalten. Madame Hugo blieb in Paris in bescheidenen Wohnungen, um sich um ihre Kinder zu kümmern. Eugène und Victor wurden im Internat des Abbé Cordier in der Rue Sainte-Marguerite Nr. 41 untergebracht. Abel, ein Offizier, der von diesen Pflichten befreit war, blieb frei. Eugène und Victor waren für die École polytechnique bestimmt.

Wir haben bereits darauf hingewiesen, dass das Kloster der Feuillantinnen sein Wort gehalten und Victor zum Dichter gemacht hatte. Hören wir nun von den ersten Versuchen des Jungen.

Wie dankbar wäre ich heute jedem Zeitgenossen von Dante, Shakespeare oder Corneille gewesen, der mir ähnliche Einzelheiten aus seinem Leben erzählen würde, wie ich sie hier dank meiner zwanzigjährigen Freundschaft mit Victor Hugo weitergeben kann!

Es war gerade der Höhepunkt der Restauration. Die Akademie hatte als Thema für ihren jährlichen Preis, der am 25. August, dem Tag des Heiligen Ludwig, verliehen werden sollte, „Das Glück, das das Studium in allen Lebenslagen bringt" angekündigt.

Victor nahm an dem Wettbewerb teil, ohne irgendjemandem ein Wort darüber zu sagen. Er schrieb seinen Namen gemäß den Wettbewerbsregeln auf ein versiegeltes Blatt Papier zusammen mit seinem Gedichtstück; hinter seinem Namen fügte er jedoch sein Alter hinzu, vierzehneinhalb. Außer dieser Altersangabe gab es im Verlauf des Gedichts noch folgende Zeilen:

„Hier bin ich, der immer die Städte und die Wege durchquert.
Von drei Glanzlichtern bis zum Ende des Weges."

Man denke nur an diesen zukünftigen Philosophen, der mit vierzehn Jahren *aus Städten und Höfen geflohen war!* Welch köstliche kindische Naivität! Aber seltsamerweise war es dieses Eingeständnis, vierzehn Jahre alt zu sein, das den Dichter verurteilte und ihn daran hinderte, den Preis zu gewinnen. Der *Berichterstatter*, *Herr Raynouard*, erklärte, der Konkurrent habe die Akademie verspotten wollen, indem er sich *trois lustres à peine erlaubte* – so lautete die Zählweise von 1817 und wird noch heute von der Akademie verwendet. Und als wäre es für die Akademie nicht üblich, sich über sie lustig zu machen, wurde der Preis zwischen Saintine und Lebrun aufgeteilt. Sie lasen jedoch das ganze Stück, das der unverschämte Mensch verfasst hatte, der sich über die Akademie lustig machte, indem er von seinen vierzehneinhalb Jahren sprach. Die Versammlung, die sich darüber freute, dass die Akademie auf diese Weise verspottet wurde, applaudierte den Versen des jungen Dichters sehr, der im selben Moment, als er an der Akademie gelobt wurde, im Hof des Colleges Gefangenenlager spielte.

Die folgende Strophe erhielt besonderen Applaus und wäre als Zugabe gespielt worden, wenn Zugaben in der Académie erlaubt gewesen wären:—

"Mein Jungfrau Maria auf dem Land, grüne und dunkle Bäume,
Was ich liebe, mich unter deinen dunklen Schatten zu wiegen!
Was ich liebe, auf deinen liebenswerten Umwegen zu folgen,
Didon zu genießen und seine Lieben zu besänftigen! Lass, mein Herz ist
ruhig und ohne Unruhe, Lass mich mit mehr Schwung in den Charme der

Lehre gehen; Lass, mein Herz ist sanfter und ich sage dir, was ich mit dir
gemeinsam habe, denn ich kann mir nicht vorstellen, dass es einen
Tag lang so sein wird."

Es war ein bemerkenswerter Wettbewerb, denn unter den Teilnehmern
befanden sich außer den von uns genannten Gewinnern des Preises –
Saintine und Lebrun – Casimir Delavigne, Loyson, der seither eine gewisse
Popularität erlangt hat, die durch seinen Tod unterbrochen wurde, und
Victor Hugo. Loyson erhielt den *Zugang* , und Victor Hugo war der erste,
der eine ehrenvolle Erwähnung erhielt, obwohl M. Raynouard behauptete,
er habe die Akademie verspottet.

Casimir Delavigne, der sich tatsächlich des Verbrechens schuldig gemacht
hatte, sich über die Académie lustig zu machen, indem er das Thema genau
umgekehrt behandelte, erhielt außerhalb des Wettbewerbs eine gesonderte
lobende Erwähnung.

Victor spielte, wie wir bereits gesagt haben, im Gefangenenlager, während
er in der Akademie Beifall erhielt. Die erste Nachricht von seinem Erfolg
überbrachte ihm Abel und Malitourne, die hereingestürzt kamen, sich auf
ihn stürzten und ihm erzählten, was gerade passiert war und dass er
höchstwahrscheinlich den Preis gewonnen hätte, wenn die Akademie
zugegeben hätte, dass ein vierzehnjähriger Dichter die Zeilen hätte schreiben
können. Die Vermutung – nicht, dass er die Akademie verspotten wollte,
sondern dass er lügen konnte – verletzte das Kind außerordentlich, und es
besorgte sich seine Geburtsurkunde und schickte sie der Akademie.

Geh zu Fuß! siehe da!

Dann mussten sie es glauben. Und die Empörung der braven Großmutter
verwandelte sich in Bewunderung.

M. Raynouard, der ständige Sekretär, schickte dem verehrten Dichter einen
charakteristischen Brief. Der Brief des ständigen Sekretärs enthielt einen
wunderbar schönen Rechtschreibfehler: Er schrieb Victor Hugo, dass er sich
freuen würde, seine Bekanntschaft zu machen . Zwei weitere Mitglieder der
Akademie schrieben dem jungen Dichter ohne Anregung von außen. Es
waren François de Neufchâteau und Campenon.

„Zärtlicher Freund der neuen Schwestern, meine Arme sind offen,
Venez, ich liebe alle Verse!"

schrieb François de Neufchâteau.

„Wir werden mit Geist und gutem Geschmack verführt;
ich werde eiskalte Herzen wiedersehen, mit viel Charme und Schwung und
Anmut.
Was der Malfilater beneidet!"

schrieb Campenon.

Und Chateaubriand nannte Hugo „ *das erhabene Kind* “. Die Bezeichnung blieb ihm haften.

Von diesem Moment an war der junge Mann nicht mehr sein eigener Herr, sondern diesem alles verzehrenden Tyrannen ausgeliefert, den wir Poesie nennen.

Damals nahm man noch an den *Jeux Floraux teil* , und Hugo nahm in zwei aufeinanderfolgenden Jahren, 1818 und 1819, daran teil. Er gewann drei Preise. Die siegreichen Stücke waren *Moïse sur le Nil* , die *Vierges de Verdun* und die *Statue de Henri IV*. Außerdem veröffentlichte er zwei Satiren und eine Ode. Die Satiren waren der *Télégraphe* und der *Racoleur politique* ; die Ode war die *Ode sur la Vendée*. Er veröffentlichte diese drei Werke auf eigene Kosten und, seltsamerweise, brachten sie ihm 800 Francs ein.

Poesie verkaufte sich damals: Die Gesellschaft war gierig nach Neuheiten und griff begierig nach etwas Neuem, das ihr angeboten wurde.

In der Zwischenzeit hatten zwei Jahre Rhetorik auf Latein, zwei Jahre Philosophie und vier Jahre Mathematik den Schüler auf die Aufnahme an der École polytechnique vorbereitet.

Jetzt begann er zum ersten Mal, sich ernsthaft mit der Zukunft auseinanderzusetzen, und es machte ihm Angst. Der Beruf, für den er ausgebildet wurde, war nicht der, für den er geeignet war.

Gerade als er den großen Schritt wagen und sich zur Prüfung stellen wollte, schrieb er seinem Vater, er habe einen Beruf gefunden: Er sei Dichter und wolle nicht auf die École gehen; auf sein Taschengeld von 1.200 Francs würde er verzichten. General Hugo war selbst ein entschlossener Mann und erkannte, dass der Junge seinen Entschluss gefasst hatte; es gab keine Zeit zu verlieren: Victor hatte noch 18 Monate zu studieren. Er strich das Taschengeld und überließ den Dichter sich selbst. Victor besaß in sich einen ebenso unerschöpflichen Schatz wie in Tausendundeiner *Nacht* , und er hatte die 800 Francs aus seinen Satiren und der Ode. Von diesen 800 Francs lebte er dreizehn Monate, und während dieser dreizehn Monate verfasste er *Han d'Islande* . Dieses merkwürdige Buch war das Werk eines neunzehnjährigen Jugendlichen.

Han d'Islande schrieb, starb Victors Mutter – ein Ereignis, das den düsteren Ton seines Werks erheblich beeinflusste. Dies war sein erster Kummer, und er vergaß ihn nie. Von dem Tag an, an dem dieser tiefe Kummer sein Leben überkam, trug Victor nie etwas anderes als schwarze Kleidung oder einen schwarzen Mantel, und er versiegelte seine Briefe nie mit etwas anderem als schwarzem Siegellack.

Und wir, die wir ihn aufwachsen sahen, von seinen Kindheitstagen bei den Feuillantines, in Avellino und am Séminaire des Nobles, können tatsächlich erraten, wie viel ihm seine Mutter bedeutete. Eines Tages, in einem jener Momente tiefer Trauer, in denen das traurige Herz nach einer Umgebung sucht, die mit seiner eigenen Trauer im Einklang steht, ging der junge Mann nach Versailles, dem traurigsten und trauervollsten aller Orte. Er frühstückte im Café und hielt eine Zeitung in der Hand, die er nicht las, denn er war tief in Gedanken versunken. Ein Leibwächter, der nicht zum Nachdenken neigte und lesen wollte, nahm ihm die Zeitung aus der Hand. Victor war neunzehn Jahre alt und hatte eine helle und zarte Haut, und er sah erst aus wie fünfzehn. Der Leibwächter dachte, er hätte es mit einem Jungen zu tun, aber er hatte einen Mann beleidigt – einen Mann, der sich in einer der dunklen Krisen des Lebens befand, in denen die Gefahr oft ein Segen ist. Also akzeptierte der junge Mann den Streit, der ihm aufgezwungen wurde, so grob und töricht er auch war. Sie kämpften fast auf der Stelle mit dem Schwert, und Victor erhielt einen Hieb in den Arm. Dieser *Zwischenfall* verhinderte das Erscheinen von *Han d'Islande* für vierzehn Tage. Glücklicherweise hatte sein schmerzgeplagtes Herz seinen Stern, wie jede dunkle Nacht, und seine Blume, wie jeder Abgrund: er war verliebt! Er war leidenschaftlich in Mademoiselle Foucher verliebt, ein fünfzehnjähriges Mädchen, mit dem er aufgewachsen war. Er heiratete dieses junge Mädchen, und sie ist heute die ergebene Ehefrau, die dem Dichter ins Exil folgte. *Han d'Islande* , für 1000 Francs verkauft, war die Mitgift des Ehepaares, das zusammen nur 35 Jahre alt war. Trauzeugen waren Alexandre Soumet und Alfred de Vigny, beide Dichter, die gerade erst ins Leben und in die Kunst eingestiegen waren. Diese tausend Francs mussten für den Haushalt verwendet werden.

Der erste Gedichtband, den Victor zu dieser Zeit veröffentlichte, wurde von Guiraudet, Nr. 335, rue Saint-Honoré, gedruckt und von Pélissier, Place du Palais-Royal, verkauft; er brachte ihm 900 Francs ein, die er für Luxus ausgeben sollte. Und von diesen 900 Francs kaufte der Dichter den ersten Schal, den er seiner jungen Frau schenkte. Andere Frauen, Frauen von Bankiers und Prinzen, hatten schönere Kaschmirschals als Ihren, Madame Hugo, aber keiner war aus kostbarerem und wertvollerem Stoff gewebt!

Dieser erste Band war ein riesiger Erfolg. Ich erinnere mich, davon gehört zu haben, als ich in der Provinz war.

Lamartines erster Band, *Méditations poétiques* , war 1820 erschienen. Er hatte einen enormen und verdienten Erfolg und sollte früher oder später von einem anderen erfolgreichen Rivalen abgelöst werden. Diesmal war der Rivale zufällig ebenso erfolgreich, und die beiden Erfolge hielten Schritt und unterstützten sich gegenseitig. Nichts geschah, was die Dichter auseinander bringen konnte, ihre Stile waren so unterschiedlich ; ebenso wenig gelang es dreißig Jahre später der Politik, die beiden Männer zu trennen, wie unterschiedlich ihre Meinungen auch waren.

Die Hochzeit fand im Haus von Monsieur Foucher statt, dem Vater der Braut, der im Kriegsministerium lebte. Das Hochzeitsfest fand in demselben Saal statt, in dem durch einen seltsamen Zufall, auf den wir gleich zurückkommen werden, General la Horie, Victors Pate, verurteilt wurde.

Han d'Islande, das wir zu Unrecht im Stich gelassen haben, war aufgrund seiner merkwürdigen Originalität ebenso erfolgreich wie seine bewunderten Schwestern, die schönen und frischen *Oden*. Aber es trug nicht den Namen seines Autors, und es war unmöglich zu erraten, dass dieser Strauß aus Lilien, Flieder und Rosen namens *Odes et Ballades* im Schatten der schroffen und dunklen Eiche namens *Han d'Islande wuchs*. Nodier las und staunte über das letztere Werk. Guter und würdiger Nodier! Er war immer dabei, seinen Geist mit allem zu füttern, was ihn nähren und seinen Intellekt erweitern konnte. Er verkündete, dass Byron und Mathurin übertroffen worden seien und dass der unbekannte Autor von *Han d'Islande* das Ideal eines Albtraums erreicht habe. Er, der Mann, der *Smarra*! schreiben sollte, war, bei meinem Wort, sehr bescheiden. Nodier war nicht die Art von Mann, vor dem ein Autor seine Anonymität lange verbergen konnte, ganz gleich, in welcher Verkleidung er sich ausgab. Der große Bücherwurm, der so viele Entdeckungen dieser Art gemacht hatte, die ebenso schwer zu entdecken waren, entdeckte, dass Victor Hugo der Autor von *Han d'Islande war*. Aber wer war Victor Hugo? War er ein Menschenfeind wie Timon, ein Zyniker wie Diogenes oder ein Trauernder wie Demokrit? Er lüftete den Schleier und fand, wie wir wissen, einen hellhäutigen jungen Mann, der gerade erst zwanzig Jahre alt war und nur wie sechzehn aussah. Er schreckte erstaunt zurück: es war unglaublich. Er hatte erwartet, das verzerrte Gesicht eines gealterten Pessimisten zu finden; er fand das jugendliche, offene, hoffnungsvolle Lächeln eines angehenden Dichters. Schon bei ihrer ersten Begegnung wurde der Grundstein für eine Freundschaft gelegt, die sich nie änderte. Nodier liebte immer und wurde auf diese Weise auch geliebt.

Inzwischen hatten die jungen Haushälterinnen ein Vermögen erworben, das beinahe einem Vermögen gleichkam: Die Erstausgabe von *Han d'Islande*, die für 1000 Francs verkauft worden war, war vergriffen, und gerade als Thiers unter dem Deckmantel des Namens Félix Bodin mit seiner *Histoire de la Révolution sein literarisches Debüt gab*, verkaufte Victor seine zweite Ausgabe von *Han d'Islande* für 10.000 Francs. Lecointre und Durey waren die Verleger, die das Ehebett der jungen Leute mit Gold überschütteten. Die Ehrungen klopften nun an ihre Tür. Wir haben bereits von Vetter Cornet gesprochen, der unter dem Kaiserreich zum Senator und Grafen und unter der Restauration zum Pair von Frankreich ernannt worden war; Victors wachsender Ruhm erfreute den Familienstolz des alten Abgeordneten von

Nantes und Mitglieds der *Cinq Cents*. Er hatte keine eigenen Kinder, denen er sein azurblaues Wappen mit den drei silbernen Cornets und die Robe seines Pairs vermachen konnte. Deshalb schlug er vor, dem jungen Dichter den Mantel unter einer Bedingung über die Schultern zu werfen. Allerdings war die Bedingung streng: Damit der Name des Gebers nicht in Vergessenheit geriet, sollte sich der junge Dichter Victor Hugo-Cornet nennen. General Hugo übermittelte den Vorschlag dem Autor von *Han d'Islande* und *Odes et Ballades*. Der Autor von *Han d'Islande* und *Odes et Ballades* antwortete, er ziehe es vor, sich einfach Victor Hugo zu nennen. Wenn er irgendwann einmal Pair von Frankreich werden wolle, brauche er dazu nicht die Hilfe eines anderen, sondern könne es durch seine eigenen Bemühungen werden. Daher wurde das Angebot des Grafen Cornet abgelehnt.

Er hatte einen weiteren Cousin, Comte Volney, der ihm beinahe einen ähnlichen Vorschlag gemacht hätte, sein Erbe anzutreten. Doch unglücklicherweise entdeckte er, dass *Han d'Islande* von derselben Hand geschrieben worden war wie *Odes et Ballades* . Also schüttelte er den Kopf und knöpfte sich die Robe seines Kollegen über den Schultern fester zu als zuvor.

KAPITEL X

Léopoldine – Die Ansichten des Sohnes der Vendéenne – Die Delon-Verschwörung – Hugo bietet Delon Unterschlupf – Ludwig XVIII. gewährt dem Autor der *Odes et Ballades eine Pension von zwölfhundert Francs* – Der Dichter im Büro des Generaldirektors des Postes – Wie er von der Existenz des *Cabinet Noir erfährt* – Er wird zum Ritter der Ehrenlegion ernannt – Beauchesne – *Bug-Jargal* – Die Soirée des österreichischen Botschafters – *Ode à la Colonne – Cromwell* – Wie *Marion Delorme* geschrieben wurde

1824, zur selben Zeit, als ein neuer Band mit Oden erschien, wurde die entzückende kleine Léopoldine geboren, deren Tod er später unter ebenso traurigen Umständen vor dem Schloss Villequier miterlebte, als sie zusammen mit ihrem Mann an einem schönen Tag durch einen plötzlichen Windstoß ertrank. Es war ein grausamer Schicksalsschlag, der vielleicht die Gemütslage des Vaters auf die Probe stellen sollte, der in den Tagen des Bürgerkriegs, die ihn erwarteten, auf eine harte Probe gestellt werden sollte. Alle diese Oden trugen den Stempel royalistischer Ansichten. Der junge Mann, kaum über die Kindheit hinaus, war der Sohn seiner Mutter aus der Vendéenne, jener heiligen Frau, die im Bürgerkrieg von 1793 neunzehn Priestern das Leben rettete. General Hugos Freunde, die damals „liberale Ansichten" vertraten, ohne offen der Opposition anzugehören, waren dennoch oft besorgt über diese ultramonarchistischen Tendenzen; aber der General schüttelte den Kopf und antwortete ihnen lächelnd.

„Lassen Sie die Dinge der Zeit überlassen", sagte er. „Der Junge vertritt die Meinung seiner Mutter, der Mann vertritt die seines Vaters."

Hier ist eine Aussage des Dichters selbst, in der er das Versprechen seines Vaters nicht nur einem Freund, sondern Frankreich, der Zukunft und der ganzen Welt darlegt:

" *Dezember* 1820

„Die unerfahrenen Jugendlichen, die heute politische Ideen entwickeln, befinden sich in einer seltsamen Lage: Unsere Väter sind im Allgemeinen Bonapartisten und unsere Mütter Royalisten. Unsere Väter sehen in Napoleon nur den Mann, der ihnen die Schulterklappen verlieh; unsere Mütter sehen in Bonaparte nur den Mann, der ihnen ihre Söhne wegnahm. Unsere Väter sehen in der Revolution das großartigste Ergebnis, das der Genius einer Nationalversammlung hervorbringen konnte; das Kaiserreich das Größte, was der Genius eines Menschen ersinnen konnte.

„Für unsere Mütter bedeutete die Revolution nur die Guillotine und das Kaiserreich ein Schwert. Wir Kinder, die unter dem Konsulat geboren wurden, sind alle auf den Knien unserer Mütter aufgewachsen – unsere Väter waren im Lager – und da sie durch die Launen des siegreichen Menschen oft ihrer Ehemänner und Brüder beraubt wurden, setzten sie ihre Hoffnungen auf uns, junge Schuljungen im Alter von acht und zehn Jahren, und ihre sanften mütterlichen Augen füllten sich mit Tränen bei dem Gedanken, dass wir 1820 achtzehn und 1825 entweder Oberste sein oder getötet werden würden. Die Akklamation, die Ludwig XVIII. 1814 begrüßte, war der entzückte Schrei unserer Mütter. Es gibt nur sehr wenige Jugendliche unserer Generation, die nicht mit der Muttermilch einen Hass auf die beiden Perioden gewaltsamer Umwälzungen aufgesogen haben, die der Restauration vorausgingen. Robespierre war das Schreckgespenst, das die Kinder von 1803 erschreckte; und Bonaparte das Schreckgespenst, das die Kinder von 1815. Ich habe in letzter Zeit in Gegenwart meines Vaters meine Ansichten über die Vendée nachdrücklich verteidigt. Er hörte mir schweigend zu, wandte sich dann an General L., der bei ihm war, und bemerkte: „Überlassen Sie die Dinge der Zeit: Das Kind vertritt die Ansichten seiner Mutter, der Mann wird denen seines Vaters folgen." Diese Prophezeiung brachte mich zum Nachdenken. Wie dem auch sei, und selbst wenn man zugibt, dass die Erfahrung bis zu einem gewissen Punkt die Eindrücke verändert, die wir in unseren frühen Jahren erhalten, *wird der ehrlich gesinnte Mann sicher nicht in die Irre geführt, wenn er all diese Veränderungen der strengen Kritik seines Gewissens unterzieht. Ein immer wachsames Gewissen bewahrt ihn vor allen hinterhältigen Fallgruben, in denen seine Ehrlichkeit in die Irre gehen könnte.* Im Mittelalter glaubten die Menschen, dass jede Flüssigkeit, in der ein Saphir gelegen hatte, ein Konservierungsmittel gegen Pest, Karbunkel, Lepra und jede Art von Krankheit sei. Jean-Baptiste de Rocoles sagte: ‚Das Gewissen ist ein ähnlicher Saphir!'"

Diese wenigen Zeilen erklären Victors politisches Verhalten in verschiedenen Phasen seines Lebens vollständig. In der Zwischenzeit wurden die royalistischen Ansichten, die er in seinen schönen Versen jenen offenbarte, die solche Ansichten als Ketzerei betrachteten, durch gute Taten freigesprochen.

Erwähnen wir eine Tatsache, die auch dazu dienen wird, das Leben des Dichters aus einem originellen Blickwinkel zu zeigen. 1822 brach die Berton-Verschwörung aus, und alle Augen richteten sich auf Saumur. Unter den Verschwörern - neben Berton, der tapfer starb, und Café, der sich wie ein Held aus alter Zeit mit einem Glassplitter die Adern öffnete - befand sich ein junger Mann namens Delon. Ich hatte diesen jungen Mann gelegentlich im Haus von M. Deviolaine gesehen, mit dem er verwandt war, wie er entweder den kleinen Victor auf seiner Schulter trug oder den zukünftigen Dichter auf seinen Knien auf und ab hüpfen ließ. Er war der Sohn eines alten Offiziers, der unter General Hugos Befehl gedient hatte. Im berühmten Prozess der Chauffeure war dieser Offizier der Hauptberichterstatter ; im ebenso berühmten Prozess gegen Malet war er Hauptberichterstatter , und in beiden Prozessen hatte er, ohne einen Unterschied zwischen den Angeklagten zu machen, das Todesurteil über sie ausgesprochen. General la Horie, Victors Pate, von dem bereits die Rede war, wurde auf Delons Befehl erschossen. Es war ein seltsamer Zufall, dass der Sohn des Mannes, der andere wegen Verschwörung zum Tode verurteilt hatte, aus demselben Grund zum Tode verurteilt wurde! Seit dem Tag, an dem Major Delon das Urteil über General la Horie verkündet hatte, anstatt sich zu weigern, in dem Fall zu entscheiden, war es zu einem völligen Bruch zwischen der Familie Hugo und der Familie Delon gekommen.

Doch obwohl der Verkehr zwischen den Vätern abgebrochen war, kam es zu keinem Bruch zwischen den Kindern. Victor lebte damals in der Rue de Mézières Nr. 10. Eines Morgens las er in den Zeitungen die schreckliche Geschichte der Verschwörung von Saumur. Fast alle Beteiligten wurden verhaftet, mit Ausnahme von Delon, der entkommen war. Sehr bald kamen dem Dichter starke und unauslöschliche Kindheitserinnerungen in den Sinn; er griff nach seinen Schreibutensilien und vergaß die familiären Hassgefühle und die Meinungsverschiedenheiten. Er schrieb an Madame Delon in Saint-Denis:

„Madam, ich habe erfahren, dass Ihr Sohn geächtet und ein Flüchtling ist. Wir sind unterschiedlicher Meinung, aber das ist nur ein weiterer Grund, warum man ihn in meinem Haus nicht erwarten würde. Ich werde ihn erwarten; zu jeder Stunde des Tages oder der Nacht wird er willkommen sein. Ich bin überzeugt, dass kein anderer Zufluchtsort für ihn sicherer sein kann als der Teil meines Zimmers, den ich ihm anbiete. Ich wohne in einem Haus ohne Pförtnerloge in der Rue de Mézières Nr. 10 im fünften Stock. Ich werde dafür sorgen, dass die Tür Tag und Nacht unverschlossen bleibt.

„Nehmen Sie meine respektvollsten Grüße entgegen, sehr geehrte Frau, und glauben Sie mir, Ihr VICTOR HUGO"

Als dieser Brief geschrieben war, vertraute der Dichter ihn mit der Arglosigkeit eines Kindes der Post an. Der Post! Ein Brief an die Mutter eines Mannes, nach dem die gesamte Polizei suchte! Als er nun auf die Post kam, schlich Victor jede Nacht in der Dämmerung hinaus, um die Gegend zu erkunden, in der Erwartung, in jedem Mann, der an einer Wand lehnte, Delon zu finden. Delon tauchte nie auf. Aber zur großen Überraschung des Dichters, der überhaupt nichts unternommen hatte, tauchte etwas anderes auf , nämlich eine Pension von 1200 Francs, die der Autor von *Odes et*

Ballades eines Morgens in seinem kleinen Zimmer in der Rue de Mézières erhielt, die von Ludwig XVIII. unterzeichnet war. Sie hätte zu keinem günstigeren Zeitpunkt eintreffen können, denn der Dichter hatte gerade geheiratet.

Am 13. April 1825 ging Hugo zum Hôtel des Postes, um drei Plätze in der Postkutsche für sich, seine Frau und einen Diener zu reservieren. Sie fuhren nach Blois. Er wollte diese drei Plätze unbedingt im Voraus reservieren, aber leider war das nicht einfach: Die Post fuhr bis Bordeaux, und um Plätze bis Blois zu reservieren, musste man riskieren, dass die Plätze zwischen Blois und Bordeaux leer blieben. Der Gefallen, den Victor erbeten hatte, konnte ihm jedoch von einem Mann gewährt werden, und dieser Mann war M. Roger, der Generalpostmeister. M. Roger war nicht nur ein Literat, er gehörte auch der Académie an und konnte Victor Hugo möglicherweise seinen Wunsch erfüllen. Also beschloss Victor, zum Haus des Generalpostmeisters zu gehen. Der Diener kündigte den Dichter an, und als Victor Hugos Name fiel, der damals bereits bekannt war, insbesondere aufgrund der Ode, die zum Tod von Ludwig XVIII. erschienen war (die Ode, die wir bereits teilweise zitiert haben), stand M. Roger auf und näherte sich dem Dichter unter Gesten größter Freundlichkeit. Selbstverständlich wurde der Bitte um reservierte Plätze in der Postkutsche nach Blois sofort entsprochen. Aber Monsieur Roger, der das Glück hatte, den Besuch des Dichters zu ergattern, ließ ihn nicht so leicht gehen: Er ließ ihn Platz nehmen und sie unterhielten sich miteinander.

„Übrigens", platzte es plötzlich mitten im Gespräch aus M. Roger heraus, „wissen Sie, woher Ihre Pension von zwölfhundert Franc kommt, mein lieber Dichter?"

„Warum, wahrscheinlich verdanke ich es meinen geringen literarischen Bemühungen", antwortete Victor lachend.

„Ja, natürlich", antwortete der Generalpostmeister. „Aber möchten Sie, dass ich Ihnen genau erzähle, wie Sie es bekommen haben?"

„Natürlich. Ich muss gestehen, ich würde es gerne wissen."

„Erinnern Sie sich an die Verschwörung von Saumur?"

"Natürlich."

„Erinnern Sie sich an einen jungen Mann namens Delon, der sich bei dieser Verschwörung kompromittiert hat?"

"Sehr gut."

„Erinnern Sie sich, ihm oder vielmehr seiner Mutter geschrieben zu haben und dem Gesetzlosen die Hälfte Ihres Zimmers in der Rue de Mézières Nr. 10 angeboten zu haben?"

Diesmal antwortete Victor nicht; er starrte den Generalpostmeister mit verblüfften Augen an, nicht erstaunt über die Großartigkeit des ehrenwerten Monsieur Roger, sondern über seine Scharfsinnigkeit. Er hatte diesen Brief allein geschrieben, in seinen eigenen vier Wänden; er hatte keiner Menschenseele davon erzählt. Nicht einmal seine eigene Nachtmütze – jener Vertraute, den Ludwig XI. verbrannt haben wollte, da er gewisse Geheimnisse in ihr verborgen hatte – wusste etwas davon, da er nie eine Nachtmütze trug.

„Nun", fuhr der Generalpostmeister fort, „dieser Brief wurde König Ludwig XVIII. vorgelegt, der Sie bereits als Dichter kannte. ,Ah! Ah!' sagte der König, ,er besitzt große Talente und ein gutes Herz ... dieser junge Mann muss belohnt werden!' und er ordnete an, Ihnen eine Pension von zwölfhundert Francs zuzusprechen."

„Aber", stammelte Victor schließlich, „wie gelangte mein Brief zur Kenntnis von König Ludwig XVIII.?"

Der Generalpostmeister brach in lautes homerisches Gelächter aus. Und so einfältig der Dichter auch war, endlich verstand er.

„Aber", rief er aus, „was ist aus dem Brief geworden?"

„ *Natürlich* wurde es per Post ersetzt."

„Und ist am Ziel angekommen?"

"Wahrscheinlich."

„Aber wenn Delon mein Angebot angenommen hätte und zu mir gekommen wäre, was wäre passiert?"

„Er wäre verhaftet, vor Gericht gestellt und wahrscheinlich hingerichtet worden, mein lieber Dichter."

„So dass mein Brief für ihn als Todesfalle angesehen worden wäre; und wenn er verhaftet, vor Gericht gestellt und hingerichtet worden wäre ... wäre die Pension, die ich erhalten habe, Blutgeld gewesen! Oh! ..."

Victor stieß einen Schrei des Entsetzens über das aus, was geschehen sein könnte, schlug die Hände vor den Kopf und eilte ins Vorzimmer, wo ihm M. Roger unter lautem Lachen folgte, ihm sagte, er habe seinen Hut vergessen und sagte:

„Denken Sie daran, dass die Postkutsche übermorgen, den 15. April, ganz zu Ihren Diensten steht."

Sein Entsetzen über das, was hätte passieren können, wich allmählich der Ruhe, und Hugo atmete wieder auf, als er erkannte, dass Delon in England in Sicherheit war. Aber er begann an die Existenz des berühmten schwarzen Kabinetts zu glauben, das er für eine Fabel gehalten hatte, und er schwor, nie wieder einem Gesetzlosen auf dem Weg der normalen Post Unterschlupf zu gewähren.

Als der Tag der Abreise nach Blois kam, begab er sich mit Madame Hugo und ihrer Zofe zum Posthaus, und gerade als er in die Kutsche steigen wollte, kam ein Ordonnanzoffizier, der beinahe zu spät gekommen wäre, in vollem Galopp angeritten und drückte ihm einen Brief mit dem Siegel des Königs in die Hand. Der Brief enthielt eine Ernennung zum Ritter der Ehrenlegion, unterzeichnet von Karl X. Hugo war damals erst dreiundzwanzig, und das ist ein Alter, in dem solche Dinge ungeheure Freude bereiten, vor allem, wenn sie gnädig verliehen werden. Bei der allgemeinen Beförderung waren Hugo und Lamartine zunächst in einem sogenannten „ *Batch* " zusammengekommen , und König Karl X. hatte beide aus der Liste gestrichen. Monsieur de la Rochefoucauld, der die Liste billigte und sich besonders über die Aufnahme der beiden jungen Dichter freute, wagte es, Seine Majestät zu fragen, warum er zwei so berühmte Namen wie die ihren gestrichen habe.

„Gerade weil sie so berühmt sind, Monsieur", antwortete Charles X., „damit sie nicht mit anderen Namen verwechselt werden. Sie müssen mir einen gesonderten Bericht für MM. Lamartine und Hugo vorlegen."

Dem Haftbefehl war ein offizieller Brief von Monsieur le Comte Sosthène de la Rochefoucauld und ein freundlicher Brief seines Sekretärs, Monsieur de Beauchesne, beigefügt.

M. de Beauchesne, oder besser Beauchesne, war ein wahrer Führer für M. de la Rochefoucauld bei jeder guten Arbeit, die er leistete, und es sollte erwähnt werden, dass der Direktor der Schönen Künste, der damals von den Oppositionszeitungen stark verspottet wurde – ich beziehe mich nicht auf politische Angelegenheiten –, hervorragende Arbeit bei der Förderung literarischer Bemühungen leistete. Lassen Sie mich jedoch wiederholen, dass Beauchesne sein Führer in diesen Angelegenheiten war. Beauchesne war damals ein charmanter Kerl von vierundzwanzig oder fünfundzwanzig Jahren und hat sich seitdem zu einem charmanten Dichter entwickelt. Sein Herz war so loyal, dass er anscheinend „ *Video nec invideo* " zu seinem Motto gemacht hatte; und in der Tat, was hätte er sich mehr wünschen können? Alle, die groß waren, nannten ihn *Bruder* , und alle, die gut waren, nannten ihn *Freund.* Ein freier und loyaler Bretone, als die wahre Monarchie fiel, aber Beauchesne blieb ihren Ruinen treu. Ich werde an der richtigen Stelle erzählen, wie wir einmal beinahe ein Duell über Politik gehabt hätten, und ich werde behaupten, dass wir nie bessere Freunde waren als damals, als wir uns mit dem Schwert in der Hand gegenüberstanden. Lieber Beauchesne! Er verschwand ganz plötzlich: Es dauerte zehn oder fünfzehn Jahre, bis ich ihn wiedersah, aber eines Morgens kam er zu mir, als wäre er erst am Vortag gegangen, und wir umarmten uns herzlich. Er brachte eine bezaubernde Tragödie oder ein Drama mit, ich habe vergessen, welches, eine Fantasie aus einem unserer alten *Fabliaux* – *den Épreuves de la belle Griseldis* –, die aller Wahrscheinlichkeit nach im Théâtre-Français gelesen, empfangen, gespielt und beklatscht werden wird. Er besaß ein bezauberndes kleines Herrenhaus im Bois de Boulogne, das er verkaufte. Efeu hat keine Zeit, über die Häuser von Dichtern zu wachsen. Ich erinnere mich, als er gerade sein Haus gebaut hatte, schickte er mir sein Album, um ein paar Zeilen hineinzuschreiben, und ich schrieb diese:

"Schön, du hast eine süße Auszeit;
ich bin allein, ohne mich für die schlechten Tage abzuschotten! Was für ein schönes Schloss, um auf seinem Kopf zu ruhen, Wache in seinem Garten, ein Platz für den Dichter, wer dich hütet und einen Platz in seinem Herzen eintauscht."

Ich verlor Beauchesne ein zweites Mal aus den Augen. Mir widerfuhr eine Katastrophe, die mich gleichgültig ließ, die aber von den meisten Menschen als großes Unglück betrachtet wird. Ich öffnete einen Brief voller zärtlicher Anteilnahme. Er war von Beauchesne. Ich antwortete damals nicht darauf; ich werde ihn heute beantworten. Da dies keineswegs das letzte Mal ist, dass ich den lieben Beauchesne erwähne, werde ich ihm nicht *Adieu*, sondern *Au revoir sagen!* ...

So erhielt Hugo gleichzeitig sein Ritterabzeichen und den offiziellen Brief von Monsieur de la Rochefoucauld sowie den freundlichen Brief von Beauchesne. Er knöpfte sie alle drei vor sein Herz, stieg in die Kutsche und komponierte während der Fahrt zwischen Paris und Blois die gesamte Ballade der *Deux Archers*. Als er in Blois ankam, legte er freudig sein Abzeichen in die Hände seines Vaters. Der alte Soldat zog von einem alten Mantel, der den Staub vieler Länder abbekommen hatte, eines seiner alten Abzeichen aus, das dem Feuer vieler Schlachten getrotzt hatte, und band es an das Knopfloch seines Sohnes, wobei er sich eine Träne abwischte – ich vermute stark, dass jedes väterliche Auge zu dieser Schwäche fähig ist. Während dieses Besuchs in Blois erhielt der Dichter einen privaten Brief von Karl X., der ihn einlud, bei seiner Krönung in Reims anwesend zu sein, und Hugo machte sich in Begleitung von Nodier auf den Weg.

In Reims traf er Lamartine, den er kennenlernte. Beide dankten dem König für seine Gastfreundschaft, Lamartine mit seinem *Chant du sacre*, Hugo mit seiner *Ode à Charles X.*

1826 erschien *Bug-Jargal*. So wie *Christine vor Heinrich III.* komponiert worden war , so war *Bug-Jargal vor Han d'Islande fertig.* Ich weiß nicht, warum diese chronologische Umstellung bei der Veröffentlichung vorgenommen wurde.

Im Jahre 1827 gab der österreichische Botschafter eine große Soirée, zu der er alle berühmtesten Persönlichkeiten Frankreichs einlud, und alle berühmtesten Persönlichkeiten Frankreichs, die immer gern Soirées besuchen, gingen zu der des Botschafters. Die Marschälle waren unter den übrigen Gästen dort, und bei dieser besonderen Soirée geschah etwas Merkwürdiges. An der Tür des Salons stand der übliche Lakai, um die Namen der Besucher bekannt zu geben, die einer Einladung würdig erachtet wurden. Als Marschall Soult ankam, fragte ihn der Lakai: „Welchen Namen soll ich bekannt geben?"

„ *Der Herzog von Dalmatien* ", antwortete der Marschall.

„ *M. le maréchal Soult* ", verkündete der Lakai, der seine Befehle erhalten hatte.

Man hätte es durchaus für einen Fehler halten können, und so schenkte der *illustre épée* (wie er seit der Zeit Louis-Philippes genannt wurde, der ihn wahrscheinlich ebenso wenig Duc de Dalmatie nannte wie der österreichische Botschafter) der Angelegenheit keine Beachtung.

Als nächster kam Marschall Mortier.

„Welchen Namen soll ich nennen?" fragte der Lakai.

„ *Der Herzog von Trévise.* "

„ *M. le maréchal Mortier* ", rief der Lakai.

Die Augen der beiden alten Kameraden des Kaisers blitzten fragend aufeinander zu, aber sie wussten nicht, was sie antworten sollten, denn es war noch nicht ganz klar, was das beste Vorgehen sei.

Marschall Marmont wurde Dritter.

„Welchen Namen soll ich bekannt geben?" fragte der Lakai.

„ *Der Herzog von Raguse.* "

„ *M. le maréchal Marmont* ", verkündete der Lakai.

Diesmal konnte es keinen Irrtum geben; also gesellten sich die beiden Erstankömmlinge zum dritten und erzählten ihm von ihrem Problem. Aber alle drei beschlossen, noch eine Weile zu warten.

Der Herzog von Reggio, der Herzog von Tarente und alle anderen Herzöge des kaiserlichen Adels kamen einer nach dem anderen, und obwohl sie alle ihre herzoglichen Titel angaben, wurden sie nur mit ihren Familiennamen vorgestellt.

Die Beleidigung war offenkundig und wurde öffentlich ausgesprochen, und doch zogen sich die beleidigten Männer schweigend zurück, um die Beleidigung zu nähren, die sie erlitten hatten. Keiner von ihnen dachte daran, den Beleidiger zu schlagen. Aber ein Dichter war bereit, Wiedergutmachung zu fordern und sie für sie zu erwirken! Drei Tage nachdem diese Beleidigung der gesamten Armee in der Person ihrer Anführer ausgesprochen worden war, erschien die *Ode à la Colonne* .

ODE AN DIE SÄULE

„O Rächerdenkmal, unerschütterliche Trophäe! Diese Bronze, die auf seinem unbeweglichen Sockel ruht, Scheint in den Himmel seines Ruhms und seiner Seele zu steigen, Und von allem, was ein kolossales Wesen ist, Nur noch wenige übrig! Triumphale Ruinen
des Bauwerks des Giganten!

Trümmer des Großen Reichs und der Großen Armee, Deine Säule, wenn sie den Ruhm hochhält! Ich liebe, der Fremde wird sie mit Effroi bewundern, Ich liebe diese alten Helden, die durch den Sieg geformt wurden, Und alle diese glorreichen Fantasien, die dir Ehre erweisen .

Ich liebe es, auf deine Flanken zu sehen, Säule étincelante!Belebt diese Soldaten wieder, die auf ihrer blutigen Erde sind.Sie rollen über Donau, Rhein und Pott.Du triffst dich wie ein Krieger, mit dem Fuß auf deiner Eroberung.Ich liebe deinen Panzer und deinen Kopf.Der
Glanz ist kein Tuch.In

Henris Bronze heiratet mein Orgelstück.Ich liebe dich, alle zwei zu sehen, Ehre des Vaterlandes.Die Unsterblichen dominieren unsere Passanten.Sieh zu, Zeichen der Liebe und der Erlösung.Lui, des Volksopfers.Du, der fremden Arsen.Also, du sagst es

, in der Nacht unter ihren Flöhen.Fertig für die Weißer Mond, oder zittere vor den Sternen. Ich fühle, traurig, ich rufe sie vor mir her. Und ein entflammtes Öl verzaubert meine Geschichte. Halte inne, belebe im Dunkeln, mein Teil ist Ruhm. Als
Vater beim Bankett eines Königs!

Deshalb musste ich sehen, was für eine französische Armee! Meine Feinde wurden in der Schlacht besiegt. Deshalb kämpften die Kämpfer gegeneinander, achteten auf ihre Feinde, ihre entführten Armeen kämpften

gegen diese Nahkämpfe, die von
allen Seiten geführt wurden!

Jamais, ein Denkmal! sogar Iberer unter ihrem Namen, „Die Fremden
ohne Angst sind nicht an ihrem Schatten vorbeigegangen; Ihre Augen
haben ihre Bronzemedaille nicht gewonnen, „Wenn er einmal die Münder
über unsere Flüsse geworfen hat, sind sie nicht mehr zu ihren wilden
Paraden
hinter ihren Luftschlachten gelaufen."

Aber was ist los? ich habe es nicht verstanden, mit lautem Gemurmel,
von deiner Basis aus brennen die Waffen, Säule! es ist mein Eindruck, als
würden meine Augen erblassen, deine gekreuzten Bataillone versuchen,
wieder herabzusteigen, deine Halbgötter werden von einem Helden
verdunkelt, während sie zwischendurch ihren Marsch in die Berge treiben.

Ihre Stimmen sagen ihren alten Namen:
Tarente, Reggio, Dalmatien und Treviso.
Und ihre Adler scheinen ihren mächtigen Sonnenuntergang zu sehen.
Dann folgt einer brennenden Flamme dieses Adlers mit doppeltem
Kopfschmuck. Lass
das Auge nicht vom Schatten verwehen, sondern schaue
wie im Sonnenfeuer.

Was ist das also und warum bronzener Neid aus Rom? Haben mich deine
Legionen wie ein einziger Mensch betrogen? Welche unmögliche
Empörung angesichts deiner Hochmut?
Wer hat diese Immortellen-Schatten gesehen? Diese Adler, die sich unter
ihren Ästen verstecken, In ihrer gefangenen Nagelhaut ist ihr Fell
eingeprägt?

Ich verstehe: Der Fremde, der uns ohne Erinnerung begegnete. Er warf
sein Herz ins Dunkel, ließ unsere Geschichte verklingen,
schrieb sie mit Liedern auf die Spitze des Eises ... Er, der Unvorsichtige,
holte sich viele Trophäen? Aus dieser Bronze, geschmiedet aus gegossenen
Stählen, ist jede Erektion ein Glanzstück.

War es dieser Napoleon, der unser Heer bezwang? Er sah ihn mit diesem
Ruhm an manchen Orten und
bestritt das Erbe unserer alten Generäle? Auf eine Weise, die dem
Hauptära gleichkommt: Das Reich Alexanders und die Armee Achilles.
Nicht einmal die Helden nahmen teil.

Mehr nicht; Österreich, in seiner Gewalt, die es zulässt, dass seine Namen nicht anders sind als seine.
Er hat unseren Kriegern einen Titel verliehen, und die Ehrfurcht der weniger mächtigen Feudalherren, er hat den Blumenschmuck unserer Militärherzöge vergeben, es seien denn die Lorbeeren.

Bronze! es ist nicht so, als wäre es für einen Sieg, als hättest du deinen Glanz verloren, als hättest du den Anblick der Sühne gesühnt? War das genug Mut für diese Kühnheit? Hat die Strafe unsere Annalen berührt? Und wie liest man diese triumphalen Seiten? Was hast du in den Bergen erlebt?

Ist das eine obskure Sprache in Bezug auf Ihre Schüchternheit? Eh! Wer hat es geschafft, auf den Füßen der Pyramiden zu wandeln, in Wien, im alten Kreml, am Morgen des Escurial; Wer hat mit diesen Königen gesprochen, mit goldenem und namenlosem Hof, Wer hat es leicht, unter einem staubigen Zelt, der kaiserlichen Vorhalle!

Warum also dachte ich, dass der Fremde, der uns tapfer ist, mutig ist? Haben es unsere Flugzeuge nicht geschafft, Europa zu verlassen, um zu fliehen? Wir haben uns von seinem empörten Schwert losgesagt! Nein, auf der Kampfesfläche können wir es wieder gutmachen. Wir werden verstümmelt, aber in der Zeit kann es passieren, dass wir die Löwenniere kreuzen ...

Aus welchem Recht sie auch immer unseren Ruhm entreißen? Die Bourbonen haben immer die Siege angenommen; unsere Könige haben sich gegen einen zitternden Feind verteidigt, oh Trophäe! Auf ihren Füßen liegen ihre Palmen, und wenn ihre vier Adler liegen, liegt dies im Schatten des weißen Vorhangs.

Was denn? die Erde ist aus elektrischen Vulkanen geformt, hinter dem Ozean erdbebenähnlichen Felsen in Amerika, Istanbul ist ein Trugbild, Hellé ist in den alten Tagen verschwunden, Lissabon debattiert über die Hauptstadt Angleterre; nur die alten Franzosen sind empört darüber, dass die Erde vor anderen bebt, als sie es sich vorstellen.

Passt auf, Fremde! wir wissen nicht, was wir tun sollen; der Frieden ist in seiner widerspenstigen Sphäre vergeblich, die Arena des Krieges hat uns sehr angezogen! Wir erfrieren in unseren Armen, na ja! unbesetzt. Die Leiern sind standardmäßig auf ihre Kinder eingestellt ;
Wir singen wie auf Combattrait.

Pass auf, gar nicht! Frankreich, wo ein anderes Alter groß ist,
wird es nie wieder einen Tod geben, der einen Frevel erleidet;
Die Teilnehmer zogen für eine Weile ihr Gewand an. Gegen eine
Verletzung hier, alles Große, alles wird gerettet, alles wird gerettet , und die
Vendée wird auf dem Stein von Waterloo

geborgen .
Sie verlieren die Namen! Warum also tun Sie es, indem Sie auf alle Ihre
Schlachtfelder springen? Tun Sie es, indem Sie diese Namen nach dem
gefundenen Wert aufgeben. Für unseren Ruhm, wenn Sie nach anderen
Taufen suchen.
Auf der Höhe Ihrer Kanonen.
Sind ihre Punkte nicht schwerwiegend?

Der Fremde reißt das Wappen Frankreichs auseinander! Wenn du es wahr
machst, bleib bei unserer Gleichgültigkeit. Auf unseren brennenden Toten
wird es grausam sein! Ach! wie dieser Römer, der das Land verlassen hat,
tragen Sie es, auf Französisch, in Frieden und Krieg. In den Falten Ihres
Mantels!

Dein Weg ist für diesen Moment berührt, in deiner Fantasie. „Afrika durch
Cadiz und Asien durch Moskau. Du jagst den englischen, russischen und
deutschen Wellen hinterher. Die Touren verlaufen hinter deinen fatalen
Trompeten
und allen Hauptstädtern. Deine Vorhänge schützen die Wege.

Wenn ihr Schicksal mit ihren Schicksalen versinkt, werden alle Nationen
entmutigt; der Ruhm ihrer Namen bringt kein Geräusch hervor; ohne ihre
Autorität zu verlieren, werden die Staaten verschwinden, wenn
ihr Stern alle anderen erlischt; wenn Sie loslassen, wird das Universum
wiedergeboren.

„Das wütet in Österreich, das von Knoten umringt wird. Die beiden
Giganten Frankreichs haben ihren Thron bestiegen. Die Geschichte, die im
Lauf der Zeit das Pantheon schuf , die Uhr
, die auf zwei Fronten des deutschen Imperiums thront. Die Sandalen
Karls des Großen. Der Ritter Napoleons.“

Trotzdem, Sie haben nicht mehr als die Feder, die in seiner Luft hängt. Auf
allen Fronten ist Ihr Gesicht zu hoch, um Ihr Gesicht zu porträtieren.
Aber Sie bleiben mit der Feuerflamme und der Lys in Kontakt.
Aber es ist der gallische Hahn, der die Welt erhellt, und sein Schrei kann

Sie in Ihre tiefe Nacht entführen, in den Sonnenhimmel von Austerlitz.

Das bin ich, der mich tairais! ich werde mich ärgern, mein sächsischer Name wird durch Kriegsschreie zermürbt; ich werde dem Lauf eines triumphierenden Vorhangs folgen;
Hier, mit den fröhlichen Stimmen, die meine Stimme ergriffen haben, klopft er zuerst an den goldenen Knoten eines Degens.
Ich habe einen Soldaten gefangen, als ich ein Kind war!

Nein, Brüder! nein, Français, aus diesem aufmerksamen Alter! Wir haben alle viel im Zelt verbracht .
Verdammt wegen des Friedens, Äxte, Bannister der Berge, Kleinigkeiten, Hüter der Musterglocken, Hüter aller Beleidigung, Wachposten, Die Waffen unserer Rettung."

Dies war das erste Anzeichen von Widerstand, das Hugo gegen die Regierung der Bourbonen des älteren Zweigs zeigte.

Im Laufe desselben Jahres, 1827, wurde *Cromwell* veröffentlicht. Das Gedicht selbst erregte weniger Aufsehen als das Vorwort, das in der poetischen Welt eine Neuheit darstellte. 1828 erschienen die *Orientales* und der *Dernier jour d'un condamné*. Schließlich wurde am 16. Februar 1829, wie bereits erwähnt, *Henri III.* aufgeführt.

Hugo und Lamartine waren fast vollständig für die Revolution in der poetischen Welt verantwortlich, aber die Revolutionierung des gesamten Dramas stand noch bevor. Glücklicherweise begann *Heinrich III.* das Werk in seinem kühnen und neuen Stil. Außerdem erfreute diese Darstellung, deren Einzelheiten ich bereits beschrieben habe, Hugo und gab ihm viel Ermutigung. Wir sahen uns nach dem Stück und er streckte mir die Hand entgegen.

„Ah!", rief ich, „endlich habe ich die Chance, deine Hand zu ergreifen!"

Ich freute mich sehr über meinen Erfolg, aber das Wertvollste, was ich gewonnen hatte, war das Recht, diese Hände zu umfassen.

„Jetzt", sagte Hugo, „bin ich als nächster an der Reihe!"

„Wenn der Tag kommt, vergiss mich nicht …"

„Sie werden bei der ersten Lesung dabei sein."

"Ist das ein Versprechen?"

"Es ist eine definitive Verlobung!"

Damit trennten wir uns.

Und tatsächlich wählte Hugo schon am nächsten Tag aus den verschiedenen Themen, die ihm bereits im Kopf herumschwirrten, das Drama von *Marion Delorme* aus. Denn so wie eine Mutter ihr Baby in sich trägt, bis es reif für die Geburt ist, so tragen auch wir geistigen Schöpfer unsere Themen in unseren Köpfen, bevor sie zur Welt kommen. Dann sagte er sich eines Tages: „Am 1. Juni 1829 werde ich mit meinem Drama beginnen." Und an diesem Tag machte er sich tatsächlich an die Arbeit.

Am 19. hatte er die ersten drei Akte vollendet. Am 20., bei Tagesanbruch, als die Sonne aufging und sein Fenster mit ihren goldenen Strahlen erfüllte und sein Zimmer in der Rue Notre-Dame-des-Champs erhellte, verfasste er die ersten Zeilen seines vierten Aktes:

„DER HERZOG VON BELLEGARDE.
Verdammt?

DER MARQUIS VON NANGIS .
Verdammt!

DER HERZOG VON BELLEGARDE .
Gut! … aber der König hat Gnade gefunden? …"

Am nächsten Tag, gerade vierundzwanzig Stunden später, als die Sonne wieder ihren gewohnten Besuch abstattete, schrieb er die letzte Zeile:

„Vielleicht ist es ja gut, aber es ist ein König von Megère!"

Während dieser vierundzwanzig Stunden hatte er weder gegessen, getrunken, noch geschlafen; aber er hatte einen Akt mit beinahe sechshundert Versen geschrieben – einen Akt, den ich für ein Meisterwerk halte; sechshundert Verse, die meiner Meinung nach zum Schönsten gehören, was die französische Sprache zu bieten hat.

Am 27. Juni war *Marion Delorme* fertig.

KAPITEL XI

Lesung von *Marion Delorme* im Hause Devéria – Hindernisrennen der Regisseure – *Marion Delorme* wird von der Zensur gestoppt – Hugo erhält eine Audienz bei Karl X. – Sein Drama wird endgültig verboten – Man schickt ihm den Brevet einer Pension, den er ablehnt – Er macht sich an die Arbeit an *Hernani* und beendet es in vierundzwanzig Tagen

---

Hugo brauchte nicht wie ich an Nodier zu schreiben und auf einen Termin mit Taylor zu warten: Er war bereits vor *Marion Delorme so berühmt, wie ich vor Heinrich III.* unbekannt war .

Wie ich bereits erwähnte, kündigte Hugo mir eine Lesung im Hause Devéria an und lud Taylor zusammen mit de Vigny, Émile Deschamps, Sainte-Beuve, Soumet, Boulanger und Beauchesne – eigentlich den gesamten Plejaden – zu dieser Lesung ein, und so begann die Lesung.

Der erste Akt von *Marion Delorme* ist ein Meisterwerk; es gibt nichts daran, woran man etwas auszusetzen hätte, abgesehen von Hugos Manie, seine Figuren durch Fenster statt durch Türen eintreten zu lassen, was sich hier zum ersten Mal verriet. Niemand könnte freier von Neidgefühlen sein als ich. Daher hörte ich mir diesen ersten Akt mit tiefster Bewunderung an, die allerdings auch mit etwas Traurigkeit vermischt war. Ich spürte, wie weit ich hinter seinem Stil zurücklag und wie lange es dauern würde, bis ich ihn erreichen würde, wenn ich es überhaupt jemals tun sollte. Dann kamen der zweite und die letzten drei Akte nacheinander. Ich saß neben Taylor, und bei der letzten Zeile des Stücks beugte er sich zu mir herüber und sagte:

„Na, was denkst du darüber?"

Ich antwortete, ich würde gehängt werden, wenn Victor uns nicht sein bestes Werk gezeigt hätte. Und ich fügte hinzu: „Ich bin sicher, dass er das getan hat."

"Warum denkst du das?"

„Weil *Marion Delorme* alle Qualitäten der Arbeit eines reifen Mannes zeigt und keine der Fehler eines jungen Mannes. Fortschritt ist für jemanden unmöglich, der mit perfekter oder nahezu perfekter Arbeit beginnt."

Ich bin gespannt, ob ich recht hatte, ob aus Eitelkeit oder nicht. Ich bin immer noch der Meinung, dass *Marion Delorme* , wenn auch nicht ganz sein bestes Werk, so doch eines seiner besten ist. Ich habe ihm von ganzem Herzen und aufrichtig gratuliert. Ich hatte noch nie etwas gehört, das mit den Zeilen von *Marion Delorme vergleichbar gewesen wäre*. Ich war überwältigt von der Pracht ihres Stils, obwohl ich in meinem ganzen Werk keinen Stil hatte. Wenn man mich gebeten hätte, zehn Jahre meines Lebens dafür zu opfern, eines Tages einen solchen Stil zu erlangen , hätte ich keinen Augenblick gezögert, ich hätte sie sofort gegeben! Eine Sache hat mich im fünften Akt sehr gekränkt: Didier geht in den Tod, ohne Marion zu vergeben. Ich habe Hugo gebeten, dieser unbeugsamen Figur einen menschlicheren Geist zu verleihen. Sainte-Beuve stimmte mir zu und wir erreichten gemeinsam die Vergebung der armen Marion.

Nun kam die Frage der Zensur. Keiner von uns glaubte, dass die Figur Ludwigs XIII., obwohl bewundernswert gezeichnet, durchgehen würde, einfach wegen ihrer Genauigkeit und der Lebendigkeit der Farben. Gewiss, der Akt, in dem Ludwig XIII. vorkommt, hätte herausgenommen werden können, ohne das Interesse des Stücks in irgendeiner Weise zu beeinträchtigen, und Crosnier ließ ihn im Theater Porte-Saint-Martin oft weg, ohne dass das Publikum die Auslassung bemerkte. Es war das, was Kritiker kleinlicher Worte und kleinlicher Dinge eine Superfötation, eine *Vorspeise nennen*. Was für eine großartige *Vorspeise* es war! Was für eine erhabene Superfötation! Ich würde jedem die Wahl unter meinen Dramen überlassen, wenn ich nur den vierten Akt von *Marion Delorme hätte schreiben können*. Übrigens war es eine Zeit lang ein großes Versäumnis Victor Hugos, seine vierten Akte so zu komponieren, dass sie wie separate Episoden herausgenommen werden konnten. Der vierte Akt von *Hernani* , der den gewaltigen Monolog von Karl V. enthält, kann ohne Schaden für das Stück herausgenommen werden, und das gleiche gilt für den vierten Akt von *Ruy Blas*. Aber folgt daraus, dass dieser vierte Akt kein integraler Bestandteil des Stücks war, dass eine wunderbare Vorstellung unterdrückt werden sollte? Ist es unbedingt notwendig, nur weil eine Frau schön ist, ihre Juwelen ins Wasser zu werfen, besonders wenn sie Tausende wert sind?...

Berichte über die Lesung sickerten nach Paris, und es kam zu einem wahren Wettrennen der Theaterdirektoren in die Rue Notre-Dame-des-Champs, um *Marion Delorme zu gewinnen* . Harel war der Erste. Gleich als er das Manuskript betrat, ergriff er es und begann ungeachtet aller Umstände unter dem Titel darauf zu schreiben: „Empfangen vom Odéon-Theater, 14. Juli 1829." Es war der Jahrestag der Eroberung der Bastille, und Harel glaubte, er könnte *Marion Delorme* überraschen, so wie unsere Väter die Bastille erobert hatten! Harel war über den Verlust entsetzt; aber da sein Name auf dem Manuskript stand, blieb er dabei, dass er es in Besitz genommen hatte.

Ein oder zwei Tage nach Harels Versuch wurde Monsieur Crosnier angekündigt und in den Salon geführt. Hugo las eine Zeitung; er stand auf und wies Monsieur Crosnier einen Sitzplatz an. Als Monsieur Crosnier Platz nahm, nahm Hugo selbst wieder Platz und wartete. Doch da Monsieur

Crosnier schwieg, nahm Hugo seine Zeitung wieder auf, woraufhin Monsieur Crosnier den Mund aufmachte.

„Monsieur", sagte er zu Hugo, „ich bin gekommen, um Ihren Vater zu besuchen. Man sagte mir, er wohne hier. Wenn Sie Ihre Freundlichkeit nicht zu sehr ausnutzen , würden Sie ihm dann bitte sagen, dass ich hier bin?"

„Leider, Monsieur", antwortete Hugo, „ist mein Vater vor einem Jahr gestorben und ich nehme an, dass Sie mit mir sprechen möchten."

„Ich möchte mit Monsieur Victor Hugo sprechen."

„Ich bin es, Monsieur."

Crosnier konnte nicht glauben, dass dieser schlanke, frisch gefärbte junge Mann, der aussah wie ein zwanzigjähriger Junge, der Mann sein konnte, über den in den letzten fünf oder sechs Jahren schon so viel Aufregung herrschte. Er verriet jedoch den Grund seines Besuchs. Er war gekommen, um *Marion Delorme* nach dem Theater an der Porte-Saint-Martin zu fragen. Hugo lächelte und gab ihm dieselbe Antwort, die Harel erhalten hatte, nämlich, dass dem Théâtre-Français das Vorkaufsrecht zugesagt worden sei. Crosnier lächelte seinerseits mit dem feinen Lächeln, das ihm eigen ist; dann nahm er einen Stift in die Hand –

„Monsieur Hugo", sagte er, „erlauben Sie mir, meine Zustimmung unter die meines Mitbruders zu setzen."

„Schreiben Sie, was Sie wollen, Monsieur", sagte Hugo, „aber Sie müssen bedenken, dass Ihnen bereits zwei Annahmen vorliegen."

„Das macht nichts, Monsieur, ich möchte meinen Platz einnehmen. Denn, meine Güte, wer weiß? Vielleicht bin ich derjenige, der Ihr Stück aufführt, obwohl es schon zweimal angenommen wurde!"

Und er schrieb mit Harels Zustimmung:

"Empfangen im Theater Porte-Saint-Martin, 16. Juli 1829."

Gestützt auf diese zweifache Anerkennung wurde *Marion Delorme* dem Théâtre-Français vorgestellt und mit einhelligem Applaus empfangen. Ich erinnere mich, dass Émile Deschamps, als wir die Lesung verließen, voller Begeisterung über das, was wir alle gehört hatten, auf ein Plakat zeigte, das das Stück für den Abend ankündigte, und beim Anblick von Racines *Meisterwerk mitleidig ausrief*:

„Und *sie* werden *Britannicus spielen* ! ..."

Keiner von uns, nicht einmal Émile Deschamps, würde heute zugeben, den obigen Satz je ausgesprochen zu haben . Ich bin überzeugt, dass wir ihn alle 1829 gesagt hätten, und mehr als einer, der seither den 39

Akademiemitgliedern einen Besuch abgestattet hat, beneidete ihn damals um diesen Satz.

Das Stück wurde verbreitet und sofort nach seiner Aufnahme begannen die Proben. Mademoiselle Mars spielte Marion; Firmin Didier; Joanny Nangis; Menjaud Saverny usw. Aber eines Morgens verbreitete sich die schreckliche Nachricht, dass das Stück von der Zensur gestoppt worden war! Dasselbe war *Heinrich III.* widerfahren; die Zensur stoppte immer alles; es war seine Sache, und dann konnte das Urteil später gemildert werden, wenn das Werk seine Existenz rechtfertigte oder der Autor laut genug rief. Ich hatte Einspruch erhoben und *Heinrich III.* war seinen Klauen heil und gesund entkommen, dank Monsieur de Martignac, der mir zu Hilfe gekommen war. Also wandte sich Hugo an Monsieur de Martignac. Aber so wohlmeinend, kultiviert und sogar literarisch dieses Vorbild vergangener, gegenwärtiger und künftiger Minister auch war, er gestand sich machtlos ein. Es war eine Frage, die nicht nur einen Valois, sondern einen Bourbonen betraf; nicht nur einen Vorgänger, sondern den Großvater von Karl X. Niemand außer Karl X. konnte über diese Familienfrage ein Urteil fällen. Hugo beschloss, um eine Audienz bei Karl X. zu bitten, und sie wurde ihm gewährt. In jenen Tagen mussten Personen, die sich den Königen von Frankreich näherten, eine *französische Hofkleidung* und ein Schwert tragen. Hugo erhob große Einwände gegen diese Verkleidung; doch Taylor übernahm es, die notwendigen Kleidungsstücke zu besorgen. Er legte großen Wert auf *Marion Delorme* , und um die Erlaubnis dafür zu erhalten, hätte er Hugo als Türke oder Chinese verkleidet. Der Tag der Audienz kam, und Hugo ging nach Saint-Cloud, wo er das Vorzimmer überfüllt vorfand. Unter den Anwesenden waren Madame du Cayla, die gerade dem Ministerium Polignac den letzten Schliff gegeben hatte, und Michaud von der Académie, der nach Palästina reiste. Michaud war Lektor des Königs. Er war mit so viel Goldborte bedeckt wie die Mäntel von vier Generälen zusammen! Nichtsdestotrotz war er ein sehr genialer Mann. Hugo war gerade in ein Gespräch mit ihm vertieft, als sich die beiden Türen öffneten und Seine Königliche Hoheit Monseigneur der Dauphin angekündigt wurde. Hugo hatte das Wesen, für das er den Arc de Triomphe errichten wollte, nie anders als aus der Ferne gesehen:

„Das ist das Große unserer Herrlichkeit, und
wir werden weitermachen, ohne uns zu rühren!"

Er sah etwas, das wie ein Affe aussah, aber ohne die Anmut eines Affen; eine Art Mumie, deren Gesicht ständig von Neuralgie verzerrt war, durchquerte den Saal und antwortete auf alle Verbeugungen, Grüße und Huldigungen mit einem tiefen Knurren, aus dem man kein einziges Wort heraushören konnte. Und das war der Bezwinger des Trocadero! Der Befrieder Spaniens! Er schenkte Madame du Cayla ebenso wenig Beachtung wie den anderen. Wenn ihm ein Höfling zugeflüstert hätte, dass ein großer Dichter anwesend sei, hätte er vielleicht angehalten, um zu sehen, was für ein Tier ein Dichter ist. Kein Höfling informierte Monseigneur le Dauphin, und er ging vorbei, ohne anzuhalten. Bald darauf ging König Charles X. mit einer ebenso gnädigen und lächelnden Präsenz durch, wie die seines Sohnes grotesk und schlecht gelaunt war. Er begrüßte Madame du Cayla mit einem Wort, schüttelte Michaud und Victor die Hand, verbeugte sich vor den anderen und betrat sein Audienzzimmer. Einen Augenblick später wurde Madame la Comtesse du Cayla gerufen. Ohne sich darum zu kümmern, wie lange sie gewartet hatte oder ob sie vor den anderen Besuchern gekommen war, ließ der letzte König der Linie der ritterlichen Könige sie zuerst holen, weil sie eine Frau war. Madame du Cayla blieb fast eine Stunde beim König. Das war nicht zu lange, um ein Ministerium zu gründen, das ein Jahr später selbst die Julirevolution hervorbringen sollte. Dann, als Madame du Cayla sich zurückzog, wurde der Dichter gerufen. Karl X. erinnerte sich zuerst daran, dass er der Nachfolger von Franz I. war, und dann, dass er ein Nachkomme von Ludwig XIV. war. Der Dichter ging hinein, und wir lassen ihn in seinen eigenen Worten erzählen, was bei diesem bemerkenswerten Treffen geschah:

"Das war der September. – O düsteres Schicksal!
Das war der erste Tag ihres letzten Jahres! Nur an einem königlichen Ort,
Seite an Seite, wandernd, Zwei Männer, durchbohrt von der Wunde,
Beschädigt ... Große Erinnerung, die in meinem Herzen ernst war! Der
Erste verließ die müde, düstere und ernste Luft, Wie ein sehr schwacher
Strahl vor mir, der ein lautes Projekt trägt.
Eine doppelte Schulterklappe am Schultergurt, Ein einheitlicher grüner
Purpurgans, Und die Ordnung und das Gefühl, auf seinem Poitrin zu sein,
Hinter dem großen moiréfarbenen Kordelzug in wechselndem Blau, Zwei
leuchtende Foyers, eines aus Gold, das andere aus Silber.
Es war ein König, der auf dem weißen Kopf stand, Dank des Gewichts der
Menschen und der Monarchie! Der Andere war ein junger Mann, der den
Königen fern blieb,
Ein Dichter, ein Passant, eine unbrauchbare Stimme ...

Auf einer Münze, einem Tisch, einem Sessel aus Samt
, Verziert mit seinen goldenen und goldenen Füßen auf dem Parkett;
Hinter einer Glastür, einer Seite, einem Oeffnungsloch, Bemerkenswert an
den Boule-Schränken, Den japanischen Vasen, Lacken, Goldkronleuchtern
an riesigen Gefäßen. Ein goldroter Salon mit Venedig-Eisen,
Voller dieser griechischen Bronzen, die der göttliche Geist, vermehrt sich
ohne seine Kristallkronen, und wie eine Statue aus Metall, auf der Flucht,
mit aufgesetztem Helm, leuchtet er in der Umarmung, ein silberner und
blauer Schutzwall unter einem feurigen Gewitter.

Oder zwischen dem Dichter und dem alten König: „Was hat er gesagt?
Von einem armen, begrabenen Engel.
Lass die Liebe mir nicht den Mut nehmen, sie mit ihrer Tochter zu töten:
Von Marion, die gewaschen wurde, und Madeleine, die nicht getröstet und
trainiert wurde, der Tadel, die Schlange, die mit den Füßen gestorben ist."

Der Dichter wollte eines Nachts gehen und dachte: „Louis-Treize, dieser
König, der einen Jungen zur Welt brachte." Ein ganzes Jahrhundert lang:
Markgrafen, Burschen, Fähnriche, Fledermäuse. Und was die Fledermäuse
wehten und was die Brüste durchquerte. Für einen Moment, in einem
glänzenden und dunklen Schatten ,
sah der blasse Kardinal auf dem Kreuz durch den Schatten gehen.

Der Alte zögerte. – Was soll man nun tun? Louis-Treize, dieser König,
verdammt und unheilvoll? Wer hat einen Tod in einem Grab gut erlöst?
Was hat er gewollt? wo läuft das? Ist das gut, wo das Grab ist? Ist es nicht
so, dass es von der ganzen Seite gequält würde?
Es ist überhaupt nicht so, dass es in den Schatten der Freiheit gerät. Es ist
nicht so, dass es nach fünf Jahren der Bewährung zu spät ist. Den Teufel
loslassen und das Feuer zurückhalten. Sicher, ein König kann sich darum
kümmern, was er der Frau gegeben hat. Im Theater ist es so, dass es nicht
mein Ding ist. Die beiden Männer fangen ihre Flammen zu Tode .
Denn das Feuer ist das Volk und eine Komödie. Man kann die Flammen in
die Flammen der Revolutionen einsperren. Wer das Feuer im Schatten der
Revolutionen hat, wird die Geschichte vergessen und was ist mit der Kraft,
die sie hat? So wird es weitergehen
. der junge Träumer streitet seit langem;
Guten Appetit, Leute. Guten Tag, im Namen der Königlichen Hoheit, und
die Frage nach Ihrer Güte.

Alles lässt die Könige bei ihren Namen, nicht die Namen. Der Dichter gärt
wie ein Mensch, ein Freiheitsbeweis , leidenschaftlich für die Kunst,
voller Respekt für dieses alte, edle Wesen. Er sagt: „Alles ist ernst, in
diesem Jahrhundert fehlt alles. Die ruhige und mächtige Kunst birgt einen
französischen Reiz. Die toten Könige sind ihr Ding. er faut lai laisser.I
n'est pas ennemi ; warum der Wegweiser
und das Buch im Schatten an die Folterer, „Ist die verschlossene Hand
nicht voller Tonnen? Diese Hand, sei es, dass sie geöffnet, furchterregend
abgesandt wurde, „Nach Frankreich geblasen und in den Louvre geblasen,
sei es, dass sie
verdorben wurde – zu spät, sei es, dass sie das Böse erduldet hat – Sie
werden sehen, wie sie in den verzweifelten Stolpersteinen steckt! Oh! die

Tyrannen von damals haben den König von oben geärgert. Das Volk ist immer da, um die Muse mit dem Wort zu betäuben. Wenn die Empörung so groß ist, dass der König ihn verehrt, blicken wir vor den schweren Gedanken des Künstlers! Herr, wurde Ihnen dieser Kanzler gut geheißen? Die Kritik ist ein dummer, schlecht sitzender Mensch. „Ich versuche immer, unter den Namen zu begraben, die ich abgeschrieben habe. Herr, ein unvorsichtiger Anblick, der vom Feind gereizt wird. Die Eingangshalle ist überall schrecklich und aufgeregt. Und aus einer leuchtenden Kunst entsteht eine extravagante Kunst."
Ich danke Ihnen für die königliche Pracht. Für diese schwache, aber treue Nation. Anstelle der großen Gemälde, die der große Ludwig zeigt. Der Sonnenkönig tröstet die Lüge. Wer unter seinem Zepter eine Welt im Gleichgewicht hält , der
hat Racine glücklich gemacht und Molière freigelassen. Was für ein Spektakel, großer Gott! eine Gruppe von Zählwaffen und Rednern hat es geschafft, die Jäger zu vertreiben, auf dem Bauch liegend, und die Stunde gefeiert, in der sie kämpften. Das Drama, der wilde Löwe, in der Geschichte ist da vorne!'

Hier werde ich zu ihm herüberkommen, von einer eher schrägen Vorderseite,
Er dreht sich langsam um, bis der alte Stein erstarrt ist, Er lässt seinen Gedanken eher unruhig nach, Und lässt von der Seite das Drama und den Dichter zurück, Achtung, er hört auf das weite und schwarze Muster. Wenn ich diesen traurigen König liebe, wird er hineingelangen.

—Wenn ja, dann? Was ist der Grund für diese Erwartung? Geben Sie allen Ihr Recht! Zurück nach Frankreich. Als wäre das ein Spielzeug für das entführte Kind, von der Luft, vom Licht und von der Freiheit! Der König wird es nicht glauben, oder? Der weise König und der gerechte König! Ich habe die Worte für diesen August-Ohrring gewählt.
Es war enttäuschend, dass die Zeit auf souveräne Schiffe fiel. Was bleibt, sind keine harten Brücken, keine unterirdischen Kanäle. Jamais, außer Gott, bleibt nicht stehen und wird nicht bleiben. Das große Volk oder der Ozean, der hier thront. Was stärker ist, ist dunkel und wird verloren gehen. Es wird zwischen Front und Dunkelheit und Wind toben. Und was, um es zu bereuen, in der gefühllosen Wut.
Auf der Rückseite ist ein teilweise gekleideter Felsen.
Alles ist ein Jahrhundert, die Frauen, der Geist, der mutiger war. Derselbe Hafen. wo kann man nichts retten! ...
Charles-Dix antwortete säuerlich: „O Dichter!"

Die Nacht strahlte ganz im Licht und im Fest. Die Soldaten, die Prinzen

und die Diener erleuchteten das fröhliche und grüne Saint-Cloud, das den
feurigen Palast ziert. Die Seine, die in Flammen stand, spiegelte den
schönen Marmor wider,
schien mit Liebe auf ihre Baumkronen zu drücken. Der Triumphbogen,
goldene Siege von Paris. Der Louvre, glänzend, floral, ruhig. Er antwortete
auf die Schulter der Stadtumgebung. Diese ganze königliche Gesamtheit
strahlte in ruhiger Luft. Und angesichts der ruhigen Atmosphäre eines
heiteren Ruhezustands
sagte ich nichts von dem Großen, der ewig zu sein schien!

Am Tag nach diesem Interview und der Ablehnung – denn Charles X.
weigerte sich, *Marion Delorme* spielen zu lassen – wurde Victor Hugos
Pension, die 2400 Francs betragen hatte, als Entschädigung auf 6000 Livres
erhöht. Jeder weiß, wie der Dichter diese Erhöhung seiner Pension ablehnte
– wir wollen nicht sagen verächtlich, sondern mit Würde. Seitdem wurde
über diese Ablehnung heftig diskutiert. Einige Puritaner halten sogar heute
noch an der Meinung des Senators von M. Louis Bonaparte fest und werfen
dem Dichter vor, seine ursprüngliche Pension von 2400 Francs nach der
Interdiktion von *Marion Delorme* durch Charles X. beizubehalten. Gott sei
ihnen gnädig! Sie sind jetzt in den Hallen des Elysiums und der größte
Dichter Frankreichs und damit der Welt ist in Jersey! Ich bitte Lamartine um
Verzeihung, dass ich von Hugo als dem ersten Dichter Frankreichs und der
Welt spreche: Hugo ist verbannt und Lamartine ist zu großzügig, um ihm
nicht die Palme zu überlassen. Wenn Lamartine wie Hugo verbannt würde
– und um seines Ruhmes willen tut es mir leid, dass dies nicht der Fall ist –,
hätte ich gesagt: „Die ersten beiden Dichter Frankreichs und der Welt!"

Eines Tages sprach ich in einem Club über Prinz Louis Bonaparte und
nannte ihn „Monseigneur". Es war zur Zeit der Verbannung von Prinz
Louis Bonaparte. Eine Stimme rief mir zu:

„Es gibt keinen *Monseigneur mehr.* "

„Ich spreche immer von denen, die durch diesen Titel verbannt werden",
antwortete ich.

Und meine Stimme wurde vom Applaus übertönt.

Als Hugo aus Saint-Cloud zurückkehrte, erwartete ihn bereits Taylor. Die
Nachricht, die er mitbrachte, war schlimm genug, wie die Nachricht von
Madame Malbroucks Pagen. Taylor war verzweifelt.

„Wir haben nichts anderes in unseren Portfolios!", wiederholte er.

Zu dieser Zeit hatte die Comédie-Française zehn Stücke von M. Viennet,
vier oder fünf von M. Delrieu, zwei oder drei von M. Lemercier, ohne M.

Arnaults „ *Pertinax* "und M. de Jouys „ *Julien* " usw. usf. mitzurechnen. Und das nannte Taylor „nichts in seinen Portfolios haben"!

Marion Delorme gebaut ", sagte er, „und jetzt wird unsere Wintersaison ruiniert!"

Hugo ließ ihn weiterjammern und fragte dann:

„Wann wollten Sie *Marion Delorme spielen* ?"

„Warum, entweder im Januar oder im Februar."

„Ah, gut! Dann haben wir einen Spielraum... Also gut..." und er begann eine Berechnung anzustellen. „Wir haben heute den 7. August. Kommen Sie am 1. Oktober wieder zu mir."

Taylor kam am 1. Oktober zurück. Hugo nahm ein Manuskript und gab es ihm. Es war *Hernani*. Hugo hatte dieses zweite Werk am 17. September begonnen und am 25. desselben Monats beendet. Er hatte für die Komposition drei Tage weniger gebraucht als für *Marion Delorme*. Wir möchten jedoch schnell erklären, dass die Handlung beider Stücke bereits vorher im Kopf des Dichters ausgereift war.

KAPITEL XII

Die Invasion der Barbaren – Proben von *Hernani* – Mademoiselle Mars und die Zeilen über den *Löwen* – Die Szene über den *Porträts* – Hugo nimmt Mademoiselle Mars die Rolle der Doña Sol weg – Michelots schmeichelhafte Gefälligkeit gegenüber dem Publikum – Der Vierzeiler über den Schrank – Joanny

Dieses Mal hatte man von der Zensur nichts zu befürchten: es sei denn, es ginge um Bescheidenheit, es gab nichts an *Hernani* , woran man etwas auszusetzen hätte haben können. Ich glaube wirklich, ich habe von der *Bescheidenheit* der Zensur gesprochen! Auf mein Wort, wie schockierend von mir! Aber da ich es gesagt habe, lassen wir es dabei!

Das Stück wurde natürlich an die Stelle seiner Erstgeborenen, *Marion Delorme* , *gesetzt* ; es wurde der Form halber vorgelesen und mit Hurra-Rufen und Beifall aufgenommen – Hugo las sehr gut, vor allem seine eigenen Werke – , die Rollen wurden zugeteilt und die Proben begannen sofort. Ich erwähne Hugos hervorragende Lesart hier nicht, weil ich glaube, dass seine Art zu lesen in irgendeiner Weise Einfluss auf die Begeisterung hatte, mit der er aufgenommen wurde, sondern weil ich ihn nie bei der Tribune sprechen gehört habe und mir daher aus den sehr unterschiedlichen Meinungen, die ich über seinen Redestil gehört habe, keine Vorstellung von seinem Stil machen kann. Ich kann nur sagen, dass mir seine Reden, wenn ich sie vorlas, immer wie Meisterwerke der Sprache und Logik vorkamen.

Mit den Proben begannen die Sorgen. Außer der alten Joanny empfand niemand im Théâtre-Français echte Sympathie für die romantische Schule; die übrigen (und Mademoiselle Mars war die erste unter ihnen, trotz ihres großartigen Erfolgs, den sie gerade in der Duchesse de Guise erzielt hatte) betrachteten diese Übergriffe wirklich als eine Art Invasion von Barbaren, der sie sich lachend unterwerfen mussten. Unter der Schmeichelei, die Mademoiselle Mars uns machte, verbarg sich immer die innere Zurückhaltung einer empörten Frau. Michelot, Professor am Konservatorium, ein Mann von Welt mit vollendeten Manieren, zeigte uns seine liebenswürdigste und angenehmste Seite; aber im Herzen verabscheute er uns. Und was Firmin betrifft, dessen Talent für uns so wichtig war – ein echtes Talent, obwohl es nichts mit den höchsten Bereichen der Form, nämlich der plastischen Seite der Kunst zu tun hatte – nun, sein literarisches Urteil war wertlos; er besaß lediglich eine Art dramatischen Instinkt, der anstelle der Kunst diente und seinem Schauspiel Bewegung und Leben verlieh. Er mochte uns recht gern, weil wir ihm die Mittel zur Verfügung stellten, seine Handlungs- und Lebendigkeit auszuleben; aber er hatte schreckliche Angst vor der älteren Schule und blieb daher bei allen literarischen Streitigkeiten neutral und erschien selten bei einer Lesung, damit er nicht gezwungen war, seine Meinung zu äußern. Er war kein Hindernis, aber andererseits war er sicherlich auch keine Stütze.

Das Stück – und damit meinen wir die Hauptrollen – wurde unter den vier Hauptdarstellern des Théâtre-Français aufgeteilt, die wir gerade erwähnt haben. Mademoiselle Mars spielte Doña Sol; Joanny Ruy Gomez; Michelot Charles V. und Firmin Hernani. Ich habe gesagt, dass Mademoiselle Mars keine Sympathie für unseren Literaturstil empfand; aber ich sollte hinzufügen oder vielmehr wiederholen, dass sie in ihrem Theatergeschäft streng ehrenhaft war, und wenn sie ihre erste Rollenaufführung hinter sich hatte und das Feuer des Applauses oder des Zischens ertragen hatte, das den Fall des Vorhangs begleitet hatte, ganz gleich, in welchem Stück sie spielte, wäre sie lieber gestorben als aufzugeben; sie hätte sich lieber dem Martyrium unterworfen als – wir wollen nicht sagen, ihren Glauben zu verleugnen, denn unsere Schule war nicht in ihrem Glaubensbekenntnis enthalten – ihr Wort zu brechen.

Aber bevor dieser Punkt erreicht war, mussten zwischen fünfzig und sechzig Proben absolviert werden, bei denen eine unzählbare Zahl von Bemerkungen auf Kosten des Autors gewagt, Grimassen geschnitten und ihm Nadelstiche versetzt wurden. Und natürlich kam es oft vor, dass diese Nadelstiche durch die Haut drangen und ins Herz stachen. Ich habe von meinen eigenen Leiden durch Mademoiselle Mars während der Proben von *Henri III. berichtet* ; von den Diskussionen, Streitereien, ja sogar Auseinandersetzungen, die ich mit ihr hatte, den leidenschaftlichen Szenen, die ich trotz meiner Unwissenheit nicht vermeiden konnte, egal, was ich in Zukunft riskierte. Dasselbe konnte Hugo genauso gut passieren und passierte auch. Aber Hugo und ich waren zwei völlig verschiedene Charaktere: Er war kalt und ruhig und kultiviert und streng und hegte die Erinnerung an Gutes oder Schlechtes, das ihm angetan wurde, während ich offen und lebhaft und demonstrativ bin und Dinge auf die leichte Schulter nehme, Schlechtes und manchmal auch Gutes vergesse. Die Auseinandersetzungen zwischen Mademoiselle Mars und Hugo waren also ganz anders als meine. Und man darf nicht vergessen, dass auf der Bühne Dialoge zwischen Schauspieler und Autor normalerweise vor dem Rampenlicht stattfinden – das heißt zwischen Bühne und Orchester –, sodass die dreißig bis vierzig Schauspieler, Musiker, Regisseure, Statisten, Callboys, Feuerwerker und Feuerwehrleute, die bei den Proben anwesend sind, kein Wort verlieren. Dieses Publikum tut, wie man verstehen wird, immer sein Bestes, um jede Episode aufzuschnappen, die die *Langeweile* der täglichen Arbeit, der Probe selbst, stören könnte; diese Tatsache trägt erheblich zur nervösen Reizbarkeit der Gesprächspartner bei und führt folglich dazu, dass die telefonische Kommunikation zwischen Orchester und Bühne etwas schärfer wird.

Die Dinge passierten ungefähr so: Mitten in der Probe hielt Mademoiselle Mars plötzlich inne.

„Entschuldigen Sie, mein Freund", sagte sie zu Firmin oder Michelot oder Joanny, „ich möchte mit dem Autor sprechen."

Der Schauspieler, an den sie ihre Bemerkung richtete, verneigte sich zustimmend und blieb reglos und schweigend an seinem Platz stehen.

Mademoiselle Mars trat dicht an die Rampe heran und beschattete mit der Hand die Augen, obwohl sie genau wusste, in welchem Teil des Orchesters sie den Autor suchen musste, den sie vorgab zu finden. Dies war ihr kleiner Vorspielauftritt.

„M. Hugo?", fragte sie. „Ist M. Hugo hier?"

„Ich bin hier, Madame", antwortete Hugo und erhob sich von seinem Sitz.

„Ah! Das ist in Ordnung! – Danke … Können Sie es mir bitte sagen, M. Hugo …"

„Madam?"

„Ich habe Folgendes zu sagen:

„Du bist, mein Löwe, großartig und großzügig!"

„Ja, Madame, Hernani sagt Ihnen –

„Heil!" ich liebe eine sehr tiefe Liebe!
Nicht unbedingt ... Mourons Plutot! Was ist mit der Welt los? Ich habe es dir gezeigt! „Es ist ziemlich schlimm!"

Und Sie antworten ihm:

„Du bist, mein Löwe, großartig und großzügig!"

„Gefällt Ihnen dieser Satz, M. Hugo?"

"Welche?"

„ *Das bist du, mein Löwe!* "

„So habe ich es geschrieben, Madame. Daher glaube ich, dass es in Ordnung ist."

„Dann bleibst du deinem *Löwen treu?* "

„Vielleicht, Madame, vielleicht aber auch nicht. Wenn Sie etwas Besseres finden, werde ich es stattdessen einfügen."

„Das ist nicht meine Aufgabe, ich bin nicht der Autor."

„Also gut, Madame. Wenn das so ist, lassen Sie das Geschriebene genau so, wie Sie es vorgefunden haben."

„Es klingt für mich wirklich sehr komisch, M. Firmin *mon lion zu nennen!*"

„Oh! Das liegt daran, dass Sie sich in der Rolle der Doña Sol als Mademoiselle Mars vorstellen. Wenn Sie ein echter Schüler von Ruy Gomez de Sylva wären, einem edlen Kastilier des 16. Jahrhunderts, würden Sie Hernani nur in M. Firmin sehen ; Sie würden ihn als einen schrecklichen Räuberhauptmann betrachten, der sogar Karl V. in seiner Hauptstadt erzittern ließ; dann würden Sie verstehen, wie eine solche Frau einen solchen Mann *Löwensohn* nennen kann , und Sie würden es nicht länger als komisch empfinden!"

„Also gut! Wenn Sie bei Ihrem *Löwen bleiben* , werden wir nichts mehr sagen. Es ist meine Pflicht, zu sagen, was geschrieben steht, und da im Manuskript steht , *mon lion!* ', werde ich sagen , *mon lion!* ' Natürlich ist mir das alles gleich. Lassen Sie uns weitermachen, Firmin!"

„Du bist, mein Löwe, großartig und großzügig!"

Und die Probe würde fortgesetzt.

Doch als Mademoiselle Mars am nächsten Tag an dieselbe Stelle kam, blieb sie wie am Tag zuvor stehen und näherte sich wie am Tag zuvor der Rampe, wobei sie erneut so tat, als suche sie den Autor, und dabei die Hände vor die Augen hielt.

„M. Hugo?", sagte sie mit ihrer harschen Stimme, der Stimme von Mademoiselle Mars und nicht von Célimène. „Ist M. Hugo da?"

„Hier bin ich, Madame", antwortete Hugo mit der gleichen Gelassenheit.

„Oh, das ist in Ordnung. Ich bin froh, dass Sie hier sind."

„Ich hatte die Ehre, Ihnen vor der Probe meine Grüße auszurichten, Madame."

„Stimmt… Na, hast du darüber nachgedacht?"

„Worüber, Madame?"

„Wegen dem, was ich dir gestern gesagt habe."

„Sie haben mir gestern die Ehre erwiesen, mir sehr viele Dinge zu sagen."

„Ja, das war so … aber ich meine das mit dem berühmten Halbstich."

"Welche?"

„Oh, du meine Güte! Du weißt ganz genau, wen ich meine!"

„Das schwöre ich, Madame. Sie machen so viele nette und wertvolle Vorschläge, dass ich sie alle miteinander verwechsle."

„Ich meine die Zeile über den *Löwen.* "

„Ach ja! , *Vous êtes, mon lion!* ' Ich erinnere mich …"

"Na, hast du eine andere Linie gefunden?"

„Ich muss gestehen, dass ich nicht versucht habe, mir eines auszudenken."

„Sie halten die Linie also nicht für riskant?"

"Was meinst du mit riskant?"

„Alles, was ausgepfiffen werden könnte."

„Ich habe nie den Anspruch erhoben, von Ausrufen verschont zu bleiben."

„Das mag sein; aber Sie sollten es möglichst vermeiden, ausgebuht zu werden."

„Sie meinen also, dass der *Löwenspruch* ausgebuht wird?"

„Da bin ich sicher!"

„Dann, Madame, liegt es daran, dass Sie es nicht mit Ihrem üblichen Talent wiedergegeben haben."

„Ich werde es so gut sagen, wie ich kann … Trotzdem wäre es mir lieber …"

"Was?"

"Um mal was anderes zu sagen...."

"Was?"

"Um es völlig ändern zu lassen!"

"Wofür?"

„Sagen" – und Mademoiselle Mars tat so, als versuche sie, das Wort zu finden, das ihr seit drei Tagen durch den Kopf ging – „sagen zum Beispiel … ähm! … sagen … ähm!

„Sie sind, *Monseigneur*, großartig und großzügig!"

Mit „Monseigneur" lässt sich die Zeile genauso scannen wie mit *„Mon Lion"*, nicht wahr?"

„Ganz recht, Madame; nur macht *Mon lion* die Leine leichter, und *Monseigneur* macht sie schwerer."

„Ich würde viel lieber für einen guten Spruch ausgebuht werden, als für einen schlechten. Also gut, also gut … wir werden uns nicht länger damit aufhalten … Ich werde deinen *guten Spruch wiederholen* , ohne etwas daran zu ändern! Komm, Firmin, mein Freund, lass uns weitermachen …

„Du bist, mein Löwe, großartig und großzügig!"

Es ist eine bekannte Tatsache, dass Mademoiselle Mars am Tag der ersten Aufführung „ *Vous êtes, monseigneur!* " statt „ *Vous êtes, mon lion!* " sagte.

Diese Zeile wurde weder beklatscht noch ausgebuht: Sie war weder der einen noch der anderen Beachtung wert.

Ein wenig weiter überrascht Ruy Gomez Hernani und Doña Sol in den Armen des anderen und versteckt Hernani auf die Ankündigung der Ankunft des Königs hin in einem Zimmer, dessen Tür durch ein Gemälde verdeckt ist. Dann beginnt die berühmte Szene, die unter dem Titel „Scène *des Portraits* " bekannt ist , aus 76 Versen besteht und sich zwischen Don Carlos und Ruy Gomez abspielt, die Szene, in der Doña Sol stumm und reglos wie eine Statue zuhört und an der sie nur teilnimmt, als der König den Herzog verhaften lassen will; als sie ihren Schleier herunterreißt und sich zwischen den Herzog und die Wachen wirft und ausruft:

„König Don Carlos, du bist
ein verdammter König! …"

Dieses lange Schweigen und die Bewegungslosigkeit waren Mademoiselle Mars schon immer ein Dorn im Auge gewesen. Das Théâtre-Français war an die Traditionen der Komödien Molières oder der Tragödien Corneilles gewöhnt und wehrte sich gegen die *Inszenierung* des modernen Dramas, da es weder die Leidenschaft der Handlung noch die Poesie der Stille als Ganzes verstand. Die Folge war, dass die arme Doña Sol während dieser sechsundsiebzig Zeilen nicht wusste, was sie mit sich anfangen sollte. Eines Tages beschloss sie, die Sache mit dem Autor auszutragen. Sie kennen ihre Art, die Proben zu unterbrechen und zur Rampe vorzudringen. Der Autor stand vor dem Orchester und Mademoiselle Mars hinter der Rampe.

„Sind Sie da, M. Hugo?"

"Ja, Madame."

„Ah, gut! ... Tu mir einen Gefallen."

„Mit größtem Vergnügen... Was ist es?"

„Sag mir, was ich hier tun soll.“

"Wo?"

"Auf der Bühne, während M. Michelot und M. Joanny ihren Dialog führen."

„Sie müssen zuhören, Madame.“

„Ja! Ich soll zuhören... das weiß ich, aber ich finde das Zuhören ziemlich langweilig.“

„Aber wissen Sie, dass die Szene ursprünglich viel länger war und ich sie bereits um zwanzig Zeilen gekürzt habe.“

„Ja, aber könnten Sie nicht noch zwanzig Zeilen mehr herausschneiden?“

„Unmöglich, Madame!“

„Oder arrangieren Sie es zumindest, dass ich in irgendeiner Form daran teilnehme.“

„Aber Sie nehmen natürlich allein durch Ihre Anwesenheit teil. Es geht um den Mann, den Sie lieben, und über dessen Leben oder Tod debattiert wird. Mir scheint, die Situation ist bewegend und spannend genug, um Ihnen zu ermöglichen, in geduldigem Schweigen bis zum Ende zu warten.“

"Trotzdem... es ist lang!"

„Ich empfinde das nicht so, Madame.“

„Sehr gut! Dann wollen wir nichts mehr darüber sagen ... Aber das Publikum wird sich bestimmt fragen: ‚Was macht Mademoiselle Mars mit der Hand auf der Brust? Es war doch nicht nötig, ihr eine Rolle zu geben, nur damit sie einen halben Akt lang mit einem Schleier über den Augen still dasteht und kein Wort sagt!‘“

„Das Publikum wird sagen, dass unter der Hand von Doña Sol – nicht von Mademoiselle Mars – ihr Herz schlägt; dass unter dem Schleier von Doña Sol – nicht von Mademoiselle Mars – ihr Gesicht vor Hoffnung rot wird oder vor Angst blass wird; dass während des Schweigens – nicht von Mademoiselle Mars, sondern – von Doña Sol, Hernanis Geliebter, der Sturm in ihrem Herzen aufzieht, der in diesen nicht allzu respektvollen Worten einer Untertanin gegenüber ihrer Herrscherin hervorbricht –

„König Don Carlos, du bist
ein verdammter König! ...“

Und glauben Sie mir, Madame, es wird für die Öffentlichkeit ausreichen.“

„Wenn das Ihre Vorstellung ist, schön und gut. Ich mache mir nicht
meinetwegen Sorgen: Wenn sie während der Szene zischen, zischen sie nicht
mich an, da ich kein einziges Wort spreche … Komm, Michelot; komm,
Joanny; lass uns fortfahren.

„König Don Carlos, du bist
ein verdammter König! …"

Na, sind Sie damit zufrieden, M. Hugo?"

„Vollkommen, Madame." Und Hugo verbeugte sich und setzte sich mit
seiner unerschütterlichen Gelassenheit.

Am nächsten Tag unterbrach Mademoiselle Mars die Probe an derselben
Stelle, trat an die Rampe, beschattete ihre Augen mit der Hand und sagte mit
genau derselben Stimme wie am Tag zuvor:

„Sind Sie da, M. Hugo?"

„Ich bin hier, Madame."

„Na, haben Sie etwas gefunden, das Sie mir sagen können?"

"Wo?"

"Na, wissen Sie, wo … in der berühmten Szene, in der diese Herren
hundertfünfzig Zeilen sagen, während ich sie anstarre und kein Wort sage …
Ich weiß, es ist reizend, sie anzuschauen, aber hundertfünfzig Zeilen zu
sagen, dauert lange."

„Erstens, Madame, ist die Szene nicht hundertfünfzig Zeilen lang, sondern
nur sechsundsiebzig, denn ich habe sie gezählt. Dann habe ich Ihnen nicht
versprochen, etwas vorzutragen, was Sie sagen könnten, denn im Gegenteil,
ich wollte Ihnen beweisen, dass Ihr Schweigen und Ihre Reglosigkeit, aus
der Sie mit furchtbarem Glanz hervortreten , eine der Schönheiten der
ganzen Szene ist."

„Schönheiten, Schönheiten! … Ich fürchte sehr, das Publikum wird Ihnen
nicht zustimmen."

"Wir werden sehen."

„Ja, aber vielleicht sehen Sie es ein bisschen zu spät … Sie wollen also auf
jeden Fall durchsetzen, dass ich während der ganzen Szene nichts zu sagen
habe?"

"Ich tue."

"Für mich ist das alles gleich; ich werde nach hinten auf die Bühne gehen und die Herren vorne über ihre Angelegenheiten reden lassen."

„Wenn Sie möchten, können Sie sich in den hinteren Teil der Bühne zurückziehen, Madame. Da die besprochenen Angelegenheiten jedoch sowohl Sie als auch die anderen betreffen, werden Sie die Szene verderben. … Wenn es Ihnen passt, Madame, kann die Probe fortgesetzt werden.“

Und die Probe wurde fortgesetzt.

Aber jeden Tag gab es Unterbrechungen der Art, auf die wir gerade hingewiesen haben. Das ärgerte Hugo sehr, denn er stand noch am Anfang seiner Karriere als Schauspieler und glaubte, die größte Schwierigkeit sei die Entstehung des Stücks und die größte Mühe, es in die richtige Form zu bringen. Jetzt erkannte er, dass all dies im Vergleich zu den Proben ein Kinderspiel war. Schließlich verlor er eines Tages die Geduld, und als die Probe vorbei war, ging er auf die Bühne, näherte sich Mademoiselle Mars und sagte:

„Madam, darf ich die Ehre haben, ein paar Worte mit Ihnen zu wechseln?“

„Mit mir?“, antwortete Mademoiselle Mars erstaunt über diesen feierlichen Beginn.

"Mit dir."

"Wo?"

„Wohin du willst.“

„Dann kommen Sie hier entlang.“ Und Mademoiselle Mars ging voran und führte Hugo in das, was damals das *Petit Foyer* (kleines Green Room) genannt wurde, das sich, glaube ich, dort befand, wo heute der Salon der Direktorenloge ist. Louise Despréaux saß allein in einer Ecke.

Wir haben erwähnt, dass Louise Despréaux eine der größten Abneigungen von Mademoiselle Mars war, während Madame Menjaud ihre Favoritin war. Ich habe zu gegebener Zeit die Szene beschrieben, die ich mit Mademoiselle Mars wegen Louise Despréaux hatte, als es um die Verteilung der Pagenrolle an die Herzogin von Guise ging. Als sie Mademoiselle Mars und Hugo hereinkommen sah, stand sie diskret auf und verließ den Raum; obwohl ich den starken Verdacht habe, dass sie mit der Neugier einer Siebzehnjährigen ihr Ohr und ihr rosiges junges Gesicht ans Schlüsselloch presste.

Mademoiselle Mars lehnte am Kaminsims und hielt ihr Teil in der Hand.

„Also, was möchtest du mir sagen?“, fragte sie.

„Ich wollte Ihnen sagen, Madame, dass ich gerade einen Entschluss gefasst habe.“

„Was ist, Monsieur?“

„Um Sie zu bitten, Ihren Teil aufzugeben.“

„Mein Teil! … Welcher?“

„Derjenige, nach dem Sie in meinem Drama gefragt haben, zu meiner großen Ehre.“

„Was? Die Rolle der Doña Sol“, rief Mademoiselle Mars erstaunt aus. „Meinen Sie diese Rolle?“ … Und sie zeigte auf die Papierrolle, die sie in der Hand hielt, und runzelte die Stirn über ihren Augen, die manchmal einen unglaublich harten Ausdruck annehmen konnten.

Hugo verbeugte sich.

„Ja“, sagte er, „der Teil von Doña Sol, den Sie in der Hand halten.“

„Ah, das ist es also?“, sagte Mademoiselle Mars, schlug mit der Rolle auf den Marmorkamin und stampfte mit dem Fuß auf den Boden. „Das ist das erste Mal, dass mich ein Autor gebeten hat, meine Rolle aufzugeben!“

„Also gut, Madame. Ich denke, es ist an der Zeit, ein Beispiel zu geben, und ich werde es geben.“

„Aber warum willst du es mir wegnehmen?“

„Weil ich glaube, dass ich Recht habe, Madame, dass Sie, wenn Sie mir die Ehre erweisen, völlig vergessen zu haben scheinen, mit wem Sie sprechen.“

„Inwiefern, Monsieur?“

„Oh! Ich bin mir bewusst, dass Sie eine sehr talentierte Dame sind … aber es gibt einen Punkt, ich wiederhole, den Sie anscheinend nicht kennen und auf den ich Sie aufmerksam machen sollte, nämlich, dass auch ich, Madame, eine talentierte Person bin. Ich bitte Sie, berücksichtigen Sie diese Tatsache und behandeln Sie mich dementsprechend.“

„Sie meinen also, dass ich Ihre Rolle schlecht spielen werde?“

„Ich weiß, dass Sie es bewundernswert gut spielen werden, Madame, aber ich weiß auch, dass Sie sich mir gegenüber seit Beginn der Proben äußerst unhöflich verhalten haben – ein Verhalten, das sowohl Mademoiselle Mars als auch M. Victor Hugos unwürdig ist.“

„Oh!“, murmelte sie und biss sich auf ihre blassen Lippen. „Du hast es tatsächlich verdient, dass dir dein Anteil zurückgegeben wird!“

Hugo streckte seine Hand aus.

„Ich bin bereit, es anzunehmen, Madame", sagte er.

„Und wenn ich es nicht spiele, wer dann?"

„Oh, auf mein Wort, Madame, die erste Person, die mir in die Hände fällt...
Nun, Mademoiselle Despréaux zum Beispiel. Sie besitzt natürlich nicht Ihr
Talent, aber sie ist jung und hübsch und wird daher zwei der drei
Voraussetzungen erfüllen, die die Rolle verlangt; außerdem wird sie mir die
Ehrerbietung erweisen, die mir zusteht und über deren Fehlen ich mich
Ihrerseits zu beklagen hatte."

Und Hugo stand mit ausgestrecktem Arm und offener Hand da und wartete
darauf, dass Mademoiselle Mars ihm die Rolle zurückgab.

„Mademoiselle Despréaux! Mademoiselle Despréaux!", murmelte
Mademoiselle Mars. „Ah! Das ist wirklich ein guter Witz! ... Sie scheinen
also Mademoiselle Despréaux Aufmerksamkeit zu schenken?"

„Ich? Ich habe in meinem Leben noch nie ein Wort mit ihr gesprochen!"

„Und Sie verlangen von mir definitiv und förmlich, Ihnen meinen Teil
zurückzugeben?"

„Ich bitte Sie ausdrücklich und endgültig, mir die Rolle zurückzugeben."

„Also gut , ich werde die Rolle behalten... Ich werde sie spielen, und das
schwöre ich, weil sie in Paris niemand sonst spielen würde."

„So sei es. Behalten Sie die Rolle bei; vergessen Sie nur nicht, was ich Ihnen
hinsichtlich der Höflichkeit gesagt habe, die zwischen Menschen unseres
Rangs herrschen sollte."

Und Hugo verneigte sich vor Mademoiselle Mars und ließ sie völlig
überwältigt zurück von jener hochmütigen Würde, an die die Autoren des
Kaiserreichs sie nicht gewöhnt hatten; sie waren vor ihrem Talent gekriecht,
im Bewusstsein, dass sie ohne sie mit ihren Stücken keinen halben Penny
verdienen würden.

Von diesem Tag an verhielt sich Mademoiselle Mars Hugo gegenüber kühl,
aber höflich, und als der Abend der ersten Aufführung kam, spielte sie ihre
Rolle perfekt, wie sie es ihm versprochen hatte.

Michelot, ein ganz anderer Mensch als Mademoiselle Mars, war höflich bis
an die Grenze zur Speichelleckerei; aber da er uns im tiefsten Innern
verabscheute, ging er, als die Stunde des Kampfes kam, statt loyal und tapfer
zu kämpfen, wie es Mademoiselle Mars tat, schlau zum Feind über und gab
den Scharfschützen im Graben den Hinweis, wo sie im günstigsten Moment
unsere schwächsten Stellen finden könnten. Bei Michelots Rolle wurden
viele Freiheiten genommen, die sich ein Schauspieler, der sich weniger um

die öffentliche Meinung geschert hätte, niemals erlaubt hätte. Tatsächlich hatten wir vor der Aufführung einen harten Kampf gegen die riskanten Passagen in der Rolle des Don Carlos geführt; ich erinnere mich unter anderem, dass ich Hugo mit großem Bedauern dazu brachte, einen Vierzeiler zu streichen, an dem Michelot hartnäckig festzuhalten schien: Ich habe später herausgefunden, warum. Diese vier Zeilen hatten jene bezaubernd kuriosen Wendungen, die Hugo und sonst niemandem eigen sind.

Als Ruy Gomez de Sylva zum Haus seiner Nichte zurückkehrt und im Begriff ist, Don Carlos und Hernani zu überraschen, möchte dieser, aus Angst um Doña Sols Ruf, den König und sich selbst in dem sehr engen Schrank verstecken, den Don Carlos gerade verlassen wollte, da er sich allein darin ziemlich unwohl fühlte. Doch der König widersetzte sich dem Vorschlag. Ist es wirklich so, sagt er –

„Ist das also ein Spiel um den Sieg?
Wir drücken uns ein wenig, du und ich, du bist es. Der Herzog geht hinein und wird in den Schrank gehen, wo wir sind. Um eine Zigarette zu rauchen ... Ich finde zwei Männer!"

Damit diese Zeilen ihre komische Wirkung entfalten können, müssten sie mit der Unbeschwertheit und Gelassenheit eines Königs vorgetragen werden, der erst neunzehn Jahre alt ist und sich in der Blütezeit seines Wohlstands befindet (beachten Sie, dass Karl V. erst neunzehn Jahre alt war, als er zum deutschen Kaiser ernannt wurde). Nun, sie wurden im gleichen Tonfall vorgetragen, wie Mohammed sagte:

„Wenn ich bereit bin, anderen zu antworten, die Topyre sind,
werde ich nicht mit dem Gott sprechen, der mich inspiriert hat. Die Glefe und der Alcoran in meinen schrecklichsten Momenten, erzwingen ein gebieterisches Schweigen für die übrigen Menschen!"

Das war völliger Schwachsinn! Also wurde auf mein Drängen hin und trotz Michelots Einwänden, der insgeheim hoffte, dass diese Zeilen *ihre Wirkung entfalten würden* , die Löschung beschlossen und gnadenlos durchgesetzt.

Ich habe gesagt, dass es bei Joanny ganz anders war: Er war ein alter Soldat, ein wahrer Mensch aus Ehre und Aufrichtigkeit, der zur vierten Probe ohne sein Manuskript kam, da er seine Rolle bereits in- und auswendig kannte; wenn man ihm also überhaupt etwas vorwerfen musste, dann war es, dass er nach den dreißig bis vierzig Generalproben vor der ersten öffentlichen Aufführung des Stücks *blasiert wurde* .

Diese erste Aufführung war eine wichtige Angelegenheit für unsere Partei. Ich hatte den Valmy der literarischen Revolution gewonnen; Hugo musste den Jemmapes gewinnen, damit die neue Schule auf dem Weg zum Sieg sein konnte. Wenn also die Zeit kommt, über die erste Reproduktion von *Hernani zu sprechen* , werden wir ihr die volle Aufmerksamkeit widmen, die sie verdient. Aber im Moment müssen wir Sklaven der Chronologie sein und von Victor Hugo zu de Vigny, von *Hernani* zu *Othello übergehen.*

KAPITEL XIII

Alfred de Vigny – Der Mann und seine Werke – Harel, der Direktor des Odéon – Der Untergang von Souliés *Christine* – Einlage über Lassailly – Brief von Harel, mit meinem eigenen Vorwort und einem Nachwort von Soulié – Ich lese meine *Christine* im Odéon – Harel bittet mich, sie in Prosa zu fassen – Erste Aufführung des *More de Venise* – Die Schauspieler und die Zeitungen

Während das Théâtre-Français auf den berühmten 1. Oktober wartete, für den Hugo sich verpflichtet hatte, anstelle von *Marion Delorme das namenlose Drama zu spielen, an dem er gerade arbeitete*, beschloss man, Shakespeares *Othello* in der Übersetzung von Alfred de Vigny zu proben, das bei der Lesung vor dem Komitee ebenso wie bei *Heinrich III.* und *Marion Delorme* mit begeistertem Beifall aufgenommen worden war.

Alfred de Vigny vervollständigte die poetische Dreifaltigkeit seiner Zeit, obwohl sein Werk von niedrigerem Rang war: Die Leute sprachen von Hugo und Lamartine oder von Lamartine und Hugo und sprachen von Alfred de Vigny als von der nächsten Stufe. Alfred de Vigny besaß sehr wenig Vorstellungskraft, aber er hatte einen schönen und korrekten Stil; er war bekannt für seinen Roman *Cinq-Mars*, der heutzutage nur mäßigen Erfolg gehabt hätte, aber da er in einer Zeit der Literaturknappheit erschien, erfreute er sich großer Beliebtheit.

Als Hugo *Marion Delorme las*, flüsterte de Vigny seinen Freunden zu – so etwas sagt man seinen Freunden immer –, dass Didier und Saverny, die beiden Hauptfiguren des Dramas, eine Nachahmung von Cinq-Mars und de Thou seien. Aber ich bin überzeugt, dass Hugo beim Schreiben seines Stücks nicht einmal an de Vignys Romanze dachte.

Außer dem Roman *Cinq-Mars* hatte de Vigny mehrere zierliche kleine Gedichte im damals gängigen Stil verfasst: Byron hatte den Stil für diese Art von Gedichten festgelegt. Zu diesen fünf oder sechs bezaubernden kleinen Gedichten gehörten *Eloa* und *Dolorida*. Schließlich hatte er gerade eine äußerst rührende Elegie auf zwei unglückliche junge Menschen veröffentlicht, die in Montmorency im Schutz der Musik eines Balls Selbstmord begangen hatten.

De Vigny war ein sehr eigenartiger Mann; er war höflich, umgänglich und sanft in all seinem Umgang, aber er heuchelte die völlige Weltfremdheit – eine Affektiertheit, die zudem perfekt zu seinem bezaubernden Gesicht passte, dessen zarte und feine Züge, umhüllt von langem blondem, lockigem Haar, ihn wie einen Bruder der Cherubim aussehen ließen. De Vigny ließ sich, wenn er es vermeiden konnte, nie auf irdische Dinge herab; wenn er vielleicht seine Flügel einfaltete und sich auf dem Gipfel eines Berges ausruhte, war dies ein Zugeständnis an die Menschheit, denn schließlich war es ihm nützlich, wenn er seinen kurzen Verkehr mit uns pflegte. Hugo und ich wunderten uns immer sehr über seine völlige Unkenntnis der materiellen Bedürfnisse unserer Natur, die viele von uns, darunter auch Hugo und ich, nicht nur ohne jedes Schamgefühl, sondern mit einem gewissen sinnlichen Genuss befriedigten. Keiner von uns hatte de Vigny jemals bei Tisch überrascht. Dorval, die sieben Jahre ihres Lebens mehrere Stunden täglich mit ihm verbracht hatte, erklärte uns mit einer Verwunderung, die fast an Entsetzen grenzte, sie habe ihn noch nie einen Rettich essen sehen! Nun war nicht einmal die Göttin Proserpina so enthaltsam; von Pluto in die niederen Regionen entführt, hatte sie es von Anfang an trotz der geistigen Zerstreutheit, zu der sie ihr unappetitlicher Aufenthalt natürlicherweise veranlasst hatte, geschafft, sieben Granatapfelkerne zu essen! Trotzdem hinderten diese Eigenschaften de Vigny nicht daran, ein angenehmer Gesellschafter zu sein, ein Gentleman bis in die Fingerspitzen, immer bereit, einem einen Gefallen zu tun und absolut unfähig, einem einen schlechten Dienst zu erweisen. Niemand kannte de Vignys Alter genau; aber da bekannt war, dass de Vigny bei der Rückkehr von Ludwig XVIII. in der Garde gedient hatte, und angenommen, er war achtzehn, als er den Dienst antrat, sagen wir im Jahr 1815, so muss er im Jahr 1829 zweiunddreißig gewesen sein.

Man wird feststellen, dass all diese großen Revolutionäre sehr jung waren und dass die revolutionären Dichter den drei Generälen der Revolution, von denen ich, glaube ich, gesprochen habe, die die Armee von Sambre-et-Meuse befehligten und deren Gesamtalter siebzig Jahre betrug, sehr ähnlich waren: Hoche, Marceau und mein Vater.

Die bevorstehende Aufführung von *Othello* erregte großes Aufsehen. Wir alle kannten de Vignys Übersetzung, und obwohl wir lieber von Nationaltruppen und einem französischen General unterstützt worden wären als von diesem poetischen Condottiere, war uns klar, dass wir gegen unsere Feinde alle kriegbaren Waffen akzeptieren mussten, besonders wenn diese Waffen aus dem Arsenal unseres allergrößten Meisters kamen – Shakespeare. Mademoiselle Mars und Joanny wurden die Hauptrollen zugeteilt. Sie waren mächtige Hilfstruppen, aber nicht gerade von der Art, die wir wollten. Mademoiselle Mars und Joanny wirkten ein wenig unbeholfen in ihren (dramatisch gesehen) nicht zu ihren Figuren passenden Gewändern. Mademoiselle Mars war eine bezaubernde Frau des Empire, kultiviert, leicht, zart, anmutig, satirisch, und besaß nichts von der sanften, unschuldigen Melancholie der Mätresse des Mauren; und Joanny mit seiner *nach hinten gebogenen* Nase *à la* Odry und seinen Gesten ohne Erhabenheit oder Majestät erinnerte nicht an den düsteren und schrecklichen Liebhaber von Desdemona. Die Rolle des Jago, die Ducis durch die von Pezarre ersetzt hatte, wie man ein Bein aus Fleisch und Knochen durch ein hölzernes ersetzt , fiel Perrier zu und sollte zum ersten Mal am helllichten Tag in Erscheinung treten.

Man sah also der Aufführung mit großer Ungeduld entgegen; doch während wir auf diesen feierlichen Anlass warteten, der, wie bereits erwähnt, im Théâtre-Français stattfinden sollte, bereitete man im Odéon eine andere Aufführung vor, die für mich von besonderer Bedeutung war, nämlich Christine *à Fontainebleau* von Frédéric Soulié. M. Braults *Christine* starb, wie ich bereits erwähnte, wenige Tage nach ihrer Geburt und war verschwunden, ohne eine Spur zu hinterlassen!

Das Odéon war vor kurzem nach neuen Richtlinien umgestaltet worden. Harel, den wir gesehen haben, als er *Marion Delorme* in Hugos Haus überraschen wollte, war früher Sekretär von Cambacérès, früher Unterpräfekt des Départements Aisne, früher Präfekt der Landes, politischer Flüchtling im Jahr 1815, Herausgeber des *Nain Jaune* in Belgien, kurz gesagt, einer der vielseitigsten Männer, die je gelebt haben, war gerade zum Direktor des Odéon ernannt worden, ich glaube, er ersetzte Éric Bernard. Er hatte das Theater mit Lucien Arnaults *États de Blois eröffnet* , das trotz der prächtigen Inszenierung des Stücks keinen großen Erfolg hatte; und da Harel ein guter Journalist war und geschickt mit dem dreifachen Element aus Feuilleton, kurzem Absatz und Prunk umging, verstand er es, die Pauken für „ *Christine à Fontainebleau" meines Freundes Frédéric Soulié zu blasen.*

Ich hatte Frédéric seit der Nacht nicht mehr gesehen, in der wir uns voller Gefühlskälte getrennt hatten und jeder von uns beschlossen hatte, mit seinem eigenen *Leben weiterzumachen. Henri III.* und sein Erfolg und all der Ruhm, den es mit sich brachte, waren vergangen, ohne dass ich Souliés Namen erwähnt hörte. Seine *Christine war fertig und das war das letzte, was ich von ihm hörte. Er hatte mir zwei Plätze in der Galerie für seine Juliette* geschickt und ich hatte ihm zwei Balkonkarten für meinen *Henri III. geschickt, und das war alles, was wir an Höflichkeiten ausgetauscht hatten. Ich erwartete, dass man mir Plätze für Christine* schickte , aber zu meinem großen Erstaunen erhielt ich keine. Später fand ich heraus, dass dies an Harel lag, der befürchtete, ich würde dem Stück einen schlechten Dienst erweisen, und sich deshalb dagegen aussprach, mir Karten zu schicken.

Da ich für die erste Vorstellung keinen Sitzplatz hatte, bemühte ich mich nicht, mir einen zu besorgen, und ging in dem festen Glauben zu Bett, dass ich am nächsten Morgen als erstes erfahren würde, ob das Stück mit Applaus oder Ausbuhen aufgenommen worden war. Tatsächlich kam einer meiner guten Freunde, ein Junge, der damals nichts weiter getan hatte, als vielversprechendes Talent zu zeigen, der sich aber inzwischen einen Namen gemacht hat, Achille Comte, am nächsten Morgen um sieben in mein Zimmer. Die arme *Christine* war völlig durchgefallen. Soulié hatte offenbar die Idee gehabt, einen italienischen Banditen in den Wald von Fontainebleau einzuführen, und dies hatte den groteskesten Effekt erzielt, den man sich vorstellen konnte. Am Tag zuvor hätte ich gedacht, dass mich diese Nachricht nach Souliés Behandlung erfreut hätte; aber im Gegenteil, sie machte mich elend. Die unschuldigen und primitiven Freundschaften unserer Jugend sind die einzigen echten Freundschaften.

Die Lektüre von *Marion* hatte mich nicht nur tief beeindruckt, sondern mir auch enorme Dienste erwiesen: Sie hatte mir bis dahin ungeahnte poetische Anregungen eröffnet; sie hatte mir Möglichkeiten der Behandlung von Poesie aufgezeigt, an die ich nie gedacht hatte; und schließlich hatte sie mir die erste Idee für *Antony gegeben*. Am Tag nach der Lektüre von *Marion Delorme* machte ich mich mit ungewöhnlichem Mut an die Arbeit. Bevor die Musik der Zeilen, denen ich in der vergangenen Nacht zugehört hatte, in meinen Ohren verklungen war, war ich aufgestanden, inspiriert von der Harmonie ihrer letzten Töne; und die neue *Christine* öffnete ihre Augen für die Töne des fernen, melodischen Echos, das noch immer in meinem Geist lebte, obwohl der Klang selbst verklungen war.

Mir ist ein kurzer Exkurs zum Thema *Christine gestattet*: Ich beschreibe es als eine Studie über Sitten und Bräuche und hoffe, dass es nicht mit Prahlerei verwechselt wird.

Außerhalb der literarischen Welt gab es damals einen großen Kerl, der ein halber Idiot war, mit einer langen krummen Nase und Beinen wie Seringuinos in den *Pilules du Diable*. Er war, glaube ich, der Sohn eines Apothekers aus Orléans und spielte den jungen Don Juan für Zimmermädchen und Töchter des Portiers, die er in seinen Elegien und Sonetten in Baroninnen und Herzoginnen verwandelte; er schrieb einen Roman, der veröffentlicht wurde, aber, da bin ich sicher, nie gelesen wurde. Dieser Roman trug den Titel Roueries *de Trialph*. Sein Name war Lassailly.

Es gibt gewisse Leute, die das seltsame Privileg genießen, das Groteske in die traurigsten und herzzerreißendsten Szenen einzubringen, und Lassailly war einer der beliebtesten dieser Lieferanten des Lächerlichen. Einmal war ich zu Bett gegangen und schrieb die erste Szene zwischen Paula und Monaldeschi und kam zu diesen Zeilen:

"Oh! Pass auf mich auf! Ich werde dir dienen!
Alles, was eine reine oder absichtlich erfundene Liebe ist.
Ja, für dich habe ich sie erfunden!
Wenn du mich verarschst, werde ich dich töten. Ich habe Liebeswörter, die

mich umbringen. Pass auf mich auf! Ich bin der Meinung, dass eine andere Frau mir gefällt. Ich hoffe, dass sie mir hilft , ihrem Herzen zu folgen. Aber bei Gott, dem Lebenden, pass auf mich auf! Pass auf mich auf! ..."

Plötzlich hörte ich, wie sich die Tür meines Wohnzimmers öffnete und ein heulendes Wesen sich meinem Schlafzimmer näherte; dann sah ich, wie sich meine Schlafzimmertür öffnete und Lassailly hereinkam, sich auf den Teppich warf und sich die Haare raufte. Die Erscheinung war so unerwartet, so seltsam und sogar so furchterregend, dass ich meine Hand nach den doppelläufigen Pistolen ausstreckte, die ich in einer Nische am Kopfende meines Bettes aufbewahrte. Als ich sah, dass es Lassailly war, schob ich die Pistolen zurück und wartete auf eine Erklärung für diese Zurschaustellung von Possenreißer. Die Erklärung war traurig genug: Der Vater des armen Teufels hatte sich in den Fluss gestürzt und Lassailly hatte gerade erfahren, dass sein Vater ertrunken war und dass sein Körper, nachdem er aus dem Wasser geholt worden war, in der Leichenhalle von Orléans aufgebahrt worden war, von wo er nicht ohne Zahlung einer bestimmten Geldsumme abtransportiert werden konnte. Lassailly hatte keinen halben Penny zu dieser Summe und war gekommen, um sie von mir zu verlangen. Beim Anblick des Sohnes, der um seinen Vater weinte, der auf diese beklagenswerte Weise gestorben war, konnte ich mir nur ein Bild vor Augen führen: Mich beeindruckte nicht so sehr die Trauer des Sohnes, die, so übertrieben und grotesk sie auch sein mochte, im Grunde vielleicht doch aufrichtig war, sondern der Gedanke an das wirkliche, unvorhergesehene und irreparable Elend des armen Kerls, der aus den Wassern der Loire gezogen worden war, bleich und tränenüberströmt und traurig, mit vom Tod getrübten Augen und einem von Flusspflanzen verschmierten Gesicht, der nun auf den feuchten Steinen der Leichenhalle lag. Ich versuchte nicht, Lassailly zu trösten: Man bietet keinen Trost, wenn die Leute nicht darum bitten. Rachel, die in Rama um ihre Kinder weinte und die Luft mit ihrem Wehklagen erfüllte, wollte keinen Trost finden, weil sie keinen fanden.

„Mein Freund", sagte ich, „kommen wir zum dringendsten Teil der Angelegenheit. Sie wollen nach Orléans, nicht wahr? Um Ihren Vater zu begraben? Sie sagen, es wird Sie hundert Francs kosten; ich glaube, es wird Sie mehr kosten, und ich würde Ihnen gern so viel anbieten, wie Sie brauchen; aber ich kann Ihnen nur so viel anbieten, wie ich besitze... Öffnen Sie die Schublade des Chiffoniers, in der sich hundertfünfunddreißig Francs befinden, nehmen Sie hundertdreißig und lassen Sie mir fünf..."

Lassailly wollte sich mir in die Arme werfen, machte den Versuch, mich zu umarmen und nannte mich seinen Retter; aber ich stieß ihn sanft von mir, deutete mit der Hand auf die Schublade und wiederholte:

„Na, na ... nimm es; ... nimm hundertdreißig Francs und lass mir fünf."

Er nahm die Summe und ging, und als er gegangen war, nahm ich meine Szene zwischen Paula und Monaldeschi wieder auf und beendete sie. Vierzehn Tage später brachte man mir die erste und, um genau zu sein, auch die letzte Ausgabe einer kleinen Zeitung. Ein Kritiker verkündete in einem einleitenden Artikel, dass es darum gehe, zum ersten Mal die Wahrheit über die verschiedenen hochtrabenden falschen Rufe zu sagen, die über Nacht entstanden seien. Der Artikel fuhr fort, dass es darum gehe, Menschen und Dinge endlich an die Plätze zu bringen, die Gott ihnen zugedacht habe.

Diese Reihe von Rächern der Gerechtigkeit, diese literarischen Hinrichtungen, begannen mit Alexandre Dumas. Der Artikel war mit „Lassailly" unterzeichnet und hatte ihm hundert Francs eingebracht! Der Mann, der mir die Zeitung brachte, wusste, was ich vor vierzehn Tagen für Lassailly getan hatte.

„Na", fragte er, „was sagen Sie dazu?"

„Armer Junge!", antwortete ich. „Vielleicht musste er seine Mutter begraben!"

Und ich stopfte das Tagebuch in die Schublade des Kleiderschranks, aus der er die hundertdreißig Francs genommen hatte, die er nie zurückzahlte. Lassailly ist inzwischen gestorben, und das Papier wurde nie wiederbelebt.

Kehren wir nun zu den beiden *Christines zurück*. Wie ich bereits sagte, erfuhr ich sofort vom Misserfolg von Souliés Stück und beendete mein eigenes innerhalb von fast einem Monat, und es hatte damals die Form, die es heute hat. Ich suchte noch am selben Tag den Manager des Théâtre-Français auf, dessen Namen ich vergessen habe. Er war eine Art Mulatte mit großen Augen und gelber Haut, und mit dem Brief des Komitees in der Hand, nachdem M. Braults *Christine* gespielt worden war, bat ich darum, mein Stück zur Probe zu bringen. Tatsächlich sollte am nächsten Tag ein Komitee zusammentreten, und der Manager antwortete, er würde ihnen die Angelegenheit vorlegen. Das Komitee entschied, dass ich mich einer zweiten Lesung unterziehen sollte, da allgemein bekannt war, dass ich mein Werk geändert hatte. Da diese zweite Lesung jedoch in Wirklichkeit eine dritte Lesung war, lehnte ich den Vorschlag rundweg ab. Und mit diesem Kampf mit der Comédie-Française begann eine anhaltende Reihe freundschaftlicher Beziehungen zwischen uns. Mitten im Konflikt erhielt ich einen Brief von Harel, der wie folgt abgefasst war:

„MEIN LIEBER DUMAS, was halten Sie von dieser Idee von Mademoiselle Georges? Ihre *Christine* sofort zu spielen, auf derselben Bühne und mit denselben Schauspielern wie die, die Souliés *Christine spielten* ? Die Bedingungen müssen Sie selbst festlegen. Sie brauchen sich nicht den Kopf darüber zu zerbrechen, dass Sie das Werk eines Freundes erwürgen, weil es gestern eines natürlichen Todes gestorben ist. – Immer Ihr HAREL"

Ich rief meinen Diener und schrieb auf den Brief, den ich oben abgeschrieben habe, die Worte:

„MEIN LIEBER FRÉDÉRIC, – Lies diesen Brief. Was für ein Schurke ist dein Freund Harel! – Dein ALEX. DUMAS"

Mein Diener brachte den Brief zur Sägemühle in La Gare und brachte mir eine Stunde später diese Antwort am Ende desselben Briefes zurück. Frédéric hatte geschrieben:

„MEIN LIEBER DUMAS, – Harel ist nicht mein Freund, er ist ein Manager. Harel ist kein Schurke, nur ein Spekulant. Ich würde nicht tun, was er tut, aber ich würde ihm raten, es anzunehmen. Sammeln Sie die Bruchstücke meiner *Christine* – und ich warne Sie, es gibt viele davon – werfen Sie sie in den Korb des ersten Lumpensammlers, der Ihnen über den Weg läuft, und lassen Sie Ihr eigenes Stück spielen. – Für immer Ihr F. SOULIÉ"

Man muss zugeben, dass Harels Brief mit seinem Vorwort und seinem Nachwort ein sehr merkwürdiges Dokument war. Mit dieser Ermächtigung sah ich keine Schwierigkeiten, Harels Angebote anzunehmen. Meine einzige Bedingung war, dass mein Stück, unabhängig davon, ob es bei der Lesung des Komitees angenommen wurde oder nicht, innerhalb von sechs Wochen nach dem Datum der Vereinbarung weiterverfolgt werden sollte.

Die Lesung vor dem Komitee war für den folgenden Samstag und die Lesung vor den Schauspielern für Sonntagabend angesetzt. Ich hatte meine Gründe, dem Komitee gegenüber misstrauisch zu sein: Es hatte mich unter Vorbehalt der Korrektur aufgenommen, und da das Komitee des Théâtre-Français mir Samson als Korrektor zugewiesen hatte, ernannte das Komitee des Odéon die Herren Tissot und Sainte-Beuve zu ihren Beratern. Als Cavé aufstand, um zu gehen, erklärte er, das Stück enthalte einige schöne Passagen, sei aber nicht für die Aufführung geeignet. Und er war der einzige Freund, den ich im Komitee hatte!

Harel war völlig verblüfft, denn obwohl er ein fähiger Mann war, konnte er gute Poesie nicht von schlechter unterscheiden und wusste nicht, was großartig oder schön war.

Ich möchte, dass alle verstehen, dass ich diese Bemerkungen nicht auf seine Zweifel hinsichtlich *Christine beziehe* , sondern nur auf sein Urteil im Allgemeinen. Er verehrte Voltaire, und vor seinem Tod hatte er das Glück, für seine Lobrede auf den Autor von *Zaïre ausgezeichnet zu werden.* Während ich Voltaire als Philosophen und Erzähler sehr bewunderte, hielt ich andererseits wenig von ihm als Dichter, insbesondere als dramatischen Dichter; als Dramatiker sind seine Methoden gewöhnlich, abgedroschen und melodramatisch; als Schriftsteller sind seine Verse armselig, sententiell und haben schlechte Reime. Es ist bedauerlich für den Philosophen von Ferney, aber man muss zugeben, dass er nur in seinem berüchtigten Gedicht „Pucelle" *nahezu* unnahbar ist; und selbst diejenigen, die die Gottlosigkeit, die historische Verleumdung und die patriotische Undankbarkeit darin abstoßend finden, sind gezwungen, das Werk zu bewundern, denn es ist ein Meisterwerk.

Trotz Cavés Meinung und Harels Beunruhigung durfte die Lesung vor den Schauspielern am nächsten Tag stattfinden: Es war vereinbart. Ich sage, *es war vereinbart* , denn wenn es nicht vereinbart worden wäre, hätte die Lesung sicherlich nie stattgefunden. Und Harel bat Jules Janin um Erlaubnis, bei der Lesung anwesend zu sein. Janin hatte damals alle seine Rechte an Harel abgetreten, und obwohl ich nicht unbedingt auf den phantasievollen und kapriziösen Geschmack des zukünftigen Kritikerfürsten vertraute, widersetzte ich mich seiner Anwesenheit nicht. Ich besaß damals jene erschreckende Selbstsicherheit, die immer mit Unerfahrenheit und höchster Selbstzufriedenheit einhergeht. Es hat viel Erfolg gebraucht, um mich von meiner Einbildung zu heilen!

Ich las den Schauspielern vor, jener Klasse von Menschen, die, alles in allem, die Wirkung eines Stücks am schnellsten im Voraus beurteilen können, obwohl jeder Schauspieler im Allgemeinen dem Werk, das ihm vorgelesen wird, aus seiner eigenen Sichtweise zuhört, hauptsächlich an die Wirkung seiner eigenen Rolle denkt und sich nicht um die seiner Nachbarn kümmert. Die Lesung war ein großer Erfolg, aber Harel war dennoch von einer Idee beunruhigt, die er erst am nächsten Tag enthüllte. Er kam bei Tagesanbruch zu mir, um mir in aller Einfachheit vorzuschlagen, *Christine* in Prosa zu verfassen. Und so präsentierte sich Harel mir gleich zu Beginn in all seiner Pracht. Natürlich lachte ich ihm ins Gesicht und nachdem ich ihn ausgelacht hatte, wies ich ihn vor die Tür.

Am nächsten Tag fand die erste Probe statt, als ob es nie einen solchen Vorschlag gegeben hätte. Das Stück war hervorragend inszeniert: Georges spielte Christine, Ligier Sentinelli, Lockroy Monaldeschi und Mademoiselle Noblet, die beinahe ihr Debüt gegeben hätte, spielte Paula. Es war von ganz oben verfügt worden, dass die Person, für die letztere Rolle geschaffen worden war, sie nicht spielen sollte! „Der Mensch denkt, Gott lenkt." Sogar die beiden unbedeutenden Rollen der Mörder von Monaldeschi wurden von zwei Schauspielern von allerhöchstem Rang gespielt, Stockleit und Duparay.

Gerade als meine Proben begannen, endeten die von Alfred de Vigny. Unsere relativen Anhänger waren erzürnt über uns, und das aus gutem Grund. Sie forderten lautstark, dass wir nicht gespielt werden sollten, während wir mit noch lauteren Rufen forderten, dass wir gespielt werden sollten.

Die erste Aufführung des *More de Venise* wurde mit einem Anschein von Kampf eingeleitet. Mademoiselle Mars war mit ganzer Kraft vom alten Komödienstil zur neuen modernen Schauspielschule übergegangen; wir hatten Joanny, Perrier und Firmin für uns gewonnen, und kurz gesagt, es gab keinen Schauspieler bis hinunter zum hervorragenden David, der die kleine Rolle des Cassio angenommen hatte, der nicht in der Shakespeare-Vorstellung mitspielen würde, die gerade vorbereitet wurde. Man musste die Wut der Männer sehen, die dreißig Jahre lang das Théâtre-Français monopolisiert hatten, bevor man sich eine Vorstellung von dem Geheul und den Flüchen machen konnte, die uns entgegengeschleudert wurden. Diese Herren schienen Shakespeare nur durch das zu kennen, was Voltaire über ihn gesagt hatte, und Schiller durch M. Petitot. Als M. Lebrun und M. Ancelot ihre *Maria Stuart* und *ihren Fiesque* vom deutschen Shakespeare übernommen hatten, beschlossen sie, dass MM. Ancelot und Lebrun hatten Schiller damit große Ehre erwiesen, und eine Vielzahl von Artikeln hatte bewiesen, dass sehr mittelmäßige Werke – Werke, die nur für die Bühne eines Jahrmarkts geeignet waren – echte klassische Meisterwerke waren! Diesmal würde das Publikum nicht Shakespeare korrigiert, kastriert und kupiert sehen, sondern – abgesehen von dem Verlust, den er zwangsläufig durch die Übersetzung erleiden musste – den Giganten selbst, der im 16., 17. und 18. Jahrhundert die Krone in England innegehabt hatte. Wenn diese sakrilegischen Vorführungen weitergingen , was konnte dann Zaïre gegenüber Desdemona, Ninus gegenüber Hamlet oder die *Deux Gendres* gegenüber *König Lear sagen?* Solche blassen und kränklichen Nachahmungen von Natur und Wahrheit mussten scheitern und im Vergleich zu nichts werden oder leiden!

Ich öffnete zufällig eine Zeitung und las darin:

"Die Aufführung des *More de Venise* wird vorbereitet, als wolle man eine Schlacht austragen, um eine große literarische Frage zu entscheiden. Es geht darum, ob Shakespeare, Schiller und Goethe Corneille, Racine und Voltaire von der französischen Bühne verdrängen werden."

Dies war eine köstliche Abweichung von der Wahrheit und äußerst boshaft; denn es erregte die Aufregung der bürgerlichen Klassen durch die Vorstellung der Vertreibung der Meister, und die Frage, die völlig am Thema vorbeiging, gab allein durch ihre Form denen, die sie stellten, Recht.

Nein, wirklich nicht! Diese Meister der Kunst wurden nicht mehr von ihrem altehrwürdigen Parnass vertrieben, als die *Bourgeoisie* die Aristokratie von den Positionen vertrieb, die sie seit Beginn der Monarchie innegehabt hatten. Nein, wir sagten diesen großen Meistern nicht: „Zieht euch zurück und überlasst uns eure Plätze!", sondern: „Erlaubt uns, nach denselben Rechten wie ihr zu streben, wenn wir es verdienen. Der heidnische Olymp war groß genug, um sechstausend Götter zu fassen, macht also ein wenig Platz, ihr Götter des alten Frankreichs, für die skandinavischen und teutonischen Götter. Die Religion von Molière, Corneille und Racine war immer die des Staates; aber lasst die Freiheit für alle Religionen verkündet werden!"

Aber sie waren zu engstirnig und exklusiv, und statt diese neuen Götter willkommen zu heißen, statt alles Erhabene an ihnen zu begrüßen und nur das Unwürdige an ihnen zu kritisieren, wollten die politischen Exilanten von gestern heute eine literarische Ächtung durchsetzen. Es scheint unglaublich seltsam und geheimnisvoll, aber dennoch war es so!

Trotz heftiger Opposition hatte *Othello* Erfolg. Zum ersten Mal hörte man das Stöhnen des eifersüchtigen Afrikaners, und die Leute waren bewegt und zitterten und bebten unter dem Schluchzen dieses schrecklichen Zorns. Joanny, von seiner Rolle mitgerissen, war oft bemerkenswert in seiner Darstellung, und ein- oder zweimal war er erhaben. Ich habe nie etwas Malerischeres gesehen als diese große afrikanische Figur, wie sie in der Dunkelheit der Nacht über die Bühne schritt, gehüllt wie ein Gespenst in ihren großen weißen *Burnus*, mit düsterer Stimme flüsternd, die Arme nach Desdemonas Wohnung ausgestreckt –

„... Gehe sofort zu Bett. Ich werde sofort zurückkommen ..."

Mademoiselle Mars, die in ihrer Kunst ein weitaus größeres Urteilsvermögen besaß als Joanny, war durchweg ausgezeichnet; einmal war sie erhaben, nämlich als sie auf ihrem Bett aufsprang und ausrief und damit Jagos Anschuldigungen im Voraus Lügen strafte:

„Das wird er nicht sagen."

Wie man sich leicht vorstellen kann, schreibe ich dies alles aus dem Gedächtnis und zitiere daher nur die Teile, die mir nach einer Zeitspanne von 22 Jahren am deutlichsten in Erinnerung geblieben sind. Man möge mir daher verzeihen, dass ich nicht mehr als diese beiden Beispiele zitiere.

Das Seltsame an der Situation war nun, dass die liberalen Zeitungen, die in der Politik Bewegung und Fortschritt forderten, in der Literatur die Reaktionäre waren, während die royalistischen Zeitungen, die in der Politik Stagnation und Konservatismus vertraten, in der Literatur die Revolutionäre waren. Noch schwerer zu verstehen war es, wenn man nicht wüsste, dass der *Constitutionnel*, der *Courrier français* und die *Pandore* von den Herren Jay,

Jouy, Arnault, Étienne, Viennet usw. herausgegeben wurden, während die *Quotidienne* , der *Drapeau blanc* und der *Foudre* von Merle, Théaulon, Brisset, Martainville, Lassagne, Nodier und Mély-Jeannin geleitet wurden. Die einen arbeiteten für das Théâtre-Français und beabsichtigten, die Position, nachdem sie sie usurpiert hatten, auch zu behalten; die anderen hatten im Allgemeinen nur für die Boulevardtheater gearbeitet, und diese wollten unbedingt eine Bresche in die klassischen Wälle schlagen, um sich Zugang zu verschaffen. Merle war außerdem der Ehemann von Madame Dorval, deren Talent gerade begann, für Aufsehen zu sorgen, und die mit unbestreitbarem Erfolg die Rollen der Amélie in *Trente Ans ou la Vie d'un Joueur* und der Charlotte Corday in *Sept Heures* sowie der Louise in *L'Incendiaire geschaffen hatte*. Die Rolle der Héléna in *Marino Faliero brauchen wir nicht zu erwähnen* , denn die Rolle war schlecht und Madame Dorval war nicht in der Lage, eine schlechte Rolle in eine gute zu verwandeln.

Ich habe erwähnt, dass die Proben von *Christine* begonnen hatten. Lassen wir sie ihren Lauf nehmen und werfen wir einen Blick in die Welt des Stadtlebens, die wir seit sehr langer Zeit zugunsten der Welt der Bühne verlassen haben. Während wir die Szenen wechseln, führen wir unseren Leser dennoch in das Haus eines Komikers, der ebenso viel Aufmerksamkeit verdiente wie die Schauspieler, die wir verlassen. Außerdem war er nicht unter denen, die fünfzig Jahre lang die weniger auffälligen Rollen in dem großen Drama gespielt hatten, das am Ende des 18. und zu Beginn des 19. Jahrhunderts alle Aufmerksamkeit auf sich zog und alle beschäftigte. Lassen Sie uns die Tatsache offenlegen, dass wir gleich von Paul-François-Jean-Nicodème, Graf von Barras, sprechen werden.

KAPITEL XIV

Generalbürger Barras – Doktor Cabarrus stellt mich ihm vor – Barras'
einzige zwei Dinge, die er bedauert – Seine Abendessen – Der Lakai der
Prinzessin von Chimay – Fauche-Borel – Der Herzog von Bordeaux macht
ein Chaos – Geschichtsstunde für einen Botschafter – Walter Scott und
Barras – Das letzte Glück des alten *Direktors* – Sein Tod

Ich habe erzählt, wie mein erfolgreiches Stück *Henri III.* mich in die Welt
eingeführt hatte und die Neugier auf seinen Autor geweckt hatte. Barras war
unter denen, die mich kennenlernen wollten. Der Name, den ich von
meinem Vater erbte, war für den Mann des Konvents, des Directoire, des 9.
Thermidors und des 13. Vendémiaire von besonderer historischer
Bedeutung.

Die Geschichte von Barras ist auswendig bekannt. Er war der Sohn einer
alten provenzalischen Familie und war früh in die Armee eingetreten. Er war
auf die französische Insel und nach Indien geschickt worden, wo er tapfer
an der Verteidigung von Pondicherry teilgenommen hatte. Er verließ den
Dienst im Rang eines Hauptmanns und kam nach Paris, wo er ein äußerst
ausschweifendes Leben führte. Seine Mitbürger aus Var hatten ihn 1792 aus
diesem Vergnügen geholt und zu ihrem Stellvertreter gemacht. Er war
Mitglied des Konvents der Montagnards gewesen. Im folgenden Jahr wurde
er mit der Mission betraut, sowohl die föderalistische als auch die
royalistische Bewegung niederzuschlagen, die den Süden erschütterte. Er
hatte bei der Rückeroberung Toulons von den Engländern geholfen und
hier Major Bonaparte kennengelernt, wodurch er beurteilen konnte, welchen
Vorteil ein solcher Mann für jede Partei bringen würde. Am 9. Thermidor
wurde er zum Befehlshaber der Streitkräfte von Paris ernannt. Er war es, der
Robespierre festnahm und ihn dem Schafott übergab. Einige Tage später
wurde er selbst von den Sektionen angegriffen (die vom Konvent anstelle
meines Vaters einberufen wurden, der, wie wir gesehen haben, aufgrund
seiner Abwesenheit nicht auf den Aufruf reagieren konnte); er drängte
Bonaparte vorwärts, der am 13. Vendémiaire auf seiner Seite und am 18.
Brumaire gegen ihn war. Damals hieß es (aber das ist meiner Meinung nach
eine der verleumderischen Aussagen, die Eroberer nur allzu gerne über die
Besiegten machen, wenn sie ihre Siege nicht auf ehrliche Weise errungen
haben), dass Barras Verhandlungen über die Rückkehr der Bourbonen
führte, und diesem neuen General Monk wurden zwölf Millionen als Preis
für ihre Wiedereinsetzung versprochen.

Nachdem die Ereignisse des 18. Brumaire die bourbonische
Konterrevolution niedergeschlagen hatten, zog sich Barras, der von seinem

ehemaligen Beschützer geächtet wurde, nach Brüssel und dann nach Rom zurück. Erst 1816 kehrte er nach Frankreich zurück und ließ sich in Chaillot nieder, wo er seither lebte und wo er dank eines Einkommens von 200.000 Livres, die er aus den verschiedenen Schiffbrüchen seiner politischen Karriere gespart hatte, einen charmanten und sehr luxuriösen Haushalt führte, der von einem großen Gefolge von Bediensteten bedient wurde. Ich beziehe mich besonders auf die Zahl der Bediensteten, weil Barras an seiner prächtigen Tafel immer ebenso viele Bedienstete wie Gäste hatte, und mehrere Male habe ich dort zu Abend gegessen, als zwanzig bis fünfundzwanzig Gäste da waren.

Ich wurde dem alten Diktator von einem meiner ältesten und besten Freunde vorgestellt, einem Mann, den ich immer gern sah, wenn es mir gut ging, und noch mehr, wenn ich krank war, nämlich Doktor Cabarrus, Sohn der hübschen Madame Tallien. Cabarrus war damals und ist heute noch ein stattlicher, kräftig gebauter Mann mit einem sympathischen Gesicht und einem Charakter, der ihm entsprach. Mit einem bezaubernden Wesen, fundierter Bildung und unermüdlicher Beobachtungsgabe ausgestattet, war Cabarrus weniger durch seine gesellschaftliche Stellung als vielmehr durch seine eigene persönliche Arbeit in die Mitte aller aristokratischen Kreise geworfen worden – der Aristokratien der Geburt, des Talents und der Wissenschaft. Niemand konnte eine Geschichte besser erzählen als er oder, was eine noch seltenere Gabe war, ein besserer Zuhörer sein als er: Er hatte einen schönen, zarten, lächelnden Mund und zeigte beim Lachen ein schönes Gebiss, das sein Gesicht erhellte. Barras mochte ihn sehr, was nicht verwunderlich war, denn jeder, der Cabarrus kannte, mochte ihn.

So war es Cabarrus, der mich eines Mittwochmorgens zu Barras' Haus brachte. Man hatte mich gewarnt, dass der alte Diktator immer als *Generalbürger angesprochen wurde* ; natürlich bestand kein Zwang dazu, aber dieser Titel gefiel ihm am besten.

Barras empfing uns in einem großen Sessel, den er in den letzten Jahren seines Lebens ebenso selten verließ wie Ludwig XVIII. seinen. Er erinnerte sich noch genau an meinen Vater und an den Unfall, der ihn am 13. Vendémiaire daran gehindert hatte, das Kommando über die Streitkräfte zu übernehmen, und ich erinnere mich, dass er mir an diesem Tag mehrere Male diesen Satz wiederholte, den ich hier Wort für Wort wiedergebe:

"Junger Mann, vergessen Sie nicht, was ein alter Republikaner Ihnen sagt: Ich habe nur zwei Dinge, die ich bereue, ich sollte sie eher Reue nennen, und die einzigen, die an meinem Bett präsent sein werden, wenn ich sterbe. Ich habe die zweischneidige Reue, Robespierre durch den 9. Thermidor gestürzt und Bonaparte durch den 13. Vendémiaire an die Macht gebracht zu haben."

Es fällt auf, dass ich nicht vergessen habe, was Barras mir sagte, obwohl ich in einem der beiden Punkte (ich überlasse es meinem Leser, zu raten, in welchem) nicht ganz seiner Meinung bin.

Mittwoch war Barras' Empfangstag. Cabarrus hatte ihn in der Hoffnung gewählt, dass der "Generalbürger" mich zum Abendessen einladen würde, wo ich verschiedene Vertreter des ausgehenden letzten Jahrhunderts und der frühen Tage des gegenwärtigen treffen würde - Vertreter, die übrigens, wer auch immer sie sein mochten, in Barras' Haus dem republikanischen Geist unterworfen wurden und einfach Bürger waren, ob männlich oder weiblich. Cabarrus wurde nicht enttäuscht: Der alte Diktator lud uns zum Abendessen ein und bot uns, falls wir nicht nach Paris zurückkehren wollten, die Nutzung einer Kutsche an, um uns bis zur Essenszeit eine Fahrt durch die Wälder zu ermöglichen. Cabarrus hatte seine Geschäfte zu erledigen und ich meine; also nahmen wir die Einladung zum Abendessen an, lehnten aber die Kutsche ab und verabschiedeten uns von Barras.

Im Jahr 1829 war Barras ein äußerst gutaussehender alter Mann von 74 Jahren. Ich sehe ihn noch in seinem Sessel auf Rädern sitzen, sein Kopf und seine Hände schienen die einzigen Teile von ihm zu sein, die noch lebendig waren, aber diese schienen genug Vitalität für seinen ganzen Körper zu enthalten: Er trug eine Mütze, die er nie von seinem Kopf nahm und die er nie für irgendjemanden abnahm. Von Zeit zu Zeit verließ ihn dieses moralische Leben, wenn man so sagen darf, dieses künstliche Leben voller Willenskraft, und dann sah er aus wie ein Sterbender.

Wir kehrten zum Abendessen zurück. Ich habe dreimal mit Barras gegessen, und bei jedem Abendessen wurde ich Zeuge eines ungewöhnlich merkwürdigen Vorfalls. Beim ersten Mal — dem, von dem ich spreche — waren wir zwischen zwanzig und fünfundzwanzig Gäste. Unter den Gästen war Madame Tallien, die Prinzessin von Chimay. Sie kam in Begleitung eines Lakaien, dessen prächtige Federn die Bewunderung der ganzen Gesellschaft erregten. Wir waren in den Salon geführt worden, wo die Erstankömmlinge denen, die später kamen, die Ehre des Hauses erwiesen. Barras erschien immer, außer bei Tisch. Wenn die Essensstunde gekommen war, wurden die Flügeltüren zum Esszimmer aufgerissen, und jeder Gast fand den Platz, der für ihn gedeckt worden war; dann wurde die Schlafzimmertür geöffnet, und Barras wurde in die Mitte des Tisches geschoben; dann setzten sich die Gäste und machten sich mit gutem Appetit über das delikate Mahl her. Barras' eigenes Essen war sehr merkwürdig: Man brachte ihm eine riesige Hammelkeule, die so tranchiert wurde, dass die ganze Soße herausquoll; Der Braten wurde dann zurück in die Küche getragen und die Soße in Barras' tiefem Teller gelassen. Er tauchte Brot in die Soße und diese Mischung war seine Mahlzeit. Bei den drei Gelegenheiten, bei denen ich mit ihm zu Abend aß, habe ich ihn nie etwas anderes essen sehen.

An diesem besonderen Tag war mitten beim Abendessen ein großer Lärm in der Küche zu hören, als ob eine Schlägerei im Gange wäre, und wir konnten Schreie mit Gelächter vermischt hören. Barras war es gewohnt, dass man ihn bewundernswert und ungewöhnlich schweigsam bediente. Kein einziger der Diener, die hinter den Gästen warteten, sagte auch nur ein Wort oder klapperte mit einem Teller oder klimperte mit dem Silber. Abgesehen von der Üppigkeit der Speisen, mit denen der Tisch voll beladen war, hätte man sich wie in einer pythagoräischen Schule fühlen können. Nur einem Mann war es erlaubt zu sprechen, wenn er wollte, und das war der Kammerdiener, der Steward und, noch besser, der Freund von Barras. Sein Name war Courtand.

„Courtand!", fragte Barras stirnrunzelnd. „Was ist das für ein Lärm?"

„Ich weiß es nicht, Generalbürger", antwortete Courtand, der selbst über diesen Verstoß gegen die Hausordnung ebenso erstaunt war. „Ich werde hingehen und nachsehen."

Courtand ging hinaus und kam fünf Sekunden später wieder herein. Alle Gesichter drehten sich zur Tür um, um ihn anzusehen.

„Und?", fragte Barras.

„Oh, es ist nichts, Generalbürger", antwortete Courtand lachend.

„Aber worum ging es?"

„Die Bediensteten der anwesenden Bürger" – und Courtand zeigte auf die Gäste, die, das muss man sagen, mehrheitlich der republikanischen Gesinnung angehörten – „rupfen dem Diener des Bürgers Tallien Federn aus, und der arme Teufel schreit, weil sie ihm dabei ein wenig in die Haut kneifen."

„Und was hat er getan, um es zu verdienen, von den anderen Bediensteten lebendig gerupft zu werden?", fragte Barras.

„Er nannte seine Geliebte *Madame la Princesse de Chimay!*"

„Dann hat er seine Strafe verdient: Seine Geliebte heißt nicht Prinzessin von Chimay, sondern Bürger Tallien."

Bei einer anderen Gelegenheit – auch dies geschah bei Tisch – blieb ein Platz leer. Der Gast, der zu spät kam, war der berühmte royalistische Agent, den Sie kennen, Fauche-Borel, der sechs Monate später durch die Undankbarkeit der Bourbonen ins Unglück gestürzt wurde und Selbstmord beging, indem er sich in Neuchâtel aus einem Fenster stürzte. Er war sehr vertraut mit Barras' Haus und es hieß, dass die gescheiterten Verhandlungen zwischen den Bourbonen und dem alten Diktator im Jahr 1792 durch seine Vermittlung zustande kamen. Nun gut! Fauche-Borel kam zu spät: Er kam mit tränenüberströmtem Gesicht und einem Taschentuch in den Händen zum Bratengang.

„Ah, da sind Sie ja, mein lieber Fauche-Borel", rief Barras. „Warum kommen Sie so spät?"

„Ach, Generalbürger, fragen Sie lieber, warum ich so aufgeregt bin."

„Also, mein Lieber, was ist los?"

„Oh, General, ich habe das ergreifendste, bewegendste und lehrreichste Schauspiel gesehen … Ich komme gerade aus den Tuilerien …"

„Ah! Ah! – und haben Sie dort diese rührende, bewegende, lehrreiche Szene gesehen? Sie hatten großes Glück, mein Freund, dass Sie es geschafft haben, auf die Füße zu fallen! Kommen Sie und erzählen Sie uns, was Sie gesehen haben, damit auch wir bewegt, erweicht und erbaut werden."

„Nun, Generalbürger, M. le Duc de Bordeaux hat etwas Wasser auf den Boden des großen Salons verschüttet, in dem er spielte."

"Wirklich!"

"Und der Herzog von Damas sagte zu ihm: ‚Monseigneur, Sie haben eine Sauerei auf dem Boden hinterlassen. Ich bin sehr betrübt darüber, aber Sie müssen sie aufwischen.‘ ‚Was? Ich muss sie aufwischen!‘, rief der junge Prinz. ‚Warum sind keine Diener hier?‘ ‚Die gibt es, aber da die Sauerei diesmal von Eurer Hoheit verursacht wurde, muss Eure Hoheit sie aufwischen... Holen Sie einen Wischmopp!‘, sagte der Herzog zu einem Lakaien. Als der Mann zögerte, fügte er hinzu: ‚Tun Sie, was ich Ihnen befehle!‘ Fünf Minuten später kam der Lakai mit einem Wischmopp, und Seine Hoheit vergoss viele Tränen. Aber Monseigneur blieb standhaft, und Monseigneur war gezwungen, die Sauerei, die er angerichtet hatte, selbst aufzuwischen! Was sagen Sie dazu, Generalbürger?"

„Ich würde sagen", antwortete Barras in dem für ihn typischen sarkastischen Tonfall, „dass der Lehrer des Herzogs von Bordeaux ganz richtig daran tat, seinem Schüler ein Handwerk beizubringen; so dass er, wenn seine edlen Eltern abreisen, etwas in den Händen hat, womit er sich beschäftigen kann."

Ein anderes Mal – es geschah wieder bei Tisch – erzählte ein berühmter General, ein hervorragender Soldat und ein Mann mit bemerkenswerten Fähigkeiten und damals Botschafter in Konstantinopel, mit bitterer Miene von einer Szene, die sich während der Revolution zugetragen hatte.

Zufällig stand Courtand, Barras' Kammerdiener und Verwalter und ein Freund, der stets offen seine Meinung sagte, hinter dem Stuhl des Generals. Mitten in seiner Geschichte berührte er den General an der Schulter.

„General", sagte er, „ich muss Sie unterbrechen. So, wie Sie es erzählen, ist es überhaupt nicht passiert. Sie verleumden die Revolution!"

Der General wandte sich empört an Barras, um ihn auf diese Vertraulichkeit seines Lakaien aufmerksam zu machen. Doch Barras brach aus:

„Meine Herren, Courtand hat recht! Erzählen Sie die Episode, wie sie sich zugetragen hat, Courtand; stellen Sie die Tatsachen wieder her und erteilen Sie dem Herrn Botschafter eine Geschichtsstunde."

Und Courtand schilderte die Ereignisse, wie sie sich zugetragen hatten, zur großen Zufriedenheit von Barras und zum erstaunten Erstaunen der Gesellschaft.

Als Walter Scott nach Paris kam, um Dokumente im Zusammenhang mit der Herrschaft Napoleons aufzutreiben, dessen Lebensgeschichte er zu schreiben beabsichtigte, wollte Barras, der ihm einige wertvolle Papiere zeigen konnte, ihn sehen und bat Cabarrus – der die Geschichte der Revolution ebenso gut kannte wie Courtand, sie aber besser erzählen konnte als er (wir wollen das Andenken des Generalbürgers Barras nicht beleidigen) –, den berühmten Romanschriftsteller zu einem Abendessen einzuladen. Cabarrus begann mit einem langen Gespräch mit Walter Scott, der, da er wusste, dass er sich in der Gesellschaft des Sohnes von Madame Tallien befand, viel über alle Ereignisse sprach, bei denen Cabarrus' Mutter eine Rolle gespielt hatte: Schließlich näherte sich der Bote dem eigentlichen Grund seines Besuchs und überbrachte Barras' Einladung an den schottischen Dichter. Aber Walter Scott schüttelte den Kopf.

„Ich kann mit diesem Mann nicht zu Abend essen", antwortete er. „Ich werde gegen ihn schreiben, und es würde, wie wir in Schottland sagen, heißen, , *ich habe ihm seine eigenen Teller an den Kopf geworfen* '!"

Eines Nachmittags lud mich Cabarrus ein, eine Stunde mit ihm zu verbringen, und ich erschien pünktlich zur vereinbarten Zeit.

„Barras wird heute sterben", sagte er zu mir. „Möchten Sie ihn vor seinem Tod noch einmal sehen?"

„Sicher", antwortete ich, denn ich wollte den Leuten, die ihn nur dem Namen nach kannten, später sagen können: „Ich habe Barras am Tag seines Todes gesehen."

„Also gut, kommen Sie mit mir. Ich gehe gerade, um mich von ihm zu verabschieden."

Wir stiegen in eine Kutsche und fuhren nach Chaillot. Courtand sah sehr melancholisch aus, und als Cabarrus ihn fragte, wie es seinem Herrn ging, schüttelte er nur den Kopf. Er führte Cabarrus trotzdem in das Zimmer des Sterbenden, und da ich bei Cabarrus war, ließ er mich auch hinein. Wir erwarteten, Barras traurig und blass und schwach und niedergeschlagen vorzufinden, aber er war fröhlich und lächelte und sah fast rosig aus, obwohl diese Farbe nur die Fieberröte war. Wir begannen damit, uns für meine Anwesenheit zu entschuldigen: Ich hatte Cabarrus auf den Champs-Élysées getroffen, und als ich erfuhr, dass er nach Barras fragen wollte, wollte ich ihn begleiten. Barras machte mir mit dem Kopf eine kleine freundliche Neigung, um mir zu signalisieren, dass ich willkommen war.

„Aber", rief Cabarrus aus, „was hat mir dieser Pessimist von einem Hofbeamten erzählt, General? Er hat behauptet, Sie seien schlimmer, im Gegenteil, Sie sehen viel besser aus!"

„Ach ja!", sagte Barras, „dass Sie mich allein und fröhlich finden ... das ändert nichts an der Tatsache, dass ich heute Nacht sterben werde, mein lieber Cabarrus! Hören Sie das, Dumas? Ich bin wie Leonidas und werde heute Abend mit Pluto zu Abend essen! Ich werde Ihrem Vater, der sich freuen würde, Sie zu sehen, sagen können, dass ich Sie heute gesehen habe."

„Aber worüber haben Sie gelacht, als wir hereinkamen?", erkundigte sich Cabarrus und versuchte, das Gespräch vom Tod auf Fragen des Lebens zu lenken.

"Was hat mich zum Lachen gebracht?", antwortete Barras. "Ich werde es Ihnen sagen. Weil ich unseren Herrschern gerade einen kapitalen Streich gespielt habe... Da ich ein mächtiger Mann war, haben sie mich im Auge behalten; sie wissen, dass ich im Sterben liege, und sie haben auf den Moment meines Todes gewartet, um meine Papiere in die Hände zu bekommen. Ich bin daher seit dem Morgen damit beschäftigt, diese dreißig oder vierzig Kisten mit meinem Siegel zu versehen. Nach meinem Tod werden sie beschlagnahmt werden; aber ich habe angeordnet, dass ein Anwalt hinzugezogen wird und die Angelegenheit öffentlich vor einem Gericht verhandelt wird... Das kann vier oder sechs Monate oder ein Jahr dauern... danach werden meine Erben verlieren, da meine Papiere Staatseigentum sind. Dann werden sie diese vierzig Kisten, die Sie dort sehen, vor einem Ministerrat feierlich öffnen... und wissen Sie, was sie statt der wertvollen Papiere, die an einem sicheren Ort aufbewahrt werden, finden werden?"

„Nein, ich muss gestehen, dass ich nicht die geringste Ahnung habe."

„Die Rechnungen meiner Wäscherin seit 35 Jahren ... und es wird eine Menge Arbeit sein, sie zusammenzurechnen, denn ich habe seit dem 9. Thermidor jede Menge schmutzige Wäsche in die Wäschereien gegeben ..."

Barras brach in ein so offenes und fröhliches Gelächter aus, dass er erschöpft zurückfiel und noch am selben Abend, wie er es vorhergesagt hatte, kurz vor der Revolution von 1830 starb.

ENDE VON BAND III

www.ingramcontent.com/pod-product-compliance
Lightning Source LLC
LaVergne TN
LVHW041133180726
843490LV00005B/1396